ISBN 978-0-365-00123-2
PIBN 11051333

Gesetz-Sammlung

für die

Königlichen Preußischen Staaten.

1833.

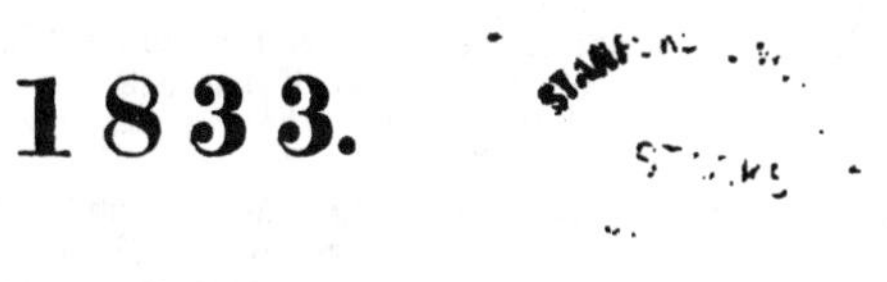

Enthält

die Verordnungen vom 4ten Januar bis zum 14ten Dezember 1833.,
nebst 3 Verordnungen aus dem Jahre 1832.

(Von Nr. 1402. bis Nr. 1493.)

Nr. 1. bis incl. 24.

Berlin,
zu haben im vereinigten Gesetz-Sammlungs-Debits- und Zeitungs-Komtoir.

Datum des Gesetzes 2c.	Ausgegeben zu Berlin.	Inhalt.	Nr. des Stücks.	Nr. des Gesetzes.	Seite.
1833.	1833.				
3. Febr.	27. Febr.	Allerhöchste Kabinetsorder, wonach die Verordnung vom 9ten Juni 1827. wegen Herabsetzung des in Preußen gesetzlichen Zinsfußes, auch in dem Lauenburg-Bütowschen Kreise und in den beiden, dem Köslinschen Regierungsbezirke einverleibten Westpreußischen Enklaven verbindliche Kraft erhalten soll.	2	1409	15
11. —	27. —	Allerhöchste Kabinetsorder, wegen Abänderung der §§. 43. 44. 304. ff. und 313. der landschaftlichen Kreditordnung für das Großherzogthum Posen.	2	1410	15—20
12. —	10. April.	Publikations-Patent für die, zum Deutschen Bunde gehörenden Provinzen der Monarchie über den, von der Deutschen Bundesversammlung unterm 6ten September 1832. gefaßten Beschluß, die Sicherstellung der Rechte der Schriftsteller und Verleger gegen den Nachdruck betreffend.	4	1415	25
12. —	10. —	Verordnung über die Anwendung dieses Beschlusses auf die zum Deutschen Bunde nicht gehörigen Provinzen der Monarchie.	4	1416	26
17. —	22. März.	Allerhöchste Kabinetsorder, betreffend die Anwendung der Verordnung vom 8ten August 1832. wegen der Geldentschädigung für den zum Chausseebau abgetretenen Grund und Boden, auch in der Provinz Preußen.	3	1413	23
25 —	22. —	Allerhöchste Kabinetsorder, wegen Unzulässigkeit der freiwilligen Prorogation des Gerichtsstandes in Ehescheidungssachen.	3	1414	24
28. —	10. April.	Allerhöchste Kabinetsorder, betreffend den Denunzianten-Antheil von Geldstrafen wegen Chausseepolizeivergehen.	4	1417	28
3. März.	29. —	Allerhöchste Kabinetsorder, wonach allen, den Fürstentitel führenden Mitgliedern der in der Instruktion vom 30sten Mai 1820., §. 1., und in dem der Bekanntmachung des Staatsministeriums vom 28sten April 1832. beigefügten Verzeichnisse unter I., benannten Fürstlichen Familien, im ganzen Umfange der Monarchie von den Landesbehörden und Unterthanen das Prädikat „Durchlaucht“ ertheilt werden soll.	5	1419	29
11. —	29. —	Allerhöchste Kabinetsorder, betreffend die Stempelpflichtigkeit der Beschleunigungsgesuche.	5	1420	30
17. —	10. —	Allerhöchste Kabinetsorder, die Einführung der revidirten Städteordnung vom 17ten März 1831. in der Stadt Birnbaum betreffend.	4	1418	28

Datum des Gesetzes ꝛc.	Ausgegeben zu Berlin.	Inhalt.	Nr. des Stücks.	Nr. des Gesetzes.	Seite.
1833.	1833.				
17. März.	29. April.	Allerhöchste Kabinetsorder, wegen Anstellung der Advokaten und Notarien in Neu-Vorpommern und Zulassung von Referendarien und Auskultatoren bei dem Königl. Ober-Appellationsgerichte und dem Hofgerichte zu Greifswald.	5	1421	30
22. —	5. Dezbr.	Zollvereinigungs-Vertrag zwischen Sr. Maj. dem Könige von Preußen, Sr. Hoheit dem Kurprinzen und Mitregenten von Hessen und Sr. Königl Hoheit dem Großherzoge von Hessen einerseits, dann Sr. Maj. dem Könige von Bayern und Sr. Maj. dem Könige von Württemberg andererseits.	21	1472	115-209
27. —	29. April.	Allerhöchste Kabinetsorder, wegen Anwendung der öffentlichen Aufrufe der Forderungen aus Verwaltungs-Ansprüchen an die Staatskassen, auf jeden Anspruch an die Domainenverwaltung, er mag aus Pachtkontrakten oder aus andern Rechtsverhältnissen entspringen.	5	1422	31
30. —	5. Dezbr.	Zollvereinigungs-Vertrag zwischen Sr. Majestät dem Könige von Preußen, Sr. Hoheit dem Kurprinzen und Mitregenten von Hessen und Sr. Königl Hoheit dem Großherzoge von Hessen, dann Sr. Maj. dem Könige von Bayern und Sr. Maj. dem Könige von Württemberg einerseits, und Sr. Maj. dem Könige und Sr. Königl. Hoheit dem Prinzen Mitregenten von Sachsen andererseits.	21	1473	210-229
30. —	5. —	Vertrag zwischen Sr. Majestät dem Könige von Preußen und Sr. Maj. dem Könige und Sr. K. Hoheit dem Prinzen Mitregenten von Sachsen, wegen gleicher Besteuerung innerer Erzeugnisse.	21	1474	230-232
31. —	28. Juni.	Verordnung, die Einführung des Allgemeinen Landrechts in Beziehung auf die Verwaltungs-Angelegenheiten der Landgemeinen in den zum Verwaltungsverbande der Provinz Sachsen gehörigen, der Westphälischen Zwischenregierung unterworfen gewesenen Landestheilen betreffend.	9	1433	61
31. —	28. —	Verordnung, die Regulirung der während der Westphälischen Zwischenregierung entstandenen Verhältnisse zwischen den Dominien und Gemeinen in den zur Provinz Sachsen gehörigen, ehemals Westphälischen Landestheilen betreffend.	9	1434	62
13. April.	28. Mai.	Allerhöchste Kabinetsorder, den Rekurs gegen Straf-Resolute in Stempelsachen betreffend.	6	1423	33
17. —	28. —	Allerhöchste Kabinetsorder, betreffend die Einführung des Personalarrestes in Handelssachen in den zum Jurisdiktionsbezirke des Rheinischen Appellationsgerichtshofes zu Köln gehörigen, auf dem rechten Rheinufer gelegenen Landestheilen.	6	1424	34

Datum des Gesetzes rc.	Ausgegeben zu Berlin.	Inhalt.	Nr. des Stücks.	Nr. des Gesetzes.	Seite.
1833. 4. Mai.	1833. 15. Juni.	Allerhöchste Kabinetsorder, die Stempelfreiheit bei Besitzveränderungen, welche zum Zweck des gemeinen Besten angeordnet werden, betreffend.	8	1427	49
10. —	5. Dezbr.	Vertrag zwischen Preußen, Kurhessen, Sachsen-Weimar-Eisenach, Sachsen-Meiningen, Sachsen-Altenburg, Sachsen-Koburg-Gotha, Schwarzburg-Sondershausen, Schwarzburg-Rudolstadt, Reuß-Schleitz, Reuß-Greitz, und Reuß-Lobenstein und Ebersdorf, wegen Errichtung des Thüringischen Zoll- und Handelsvereins.	21	1475	232-239
11. —	5. —	Vertrag zwischen Preußen, Kurhessen und dem Großherzogthum Hessen, ferner Bayern und Württemberg, sodann Sachsen einerseits, und den zu dem Thüringischen Zoll- und Handelsvereine verbundenen Staaten andererseits, wegen Anschließung des letzteren Vereins an den Gesammt-Zollverein der ersteren Staaten.	21	1476	240-257
11. —	5. —	Zoll-Kartel zwischen Preußen, Kurhessen und dem Großherzogthume Hessen, ferner Bayern und Württemberg, sodann Sachsen einerseits, und den zu dem Thüringischen Zoll- und Handels-Vereine verbundenen Staaten andererseits.	21	1477	258-264
11. —	5. —	Vertrag zwischen Preußen, Sachsen und den zu dem Thüringischen Zoll- und Handelsvereine verbundenen übrigen Staaten, wegen gleicher Besteuerung innerer Erzeugnisse.	21	1478	265-268
13. —	15. Juni.	Gesetz, über Schenkungen und letztwillige Zuwendungen an Anstalten und Gesellschaften.	8	1428	49
13. —	15. —	Gesetz, über erloschene Parochien und über die Behandlung des Vermögens derselben.	8	1429	51
13. —	15. —	Gesetz, wegen Aufhebung der ausschließlichen Gewerbsberechtigungen in den Städten der Provinz Posen.	8	1430	52
13. —	15. —	Gesetz, wegen Aufhebung der gewerblichen und persönlichen Abgaben und Leistungen in den Mediatstädten der Provinz Posen.	8	1431	55
13. —	15. —	Gesetz, wegen Aufhebung der Zwangs- und Bann-Rechte in der Provinz Posen.	8	1432	59
20. —	28. Mai.	Allerhöchste Kabinetsorder, betreffend das Verbot des Besuchs fremder Universitäten.	6	1425	35
28. —	2. Juli.	Allerhöchste Kabinetsorder, betreffend die Abänderung der Bestimmungen im §. 2. Litt. b. und §. 3. des Landkultur-Edikts vom 14ten September 1811, rücksichtlich der Grundsteuer bei getheiltem Grundeigenthum und der Abgabe bei Vereinzelung von Domanial-Erbpachtgrundstücken.	10	1435	65

Datum des Gesetzes rc.	Ausgegeben zu Berlin.	Inhalt.	Nr. des Stücks.	Nr. des Gesetzes.	Seite.
1833.	1833.				
25. Mai.	5. Dezbr.	Vertrag zwischen Seiner Majestät dem Könige von Preußen und Seiner Durchlaucht dem Fürsten von Schwarzburg-Rudolstadt, betr. die Zoll- und Handelsverhältnisse, imgleichen die Besteuerung der inneren Erzeugnisse in der Unterherrschaft des Fürstenthums Schwarzburg-Rudolstadt.	21	1479	269-273
30. —	5. —	Vertrag zwischen Seiner Majestät dem Könige von Preußen und Seiner Königlichen Hoheit dem Großherzoge von Sachsen-Weimar-Eisenach, betreffend die Zoll- und Handelsverhältnisse, imgleichen die Besteuerung der inneren Erzeugnisse in den Großherzoglichen Aemtern Allstedt und Oldisleben.	21	1480	274-278
1. Juni.	10. Juni.	Verordnung über den Mandats-, den summarischen und den Bagatellprozeß.	7	1426	37—48
1. —	2. Juli.	Vorläufige Verordnung wegen des Judenwesens im Großherzogthum Posen.	10	1436	66—72
8. —	26. —	Allerhöchste Kabinetsorder, betreffend die Aufhebung des bisherigen Unterschiedes zwischen unehelichen und ehelichen Kindern, in Rücksicht auf die gewerblichen Verhältnisse in den ehemals Sächsischen Landestheilen.	12	1441	78
8. —	5. Dezbr.	Vertrag zwischen Seiner Majestät dem Könige von Preußen und Seiner Durchlaucht dem Fürsten von Schwarzburg-Sondershausen, betr. die Zoll- u. Handelsverhältnisse, imgleichen die Besteuerung der inneren Erzeugnisse in der Unterherrschaft des Fürstenthums Schwarzburg-Sondershausen.	21	1481	279-283
9. —	10. Juli.	Allerhöchste Kabinetsorder, die Ausstellung der Leichenpässe betreffend.	11	1437	73
15. —	10. —	Allerhöchste Kabinetsorder, betreffend den Antrag des vierten Sächsischen Provinzial-Landtages, wegen Modifikation der Vorschrift Art. 2. A. I. der Verordnung vom 17ten Mai 1827. hinsichtlich der Wahl der ritterschaftlichen Abgeordneten des Thüringischen Wahlbezirks.	11	1438	74
17. —	10. —	Gesetz, wegen Ausstellung von Papieren, welche eine Zahlungsverpflichtung an jeden Inhaber enthalten.	11	1439	75
23. —	26. —	Gesetz, die Ausübung der Fischerei in den Landestheilen auf dem linken Rheinufer betreffend.	12	1442	78
26. —	5. Dezbr.	Vertrag zwischen Seiner Majestät dem Könige von Preußen und Seiner Durchlaucht dem Herzoge von Sachsen-Koburg-Gotha, betreffend die Zoll- und Handelsverhältnisse, imgleichen die Besteuerung der inneren Erzeugnisse in dem Herzoglich-Sachsen-Koburg-Gothaischen Amte Volkenrode.	21	1482	284-288

Datum des Gesetzes rc.	Ausgegeben zu Berlin.	Inhalt.	Nr. des Stücks.	Nr. des Gesetzes.	Sei[te]
1833.	1833.				
30. Juni.	15. August.	Allerhöchste Kabinetsorder, wodurch bestimmt wird, daß von dem Handel, welchen Ausländer auf Wochenmärkten mit solchen Konsumtibilien betreiben, welche zu den Wochenmarkt-Artikeln gehören, keine Gewerbesteuer erhoben werden soll.	13	1446	81
2. Juli.	15. —	Allerhöchste Kabinetsorder, über die Eintragung der fiskalischen Vorrechte auf die Immobilien der Kassen-, Magazin- und Domainenbeamten, oder anderer Verwalter öffentlicher Güter und Einkünfte, so wie der Domainenpächter.	13	1447	81
7. —	26. Juli.	Gesetz, über die Rechte des Fiskus, hinsichtlich der Zinsen.	12	1443	79
7. —	26. —	Allerhöchste Kabinetsorder, wegen Wiederherstellung der bei dem Brande in der Stadt Lüdinghausen im Oktober 1832. verloren gegangenen Hypotheken-Akten.	12	1444	80
7. —	15. August.	Gesetz, wegen des Erbschaftsstempels von Lehns- und Fideikommiß-Anfällen.	13	1448	82
11. —	26. Juli.	Allerhöchste Kabinetsorder, betreffend die Ausdehnung der Vorschrift des §. 171. d. Tit. 51. der Prozeßordnung — die Vorladung unbekannter Gläubiger einer mit fiskalischen Vorrechten versehenen Kasse betreffend — auf Depositalund öffentliche nicht Königliche Kassenverwaltungen, und auf die Rückgabe von Kautionen der Staatsdiener und Gewerbetreibenden.	12	1445	80
11. —	19. Septbr.	Allerhöchste Kabinetsorder, die Prüfung der Steinhauer betreffend.	14	1452	86
11. —	9. Dezbr.	Allerhöchste Kabinetsorder, über die Glaubwürdigkeit der von Lazareth-Administrationen ausgestellten Todtenscheine und die Aufbewahrung der von Militairpersonen im Felde errichteten Testamente.	22	1483	28[9]
14. —	15. August.	Gesetz, wegen näherer Bestimmung der Rechte der Fideikommiß-Anwarter in denjenigen Theilen der Provinz Westphalen, welche bei Auflösung der fremden Herrschaft zum Großherzogthume Berg gehört haben.	13	1449	83
18. —	15. —	Allerhöchste Kabinetsorder, betreffend die Vertretung der Stadtgemeinden, in welchen die Städte-Ordnung vom 19ten November 1808. gilt, bei persönlicher Betheiligung der Stadtverordneten.	13	1450	84
23. —	19. Septbr.	Allerhöchste Kabinetsorder, die widerrechtliche Zueignung der bei den Uebungen der Artillerie verschossenen Eisen-Munition betreffend.	14	1453	86

Datum des Gesetzes etc.	Ausgegeben zu Berlin.	Inhalt.	Nr. des Stücks.	Nr. des Gesetzes.	Seite.
1833.	1833.				
August.	19. Septbr.	Allerhöchste Kabinetsorder, betr. die gebührenfreie Ausstellung der den Gerichten als Vormundschaftsbehörden erforderlichen Atteste aus den Kirchenbüchern bei Armen-Vormundschaftssachen.	14	1454	87
—	19. —	Allerhöchste Kabinetsorder, durch welche des Königs Majestät der Stadt Zduny die revidirte Städteordnung vom 17ten März 1831. zu verleihen geruht haben.	14	1455	88
—	19. —	Polizei-Ordnung für die Häfen und Binnengewässer von Stettin und Swinemünde.	14	1456	88—95
—	22. Oktbr.	Allerhöchste Kabinetsorder, betreffend die Anwendung der Verordnung vom 8ten August 1832. — wegen Auszahlung der Entschädigungssummen für die zum Chausseebau abgetretenen Privatländereien — in der Provinz Posen.	17	1461	117
—	19. Septbr.	Allerhöchste Kabinetsorder, betreffend den Erlaß der Injurien unter Privatpersonen und die Verjährung derselben.	14	1457	95
—	19. —	Verordnung, wegen Aufhebung der Geschlechts-Vormundschaft in Schlesien, und der in der Rudolphinischen Polizei-Ordnung vom Jahre 1577. enthaltenen Vorschriften wegen Bürgschaften der Frauen für ihre Ehemänner.	14	1458	96
Septbr.	22. Oktbr.	Allerhöchste Kabinetsorder, welche die Bestimmungen §. 156. der Zoll-Ordnung vom 26sten Mai 1818. und §. 94. der Ordnung wegen Versteuerung des Branntweins vom 8ten Februar 1819. deklarirt.	17	1462	118
—	14. —	Ministerial-Erklärung, die erneuerte Durchmarsch- u. Etappen-Konvention zwischen der K. Preußischen u. Kurfürstlich-Hessischen Regierung betr.	15	1459	97—108
—	30. —	Allerhöchste Kabinetsorder, wegen Ertheilung der landesherrlichen Genehmigung, welche zur Errichtung gemeinschaftlicher Wittwen-, Sterbe- und Aussteuer-Kassen erforderlich ist.	18	1464	121
Oktbr.	30. —	Verordnung, die Verpflichtung der Preußischen Seeschiffer zur Mitnahme verunglückter vaterländischer Schiffsmänner betreffend.	18	1465	122
—	30. —	Allerhöchste Kabinetsorder, über das bei Berichtigung des Besitztitels in Folge der Kabinets-Order vom 31sten Oktober 1831. von den Hypothekenbehörden zu beobachtende Verfahren.	18	1466	124
—	19. —	Allerhöchste Kabinetsorder, wegen der Gebühren-Taxe für die Gerichte und Justizkommissarien, in dem Mandats-, dem summarischen und dem Bagatellprozesse.	16	1460	109
—	19. —	Die vorgedachte Gebühren-Taxe selbst.	16	1460 (Anl.)	110-116

Datum des Gesetzes rc.	Ausgegeben zu Berlin.	Inhalt.	Nr. des Stücks.	Nr. des Gesetzes.	Seite.
1833.	1833.				
9. Oktbr.	14. Oktbr.	Bekanntmachung der Ministerial-Erklärung vom 28sten September 1833. über die mit der Kurfürstlich Hessischen Regierung erneuerte Durchmarsch- und Etappen-Konvention.	15	1459	108
13. —	23. Novbr.	Allerhöchste Kabinetsorder, über die Aufhebung des zweiten Senats bei dem Oberlandesgerichte zu Marienwerder und die Bestimmung des Instanzenzuges bei allen andern, nur aus einem Zivilsenate bestehenden Oberlandesgerichten, in Mandats-, summarischen und Bagatell-Sachen.	19	1467	125
14. —	23. —	Allerhöchste Kabinetsorder, wegen der Grenzen der Gewerbescheinpflichtigkeit der Musiker.	19	1468	126
17. —	22. Oktbr.	Allerhöchste Kabinetsorder, die Ausführung der Verordnung vom 1sten Juni d. J., den Mandats-, summarischen und Bagatellprozeß betreffend.	17	1463	119
23. —	9. Dezbr.	Allerhöchste Kabinetsorder, die Genehmigung des Gewerbebetriebes der Buch- und Kunsthändler, Bibliothekare, Antiquare, Buchdrucker und Lithographen betreffend.	22	1484	290
24. —	23. Novbr.	Allerhöchste Kabinetsorder, das Ausscheiden der Stadt Halbau aus dem städtischen Wahlverbande betreffend.	19	1469	127
31. —	5. Dezbr.	Zusatz-Artikel zu dem Zollvereinigungs-Vertrage zwischen Preußen, Kurhessen, und dem Großherzogthume Hessen einerseits, und Bayern und Württemberg andererseits.	21	ad 1472	162
31. —	5. —	Desgl. zu dem Zollvereinigungs-Vertrage zwischen Preußen, Kurhessen und dem Großherzogthume Hessen, dann Bayern und Württemberg einerseits, und Sachsen andererseits.	21	ad 1473	228
2. Novbr.	23. Novbr.	Allerhöchste Kabinetsorder, die Einführung der revidirten Städteordnung vom 17. März 1831. in der Stadt Kempen, im Regierungsbezirke Posen.	19	1470	128
2. —	9. Dezbr.	Allerhöchste Kabinetsorder, betreffend den Gerichtsstand minderjähriger oder unter väterlicher Gewalt stehender Soldaten in Zivilsachen.	22	1485	290
3. —	20. —	Allerhöchste Kabinetsorder, erläuternde Bestimmungen in Bezug auf die künftige Ergänzungsweise der Truppen enthaltend.	23	1489	293
5. —	9. —	Allerhöchste Kabinetsorder, wegen der Dienst- und Bürger-Eide.	22	1486	291
14. —	27. Novbr.	Die durch die Allerhöchste Kabinetsorder vom 18ten November 1833. genehmigte Zusammenstellung der Abänderungen im Zolltarif.	20	1471 (Anl.)	130-143

Datum des Gesetzes rc.	Ausgegeben zu Berlin.	Inhalt.	Nr. des Stücks.	Nr. des Gesetzes.	Seite.
1833.	1833.				
18. Novbr.	27. Novbr.	Allerhöchste Kabinetsorder, die Abänderungen im Zolltarif betreffend.	20	1471	129
23. —	9. Dezbr.	Allerhöchste Kabinetsorder, wegen Verleihung der revidirten Städteordnung vom 17ten März 1831. an die Stadt Meseritz.	22	1487	291
24. —	9. —	Allerhöchste Kabinetsorder, betreffend die Deklaration der §§. 37. und resp. 24. und 23. der Gesetze vom 21sten April 1825. über die gutsherrlichen und bäuerlichen Verhältnisse, in Bezug auf die Vererbung der dem Heimfallsrechte noch unterworfenen Grundstücke.	22	1488	292
26. —	20. —	Auszug aus der Allerhöchsten Kabinetsorder, wegen Verleihung der revidirten Städteordnung vom 17ten März 1831. an die Stadt Bielefeld.	23	1490	295
30. —	24. —	Verordnung über die Anstellung von Kreis-Justizräthen im Bezirke des Oberlandesgerichts zu Frankfurt.	24	1492	297-302
11. Dezbr.	20. —	Allerhöchste Kabinetsorder, betreffend die Bestrafung derjenigen Handlungen, wodurch die gerichtliche Pfändung beweglicher Sachen in der Rheinprovinz vereitelt wird.	23	1491	296
14. —	24. —	Verordnung, über das Rechtsmittel der Revision und der Nichtigkeitsbeschwerde.	24	1493	302-308

Druck-

Druckfehler = Berichtigung.

Gesetz = Sammlung. Jahrgang 1833.

Seite 12. 5) die ritterschaftlichen Bankscheine in Pommern betreffend, ist statt: nach §. 1. zu lesen: „nach 4."

= 90. §. 14., die Polizeiordnung für die Häfen und Binnengewässer von Stettin und Swinemünde betreffend, ist statt: „Harzruß" zu lesen: „Harpeus".

= 93. §. 29., in eben derselben Verordnung ist statt: §§. 9. 13. 15. 18. zu lesen: „§§. 9. 13. 15. bis 18."

= 132. die Veränderungen in der Zoll=Erhebungsrolle vom 30sten Oktober 1831. betreffend, ist in der Thara=Spalte
bei 27d. zu lesen: 10 in Ballen, statt: 7 in Ballen, und
bei 28 a. ist zu lesen: 14 in Fässern u. Kisten. 7 in Ballen. { statt: 14 in Fässern. 7 in Kisten.

= 306. §. 14., das Rechtsmittel der Revision und der Nichtigkeitsbeschwerde betreffend, muß es statt:
„mittelst eines vor einem Justiz ommissarius unterzeichneten Schriftsatzes —"
heißen:
„mittelst eines von einem Justizkommissarius unterzeichneten Schriftsatzes —"

Gesetz-Sammlung
für die
Königlichen Preußischen Staaten.

No. 1.

(No. 1402.) Allerhöchste Kabinetsorder vom 9ten Dezember 1832. wegen des öffentlichen Tabackrauchens in den Städten.

Mit der von dem Staatsministerio in dem Berichte vom 24sten v. M. entwickelten Ansicht, daß die auf das feuergefährliche Tabackrauchen gesetzte Strafe in den Fällen, in welchen eine solche Feuersgefahr nicht vorhanden ist, keine Anwendung finden könne, erkläre Ich Mich einverstanden. Da jedoch auch das nicht feuergefährliche Tabackrauchen zur Belästigung des Publikums gereichen kann, so genehmige Ich den Antrag, daß in den Fällen und an den Orten, wo eine solche Belästigung nach dem Ermessen der Orts-Polizeibehörde zu besorgen ist, auch das nicht feuergefährliche Tabackrauchen für bestimmte Plätze, Spaziergänge und Straßen, so wie selbst für den ganzen Bezirk eines Orts, bei einer zur Orts-Armenkasse einzuziehenden Strafe von 10 Sgr. bis 1 Rthlr. von den Orts-Polizeibehörden verboten werden dürfe, welche Verbote jedoch durch besondere in hinreichender Zahl gesetzte Warnungstafeln oder sonst genügend bekannt zu machen sind. Für die Residenzstädte Berlin und Potsdam bewendet es bei den diesfalls erlassenen Bestimmungen.

Berlin, den 9ten Dezember 1832.

Friedrich Wilhelm.

An
das Staatsministerium.

(Ausgegeben zu Berlin den 8ten Februar 1833.)

(No. 1403.) Allerhöchste Kabinetsorder vom 26sten Dezember 1832., betreffend das Aufhören des Kapital-Indults der Westpreußischen Landschaft, Erhöhung des Quittungsgroschens und Bildung eines Tilgungsfonds.

Ich habe aus Ihrem Berichte über die Verhandlungen des diesjährigen General-Landtags der Westpreußischen Landschaft dessen Beschlüsse in Beziehung auf den Tilgungsplan ersehen, und setze rücksichtlich des Verhältnisses der Landschaft zu den Pfandbriefsgläubigern fest: daß der Quittungsgroschen der Pfandbriefsschuldner, vom Johannistermin 1833. anfangend, mit Zwei Drittel Prozent erhoben und hiervon $\frac{1}{6}$ Prozent auf die Tilgung der Pfandbriefe verwendet werden soll. Ueber die anderweite sukzessive Vermehrung des Tilgungsfonds durch die Beiträge der Pfandbriefsschuldner, die in der Folge eintreten soll, wird die Beschlußnahme und Meine Entscheidung vorbehalten. Der dem Kreditsysteme bewilligte Kapitalien-Indult hört mit dem Weihnachtstermine 1832. dergestalt auf, daß die Pfandbriefe, Behufs baarer nach dem Nennwerthe zu leistender Zahlung, der Landschaft aufgekündigt werden können, wobei jedoch die Beschränkung eintritt, daß die Landschaft nur einen solchen Betrag an aufgekündigten Pfandbriefen zu bezahlen verpflichtet ist, als sie aus den laufenden Einnahmen des Tilgungsfonds und dessen zur Einlösung der Pfandbriefe reservirten Beständen bestreiten kann. Insoweit diese Mittel zur Befriedigung der aufkündigenden Gläubiger nicht hinreichen, soll die Verloosung unter ihnen stattfinden. Was den Indult betrifft, den Ich für die rückständigen Pfandbriefszinsen vom 24sten Dezember 1808. bis zum 24sten Juni 1815. durch Meinen Erlaß vom 12ten Februar 1825. bewilligt habe, so haben Sie dahin zu sehen, daß die Landschaft über die Berichtigung der Achtneuntel, welche sie nach Meiner Bestimmung bis zu Weihnachten 1832. einzulösen gehabt hat, sich baldigst ausweise. Diesen Befehl haben Sie durch die Gesetz-Sammlung bekannt zu machen.

Berlin, den 26sten Dezember 1832.

Friedrich Wilhelm.

An
den Staatsminister v. Schuckmann.

(No. 1404.) Allerhöchste Kabinetsorder vom 4ten Januar 1833., die exekutivischen Maaßregeln gegen die in Kasernen und andern ähnlichen Dienstgebäuden wohnenden Militairpersonen betreffend.

Um die Uebelstände zu beseitigen, welche mit der Exekutionsvollstreckung gegen Militairpersonen in Kasernen und andern ähnlichen Dienstgebäuden, bei Anwendung der deshalb bestehenden Vorschriften, verbunden sind, will Ich auf Ihren, des Justizministers Mühler Bericht vom 20sten v. M. hiermit festsetzen: daß exekutivische Maaßregeln gegen die in Kasernen und andern ähnlichen Dienstgebäuden wohnenden Militairpersonen, so weit sie nach dem §. 155. des Anhangs zur Allgemeinen Gerichtsordnung und nach Inhalt der Order vom 8ten November 1831. überhaupt zulässig sind, und in der Kaserne oder dem Dienstgebäude selbst vollstreckt werden müssen, nicht durch die Zivilgerichte, sondern nur durch Requisitionen der Militairgerichte und beziehungsweise des General-Auditoriats, insofern die Schuldner der Gerichtsbarkeit desselben unmittelbar untergeordnet gewesen, vollstreckt werden sollen. Ich beauftrage Sie mit der Bekanntmachung dieser Bestimmung.

Berlin, den 4ten Januar 1833.

Friedrich Wilhelm.

An
den Kriegsminister, General der Infanterie v. Hake,
und die Minister der Justiz v. Kamptz und Mühler.

(No. 1405.) Allerhöchste Kabinetsorder vom 19ten Januar 1833., wegen der Exekution gegen Oekonomiekommissarien, Feldmesser und Baukondukteure.

Um die Nachtheile zu beseitigen, welche für den öffentlichen Dienst daraus entstehen, wenn die in Eid und Pflicht genommenen Oekonomiekommissarien, Feldmesser und Baukondukteure durch den Schuldenhalber wider sie verhängten Personalarrest, oder durch Beschlagnahme des Gesammtbetrages ihrer deservirten Gebühren, der Fortsetzung und Beendigung der ihnen übertragenen Arbeiten entzogen werden, bestimme Ich hiermit, nach dem Antrage des Staatsministerii vom 31sten v. M.: daß wider solche Beamte, während der Dauer ihrer Anstellung auf fixirte Diäten bei öffentlichen Behörden, desgleichen während der Dauer der von öffentlichen Behörden ihnen übertragenen Beschäftigung, der Personalarrest Schuldenhalber überhaupt nicht vollstreckt, und in Ermangelung anderer Vermögensobjekte, die Exekution in ihr Einkommen nur nach Maaßgabe §. 160. des Anhangs zur Allgemeinen Gerichtsordnung zulässig seyn soll, wogegen es außer diesen Fällen bei den bisherigen gesetzlichen Bestimmungen sein Bewenden behält. Das Staatsministerium hat diese Anordnung durch die Gesetz-Sammlung bekannt zu machen.

Berlin, den 19ten Januar 1833.

Friedrich Wilhelm.

An
das Staatsministerium.

(No. 1406.) Statuten der ritterschaftlichen Privat-Bank in Pommern, vom 23sten Januar 1833.

Wir Friedrich Wilhelm, von Gottes Gnaden, König von Preußen ꝛc. ꝛc.

Da die Theilnehmer der bisherigen ritterschaftlichen Privat-Bank in Pommern mit Unserer Allerhöchsten Genehmigung eine Abänderung in der Einrichtung ihres Instituts beschlossen haben, und diese Maaßregel eine Modifikation der durch unsere Verordnung vom 15ten August 1824. bestätigten Statuten der Bankgesellschaft, nöthig macht; so haben Wir Uns bewogen gefunden, der umgestalteten ritterschaftlichen Privat-Bank in Pommern nachstehende Statuten zu ertheilen.

§. 1.

Von der Errichtung und den Fonds der Bank

Die Gesellschaft wird einen baaren Fonds von Einer Million Thaler durch Einschüsse der Theilnehmer gegen Ausfertigung von Zweitausend Stück Actien, jede zu Fünfhundert Thalern, nach dem beigefügten Schema A. abgefaßt, zusammenbringen. Die vorhandenen Ueberschüsse des bisherigen Bank-Instituts können auf einen Betrag von 125,000 Rthlr. von den Actionairs, welche von neuem der Gesellschaft beitreten, auf die vorbestimmten Einschüsse in Zahlung gegeben werden. Das Actien-Kapital ist zu Vier vom Hundert zinsbar, und die Zinsen werden auf Coupons nach dem Schema B. halbjährig ausgezahlt.

§. 2.

Von dem nach Abzug der Kosten und Zinsen verbleibenden jährlichen Gewinne werden zwei Drittheile als Dividende unter die Actionairs jährlich vertheilt, ein Drittheil dagegen zu einem Reservefonds gesammelt, welcher bestimmt ist, die Verzinsung des Actien-Kapitals unter allen Umständen sicher zu stellen, und etwanige Ausfälle zu decken.

Auch bleiben die auf einen Betrag von 125,000 Rthlr. durch Anrechnung der Ueberschüsse nach §. 1. den Theilnehmern der bisherigen Gesellschaft zustehenden Actien, so wie die darauf fallenden Zinsen, die Dividende und die ihnen über jenen Betrag etwa noch gebührenden Ueberschüsse aus dem bisherigen Geschäfte der Bank, in dem Tresor derselben so lange niedergelegt, bis die vollständige Abwickelung der früheren Geschäfte erfolgt, und dadurch die Aushändigung der Actien, der Zinsen, der Dividende und der etwa noch sich ergebenden Ueberschüsse zulässig gemacht seyn wird.

§. 3.

Durch die Aushändigung der Actien an die Einzahler, erwerben die Inhaber die Rechte der Theilnehmer an der Sozietät und begeben sich der Disposition über die eingezahlten Kapitalien, welche nebst dem, aus dem jährlichen Ge-

Gewinne zu bildenden Reservefonds (§. 2.) zur Erfüllung aller Verpflichtungen, die von den Behörden der Bank gegen dritte Personen innerhalb der Grenzen dieses Statuts eingegangen sind, bestimmt bleiben. Eine anderweitige und persönliche Vertretung der Actionairs findet dagegen nicht statt.

§. 4.

Der Sozietät der Bank ist gestattet, ihren Fonds (§. 1.) bis auf Zwei Millionen Thaler zu erweitern, und zu diesem Zwecke noch weitere Zweitausend Stück Actien auszufertigen, deren Inhabern dieselben Rechte und Verbindlichkeiten beigelegt werden, welche das gegenwärtige Statut für die Inhaber der ersten Million festsetzt.

§. 5.

Die Abtretung des Eigenthums von Actien kann nur durch einen schriftlichen Cessions-Vermerk auf der Rückseite der Actie mit den Worten: cedirt an N. N. von N. N. — Stettin, den ten 18 ." — und mit Wissen des Bank-Direktoriums stattfinden; sie tritt erst mit dem Tage in Kraft, an welchem die Anzeige geschehen, und die Eintragung des neuen Eigenthümers, in den Büchern der Bank durch einen Vermerk auf der Actien-Urkunde bescheinigt worden ist.

§. 6.

Kein Actionair darf, unter welchen Umständen es sey, mehr als Achtzig Actien eigenthümlich erwerben und rechtmäßig besitzen.

§. 7.

Von den auf den Grund des Statuts vom 15ten August 1824. §. 2. durch die Bank nach dem sub Litt. C. beigefügten Formulare ausgegebenen Scheinen verbleiben Fünfmalhunderttausend Thaler in Fünfthalerscheinen in Zirkulation.

§. 8.

Für die außerdem noch emittirten 500,000 Rthlr. in Einthalerscheinen behält es zwar bei den Anordnungen des genannten Statuts §§. 9. 10. und 11. sein Bewenden. Sie sollen aber von der Bank bis längstens zum 1sten Januar Eintausend Achthundert Fünf und dreißig eingezogen, und Unserm Finanzminister zur Vernichtung überliefert werden.

Die Bank ist verpflichtet und ermächtigt, sechs Monate vor Ablauf dieses Termins einen öffentlichen Aufruf an die Inhaber der nicht eingelieferten Scheine zu erlassen, und diejenigen für ungültig zu erklären, welche bis zum 1sten Januar 1835. ihren Komtoirs nicht eingehändigt worden sind.

§. 9.

Die im §. 6. des Statuts vom 15ten August 1824. festgesetzte Vertretung der Theilnehmer der bisherigen Bank-Sozietät dauert so lange, bis die nach

§. 8.

§. 8. aus dem Umlaufe zu ziehenden Einthaler-Bankscheine dem Finanzminister überliefert oder für ungültig erklärt worden sind. Auch muß bis dahin der Werth der aus dem Umlaufe noch nicht gezogenen Bankscheine stets in der Bank, entweder baar oder in Effekten, vorhanden seyn.

§. 10.

Wegen der Zirkulation und Realisation der im Umlaufe verbleibenden Fünfmalhunderttausend Thaler Bankscheine zu Fünf Thalern (§. 7.), haben Wir die in der Anlage Litt. D. enthaltene Vereinbarung zwischen Unserm Finanzminister und der Gesellschaft genehmigt.

§. 11.

Die Verfälschung dieser Bankscheine soll durch dieselben Strafen geahndet werden, welche auf die Verfälschung der Kassen-Anweisungen gesetzt sind.

§. 12.

Von der Verwaltung der Bank.

Die gemeinschaftlichen Angelegenheiten der Sozietät werden theils durch die Bank-Direktion, deren Hauptsitz Stettin ist, theils durch das Kuratorium der Bank, theils durch Beschlüsse der Korporation in ihren General-Versammlungen besorgt und wahrgenommen.

§. 13.

Der General-Versammlung steht es zu, die Dienst-Anweisungen für die Direktion sowohl, als das Kuratorium, innerhalb der Festsetzungen des gegenwärtigen Statuts zu ertheilen, auf den Vorschlag des Kuratoriums die Direktoren zu ernennen, die Kuratoren unter den Actionairen zu wählen, und die Beschwerden über die Beamten der Bank durch ihre Entscheidung zu erledigen.

§. 14.

Die General-Versammlung hat mindestens alle Jahre einmal statt.

Das Stimmrecht haben nur die, welche Acht Actien besitzen.

Es kann dies Recht auch durch Bevollmächtigte, nach näherer Bestimmung im Gesellschafts-Vertrage, ausgeübt werden.

Die Beschlüsse werden durch Stimmenmehrheit gefaßt. Zum mindesten Funfzehn Stimmen sind zu einem Beschlusse erforderlich.

§. 15.

Die Auflösung der Gesellschaft kann nur durch einhelligen Beschluß aller stimmberechtigten Mitglieder und nur nach Erfüllung ihrer Verbindlichkeiten erfolgen.

§. 16.

Das Kuratorium besteht, einschließlich des ersten Direktors, aus sieben nach §. 14. stimmberechtigten Actionairs, welche ihren Präsidenten unter sich wählen.

Derselbe wird nur auf ein Jahr bestellt, ist aber bei der nächsten Wahl wieder wählbar.

Von den Kuratoren scheidet jährlich Einer aus, derselbe kann jedoch ebenfalls wieder von Neuem gewählt werden.

§. 17.

Die Kuratoren haben die Kontrolle und obere Leitung, so wie die Bestätigung der zu bildenden Agenturen.

§. 18.

Die Bank-Direktion besteht aus dem ersten Direktor, dessen Bestätigung Wir Uns Allerhöchstselbst vorbehalten, dem zweiten Direktor und dem Syndikus.

Sie hat die Verwaltung der Bankgeschäfte und sorgt für die Aufbewahrung und Berechnung ihrer Fonds.

Der erste Bank-Direktor ist zugleich als beständiger Kommissarius des Bank-Kuratorii zu betrachten.

§. 19.

Die eigentlichen Bankgeschäfte werden den Bank-Direktoren gemeinschaftlich übertragen. Sie haben die Rechte und Pflichten der Handels-Disponenten; mit jedem von ihnen können die der Bank nach dem gegenwärtigen Statute gestatteten Geschäfte gepflogen werden, die Ausfertigungen der Bank aber müssen mit Beider Unterschrift versehen seyn, wobei jedoch bei Eines oder des Anderen Verhinderung die Unterschrift der vom Curatorio substituirten Beamten genügt.

§. 20.

Der Syndikus ist der verantwortliche Rechts-Konsulent der Kuratoren und der Bank-Direktion.

§. 21.

Die Bank-Direktoren, der Syndikus, Kassirer und der Buchhalter sind fixirt besoldete Beamte der Bank. Tantièmen dürfen ihnen nur aus den wirklichen Ueberschüssen bewilligt werden.

Die Kuratoren werden für die Versäumnisse in ihren Privat-Geschäften und Reisekosten durch Diäten und Fuhrgelder entschädigt.

Von den Rechten der Bank.

§. 22.

Die Bank hat die Rechte einer öffentlich privilegirten Korporation. Sie hat als solche ihren Gerichtsstand vor dem Oberlandesgerichte zu Stettin.

§. 23.

Die Bank ist zum Betriebe aller Geschäfte befugt, welche für ein Bank-Institut geeignet sind, mithin zu solchen Geschäften, aus welchen sie ihre Vorschüsse, sobald sie deren für ihren eigenen Kredit bedarf, zu jeder Zeit zurückzuziehen im Stande ist. Es werden ihr kaufmännische Rechte beigelegt, doch ist ihr versagt, Wechsel auf sich selbst zu ziehen; auch darf sie keine auf den Inhaber gestellte Papiere in Umlauf setzen.

Wiewohl sie, nach dem allgemeinen von Bank-Instituten zu beobachtenden Grundsatze, ihre Fonds auf liegende Gründe nicht ausleihen darf, so ist ihr doch

doch gestattet, hypothekarische Schuldverschreibungen als Faustpfand und zur Verstärkung persönlicher Sicherheit von Wechsel- und andern Debitoren anzunehmen, wenn die Activa auf ländlichen Grundstücken innerhalb zwei Drittel, und auf städtischen Gründen innerhalb der Hälfte des nachgewiesenen Grundwerths eingetragen sind.

§. 24.

Auf die Belegung von Pupillen- und anderen bei gerichtlichen und öffentlichen Kassen befindlichen Depositengeldern in ihren Fonds, darf die Bank keinen Anspruch machen.

§. 25.

Den Beamten der Bank (§. §. 20. 21.) kömmt die Eigenschaft und der Glaube öffentlicher Beamten zu, und den von ihrer statutenmäßigen Administration aufgenommenen und ausgefertigten Verhandlungen und Urkunden wird die Eigenschaft und Gültigkeit öffentlicher Dokumente beigelegt.

§. 26.

Die auszufertigenden Actien sind keiner Stempel-Abgabe unterworfen. Bei dem innern Verkehre der Bank soll sie hinsichtlich der Stempelbefreiung nach den Bestimmungen für die Haupt-Bank behandelt werden. Auch soll sie in ihren Prozessen als Institut der Sportelfreiheit, und in Betreff der Stempel die Rechte der Haupt-Bank genießen.

§. 27.

Der Bank wird innerhalb der Provinz Pommern für die Korrespondenz mit ihren Beamten und Agenten die Portofreiheit verliehen.

Dieser Fall der Befreiung ist auf die Adressen zu bemerken, und sind dieselben mit dem öffentlichen Siegel der Beamten der Sozietät zu versehen, welches sie mit der Umschrift führen:

Kuratorium (Directorium) der ritterschaftlichen Privat-Bank in Pommern;

so wie die Kommissarien der Sozietät, mit der Umschrift:

Ritterschaftliche Privat-Bank in Pommern,

als der alleinigen Firma, deren sich die Bank-Sozietät bedienen kann.

§. 28.

In Ansehung der Besteuerung wird die ritterschaftliche Privat-Bank in Pommern der dortigen Landschaft gleichgestellt; insonderheit bleibt sie wegen ihres kaufmännischen Verkehrs frei von der Gewerbesteuer.

§. 29.

Der Bank steht gegen ihre Mitglieder wegen der ihnen aus den Statuten und Sozietäts-Verträgen obliegenden Verpflichtungen das Recht der Exekution ohne prozessualisches Verfahren zu.

§. 30.

Die Bank ist befugt, die bei ihr eingelegten Pfänder zur Verfallzeit, ohne daß sie dazu der gerichtlichen Ermächtigung bedarf, wenn dieselben Cours bei der Berliner Börse haben, daselbst oder in Stettin durch vereidete Mäkler verkaufen zu lassen, oder solche nach dem derzeitigen amtlichen Börsen-Course zu ihren Fonds einzuziehen. Ein Gleiches findet in Hinsicht der als Pfand deponirten Waaren und sonstigen beweglichen Gegenstände statt.

§. 31.

Die Aufsicht des Staats über die Bank wird durch Unsern Minister des Innern für Handel und Gewerbe, und als dessen beständigen Kommissarius, durch den Ober-Präsidenten der Provinz Pommern ausgeübt. Letzterer hat periodische Kassen- und Geschäftsrevisionen anzuordnen, wobei ihm diejenigen Befugnisse zustehen, welche den Kuratoren Unserer landesherrlichen Kassen und der Geld-Institute beigelegt sind.

§. 32.

Der Staats-Verwaltung liegt in keiner Art eine Vertretung der Operation der Bank und eine Verantwortlichkeit aus deren Geschäftsverbindung mit Privatpersonen ob.

§. 33.

Alle Bestimmungen des Statuts vom 15ten August 1824, auf welche in dem gegenwärtigen nicht ausdrücklich Bezug genommen wird, sind aufgehoben.

§. 34.

Unser Minister des Innern für Handels- und Gewerbe-Angelegenheiten ist mit der Ausführung dieser Verordnung beauftragt. Zu dem Ende ist demselben der zu errichtende Gesellschafts-Vertrag der Actionairs unter sich, zur Einsicht und Prüfung vorzulegen.

Urkundlich unter Unserer Höchsteigenhändigen Unterschrift und Beidrückung Unsers Königlichen Siegels.

Berlin den 23sten Januar 1833.

(L. S.) Friedrich Wilhelm.

v. Schuckmann. Maassen.

A.

A.

№ . . . .

Actie

der Pommerschen Ritterschaftlichen Privat-Bank zu Stettin.

Auf diese **Actie** sind von dem (der Name und Stand des Einzahlers) **Fünf Hundert Thaler Preufs. Court.** baar eingezahlt und hat der Inhaber derselben für diesen Betrag verhältnifsmäfsigen Antheil an den Fonds der Bank, ihren Erwerbungen, Vorrechten und Verpflichtungen, wie selbige durch das Statut der Bank vom ten .... und den Gesellschafts-Vertrag vom ten ...... bestimmt sind. Die Abtretung des Eigenthums dieser Actie kann nur durch einen schriftlichen Cessions-Vermerk auf der Rückseite der Actie mit den Worten: cedirt an .... von .... (Ort und Datum) mit Wissen des Bank-Directoriums stattfinden, welches die Eintragung des neuen Eigenthümers in den Büchern der Bank auf der Actie bescheinigt.

Die Zinsen à 4 pro Cent werden auf besondere Coupons halbjährlich, die Dividende jährlich in Stettin bei der unterzeichneten Bank, auch in Berlin bei anzuzeigenden Agenten bezahlt.

Stettin, den ten 18

Directorium der Ritterschaftlichen Privat-Bank in Pommern.

B.

Litt. A. Zins-Coupon zu der Actie der Ritterschaftlichen Privat-Bank in Pommern № .... über 500 Rthlr. Capital zahlbar zu Stettin am 1. Mai / 1. Nov. 18 . . bei der unterzeichneten Bank mit Zehn Thalern Preufs. Courant.

Directorium der Ritterschaftlichen Privat-Bank in Pommern.

(Hier folgen noch neun ähnliche Coupons-Formulare.)

C.

№

Fünf (Ein) Reichsthaler in Preußischem Silber-Courant nach dem Münzfuße von 1764.

Dieser von der ritterschaftlichen Privat-Bank in Pommern ausgefertigte Bankschein wird zu dem obigen Betrag in ihren Comtoirs zu jeder Zeit einem jeden Inhaber vollständig realisirt. Annehmbar auch in den Königlichen Kassen in Pommern bei Entrichtung der öffentlichen Abgaben zu einem Viertheil des Courantbetrages derselben, auch dabei annehmbar auf das Tresorschein-Pflichttheil.

D.

D.

Zwischen dem unterzeichneten Finanzminister und den unterzeichneten Deputirten der ritterschaftlichen Bank in Pommern, ist Folgendes verabredet:

1) Als Unterpfand für die nach dem neuen Bankstatute im Umlaufe bleibenden Einmalhundert Tausend Bankscheine jeder zu 5 Rthlr. wird von der ritterschaftlichen Bank eine Summe von Fünfmalhundert Tausend Thalern in Staatsschuldscheinen bei der General-Staatskasse niedergelegt.
2) Die Zinsen, welche von diesem Kapitale fällig werden, verbleiben der Bank, und sollen dem Bank-Direktorio von der General-Staatskasse halbjährig durch Herausgabe der Zins-Coupons oder baar überwiesen werden.
3) Sollte die ritterschaftliche Bank in der Folge die Bankscheine aus dem Umlaufe zurückziehen wollen, oder die Einziehung derselben, indem die Bankgesellschaft sich auflösete, erforderlich werden; so gehen die Staatsschuldscheine in das Eigenthum des Staats über, welcher dagegen die Bankscheine aus dem Umlaufe zurückzieht und vernichtet.
4) Nach Ablieferung der Staatsschuldscheine an die General-Staats-Kasse, können die 100,000 Stück der nach §. 2. des unterm 15ten August 1824. bestätigten Bankstatuts emittirten Bankscheine zu 5 Rthlr. nach und nach bei der Königl. Realisationskasse zu Berlin durch das Bank-Direktorium übergeben werden, welche die Bankscheine auf der Rückseite mit einem Stempel, der mit dem Königl. Wappenadler und der Umschrift: Königl. Realisationskasse zu Berlin, versehen ist, in rother Farbe bedrucken läßt, und der Bank zurückgiebt.
5) Der Finanzminister verspricht die Verfügung zu treffen, daß die nach §. 1. gestempelten Bankscheine bei sämmtlichen Königl. Kassen in den Provinzen Brandenburg und Pommern bei allen Einzahlungen an dieselben für baares Geld angenommen und auch eben so wieder ausgegeben werden. Auch wird die Austauschung dieser Bankscheine gegen baares Silbergeld bei der Realisationskasse in Berlin auf Verlangen des Inhabers jederzeit stattfinden.
6) Zu den Kosten dieser Realisirung der Bankscheine zahlt die ritterschaftliche Bank ein für allemal eine Summe von Dreißig Tausend Thalern, welche, bevor Bankscheine zur Stempelung gelangen, an die General-Staatskasse zu entrichten sind.

Berlin, den 11ten Januar 1833.

Maassen. Senfft von Pilsach. von Bülow-Cummerow.

Gesetz-Sammlung
für die
Königlichen Preußischen Staaten.

No. 2.

(No. 1407.) Allerhöchste Kabinetsorder vom 21sten Januar 1833., betreffend die Errichtung von Testamenten vor den Magisträten.

Ich habe aus Ihrem Berichte vom 7ten d. M. ersehen, daß bei den Gerichten über die Anwendung des §. 99. Tit. 12. Th. I. des Allgemeinen Landrechts, betreffend die Errichtung von Testamenten vor den Magisträten, Zweifel entstanden sind. Zur Erledigung derselben verordne Ich hierdurch nach Ihrem Antrage, daß in Städten, wo der Richter nicht am Orte wohnt, oder wo nur Eine zur Verwaltung des Richteramtes bestellte Person vorhanden ist, in Abwesenheit derselben, Testamente rechtsgültig von einer aus dem Burgemeister oder dessen Stellvertreter und zwei Magistratsmitgliedern bestehenden Deputation an- und aufgenommen werden dürfen, und daß es außer dem geleisteten Amts-Eide der Mitglieder dieser Deputation, keiner besonderen Vereidigung derselben zu Amtsverrichtungen dieser Art bedarf. Die Stelle des einen Magistratsmitgliedes kann durch den Stadtsekretair, einen vereideten Gerichtsschreiber, oder eine der §. 94. Tit. 12. Thl. I. des Allgemeinen Landrechts genannten Personen vertreten werden. Ich beauftrage Sie, diese Bestimmung durch die Gesetz-Sammlung bekannt zu machen.

Berlin, den 21sten Januar 1833.

Friedrich Wilhelm.

An
die Staats- und Justizminister v. Kamptz und Mühler.

(Ausgegeben zu Berlin den 27sten Februar 1833.)

(No. 1408.) Allerhöchste Kabinetsorder vom 31sten Januar 1833., betreffend die Kriminal-Gerichtsbarkeit der Untergerichte und Inquisitoriate.

Da die in den §§. 15. bis 20. und §. 513. der Kriminalordnung, so wie in Meiner Verordnung vom 11ten März 1818. (Gesetz-Sammlung Seite 19.) bestimmten Grenzen der Befugniß der Untergerichte, in Kriminalsachen die Untersuchung zu führen und das Erkenntniß abzufassen, mit Rücksicht auf örtliche Verhältnisse häufig einer angemessenen Erweiterung bedürfen, um bei der Kriminal-Rechtspflege Zeit und Kosten zu ersparen, oder die Ueberhäufung der Arbeit bei den besondern Untersuchungsbehörden zu vermeiden, und dieserhalb auch schon theils auf Grund älterer Verfassung, theils auf Grund Meines Erlasses an Ihren Amtsvorgänger, vom 3ten Februar 1824. bei einzelnen Untergerichten Ausnahmen eingetreten sind, so will Ich auf Ihre Berichte vom 15ten vor. und 12ten d. M. nicht nur diese bereits getroffenen Anordnungen bestätigen, sondern Sie auch im Allgemeinen hierdurch autorisiren, die Befugniß

a) aller Untergerichte zur Führung der Untersuchungen,

b) der kollegial eingerichteten Untergerichte, imgleichen der Inquisitoriate, zur Abfassung der Erkenntnisse in erster Instanz,

sowohl in Kriminal- als fiskalischen Untersuchungssachen nach Bewandniß der Umstände, zu erweitern und das Maaß und den Umfang dieser Wirksamkeit der Untergerichte in der Kriminal-Rechtspflege, wie es das Bedürfniß erheischt, festzusetzen. Sie haben diese Bestimmung durch die Gesetz-Sammlung zur öffentlichen Kenntniß bringen zu lassen.

Berlin, den 31sten Januar 1833.

Friedrich Wilhelm.

An
den Staats- und Justizminister Mühler.

(No. 1409.) Allerhöchste Kabinetsorder vom 3ten Februar 1833., wonach die Verordnung vom 2ten Juni 1827. wegen Herabsetzung des in Preußen gesetzlichen Zinsfußes auch in dem Lauenburg-Bütowschen Kreise und in den beiden dem Köslinschen Regierungsbezirke einverleibten Westpreußischen Enklaven, verbindliche Kraft erhalten soll.

Auf Ihre Berichte vom 27sten Dezember v. J. und 21sten v. M. bestimme Ich nach Ihrem Antrage, daß die Verordnung vom 2ten Juni 1827., wegen Herabsetzung des in Preußen gesetzlichen Zinsfußes auf den ehemals Westpreußischen, durch die Provinzial-Eintheilung vom 30sten April 1815. dem Köslinschen Regierungsbezirk überwiesenen Lauenburg-Bütowschen Kreis, so wie auf die beiden eben diesem Regierungsbezirk einverleibten Westpreußischen Enklaven angewendet und daselbst verbindliche Kraft erhalten soll. Sie haben diese Bestimmung durch die Gesetz-Sammlung bekannt zu machen.

Berlin, den 3ten Februar 1833.

Friedrich Wilhelm.

An
die Staats- und Justizminister v. Kamptz und Mühler.

(No. 1410.) Allerhöchste Kabinetsorder vom 11ten Februar 1833., wegen Abänderung der §§. 43. 44. 304. seq. und 313. der landschaftlichen Kreditordnung für das Großherzogthum Posen.

In Meiner Order vom 5ten März 1828. habe Ich auf die Beschlüsse, welche von der General-Versammlung des landschaftlichen Kredit-Vereins im Großherzogthum Posen wegen Abänderung der §§. 43. 44. 304. ff. und 313. der Kreditordnung vom 15ten Dezember 1821., laut der unter A. und B. beigefügten Auszüge aus dem Protokoll vom 19ten April 1827. gefaßt worden sind, bereits genehmigt,

daß die bei dem Tilgungsfonds durch Ankauf, Kündigung Seitens der Inhaber, oder sonst eingehenden Pfandbriefe nicht sogleich mit dem im §. 313. vorgeschriebenen Vermerk versehen, sondern zunächst von der General-Landschafts-Direktion nur interimistisch außer Cours gesetzt worden, und daß erst dann, wenn diejenigen Pfandbriefe, welche nach §. 44. dem Tilgungsfonds für immer verbleiben, darin vorhanden oder durch Umtausch herbeigeschafft sind, der Vermerk auf denselben erfolge.

Auf das erneuerte Gesuch der vorjährigen General-Versammlung, wegen Genehmigung des weitern Inhalts jener Beschlüsse und deren Vervollständigung in dem unter C. beigefügten Auszuge aus dem Protokolle vom 9ten April v. J. ertheile Ich nach Ihren Anträgen vom 29sten Oktober v. J. und 12ten v. M. Meine Genehmigung:

1) daß nach dem Beschlusse der General-Versammlung vom 19ten April 1827. (Beilage A. zu 2.) die in den §§. 43. und 44. der landschaftlichen Kreditordnung verordneten Partial-Löschungen der planmäßig getilgten Pfandbriefs-Schuld unterbleiben können; jedoch daß es jedem Pfandbriefs-Schuldner unbenommen bleibe, für seinen Grundbesitz die Abschreibung der löschungsfähigen Quoten der Pfandbriefe zu fordern, in welchem Falle die Löschung auf Kosten des Extrahenten geschieht.

Ich genehmige

2) daß bei der Aufbewahrung der Pfandbriefe, welche zum Tilgungsfonds zu bringen sind und bis zur Löschung und Vernichtung bei demselben verbleiben, nach dem Beschlusse vom 9ten April v. J. (Beilage C.) verfahren werde, so wie Ich

3) den Beschluß vom 19ten April 1827. (Beilage B.) genehmige, durch welchen die in den §§. 304. u. f. der Kreditordnung enthaltenen Vorschriften, wegen Verloosung der zum Tilgungsfonds einzulösenden Pfandbriefe auf eine angemessene Weise abgeändert sind.

Diese Meine Bestimmungen haben Sie durch die Gesetz-Sammlung zur öffentlichen Kenntniß zu bringen.

Berlin, den 11ten Februar 1833.

Friedrich Wilhelm.

An
den Staatsminister v. Schuckmann.

A.

A.

Extrakt

aus dem Protokolle der General-Versammlung des landschaftlichen Kredit-Vereins im Großherzogthum Posen, de dato Posen den 19ten April 1827.

2c. 2c. 2c.

II. Es ward hierauf zur Prüfung des, von dem vorjährigen engern Ausschuß in der Verhandlung vom 13ten Februar v. J. gemachten Antrages, die Modifikation des §. 313. und der §§. 43. 44. der Kreditordnung betreffend, geschritten, und die General-Versammlung beschloß einstimmig:

1) daß, da sämmtliche Pfandbriefs-Schuldner das höchste Interesse dabei hätten, daß jederzeit diejenige Summe von Pfandbriefen, welche von jedem einzelnen Theilnehmer durch das gezahlte Tilgungsprozent bezahlt und abgelöst worden, in den Tilgungsfonds gebracht würde, und daher der im §. 44. der Kreditordnung verordnete Umtausch durchaus nothwendig sei, die zum Tilgungsfonds anzukaufenden oder einzulösenden gekündigten Pfandbriefe, nicht mit dem im §. 313. verordneten Vermerk, wodurch sie für immer vernichtet würden, zu versehen, sondern daß diese Pfandbriefe bis zu ihrem Umtausch nur interimistisch von der General-Landschafts-Direktion außer Cours zu setzen, und daß erst, wenn diejenigen Pfandbriefe, welche für immer in dem Tilgungsfonds bleiben sollen, durch Umtausch herbeigeschafft worden, diese mit dem im §. 313. verordneten Vermerk zu versehen seien;

2) beschloß die General-Versammlung, daß die im §. 44. der Kreditordnung verordnete Partial-Löschung ganz unterbleiben solle, weil solche von keinem Nutzen für den Pfandbriefs-Schuldner sei, indem eine Löschung mit voller Wirkung nie geschehen könne, da der Vermerk, daß die Kapitals-Pfandbriefs-Schuld zum Theil getilgt sei, nach §. 46. nur mit dem Zusatz geschehen könne, daß dessenohnerachtet die Zinsen von den getilgten Pfandbriefen fortlaufen, und der Nachweis, wie viel jeder Interessent durch das gezahlte Tilgungsprozent wirklich getilgt habe, von ihm jederzeit, durch ein Zeugniß der General-Landschafts-Direktion geführt werden könne.

2c. 2c. 2c.

B.

Extrakt

aus dem Protokolle der General-Versammlung des landschaftlichen Kredit-Vereins im Großherzogthum Posen, de dato Posen den 19ten April 1827.

ꝛc. ꝛc. ꝛc.

IV. Hiernächst ward die Frage erörtert:

wie dann zu verfahren sein werde, wenn der Cours der Pfandbriefe den Nennwerth erreichen oder solchen übersteigen sollte?

Für diesen Fall verordnet die Kreditordnung im 15ten Kapitel die Einziehung der zu tilgenden Pfandbriefe durch Verloosung, so wie, daß solche für immer dem öffentlichen Verkehr entzogen, die Coupons vernichtet und die dergestalt geloosten und für immer außer Cours gesetzten Pfandbriefe unter keinem Verhältniß wieder in Cours gesetzt werden sollen. Die ꝛc. Abgeordneten, wenn sie auch zufolge des vorstehend gefaßten Beschlusses die Partial-Löschungen, welche der §. 43. verordnet, als unzweckmäßig verworfen, halten es dennoch für unerläßlich, daß die zum Tilgungsfonds zu bringenden einzelnen Pfandbriefe, so wie im §. 44. bei dem Umtausch verordnet ist, nach dem Gesellschaftsverhältniß eingezogen würden, da sonst in dem Fall, wenn der Pfandbriefs-Inhaber zufolge des §. 30. auf die Spezial-Hypothek zurückgehen sollte, diejenigen Theilnehmer, deren Pfandbriefe zum Tilgungsfonds eingezogen worden, gegen die andern, deren Pfandbriefe sämmtlich im Cours geblieben, einen zu großen Vortheil haben würden, und sämmtliche Mitglieder der General-Versammlung waren daher einstimmig der Meinung:

daß, statt der im 15ten Kapitel vorgeschriebenen Verloosung, sogleich diejenigen Pfandbriefe zum Tilgungsfonds gebracht werden müßten, welche dem Gesellschaftsverhältniß zufolge von jedem einzelnen Interessenten durch Einzahlung des Tilgungsprozents getilgt und abgelöst worden.

Demgemäß beschloß die General-Versammlung:

1) daß die im 15ten Kapitel der Kreditordnung verordnete Verloosung der zum Tilgungsfonds einzulösenden Pfandbriefe, ganz wegfallen solle;
2) daß dann, wenn die Pfandbriefe den Nennwerth erreichen oder Agio tragen, die General-Landschafts-Direktion diejenigen Pfandbriefe, welche im Betrage des 20sten Theiles der Kapitalsschuld eines jeden einzelnen Interessenten zunächst getilgt werden sollen, auswähle, dann aber nach Analogie des §. 304. seq. mit Verloosung der gewählten Pfandbriefs-Nummern, so weit diese durch das in jeder Versur eingehende Tilgungsprozent realisirt und abgelöst werden können, verfahre, und diese Verloosung in den folgenden Versuren so lange fortsetze, bis sämmtliche gewählte Pfandbriefs-Nummern

mern

mern im Betrage des 20sten Theiles des Pfandbriefs-Kapitals abgelöst und zum Tilgungsfonds gebracht worden, worauf dieses Verfahren in eben der Art zu wiederholen sein würde;

3) daß die dergestalt geloosten Pfandbriefe, sobald sie eingegangen, mit dem §. 313. verordneten Vermerk versehen und deren Coupons vernichtet werden sollen;

4) daß über diese Verloosung ein ganz besonderes Rechnungsbuch unter Kontrolle des General-Landschafts-Syndici nach Vorschrift des §. 308. geführt werden solle;

5) daß, so lange sich in dem Tilgungsfonds Pfandbriefe, welche durch Ankauf angeschafft worden, befinden, welche noch nicht umgetauscht sind, diejenigen Pfandbriefs-Schuldner, deren Güter für diese Pfandbriefe verhaftet sind, zur Verloosung nicht zuzulassen, sondern vielmehr nur sukzessive von diesen Pfandbriefen in jedem Zahlungstermin so viele mit dem im §. 313. vorgeschriebenen Vermerk versehen, oder den erwähnten Pfandbriefs-Schuldnern soviel davon abgeschrieben werden solle, als sie durch das eingezahlte Amortisationsprozent wirklich getilgt haben, und daß erst dann, wenn sämmtliche schon im Tilgungsfonds befindliche Pfandbriefe jedes einzelnen dieser Interessenten durch Zahlung abgelöst worden, diese zur Verloosung verstattet werden sollen;

6) daß in Fällen, wo bei der Wahl der zu verloosenden Pfandbriefe das Gesellschaftsverhältniß nicht jederzeit beobachtet werden könnte, nach Analogie des §. 45. verfahren und die Differenz bei den nächsten Versuren ausgeglichen werden solle.

ꝛc. ꝛc. ꝛc.

C.

Extrakt

aus dem Protokolle der General-Versammlung des landschaftlichen Kredit-Vereins im Großherzogthum Posen, de dato Posen den 9ten April 1832.

ꝛc. ꝛc. ꝛc.

Hierauf wurden ꝛc.

Modifikation des §. 43. der Kreditordnung.

VI. Die durch den §. 43. der Kreditordnung angeordnete, im Laufe der Tilgungsperiode zu bewirkende Partial-Löschungen, zur Sprache gebracht; sämmtliche ꝛc. Abgeordnete waren darin einverstanden, daß theils aus den, von der General-Versammlung im Jahre 1827. theils aus den von der General-Landschafts-Direktion in deren Bericht angeführten Gründen es höchst wünschenswerth sei: daß die Partial-Löschungen in dem Hypothekenbuche zur Ersparung der damit verknüpften Kosten und Weitläuftigkeiten unterbleiben möchten.

 Der

Der Königliche Kommissarius machte hierbei die Versammlung darauf aufmerksam, daß es zweckmäßig sein dürfte, ein mit größerer Feierlichkeit zu beobachtendes Verfahren, bei der Aufbewahrung der zum Tilgungsfonds zu bringenden und in demselben bis zur Ablösung der ganzen Pfandbriefs-Schuld aufzubewahrenden Pfandbriefe zu beobachten, welches dahin anzuordnen sein dürfte:

1) daß dabei sowohl ein von der Königlichen Regierung als ein von dem Königlichen Ober-Appellationsgericht abzuordnendes Mitglied gegenwärtig sei;
2) daß von diesen und den Mitgliedern der General-Landschafts-Direktion der Vermerk, wodurch die Pfandbriefe für immer außer Cours gesetzt werden, vollzogen und in ihrer Gegenwart die Pfandbriefe eingeschnitten, auch sämmtliche Coupons derselben vernichtet würden;
3) daß ein besonderes Register über die dergestalt für immer dem öffentlichen Verkehr entzogenen Pfandbriefe gefertigt, von den Kommissarien mit vollzogen, dann aber
4) diese Pfandbriefe in Paketen von der General-Landschafts-Direktion und den Kommissarien der ꝛc. Regierung und des ꝛc. Ober-Appellationsgerichts versiegelt und in einem besondern eisernen Kasten aufbewahrt, demnächst aber die dergestalt getilgten Pfandbriefs-Nummern öffentlich bekannt gemacht würden.

Die ꝛc. Deputirten fanden dieses Verfahren nicht allein dem Zweck entsprechend, sondern auch dazu vollständig geeignet, daß wenn dasselbe beobachtet wird, jedem Mißbrauch mit den auf diese Art getilgten Pfandbriefen vorgebeugt werden würde, und wiederholten hiermit den von der General-Versammlung im Jahre 1827. gefaßten Beschluß, in der Hoffnung,

daß derselbe unter Bevorwortung des Königlichen Kommissarii Allerhöchsten Orts werde genehmigt werden.

ꝛc. ꝛc. ꝛc.

Berichtigung.

Seite 12. der Gesetz-Sammlung vom Jahre 1833. ist in der 11ten und 12ten Zeile von unten: nach 4., statt nach §. 1. zu lesen.

Gesetz-Sammlung
für die
Königlichen Preußischen Staaten.

No. 3.

(No. 1411.) Allerhöchste Kabinetsorder vom 27sten Oktober 1832., wegen Verleihung und Einführung der revidirten Städteordnung vom 17ten März 1831. in der Stadt Lissa.

Auf Ihren Antrag vom 30sten v. M. will Ich der Stadt Lissa, dem von derselben geäußerten Wunsche gemäß, die revidirte Städteordnung vom 17ten März v. J. verleihen, und Sie ermächtigen, wegen deren Einführung durch den Ober-Präsidenten der Provinz das Weitere anzuordnen.

Berlin, den 27sten Oktober 1832.

Friedrich Wilhelm.

An
den Staatsminister des Innern und der Polizei Freiherrn v. Brenn.

(Ausgegeben zu Berlin den 22sten März 1833.)

(No. 1412.) Allerhöchste Kabinetsorder vom 12ten Januar 1833., wonach Gewerbscheine zum Aufsuchen von Bestellungen auf Edelsteine und edle Fossilien, als Achate, Karneole ꝛc. oder auf Quincaillerie-Waaren, deren Hauptwerth in solchen Steinen besteht, nicht ferner ertheilt werden sollen.

Auf Ihren Bericht vom 27sten v. M. setze Ich, mittelst Deklaration der gesetzlichen Bestimmungen im §. 21 a. des Gesetzes vom 30sten Mai 1820. und im §. 5. des Regulativs über den Gewerbsbetrieb im Umherziehen vom 28sten April 1824. nach Ihrem Antrage, fest: daß zum Aufsuchen von Bestellungen auf Edelsteine und edle Fossilien, als Achate, Karneole ꝛc. oder auf Quincaillerie-Waaren, deren Hauptwerth in solchen Steinen besteht, Gewerbscheine nicht ferner ertheilt werden dürfen, welche Bestimmung Sie durch die Gesetz-Sammlung zur öffentlichen Kenntniß zu bringen haben.

Berlin, den 12ten Januar 1833.

Friedrich Wilhelm.

An
die Staatsminister v. Schuckmann, Maassen und Freiherrn v. Brenn.

(No. 1413.) Allerhöchste Kabinetsorder vom 17ten Februar 1833., betreffend die Anwendbarkeit der Verordnung vom 8ten August 1832. (Gesetz-Sammlung No. 1382.) in der Provinz Preußen.

Zur Beseitigung der mannigfachen Schwierigkeiten und Kosten, welche bei der Auszahlung der Entschädigungs-Summen für die zum Chausseebau in der Provinz Preußen abgetretenen Privatländereien durch die gesetzlichen Förmlichkeiten der Legitimation, den Empfängern verursacht werden, bestimme Ich, Ihrem Antrage vom 2ten d. M. gemäß, daß bei solchen Zahlungen auch in der Provinz Preußen, die zahlende Behörde dasjenige abgekürzte und weniger kostbare Verfahren anwende, welches in der Verordnung vom 8ten August v. J. in Bezug auf die Geldentschädigung für den zum Chausseebau abgetretenen Grund und Boden, in der Kurmark, vorgeschrieben ist. Sie haben diese Bestimmung durch die Gesetz-Sammlung zur allgemeinen Kenntniß zu bringen.

Berlin, den 17ten Februar 1833.

Friedrich Wilhelm.

An
den Staatsminister v. Schuckmann.

(No. 1414.) **Allerhöchste Kabinetsorder vom 25sten Februar 1833., wegen Unzulässigkeit der freiwilligen Prorogation des Gerichtsstandes in Ehescheidungssachen.**

Die nach Ihrem Berichte vom 2ten d. M. bei einigen Gerichten angenommene und praktisch durchgeführte Meinung, als ob in Ehescheidungsprozessen eine freiwillige Prorogation des Gerichtsstandes gesetzlich zulässig sey, ist mit der öffentlichen Ordnung und mit den Gesetzen, welche für die Erhaltung der Ehen aus religiösen und sittlichen Rücksichten ernstliche Vorsorge tragen, ganz unvereinbar. Auch würde eine solche Prorogation des Gerichtsstandes, über welche die Partheien übereinkommen, nichts anders seyn, als ein Kompromiß der Eheleute, welches in dem von Ihnen angeführten §. 169. Titel II. der Prozeßordnung, um des gemeinen Besten willen, ausdrücklich untersagt ist, und es läßt sich keinesweges anerkennen, daß die Bestimmungen der Prozeßordnung in den §§. 160. 161. Titel II. hierüber irgend einen Zweifel veranlassen. Denn Ehescheidungsprozesse gehören nach §. 128. Zusatz 37. zu den Rechtsgeschäften, denen nach §. 126. wegen ihrer besondern Beschaffenheit ein eigener Gerichtsstand angewiesen ist; sie sollen jederzeit vor dem persönlichen Gerichtsstande des Ehemanns entschieden werden, wodurch ein spezieller Gerichtsstand der Sache begründet wird, der nach §. 161. die Zulässigkeit der freiwilligen Prorogation ausschließt, weil dem ungehörigen Richter die Befugniß nicht zusteht, über einen Gegenstand zu erkennen, dessen Entscheidung an das Spezialforum der Sache in Ehescheidungsprozessen, also an den persönlichen Gerichtsstand des Ehemanns, gewiesen ist. Ich genehmige nun zwar, daß nach Ihrem Antrage, die auf den Grund freiwilliger Prorogationen von unbefugten Richtern rechtskräftig erkannten Ehescheidungen aufrecht erhalten werden, es bedarf jedoch keiner Deklaration der gesetzlichen Bestimmungen, sondern nur einer berichtigenden Belehrung der Gerichte, welche denselben mittelst Aufnahme dieses Befehls in die Gesetz-Sammlung zu ertheilen ist.

Berlin, den 25sten Februar 1833.

Friedrich Wilhelm.

An
die Staats- und Justizminister v. Kamptz und Mühler.

Gesetz-Sammlung
für die
Königlichen Preußischen Staaten.

No. 4.

(No. 1415.) Publikations-Patent für die, zum Deutschen Bunde gehörenden Provinzen der Monarchie über den, von der Deutschen Bundesversammlung unterm 6ten September 1832. gefaßten Beschluß, die Sicherstellung der Rechte der Schriftsteller und Verleger gegen den Nachdruck betreffend. De dato Berlin, den 12ten Februar 1833.

Wir Friedrich Wilhelm, von Gottes Gnaden, König von Preußen ꝛc. ꝛc.

thun kund und fügen hiermit zu wissen:

Nachdem in Folge Unserer Allerhöchsten Kabinetsorder vom 16ten August 1827. (Gesetz-Sammlung von 1827. Seite 123.) von Unserem Ministerium der auswärtigen Angelegenheiten mit dem allergrößten Theile der Deutschen Bundesstaaten über die Sicherstellung der Rechte der Schriftsteller und Verleger gegen den Bücher-Nachdruck bereits in den Jahren 1827. 1828. und 1829. besondere, seiner Zeit durch die Gesetz-Sammlung bekannt gemachte Vereinbarungen über den Grundsatz:

> daß in Anwendung der deshalb vorhandenen Gesetze, der Unterschied zwischen Inländern und Ausländern in Beziehung auf die gegenseitigen Unterthanen aufgehoben und denselben ein gleicher Schutz wie den Inländern zu Theil werde,

getroffen worden, hiernächst aber, auf den Antrag Unsers Bundestags-Gesandten, die Deutsche Bundesversammlung über die Annahme dieses Grundsatzes zwischen sämmtlichen Bundesstaaten in Berathung getreten ist, und auf den Grund der letzteren in ihrer 33sten Sitzung am 6ten September v. J. sich zu dem Beschlusse vereinigt hat, welcher wörtlich also lautet:

> Um nach Artikel 18. der Deutschen Bundesakte die Rechte der Schriftsteller, Herausgeber und Verleger gegen den Nachdruck von Gegenständen des Buch- und Kunsthandels sicher zu stellen, vereinigen sich die souverainen Fürsten und freien Städte Deutschlands vorerst über den Grundsatz, daß bei Anwendung der gesetzlichen Vorschriften und Maaß-

(Ausgegeben zu Berlin den 10ten April 1833.)

Maaßregeln wider den Nachdruck, in Zukunft der Unterschied zwischen den eigenen Unterthanen eines Bundesstaates und jenen der übrigen im Deutschen Bunde vereinten Staaten gegenseitig und im ganzen Umfange des Bundes in der Art aufgehoben werden soll, daß die Herausgeber, Verleger und Schriftsteller eines Bundesstaates sich in jedem andern Bundesstaate des dort gesetzlich bestehenden Schutzes gegen den Nachdruck zu erfreuen haben werden.

Die höchsten und hohen Regierungen werden die zur Vollziehung dieses Beschlusses nöthigen Verfügungen erlassen, wie dieses geschehen, so wie überhaupt von den gegen den Nachdruck bestehenden Gesetzen und Anordnungen binnen zwei Monaten der Bundesversammlung Mittheilung machen;

so verordnen Wir hierdurch, daß dieser Beschluß, nachdem Wir demselben Allerhöchst Unsere Zustimmung ertheilt, in den zum Deutschen Bunde gehörigen Provinzen Unserer Monarchie Kraft und Gültigkeit haben und demgemäß in Anwendung gebracht werden soll.

Gegeben Berlin, den 12ten Februar 1833.

(L. S.) Friedrich Wilhelm.

Frh. v. Altenstein. v. Schuckmann. Frh. v. Brenn.
v. Kamptz. Mühler. Ancillon.

(No. 1416.) Verordnung über die Anwendung des, von der Deutschen Bundesversammlung unterm 6ten September 1832. gefaßten Beschlusses, die Sicherstellung der Rechte der Schriftsteller und Verleger gegen den Nachdruck betreffend, auf die zum Deutschen Bunde nicht gehörigen Provinzen der Monarchie. De dato Berlin, den 12ten Februar 1833.

Wir Friedrich Wilhelm, von Gottes Gnaden, König von Preußen rc. rc.

thun kund und fügen hiermit zu wissen:

So wie Wir in Unserem heute vollzogenen Allerhöchsten Patente wegen Publikation des, von der Deutschen Bundesversammlung unterm 6ten September 1832. gefaßten Beschlusses, die Sicherstellung der Rechte der Schriftsteller und Verleger gegen den Nachdruck betreffend, verordnet haben, daß dieser Beschluß, welcher wörtlich also lautet:

Um nach Artikel 18. der Deutschen Bundesakte die Rechte der Schriftsteller, Herausgeber und Verleger gegen den Nachdruck von Gegenständen

ständen des Buch- und Kunsthandels sicher zu stellen, vereinigen sich die souverainen Fürsten und freien Städte Deutschlands vorerst über den Grundsatz, daß bei Anwendung der gesetzlichen Vorschriften und Maaßregeln wider den Nachdruck, in Zukunft der Unterschied zwischen den eigenen Unterthanen eines Bundesstaates und jenen der übrigen im Deutschen Bunde vereinten Staaten gegenseitig und im ganzen Umfange des Bundes in der Art aufgehoben werden soll, daß die Herausgeber, Verleger und Schriftsteller eines Bundesstaates sich in jedem andern Bundesstaate des dort gesetzlich bestehenden Schutzes gegen den Nachdruck zu erfreuen haben werden.

Die höchsten und hohen Regierungen werden die zur Vollziehung dieses Beschlusses nöthigen Verfügungen erlassen, wie dieses geschehen, so wie überhaupt von den gegen den Nachdruck bestehenden Gesetzen und Anordnungen binnen zwei Monaten der Bundesversammlung Mittheilung machen;

in den zum Deutschen Bunde gehörigen Provinzen Unserer Monarchie Kraft und Gültigkeit haben und demgemäß in Anwendung gebracht werden soll: so ist es zugleich Unser Allerhöchster Wille, auch in den zum Deutschen Bunde nicht gehörenden Provinzen der Monarchie den Schutz gegen den Nachdruck in dem ganzen Umfange zu gewähren, wie der gedachte Beschluß der Bundesversammlung für die Bundesstaaten ihn zugesichert hat.

Wir verordnen demnach, daß bei Anwendung der gesetzlichen Vorschriften und Maaßregeln wider den Nachdruck von Gegenständen des Buch- und Kunsthandels in Zukunft der Unterschied zwischen Unseren Unterthanen in den zum Deutschen Bunde nicht gehörenden Provinzen der Monarchie und den Unterthanen der, im Deutschen Bunde vereinten Staaten, bei vorausgesetzter Beobachtung der Reciprocität, in der Art aufgehoben seyn soll, daß die Herausgeber, Verleger und Schriftsteller eines Bundesstaates sich auch in Unseren zum Deutschen Bunde nicht gehörenden Provinzen des daselbst gesetzlich bestehenden Schutzes gegen den Nachdruck zu erfreuen haben werden.

Urkundlich unter Unserer Höchsteigenhändigen Unterschrift und beigedrucktem Insiegel.

So geschehen und gegeben Berlin, den 12ten Februar 1833.

(L. S.) **Friedrich Wilhelm.**

Frh. v. Altenstein. v. Schuckmann. Frh. v. Brenn.
v. Kamptz. Mühler. Ancillon.

(No. 1417.) Allerhöchste Kabinetsorder vom 28sten Februar 1833., betreffend den Denunzianten-Antheil von Geldstrafen wegen Chaussee-Polizeivergehen.

Ich genehmige, nach Ihrem Antrage vom 8ten d. M., daß auch den Zoll- und Steuerbeamten, welche den Thäter von Chaussee-Polizeivergehen entdecken und zur Bestrafung anzeigen, gleich den übrigen in Meiner Order vom 31sten August v. J. erwähnten Individuen, die Hälfte der erkannten und eingezogenen Geldstrafen als Denunzianten-Antheil zugebilligt werde.

Berlin, den 28sten Februar 1833.

Friedrich Wilhelm.

An
die Staatsminister v. Schuckmann und Maassen.

(No. 1418.) Allerhöchste Kabinetsorder vom 17ten März 1833., die Einführung der revidirten Städteordnung vom 17ten März 1831. in der Stadt Birnbaum betreffend.

Auf Ihren Antrag vom 4ten d. M. will Ich der Stadt Birnbaum, dem von derselben geäußerten Wunsche gemäß, die revidirte Städteordnung vom 17ten März 1831. verleihen und Sie ermächtigen, wegen Einführung derselben durch den Ober-Präsidenten der Provinz Posen und der Bekanntmachung das Weitere zu verfügen.

Berlin, den 17ten März 1833.

Friedrich Wilhelm.

An
den Staatsminister Freiherrn v. Brenn.

Gesetz-Sammlung
für die
Königlichen Preußischen Staaten.

No. 5.

(No. 1419.) Allerhöchste Kabinetsorder vom 3ten März 1833., wonach allen, den Fürstentitel führenden Mitgliedern der in der Instruktion vom 30sten Mai 1820., §. 1., und in dem der Bekanntmachung des Staatsministeriums vom 28sten April 1832. beigefügten Verzeichnisse unter I., benannten Fürstlichen Familien, im ganzen Umfange der Monarchie von den Landesbehörden und Unterthanen das Prädikat „Durchlaucht" ertheilt werden soll.

Auf den Bericht des Staatsministeriums vom 25sten v. M. gebe Ich demselben zu erkennen, daß es, indem Ich durch Meinen Erlaß vom 21sten Februar 1832. die Bekanntmachung der Beschlüsse der Deutschen Bundesversammlung über die den vormals reichsständischen Häusern beizulegenden Titel vom 18ten August 1825. und 13ten Februar 1829. genehmigt habe, in Rücksicht auf Meine Staaten und abgesehen von den Verhältnissen gegen die Staaten des Deutschen Bundes, nicht Mein Wille gewesen ist, die Rechte und Ansprüche zu beschränken, welche die Mitglieder der vormals reichsständischen, in Meiner Monarchie angesessenen Fürstlichen Familien theils durch besondere von Mir ertheilte Diplome, theils durch Meine Bestimmung im §. 7. der Instruktion vom 30sten Mai 1820. bereits wohl erworben hatten. Ich erkläre und bestimme daher, daß allen, den Fürstentitel führenden Mitgliedern der in der gedachten Instruktion, §. 1., und in dem der Bekanntmachung des Staatsministeriums vom 28sten April 1832. beigefügten Verzeichnisse unter I, benannten Fürstlichen Familien im ganzen Umfange Meiner Monarchie von den Landesbehörden und Unterthanen das Prädikat „Durchlaucht" ertheilt werden soll. Das Staatsministerium hat diesen Befehl durch die Gesetz-Sammlung zur öffentlichen Kenntniß zu bringen.

Berlin, den 3ten März 1833.

Friedrich Wilhelm.

An das Staatsministerium.

(Ausgegeben zu Berlin den 29sten April 1833.)

(No. 1420.) Allerhöchste Kabinetsorder vom 11ten März 1833., betreffend die Stempelpflichtigkeit der Beschleunigungsgesuche.

Auf Ihren gemeinschaftlichen Bericht vom 16ten v. M., setze Ich hierdurch fest, daß, so wie bloße Benachrichtigungen, keine Bescheidung oder Belehrung in der Sache selbst enthaltende Verfügungen der Behörden in der Regel nicht stempelpflichtig sind, auch bloße Beschleunigungsgesuche, welche keine zur Sache selbst gehörige Erörterungen oder Anträge enthalten und von den Interessenten oder ihren Geschäftsträgern an die Behörden gerichtet werden, in der Regel keines Stempels bedürfen, und es in den einzelnen Fällen dem billigen Ermessen der Behörde überlassen seyn soll, in wie weit besondere Gründe eine Ausnahme hiervon rechtfertigen. Sie haben diese Bestimmung als eine Ergänzung des Tarifs, unter der Rubrik Gesuche, bekannt zu machen.

Berlin, den 11ten März 1833.

Friedrich Wilhelm.

An
die Staatsminister Maassen und Mühler.

(No. 1421.) Allerhöchste Kabinetsorder vom 17ten März 1833., wegen Anstellung der Advokaten und Notarien in Neu-Vorpommern und Zulassung von Referendarien und Auskultatoren bei dem Königlichen Ober-Appellationsgerichte und dem Hofgerichte zu Greifswald.

Aus den in Ihrem Berichte vom 18ten v. M. auseinandergesetzten erheblichen Gründen, bestimme Ich, nach Ihrem Antrage, daß auch in Neu-Vorpommern die Anstellung der Advokaten und Notarien nur vom Justizminister erfolgen und überhaupt nur dann stattfinden soll, wenn nach dem Ermessen desselben das Bedürfniß dazu vorhanden ist. Zur Advokatur und zu Notariatsgeschäften dürfen daselbst auch nur diejenigen verstattet werden, welche drei Jahre auf einer Deutschen Universität studirt, die erforderlichen juristischen Kollegia gehört, während mehrerer Jahre sich in gerichtlichen Geschäften praktisch ausgebildet haben, und eine Prüfung bestehen, analog derjenigen, welche in den übrigen Provinzen für Referendarien angeordnet ist, die bei den Landes-Justizkollegien als Justizkommissarien angestellt seyn wollen, mithin vor der Immediat-Examinationskommission zu Berlin. Zugleich will Ich gestatten, daß beim Hofgericht zu Greifswald Auskultatoren und Referendarien angestellt werden und ermächtige Sie, das Ober-

Appel-

Appellations- und das Hofgericht zu Greifswald nach den Vorschriften der Allgemeinen Gerichtsordnung Theil III. Titel IV. §§. 1—19. und 33—37. und den dieselbe deklarirenden Vorschriften des Anhanges zur Gerichtsordnung §§. 448—451. und 456. mit Instruktion zu versehen.

Berlin, den 17ten März 1833.

Friedrich Wilhelm.

An
den Staats- und Justizminister Mühler.

(No. 1422.) Allerhöchste Kabinetsorder vom 27sten März 1833., wegen Anwendung der öffentlichen Aufrufe der Forderungen aus Verwaltungsansprüchen an die Staatskassen, auf jeden Anspruch an die Domainenverwaltung, er mag aus Pachtkontrakten oder aus andern Rechtsverhältnissen entspringen.

Aus Ihrem, des Finanzministers, Berichte vom 10ten d. M., habe Ich die Zweifel ersehen, die durch ein gerichtliches Erkenntniß darüber veranlaßt sind, ob zu den öffentlich aufgerufenen Forderungen aus Verwaltungsansprüchen an die Staatskassen, auch die Forderungen der Domainenpächter gehören. Ein solches Mißverständniß kann nicht entstehen, wenn der Zweck solcher Aufrufe: das Rechnungswesen der Staatskassen und die Komptabilität der einzelnen Verwaltungen schließlich zu ordnen, im Auge behalten wird. Es ist dabei nicht von den verschiedenen Rechtstiteln der Forderungen und von den Grundsätzen die Rede, nach welchen die Liquidanten zu befriedigen sind, sondern es soll nur ermittelt werden, was die als Liquidatin ihnen gegenüberstehende Verwaltung an sie zu bezahlen hat. Jede Verwaltung also, die für Rechnung der Staatskasse Zahlungsverbindlichkeiten kontrahirt, tritt in dem eingeleiteten Verfahren als Liquidatin auf, und es ist nicht der geringste Grund vorhanden, die Domainen-Verwaltung, gegen welche der Domainenpächter liquidirt, hiervon auszuschließen. Ob seine Forderung aus dem speziellen Titel seines Pachtkontrakts, oder aus allgemeinen Gesetzen begründet wird, ist in dieser Beziehung gleichgültig; sein Anspruch ist ein Verwaltungsanspruch, wie jeder Anspruch an die andern Zweige der Verwaltung öffentlicher Einkünfte, und die Domainenpachtgefälle fließen, wie die übrigen Einkünfte des Staats, in die Staatskasse, welche jeden Anspruch des Domainenpächters an die Domainenverwaltung zu berichtigen hat. Es kann hiernach keine andere Auslegung stattfinden, als daß Meine durch die Gesetz-

 Samm-

Sammlung bekannt gemachten Erlasse vom 31sten Januar 1822., 19ten Juli 1823. und 10ten Dezember 1825., durch welche die Aufrufe der Liquidanten aus Verwaltungsansprüchen an die Staatskasse, autorisirt worden, so wie die auf den Grund Meiner Verfügungen erfolgten Aufrufe, Verhandlungen und Präklusionen auch auf jeden Anspruch an die Domainenverwaltung, er mag aus Pachtkontrakten, oder aus andern Rechtsverhältnissen entspringen, anzuwenden sind, wie Ich solches hierdurch noch besonders erkläre; wobei sich übrigens von selbst versteht, daß es bei dem in einem einzelnen Falle abweichend ergangenen rechtskräftigen Erkenntnisse sein Bewenden behalte. Sie haben diese Bestimmung, zur Belehrung der gerichtlichen und verwaltenden Behörden, durch die Gesetz-Sammlung bekannt zu machen.

Berlin, den 27sten März 1833.

Friedrich Wilhelm.

An
die Staatsminister Maassen und Mühler.

Gesetz-Sammlung
für die
Königlichen Preußischen Staaten.

No. 6.

(No. 1423.) Allerhöchste Kabinetsorder vom 13ten April 1833., den Rekurs gegen Straf-Resolute in Stempelsachen betreffend.

Zur Ergänzung der Vorschriften des Stempelgesetzes vom 7ten März 1822. §. 31. über den Rekurs gegen Strafresolute, und zur Erledigung der wegen der Kompetenz entstandenen Zweifel, setze Ich, auf die Anträge des Staats-Ministeriums, fest:

1) zu §. 23. Auf den Rekurs gegen die Ahndung des Nichtgebrauchs eines tarifmäßigen Bittschriftenstempels hat die vorgesetzte Instanz derjenigen Behörde zu entscheiden, welche die Ahndung angeordnet hat.

2) zu §. 30. Staats- und Kommunalbehörden, so wie einzelne Beamte, wider welche ihre Dienstbehörde, wegen Nichtbeachtung der Stempelgesetze bei der Dienstverwaltung, eine Stempelstrafe verfügt, haben ihr Rekurs-Gesuch der vorgesetzten Instanz ihrer Dienstbehörde zu unterwerfen.

3) zu §. 31. In allen andern, auch in solchen Fällen, in welchen der Rekurs statt der Berufung auf richterliches Gehör gewählt wird, steht die Entscheidung der Beschwerde, ohne Unterschied, dem Finanzminister zu, welchem jedoch gestattet ist, dieselbe ein für allemal den Provinzial-Steuerbehörden mit der Maaßgabe zu delegiren, daß es den Denunziaten vorbehalten bleibt, auf die unmittelbare Entscheidung des Finanzministers anzutragen.

4) Das Rekursgesuch muß von dem Rekurrenten bei der Behörde, welche die Strafe festgesetzt hat, eingereicht und von derselben mit den betreffenden Verhandlungen der Behörde übersendet werden, die nach den vorstehenden Bestimmungen über den Rekurs entscheiden soll.

Das Staatsministerium hat diesen Befehl durch die Gesetz-Sammlung zur öffentlichen Kenntniß zu bringen.

Berlin, den 13ten April 1833.

Friedrich Wilhelm.

An das Staatsministerium.

(Ausgegeben zu Berlin den 28sten Mai 1833.)

(No. 1424.) Allerhöchste Kabinetsorder vom 17ten April 1833., betreffend die Einführung des Personalarrestes in Handelssachen in den zum Jurisdiktionsbezirke des Rheinischen Appellationsgerichtshofes zu Köln gehörigen, auf dem rechten Rheinufer gelegenen Landestheilen.

Auf den Bericht des Staatsministeriums vom 24sten v. M. verordne Ich, um nach dem Artikel 2070. des Rheinischen Zivilgesetzbuchs die Lücke auszufüllen, welche durch die unterlassene Publikation des Französischen Gesetzes vom 4ten April 1798. für die am rechten Rheinufer gelegenen, zum Jurisdiktions-Bezirke des Rheinischen Appellationsgerichtshofes zu Köln gehörigen Landestheile, in der Gesetzgebung entstanden ist, wie folgt:

1) In den am rechten Rheinufer gelegenen, zum Jurisdiktionsbezirke des Rheinischen Appellationsgerichtshofes zu Köln gehörigen Landestheilen, soll gegen alle, wegen Handelsverbindlichkeiten verurtheilte Personen, auf Personalarrest im Nichtzahlungsfall erkannt werden.

2) Ausgenommen von dem Personalarrest sind jedoch
   a) Personen weiblichen Geschlechts, insofern sie nicht als solche, welche öffentlichen Handel betreiben, anzusehen sind;
   b) Minderjährige beiderlei Geschlechts und die ihnen gleich geachteten Personen, wenn sie nicht nach der Bestimmung des Handelsgesetzbuchs als volljährig betrachtet werden;
   c) die Wittwen und Erben, welche als solche vor dem Handelsgerichte wegen eines von ihrem Erblasser eingegangenen Handelsgeschäfts auftreten, oder vor dasselbe geladen werden.

3) Wenn von nicht Handeltreibenden Personen Wechsel, welche nach dem Artikel 112. des Handelsgesetzbuchs als bloße Promessen betrachtet werden, oder Billets à ordre ausgestellt, oder als Bürgen und Indossanten unterschrieben worden, so kann bei ihrer Verurtheilung nur dann auf Personalarrest erkannt werden, wenn sich diese Wechsel oder Billets auf kaufmännische Geschäfte, im Großen oder Kleinen, auch Wechsel-, Bank- und Mäklergeschäfte, gründen.

4) Die Bestimmungen des 15ten Titels, des 5ten Buchs, 1sten Theils der Rheinischen Civil-Prozeßordnung, sind auch auf die Handelssachen anwendbar, insoweit durch gegenwärtige Order nicht ein Anderes verfügt ist.

5) Die nach Artikel 789. und 791. der angeführten Zivil-Prozeßordnung im Voraus zu hinterlegenden Alimentationsgelder, werden für Handels- und andere Sachen auf sechs Thaler für den Kalendermonat bestimmt. Auf mehr als einen Monat ist die Hinterlegung nur gestattet, wenn sie für ganze Monate geschieht.

6) Die

6) Die Vorschrift des Artikels 800. Nr. 5. dieser Zivil-Prozeßordnung ist auf Handelssachen nicht anwendbar.

7) Der persönliche Arrest soll von Rechtswegen nach Ablauf einer fünfjährigen ununterbrochenen Gefangenschaft aufhören.

8) Auch muß der Verurtheilte zu jeder Zeit der Haft entlassen werden, wenn er Ein Drittheil der Schuld baar bezahlt und für den Ueberrest eine Bürgschaft stellt, welche bei dem Widerspruch des Gläubigers von dem betreffenden Landgericht als hinreichend anerkannt wird.

) Wegen Handelsverbindlichkeiten, welche vor der Verkündigung dieses Gesetzes eingegangen waren, kann der Personalarrest nur erkannt werden, wenn er zur Zeit der eingegangenen Verbindlichkeit schon zulässig war.

Das Staatsministerium hat diese Order durch die Gesetz-Sammlung zur allgemeinen Kenntniß zu bringen.

Berlin, den 17ten April 1833.

Friedrich Wilhelm.

An das Staatsministerium.

(No. 1425.) Allerhöchste Kabinetsorder vom 20sten Mai 1833., betreffend das Verbot des Besuchs fremder Universitäten.

Die verbrecherischen Vorgänge zu Frankfurt am Main haben außer Zweifel gesetzt, daß eine ruhestörende Faktion auf die Unerfahrenheit der studirenden Jugend verderblich einwirkt und sie als Werkzeuge strafbarer Plane zu mißbrauchen mit Erfolg bemüht ist. In Betracht der unverkennbaren Ursache dieser Erscheinung und da bei den wohlgeordneten Einrichtungen Meiner Landesuniversitäten ein Bedürfniß zur Benutzung fremder Lehranstalten nicht vorhanden ist, finde Ich Mich bewogen, Meine Verordnung vom 13ten April 1810., durch welche Ich das früher bestandene Verbot des Besuchs fremder Universitäten aufgehoben habe, für sämmtliche Provinzen Meiner Monarchie so lange zu suspendiren, bis die Deutsche Bundesversammlung sich über eine Maaßregel vereinigt haben wird, das gemeinsame Vaterland vor den Gefahren eines Zustandes sicher zu stellen, der ein solches Attentat möglich gemacht und den Regierungen die besondere Verpflichtung auferlegt hat, die studirende Jugend, in ihrem und der Familien eigenem Interesse, vor aller, ihre ganze Zukunft gefährdenden Theil-

 nahme

nahme an solchen Verbrechen, gewissenhaft sicher zu stellen. Welcher Inländer, Meinem Verbot entgegen, auf einer fremden Universität studirt, hat, ohne Rücksicht auf die Dauer seiner dortigen Studien, allen Anspruch auf ein öffentliches Amt, wohin auch die medizinische Praxis gezählt werden soll, für immer verwirkt. Denjenigen Landeskindern, welche bei der Bekanntmachung Meines Befehls auf einer fremden Universität bereits studiren, soll solches während des laufenden Semesters gestattet seyn, nach dessen Vollendung sie jedoch, bei Vermeidung der angedrohten Strafe, unverzüglich zurückkehren müssen. In Ansehung der Universitäten zu Erlangen, Heidelberg und Würzburg soll, da die Theilnahme einzelner Studenten derselben an dem frevelhaften Anschlage auf Frankfurt bereits ermittelt ist, das Verbot unbedingt in Kraft treten, zum Besuche der übrigen fremden Universitäten aber besondere Erlaubniß zu ertheilen, dem Minister der Unterrichtsangelegenheiten für jetzt und bis zu weiterer Bestimmung nachgelassen seyn. Das Staatsministerium hat diesen Befehl durch die Gesetz-Sammlung zur allgemeinen Kenntniß zu bringen, auch jeder Minister und Verwaltungs-Chef in seinem Ressort für die Ausführung pflichtmäßig Sorge zu tragen.

Berlin, den 20sten Mai 1833.

Friedrich Wilhelm.

An das Staatsministerium.

Gesetz-Sammlung
für die
Königlichen Preußischen Staaten.

No. 7.

(No. 1426.) Verordnung, über den Mandats-, den summarischen und den Bagatellprozeß. Vom 1sten Juni 1833.

Wir Friedrich Wilhelm, von Gottes Gnaden, König von Preußen rc. rc.

Die in Unserer Allgemeinen Gerichtsordnung vorgeschriebenen Prozeßformen bedürfen für diejenigen Sachen, welche zu einem abgekürzten Verfahren geeignet sind, einer Abänderung, welche nicht füglich bis zur Vollendung der von Uns angeordneten allgemeinen Revision der Gesetze ausgesetzt bleiben kann; Wir verordnen daher einstweilen für diejenigen Provinzen Unserer Monarchie, in welchen die Allgemeine Gerichtsordnung Kraft hat, jedoch mit Ausschluß des Großherzogthums Posen, auf den Antrag Unserer Justizminister und nach vernommenem Gutachten einer von Uns aus Mitgliedern des Staatsraths ernannten Kommission, wie folgt:

Erster Titel.
Vom Mandatsprozesse.

§. 1.

Der Mandatsprozeß soll künftig nicht bloß in den durch Titel 28. §. 15. der Prozeßordnung bestimmten, sondern überhaupt in folgenden Fällen stattfinden:

1) wegen aller Verbindlichkeiten aus einseitigen Geschäften, wenn die darüber errichtete Urkunde
   entweder nach §. 123. Titel 10. der Prozeßordnung für eine öffentliche inländische Urkunde zu achten ist;
   oder von einer inländischen öffentlichen Behörde in eigner Angelegenheit ausgefertigt worden;
   oder mit Beglaubigung der Unterschrift durch ein inländisches Gericht oder einen inländischen Notar versehen ist;
2) wegen aller, auch aus zweiseitigen Geschäften herrührenden, Forderungen von Kapitalien, Zinsen und zu bestimmten Zeiten wiederkehrenden Leistungen, wenn diese Forderungen aus dem Hypothekenbuche hervorgehen, oder wenn über dieselben in Ermangelung eines vollendeten Hypothekenbuches eine Rekognition von der Hypothekenbehörde ertheilt worden ist;

(Ausgegeben zu Berlin den 10ten Juni 1833.)

3) wegen Ansprüche aus einem die Exekution nicht mehr zulassenden Erkenntnisse, seit dessen Rechtskraft noch nicht fünf Jahre verflossen sind;
4) wegen Forderungen der Geistlichen, gerichtlichen Anwalte und Notare, der Feldmesser und Kondukteure für ihre Gebühren und Auslagen, wenn diese durch die vorgesetzte Behörde festgesetzt worden sind und das Festsetzungs-Dekret mit der Klage zugleich überreicht wird, so wie der Gerichte für ihre Gebühren und Auslagen.

§. 2.

In diesen Fällen wird auf die Klage, unter abschriftlicher Mittheilung derselben, ein Befehl an den Verklagten erlassen, binnen vierzehn Tagen, vom Tage der Insinuation des Befehls an, entweder den Kläger klaglos zu stellen, oder seine Einwendungen gegen die Forderung mündlich zu Protokoll oder schriftlich anzubringen, widrigenfalls auf Antrag des Klägers, und nach gehörig geschehener Insinuation — wovon der Kläger zu benachrichtigen ist — die Exekution verfügt werden würde.

In besonderen Fällen steht dem Richter die Befugniß zu, die Frist auf acht Tage zu verkürzen, oder bis auf sechs Wochen zu verlängern.

§. 3.

Gegen diesen Befehl sind nur solche Einwendungen zulässig, welche sofort durch Urkunden, Eideszuschiebung, oder solche Zeugen, deren unverzüglicher Abhörung kein Hinderniß entgegensteht, liquid gemacht werden können.

Bringt der Verklagte dergleichen Einreden vor, so sind beide Partheien und die vom Verklagten benannten Zeugen, zur mündlichen Verhandlung der Sache nach Vorschrift des §. 18. und ff. vorzuladen.

Findet der Richter den Einwand erheblich und bewiesen, so wird auf Zurücknahme des Mandats erkannt. Wenn dagegen appellirt wird, so muß bis zur rechtskräftigen Entscheidung die Exekution suspendirt bleiben.

Wird der Einwand unerheblich oder unerwiesen befunden, so wird auf Vollstreckung des Mandats erkannt, und die Appellation gegen ein solches Urtheil kann die Exekution nicht aufhalten.

In beiden Fällen bleibt dem unterliegenden Theile die Verfolgung seiner Ansprüche im besonderen Prozesse vorbehalten.

Eine Rekonvention, insoweit sie sich nicht zu einer Kompensations-Einrede eignet, hat nur die Begründung des Gerichtsstandes zur Folge.

§. 4.

Einreden, welche nach Ablauf der im Mandate festgesetzten Frist vorgebracht worden, sollen die Exekution des Mandats nicht aufhalten, vielmehr mittelst einfacher Verfügung zum Separatverfahren im geeigneten Wege des Prozesses, verwiesen werden.

§. 5.

Beschwerden darüber, daß der Mandatsprozeß zur Ungebühr verweigert worden, sind im Wege des Rekurses an die dem Richter vorgesetzte Instanz zu erledigen.

Zwei-

Zweiter Titel.

Vom summarischen Prozesse.

§. 6.

Der summarische Prozeß, insofern die Sache sich nicht zum Mandats-Prozesse eignet, findet statt:

1) in allen Fällen, in denen nach den bisherigen Vorschriften der Exekutiv-Prozeß eintrat;

2) aus Urkunden über zweiseitige Geschäfte, welche im Inlande:
entweder in Form öffentlicher Urkunden ausgestellt,
oder von einer öffentlichen Behörde in eigner Angelegenheit ausgefertigt,
oder mit gerichtlicher oder notarieller Beglaubigung der Unterschrift versehen sind;

3) aus Privaturkunden über Darlehns-, Verwahrungs- und Leihverträge, über Kauf-, Tausch-, Lieferungs- und Miethsverträge, über versprochene Pensionen, Besoldungen, Alimente, Renten und alle zu bestimmten Zeiten wiederkehrende Leistungen;

4) wegen Forderungen:
der Fabrikunternehmer, Kaufleute, Krämer, Künstler und Handwerker für Arbeiten und gelieferte Waaren, so wie für Vorschüsse an ihre Arbeiter;
der Medizinalpersonen für ihre Besuche, Operationen und Arzneimittel;
der öffentlichen und privat Schul- und Erziehungs-Anstalten für den Unterhalt, den Unterricht und die Erziehung;
der öffentlichen und privat Lehrer hinsichtlich des Honorars;
der Lehrherren hinsichtlich des Lehrgeldes;
der Haus- und Wirthschafts-Offizianten und des Gesindes an Gehalt und Lohn;
der Tagelöhner und anderer gemeiner Handarbeiter hinsichtlich ihres Lohnes;
der Fuhrleute und Schiffer hinsichtlich des Fuhr- und Frachtgeldes;
der Gast- und Speisewirthe für die von ihnen gegebene Wohnung und den gelieferten Unterhalt;

5) wegen Injurien, insoweit sie sich nicht zum Untersuchungsverfahren eignen.

§. 7.

Den Gerichten steht in jeder Lage des Prozesses die Befugniß zu, wenn sie finden, daß eine der im §. 6. gedachten Sachen zur Verhandlung und Entscheidung im Wege des summarischen Prozesses sich nicht eignet, dieselbe zum ordentlichen Prozeßverfahren zu verweisen, so wie auf den übereinstimmenden Antrag der Partheien außer den vorerwähnten Klagesachen auch andere Rechtsstreitigkeiten im summarischen Prozesse zu verhandeln. Gegen diese Verfügungen findet kein Rekurs statt.

Die Mandatare bedürfen zu einem solchen Antrage keiner Spezial-Vollmacht.

Erster Abschnitt.

Vom Verfahren bei Gerichten, welche ein Kollegium bilden.

§. 8.

Erste Instanz.

Findet das Gericht die Klage vollständig und begründet, so ist der Verklagte, unter abschriftlicher Mittheilung derselben und ihrer Anlagen, mit Androhung der in den §§. 12. und 14. der gegenwärtigen Verordnung bestimmten Nachtheile, vor einen Deputirten des Gerichts zur Klagebeantwortung vorzuladen.

§. 9.

Der Termin wird dergestalt anberaumt, daß dem Verklagten eine Frist von vierzehn Tagen, von dem Tage der Insinuation an gerechnet, zur Vorbereitung seiner Einlassung frei bleibt.

Wohnt der Verklagte nicht am Sitze des Gerichts, so ist die Frist nach Verhältniß der Entfernung seines Wohnorts vom Sitze des Gerichts, zu verlängern.

In besonders schleunigen Sachen kann die Frist auch kürzer bestimmt werden.

§. 10.

Der Kläger wird zu dem Termine unter der Verwarnung mit vorgeladen, daß bei seinem Ausbleiben die Akten auf seine Kosten reponirt werden.

§. 11.

Die Verlegung des Termins findet ohne Zustimmung des andern Theils nur einmal statt und in diesem Falle nur, wenn die Hinderungsursachen bescheinigt sind.

Bei Anberaumung des neuen Termins soll zwar in der Regel die im §. 9. vorgeschriebene Frist beobachtet, doch muß dieselbe auch mit Rücksicht auf die Beschaffenheit der Hinderungsursachen dergestallt verlängert werden, daß dem Verklagten Zeit zur Vertheidigung seiner Rechte bleibt.

§. 12.

Erscheint der Verklagte nicht, so nimmt das Gericht auf den Vortrag des Deputirten in der nächsten Sitzung die in der Klage angeführten Thatsachen für zugestanden an, und erkennt auf den Antrag des Klägers, so weit es die Klage für rechtlich begründet erachtet, in contumaciam gegen den Verklagten.

§. 13.

Räumt der Verklagte die Forderung ein, so wird auf den Vortrag des Deputirten in der nächsten Sitzung die Agnitions-Resolution abgefaßt, auch selbst wenn der Kläger im Termine nicht erschienen ist.

§. 14.

Bestreitet der Verklagte den Anspruch, so muß derselbe die Klage nicht nur vollständig beantworten, sondern auch alle Einreden in dem Klagebeantwortungs-Termine vorbringen.

Thatsachen und Urkunden, worüber er sich nicht erklärt, werden für zugestanden und anerkannt gehalten. Fernere Einreden, welche auf Thatsachen beruhen, dürfen im Laufe der ersten Instanz vom Verklagten nicht mehr vorgebracht werden.

§. 15.

§. 15.

Erscheinen die Partheien im Klagebeantwortungs-Termine, so versucht der Deputirte die Sühne.

§. 16.

Editionsgesuche einer Parthei gegen die andere müssen in der Klage oder Klagebeantwortung angebracht werden, und es ist darüber zugleich mit der Hauptsache zu verhandeln.

§. 17.

Editionsgesuche gegen Dritte sind mit der Klage oder Klagebeantwortung, jedoch in besonderen Schriften oder Protokollen, unter den Partheien zu verhandeln. Auf den Antrag des Editionssuchers kann die Verhandlung der Hauptsache bis zur Erledigung des Editionspunktes ausgesetzt werden.

§. 18.

Außer diesem Falle sind die Partheien, sobald die bestreitende Klagebeantwortung erfolgt ist, unter Mittheilung einer Abschrift derselben an den Kläger, zur mündlichen Verhandlung der Sache vor das erkennende Gericht vorzuladen, mit Androhung des nach den §§. 23. 24. und 25. den Ausbleibenden treffenden Nachtheils, und mit der Aufforderung, die in Bezug genommenen oder nur in Abschrift beigebrachten Urkunden urschriftlich zur Stelle zu bringen.

§. 19.

Eine Verlegung der zur mündlichen Verhandlung der Sache anberaumten Sitzung findet nur auf übereinstimmenden Antrag der Partheien statt.

§. 20.

Sind die Partheien nach erfolgter Klagebeantwortung darüber einig, daß die mündliche Verhandlung vor dem erkennenden Gerichte entbehrt werden kann, so sind die Akten sofort zum Spruch vorzulegen, und muß das Erkenntniß vorzüglich beschleunigt werden.

§. 21.

Ein Verzeichniß der zur mündlichen Verhandlung bestimmten Sachen ist drei Tage vor derselben vor dem Sitzungssaale auszuhängen. Die Verhandlung geschieht nach der Reihefolge dieses Verzeichnisses, falls nicht dringende Ursachen nach dem Ermessen des Gerichts eine Ausnahme erfordern.

Erscheint eine Parthei bei dem Aufruf der Sache nicht zu der in der Vorladung für sie besonders zu bestimmenden Stunde, so sind die Vorschriften der §§. 23. 24. und 25. zu befolgen.

§. 22.

Sämmtliche bei dem Gerichte angestellte richterliche Beamte, Referendarien, Auskultatoren und Justizkommissarien, so wie die Partheien, haben bei der zur mündlichen Verhandlung anberaumten Sitzung Zutritt, Letztere jedoch nur, wenn ihre Sache verhandelt wird. Sämmtliche bei der Sache nicht betheiligte Personen müssen sich aber entfernen, sobald eine der Partheien darauf anträgt, oder das Gericht aus Gründen der öffentlichen Ordnung oder der Sittlichkeit dies für angemessen erachtet.

§. 23.

Erscheinen beide Partheien in der zur mündlichen Verhandlung bestimmten Sitzung nicht, so sind die Akten auf Kosten des Klägers zu reponiren.

 §. 24.

§. 24.

Erscheint die eine der Partheien nicht, oder läßt sie sich auf die Sache nicht ein, so kann die andere Parthei auf Reposition der Akten auf Kosten des Gegners, oder auf Kontumazialverhandlung antragen.

§. 25.

Bei der Kontumazialverhandlung werden alle streitige, von dem Nichterschienenen angeführte, mit schriftlichen Beweisen nicht unterstützte Thatsachen für nicht angeführt erachtet, und alle von dem Gegentheil angeführte Thatsachen, denen noch nicht ausdrücklich widersprochen worden, sind für zugestanden, so wie die vom Gegentheil beigebrachten Urkunden für rekognoszirt anzusehen.

Eben so wird es gehalten, wenn eine erschienene Parthei sich auf solche neue Umstände, welche bei der mündlichen Verhandlung noch vorgebracht werden dürfen, nicht einläßt.

§. 26.

Der mündliche Vortrag, welchem durch den Deputirten, oder bei dessen Verhinderung durch ein anderes Mitglied des Gerichts, eine kurze mündliche Darstellung der Sache voranzuschicken ist, wird in der Gerichtssitzung durch die Parthei in Person, oder durch einen von ihr aus der Zahl der bei dem Gerichte angestellten Justizkommissarien zu wählenden Bevollmächtigten, oder durch einen auf ihr Verlangen ihr zugeordneten Beistand gehalten, wobei dem Verklagten das letzte Wort gebührt. Auch diejenigen Personen, welche gesetzlich die Vermuthung einer Vollmacht für sich haben, dürfen zu Bevollmächtigten bestellt werden.

§. 27.

Werden bei der mündlichen Verhandlung von einer Parthei Thatumstände, insoweit sie nach §. 14. noch zulässig sind, und Beweismittel angebracht, auf welche die andere Parthei nicht vorbereitet sein konnte, so ist durch mündliche Verfügung des Gerichts, welche zugleich die Stelle der Vorladung vertritt, die Fortsetzung der Verhandlung zu einer andern Sitzung anzuberaumen.

Erscheinen in dieser anderweiten Sitzung die Partheien nicht, so sind die §§. 23. 24. und 25. zur Anwendung zu bringen.

§. 28.

Die Leitung der mündlichen Verhandlung, die Sorge für gehörige Erörterung der Sache, der nochmalige Versuch der Sühne, die Befugniß zur Schließung der Verhandlung, gebühren dem Vorsitzenden des Gerichts, welcher jedoch hierbei auf die Meinung der beisitzenden Richter Rücksicht zu nehmen, und diejenigen Fragen, welche letztere den Partheien vorgelegt zu sehen wünschen, zu stellen hat.

§. 29.

Ist die Sache zum Endurtheile reif, so wird das Erkenntniß mit den Entscheidungsgründen den Partheien noch in der nämlichen, oder in einer sofort zu bestimmenden, jedoch nicht über acht Tage hinauszusetzenden Sitzung publizirt.

§. 30.

Ist eine Beweisaufnahme erforderlich, so muß dieselbe durch eine sofort abzufassende Resolution, welche die zu beweisenden Thatsachen und die Beweismittel festsetzt, verfügt werden.

§. 31.

§. 31.

Soll hiernach von der Parthei, welche am Orte des Gerichts oder in dessen Nähe wohnt, ein Eid geleistet werden, so ist derselbe in der Gerichtssitzung, jedoch nicht früher als acht Tage nach Auferlegung desselben abzunehmen, selbst wenn die Parthei bei letzterer in der Sitzung anwesend wäre.

§. 32.

Ist die Parthei, welche den Eid zu leisten hat, am Orte des Gerichts oder in dessen Nähe nicht wohnhaft, so requirirt das erkennende Gericht denjenigen Richter, in dessen Sprengel die Parthei wohnt, um Abnahme des Eides.

§. 33.

Soll eine andere Beweisaufnahme erfolgen, so ist dazu ein Kommissarius zu ernennen, oder, wenn sie auswärts erfolgen muß, das auswärtige Gericht zur Ernennung eines Kommissars zu veranlassen.

§. 34.

Sobald die Beweisverhandlungen beendigt sind, werden die Partheien unter abschriftlicher Mittheilung derselben zur mündlichen Verhandlung in die Gerichtssitzung und zur Entscheidung der Sache mit der Verwarnung vorgeladen, daß gegen den Ausbleibenden angenommen werden würde, er habe zur Unterstützung seiner Behauptungen und Anträge nichts weiter anzuführen.

§. 35.

Das Gericht darf die Aufnahme neuer Beweise, sobald derselben eine der Partheien widerspricht, nur dann gestatten, wenn sich dieselben erst aus dem aufgenommenen Beweise als vorhanden ergeben haben. Die Eideszuschiebung ist jedoch bis zur Abfassung des Erkenntnisses zulässig.

§. 36.

Ueber die mündlichen Verhandlungen wird ein Protokoll aufgenommen, welches enthält:

1) die Namen der anwesenden Gerichtsmitglieder;
2) die Namen der Partheien und ihrer Sachwalter, und ob sie erschienen sind oder nicht;
3) den Gegenstand des Rechtsstreits;
4) den Gang der stattgefundenen Verhandlungen im Allgemeinen;
5) die Zugeständnisse der Partheien, deren Aufzeichnung verlangt wird, so wie diejenigen Erklärungen der Partheien, deren Aufnahme das Gericht für erheblich hält.

Dieser letztere Vermerk wird den Partheien vorgelesen, und diese sind mit ihrer Bemerkung über dessen Fassung zu hören.

§. 37.

Die Ausfertigungen des Erkenntnisses, welche am Schlusse die Belehrung wegen des einzuwendenden Rechtsmittels enthalten müssen, werden den Partheien selbst, und nicht bloß den Mandataren, binnen acht Tagen nach der Verkündung insinuirt.

§. 38.

Restitution.

Das Restitutionsgesuch gegen ein in Gemäßheit des §. 12. abgefaßtes Kontumazialerkenntniß ist nach Vorschrift des Abschnitts 3. Titel 14. der Prozeß-Ordnung anzubringen.

§. 39.

§. 39.

Wird dasselbe zulässig befunden, so sind die Partheien unter abschriftlicher Mittheilung des Gesuchs an die Gegenparthei zur mündlichen Verhandlung nach den Vorschriften des §. 18. u. ff. vorzuladen.

§. 40.

Zweite Instanz.

Die Appellation findet nur statt, wenn der Gegenstand der Beschwerde über 50 Rthlr. beträgt.

In denjenigen Fällen, in welchen die Allgemeine Gerichtsordnung der Appellation nur Devolutiveffekt beilegt, soll auch im summarischen Prozesse dieselbe nur Devolutivwirkung haben.

Die Appellationsfrist läuft vom Tage der Insinuation des Erkenntnisses.

§. 41.

Enthält die Anmeldung der Appellation nicht die bestimmte Angabe der Beschwerdepunkte, die Angabe der zu deren Unterstützung dienenden Beweismittel, die Vorlegung der Abschriften der in Bezug genommenen Urkunden und einen bestimmten Antrag, so ist der Appellant zur Rechtfertigung der Appellation vor einen Deputirten des Gerichts mit Androhung des im §. 42. ausgesprochenen Nachtheils, vorzuladen, und dem Appellaten unter abschriftlicher Mittheilung der Anmeldung davon Nachricht zu geben.

§. 42.

Erscheint der Appellant in dem Rechtfertigungstermine nicht, so wird, falls die Appellationsanmeldung nicht die bestimmte Angabe der Beschwerdepunkte enthält, angenommen, daß er auf die Appellation verzichte, im entgegengesetzten Falle aber, daß er sich lediglich auf die Verhandlungen der ersten Instanz beziehe. Die Akten werden sodann sofort an den Appellationsrichter abgesandt, und, daß dieses geschehen, den Partheien bekannt gemacht. Thatsachen zur Begründung der Appellation, welche in der Appellationsrechtfertigung nicht vorgebracht worden sind, dürfen im ferneren Verlaufe nicht mehr geltend gemacht werden.

§. 43.

Ist die Rechtfertigung der Appellation in der Anmeldung oder in dem besonderen zur Aufnahme derselben anberaumten Termine erfolgt, so wird der Appellat unter abschriftlicher Mittheilung derselben, zu deren Beantwortung vor einen Deputirten des Gerichts, mit Androhung der in den §§. 44. und 45. gedachten Nachtheile, vorgeladen.

§. 44.

Der Appellat muß die Appellation vollständig beantworten und alle zu deren Widerlegung dienende neue Thatsachen vorbringen. Thatsachen und Urkunden, worüber er sich nicht erklärt, sind für zugestanden und anerkannt zu halten. Neue Thatsachen dürfen vom Appellaten im ferneren Laufe des Verfahrens nicht mehr vorgebracht werden.

§. 45.

Versäumt der Appellat den Termin, so werden die vom Appellanten angeführten neuen Thatsachen für zugestanden und die zur Unterstützung der in erster Instanz bereits angeführten Thatsachen vorgelegten Urkunden für anerkannt

ge-

gehalten, und es gehen die Einwendungen gegen die vom Appellanten angegebenen Beweismittel verloren.

§. 46.

Der Appellant wird zu dem zur Beantwortung der Appellation anberaumten Termine unter der Verwarnung mit vorgeladen, daß im Falle seines Ausbleibens die Absendung der Akten zur mündlichen Verhandlung an den Appellationsrichter erfolgen würde.

§. 47.

Nach Abhaltung des Termins zur Beantwortung der Appellationsbeschwerden werden die Akten sofort an das Gericht zweiter Instanz befördert, es sey denn, daß die Aussetzung der Verhandlung bis zur Erledigung eines Editionspunktes verfügt wäre. Den Partheien wird die Absendung der Akten, unter Mittheilung einer Abschrift der Beantwortung an den Appellanten, bekannt gemacht.

§. 48.

Haben beide Partheien darauf angetragen, daß die Sache ohne mündliche Verhandlung vor dem Appellationsrichter entschieden werde, so wird ohne Weiteres auf schriftlichen Vortrag das Erkenntniß abgefaßt.

§. 49.

Außer diesem Falle werden die Partheien zur mündlichen Verhandlung unter der Verwarnung vorgeladen, daß, im Falle beide Partheien nicht erscheinen, auf die Akten, wie sie liegen, erkannt, im Falle aber nur eine der Partheien nicht erscheint, das Kontumazialverfahren dahin stattfinden würde, daß alle von dem Nichterschienenen in zweiter Instanz vorgebrachte, streitige, mit schriftlichen Beweisen nicht unterstützte Thatsachen für nicht angeführt erachtet, und alle von dem Gegentheile angeführte Thatsachen, denen noch nicht ausdrücklich widersprochen worden, für zugestanden, so wie die vom Gegentheile beigebrachten Urkunden für anerkannt angesehen werden sollen.

Gleichzeitig wird ein Referent ernannt, welcher in der Sitzung dem Vortrage der Partheien eine schriftliche Darstellung der bisherigen Verhandlungen voranschickt.

§. 50.

Wird von beiden Theilen appellirt, so ist über beide Appellationen gleichzeitig zu verhandeln, und darüber in einem Urtheil zu erkennen.

§. 51.

Die Ausfertigungen des Erkenntnisses sind mit den Akten dem Gerichte erster Instanz zur ungesäumten Insinuation an die Partheien zuzufertigen.

§. 52.

Befindet sich das Gericht erster und zweiter Instanz an dem nämlichen Orte, so dürfen die Bevollmächtigten erster Instanz auch bei dem Appellationsgerichte für ihre Machtgeber auftreten.

§. 53.

Insoweit für das Verfahren zweiter Instanz nicht besondere Vorschriften ertheilt worden sind, sollen hierbei die für die erste Instanz gegebenen Bestimmungen zur Richtschnur genommen werden.

§. 54.

Dritte Instanz.

In Ansehung des Verfahrens in dritter Instanz bleibt es bei den gesetzlichen Vorschriften.

§. 55.

Adzitation und Litisdenunziation.

Adzitationsgesuche und Litisdenunziationen sind vom Kläger gleichzeitig mit der Klage, vom Verklagten aber gleichzeitig mit der Klagebeantwortung, anzubringen, und in der Folge nur insoweit zulässig, als die Veranlassung dazu sich erst später ergiebt.

§. 56.

Die Fristen zur Vorladung des Adzitaten und Litisdenunziaten sind nach Vorschrift des §. 9. zu bestimmen.

§. 57.

Das Adzitationsgesuch und die Litisdenunziation kann auch in zweiter Instanz, jedoch nur gleichzeitig mit der Appellationsrechtfertigung oder Beantwortung derselben angebracht werden.

§. 58.

Akzessorische Intervention.

Akzessorische Interventionen sind nur so weit zulässig, als der Gang der Hauptsache dadurch nicht aufgehalten wird.

§. 59.

Rekonvention.

Die uneigentliche Rekonvention ist spätestens mit der Beantwortung der Klage anzubringen. Eignet sich dieselbe zur Verhandlung im summarischen Prozesse nicht, so sollen Klage und Widerklage zum ordentlichen Prozesse verwiesen werden. Eignen beide aber sich zum summarischen Prozesse, so ist die Rekonvention dem Kläger zur Beantwortung nach §§. 8. und 9. abschriftlich mitzutheilen, und darauf nach erfolgter Beantwortung, oder nach Ablauf der Frist, nach Vorschrift des §. 18. u. ff. zu verfahren.

Zweiter Abschnitt.

Vom Verfahren bei Gerichten, welche kein Kollegium bilden.

§. 60.

Die Vorschriften des ersten Abschnitts, so weit sie kein Kollegium voraussetzen, finden auch bei denjenigen Gerichten, welche nur mit einem oder zwei Richtern besetzt sind, Anwendung, insofern nicht der gegenwärtige Abschnitt abändernde Bestimmungen enthält.

§. 61.

Auf die Klage wird ein Termin zur Beantwortung derselben und zur weiteren mündlichen Verhandlung anberaumt, wozu beide Partheien, der Verklagte unter abschriftlicher Mittheilung der Klage, vorgeladen werden.

§. 62.

Nach beendigter mündlicher Verhandlung ist ein Protokoll aufzunehmen, welches das Sachverhältniß, die Streitpunkte und die Anträge der Partheien nur im Resultate enthält. Dieses Protokoll wird den Partheien, welche dabei mit ihren Erinnerungen zu hören sind, vorgelesen und zur Unterschrift vorgelegt. Wollen oder können sie nicht unterschreiben, so ist dies am Schlusse des Protokolls zu bemerken.

§. 63.

Nach dem Schlusse des Protokolls ist unter demselben wegen Aufnahme des Beweises das Erforderliche sofort zu verfügen. Bedarf es keiner Beweis-

Auf-

Aufnahme, so ist das Erkenntniß in der Regel unter das Protokoll niederzuschreiben und mit diesem auszufertigen.

§. 64.

Die Beweise können sogleich in dem ersten Termine aufgenommen, und Zeugen und Sachverständige, welche sich am Orte des Gerichts befinden, unverzüglich zur Gerichtsstelle beschieden werden.

§. 65.

Die Appellation findet statt, wenn der Gegenstand der Beschwerde mehr als zwanzig Thaler ausmacht.

Dritter Titel.

Vom Verfahren in Bagatellsachen.

§. 66.

In Bagatellsachen soll bei allen Gerichten nach den Vorschriften des zweiten Abschnitts zweiten Titels dieser Verordnung, insoweit der gegenwärtige Titel nicht Abweichungen vorschreibt, verfahren werden.

§. 67.

Bei den Gerichten, welche ein Kollegium bilden, sind einzelne Kommissarien zur Verhandlung und Entscheidung der Bagatellsachen zu ernennen.

§. 68.

In der ersten, an den Verklagten ergehenden, Vorladung ist zugleich zu bestimmen, was derselbe dem Kläger zu leisten hat, mit der Verwarnung, daß, falls die Klage in gehöriger Zeit nicht beantwortet werde, die erlassene Bestimmung gleich einem Kontumazialerkenntniß ohne Weiteres zur Vollstreckung gebracht werden würde.

§. 69.

Gegen diese, die Stelle eines Kontumazialerkenntnisses vertretende Verfügung soll, im Falle die Sache nicht appellabel ist, die Restitution nach Vorschrift der §§. 38. und 39. dieser Verordnung, sonst aber nur die Appellation zugelassen werden.

Vierter Titel.

Allgemeine Bestimmungen.

§. 70.

Klage, Appellation und Revision, so wie deren Beantwortungen, können mündlich zu Protokoll oder schriftlich in oder vor dem dazu anberaumten Termine angebracht werden. Hat jedoch eine Parthei einen Justizkommissar zu ihrem Bevollmächtigten bestellt, so muß dieser die Anträge und Erklärungen schriftlich einreichen. Den Schriftsätzen ist eine Abschrift derselben für den Gegentheil beizufügen.

§. 71.

Die Partheien können ihre Schriftsätze selbst verfassen; doch soll wegen Mangelhaftigkeit eines Schriftsatzes niemals die Verlegung eines Termins stattfinden.

§. 72.

Sämmtliche prozeßleitende Verfügungen werden in der Regel durch Dekretskretsabschriften, welche von dem Kanzleivorstande zu beglaubigen sind, an die Betheiligten erlassen.

§. 73.

Zu Verhandlungen des Mandats- und des summarischen Prozesses soll es bei den größeren Gerichten nur einer Deputation von drei Mitgliedern in erster Instanz, und von fünf Mitgliedern in zweiter Instanz, bei den Gerichten aber, welche nur mit zwei Richtern besetzt sind, nur eines derselben, in allen Fällen jedoch der Zuziehung eines Protokollführers bedürfen.

Ein Protokollführer muß auch bei dem Verfahren in Bagatellsachen zugezogen werden.

Bei Gerichten, welche nur mit drei Mitgliedern besetzt sind, wird im Verhinderungsfalle eines derselben dessen Stelle durch einen Referendar, oder durch einen zum Richteramte verpflichteten Aktuar vertreten. Ist ein Referendar oder ein solcher Aktuar bei dem Gerichte nicht vorhanden, so ist nach Vorschrift des Abschnitts 2. Titel II. dieser Verordnung zu verfahren.

§. 74.

Bei dem Mandats- und dem summarischen Prozesse, so wie bei dem Verfahren in Bagatellsachen, kommen die Vorschriften der Titel 1. bis 25. einschließlich, der Prozeßordnung insoweit zur Anwendung, als die gegenwärtige Verordnung nicht abweichende Bestimmungen enthält.

§. 75.

Eignet sich eine Forderung nach den Bestimmungen der gegenwärtigen Verordnung zu mehreren der hier aufgestellten besonderen Prozeßarten, so geht der Mandatsprozeß dem summarischen und Bagatellprozesse, letzterer aber dem summarischen Prozesse vor.

§. 76.

Insofern in der Prozeßordnung ein besonderes oder abgekürztes Verfahren für Gegenstände, welche nicht zu den in der gegenwärtigen Verordnung bezeichneten gehören, angeordnet worden ist, hat es bei jenem Verfahren sein Bewenden.

§. 77.

Alle seit dem 1sten Oktober d. J. bei den Gerichten anhängig gemachten Prozesse, welche sich zur Verhandlung nach der gegenwärtigen Verordnung eignen, sollen nach den Vorschriften derselben eingeleitet und entschieden werden.

Dagegen sollen die vor dem 1sten Oktober d. J. anhängig gemachten Prozesse nach den bisherigen Vorschriften beendigt werden.

Urkundlich unter Unserer Höchsteigenhändigen Unterschrift und beigedrucktem Königlichen Insiegel.

Gegeben Berlin, den 1sten Juni 1833.

(L. S.) Friedrich Wilhelm.

Carl, Herzog zu Mecklenburg.
v. Kamptz. Mühler.

Beglaubigt:
Friese.

Gesetz-Sammlung
für die
Königlichen Preußischen Staaten.

No. 8.

(No. 1427.) Allerhöchste Kabinetsorder vom 4ten Mai 1833., die Stempelfreiheit bei Besitz-Veränderungen, welche zum Zweck des gemeinen Besten angeordnet werden, betreffend.

Auf den Bericht des Staatsministeriums vom 18ten v. M. bestimme Ich, daß bei Besitzveränderungen, welche zum Zweck des gemeinen Besten unter Verpflichtung der Interessenten angeordnet werden, sowohl den gerichtlichen als den von den Verwaltungsbehörden aufzunehmenden Verhandlungen und allen in dieser Beziehung bei dem Hypothekenbuche nothwendigen Eintragungen und den darüber auszustellenden Urkunden, die Gebühren- und Stempelfreiheit zustehen soll. Das Staatsministerium hat die Bekanntmachung dieser Order durch die Gesetz-Sammlung zu veranlassen.

Berlin, den 4ten Mai 1833.

Friedrich Wilhelm.

An das Staatsministerium.

(No. 1428.) Gesetz, über Schenkungen und letztwillige Zuwendungen an Anstalten und Gesellschaften. Vom 13ten Mai 1833.

Wir Friedrich Wilhelm, von Gottes Gnaden, König von Preußen &c. &c.

haben für erforderlich erachtet, die gesetzlichen Bestimmungen über Schenkungen und letztwillige Zuwendungen an Kirchen und geistliche Gesellschaften, imgleichen an Lehr-, Erziehungs- und Armenanstalten und Hospitäler, einer Revision zu unterwerfen und auf sämmtliche vom Staate genehmigte Anstalten und solche Gesellschaften auszudehnen, welche Korporationsrechte haben.

Wir verordnen demnach für sämmtliche Provinzen Unserer Monarchie, mit Aufhebung aller diesen Gegenstand betreffenden gesetzlichen Vorschriften, auf Antrag Unsers Staatsministeriums und nach erfordertem Gutachten Unsers Staatsraths, wie folgt:

§. 1. Schenkungen und letztwillige Zuwendungen an inländische öffentliche Anstalten oder Korporationen, sollen von deren Vorstehern der vorgesetzten Behörde angezeigt werden.

(Ausgegeben zu Berlin den 15ten Juni 1833.)

§. 2. Beträgt die Zuwendung mehr als Eintausend Thaler, so ist zur Gültigkeit derselben ihrem vollen Betrage nach, Unsere landesherrliche Genehmigung erforderlich.

§. 3. Zuwendungen, welche in fortgesetzt wiederkehrenden Prästationen bestehen, werden mit Vier vom Hundert zu Kapital berechnet.

§. 4. Erst mit dem Tage, an welchem die landesherrliche Genehmigung dem Geschenkgeber oder Erben bekannt gemacht worden, nimmt die Verbindlichkeit zur Entrichtung des Geschenks, oder Vermächtnisses, so wie zur Uebergabe der Erbschaft, ihren Anfang. Mit der zugewendeten Sache müssen zugleich die davon in dem Zeitraume vom Tage der Schenkung, oder vom Todestage des Erblassers an, wirklich erhobenen Nutzungen verabfolgt werden.

§. 5. Unsere landesherrliche Genehmigung ist ohne Unterschied des Betrages der Zuwendung erforderlich, wenn dadurch eine neue öffentliche Anstalt gestiftet, oder einer vorhandenen Anstalt etwas zu einem andern, als dem bereits genehmigten Zwecke gewidmet werden soll.

§. 6. Zuwendungen, die zwar einer öffentlichen Anstalt, oder einer Korporation beschieden, aber zur Vertheilung an Einzelne bestimmt sind, es mag diese Vertheilung von dem Geber selbst festgesetzt, oder der bedachten moralischen Person übertragen werden, sind unter den Bestimmungen dieses Gesetzes nicht begriffen. Dahin gehört auch dasjenige, was für Seelmessen, die gleich nach dem Tode zu lesen sind, den katholischen Priestern entrichtet wird.

§. 7. Die landesherrliche Genehmigung erfolgt unbeschadet der Rechte jedes Dritten und ändert daher an sich in den gesetzlichen Vorschriften nichts ab, aus denen Schenkungen und letztwillige Dispositionen angefochten werden können.

§. 8. Würden durch irgend ein Vermächtniß an eine Anstalt oder Korporation Personen, welchen der Erblasser während seines Lebens Alimente zu geben nach den Gesetzen verpflichtet war, wegen Unzulänglichkeit des Nachlasses daran Abbruch erleiden, so sollen die Einkünfte des Vermächtnisses, soweit dieselben dazu erforderlich sind, zur Ergänzung des solchen Personen zukommenden Unterhalts verwendet werden.

§. 9. Was vorstehend (§. 8.) von Vermächtnissen vorgeschrieben ist, gilt auch von Schenkungen unter Lebendigen oder von Todeswegen, insofern überhaupt wegen verkürzten Pflichttheils, oder geschmälerter Alimente, Schenkungen widerrufen werden können.

§. 10. Vorsteher und Verwalter der §. 1. gedachten Anstalten und Korporationen, welche den Vorschriften dieses Gesetzes zuwider Geschenke, Erbschaften und Vermächtnisse annehmen, ohne sofort bei der ihnen vorgesetzten Behörde auf die Einholung der erforderlichen landesherrlichen Genehmigung anzutragen (§. 2.), haben fiskalische Strafe verwirkt, welche jedoch die Hälfte des angenommenen Betrages nicht übersteigen darf.

§. 11. An ausländische öffentliche Anstalten und Korporationen dürfen Schenkungen, Erbschaften und Vermächtnisse, ohne Unterschied ihres Betrages, nur mit Unserer unmittelbaren Erlaubniß verabfolgt werden, bei Vermeidung einer nach

nach den Umständen zu bestimmenden Geldstrafe, welche jedoch den doppelten Betrag der Zuwendung nicht übersteigen darf.

Urkundlich unter Unserer Höchsteigenhändigen Unterschrift und beigedrucktem Königlichen Insiegel.

Gegeben Berlin, den 13ten Mai 1833.

(L. S.) Friedrich Wilhelm.

Carl, Herzog zu Mecklenburg.

Frh. v. Altenstein. v. Kamptz. Mühler.

Beglaubigt:

Friese.

(No. 1429.) Gesetz, über erloschene Parochien und über die Behandlung des Vermögens derselben. Vom 13ten Mai 1833.

Wir Friedrich Wilhelm, von Gottes Gnaden, König von Preußen 2c. 2c.

thun kund und fügen hiermit zu wissen:

Da es zweifelhaft geworden ist, in welchen Fällen eine Parochie als erloschen zu betrachten, und wie das Vermögen einer erloschenen Parochie zu behandeln sey, so verordnen Wir mittelst Deklaration der §§. 177. 179. 189. 192. ff. Thl. II. Tit 6. und §. 308. Thl. II. Tit. 11. des Allgemeinen Landrechts, für diejenigen Landestheile, worin das Allgemeine Landrecht Gesetzeskraft hat, auf den Antrag Unsers Staatsministeriums und nach eingeholtem Gutachten Unsers Staatsraths, wie folgt:

§. 1. Eine Parochie ist als erloschen anzusehen, wenn binnen Zehen Jahren:

a) entweder gar keine Mitglieder ihrer Religionspartei in dem Pfarrbezirke einen ordentlichen Wohnsitz gehabt haben;

b) oder gar kein Pfarrgottesdienst daselbst stattgefunden hat;

c) oder endlich die Zahl der Eingepfarrten fortwährend so gering gewesen, daß zu einem ordentlichen Pfarrgottesdienst kein Bedürfniß vorhanden war.

§. 2. Entstehen Zweifel über das Daseyn der im §. 1. aufgestellten Bedingungen, so sollen dieselben zu Unserer Allerhöchsten landesherrlichen Entscheidung vorgelegt werden.

§. 3. Das einer Parochie zustehende Vermögen, welches bei ihrem Erlöschen (§§. 1. 2.) als herrenlos Unserer landesherrlichen Verfügung anheimfällt, soll zum Vortheil derjenigen Religionspartei derselben Provinz verwendet werden, welcher die erloschene Parochie angehört hat.

§. 4. Von der Vorschrift des §. 3. tritt in Ansehung des vakant gewordenen Kirchengebäudes eine Ausnahme ein, indem dasselbe der an diesem Ort vorhandenen Parochie einer andern christlichen Religionspartei zugewiesen werden soll, insofern dazu ein Bedürfniß vorhanden ist.

§. 5. War ein Theil des übrigen Vermögens der Parochie ausschließend und unzweifelhaft zur Erhaltung des Kirchengebäudes bestimmt, so soll derselbe auch ferner mit dem nach §. 4. zu verwendenden Kirchengebäude verbunden bleiben.

§. 6. Die gegenwärtige Verordnung soll in allen oben bezeichneten Landestheilen, ohne Ausnahme irgend einer Provinz, zur Anwendung kommen.

Urkundlich unter Unserer Höchsteigenhändigen Unterschrift und beigedrucktem Königlichen Insiegel.

Gegeben Berlin, den 13ten Mai 1833.

(L. S.) Friedrich Wilhelm.

Carl, Herzog zu Mecklenburg.

Frh. v. Altenstein. v. Kamptz. Mühler.

Beglaubigt:
Friese.

(No. 1430.) Gesetz, wegen Aufhebung der ausschließlichen Gewerbsberechtigungen in den Städten der Provinz Posen. Vom 13ten Mai 1833.

Wir Friedrich Wilhelm, von Gottes Gnaden, König von Preußen ꝛc. ꝛc.

Da in mehreren Städten Unserer Provinz Posen noch Zunftzwang und ähnliche Beschränkungen des Gewerbfleißes das zeitgemäße Fortschreiten desselben hemmen, so verordnen Wir hierdurch, auf den Antrag Unsers Staatsministeriums und nach vernommenem Gutachten Unsers Staatsraths, wie folgt:

I. Aufhebung der gewerblichen Zwangsrechte in den Städten.

§. 1. Alle ausschließliche Gewerbsberechtigungen der Zünfte und Korporationen oder einzelner Individuen in den Städten Unserer Provinz Posen sind, wo dergleichen noch bestehen, von dem Tage der Verkündigung dieses Gesetzes an, aufgehoben.

§. 2. Die Befugniß zum Betriebe eines Gewerbes kann daher mit der Wirkung eines Untersagungsrechtes fernerhin nicht in Anspruch genommen werden.

II. Entschädigung der Inhaber von Gewerbsberechtigungen.

§. 3. Die Inhaber von ausschließlichen, veräußerlichen und vererblichen Gewerbeberechtigungen in den Städten (§. 1.) (Bankgerechtigkeiten) sollen für den Verlust derselben einen Anspruch auf Entschädigung erhalten.

a. Allgemeine Bestimmungen.

§. 4. Ein solcher Anspruch soll jedoch nur dann eintreten, wenn

1) das Daseyn der in §. 3. bezeichneten Eigenschaften, insbesondere das Recht, die Vermehrung der Gewerbtreibenden gleicher Art verhindern zu dürfen, entweder durch hypothekarische Eintragungsdokumente, oder auf andere recht-

rechtliche Weise, es sey durch Privilegien oder durch den Besitz eines Untersagungsrechtes dargethan werden kann;

2) wenn die produzirten Privilegien, Konzessionsurkunden, oder andere Besitz-Dokumente nicht die Kassationsklausel — den ausdrücklichen Vorbehalt der Mehrung, Minderung oder Aufhebung — enthalten;

3) wenn die nach Publikation der Deklaration vom 16ten August 1796. von einem Gutsherrn ertheilte Konzession mit der landesherrlichen Bestätigung versehen ist.

§. 5. Der durch Abschätzung ermittelte Werth einer, mit den §. 3. erwähnten und nachgewiesenen Erfordernissen versehenen Gewerbeberechtigung (Bankgerechtigkeit), giebt den Maaßstab für die Entschädigung der bisher ausschließlich Berechtigten.

§. 6. Die Ausmittelung und Festsetzung des Werths, geschieht nach den Bestimmungen dieser Verordnung §§. 10. 14. 15., und die Entschädigung selbst geschieht nach den weiter unten folgenden Vorschriften (§§. 17. 18. 19.).

b. Entschädigungsverbindlichkeit.

§. 7. Zur Entschädigung der Inhaber einer ablösungsfähigen Gewerbeberechtigung sind diejenigen verpflichtet, welche, ohne in dem Besitze einer ablösungsfähigen Berechtigung zu seyn, fortan in dem Polizeibezirke einer Stadt das Gewerbe, dem die Berechtigung angehörte, ausüben; befreit von dieser Verpflichtung sind mithin die bisherigen Inhaber einer ablösungsfähigen Gewerbeberechtigung.

§. 8. Der Ablösung des Werths einer Gewerbeberechtigung kann weder von dem zur Gewerbsabgabe Berechtigten, noch von dem im Hypothekenbuche eingetragenen Gläubiger des Bankbesitzers widersprochen werden.

c. Ausmittelungs und Abschätzungsverfahren.

§. 9. Sofort nach Bekanntmachung dieses Gesetzes sollen die Inhaber von Gewerbeberechtigungen von dem Magistrat aufgefordert werden, binnen drei Monaten, bei Verlust ihrer Forderung, den Anspruch auf Entschädigung anzumelden und zu begründen. (§. 4.)

§. 10. Der Magistrat erörtert die vorhandenen Erfordernisse des Entschädigungs-Anspruches, und reicht die Verhandlungen der Regierung zur Feststellung desselben durch ein Resolut ein.

§. 11. Wenn der Entschädigungsanspruch von der Regierung als unbegründet zurückgewiesen worden, so findet, nach der Wahl der Interessenten, binnen vier Wochen nach erfolgter Publikation, entweder die Berufung auf richterliche Entscheidung, oder der Rekurs an das Ministerium des Innern für Handel und Gewerbe statt. Haben die Interessenten einen der beiden Wege gewählt, so können sie auf den andern alsdann nicht mehr zurückgehen.

§. 12. Wenn wegen Verabsäumung der dreimonatlichen Anmeldungsfrist (§. 9.) der Entschädigungsanspruch der Inhaber verloren gegangen, so kann derselbe doch binnen einer anderweiten präklusivischen Frist von drei Monaten noch von den Realgläubigern des Bankbesitzers geltend gemacht werden.

§. 13. Sobald hiernach die Ansprüche auf Entschädigung feststehen, wird der Kapitalwerth einer einzelnen Gewerbeberechtigung nach dem Durchschnitts-Verkaufskaufs- oder Vererbungspreise in den Jahren von 1797. bis 1832. von dem Magistrat — in den Städten, welche einem Landrathe untergeordnet sind, jedoch mit dessen Zuziehung — abgeschätzt und von der Regierung festgesetzt.

§. 14. Die Abschätzung soll sich allein auf die Gewerbeberechtigung beschränken, und deren Werth, so wie er nach erfolgter Publikation dieses Gesetzes ermittelt wird, feststellen. Es sollen daher die etwa mit der Gewerbeberechtigung in Verbindung veräußerten oder vererbten Realitäten und Utensilien eben so wenig, als die auf dem Gewerbsbetriebe ruhenden grundherrlichen oder Kämmereiabgaben, welche mit fünf Prozent kapitalisirt werden, zur Berechnung gezogen werden.

§. 15. Gegen die nach §§. 13. 14. ausgemittelte und festgesetzte Taxe ist kein Rechtsverfahren, sondern nur der Rekurs an das Ministerium des Innern für Handels- und Gewerbeangelegenheiten zulässig.

d. Ablösung der Berechtigungen.

§. 16. Für jede einzelne Klasse von ablösungsfähigen Berechtigungen wird aus den jährlichen Beiträgen der zur Entschädigung Verpflichteten (§. 17.) ein Ablösungsfonds gesammelt, und bei dem Magistrat der betreffenden Stadt verwaltet.

§. 17. Diese Beiträge bestehen aus Sechs Prozent jährlicher Zinsen von dem (§. 14.) festgestellten Kapitalwerth einer Gewerbeberechtigung, und werden Zwanzig Jahre lang — von dem Tage der öffentlich bekannt zu machenden Festsetzung der Taxe an gerechnet — von Jedem entrichtet, welcher, ohne zu den Berechtigten zu gehören, innerhalb dieses Zeitraums das Gewerbe treibt. Der Gewerbetreibende zahlt diesen Beitrag jedoch nur für die Jahre seines Gewerbebetriebes, welche innerhalb des zwanzigjährigen Zeitraums fallen.

§. 18. Die Einziehung der Ablösungsbeiträge besorgt der Magistrat, nöthigenfalls im Wege der Exekution. Wo die Exekution auf die Summe eines ganzjährigen Beitrages aber fruchtlos bleibt, kann dem Verpflichteten die Fortsetzung des Gewerbes bis zur Entrichtung des Rückstandes untersagt, und mit einer Polizeistrafe von 8 bis 14 Tagen Gefängniß bedroht werden.

§. 19. Die eingegangenen Summen sollen, wo es angeht, zinsbar belegt, und in angemessenen Fristen von dem Magistrat unter die zur Entschädigung Berechtigten in gleichem Verhältnisse vertheilt werden.

§. 20. Nach dem Verlauf des zwanzigjährigen Zeitraumes (§. 17.) sind alle Ansprüche der Berechtigten auf Entschädigung erloschen.

§. 21. Die Realgläubiger, welche etwa in Stelle des Berechtigten die Entschädigung in Anspruch nehmen (§. 12.), treten dadurch nur in die Rechte und Pflichten des Berechtigten. Sie müssen sich, wenn der Betrag der Realschulden den ausgemittelten Kapitalwerth der Gewerbeberechtigung übersteigen sollte, die Vertheilung der Entschädigungsbeträge nach der Priorität ihrer Forderungen unter sich gefallen lassen. Wenn dagegen nach ihrer Befriedigung ein Ueberschuß verbleibt, so kommt derselbe lediglich dem Ablösungsfonds zu statten.

Ur-

Urkundlich unter Unserer Höchsteigenhändigen Unterschrift und beigedrucktem Königlichen Insiegel.

Gegeben Berlin, den 13ten Mai 1833.

(L. S.) Friedrich Wilhelm.

Carl, Herzog zu Mecklenburg.

v. Schuckmann. Maassen. Frh. v. Brenn.

v. Kamptz. Mühler.

Beglaubigt:

Friese.

(No. 1431.) Gesetz, wegen Aufhebung der gewerblichen und persönlichen Abgaben und Leistungen in den Mediatstädten der Provinz Posen. Vom 13ten Mai 1833.

Wir Friedrich Wilhelm, von Gottes Gnaden, König von Preußen rc. rc.

Um die Mediatstädte der Provinz Posen hinsichtlich der Abgabenverhältnisse mit den Städten in den älteren Provinzen, so weit es noch nicht geschehen, völlig gleich zu stellen, und um sie zur Beförderung ihres Wohlstandes und ihrer Gewerbsamkeit von den bisher noch an die Grundherren entrichteten persönlichen und gewerblichen Abgaben und Leistungen zu befreien, verordnen Wir auf den Antrag Unseres Staatsministeriums und nach angehörtem Gutachten Unseres Staatsraths wie folgt:

§. 1. Mit dem 1sten Januar 1834. fallen in den Mediatstädten der Provinz Posen sämmtliche bisher noch fortbestandene Handels- und Konsumtionsabgaben von Waaren, ferner die Abgaben und Leistungen, welche für die Berechtigung zum Betriebe von Gewerben, in bestimmten Terminen oder ein für allemal, entrichtet werden, in der Art weg, wie solches durch die §§. 17. und 18. des Gesetzes vom 26sten Mai 1818. und §. 1. der Verordnung vom 8ten Februar 1819. allgemein, und durch §. 30. des Gewerbesteuer-Gesetzes vom 2ten November 1810. und dessen Deklaration vom 19ten Februar 1832. für den damaligen Umfang der Monarchie angeordnet ist.

§. 2. Es sind ferner mit demselben Termin aufgehoben alle bestehende Abgaben und Leistungen:

a) für die Befreiung von gewerblichen Zwangs- und Bannrechten (Getränkezwang);
b) für die Ueberlassung oder Aufhebung ausschließlicher Rechte zur Getränkebereitung und zum Ausschanke;
c) für den zwangsweisen Gebrauch von Walkmühlen, Malz- und Brauhäusern, Waagen und ähnlichen gewerblichen Anlagen; und
d) sämmtliche persönliche Abgaben und Leistungen, einschließlich der persönlichen Abgaben der Juden, welche von den Kämmereien, Grundherren, oder von den Domainenkassen bisher in den Mediatstädten der Provinz Posen erhoben sind.

 §. 3.

§. 3. Für den Verlust der hiernach aufgehobenen Abgaben und Leistungen sollen die Grundherren nach den weiter folgenden Bestimmungen entschädigt werden.

Eine Entschädigung der Domainenkassen und Kämmereien findet nicht statt, jedoch fallen die Gegenleistungen weg, welche ihnen in Bezug auf die aufgehobenen Abgaben und Leistungen obgelegen haben.

§. 4. Die Ermittelung des Betrages der den Grundherren gebührenden Entschädigung besorgen die Regierungen. Der Oberpräsident soll die Grundherren öffentlich auffordern, binnen einer dreimonatlichen Präklusivfrist ihre Ansprüche bei den Regierungen anzumelden, und die dabei zu beobachtende Form vorschreiben.

In den Anmeldungen sind zu unterscheiden, die Entschädigungsforderungen für aufgehobene Abgaben und Leistungen:

a) welche nach Judikaten oder Vergleichen, oder nach dem Anerkenntnisse der Verpflichteten seither unweigerlich entrichtet worden sind;
b) welche bereits Gegenstand eines Prozesses sind;
c) welche zwar von den Grundherren verlangt, aber von den Verpflichteten verweigert werden, derenwegen aber ein Prozeßverfahren noch nicht eingeleitet ist.

Den Anmeldungen müssen die Urkunden, auf denen die Forderung der Entrichtung beruhet, beigefügt, und es muß darin deren Betrag und aus welchen Geld-, Natural- und andern Lieferungen und Leistungen solche besteht, unter Bemerkung der stattfindenden Gegenleistungen, genau angegeben werden.

Von den Regierungen werden die Anmeldungen in ein für jede Mediat-Stadt zu eröffnendes Register eingetragen und den Grundherren Anmeldungs-Bescheinigungen ertheilt.

§. 5. Nach Eingang der Anmeldungen ist zunächst deren Richtigkeit festzustellen. Hierbei, so wie bei Ermittelung der Entschädigung, sind außer den Berechtigten und Verpflichteten, der Vorstand der betreffenden Gemeinde und ein zu diesem Zwecke von dem Oberpräsidenten bei jeder Regierung zu bestellender fiskalischer Anwalt zuzuziehen; dagegen ist die Zuziehung der Lehns- und Fideikommißfolger, der Obereigenthümer und Wiederkaufsberechtigten, der hypothekarischen Gläubiger und anderer Realberechtigten des Gutes, welchem die Abgaben zustehen, nicht erforderlich.

Anerkenntnisse und Vergleiche, welche nach Verkündigung dieses Gesetzes in Ansehung der gedachten Abgaben und Leistungen erfolgen, sind ohne die Zustimmung des Gemeindevorstandes und des fiskalischen Anwalts unverbindlich.

Ueber die angemeldeten Ansprüche sind, wenn nicht schon ein Prozeß darüber anhängig ist, die Betheiligten durch einen Kommissarius der Regierung zu vernehmen. Werden dieselben bestritten, so hat der Kommissarius einen Vergleich zu versuchen, und wenn seine Bemühungen dieserhalb ohne Erfolg bleiben, den Besitzstand zu ermitteln, welcher von der Regierung durch ein Resolut festzustellen ist. Derjenige, welcher sich bei dieser Feststellung nicht beruhigt, ist verpflichtet, den Rekurs binnen vier Wochen präklusivischer Frist bei dem Ministerium des Innern für Handel und Gewerbe geltend zu machen, oder aber in gleicher Zeit den Weg Rechtens zu ergreifen. Hat er eines von Beiden gewählt, so kann er auf das Andere nicht mehr zurückgehen. Ist bereits ein

Prozeß

Prozeß über den Anspruch anhängig, so wird dem Gemeindevorstande und dem fiskalischen Anwalte durch die Regierung hiervon Nachricht gegeben und demselben überlassen, sich bei dem Prozesse als Intervenienten zu melden.

Sobald die angemeldeten Ansprüche durch ein Anerkenntniß oder Uebereinkommen der Betheiligten, oder durch rechtskräftige Entscheidung festgestellt worden, läßt die Regierung für jede Mediatstadt den Gesammtwerth der Abgaben und Leistungen, nach Abzug der Gegenleistungen, unter Zuziehung der Betheiligten kommissarisch ermitteln, setzt denselben durch einen motivirten Beschluß auf eine jährliche Geldsumme fest, und macht diese Festsetzung den Betheiligten bekannt. Die unfixirten Abgaben und Leistungen werden dabei nach dem Durchschnitte der letzten drei Jahre und die darunter befindlichen marktgängigen Naturalabgaben nach den Durchschnittspreisen der letzt verflossenen zehn Jahre, andere Abgaben und Leistungen aber nach vorgängiger Schätzung durch Sachverständige zu Gelde berechnet. Gegen diese Festsetzungen der Regierungen findet, unter Ausschließung des Rechtsweges, nur ein Rekurs an den Oberpräsidenten, binnen einer Präklusivfrist von vier Wochen, statt.

§. 6. Den festgesetzten Geldbetrag hat jede Mediatstadt durch Zuschläge zu den Staatssteuern, nach Maaßgabe einer von dem Finanzminister zu ertheilenden Instruktion, vom Tage der Aufhebung der bisherigen Entrichtungen ab, bis zur Beendigung der Ablösung aufzubringen und vierteljährig durch die Kreiskasse an die bei dem Oberpräsidium einzurichtende Amortisationskasse abzuführen. Rückstände aus der früheren Zeit zahlen die bis dahin zu der Abgabe Verpflichteten an die Berechtigten in der bisherigen Art.

§. 7. Von dem festgestellten Geldwerthe der Abgaben und Leistungen jeder Mediatstadt werden vier Prozent für die Rezepturkosten, zwei Prozent für Erlasse und Ausfälle und vierundzwanzig Prozent an Offiara oder Grundsteuer, zusammen also dreißig Prozent abgesetzt, und die bleibende Summe wird als ablösbare Rente in Quartalraten postnumerando durch die Kreiskassen an die Grundherren gezahlt. Mit demselben Termin wird der abgesetzte Offiarabetrag den Grundherren erlassen und von dem Grundsteuerquantum des betreffenden Gutes auf Anordnung des Finanzministers abgeschrieben.

§. 8. Die Grundherren erhalten über die ihnen zustehenden Renten Anerkenntnisse, welche von dem Oberpräsidenten ausgefertigt und in ein Schuldbuch eingetragen werden. Die Ablösung erfolgt durch Zahlung des zwanzigfachen Betrages in Summen von mindestens Hundert Thalern nach vorheriger vierteljähriger Kündigung. Der Minister der Finanzen wird darüber noch eine nähere Instruktion erlassen.

§. 9. Ist die Abgabe oder Leistung, für welche die Rente gewährt wird, Zubehör eines Gutes, und dieses ein Lehnfideikommiß-, Erbzins- oder Erbpachtsgut, oder mit einem Verkaufs- oder Nießbrauchsrechte, oder mit hypothekarischen Schulden belastet, so wird in dem Anerkenntnisse vermerkt, daß der Inhaber darüber ohne Genehmigung des Gerichts, bei welchem das Hypothekenbuch über das Gut geführt wird, nicht verfügen könne. Diese Genehmigung darf nur nach Einwilligung der vorgenannten Realberechtigten ertheilt werden.

§. 10. Die abgelösten Rentenbeträge, über welche der Inhaber des Anerkenntnisses nach obiger Bestimmung (§. 9.) nicht frei verfügen kann, sind an das Depo-

Depositorium des daselbst bezeichneten Gerichts zu zahlen, und nach den Grundsätzen der Ablösungsordnung vom 7ten Juni 1821. über Kapitalablösungen bei Gütern, welche mit Einschränkungen des Eigenthums, und mit Realverbindlichkeiten belastet sind, zu verwenden. Der Justizminister wird die Gerichte mit näherer Instruktion hierüber versehen.

§. 11. Das Geschäft der Rentenzahlung und Amortisation leitet der Oberpräsident. Der Tilgungsfonds wird gebildet:

a) aus den dreißig Prozenten (§. 7.), welche von dem Geldbetrage der Abgaben abzusetzen sind, und welche daher aus den von den Mediatstädten aufzubringenden vollen Summe während des Laufes der Tilgung der Kasse verbleiben;
b) aus dem Betrage der abgelösten Renten;
c) aus Zuschüssen aus Staatskassen, um das Ablösungsgeschäft in einem Zeitraume von längstens zwanzig Jahren zu Ende zu führen.

§. 12. Den Mediatstädten steht frei, die nach der Bestimmung im §. 6. bis zur Beendigung der Tilgung an die Amortisationskasse jährlich zu zahlenden Summen auf einmal abzutragen.

Sie können sich deshalb vor dem 1sten Juli jeden Jahres, unter Nachweisung der Zahlungsmittel an den Oberpräsidenten wenden, welcher ihnen demnächst den mit Berechnung des Interusuriums festzusetzenden Betrag bekannt zu machen hat.

§. 13. Denjenigen Stadtgemeinden, deren Kämmereikassen jährliche Zahlungen an ihre Grundherrschaften zu leisten haben, die aus dem im §. 1. und 2. bezeichneten Abgabenverhältnisse hervorgehen, soll gestattet seyn, dieselben nach den Bestimmungen dieses Gesetzes abzulösen. Die Stadtgemeinden sind jedoch verpflichtet, bei Verlust dieser Befugniß, ihren Antrag auf Ablösung der Rente binnen sechs Wochen nach erfolgter Verkündigung des Gesetzes bei der betreffenden Regierung anzumelden.

Urkundlich unter Unserer Höchsteigenhändigen Unterschrift und beigedrucktem Königlichen Insiegel.

Gegeben Berlin, den 13ten Mai 1833.

(L. S.) Friedrich Wilhelm.

Carl, Herzog zu Mecklenburg.

v. Schuckmann. Maassen. Frh. v. Brenn.
v. Kamptz. Mühler.

Beglaubigt:
Friese.

(No. 1432.) Gesetz, wegen Aufhebung der Zwangs- und Bannrechte in der Provinz Posen. Vom 13ten Mai 1833.

Wir Friedrich Wilhelm, von Gottes Gnaden, König von Preußen rc. rc.

haben, um den Verkehr und Gewerbfleiß in Unserer Provinz Posen von jedem lästigen Zwange zu befreien, auf den Antrag Unsers Staatsministeriums und nach eingeholtem Gutachten Unsers Staatsraths zu verordnen beschlossen:

§. 1. Die in der Provinz Posen noch bestehenden Zwangs- und Bannrechte, namentlich das mit der Befugniß zum Betrieb der Brauerei und Brennerei bisher verbunden gewesene Recht des Getränke-Konsumtionszwanges und die Schankgerechtigkeit, insofern dieselbe in einem bestimmten Bezirk ausschließend ausgeübt worden, sind mit dem Tage der Verkündigung des gegenwärtigen Gesetzes aufgehoben.

§. 2. Was unter Zwangs- und Bannrechten überhaupt, und unter Konsumtionszwang, so wie unter ausschließender Schankgerechtigkeit zu verstehen sey, bestimmen die Vorschriften des Allgemeinen Landrechts Thl. I. Tit. 23. §§. 1—22. und §§. 53—95.

§. 3. Die Eigenthümer und Erbpächter eines Grundstücks bleiben jedoch in dem Besitz des Rechts, zum Absatz an Andere Bier zu brauen oder Branntwein zu brennen, und das fabrizirte Getränk im Einzelnen zu verkaufen, so wie in dem Besitze des durch Verjährung oder ausdrückliche Verträge erworbenen Krugverlags. Allgemeines Landrecht Thl. I. Tit. 23. §. 56.

§. 4. Verträge, wodurch der Inhaber einer Schankstätte sich verpflichtet, das zu seinem Debit erforderliche Getränke nur aus einer bestimmten Fabrikationsstätte zu nehmen (Verlagsrecht), können auch ferner errichtet werden.

Verträge, wodurch Jemand sich unterwirft, den Bedarf zu seiner eigenen Konsumtion aus einer bestimmten Schankstätte zu nehmen, dürfen, bei Strafe der Nichtigkeit, nur auf die Dauer eines Jahres geschlossen werden.

§. 5. Die Anlage neuer Brauereien und Brennereien auf ländlichen Grundstücken ist von der Genehmigung der betreffenden Regierung abhängig; diese Genehmigung darf nur ertheilt werden, wenn der Eigenthümer oder Erbpächter eines Grundstücks einen nach landschaftlichen Taxgrundsätzen ermittelten Kapital-Grundwerth von 15,000 Rthlr. oder darüber nachweiset. Die Beurtheilung dieses Nachweises gebührt der Regierung, und ein Recht zum Widerspruch steht dem Besitzer eines bisher ausgeübten Konsumtionszwanges oder ausschließenden Schankrechts nicht zu.

§. 6. Neue Schankstätten auf dem Lande können nur unter besonderer Genehmigung der Regierung, und zwar nur auf den Antrag einer Gemeinde unter dem Nachweis des Bedürfnisses, und wenn zuvor der zur Ausübung des Schankrechts berechtigte Grundherr mit seinen Einwendungen gehört worden, errichtet werden.

§. 7. Wenn in einzelnen Fällen durch die Aufhebung der Zwangs- und Bannrechte (§. 1.) ein wirklicher Schaden entstehen sollte, so wird in solchen Fällen eine Vergütigung des wirklichen Schadens nach den Grundsätzen und Bestimmunmungen Unserer Verordnung vom 15ten September 1818. §§. 1. 2. Litt. c. §§. 3. 4. 6—11. incl. (Gesetz-Sammlung Seite 178. und fg.), welche Wir hierdurch auch in der Provinz Posen in Kraft setzen, und für die bezeichneten Fälle in Anwendung gebracht wissen wollen, aus Staatskassen gewährt werden.

Dagegen soll weder der Verkäufer, noch der Erb- oder Zeitverpächter, noch der Zwangpflichtige verbunden seyn, eine Entschädigung für jene Aufhebung zu leisten.

§. 8. Der Berechtigte ist der im §. 7. ertheilten Bestimmung gemäß, Behufs der Ausmittelung seines Verlustes, verbunden, den Debit, welcher in dem Zeitraum von 1816—1825. einschließlich, und den Debit, welcher in den Jahren 1834. 1835. 1836. 1837. stattgefunden hat, nachzuweisen; und es soll durch Vergleichung des Durchschnitts dieser vier Jahre mit dem Durchschnitte jener zehn Jahre der entstandene Ausfall ermittelt werden.

Eine Vergütigung dieses Ausfalls findet jedoch nicht statt, wenn dem Berechtigten Mangel an Thätigkeit, Industrie und Güte des Fabrikats nachgewiesen werden kann und der Verlust daher nicht als eine unmittelbare Folge des aufgehobenen Zwang- und Bannrechts anzusehen ist.

§. 9. Nach dem Ablauf des Jahres 1837. sollen die Inhaber früherer Zwangs- und Bannrechte (§. 1.) durch eine öffentliche Bekanntmachung der Kreispolizei-Behörde zur Anmeldung und Bescheinigung ihrer Entschädigungsansprüche, bei Verlust derselben, binnen einer sechsmonatlichen Frist aufgefordert werden.

Urkundlich unter Unserer Höchsteigenhändigen Unterschrift und beigedrucktem Königlichen Insiegel.

Gegeben Berlin den 13ten Mai 1833.

(L. S.) Friedrich Wilhelm.

Carl, Herzog zu Mecklenburg.
v. Schuckmann. Maassen. v. Kamptz. Mühler.

Beglaubigt:
Friese.

Gesetz-Sammlung
für die
Königlichen Preußischen Staaten.

No. 9.

(No. 1433.) Verordnung, die Einführung des Allgemeinen Landrechts in Beziehung auf die Verwaltungsangelegenheiten der Landgemeinen in den zum Verwaltungs-Verbande der Provinz Sachsen gehörigen, der Westphälischen Zwischen-Regierung unterworfen gewesenen Landestheilen betreffend. Vom 31sten März 1833.

Wir Friedrich Wilhelm, von Gottes Gnaden, König von Preußen 2c. 2c.

Nachdem sich Zweifel über die noch fortbestehende Anwendbarkeit der Gesetzgebung des ehemaligen Königreichs Westphalen auf die Verhältnisse der Landgemeinen in den zu diesem Königreiche gehörig gewesenen Landestheilen der Provinz Sachsen erhoben haben; so verordnen Wir, nach Anhörung Unserer getreuen Stände des ständischen Verbandes von Sachsen und der Altmark und auf Antrag Unsers Staatsministerii, für gedachte Landestheile Folgendes:

§. 1. Die Bestimmungen der Westphälischen Verwaltungsordnung vom 11ten Januar 1808. und der spätern Westphälischen Dekrete, die Verhältnisse der Landgemeinen betreffend, sind durch Einführung des Allgemeinen Landrechts außer Kraft gesetzt und die im Allgemeinen Landrechte §§. 18. bis 86. Tit. 7. Th. II. enthaltenen Vorschriften, nebst den dieselben erläuternden und abändernden spätern Bestimmungen, mit den im §. 3. gegenwärtiger Verordnung enthaltenen Modifikationen, an die Stelle der fremdherrlichen Gesetzgebung getreten.

§. 2. An denjenigen Orten, an welchen die Verhältnisse zwischen den verschiedenen Klassen der Einwohner vor Einführung der fremden Gesetzgebung nach §. 31. Tit. 7. Th. II. des Allgemeinen Landrechts durch Verträge oder hergebrachte Gewohnheiten regulirt waren, welche in Gefolge jener Gesetzgebung außer Anwendung gekommen sind, sollen die Interessenten darüber, ob solche wiederherzustellen, gehört werden, und die Landräthe ermächtigt seyn, diesfallsige Uebereinkünfte zu bestätigen. Wo dergleichen Verträge oder hergebrachte Gewohnheiten bei Publikation der gegenwärtigen Verordnung faktisch noch bestehen, sollen solche auch ferner aufrecht erhalten werden.

§. 3. Ueber die Einwirkung der Guts- und Gerichtsherren auf die Gemeine-Angelegenheiten und die Polizei, bestimmen Wir Folgendes:

a. In den §§. 33. 34. und 35. der angezogenen Gesetzesstelle bestimmten Fällen, tritt der Landrath des Kreises an die Stelle der Gerichtsobrigkeit.

b. Den mit Gerichtsbarkeit versehenen Gutsherren steht zwar nach §§. 47. und

(Ausgegeben zu Berlin den 28sten Juni 1833.)

und 49. die Wahl des Schulzen zu, der Gewählte ist aber dem Landrathe zu präsentiren, welchem es obliegt, dessen Qualifikationen zu prüfen und ihn zu bestätigen, oder die Wahl eines andern Kandidaten zu verlangen.

c. Die Besitzer der Gerichtsbarkeit haben das Recht und die Pflicht, persönlich oder durch qualifizirte Stellvertreter, innerhalb ihres Gerichtsbezirks die §. 10. Tit. 17. Th. II. des Allgemeinen Landrechts angegebenen Anstalten zur Erhaltung der Ruhe, Sicherheit und Ordnung zu treffen. Die Polizeigerichtsbarkeit aber (§. 11. a. a. O.) ist von dem Patrimonialgerichte zu verwalten.

d. Diejenigen Gutsbesitzer, welche die Gerichtsbarkeit früher besessen, sie jedoch nach dem Aufhören der Fremdherrschaft nicht wieder erlangt haben, sollen die §. 10. Tit. 17. Th. II. des Allgemeinen Landrechts bezeichneten Anstalten auf den ihnen eigenthümlichen Höfen und Grundstücken unter unmittelbarer Aufsicht des Landraths zu treffen, berechtigt und verpflichtet seyn. Die Polizeigerichtsbarkeit dagegen ist von den dazu geordneten Staatsbehörden auszuüben. Hiernach haben alle Unsere Behörden und Unterthanen in den bezeichneten Landestheilen sich gehorsamst zu achten.

Gegeben Berlin, den 31sten März 1833.

(L. S.) Friedrich Wilhelm.

Friedrich Wilhelm, Kronprinz.

Frh. v. Altenstein. v. Schuckmann. Gr. v. Lottum. Gr. v. Bernstorff. v. Hake. Maassen. Frh. v. Brenn. v. Kamptz. Mühler. Ancillon.

(No. 1434.) Verordnung, die Regulirung der während der Westphälischen Zwischen-Regierung entstandenen Verhältnisse zwischen den Dominien und Gemeinen in den zur Provinz Sachsen gehörigen, ehemals Westphälischen Landestheilen betreffend. Vom 31sten März 1833.

Wir Friedrich Wilhelm, von Gottes Gnaden, König von Preußen rc. rc.

Im Verfolg Unserer Verordnung vom heutigen Tage, die Einführung des Allgemeinen Landrechts in Beziehung auf die Verwaltungsangelegenheiten der Landgemeinen in den zum Verwaltungsverbande der Provinz Sachsen gehörigen, der Westphälischen Zwischen-Regierung unterworfen gewesenen Landestheilen betreffend, finden Wir für nöthig, wegen Regulirung der während der Zwischen-Regierung entstandenen Verhältnisse zwischen den Dominien und Gemeinen in den gedachten Landestheilen, nach Anhörung Unserer getreuen Stände und auf Antrag Unsers Staatsministerii, Folgendes zu verordnen:

§. 1. Die in Folge der fremdherrlichen Gesetzgebung zeither bestandene Verbindung der Domainen und Rittergüter mit den Stadt- und Landgemeinen wird, wenn nicht beide Theile das Fortbestehen derselben wünschen, unter den nach-

nachstehend vorgeschriebenen Modifikationen aufgehoben, und die gedachten Güter werden wieder, wie vor Einführung der fremden Gesetze, als für sich bestehend behandelt.

§. 2. Die Beiträge der Rittergüter und Domainen zu denjenigen Gemeine-Bedürfnissen und Anstalten, von welchen sie keinen Nutzen haben, und welche lediglich zum Besten der Gemeinemitglieder bestehen, oder für welche die Güter auf eigene Kosten sorgen, hören vom 1sten Januar 1834. an gänzlich auf.

§. 3. Was hingegen die während des Gemeineverbandes entstandenen Schuld-Verbindlichkeiten aller Art, imgleichen diejenigen Gemeineanstalten anlangt, an welchen die Güter Antheil haben, so dauert die Beitragsverpflichtung der letztern so lange fort, bis jene Schuldverbindlichkeiten und die sonstige Gemeinschaft gelöst sind. Die deshalb zwischen den Rittergutsbesitzern und dem Domainen-Fiskus auf der einen, und den Gemeinen auf der andern Seite, abzuschließenden Vergleiche, durch welche die Rechte dritter Personen nicht beeinträchtigt werden dürfen, sollen von Unsern Behörden möglichst gefördert werden.

§. 4. Wenn bei den allgemeinen Verwaltungskosten, insonderheit bei den Besoldungen der Bürgermeister, Schulzen und andern Gemeinebeamten auf die Beiträge der Güter gerechnet worden ist, so sollen die Beiträge derselben zu diesem Behufe, damit die Gemeineglieder nicht in Folge der Trennung mehr belastet werden, so lange fortdauern, bis durch Abgang der zeitherigen Beamten oder auf sonstige Weise eine Verminderung der Kosten bewirkt werden kann.

Die Remmeritung aller neu anzustellenden Beamten ist bloß mit Rücksicht auf die Bedürfnisse der Gemeine auszuwerfen und der letztern deren Aufbringung allein zu überlassen.

§. 5. An denjenigen Orten, wo vor Einführung der fremdherrlichen Gesetzgebung eine gemeinsame Verwaltung einzelner, die Gemeinen und Güter gemeinschaftlich betreffenden Gegenstände bestanden hat, oder die Verhältnisse beider in Ansehung der Nutzungen und Gemeinelasten durch Verträge oder herkömmliche Gewohnheiten regulirt gewesen, welche durch jene Gesetzgebung außer Kraft gesetzt worden sind, sollen die Interessenten darüber, ob solche wiederherzustellen, gehört werden, und die Landräthe ermächtigt seyn, diesfallsige Uebereinkünfte zu bestätigen.

§. 6. Die Theilnahme der Rittergüter und Domainen an den Gemeine-Nutzungen hört in demselben Verhältnisse auf, in welchem sie von den Gemeinelasten befreit werden. Insofern während des Gemeineverbandes Aktiva erworben worden sind, steht ihnen darauf ein Anspruch nach dem Verhältnisse zu, in welchem sie die während derselben Zeit entstandenen Verbindlichkeiten mit ablösen müssen.

§. 7. Die Verhandlungen der Gemeinen über die Repartition derjenigen Bedürfnisse, zu welchen die Rittergutsbesitzer und der Domainenfiskus noch beitragspflichtig bleiben, sollen in den Städten unter Theilnahme, in den Land-Gemeinen aber unter Aufsicht des Gutsherrn und der Vertreter des Domainen-Fiskus stattfinden, und solchen das Recht beigelegt seyn, die Ausführung eines sie prägravirenden Gemeinebeschlusses, durch Berufung auf die Entscheidung der vorgesetzten Behörde, zu hemmen.

§. 8. In Hinsicht der mit den Rittergütern und Domainen vereinigten nicht

 ritter-

ritterschaftlichen Grundstücke treten die Besitzer in das vor Einführung der fremden Gesetze bestandene Verhältniß zurück.

Wenn aber dieses auf einer immittelst aufgehobenen herkömmlichen Gewohnheit beruht, und diese nicht in der §. 5. bestimmten Art wiederhergestellt wird, so tritt wegen der Beiträge von diesen Grundstücken das gemeinrechtliche Verhältniß ein.

§. 9. Wenn von solchen Gütern, welche nach dieser Verordnung aus dem Gemeineverband treten, Grundstücke dismembrirt und nicht sogleich mit einem andern, außer dem Gemeineverbande stehenden Gute wieder vereinigt werden, so werden solche der Flur (Feldmark) der Gemeine, in oder an welcher sie liegen, einverleibt, und bleiben künftig auch dann in diesem Gemeineverbande, wenn sie wieder mit einem von demselben freien Gute vereinigt werden. Diese Vorschriften sind auch auf die vom Anfange der Zwischen-Herrschaft bis zur Publikation gegenwärtiger Verordnung von den Dominien abgetrennten Grundstücke anwendbar.

§. 10. Ueber die bei Ausführung gegenwärtiger Verordnung zwischen Gütern und Gemeinen entstehenden Streitigkeiten entscheiden, nachdem vorher die Betheiligten gehört worden sind, in erster Instanz die Landräthe, von welchen die Berufung an die höhern Verwaltungsbehörden, oder im Falle, daß der Gegenstand privatrechtlicher Art ist, nach der Wahl des Betheiligten, die Berufung auf Entscheidung durch den Richter stattfindet. Wenn einmal die Berufung an die Regierung stattgefunden hat, ist der Rechtsweg in der Sache verschlossen. Auch ist die Regierung, wenn der Rechtsweg gewählt wird, berechtigt und verpflichtet, wo es nöthig ist, ein Interimistikum zu reguliren.

Unser Oberpräsident der Provinz Sachsen ist mit Ausführung dieser Verordnung beauftragt, nach welcher sich alle Unsere Behörden und Unterthanen zu achten haben.

Urkundlich unter Unserer Höchsteigenhändigen Unterschrift und beigedrucktem Königlichen Insiegel.

Gegeben Berlin, den 31sten März 1833.

(L. S.) Friedrich Wilhelm.

Friedrich Wilhelm, Kronprinz.

Frh. v. Altenstein. v. Schuckmann. Gr. v. Lottum. Gr. v. Bernstorff. v. Hake. Maassen. Frh. v. Brenn. v. Kamptz. Mühler. Ancillon.

Gesetz-Sammlung
für die
Königlichen Preußischen Staaten.

No. 10.

(No. 1435.) Allerhöchste Kabinetsorder vom 22sten Mai 1833., betreffend die Abänderung der Bestimmungen im §. 2. Litt. b. und §. 3. des Landkultur-Edikts vom 14ten September 1811.

Nach Ihrem Antrage vom 2ten d. M. will Ich die Vorschrift im §. 3. des Gesetzes zur Beförderung der Landkultur vom 14ten September 1811., nach welcher die Grundsteuer bei ihrer Repartition auf getheiltes Grundeigenthum, zur Bestreitung der vermehrten Rendanturkosten, um vier Prozent erhöhet werden soll, außer Kraft setzen, auch genehmigen, daß die Vorschrift im §. 2. Litt. b. desselben Gesetzes, der zufolge bei Vereinzelung von Erbpachtgrundstükken die Abgabe an den Erbverpächter um vier Prozent zu Lasten des Erwerbers der abgezweigten Parzele erhöhet werden darf, bei Domanial-Erbpachtgrundstükken nicht angewendet werde. Sie haben diese Bestimmungen zur öffentlichen Kenntniß zu bringen.

Berlin, den 22sten Mai 1833.

Friedrich Wilhelm.

An
den Staats- und Finanzminister Maassen.

(Ausgegeben zu Berlin den 2ten Juli 1833.)

(No. 1436.) Vorläufige Verordnung wegen des Judenwesens im Großherzogthum Posen. Vom 1sten Juni 1833.

Wir Friedrich Wilhelm, von Gottes Gnaden, König von Preußen 2c. 2c.

Nachdem Wir Uns von der Nothwendigkeit überzeugt haben, den bürgerlichen Zustand der Juden in Unserer Provinz Posen baldigst, und noch vor Erlassung eines, die gesammten Provinzen Unserer Monarchie umfassenden Gesetzes über die staatsbürgerlichen Verhältnisse der Juden zu verbessern, und die aus der Lage der Gesetzgebung über diesen Gegenstand hervorgehenden Zweifel zu beseitigen; so ertheilen Wir zu diesem Zwecke folgende vorläufige Vorschriften, mit dem Vorbehalt, solche nach Maaßgabe des künftigen allgemeinen Gesetzes zu ergänzen und abzuändern.

Verbesserung der Gemeine-Verwaltung der Juden.

§. 1. Die Judenschaft jedes Ortes bildet, wie bisher, eine vom Staate geduldete Religionsgesellschaft, welcher aber in Beziehung auf ihre Vermögens-Angelegenheiten die Rechte einer Korporation beigelegt werden. Wenn bisher die Judenschaften mehrerer Orte zu einer Synagoge vereinigt waren, so soll diese Vereinigung auch Hinsichts der Korporations-Angelegenheiten fortdauern.

§. 2. Der Korporations-Verband bezieht sich nur auf die innern Verhältnisse der Synagogen-Gemeinen (§. 20. Tit. 2. und §. 13. ff. Tit. 6. Thl. II. des Allgemeinen Landrechts) und auf diejenigen Gegenstände, welche diese Verordnung als Korporations-Angelegenheiten ausdrücklich bezeichnet. In allen andern bürgerlichen Angelegenheiten findet zwischen den Mitgliedern der Judenschaften kein solcher Verband statt, sie werden vielmehr in dieser Beziehung als Theilnehmer ihrer Ortsgemeinen nach den für diese bestehenden oder zu erlassenden Ordnungen beurtheilt.

§. 3. Jeder Jude, welcher in einem Synagogen-Bezirke oder Orte seinen Wohnsitz hat, gehört zur Korporation.

§. 4. Stimmfähig in dieser Korporation, Hinsichts ihrer §. 2. bezeichneten Angelegenheiten, sind alle diejenigen männlichen volljährigen und unbescholtenen Juden, welche entweder ein Grundstück besitzen, oder ein Gewerbe selbstständig betreiben, oder sich außerdem selbstständig und ohne fremde Unterstützung ernähren.

§. 5. Die stimmfähigen Mitglieder der Korporation sollen in Gegenwart und unter Aufsicht eines Regierungskommissarius eine Anzahl von Repräsentanten, und diese wiederum in gleicher Art die Verwaltungsbeamten wählen, welche von der Regierung bestätigt werden, und ihr Amt unentgeldlich zu verwalten haben.

§. 6. Die Bestimmungen über die Zahl der Repräsentanten, der Verwaltungs-Beamten, und über die Dauer ihrer Verwaltung, soll das Statut jeder Korporation enthalten, welches die Regierung, nach Vernehmung der Repräsentanten, zu entwerfen und der Oberpräsident zu bestätigen hat. Für die erste Wahl bleibt die

die Bestimmung wegen der Anzahl der Repräsentanten und Verwaltungsbeamten der Regierung vorbehalten.

§. 7. Die Rechte und Pflichten der Repräsentanten und der Verwaltungs-Behörden gegen einander, gegen die Korporation und gegen dritte Personen sind nach den Vorschriften zu beurtheilen, welche die revidirte Städteordnung vom 17ten März 1831. über die Rechte und Pflichten des Magistrats und der Stadt-Verordneten enthält.

§. 8. Die Verwaltung der Vermögens-Angelegenheiten der Korporation steht unter der unmittelbaren Aufsicht der Regierung oder ihres Kommissarius, ohne ihre Genehmigung dürfen keine Schulden aufgenommen, keine Grundstücke erworben oder veräußert und keine neue Abgaben eingeführt werden. Sie hat das Recht und die Verpflichtung die Verwaltung durch Kommissarien unter Zuziehung der Repräsentanten revidiren zu lassen, den Beschwerden der letztern über die Verwaltung abzuhelfen, und darauf zu halten, daß die Rechnungslegung an die Repräsentanten regelmäßig erfolge.

Sorge der Korporationen für den Schul- u. Religionsunterricht der jüdischen Kinder.

§. 9. Die jüdischen Korporationen, und insbesondere ihre Verwaltungsbehörden, sind verpflichtet, dafür zu sorgen, daß es keinem schulfähigen Kinde — vom 7ten bis zum zurückgelegten 14ten Lebensjahre — an dem gehörigen Schulunterricht fehle. Sie sind dafür verantwortlich, daß alle Kinder, mithin sowohl Knaben als Mädchen, in diesem Alter die öffentlichen Schulen vorschriftsmäßig besuchen, und zugleich verbunden, ganz dürftigen Kindern die nöthigen Kleidungsstücke, das Schulgeld und die sonstigen Schulbedürfnisse aus den etwa dafür bestehenden besondern Fonds, in deren Ermangelung aber aus dem Korporationsvermögen zu gewähren.

§. 10. Unter öffentlichen Schulen werden sowohl die christlichen, als die mit Genehmigung des Staats nach einem bestimmten Lehrplane eingerichteten und mit vollständig qualifizirten und durch die Regierung bestätigten jüdischen Lehrern besetzten jüdischen Schulen verstanden. Jedoch kann der Privatunterricht der Kinder, mit ausdrücklicher Genehmigung der Regierung den Eltern ausnahmsweise gestattet werden.

§. 11. Für den besonderen Religionsunterricht der jüdischen Kinder zu sorgen, bleibt jeder Gemeine vorbehalten. Jedoch sollen auch als Religionslehrer nur solche Personen zugelassen werden, welche zur Ausübung eines Lehramts vom Staate die Erlaubniß erhalten haben.

§. 12. Die Lehrsprache beim öffentlichen Unterricht in den jüdischen Schulen ist die Deutsche.

§. 13. Nach vollendeter Schulbildung der jüdischen Knaben haben die Verwaltungsbehörden der Korporationen dafür zu sorgen und sind dafür verantwortlich, daß jeder Knabe irgend ein nützliches Gewerbe erlerne, oder sich auf wissenschaftlichen Lehranstalten einem höhern Beruf widme, und daß keiner derselben zu einem Handel oder Gewerbsbetrieb im Umherziehen gebraucht werde. Dieser Verbindlichkeit sollen sie durch die mit den Vätern oder Vormündern zu treffenden Verabredungen zu genügen suchen, wenn aber durch diese der Zweck nicht zu erreichen ist; so haben sie sich an den Kreis-Landrath zu wenden, welcher die Väter oder Vormünder (letztere unter Vernehmung mit der obervormundschaftlichen Behörde) anhalten soll, die Knaben einer Wissenschaft oder Kunst, oder dem Landbau, oder einer nützlichen Handarbeit, oder der Fabrikation oder einem bestimmten Handwerke, oder dem Handel von festen Verkaufsplätzen aus, zu bestimmen. (§. 18.)

Militair-Dienst-Verpflichtung der Juden.

§. 14. Mit dem Vorbehalt, die allgemeine Militairpflichtigkeit der Posenschen Juden in Zukunft eben so, wie in den andern Provinzen der Monarchie anzuordnen, soll auf die Dauer des, durch die gegenwärtige Verordnung begründeten provisorischen Zustandes, den dazu moralisch und körperlich geeigneten Juden gestattet seyn, innerhalb ihres militairpflichtigen Alters freiwillig in den Militair-Dienst zu treten.

Durch den wirklichen Eintritt wird sowohl der Eintretende selbst, als dessen Vater von Erlegung des Rekrutengeldes befreit. Die Väter nicht eintretender Söhne sind dasselbe auch ferner zu erlegen verbunden. Wegen der in Beziehung auf die Erhebung und Berechnung des Rekrutengeldes zu treffenden Einrichtung hat Unser Finanzministerium die erforderlichen Verfügungen zu erlassen.

Verheirathung der Juden.

§. 15. Die Ehe eines Juden mit einer Ausländerin ist nur in dem Falle zulässig, wenn die letztere ein eigenthümliches Vermögen von wenigstens 500 Rthlr. in die Ehe bringt.

Dispensationen in einzelnen dringenden Fällen sind bei dem Oberpräsidenten der Provinz nachzusuchen.

An die Stelle der nach dem Allgemeinen Landrecht Thl. II. Tit. I. §. 136. zu einer vollgültigen Ehe erforderlichen Trauung, tritt bei den Ehen der Juden die Zusammenkunft unter dem Trauhimmel und das feierliche Anstecken des Ringes; und an die Stelle des im §. 138. daselbst verordneten Aufgebots, die Bekanntmachung in der Synagoge.

Naturalisation der dazu geeigneten Juden.

§. 16. Die Regierungen haben dafür zu sorgen, daß die Korporations-Angelegenheiten in der oben vorgeschriebenen Art spätestens binnen sechs Monaten nach Publikation dieser Verordnung geordnet werden. Sobald dies geschehen ist, und die Verwaltungsbehörden mit Zustimmung der Repräsentanten, Namens der Korporation die Erklärung abgegeben haben, daß sie für die Erfüllung der hier vorgeschriebenen Bedingungen haften wollen, sollen diejenigen jüdischen Hausväter und einzelne Personen, welche sich, den nachstehenden Vorschriften gemäß dazu eignen, unter den in gegenwärtiger Verordnung enthaltenen Bestimmungen naturalisirt werden.

§. 17.

§. 17. Allgemeine Erfordernisse der Naturalisation sind:

1) völlige Unbescholtenheit des Lebenswandels,

2) die Fähigkeit und Verpflichtung, sich in allen öffentlichen Angelegenheiten, Willenserklärungen, Rechnungen u. dgl. ausschließlich der Deutschen Sprache zu bedienen. Von diesem Erforderniß darf jedoch der Oberpräsident auf Antrag der Regierung dispensiren,

3) die Annahme eines bestimmten Familien-Namens.

§. 18. Unter diesen Voraussetzungen sollen in die Klasse der naturalisirten Juden aufgenommen werden, Diejenigen welche den Nachweis führen:

1) daß sie seit dem 1sten Juni 1815. ihren beständigen Wohnsitz in der Provinz Posen gehabt, oder zu ihrer spätern Niederlassung die ausdrückliche Genehmigung des Staats erhalten haben;

2) daß sie

entweder einer Wissenschaft oder Kunst sich gewidmet haben, und solche dergestalt betreiben, daß sie von ihrem Ertrage sich erhalten können;

oder ein ländliches Grundstück von dem Umfange besitzen, und selbst bewirthschaften, daß dasselbe ihnen und ihrer Familie den hinreichenden Unterhalt sichert;

oder in einer Stadt ein namhaftes stehendes Gewerbe mit einiger Auszeichnung betreiben;

oder in einer Stadt ein Grundstück von wenigstens 2000 Rthlr. an Werth schuldenfrei und eigenthümlich besitzen;

oder daß ihnen ein Kapitalvermögen von wenigstens 5000 Rthlr. eigenthümlich gehört;

oder daß sie durch patriotische Handlungen ein besonderes Verdienst um den Staat sich erworben haben.

§. 19. Diejenigen, welche diesen Nachweis führen, sollen von der Regierung des Bezirks, in welchem sie wohnen, mit vorläufigen Naturalisations-Patenten versehen werden, in welchen auf die gegenwärtige Verordnung und die ihnen darin verliehenen Rechte, so wie auf die ihnen auferlegten Verpflichtungen, Bezug zu nehmen ist.

§. 20. Die solchergestalt naturalisirten Juden können, unter Beobachtung der allgemeinen Vorschriften, in Städten und auf dem platten Lande innerhalb der Provinz sich niederlassen, Grundstücke jeder Art erwerben, und alle erlaubte Gewerbe treiben; sie sind, mit Vorbehalt des nach §. 14. zu entrichtenden Rekrutengeldes, besondere Abgaben weder an die Staatskasse, noch zu den Kämmereien zu bezahlen verbunden, dagegen aber verpflichtet, alle den Christen gegen den Staat und die Gemeine ihres Wohnorts obliegende Verbindlichkeiten, vor der Hand mit der in Hinsicht der Militairpflichtigkeit §. 14. festgesetzten Aus-

 nahme,

nahme, zu erfüllen, und, mit Ausschluß der Stolgebühren, gleiche Lasten, wie andere Einwohner zu tragen. Mit Ausnahme der besonderen Vorschriften, welche die Gesetze wegen solcher Handlungen und Geschäfte, worauf die Verschiedenheit ihrer Religionsbegriffe von Einfluß ist, namentlich Thl. I. Tit. 10. §§. 317. bis 351. der Gerichtordnung, wegen der Eidesleistungen, Thl. I. Tit. 10. §. 352. der Gerichtsordnung und §. 335. No. 7. und §. 357. No. 8. der Kriminalordnung wegen der abzulegenden Zeugnisse und Zeugeneide, so wie Thl. II. Tit. 8. §§. 989. und 990. des Allgemeinen Landrechts, wegen Präsentation der Wechsel an Sabbathen und Festtagen, sind sie in Hinsicht ihrer bürgerlichen und privatrechtlichen Verhältnisse nach den allgemeinen Gesetzen, gleich den christlichen Einwohnern zu behandeln, und nur folgenden Beschränkungen unterworfen:

a) zu Staatsämtern und zu den Stellen der Magistratsdirigenten sind dieselben nicht wahlfähig; eben so wenig

b) zu der Funktion der Deputirten auf den Kreistagen, Kommunal- und Provinzial-Landtagen.

c) Wenn sie Rittergüter erwerben, werden einstweilen die mit dem Besitze verbundenen Ehrenrechte von der Staatsbehörde ausgeübt, doch bleiben sie die damit verbundenen Lasten zu tragen verbunden.

d) In eine andere Provinz Unseres Reichs ihren Wohnsitz zu verlegen, sind sie nur mit Genehmigung Unseres Ministers des Innern berechtigt und verpflichtet, sich vorher mit der Korporation, zu welcher sie gehören, wegen Ablösung ihres Antheils an den Korporations-Verpflichtungen durch Einigung mit dem Korporations-Vorstande, oder, wenn eine solche nicht zu bewirken ist, nach der Festsetzung der Regierung sich abzufinden.

Rechts-Verhältnisse der noch nicht zur Naturalisation geeigneten Juden.

§. 21. Diejenigen jüdischen Einwohner Unserer Provinz Posen, welche sich zu Erlangung der, der gedachten naturalisirten Klasse verliehenen Rechte noch nicht eignen, sollen von der Verwaltungsbehörde jeder Korporation sorgfältig und zwar familienweise, nach einem von dem Oberpräsidenten zu bestimmenden Schema, verzeichnet werden. Die Verzeichnisse werden dem Landrathe des Kreises zur Prüfung vorgelegt, von demselben demnächst bescheinigt, und bei der Orts-Polizeibehörde aufbewahrt. Alle Jahr erfolgt eine Revision und Bescheinigung dieser Verzeichnisse.

§. 22. Auf den Grund derselben wird von der Orts-Polizeibehörde jedem Familienvater ein mit der Nummer des Verzeichnisses versehenes Zertifikat ertheilt. Dieses soll die Namen der sämmtlichen Mitglieder der Familie enthalten, und nach der jährlichen Revision mit einem Visa versehen oder berichtigt werden.

§. 23. Solche Zertifikate sollen nur denjenigen Familienvätern und einzelnen volljährigen und selbstständigen Juden ertheilt werden, welche den Nachweis füh-

führen können, daß sie sich seit dem 1sten Juni 1815. beständig in der Provinz befunden haben, oder daß ihnen der Aufenthalt in derselben späterhin ausdrücklich gestattet worden.

§. 24. Die durch solche Zertifikate nicht legitimirten Juden werden als Fremde betrachtet, und nach ihrer Heimath zurückgewiesen; die Rückkehr aber soll ihnen bei einer Strafe von 50 Rthlr. oder verhältnißmäßiger Gefängniß-Strafe untersagt werden. Denjenigen Juden, welche sich seit dem 1sten Juni 1815. ohne ausdrückliche Erlaubniß in der Provinz angesiedelt und einen Wohnsitz im rechtlichen Sinne darin gewonnen haben, und in ihre Heimath nicht zurückgewiesen werden können, soll der Oberpräsident die Aufnahme und das Zertifikat zu bewilligen befugt seyn.

§. 25. Alle noch nicht naturalisirten, jedoch ferner zu duldenden und mit Zertifikaten zu versehenden Juden sind außer den §. 20. ausgedrückten Beschränkungen, welchen auch die naturalisirten unterliegen, noch folgenden unterworfen:

a) Vor zurückgelegtem vierundzwanzigsten Jahre ist den nicht naturalisirten Juden die Schließung einer Ehe, wenn nicht der Oberpräsident in dringenden Fällen dazu besondere Erlaubniß ertheilt hat, nicht zu gestatten.

b) Sie sollen ihren Wohnsitz in der Regel und mit Ausnahme der weiter unten unter d. angegebenen Fälle, nur in Städten nehmen, ohne jedoch auf die zeitherigen Judenreviere beschränkt zu seyn. Zu Gewinnung des städtischen Bürgerrechts sind sie aber nicht fähig.

c) Sie sind von dem Handel mit kaufmännischen Rechten ausgeschlossen; das Schankgewerbe darf ihnen nur auf den Grund eines besondern Gutachtens der Orts-Polizeibehörde Hinsichts ihrer persönlichen Qualifikation von der Regierung gestattet werden. Der Einkauf und Verkauf im Umherziehen ist ihnen unbedingt untersagt. Der Betrieb aller anderen an sich erlaubten stehenden Gewerbe dagegen darf ihnen unter den allgemeinen gewerbpolizeilichen Bestimmungen nicht versagt werden.

d) Auf dem Lande dürfen solche Juden nur dann ihren Wohnsitz nehmen, wenn sie entweder einen Bauerhof erwerben oder pachten und denselben selbst bewirthschaften, oder wenn sie sich bei ländlichen Grundbesitzern als Dienstboten, oder zum Betriebe einzelner Zweige des landwirthschaftlichen Gewerbes, z. B. als Brenner oder Brauer, vermiethen. Das Schank-Gewerbe auf dem Lande ist ihnen ganz untersagt.

e) Die Annahme christlicher Lehrlinge, Gesellen und Dienstboten ist ihnen nicht gestattet.

f) Darlehnsgeschäfte dürfen diese Juden nur gegen gerichtlich aufgenommene Schuldurkunden, bei Strafe der Ungültigkeit, abschließen.

g) Schuldansprüche derselben für verkaufte berauschende Getränke haben keine rechtliche Gültigkeit.

§. 26. Zu ihrer Verheirathung bedürfen diese Juden eines Trauscheins, der ihnen von Seiten des Landraths stempel- und kostenfrei ertheilt werden soll, sobald sie sich wegen Erreichung des Alters von 24 Jahren oder wegen der vom Oberpräsidenten erhaltenen Dispensation legitimiren; wenn die Braut eine Ausländerin ist, das derselben eigenthümliche Vermögen von 500 Rthlr. bescheinigen und die Fähigkeit und Mittel nachweisen, durch den Betrieb eines gesetzlich erlaubten Gewerbes oder durch hinreichendes eigenthümliches Vermögen den Unterhalt einer Familie zu sichern. Die Vorsteher der Korporationen sind verpflichtet, darauf zu halten, daß diesen Vorschriften genügt werde.

§. 27. In Beziehung auf alle im Obigen nicht berührte Geschäfte und Verhältnisse werden auch die nicht naturalisirten Juden nach denselben Grundsätzen, wie die christlichen Einwohner behandelt, und alle wegen dieses Gegenstandes ergangene frühere Verordnungen hiermit aufgehoben.

§. 28. Die geduldeten Juden können Naturalisations-Patente erhalten, sobald sie die §§. 17. und 18. vorgeschriebene Qualifikation nachweisen.

Instruktion.

§. 29. Nähere Anweisungen zu dem Verfahren der Regierungen und Polizeibehörden bei Ausführung der vorstehenden Anordnungen bleiben einer besondern Instruktion vorbehalten.

Fremde Juden.

§. 30. Ausländischen Juden ist der Eintritt in das Land zur Durchreise oder zum Betriebe erlaubter Handelsgeschäfte gestattet. Das Verfahren gegen dieselben bestimmen die ertheilten oder noch zu ertheilenden polizeilichen Vorschriften.

Nach obigen Vorschriften haben Unsere Behörden und sämmtliche Unterthanen so lange, bis durch ein allgemeines Gesetz oder sonst ein Anderes bestimmt worden, sich gehorsamst zu achten.

Gegeben Berlin, den 1sten Juni 1833.

(L. S.) Friedrich Wilhelm.

Frh. v. Altenstein. v. Schuckmann. Gr. v. Lottum. Gr. v. Bernstorff. Maassen. Frh. v. Brenn. v. Kamptz. Mühler. Ancillon.

Für den Kriegsminister im Allerhöchsten Auftrage.
v. Witzleben.

Gesetz-Sammlung
für die
Königlichen Preußischen Staaten.

No. 11.

(No. 1437.) Allerhöchste Kabinetsorder vom 9ten Juni 1833., die Ausstellung der Leichen-Pässe betreffend.

Nach dem Antrage der Minister der Polizei und der Justiz bestimme Ich, daß die Leichenpässe, welche auf den Grund des §. 463. Tit. XI. P. II. L. R. von dem Obergerichte der Provinz ertheilt werden, fernerhin durch die Regierungen als Provinzial-Polizeibehörde, nach vorgängiger medizinalpolizeilicher Untersuchung, ausgefertiget werden sollen. Wird die Leiche durch mehrere Provinzialbezirke geführt, so ist die, den Paß ausfertigende Behörde verpflichtet, den Regierungen der andern Bezirke von der Ertheilung des Passes Nachricht zu geben, auch die auf dem Wege zunächst berührten Polizeibehörden des benachbarten Regierungs-Departements davon zu benachrichtigen. Das Staatsministerium hat diesen Befehl durch die Gesetz-Sammlung bekannt machen zu lassen.

Berlin, den 9ten Juni 1833.

Friedrich Wilhelm.

An
das Staatsministerium.

(No. 1438.) Allerhöchste Kabinetsorder vom 15ten Juni 1833., betreffend den Antrag des vierten Sächsischen Provinzial-Landtages, wegen Modifikation der Vorschrift Art. 2. A. 1. der Verordnung vom 17ten Mai 1827. hinsichtlich der Wahl der ritterschaftlichen Abgeordneten des Thüringischen Wahl-Bezirks.

Da sich bei Ausführung der Verordnung vom 17ten Mai 1827., die nach dem Gesetze vom 27sten März 1824. wegen Anordnung der Provinzialstände in der Provinz Sachsen vorbehaltenen Bestimmungen betreffend, in Hinsicht der Art. 2. A. 1. enthaltenen Vorschrift, nach welcher von den acht ritterschaftlichen Abgeordneten des Thüringischen Wahlbezirks Einer aus dem Alt-Querfurther, Einer aus dem Neustädtischen Kreise und Einer aus dem Stifte Naumburg-Zeitz gewählt werden soll, Schwierigkeiten ergeben haben, indem es in dem einen dieser Landestheile an einem zur Annahme der Wahl bereitwilligen gesetzlich qualifizirten Kandidaten gefehlt hat, und daher die dem ganzen Wahlbezirke beigelegte Zahl von Abgeordneten nicht hat erfüllt werden können, so genehmige Ich den zur Abstellung dieses Mangels von dem letzten Landtage der Provinz Sachsen geschehenen Antrag, und bestimme hierdurch:

daß, wenn auf den zu Ernennung der ritterschaftlichen Deputirten des Thüringischen Wahlbezirks zusammen zu berufenden Wahlversammlungen aus den benannten Landestheilen kein wahlfähiger Gutsbesitzer erscheint, oder der Erschienene die Wahl ablehnt, die Wähler beim Ersatze eines ausscheidenden Deputirten aus einem solchen Landestheile nicht auf die Gutsbesitzer desselben beschränkt, sondern befugt seyn sollen, für die nächste Wahlperiode einen Gutsbesitzer aus dem Wahlbezirke ohne Beschränkung in Hinsicht des Orts seiner Ansässigkeit zu wählen.

Diesen Meinen Befehl hat das Staatsministerium durch die Gesetz-Sammlung bekannt zu machen.

Berlin, den 15ten Juni 1833.

Friedrich Wilhelm.

An
das Staatsministerium.

(No. 1439.)

(No. 1439.) Gesetz, wegen Ausstellung von Papieren, welche eine Zahlungsverpflichtung an jeden Inhaber enthalten. Vom 17ten Juni 1833.

Wir Friedrich Wilhelm, von Gottes Gnaden, König von Preußen ꝛc. ꝛc.

verordnen hierdurch auf den Antrag Unseres Staatsministeriums und nach erfordertem Gutachten Unseres Staatsraths für den ganzen Umfang Unserer Monarchie, wie folgt:

§. 1.

Papiere, wodurch die Zahlung einer bestimmten Geldsumme an jeden Inhaber versprochen wird, dürfen von Niemand ausgestellt und in Umlauf gesetzt werden, der dazu nicht Unsere Genehmigung erhalten hat.

Ausgenommen von dieser Bestimmung bleiben jedoch die auf jeden Brief-Inhaber gestellten Wechsel derjenigen Personen, welche kaufmännische Rechte haben.

§. 2.

Die Genehmigung zur Ausstellung solcher Papiere soll hinführo nur auf den Antrag der Minister für den Handel und für die Finanzen durch ein landesherrliches Privilegium ertheilt werden, welches die rechtlichen Wirkungen desselben bestimmen, und seinem ganzen Inhalte nach durch die Gesetz-Sammlung bekannt gemacht werden muß.

§. 3.

Dergleichen an jeden Inhaber zahlbare Papiere begründen gegen den Aussteller ein Klagerecht.

§. 4.

Die bisher ohne landesherrliche Genehmigung ausgegebenen Papiere dieser Art ist jeder Inhaber gegen den Aussteller einzuklagen befugt, ohne die Uebertragung des Eigenthums nachweisen zu dürfen.

§. 5.

Wer künftig, dem Verbot des §. 1. entgegen, solche Papiere ausstellt und in Umlauf setzt, verfällt in eine, dem fünften Theil des Betrages derselben gleiche Strafe, die jedoch in keinem Falle geringer als Hundert Thaler seyn darf.

Zugleich muß der Aussteller von Amtswegen angehalten werden, die Einlösung und Vernichtung der ausgegebenen Papiere zu bewirken.

§. 6.

Dergleichen Papiere, welche ohne Unsere unmittelbare Genehmigung vor

 der

der Publikation dieses Gesetzes ausgestellt worden, dürfen, nachdem sie an den Aussteller zurückgekehrt sind, von demselben bei gleicher Strafe nicht wieder ausgegeben werden.

Urkundlich unter Unserer Höchsteigenhändigen Unterschrift und beigedrucktem Königlichen Insiegel.

Gegeben Berlin, den 17ten Juni 1833.

(L. S.) Friedrich Wilhelm.

Carl, Herzog zu Mecklenburg.

v. Schuckmann. Maassen. v. Kamptz. Mühler.

Beglaubigt:

Friese.

Gesetz-Sammlung
für die
Königlichen Preußischen Staaten.

No. 12.

(No. 1440.)

Tarif

zur Erhebung eines Brückengeldes für die Stadt Lenzen. Vom 5ten Januar 1833.

A. Zahlungssätze.

1) für Pferde, Maulthiere und Rindvieh.......vom Stück Sechs Pfennige,
2) für Esel, Fohlen und junges Rindvieh........vom Stück Drei Pfennige,
3) für Kälber, Schweine, Hammel, Schaafe und Ziegen..............................vom Stück Einen Pfennig.

B. Zusätzliche Bestimmungen.

Die Hebungsstellen sind folgende drei:
a) am Seethore über die Seebrücke;
b) am Berliner-Thore über die Mühlenfließ- oder sogenannte Fluth-Brücke, auch Brücke bei Birkholz;
c) bei Gandow über die Löcknitz-Brücke, und die Brücken im sogenannten Kuhblankschen-Damm, welcher nach der Lenzener Elb-Fähre führt.

C. Befreiungen.

Brückengeld wird nicht erhoben:
1) von Pferden und Maulthieren, welche den Hofhaltungen des Königlichen Hauses, imgleichen den Königlichen Gestüten angehören;
2) vom Armee-Fuhrwerke und von Fuhrwerken und Thieren, welche das Militair auf dem Marsche bei sich führt, desgleichen von Offizieren zu Pferde im Dienste und in Dienst-Uniform;
3) von öffentlichen Beamten auf Dienstreisen innerhalb ihrer Geschäftsbezirke, auch von Pfarrern bei Amtsverrichtungen innerhalb ihrer Parochien;
4) von öffentlichen Kourieren, imgleichen von ordinairen, Reit-, Kariol-, Fahr- und Schnell-Posten und den dazu gehörigen Beiwagen und ledig zurückgehenden Postpferden;
5) von Transporten, die für unmittelbare Rechnung der Regierung geschehen, auf Vorzeigung von Freipässen, imgleichen von Vorspann- und Lieferungs-Fuhren auf der Hin- und Rückreise, wenn sie sich als solche durch den Fuhr-Befehl ausweisen;

(Ausgegeben zu Berlin den 26sten Juli 1833.)

6) von Feuerlöschungs-, Kreis-, und Gemeine-Hülfsfuhren, imgleichen von Armen- und Arrestanten-Fuhren;
7) von Düngerfuhren überhaupt, von anderen Wirthschafts-Fuhren (einschließlich derjenigen zur Anfuhr der Bau- und Brennmaterialien), insoweit letztere mit eigenem Gespanne geleistet werden, imgleichen vom Wirthschaftsvieh der Ackerwirthe;
8) von Kirchen- und Leichenfuhren innerhalb der Parochie.

Berlin, den 5ten Januar 1833.

(L. S.) **Friedrich Wilhelm.**

v. Schuckmann. Maassen.

(No. 1441.) Allerhöchste Kabinetsorder vom 8ten Juni 1833., betreffend die Aufhebung des bisherigen Unterschiedes zwischen unehelichen und ehelichen Kindern, in Rücksicht auf die gewerblichen Verhältnisse in den ehemals Sächsischen Landestheilen.

Nach dem Antrage des Staatsministeriums vom 17ten v. M. setze Ich, auf die Erklärung der Provinzialstände der Provinz Sachsen, fest, daß es zur Aufnahme eines Lehrlings in Zünfte und Innungen des nach der bestehenden Sächsischen Zunftverfassung erforderlichen Nachweises der ehelichen Geburt oder eines Legitimations-Patents nicht weiter bedürfe, und daß der bisherige Unterschied zwischen unehelichen und ehelichen Kindern, in Rücksicht auf die gewerblichen Verhältnisse, auch für die ehemals Sächsischen Landestheile aufgehoben seyn soll. Ich überlasse dem Staatsministerium, diese Bestimmung öffentlich bekannt zu machen.

Berlin, den 8ten Juni 1833.

Friedrich Wilhelm.

An das Staatsministerium.

(No. 1442.) Gesetz, die Ausübung der Fischerei in den Landestheilen auf dem linken Rhein-Ufer betreffend. Vom 23sten Juni 1833.

Wir Friedrich Wilhelm, von Gottes Gnaden, König von Preußen ꝛc. ꝛc.

verordnen wegen Ausübung der Fischerei in den auf dem linken Rhein-Ufer belegenen Landestheilen Unserer Monarchie, auf den Antrag Unseres Staatsministeriums, nach Anhörung Unserer getreuen Rheinischen Provinzialstände, und nach erfordertem Gutachten Unseres Staatsraths, wie folgt:

§. 1. Mit der Bekanntmachung dieses Gesetzes treten die Bestimmungen der Verordnung des ehemaligen General-Gouvernements am Nieder- und Mittel-Rhein vom 18ten August 1814., wegen der Fischerei, außer Kraft, und es wird wegen Benutzung und Ausübung derselben derjenige Zustand wieder hergestellt, welcher vor Erlaß jener Verordnung rechtlich stattgefunden hat.

§. 2. Wer, ohne dazu befugt zu seyn, zu fischen sich erlaubt, verfällt in eine Geld-

Geldbuße von Fünf bis Zwanzig Thalern. Bei Wiederholung der Kontravention muß gegen den Kontravenienten eine Strafe von Zwanzig Thalern erkannt werden. Bei ferneren Wiederholungen erfolgt eine Strafe von Zwanzig bis Vierzig Thalern und kann mit einer Gefängnißstrafe von Vierzehn Tagen bis zu Drei Monaten verbunden werden.

In allen diesen Fällen werden die gebrauchten Werkzeuge zum Vortheile des Fischerei-Berechtigten konfiszirt, und bleibt diesem außerdem seine Entschädigung vorbehalten.

Urkundlich unter Unserer Höchsteigenhändigen Unterschrift und beigedrucktem Königlichen Insiegel.

Gegeben Berlin, den 23sten Juni 1833.

(L. S.) **Friedrich Wilhelm.**

Carl, Herzog zu Mecklenburg.
Frh. v. Brenn. v. Kamptz. Mühler.

Beglaubigt:
Friese.

(No. 1443.) Gesetz, über die Rechte des Fiskus, hinsichtlich der Zinsen. Vom 7ten Juli 1833.

Wir Friedrich Wilhelm, von Gottes Gnaden, König von Preußen &c. &c.

verordnen zur nähern Bestimmung und zur Einschränkung des fiskalischen Vorrechts hinsichtlich der Zinsen, auf den Antrag Unseres Staatsministeriums und nach erfordertem Gutachten Unseres Staatsraths, wie folgt:

§. 1. In Ansehung des Rechts, Zinsen zu fordern, ist der Fiskus lediglich nach den allgemeinen Rechtsregeln zu beurtheilen.

§. 2. Eben so gelten die allgemeinen Rechtsregeln in Hinsicht der Verpflichtung des Fiskus, vorbedungene Zinsen sowohl als solche Zinsen zu zahlen, welche in Folge besonderer gesetzlichen Vorschriften bei gewissen Geschäften eintreten.

§. 3. Eigentliche Zögerungszinsen dagegen ist Fiskus nur von dem Tage der in dem rechtskräftigen Erkenntnisse bestimmten Zahlungsfrist mit Fünf vom Hundert zu entrichten verbunden.

§. 4. Das gegenwärtige Gesetz ist in allen Provinzen Unserer Monarchie zur Anwendung zu bringen, und werden auch alle ihm entgegenstehende allgemeine und provinzielle gesetzliche Vorschriften hierdurch aufgehoben.

Urkundlich unter Unserer Höchsteigenhändigen Unterschrift und beigedrucktem Königlichen Insiegel.

Gegeben Berlin, den 7ten Juli 1833.

(L. S.) **Friedrich Wilhelm.**

Carl, Herzog zu Mecklenburg.
Maassen. Frh. v. Brenn. Mühler.

Beglaubigt:
Friese.

(No. 1444.) Allerhöchste Kabinetsorder vom 7ten Juli 1833., wegen Wiederherstellung der bei dem Brande in der Stadt Lüdinghausen im Oktober 1832. verloren gegangenen Hypotheken-Akten.

Auf Ihren Bericht vom 2ten Juli d. J. bestimme Ich, zum Zweck der Wiederherstellung mehrerer bei dem Brande in der Stadt Lüdinghausen im Oktober v. J. verloren gegangenen Hypotheken-Akten des dortigen Land- und Stadt-Gerichts über Grundstücke, welche noch nicht in die Hypothekenbücher eingetragen waren, und zur Erleichterung der Hypotheken-Einrichtung, daß alle diejenigen, denen auf Grundstücke dieser Art Eigenthums- oder andere Real- und Hypotheken-Ansprüche zustehen sollten, auf den Antrag des Besitzers oder jedes andern, dem an der Berichtigung des Hypothekenbuchs gelegen ist, durch eine in die Amts- und Intelligenzblätter der Provinz dreimal einzurückende Vorladung und einen öffentlichen Aushang aufgefordert werden sollen, ihre Ansprüche innerhalb einer dreimonatlichen Frist bei dem Land- und Stadtgericht zu Lüdinghausen anzumelden und nachzuweisen. In Rücksicht auf die rechtlichen Wirkungen der innerhalb dieser Frist erfolgten oder unterbliebenen Anmeldung, behält es bei den Vorschriften des Patents wegen Einrichtung des Hypothekenwesens in den wieder vereinigten Provinzen jenseits der Elbe und Weser, vom 22sten Mai 1815., das Bewenden. Auch sollen die Interessenten bei diesem Aufgebot und der Hypotheken-Einrichtung von allen Gerichtskosten und Stempeln befreit seyn. Sie haben diese Order durch die Gesetz-Sammlung zur öffentlichen Kenntniß zu bringen.

Berlin, den 7ten Juli 1833.

Friedrich Wilhelm.

An den Staats- und Justizminister Mühler.

(No. 1445.) Allerhöchste Kabinetsorder vom 11ten Juli 1833., betreffend die Ausdehnung der Vorschrift des §. 171 d. Tit. 51. der Prozeßordnung auf Deposital- und öffentliche nicht Königliche Kassenverwaltungen, und auf die Rückgabe von Kautionen der Staatsdiener und Gewerbetreibenden.

Nach dem Antrage der Minister des Innern für die Gewerbe-Angelegenheiten und der Justiz, setze Ich fest, daß die Vorschrift im §. 171 d. Tit. 51. der Prozeßordnung, welche die Vorladung unbekannter Gläubiger einer mit fiskalischen Vorrechten versehenen Kasse, zum Behuf des Rechnungs-Abschlusses eines abgehenden Rendanten oder der Rückgabe seiner Kaution gestattet, unter gleichen Umständen und mit gleicher Wirkung auch auf gerichtliche und vormundschaftliche Depositalkassen, so wie auf die im §. 405. Tit. 50. der Prozeßordnung bezeichneten nicht Königlichen Kassenverwaltungen desgleichen alsdann Anwendung finden soll, wenn überhaupt von der Rückgabe einer Kaution die Rede ist, welche ein unmittelbarer oder mittelbarer Staatsdiener, namentlich ein Auktionskommissarius oder ein anderer Gewerbetreibender einer öffentlichen Behörde, bestellt hat. Das Staatsministerium hat diese Bestimmung durch die Gesetz-Sammlung zur allgemeinen Kenntniß zu bringen.

Berlin, den 11ten Juli 1833.

Friedrich Wilhelm.

An das Staatsministerium.

Gesetz-Sammlung
für die
Königlichen Preußischen Staaten.

No. 13.

(No. 1446.) Allerhöchste Kabinetsorder vom 30sten Juni 1833., wodurch bestimmt wird, daß von dem Handel, welchen Ausländer auf Wochenmärkten mit solchen Konsumtibilien betreiben, welche zu den Wochenmarkt-Artikeln gehören, keine Gewerbesteuer erhoben werden soll.

Mit Bezug auf die Vorschriften in den §§. 7. und 8. des Gesetzes wegen Entrichtung der Gewerbesteuer vom 30sten Mai 1820. habe Ich, nach dem Antrage der Minister des Innern für die Gewerbe-Angelegenheiten und der Finanzen, bestimmt, daß fernerhin auch von dem Handel, welchen Ausländer auf Wochenmärkten mit solchen Konsumtibilien betreiben, die zu den Wochenmarkt-Artikeln gehören, eine Gewerbesteuer nicht erhoben werden soll. Das Staats-Ministerium hat diesen Befehl durch die Gesetz-Sammlung bekannt zu machen.

Berlin, den 30sten Juni 1833.

Friedrich Wilhelm.

An das Staatsministerium.

(No. 1447.) Allerhöchste Kabinetsorder vom 2ten Juli 1833., über die Eintragung der fiskalischen Vorrechte auf die Immobilien der Kassen-, Magazin- und Domainenbeamten, oder anderer Verwalter öffentlicher Güter und Einkünfte, so wie der Domainenpächter.

Auf Ihren Bericht vom 12ten Juni d. J. setze Ich, nach Ihren Anträgen, über das Amts- und Pacht-Kautionswesen fest:

1) Die Eintragung der fiskalischen Vorrechte auf die Immobilien der Kassen-, Magazin- und Domainenbeamten, oder anderer Verwalter öffentlicher Güter und Einkünfte, so wie der Domainenpächter (Allgem. Landrecht Thl. II. Tit. 14. §§. 45. ff., Deklaration vom 18ten April 1803., Verordnung vom 14ten Januar 1813., Rheinisches Civil-Gesetzbuch Art. 2098. 2121. und Dekret vom 5ten September 1807.), findet fortan nur auf den Antrag der den Kautionspflichtigen vorgesetzten Dienstbehörde statt. Diese soll die Eintragung nur dann verlangen, wenn besondere Umstände eine erweiterte Sicherstellung des fiskalischen Interesse erfordern, oder wenn von Beam-

(Ausgegeben zu Berlin den 15ten August 1833.)

Beamten, welche vor Publikation Meiner Order über das Amts-Kautionswesen vom 11ten Februar v. J., angestellt sind, oder von Domainenpächtern eine Kaution nicht geleistet worden ist.

2) Die Bestimmungen der Deklaration vom 18ten April 1803. §§. 3. 5. und 7., die Verordnung vom 14ten Januar 1813. und das Dekret vom 5ten September 1807. Art. 7. werden hierdurch außer Kraft gesetzt.

3) Die bisher erfolgten Eintragungen der fiskalischen Vorrechte behalten ihre Wirksamkeit; die vorgesetzten Behörden können jedoch die Löschung derselben bewilligen, wenn eine besondere Kaution bestellt worden ist, und das fiskalische Interesse, eingetretenen Umständen nach (No. 1.), nicht eine größere Sicherheit erfordert.

Dieser Befehl ist durch die Gesetz-Sammlung bekannt zu machen.

Berlin, den 2ten Juli 1833.

Friedrich Wilhelm.

An die Minister der Finanzen und der Justiz.

(No. 1448.) Gesetz wegen des Erbschaftsstempels von Lehns- und Fideikommiß-Anfällen. Vom 7ten Juli 1833.

Wir Friedrich Wilhelm, von Gottes Gnaden, König von Preußen rc. rc.

In Betracht, daß den Inhabern von Lehnen und Fideikommissen weder ein bloßes Nießbrauchsrecht, noch das volle uneingeschränkte Eigenthumsrecht zusteht, und es hiernach angemessen erscheint, den nach dem Werthe des erbschaftlichen Gewinnes zu bestimmenden Erbschaftsstempel bei Lehns- und Fideikommiß-Anfällen auf gleichmäßige Weise in einem Mittelsatze zwischen dem Stempel des bloßen Nießbrauchs- und des vollen Eigenthumsrechts festzustellen, verordnen Wir, auf den Antrag Unseres Staatsministeriums und nach erfordertem Gutachten Unseres Staatsraths, wie folgt:

§. 1. Die Bestimmung im §. 9. Buchstabe e. des Gesetzes wegen der Stempel-Steuer vom 7ten März 1822. wird aufgehoben.

§. 2. Bei Lehns- und Fideikommiß-Anfällen, sie mögen in Gütern oder in Kapitalien bestehen, ist das Funfzehnfache ihres einjährigen Ertrages der erbschaftsstempelpflichtige Betrag. Gegenstände, welche dem Lehns- oder Fideikommiß-Erben keine Nutzungen gewähren, werden nicht versteuert.

Urkundlich unter Unserer Höchsteigenhändigen Unterschrift und beigedrucktem Königlichen Insiegel.

Gegeben Berlin, den 7ten Juli 1833.

(L. S.) Friedrich Wilhelm.

Carl, Herzog von Mecklenburg.
Maassen. v. Kamptz. Mühler.

Beglaubigt:
Friese.

(No. 1449.)

(No. 1449.) Gesetz wegen näherer Bestimmung der Rechte der Fideikommiß-Anwarter in denjenigen Theilen der Provinz Westphalen, welche bei Auflösung der fremden Herrschaft zum Großherzogthume Berg gehört haben. Vom 14ten Juli 1833.

Wir Friedrich Wilhelm, von Gottes Gnaden, König von Preußen ꝛc. ꝛc.

Auf den Antrag Unserer Westphälischen Provinzialstände haben Wir die Frist, welche der §. 3. des Gesetzes vom 23sten März 1828. wegen der Fideikommisse im vormaligen Großherzogthume Berg zur Anmeldung der Rechte der Anwarter bestimmt hatte, bis zum 30sten April 1834. verlängert. Dem ferneren Antrage gedachter Stände gemäß, finden Wir Uns, auf den Bericht Unseres Staatsministeriums und nach erfordertem Gutachten Unseres Staatsraths, bewogen, für die jetzt zur Provinz Westphalen gehörenden, vormals Großherzoglich-Bergischen Landestheile, Folgendes anzuordnen:

§. 1.

Die Wirkung der seit der Publikation des Gesetzes vom 23sten März 1828. unterlassenen Anmeldung fideikommissarischer Rechte bei der Hypotheken-Behörde, soll nicht in dem gänzlichen Verluste dieser Rechte und in dem Uebergange des Fideikommisses in das freie Eigenthum des Besitzers, sondern nur darin bestehen, daß diejenigen Fideikommiß-Anwarter, welche ihre Rechte anzumelden unterlassen haben, verbunden sind, alle von dritten Personen darauf erworbenen dinglichen Rechte als gültig anzuerkennen.

Fideikommiß-Anwarter, welche ihr Recht innerhalb der bis zum 30sten April 1834. verlängerten Frist, bei der Hypothekenbehörde angemeldet haben, sind jedoch nicht schuldig, die seit Publikation des Gesetzes vom 23sten März 1828. bis zu ihrer Anmeldung von dritten Personen auf das Fideikommiß erworbenen Rechte als gültig anzuerkennen.

§. 2.

In Bezug auf den Fideikommiß-Besitzer und dessen Erben behalten daher die Anwarter die ihnen zustehenden Rechte, und sind befugt, solche zu jeder Zeit bei der Hypothekenbehörde anzumelden und eintragen zu lassen.

§. 3.

Auch bleibt es ihnen unbenommen, der unterlassenen Anmeldung ungeachtet, aus dem Vermögen des Besitzers, welcher das Fideikommiß seit der Verkündigung des Gesetzes vom 23sten März 1828. veräußert, oder einem Dritten ein dingliches Recht darauf bestellt hat, so weit es die bestehenden Gesetze gestatten, Ersatz zu fordern.

§. 4.

Denjenigen Fideikommiß-Anwartern, welche innerhalb der bis zum 30sten April 1834. verlängerten Frist ihre Rechte zur Eintragung in das Hypotheken-Buch anmelden, soll wegen der Stempel, Taxen und Gerichtsgebühren die Vorschrift

schrift des §. 14. des Patents vom 22sten Mai 1815. wegen Einrichtung des Hypoth-kenwesens, zu Statten kommen.

Urkundlich unter Unserer Höchsteigenhändigen Unterschrift und beigedrucktem Königlichen Insiegel.

Gegeben Berlin, den 14ten Juli 1833.

(L. S.) Friedrich Wilhelm.

Carl, Herzog von Mecklenburg.
Frh. v. Brenn. Mühler.

Beglaubigt:
Friese.

(No. 1450.) Allerhöchste Kabinetsorder vom 18ten Juli 1833., betreffend die Vertretung der Stadtgemeinden, in welchen die Städteordnung vom 19ten November 1808. gilt, bei persönlicher Betheiligung der Stadtverordneten.

Auf den Bericht des Staatsministerii vom 29sten v. M., betreffend die Theilnahme einzelner Mitglieder der Stadtverordneten-Versammlung an Berathung derselben über Gegenstände, bei welchen ihr persönliches Interesse mit dem der Stadtgemeinde in Widerspruch steht, verordne Ich für diejenigen Provinzen, in welchen die Städteordnung vom 19ten November 1808. gilt, Folgendes:

1) Wenn von einer städtischen Angelegenheit die Rede ist, bei welcher der Vortheil eines oder mehrerer Stadtverordneten mit dem Vortheile der Stadtgemeinde in Widerspruch kommt, so dürfen die dabei betheiligten Stadtverordneten, nach Vorschrift des A. L. R. Thl. I. Tit. 13. §. 21. und Thl. II. Tit. 6. §. 132., die Stadtgemeinde in dieser besondern Angelegenheit nicht vertreten. Sie müssen vielmehr die Versammlung verlassen, und wenn sie es nicht freiwillig thun, vom Vorsteher dazu angewiesen werden.

2) Wenn bei der betreffenden Angelegenheit so viele Stadtverordnete persönlich betheiligt sind, daß nach ihrer Entfernung die Versammlung nicht beschlußfähig seyn würde (St. O. §. 121.), so soll der Vorsteher die zur Ergänzung erforderlichen Stellvertreter einberufen.

3) Ist aber auch hierdurch eine beschlußfähige Versammlung aus persönlich unbetheiligten Mitgliedern nicht herzustellen, so soll der Stadtverordneten-Vorsteher dieses dem Magistrat, der Magistrat aber der ihm vorgesetzten Regierung anzeigen, welche in solchen Fällen, vermöge der ihr zustehenden Ober-Aufsicht berechtigt und verpflichtet ist, anstatt der Stadtverordneten-Versammlung und mit allen Befugnissen derselben, die Rechte der Stadt-Gemeinde wahrzunehmen und ihr nöthigenfalls einen Rechts-Anwalt zu bestellen.

Diesen Befehl hat das Staatsministerium durch die Gesetz-Sammlung bekannt zu machen.

Berlin, den 18ten Juli 1833.

Friedrich Wilhelm.

An das Staatsministerium.

Gesetz-Sammlung
für die
Königlichen Preußischen Staaten.

No. 14.

(No. 1451.) Urkunde über die Stiftung eines Verdienst-Ehrenzeichens für Rettung aus Gefahr. Vom 1sten Februar 1833.

Wir Friedrich Wilhelm, von Gottes Gnaden, König von Preußen rc. rc.

haben bereits durch Unsere Verfügung an das vormalige General-Direktorium vom 6ten März 1802. die Verleihung einer Verdienst-Medaille zur Belohnung derjenigen angeordnet, welche sich zur Rettung und Hülfe ihrer Mitbürger in Gefahr begeben. Da diese Medaille jedoch nur zur Aufbewahrung, als ein ehrendes Andenken an die verdienstliche Handlung des Empfängers, bestimmt ist; so haben Wir Uns bewogen gefunden, neben derselben eine zweite zu verleihen, die zur Belohnung einer besonders ausgezeichneten Hülfleistung gereichen und deshalb als eine höhere Stufe des öffentlichen Anerkenntnisses betrachtet werden soll. Diese in Silber ausgeprägte Denkmünze soll auf der Hauptseite Unser Brustbild mit der Deutschen Umschrift Unseres Namens, und auf der Kehrseite einen Eichenkranz mit der Inschrift: „Für Rettung aus Gefahr", enthalten. Sie soll an einem orangefarbigen Bande, mit zween weißen schmalen Streifen auf den Seiten, im Knopfloche getragen werden, und wird, auf den Antrag Unseres Ministers des Innern und der Polizei, von Uns Allerhöchst-Selbst verliehen.

Die Vorzüge, welche Wir, nach Inhalt der Erweiterungs-Urkunde für Unsere Orden und Ehrenzeichen vom 18ten Januar 1810., den Inhabern der allgemeinen Verdienst-Medaille bewilligt haben, wollen Wir auch den Besitzern dieser neuen Verdienst-Denkmünze beilegen, weshalb der etwa verwirkte Verlust derselben, wie bei andern Orden und Ehrenzeichen, auch nur von Uns Allerhöchst-Selbst festgesetzt werden darf.

Urkundlich unter Unserer Allerhöchsteigenhändigen Unterschrift und beigedrucktem Königlichen Insiegel.

Gegeben Berlin, den 1sten Februar 1833.

(L. S.) Friedrich Wilhelm.

(Ausgegeben zu Berlin den 19ten September 1833.)

(No. 1452.) Allerhöchste Kabinetsorder vom 11ten Juli 1833., die Prüfung der Steinhauer betreffend.

Da das Gewerbe der Steinhauer gleichfalls ein solches ist, bei dessen ungeschicktem Betriebe gemeine Gefahr obwaltet; so habe Ich, auf den Antrag des Ministers des Innern für die Gewerbe-Angelegenheiten, den §. 94. des Gesetzes über die polizeilichen Verhältnisse der Gewerbe vom 7ten September 1811. dahin deklarirt: daß künftighin die Ausübung des Steinhauergewerbes gleichfalls nur auf den Grund eines Prüfungs-Attestes der Provinzial-Regierung zulässig seyn soll. Der Minister des Innern für die Gewerbe-Angelegenheiten hat die erforderliche Anweisung über die Prüfung zu ertheilen und an den Orten, wo das Gewerbe häufig betrieben wird, entweder die für Maurer bestehende Prüfungs-Kommission darnach einzurichten, oder eine besondere für Steinhauer zu bilden, wobei Ich nur noch ausdrücklich bestimme, daß das Gewerbe derjenigen, die in Steinbrüchen oder Werkstätten die Steine nach gegebenen Modellen bearbeiten, hierunter nicht verstanden, sondern die Prüfung auf die Tüchtigkeit zur selbstständigen Ausführung von Bauwerken aus Werkstücken, beschränkt seyn soll. Das Staatsministerium hat diese Deklaration durch die Gesetz-Sammlung bekannt zu machen.

Berlin, den 11ten Juli 1833.

Friedrich Wilhelm.

An das Staatsministerium.

(No. 1453.) Allerhöchste Kabinetsorder vom 23sten Juli 1833., die widerrechtliche Zueignung der bei den Uebungen der Artillerie verschossenen Eisen-Munition betreffend.

Auf Ihren Bericht vom 19ten Juli c. verordne Ich hiermit:

1) Niemand ist befugt, die bei den Uebungen der Artillerie verschossene Eisen-Munition, welche er an den Schießplätzen oder deren Umgebung findet, sich anzueignen. Liefert er dieselbe aber an das Artillerie-Depot oder die Militair-Behörde ab, so erhält er für die noch brauchbare Eisen-Munition eine Vergütigung von zwei Pfennigen für jedes Pfund.
2) Wer dergleichen gefundene Eisen-Munition sich widerrechtlich zueignet, ist der Unterschlagung fremden Eigenthums schuldig, und soll, wenn der Werth des Unterschlagenen sich nicht über Fünf Thaler beläuft, mit Geldbuße bis zu Zwanzig Thalern, oder im Unvermögensfall mit Gefängniß bis zu einem Monat, bei einem höhern Werthe aber mit Gefängniß von einem bis zu sechs Monaten bestraft werden.
3) Die Absicht des Zueignens ist, in Ermangelung des Gegenbeweises, schon gegen denjenigen anzunehmen, welcher die gefundene Eisen-Munition länger als acht Tage an sich behalten hat, ohne der Militair-Behörde dieselbe abzuliefern, oder wenigstens von der Auffindung Anzeige zu machen.

4) Wer wissentlich dergleichen gefundene Eisen-Munition ankauft, hat ebenfalls die Strafe des §. 2. zu gewärtigen.

5) Der unvorsichtige Ankauf solcher Eisen-Munition hat Geldbuße bis zu Funfzehn Thalern, oder im Fall der Thäter unvermögend ist, Gefängniß bis zu drei Wochen zur Folge.

6) Mit eben diesen Strafen (§. 5.) soll auch derjenige belegt werden, welcher sich erweislich, länger als acht Tage, im Besitze von Eisen-Munition, wie sie zu Geschützen der Preußischen Artillerie gebraucht wird, befindet, ohne über den redlichen Erwerb sich ausweisen zu können. Außerdem soll der bei ihm gefundene Vorrath dieser Munition konfiszirt werden.

7) Bei den im §. 5. und 6. bezeichneten Vergehen wird die Untersuchung, nach Analogie des §. 1122. Thl. 2. Tit. 20. des Allgemeinen Landrechts, nur polizeimäßig geführt.

Dieser Befehl ist durch die Gesetz-Sammlung bekannt zu machen.

Berlin, den 23sten Juli 1833.

Friedrich Wilhelm.

An die Staats- und Justizminister v. Kamptz und Mühler und den General-Lieutenant v. Witzleben.

(No. 1454.) Allerhöchste Kabinetsorder vom 5ten August 1833., betreffend die gebührenfreie Ausstellung der den Gerichten als Vormundschaftsbehörden erforderlichen Atteste aus den Kirchenbüchern bei Armen-Vormundschaften.

Nach Ihrem Antrage vom 15ten v. M. setze Ich, zur Erledigung der darüber entstandenen Zweifel fest, daß die Geistlichen verpflichtet sind, die bei der vormundschaftlichen Verwaltung erforderlichen Atteste aus den Kirchenbüchern, namentlich Tauf-, Trau- und Todtenscheine, nach dem Verlangen der Gerichte, als obervormundschaftliche Behörden, gebührenfrei auszustellen, wenn die betheiligten Pflegbefohlenen, entweder gar kein Vermögen haben, oder die Vormundschaft zu denjenigen gehört, für deren Verwaltung nach §. 2. Nr. 14. der Einleitung zur Allgemeinen Gebühren-Taxe keine Gerichtskosten angesetzt werden dürfen. Sie haben diese Bestimmung durch die Gesetz-Sammlung zur öffentlichen Kenntniß zu bringen.

Teplitz, den 5ten August 1833.

Friedrich Wilhelm.

An die Staatsminister Frh. v. Altenstein und Mühler.

(No. 1455.) Allerhöchste Kabinetsorder vom 5ten August 1833., durch welche des Königs Majestät der Stadt Zduny die revidirte Städteordnung vom 17ten März 1831. zu verleihen geruht haben.

Auf Ihren Antrag vom 7ten vorigen Monats will Ich der Stadt Zduny, dem von derselben geäußerten Wunsche gemäß, die revidirte Städteordnung vom 17ten März 1831., mit Ausschluß des auf die Provinz Posen nicht anwendbaren zehnten Titels, hiermit verleihen, und Sie ermächtigen, wegen deren Einführung durch den Oberpräsidenten der Provinz das Weitere anzuordnen.

Teplitz, den 5ten August 1833.

Friedrich Wilhelm.

An den Staatsminister des Innern und der Polizei Frh. v. Brenn.

(No. 1456.) Polizei-Ordnung für die Häfen und Binnengewässer von Stettin und Swinemünde. Vom 22sten August 1833.

Wir Friedrich Wilhelm, von Gottes Gnaden, König von Preußen &c. &c.

Thun kund und fügen hiermit zu wissen: daß Wir nöthig erachtet haben, nähere Bestimmungen über das Verhalten der Schiffer auf der Rhede und im Hafen von Swinemünde, so wie auf der Fahrt nach Stettin und für den Aufenthalt in letzterem Hafen zu erlassen.

Wir verordnen daher, wie folgt:

A. Verhalten des Schiffers auf der Rhede und beim Einlaufen in den Hafen von Swinemünde.

§. 1. Sobald ein Schiff auf die Rhede von Swinemünde kommt, soll der Führer desselben, wenn er in den Hafen einsegeln will, seine National-Lootsen-Flagge aufstecken, den See-Lootsen erwarten, und nicht ohne dessen Hülfe einlaufen. Im Nothfall, d. h. wenn der Schiffer augenscheinliche Gefahr läuft, Schiff, Ladung und Mannschaft zu verlieren, hat derselbe zuvor den Steuermann, Hochbootsmann und Zimmermann, oder in der Stelle eines derselben einen andern erfahrenen Seemann aus der Besatzung zu einem Schiffsrath zu versammeln, und wenn dieser nach reiflicher Erwägung es auch für nothwendig hält, das äußerste Rettungsmittel zu ergreifen, so ist es ihm erlaubt, ohne Lootsen einzusegeln.

§. 2. Wenn heftige Stürme das Entgegenkommen der Lootsen verhindern, so hat der Schiffer folgende Signale zu beobachten:

1) die auf der äußersten Spitze der östlichen Moole errichtete große Laternen-Baake, welche ihm auch in dem Falle, wenn die Moole von den Wellen gedeckt seyn sollte, den Punkt anzeigt, wo dieselbe liegt und wo er einzulaufen hat;

2) die von dieser Baake durch eine rothe Flagge zu ertheilenden Zeichen, welchen er dergestalt folgen muß, daß er nach derjenigen Seite, wohin die Flagge

Flagge geneigt wird, sich in der Fahrt halte, und wenn die Flagge ganz gerade in die Höhe gerichtet wird, auch seinen Lauf geradeaus nehme.

Wenn bei stürmischer Witterung keine Flagge weht, oder keine Signale mit derselben gegeben werden, so darf der Schiffer gar nicht einsegeln, sondern muß auf der Rhede vor Anker gehen, oder die See halten.

§. 3. Sobald der Lootse an Bord kommt, ist der Schiffer schuldig, ihm die rechten Marken, wie tief sein Schiff liegt, und ob dasselbe noch außerdem einen losen Kiel (Unterkiel) habe, anzugeben, so wie über alle auf den Zustand des Schiffs und der Mannschaft Bezug habende Gegenstände gewissenhaft Auskunft zu ertheilen.

§. 4. Mit den ergangenen gesundheitspolizeilichen Vorschriften hat sich der Schiffer angelegentlich bekannt zu machen und dieselben, bei Vermeidung der auf die Uebertretung geordneten gesetzlichen Strafen, genau zu befolgen. Es sind jedoch auch die Lootsen verpflichtet, sogleich bei ihrem Eintreffen den Schiffer von seinen Obliegenheiten in dieser Hinsicht noch besonders zu unterrichten.

§. 5. Den Anweisungen des Lootsen ist der Schiffer zu folgen und daher auch an dem Ort Anker zu werfen verpflichtet, den ihm der Lootse auf der Rhede anweisen wird, wenn Umstände das Einbringen des Schiffs nicht gestatten. Beim Einlaufen aber ist dem Lootsen die Leitung des Schiffs gänzlich zu überlassen, und der Schiffer den Anordnungen desselben auf das Genaueste zu folgen verbunden.

Sollte der Lootse jedoch bei Führung des Schiffs Fehler machen, die das Schiff in Gefahr setzen, und sich nicht warnen lassen, so steht es dem Schiffer frei, mit Uebereinstimmung des nach §. 1. zu versammelnden Schiffsraths, dem Lootsen die Direktion abzunehmen. Ein solcher Fall muß aber von dem Schiffer gleich nach seiner Ankunft der Hafenpolizei-Behörde zur weitern Untersuchung angezeigt werden.

§. 6. Kein Schiffer soll auf der Rhede zur Leichterung seines Schiffes Ballast löschen, ohne dem Lootsen-Kommandeur Behufs der näheren Angabe der Stelle, wo solches nur geschehen darf, und Anordnung der nöthigen Aufsicht, davon Anzeige gemacht zu haben.

In der Regel soll aber kein Ballast auf der Rhede gelöscht werden.

§. 7. In Bezug auf die Steuerverfassung ist der Schiffer verpflichtet, über den Inhalt seiner Ladung nach Art und Menge ein genaues Verzeichniß (Deklaration) abzugeben. Wie solches anzufertigen, und was ferner von ihm in Bezug auf das Steuerwesen zu beobachten ist, ergiebt das Regulativ wegen Behandlung des Waaren-Ein- und Ausgangs aus den Oder-Mündungen vom 12ten Dezember 1820., wonach sich derselbe genau zu achten hat.

B. Verhalten des Schiffers u. der Mannschaft während des Aufenthalts im Hafen von Swinemünde

§. 8. Nachdem ein Schiff im Hafen vor Anker gelegt ist, muß der Schiffer sogleich sich mit dem Lootsen ans Land begeben, durch seine Schiffspapiere auf dem Schiffahrtspolizei-Bureau sich vorschriftsmäßig legitimiren, und bis dies geschehen, weder Passagiere noch die Schiffsmannschaft von Bord lassen oder andere Personen an Bord nehmen.

§. 9. Ein jeder Schiffer haftet während seines Aufenthalts auf der Rhede, im Hafen oder in den Binnengewässern für das ordnungsmäßige Betragen der Mann-

Mannschaft am Bord des Schiffs, und vertritt nach näherer Vorschrift der Landesgesetze die Folgen des von ihr begangenen Unfugs.

Auch muß der Schiffer, wenn von der Schiffsmannschaft Jemand entlassen wird, oder sich heimlich entfernt, dies sogleich der Hafenpolizei-Behörde anzeigen.

§. 10. Die Anker müssen gehörig bezeichnet, d. h. mit Bojen versehen seyn, wobei die Bojereife aber dergestalt zu verkürzen, daß die Bojen sich senkrecht über dem ausgeworfenen Anker schwimmend erhalten.

§. 11. Jede absichtliche oder aus grober Fahrlässigkeit verübte Beschädigung oder Verrückung der Seetonnen hat eine gerichtlich zu erkennende Strafe von 50 bis 200 Rthlr., neben dem Ersatz des verursachten Schadens, zur Folge. Zufällige Beschädigungen dieser Marken, so wie die auf der Rhede und im Fahrwasser von dem Schiffer oder seiner Mannschaft entdeckten, der Schiffahrt nachtheiligen Dinge müssen, sobald der Schiffer ans Land kommt, auf dem Schiffahrtspolizei-Bureau sogleich angezeigt werden.

§. 12. Der Schiffer soll im Hafen und auf dem Strom nur an den vom Lootsen-Kommandeur im Einverständnisse mit der Steuerbehörde ihm zu bezeichnenden Platz sein Schiff hinlegen, und auch nur nach dessen Anweisung Ballast löschen, übrigens aber keinen Kehrigt und sonstige zur Verflächung des Hafens und Fahrwassers gereichende Gegenstände über Bord werfen. Es muß vielmehr alles gesammelt und auf einen dazu bestimmten Platz ans Land gebracht werden.

§. 13. Die Schiffer, welche an die Kays, Bohlwerke oder Moolen anlegen, sollen lange Rundhölzer oder starke Reißbündel und Tauwerke aushängen, und jede unmittelbare Berührung des Schiffs mit jenen Werken vermeiden, die Taue auch nicht an die Bohlwerke, sondern an die dazu bestimmten Wurfpfähle befestigen.

§. 14. Den auf dem Strom im Fahrwasser vor Anker liegenden Schiffen ist zwar, wenn sie einen eingerichteten Heerd- und Feuerfang haben, erlaubt, zum Kochen der Speisen Feuer zu halten, jedoch soll dieses nicht vor 4 Uhr Morgens angemacht, und um 10 Uhr Abends wieder ausgelöscht werden.

Dies findet auch auf die am Bohlwerk liegenden Schiffe Anwendung, sobald jedoch eigene Kochhäuser erbaut seyn werden, muß sich das Schiffsvolk derselben zur Bereitung seiner Speisen bedienen.

Ausgenommen von dieser Verpflichtung sind die Dampfschiffsführer, und denselben dieserhalb keine Beschränkungen aufzuerlegen.

Pech, Theer, Harzruß, Schwärzel, Firniß u. dgl. darf nur am Lande unter feuersicherer Verwahrung an den von der Polizeibehörde dazu angewiesenen Plätzen gekocht oder aufgewärmt, und nach Sonnen-Untergang nicht auf dem Verdeck geduldet werden.

§. 15. Taback darf außerhalb der Kajüte eines am Bohlwerk liegenden Schiffs eben so wenig geraucht, als außerhalb derselben Licht in den Schiffen gebrannt werden, welches nicht in einer wohlverschlossenen Laterne unter gehöriger Aufsicht sich befindet.

§. 16. Den Schießpulver-Vorrath hat der Schiffer gleich nach seiner Meldung bei der Schiffahrtspolizei-Behörde genau anzugeben, und bleibt es deren Beurtheilung anheimgestellt, ob dem Schiffer der Vorrath unter seiner Verantantwortlichkeit zu belassen, oder in einem hierzu geeigneten Lokale am Lande aufzubewahren sey.

Wenn ein Schiff aber Schießpulver als Ladung inne hat, so ist der Schiffer verpflichtet, so lange, bis die ganze Ladung gelöscht ist, eine schwarze Flagge vom Mast wehen zu lassen, und sich außerdem allen denjenigen Vorsichtsmaaßregeln unweigerlich zu unterwerfen, welche die Verordnung vom 6ten Juni 1799. bei Pulvertransporten vorschreibt, oder die Polizei- und Militairbehörden in einzelnen Fällen anzuordnen für gut finden.

§. 17. Das Schießen mit Feuergewehren von den Schiffen auf dem Strom oder am Bohlwerk ist nur mit Erlaubniß der Schiffahrtspolizei-Behörde gestattet.

§. 18. Die Matrosen und Schiffsleute sollen im Sommer spätestens um 10 Uhr, im Winter aber um 9 Uhr Abends sich an Bord verfügen, widrigenfalls sie arretirt und polizeilich bestraft werden.

Niemals darf ein Schiff ohne Wache gefunden werden, ausgenommen, wenn es abgetakelt im Winterlager liegt.

Das Baden im Strom und vorlängs der Stadt, besonders am Bohlwerk, ist verboten.

§. 19. Sobald die Entlöschung eines befrachteten Schiffes nachgegeben ist, muß dieselbe, es sey auf der Rhede oder im Hafen, lediglich nach der Anordnung des Haupt-Zollamts erfolgen.

C. Verhalten des Schiffers bei der Hin- und Rückfahrt auf dem Revier.

§. 20. Sobald der Schiffer bei der Steuerbehörde abgefertigt ist, soll er seine Ladung dergestalt einrichten, daß sein Schiff nicht zu tief gehe, um das Revier zwischen Swinemünde, Stettin und Anclam ungehindert passiren zu können. Die Tiefe des Fahrwassers wird ihm der Lootsen-Kommandeur, bei dem die Zuweisung eines Revier-Lootsen nachzusuchen ist, angeben.

In der Regel ist jeder in- und ausländische Schiffer (er fahre von Swinemünde nach Stettin oder umgekehrt, oder nach irgend einem andern im Revier belegenen Hafen) zur Annahme eines Revier-Lootsen verpflichtet, sein Schiff sey mit Gütern oder Ballast, oder mit beiden gleichzeitig beladen oder ganz ledig.

Ausgenommen von dieser Verpflichtung bleiben nach der bisherigen Verfassung jedoch diejenigen inländischen Schiffe, deren Führer in Stettin oder einem andern Ort des Reviers bis zum Ausflusse der Swine wohnhaft sind, so wie die Altpommerschen und Neuvorpommerschen Binnenfahrer alsdann, wenn die Fahrzeuge derselben:

a) alleinige Ladung von Gütern inne haben;
b) wenn sie mit Gütern und Ballast dergestalt beladen sind, daß der letztere nicht ohne Wegschaffung der Güter herausgenommen werden kann, oder
c) ganz ledig gehen, und endlich,
d) wenn der Verschluß der Luken von der Steuerbehörde in der Art bewirkt worden ist, daß das Ueberwerfen des Ballastes ins Fahrwasser unausführbar ist.

Haben dagegen die gedachten Fahrzeuge blos Ballast inne, oder vermischte Ladung in der Art, daß der Ballast ohne Wegschaffung der Güter herausgenommen werden kann, so müssen die Schiffer, gleich allen übrigen, einen Revier-

Lootsen annehmen, sie mögen allein segeln oder sich durch ein Dampfschiff bugsiren lassen.

§. 21. Sobald der Revier-Lootse das Schiff bestiegen hat, finden die §. 3. und 5. gegebenen Vorschriften Anwendung.

Behauptet jener, daß das Schiff zu tief geladen sey, um über die Untiefen des Reviers gebracht werden zu können, so entscheidet darüber die Schifffahrts-Polizei-Behörde auf den Grund der von ihr zu veranlassenden Messung, wobei der Schiffer sich beruhigen muß.

§. 22. Der Schiffer darf, wenn während der Reise das Wasser fällt, sich nicht mit schweren Ankern über eine Untiefe überwinden, sondern muß sich aus der nächsten Stadt Leichterfahrzeuge kommen lassen.

Muß auf der Reise Ballast gelöscht werden, so hat der Schiffer dabei die Anweisung des Lootsen genau zu befolgen, der darauf achtet, daß das Fahrwasser nicht verflächt werde.

§. 23. Wenn sich Schiffe auf der Oder beim Trindeln begegnen, so muß das mit dem Strom gehende Schiff, es mag beladen oder unbeladen seyn, dem stromaufwärts gehenden die Leine werfen. Jedoch müssen alle Böte und kleinere Stromfahrzeuge, sie mögen mit oder gegen den Strom gehen, den Seeschiffen die Leine werfen und ausweichen.

Auf dem Trindelpfade selbst darf kein Feuer gemacht oder sonst etwas vorgenommen werden, was dem Trindelnden hinderlich seyn, oder zur Beschädigung des Trindelpfades gereichen könnte.

§. 24. Es ist verboten, auf der Oder und deren Seitenarmen Holzflöße mit den Schiffen zum Transport zu verbinden.

§. 25. Innerhalb des Ober- und Unterbaums des Stettiner Hafens sind Niederlagen von Balken und Flößen ganz unstatthaft.

Aber auch an andern Stellen, und insbesondere von dem Unterbaume ab bis Grabow, können nur mit ausdrücklicher Genehmigung der Polizeidirektion zu Stettin Hölzer in der Oder festgelegt werden.

§. 26. Aus Rücksichten für die Sicherheit und Erleichterung der Passage wird es untersagt, in der Oder, ohne daß es die Noth erfordert, vor Anker zu gehen. Wenn Schiffe an der Mündung der Oder anlegen wollen, so müssen sie wenigstens zwei Kabeltau-Längen von der daselbst befindlichen Steinwehe entfernt bleiben.

Auch bei Ziegenort, in den sogenannten Kuhlen, darf nicht geankert werden, und unter dem Lebbinschen Berge müssen die Schiffer beim Ankern ebenfalls zwei Kabeltau-Längen von der Mündung der Swine entfernt bleiben.

§. 27. Zwischen dem Grabowschen Ort und Stettin darf kein Schiff anders als mit schwacher Fahrt gehen, und deshalb die Beisetzung voller Segel daselbst nur bei stillem Winde stattfinden.

§. 28. Wegen Verrückung der das Fahrwasser auf dem Revier bezeichnenden Marken finden die Bestimmungen des §. 11. Anwendung mit der Maaßgabe, daß die geordnete Anzeige dem nächsten Lootsen-Kommandeur, in Stettin oder Swinemünde, so schleunig als möglich zu machen ist.

§. 29.

D. Verhalten des Schiffers im Hafen zu Stettin.

§. 29. Rücksichtlich des Verhaltens der Schiffer im Hafen zu Stettin finden die in den §§. 9. 13. 15. 18. bei Swinemünde gegebenen allgemeinen Vorschriften gleichmäßige Anwendung.

In Beziehung auf die örtlichen Verhältnisse Stettins wird aber noch Folgendes verordnet.

§. 30. Sobald der Schiffer beim Unterbaum angelangt ist, hat er sich bei dem Baumschreiber zu melden und dessen Anweisung zu befolgen. Kann das Schiff oder Leichterfahrzeug nicht sogleich durch den Baum gelangen, so bleibt dasselbe an dem rechten Oder-Ufer unter Aufsicht der Wache.

§. 31. Innerhalb der Bäume dürfen weder von Schiffen noch andern Fahrzeugen, deren Führer den Anweisungen des Hafenmeisters überall Folge leisten müssen, Segel geführt werden.

Der Klüverbaum und die blinde Rah, so wie der Besahns- oder Briggbaum müssen eingezogen, die Unterrahen getoppt und die Anker innerhalb des Bordes so aufgestellt werden, daß sie andern Schiffen nicht Schaden bringen.

§. 32. Das Kochen der Speisen darf durchaus nicht auf den im Hafen liegenden Schiffen geschehen, sondern muß entweder in den dazu bestimmten öffentlichen Kochhäusern, sobald solche errichtet sind, oder in Privatgebäuden erfolgen.

§. 33. Innerhalb der Baum- und langen Brücke kann nur solchen Schiffen und Fahrzeugen der Aufenthalt gestattet werden, die entweder Behufs der Einnahme oder des Löschens der Ladung daselbst verweilen müssen. Diese haben sich indeß zur Nachtzeit alles Verkehrs auf Böten zu enthalten. Jedes Fahrzeug, welches sich nicht in einem jener beiden Fälle befindet, muß nach der Anweisung des Hafenmeisters sofort auf den ihm bezeichneten Platz weglegen.

§. 34. Innerhalb der Brücken darf an dem Außenbord eines Schiffes, ohne ausdrückliche Erlaubniß des Hafenmeisters, nicht gezimmert werden.

§. 35. An hohen Feiertagen und bei andern feierlichen Ereignissen müssen sämmtliche Seeschiffe und andere größere Fahrzeuge auf das vom Hafenmeister gegebene Signal ihre Nationalflagge aufziehen.

§. 36. Ballast kann überall nur an den vom Lootsen-Kommandeur angewiesenen Stellen sowohl gelöscht als geladen werden. Dabei muß das Schiff ein Vorsegel führen und den Vorschriften des Lootsen-Kommandeurs genau Folge geleistet werden.

§. 37. Es wird untersagt, die auf den Holzflößen gewöhnlich angebrachten Feuerheerde und Strohlager in die Oder zu werfen, und die Führer müssen bei der Nachfrage darüber sich ausweisen, wo sie ihre Feuerheerde ꝛc. gelassen haben.

§. 38. Die Führer der mit Holz, Torf und ähnlichen Gegenständen beladenen Kähne, so wie auch der kleineren Fahrzeuge, welche Lebensmittel zur Stadt bringen, müssen den Abraum jeder Art an das Land auf die öffentlichen Schuttplätze bringen und dürfen davon nicht das Geringste in die Oder werfen oder fallen lassen. Auch diese sind zu dem §. 37. erwähnten Nachweise verpflichtet.

§. 39. Binnen 24 Stunden nach seiner Ankunft in Stettin muß der Schiffer die Musterrolle und die Pässe oder anderweitigen Legitimations-Papiere der am Bord befindlichen Passagiere auf das Polizei-Bureau abgeben, auch jederzeit die sämmtlichen Passagiere und auf Verlangen die ganze Mannschaft dort gestellen.

§. 40. Wenn von der nach Stettin gebrachten, auswärts geheuerten und gemusterten Mannschaft bei der Abreise ein Matrose zurückbleibt, so muß dies der Polizeibehörde gemeldet und in der Musterrolle von der Musterungs-Kommission deshalb das Nöthige bemerkt werden.

§. 41. Vor seiner Abreise muß jeder Schiffer sich mit seiner Mannschaft bei der Musterungs-Kommission melden, um die Musterrolle aufnehmen oder vervollständigen zu lassen. Zu dem Zweck muß er die Seepässe für die inländischen, und die ihm von der Polizei ertheilten Muster-Atteste für die ausländischen Schiffsmannschaften vorlegen, oder wenn der Schiffer die auswärts geheuerte alte Mannschaft wieder mit zurücknimmt, die ausgefertigte alte Musterrolle überreichen.

§. 42. Personen, die von Stettin zu Schiffe ins Ausland reisen wollen, jedoch nicht zur Schiffsmannschaft gehören, dürfen nur mit Pässen, die entweder von der Polizeibehörde der Stadt ausgestellt, oder visirt worden sind, aufgenommen werden.

Schiffer, welche nicht gehörig legitimirte inländische Matrosen an Bord nehmen, verfallen nach Inhalt der Kabinetsorder vom 10ten November 1825. in eine polizeiliche Geldstrafe von 20 Rthlrn.

E. Verhalten des Schiffers beim Ausgang von Swinemünde in See.

§. 43. Schiffer, die von Swinemünde seewärts ausgehen wollen, müssen auf dem Schiffahrtspolizei-Bureau ihre Schiffsmannschaft und deren in Stettin erfolgte Musterung nachweisen, oder solche in Swinemünde vollziehen, oder wenn sie die ins Land gebrachte Mannschaft wieder mitnehmen, sich ein Musterungs-Attest daselbst ausstellen lassen.

§. 44. Kein Schiffer darf Passagiere mit in See nehmen, deren Pässe nicht von der Schiffahrtspolizei-Behörde in Swinemünde visirt sind.

§. 45. Mit allen Abfertigungs-Attesten meldet der Schiffer sich bei dem Lootsen-Kommandeur zur Anweisung eines See-Lootsen, dessen er zur Ausbringung seines Schiffs sich bedienen muß.

Wegen der Befugnisse des Lootsen beim Ausbringen eines Schiffs finden die für den Eingang im §. 5. enthaltenen Vorschriften Anwendung.

F. Allgemeine Bestimmungen.

§. 46. Außer den tarifmäßigen Hafengeldern, welche das Haupt-Zollamt in Swinemünde erhebt, und den an die Revier-Lootsen nach dem ausgehängten Tarif zu entrichtenden Lootsengeldern darf der Schiffer keinem Offizianten unter irgend einem Vorwande ein Geschenk oder Vergütung entrichten. Es wird dem Schiffer sogar ausdrücklich untersagt, einem Beamten auch nur das geringste Geschenk für die Ausübung seines Amts anzubieten, oder zu geben, und soll ein solches Anerbieten nach den bestehenden Landesgesetzen bestraft, außerdem aber das Geschenk konfiszirt werden.

Wenn ein Beamter es sich beikommen lassen sollte, unter irgend einem Vorwande ein Geschenk oder anderweitige Abgabe zu fordern oder anzunehmen, so ist der Schiffer verpflichtet, ihn zur Bestrafung bei seiner vorgesetzten Behörde anzuzeigen.

Sollte sich aber ein Schiffer veranlaßt finden, einem Lootsen für die in besonderen Fällen ihm geleisteten außerordentlichen Dienste seine Dankbarkeit zu bezeigen, so kann das Geschenk nur mit Vorwissen und Genehmigung des Lootsen-Kommandeurs ausgehändigt werden.

§. 47.

§. 47. Die zum Vermessen des Schiffs bestimmten Beamten soll der Schiffer mit seinem Boot an Bord holen und zurückbringen lassen.

§. 48. Die Uebertretungen der in dieser Polizeiordnung enthaltenen Vorschriften werden, sofern nicht besondere Strafen darauf angedroht sind, nach Maaßgabe der Umstände, mit Geldbußen von Einem bis zu Funfzig Thaler bestraft.

Die Festsetzung einer solchen Strafe erfolgt nach summarischer Untersuchung durch ein Resolut der Hafenpolizei-Behörde, gegen welches der Rekurs an die Regierung zu Stettin in allen Fällen, eine Berufung auf gerichtliche von dem Stadtgerichte zu Stettin oder zu Swinemünde dann zu führende Untersuchung aber nur in dem Falle zulässig ist, wenn die festgesetzte Strafe mehr als Fünf Thaler beträgt.

Verläßt der Denunziat während der polizeilichen oder gerichtlichen Untersuchung den Hafen, so muß er zuvor eine zur Deckung der Strafe und Kosten hinreichende Geldsumme deponiren.

§. 49. Die festgesetzten Strafen werden, wenn sie die Sicherung der Hafen-Anstalten und des Fahrwassers zum Zweck haben, von dem Haupt-Zollamte in Swinemünde bei den Hafengeldern verrechnet; alle übrigen Strafen aber fließen beziehungsweise zu den See-Armenkassen in Stettin oder Swinemünde.

§. 50. Sämmtliche Kahn- und Stromschiffer sind den Bestimmungen dieser Ordnung, so weit selbige auf sie Anwendung finden, ebenfalls unterworfen und solche genau zu befolgen verbunden.

Wir beauftragen insbesondere Unser Ministerium des Innern für Handels- und Gewerbe-Angelegenheiten mit der Ausführung dieser Polizeiordnung, welche auch im Auslande zweckmäßig bekannt zu machen.

Gegeben Berlin, den 22sten August 1833.

(L. S.) Friedrich Wilhelm.

Friedrich Wilhelm, Kronprinz.

Frh. v. Altenstein. Gr. v. Lottum. Maassen.
Frh. v. Brenn. Mühler.
Für den Kriegsminister im Allerhöchsten Auftrage.
v. Schöler.

(No. 1457.) Allerhöchste Kabinetsorder vom 28sten August 1833., betreffend den Erlaß der Injurien unter Privatpersonen und die Verjährung derselben.

Auf den Antrag des Justizministers Mühler verordne Ich hiermit, in Erweiterung des §. 227. des Anhangs zur Allgemeinen Gerichtsordnung, daß, wenn bei Beleidigungen unter Privatpersonen der Kläger seine Injurienklage oder, bei eröffneter fiskalischer Untersuchung, auf welche der erwähnte §. auch anzuwenden ist, seine Denunziation bis zur Vollstreckung des Urtels zurücknimmt, oder, wenn beide Theile sich bis dahin versöhnen, das gerichtliche Verfahren aufgehoben und die Akten-Reposition verfügt werden soll. Sind jedoch öffentliche Behörden oder Beamte beleidiget worden, so kann die Zurücknahme der Klage

Klage oder der erfolgten Anzeige zur Untersuchung und Bestrafung, so wie der Erlaß der erkannten Strafe, nur mit Genehmigung der den Beleidigten vorgesetzten Dienstbehörde geschehen. Die Gerichtskosten sind, wenn schon ein Urtel ergangen ist, lediglich nach den Festsetzungen desselben von den Parteien einzuziehen. Gleichzeitig setze Ich zum §. 659. Tit. XX. P. II. L. R. fest, daß, wenn wechselseitige Injurien stattgefunden haben, die innerhalb dreier Monate erfolgte Anstellung der Klage von Seiten des einen Theils zugleich eine Unterbrechung der Verjährung für den andern Theil zur rechtlichen Folge haben soll. Das Staatsministerium hat die Bekanntmachung dieser Bestimmungen durch die Gesetz-Sammlung zu veranlassen.

Berlin, den 28sten August 1833.

Friedrich Wilhelm.

An das Staatsministerium.

(No. 1458.) Verordnung, wegen Aufhebung der Geschlechtsvormundschaft in Schlesien, und der in der Rudolphinischen Polizeiordnung vom Jahre 1577. enthaltenen Vorschriften wegen Bürgschaften der Frauen für ihre Ehemänner. Vom 30sten August 1833.

Wir Friedrich Wilhelm, von Gottes Gnaden, König von Preußen &c. &c.

verordnen hierdurch, auf den Antrag Unseres Staatsministeriums, und nach Anhörung Unserer getreuen Stände des Herzogthums Schlesien, der Grafschaft Glatz und des Markgrafthums Ober-Lausitz:

1) Die in der Provinz Schlesien nach dem gemeinen Sachsenrechte, und nach den Bestimmungen einzelner Schlesischer Provinzialgesetze, zur Zeit noch bestehende Geschlechtsvormundschaft, und die Vorschriften der Rudolphinischen Polizeiordnung vom 19ten Juni 1577. Art. II. von der Weiber-Obligation, Bürgschaften und Gerechtigkeit, werden hierdurch aufgehoben.
2) Die persönliche Dispositionsfähigkeit der Frauenspersonen in Schlesien soll künftig nur nach den Vorschriften des Allgemeinen Landrechts beurtheilt werden.
3) Die Belehrung derselben bei der Aufnahme von Bürgschaften, Prioritäts-Einräumungen und ähnlichen Geschäften, in allen noch zu entscheidenden Fällen genüget, wenn sie nur nach den Vorschriften des Allgemeinen Landrechts und der Allgemeinen Gerichtsordnung erfolgt ist.

Urkundlich unter Unserer Höchsteigenhändigen Unterschrift und beigedrucktem Königlichen Insiegel.

Gegeben Berlin, den 30sten August 1833.

(L. S.) Friedrich Wilhelm.

Friedrich Wilhelm, Kronprinz.

Frh. v. Altenstein. Gr. v. Lottum. Maassen. Mühler. Ancillon.

Für den Kriegsminister im Allerhöchsten Auftrage.

v. Schöler.

Gesetz-Sammlung
für die
Königlichen Preußischen Staaten.

No. 15.

(No. 1459.) Ministerial-Erklärung vom 28sten September 1833., die erneuerte Durchmarsch- und Etappen-Konvention zwischen der Königlich-Preußischen und Kurfürstlich-Hessischen Regierung betreffend.

Das Königliche Ministerium der auswärtigen Angelegenheiten erklärt hierdurch: daß über Durchmarsch und Verpflegung Königlich-Preußischer und Kurhessischer Truppen in den beiderseitigen Staaten nach dem vorlängst erfolgten Ablaufe und der bisherigen stillschweigenden Fortdauer der desfalls am 9ten Mai 1817. abgeschlossenen Etappen-Konvention, zwischen den beiderseits ernannten Kommissarien, dem Königlichen Gesandten am Kurhessischen Hofe, Herrn Oberst Freiherrn von Canitz, und dem Kurhessischen Geheimen Kriegsrathe, Herrn von Starck, eine erneuerte Uebereinkunft abgeschlossen worden ist, welche wörtlich also lautet:

„Nachdem die zwischen den Bevollmächtigten Seiner Majestät des Königs von Preußen und Seiner Königlichen Hoheit des Kurfürsten von Hessen, zu Berlin am 9ten Mai 1817. abgeschlossene und am 1/12ten Mai 1817. Allerhöchst ratifizirte Durchmarsch- und Etappen-Konvention bereits mit dem Jahre 1821. abgelaufen ist und seitdem nach Maaßgabe des §. 52. derselben nur stillschweigend fortgedauert hat, das gegenseitige Bedürfniß aber eine Modifikation mehrerer darin enthaltenen Bestimmungen erheischt; so haben die beiderseitigen betreffenden Staatsministerien, Kraft der ihnen von deren Gouvernements ertheilten Autorisation, nachstehende anderweite Uebereinkunft verabredet und abgeschlossen.

I. Abschnitt.

Feststellung der Militairstraßen, der Etappen-Hauptorte und deren Bezirke, so wie der wechselseitigen Entfernung derselben.

Art. 1. Die Militairstraße von Heiligenstadt über Witzenhausen und Kassel nach Warburg wird Königlich-Preußischer Seits nach Maaßgabe des Staats-Vertrages vom 16ten Oktober 1815. zwar fortwährend vorbehalten, jedoch zugleich erklärt, daß dieselbe nicht anders benutzt werden soll, als wenn dem Kurfürstlich-

(Ausgegeben zu Berlin den 14ten Oktober 1833.)

fürstlich-Hessischen Ministerium der auswärtigen Angelegenheiten zwei Monate zuvor davon Nachricht ertheilt worden ist.

Für diesen Fall werden Witzenhausen und Kassel zu Etappen-Hauptorten bestimmt und die Entfernung von Heiligenstadt nach Witzenhausen auf 3 Meilen, von Witzenhausen nach Kassel auf 4½ Meilen und von Kassel nach Warburg gleichfalls auf 4½ Meilen festgesetzt.

Art. 2. Für die Militairstraße von Koppenbrügge nach Minden wird auf dem Kurhessischen Gebiete die Stadt Oldendorf zum Etappen-Hauptorte bestimmt, mit einem Bezirke, welcher die Ortschaften Großenwieden, Kleinwieden, Kohlenstedt, Ostendorf mit Hof Coverden, Welsede, Roden, Barksen, Segelhorst, Zersen, Krückeberg, Weibke, Höfingen, Fischbeck, Pötzen, Haddensen und Wickboldsen umfaßt.

Die Entfernung von Koppenbrügge nach Oldendorf wird auf 3½ Meilen und von Oldendorf nach Minden auf 3½ Meilen festgesetzt.

Art. 3. Für die Militairstraße von Erfurt nach dem Rheine, in der Richtung von Berka oder Vacha nach Alsfeld, wird in dem Kurhessischen Gebiete die Stadt Hersfeld zum Haupt-Etappenort bestimmt, und derselben die Ortschaften Eichhof nebst Mühle, Asbach, Kohlhausen, Beyershausen, Niederaula, Hattenbach, Kerspenhausen, Mengshausen, Oberjossa, Niederjossa, Kalkobes, Oberrode, Katus, Kühlbach, Petersberg, Bingartes nebst Mühle, Unterhaune, Sorga, Friedewald und Lautenhausen, zum Bezirk für kleinere, und außerdem die Ortschaften Mecklar, Meckbach, Tann, Rohrbach, Klebe, Kirchheim, Gershausen, Frielingen, Reckerode, Solms, Oberhaune, Meisebach, Gittersdorf, Almershausen, Heddersdorf, Goßmannsrode, Ober- und Untergeis zum Bezirk für größere Durchmärsche beigelegt.

Die Entfernung von Berka nach Hersfeld wird auf 4 Meilen, von Vacha nach Hersfeld auf 3½ Meilen und von Hersfeld nach Alsfeld auf 4 Meilen festgesetzt.

Art. 4. Auf der Kurhessen vertragsmäßig zustehenden Militairstraße von Karlshafen nach Rinteln wird die Stadt Höxter mit dem Bezirk von Bosseborn, Gödelheim, Schloß Corvey, Lüchtringen, Albaxen, Brenkhausen, Boxen und Fürstenau, wie auch Lüdge und Gegend zu Etappen-Plätzen bestimmt, und die Entfernung von Karlshafen nach Höxter auf 2½ Meilen und die von Höxter nach Lüdge auf 3 Meilen festgesetzt.

Art. 5. Die Königlich-Preußischen Truppen dürfen nur die in Artikel 1. 2. und 3. genannten Etappen-Orte berühren. Kleinere dagegen handelnde Abtheilungen werden an die nächste Königlich-Preußische Militairbehörde abgeliefert. Größere Abtheilungen werden der Königlich-Preußischen Liquidationsbehörde angezeigt, welche die Leistungen aller Art, so dieselben verursacht haben, in den kostenden, von den Kurfürstlichen Beamten attestirten Preisen, nicht weniger jeden durch einen solchen Marsch entstandenen Schaden, nach der pflichtmäßigen Taxation dreier im 49sten Artikel dieser Konvention näher bezeichneten Taxatoren zu bezahlen verbunden ist. Eben diese Bestimmungen finden auch bei den Kurfürstlichfürstlich-Hessischen Truppen auf der Militairroute von Karlshafen nach Rinteln statt.

Art. 6. Die Königlich-Preußischen Truppen sind gehalten, auf jeden zum Etappen-Bezirk gehörenden und von der Kurfürstlichen Behörde ihnen angewiesenen Ort zu gehen. Nur müssen diejenigen, welche Artillerie, Munitions- oder andere bedeutende Transporte mit sich führen, stets an solche Ortschaften angewiesen werden, welche hart an der Militairstraße liegen. Kleine Detaschements bis zu 50 Mann werden auch in solche Barackenstuben gelegt, als im 16ten Artikel dieser Konvention erwähnt sind, sobald dergleichen Barackenstuben eingerichtet seyn werden.

Art. 7. An jedem Etappen-Hauptorte wird eine Kurfürstliche Etappen-Behörde ernannt, um alle Einquartirungs-, Verpflegungs- und Transport-Angelegenheiten zu besorgen, so wie die Etappen-Polizei zu leiten.

Art. 8. Zur Handhabung der Ordnung bei den durchmarschirenden Truppen, so wie zur Vermittelung der Liquidation und Bezahlung der Verpflegungs-, Transport- und anderer Kosten wird Seitens der Königlich-Preußischen Regierung ein eigener Etappen-Inspektor zu Hersfeld angestellt, welcher jedoch von der Stadt weder Quartier, noch Verpflegung, noch sonstige Vortheile erhalten soll; er darf sich auch nicht in die den Landesbehörden zustehende Geschäftsführung mischen.

Art. 9. Königlich-Preußischer Seits sollen zur Unterhaltung der Kommunikation keine stehende Truppen-Kommandos aufgestellt werden, noch irgend eine Einrichtung zu solchem Zwecke auf dem Kurhessischen Gebiete stattfinden.

II. Abschnitt.

Von der Instradirung der Truppen, Einrichtung der Marsch-Routen 2c.

Art. 10. Die Marschrouten für die Königlich-Preußischen Truppen, welche durch die Kurhessischen Lande marschiren, können nur allein von dem Königlich-Preußischen Kriegsministerio und dem Königlichen General-Kommando in Sachsen, Westphalen und am Rhein mit Gültigkeit ertheilt werden, weil den bemeldten Truppen auf die von andern Behörden gegebenen Marschrouten weder Quartier noch Verpflegung 2c. verabfolgt wird.

Von Kurhessischer Seite ertheilt das Kriegsministerium zu Kassel allein, die Marschrouten für die durch die Königlichen Staaten auf der bestimmten Militairstraße marschirenden Kurhessischen Truppen.

Art. 11. In denen solchergestalt ausgestellten Marschrouten wird die Zahl der Mannschaft (Offiziere, Unteroffiziere, Soldaten, Soldatenfrauen, Soldatenkinder, Offizierbedienten) und Pferde, wie die ihnen zukommende Verpflegung und der Bedarf an Transportmitteln auf das genaueste bestimmt, und kann über das darinnen angegebene Quantum nichts verlangt noch gegeben werden.

 Die

Die Kurfürstlichen Behörden sollen von den Durchmärschen frühzeitig genug in Kenntniß gesetzt werden, und ist in dieser Hinsicht Folgendes festgesetzt:

Den Detaschements bis zu 50 Mann ist Tags zuvor ein Quartiermacher vorauszuschicken, und bei der Etappen-Behörde das Nöthige anzumelden. Größere Detaschements sollen 3 Tage zuvor angezeigt werden. Ganze Bataillons, Eskadrons u. s. w. müssen nicht allein wenigstens 8 Tage vorher angemeldet, sondern es soll auch die betreffende Provinzial-Regierung 8 Tage zuvor durch die Königlichen Behörden von dem Durchmarsche benachrichtigt und requirirt werden. Einer solchen Truppen-Abtheilung, und wenn eins oder mehrere Regimenter durchmarschiren sollen, muß ein Offizier oder Kommissair, welcher von der Zahl und Stärke der Regimenter, und von ihrem Bedarf an Verpflegung, Transportmitteln, Tag der Ankunft u. s. w. genau unterrichtet ist, 3 Tage vorausgehen, um die Dislokation dergestalt zu bewirken, daß an ein und demselben Tage in einem Etappen-Bezirk nie mehr als ein Regiment Fußvolk oder Reiterei eintreffe:

Art. 12. Für den Fall, daß die Stadt Hersfeld mit einer Kurfürstlichen Garnison belegt seyn sollte, wird derselben, so viel wie möglich Verschonung mit Einquartirung von durchmarschirenden Truppen zugesagt und dieselbe alsdann nur mit dem Staabe belegt.

Es wird aber für die von Erfurt nach dem Rheine und umgekehrt marschirenden Königlich-Preußischen Truppen in dem Etappen-Bezirk Hersfeld ein Ruhetag dergestalt zugestanden, daß derselbe mit den benachbarten Etappen Alsfeld und Vacha mit Berka in Zeitabschnitten von 3 Jahren alternirt und Hersfeld bei diesem Turnus auf Vacha mit Berka folgt, dergestalt, daß der Rasttag hier erst gefordert werden kann, wenn derselbe auf jeder der Etappen Alsfeld und Vacha mit Berka 3 Jahre hindurch gehalten worden ist; nach den mit den Großherzoglich-Hessischen und Großherzoglich-Sächsischen Regierungen bestehenden Verträgen nimmt dieser Ruhetag mit dem 1. Oktober 1834 seinen Anfang. Auch wird den Remontekommandos gestattet, nach empfangener Remonte nur halbe Etappen-Märsche mit Nachtquartier zu Oberjossa, Breitenbach, Friedewald und Lautenhausen zu machen, jedoch ist die Etappen-Kommission im Voraus hiervon zu benachrichtigen.

Art. 13. In der Regel erhält der General drei, der Staabs-Offizier zwei, und der Subaltern-Offizier ein Zimmer; wenn jedoch die Anzahl der Truppen oder des Orts Gelegenheit so viel Zimmer zu geben nicht gestattet; so müssen die Truppen sich mit Wenigerm begnügen, und das Zusammenlegen gefallen lassen.

III. Abschnitt.

Einquartirung und Verpflegung der Truppen, und die dafür zu bezahlende Vergütung betreffend.

Art. 14. Einzeln reisende mit Marschrouten versehene Offiziere und Militairbeamten erhalten zwar Quartier und Vorspann, die Frauen und Kinder derselben sind dazu jedoch nie berechtigt.

Art. 15.

Art. 15. Beurlaubte und nicht im Dienst befindliche Militairpersonen haben weder auf Quartier noch auf Verpflegung und Transportmittel Anspruch zu machen, sofern sie sich nicht durch eine Marschroute legitimiren können.

Art. 16. Die zum Quartier und Verpflegung berechtigten Truppen, welche die Unteroffiziere und Soldaten, auch Offizierbedienten und Trainsoldaten, desgleichen die in den Marschrouten ausdrücklich bemerkten Soldatenfrauen und Soldatenkinder in sich begreifen und wobei 2 Kinder für einen Kopf zu rechnen sind, werden auf die Anweisung der Etappen-Behörden entweder bei den Einwohnern oder in Barackenstuben einquartirt und verpflegt; es findet aber von Seiten des Preußischen Gouvernements weder im Ganzen noch in einzelnen Artikeln einige Naturallieferung statt. Die Anlage solcher Barackenstuben, welche in Wirths- oder sonstigen dazu schicklichen Häusern stattfinden soll, bleibt dem Kurfürstlichen Gouvernement überlassen und anheimgestellt. An Geräthschaften in diesen für Unteroffiziere und Gemeine bestimmten Baracken-Stuben werden nur hinreichende Stühle oder Bänke, Hakenbretter und Lagerstroh erfordert.

Art. 17. Die Kommandirenden haben über die von den Quartierwirthen gestellte Naturalverpflegung und über die sonstigen Leistungen ordnungsmäßige, deutliche und hinreichend spezielle Bescheinigungen zu ertheilen, in welche auch alle verpflegte Offiziere jederzeit mit aufzunehmen sind; diese Bescheinigungen sind an die Ortsbehörden abzugeben. Sollten Erstere nicht gehörig ausgestellt oder ganz verweigert werden, so soll die von der Etappen-Behörde pflichtmäßig geschehene Attestation der auf die Marschroute geleisteten Lieferungen aller Art, bei der Liquidation als gültige Quittung angenommen werden.

Art. 18. Zur allgemeinen Regel dient zwar, daß der Offizier so wie der Soldat mit dem Tische seines Quartierwirths zufrieden seyn muß, jedoch kann jeder Unteroffizier und Soldat, auch jede andere zu diesem Grade gehörige Person, in jedem ihm angewiesenen Nachtquartier, sey es bei den Einwohnern oder in den Barackenstuben, verlangen:

> zwei Pfund gut ausgebackenes Roggenbrod, ein halbes Pfund Fleisch und Zugemüse, so viel des Mittags und Abends zu einer reichlichen Mahlzeit gehört.

Frühstück, Bier, Branntwein und Kaffee kann aber nicht anders als gegen baare Bezahlung an den Unteroffizier und Soldaten gereicht — dagegen soll von den Orts-Obrigkeiten dafür gesorgt werden, daß Bier und Branntwein in den Quartier gebenden Gemeinden bei den Schenkwirthen vorräthig ist, und daß der Soldat nicht übertheuert wird.

Art. 19. Jeder Subaltern-Offizier bis zum Kapitain ausschließlich, erhält außer Quartier, Holz und Licht, zur Mahlzeit, Brod, Suppe, Gemüse und ein halbes Pfund Fleisch, auch zu Mittag und Abend jedesmal eine Bouteille Bier wie es in der Gegend gebraut wird, zum Frühstück aber Kaffee, Butterbrod und ein Drittel Schoppen Branntwein. Der Kapitain kann außer der vorerwähn-

 ten

ten Verpflegung des Mittags noch ein Gericht verlangen. Die Frauen und Kinder der Offiziere haben aber auf Verpflegung kein Recht.

Art. 20. Staabs-Offiziere, Obersten und Generale verköstigen sich in der Regel auf eigene Rechnung in den Wirthshäusern, und berichtigen die Kosten dafür unmittelbar selbst.

Werden sie in Landgemeinden verlegt, wo voraussichtlich die Wirthshäuser nicht dazu geeignet sind, wo aber der eine oder der andere Quartiergeber für anständige Kost zu sorgen im Stande ist, so sollen diese dazu verpflichtet und zu der in nachfolgendem Artikel bezeichneten Vergütung berechtigt seyn, welche der betreffende Offizier unmittelbar an den Quartiergeber bezahlen soll.

Art. 21. Für die Einquartierung und Verpflegung der hierauf angewiesenen Militairpersonen werden nach Verschiedenheit der Grade die folgenden Vergütungssätze von jedem Nachtquartier bezahlt:

Für den Soldaten, und eine jede in diesem Grade stehende Militairperson, auch jeden Offizierbedienten		4 gGr.
Für jeden Unteroffizier		4 „
Für den Lieutenant oder Militairbeamten dieses Ranges		12 „
Für jeden Kapitain oder Militairbeamten dieses Ranges		16 „
Für jeden Major oder Oberstlieutenant	1 Rthlr.	— „
Für jeden Oberst oder General	1 „	12 „

Alles in Gold, den Reichsthaler zu 24 gGr. und den Friedrichsd'or zu 5 Rthlr. gerechnet und in Silber mit 5¼ Rthlr. Courant vergütet.

Für die Soldatenfrauen und Soldatenkinder, insofern sie durch die Marschroute überhaupt auf Verpflegung berechtigt sind, wird die nämliche Vergütung wie für die Soldaten, jedoch mit dem Unterschiede geleistet, daß für zwei Kinder mehr nicht als für eine Frau bezahlt wird.

Art. 22. Die Bezahlung für die Beköstigung der mit Anspruch auf Verpflegung durch das Königlich-Preußische Gebiet marschirenden Kurhessischen Truppen erfolgt ebenfalls nach den im Artikel 21. ausgedrückten Vergütungssätzen.

Art. 23. Sollten hin und wieder durchmarschirende Königlich-Preußische Soldaten unterweges krank werden oder Verwundungen erhalten, und ohne Gefahr bis zur nächsten Preußischen Etappen-Inspektion nicht zu transportiren stehen, so sollen dieselben auf Kosten ihres Gouvernements in einem Etappen-Hospital verpflegt werden, welches in Hersfeld seyn und worüber der Königliche Etappen-Inspektor die Aufsicht und Berechnung führen soll. Das Lokal zu diesem Etappen-Hospital soll von der Kurhessischen Regierung unentgeldlich angewiesen werden, für die Anschaffung der erforderlichen Effekten, Verköstigung, Arznei, so wie für alle andere Bedürfnisse hat das Königlich-Preußische Gouvernement aber selbst zu sorgen, und die Kosten durch Vermittelung des Königlichen Etappen-Inspektors unmittelbar entrichten zu lassen.

Art. 24. Die Etappen-Behörden und Orts-Obrigkeiten sollen für gute und rein-

reinliche Stallung sorgen, Königlich-Preußischer Seits ist es dagegen bei nachdrücklicher Strafe untersagt, daß die Preußischen Militairpersonen, welchen Rang sie auch haben mögen, die Pferde der Quartiergeber aus den Ställen ziehen und die ihrigen hineinbringen lassen.

Art. 25. Der Fouragebedarf wird in das in dem Etappen-Hauptorte zu errichtende verhältnißmäßige Etappen-Magazin durch Lieferanten beigeschafft, und das zum Magazin erforderliche Lokal durch Letztere gestellt.

Von den Quartiergebern darf aber in keinem Falle glatte oder rauhe Fourage anders als in der im folgenden 28sten Artikel bestimmten Art verlangt werden.

Art. 26. Die Fouragelieferung wird, für einen von dem Königlichen Etappen-Inspektor zu bestimmenden Zeitraum, in seiner oder seines Bevollmächtigten Gegenwart durch die Kurfürstlichen Behörden öffentlich an den Mindestfordernden versteigert und dabei die Reduktion der Königlich-Preußischen leichten und schweren Fourage-Rationen auf Hessisches Maaß und Gewicht zum Grunde gelegt. Der erwähnte Königliche Inspektor ist berechtigt, einen zweiten Versteigerungs-Termin zu verlangen und abhalten zu lassen, wenn die Preise des ersten Termins ihm zu hoch scheinen, in welchem Falle auch Ausländer konkurriren können. Wenn der zweite Termin kein dem Königlichen Interesse zusagendes Resultat giebt; so bleibt dem Königlich-Preußischen Etappen-Inspektor vorbehalten, direkt oder aus freier Hand die nöthigen Versorgungs-Maaßregeln in Betreff der erforderlichen Fourage zu treffen, wobei In- und Ausländer in gleicher Weise konkurriren können. Die Bezahlung für die von den Lieferanten aus den Magazinen verabreichte Fourage wird durch die Vermittelung der Königlichen Etappen-Inspektoren sofort nach erfolgter Liquidation der darüber vorgelegten Rechnung und Quittungen rc. an die Lieferanten ohne Abzug entrichtet.

Art. 27. Die Fourage wird gegen ordnungsmäßige von den Königlichen Etappen-Inspektoren zu visirende Quittungen der Empfänger aus den Magazinen nach obigem Maaß und Gewicht abgegeben. Die dabei etwa entstehenden Streitigkeiten sollen von der Etappen-Behörde sofort regulirt und entschieden werden.

Art. 28. Wenn die Zeit es nicht erlaubt, die Fourage aus dem Etappen-Magazin beizuschaffen und die zu dem Etappen-Bezirke gehörende bequartirte Ortschaften unvermeidlicher Weise die Fourage im Ort selbst liefern müssen; so steht es den Gemeinden jederzeit frei, solche nach Hessischem Maaß und Gewicht selbst auszugeben, und haben die Kommandirten der Detaschements dieselben von den Orts-Obrigkeiten zur weitern Distribution gegen ordnungsmäßige gehörig autorisirte Quittungen in Empfang zu nehmen, das Hessische Maaß und Gewicht der Preußischen Rationen ist deshalb allen Ortsbehörden von der Etappen-Kommission bekannt zu machen. Im Falle die Quittungen überhaupt verweigert — oder vor dem Abmarsche der Truppen den Orts-Obrigkeiten gar nicht eingehändigt werden, so soll die im 17ten Artikel für einen solchen Fall bestimmte Verfügung und Abhülfe ohne gegenseitige Einwendung erfolgen.

Art. 29. Durch die Vermittelung der Königlich-Preußischen Etappen-Behörde wird an die Kurhessische Regierung zur weitern Vertheilung an die Orts-Obrigkeiten, für die von diesem letztern unvermeidlich gelieferte Fourage der nämliche Preis bezahlt, welchen die Lieferanten erhalten haben würden, wenn aus den Magazinen wäre fouragirt worden. Hat die Lieferung durch Versäumniß des Entrepreneurs nicht stattgefunden, so leistet dieser der Gemeinde noch einen Zuschuß von fünf Prozent.

Art. 30. Das Königlich-Preußische Gouvernement vergütet die Kurkosten für die etwa krank zurückgelassenen Pferde auf die von den Kurfürstlichen Behörden attestirten Rechnungen.

Art. 31. Die durchmarschirenden Truppen bezahlen selbst alle Wagen-Reparaturen, Pferdebeschlag und sonstige Bedürfnisse an Schuhen gleich baar in den kostenden Preisen.

IV. Abschnitt.

Vorspann- und andere Transportmittel auch Fußboten betreffend.

Art. 32. Die Transportmittel werden gegen ordnungsmäßige und zur rechten Zeit ertheilte Quittungen den durchmarschirenden Truppen nur auf Anweisung der Etappen-Behörden und insoweit verabreicht, als das deshalb Nöthige in den förmlichen Marschrouten bemerkt worden.

Art. 33. Für Kranke (mit Ausnahme derer, welche unterwegs krank geworden sind und ihre Unfähigkeit zu marschiren durch das Attest eines approbirten Arztes oder Wundarztes nachgewiesen haben), für Tornister und Gewehre kann in den Marschrouten kein Transportmittel verlangt, und eben so wenig von den Quartiermachern oder von den Kommandeurs der Truppen selbst requirirt werden.

Art. 34. Die Etappen-Behörden haben dafür zu sorgen, daß es an den nöthigen und gehörig verlangten Transportmitteln nicht fehle, und daß sie an den ihnen vorgeschriebenen Orten zur rechten Zeit eintreffen.

Art. 35. Unter Transportmitteln werden nur mit 2, 3 und 4 Pferden bespannte Leiterwagen, desgleichen angeschirrte Vorspannpferde, auch Zugochsen verstanden, und sollen 6 Ochsen 4 Pferden gleich gerechnet und ein zweispänniger Wagen als das Minimum von Transportmitteln betrachtet und vergütet werden. Chaisen können niemals und Reitpferde nur von solchen verlangt werden, welche sich durch eine Order des Königlichen kommandirenden Offiziers als dazu berechtigt, auszuweisen vermögen.

Art. 36. Auf ein Zugpferd soll nie mehr als 4 bis $4\frac{1}{2}$ höchstens 5 Zentner gerechnet werden.

Art. 37. Wenn bei Durchmärschen starker Armeekorps der Bedarf der Transportmittel für jede Abtheilung nicht bestimmt angegeben worden und die vor-

vorgeschriebene Ordnung solchemnach nicht genau beobachtet werden kann; so soll der Kommandeur der in einem Ort bequartirten Abtheilung zwar befugt seyn, die nöthigen Transportmittel auf seine eigene Verantwortung zu requiriren; dies muß aber schriftlich geschehen und an die Orts-Obrigkeit gerichtet seyn, welche für die Stellung sothaner Mittel zu sorgen — wogegen aber der vorgedachte Kommandeur auch sofort an die Ortsbehörde die im Artikel 43. vorgeschriebene Vergütung zu leisten hat.

Art. 38. Die durchmarschirenden Truppen oder einzeln reisende zu Transportmitteln berechtigte Militairpersonen, welche auf einer Etappe eintreffen, werden den andern Morgen weiter geschafft; sie können nur dann verlangen am nämlichen Tage weiter transportirt zu werden, wenn deshalb eine ordnungsmäßige Anzeige Tags zuvor gemacht worden, widrigenfalls müssen sie, wenn sie gleich weiter und doppelte Etappen zurücklegen wollen, Extrapostpferde auf eigene Kosten nehmen.

Art. 39. Die Quartier machenden Kommandirten dürfen auf keine Weise Transportmittel für sich requiriren, wenn sie sich nicht durch eine schriftliche Order ihres Regiments oder sonstigen befugten Kommandeurs als dazu berechtigt, legitimiren können.

Art. 40. Die Transportmittel werden nur von einem Etappen-Bezirk bis zum nächsten gestellt und die Art der Stellung bleibt den Landesbehörden gänzlich überlassen; die durchmarschirenden Truppen sind aber gehalten, die Transportmittel sofort nach der Ankunft im nächsten Etappen-Bezirke zu entlassen.

Art. 41. Die Entfernung von einem Etappen-Bezirke zum andern, wird nach den im 1sten bis 4ten Artikel dieser Konvention deshalb vorkommenden Bestimmungen gerechnet, die Fuhrpflichtigen mögen einen weiteren oder näheren Weg zurückgelegt haben; ihr Weg bis zum Anspannungsort wird nicht mit in Anschlag gebracht.

Art. 42. Den betreffenden Offizieren und sonstigen Befehlenden wird es bei eigener Verantwortung zur besonderen Pflicht gemacht, darauf zu achten, daß die Wagen unterweges nicht durch Personen oder Sachen beschwert werden, welche zum Fahren nicht berechtigt sind, auch sollen die erwähnten Offiziere ꝛc. durchaus nicht zugeben, daß die Fuhrleute, so wenig als ihr Vieh, einer üblen Behandlung von Seiten der durchmarschirenden Truppen ausgesetzt werden.

Art. 43. Für jedes Pferd wird, einschließlich des erforderlich gewesenen Wagens, auf jede Meile sechs gute Groschen, für ein Reitpferd, mit Einschluß der etwaigen Kosten des Zurückführens, aber Zwölf gute Groschen, Alles in Gold, und in denen, im 21sten Artikel dieser Konvention festgesetzten Münzen vergütet, auch für sechs Ochsen so viel als für vier Pferde bezahlt.

Art. 44. Die Fußboten und Wegweiser dürfen von dem durchmarschirenden Militair nicht eigenmächtig genommen, vielweniger mit Gewalt gezwungen werden, sondern es sind solche von den Obrigkeiten der Orte, worinnen die Nacht-

Nachtquartiere sind, oder wodurch der Weg geht, schriftlich zu requiriren, und die Requirenten haben darüber sofort zu quittiren.

Art. 45. Die Bezahlung der Fußboten und Wegweiser geschieht unmittelbar von dem Aussteller der Requisition an die Ortsbehörden (welche für die Richtigkeit der in der Quittung auszudrückenden Entfernungen verantwortlich) mit Vier guten Groschen in Golde auf jede Meile und für jeden Boten, nach dem in dem Artikel 21. dieser Konvention erwähnten Münzfuße. Hierbei wird jedoch der Rückweg nicht mit in Anrechnung gebracht.

V. Abschnitt.

Ordnung und Militairpolizei betreffend.

Art. 46. Anstände zwischen den bequartierten Einwohnern und den durchmarschirenden Offizieren und Soldaten und etwaige Beschwerden werden durch die Kurfürstlichen Behörden und den Königlich-Preußischen kommandirenden Offizier gemeinschaftlich mit dem Königlichen Etappen-Inspektor, beseitigt.

Art. 47. Für die Erhaltung der Eintracht zwischen den Soldaten und Bequartierten haben die kommandirenden Offiziere sowohl als die Etappen-Behörden mit Eifer und Ernst Sorge zu tragen. Der Königliche Etappen-Inspektor hat über diesen Gegenstand gleichfalls zu wachen und seine Sorge dahin zu richten, daß es den durchmarschirenden Truppen an nichts fehle, was dieselben vertragsmäßig mit Recht und Billigkeit verlangen können. Er hat auch darauf zu achten, daß die Wege stets in gutem Stande erhalten werden. Nöthigenfalls kann er bei den Landesbehörden Beschwerde führen.

Art. 48. Die Kurhessische Etappen-Behörde ist berechtigt, mit Ausnahme der Ober-Offiziere und der Personen von gleichem Range, jeden Militair, von welchem Grad er auch sey, welcher sich thätliche Mißhandlungen seines Wirths oder eines anderen Kurhessischen Unterthanen erlaubt, oder sonstige Exzesse begeht, zu arretiren, und zur weitern Untersuchung und Bestrafung an den Königlichen Kommandirenden, oder an die nächste Preußische Behörde unter Mittheilung eines Protokolls abzuliefern. Der Kurhessischen Etappen-Behörde muß von der Entscheidung der Sache durch die gegenseitige Behörde Nachricht ertheilt werden.

Art. 49. Jeder durch Exzesse der Königlichen Truppen, ohne Unterschied des Grades, entstandene Schaden wird mit Inbegriff des durch die Militair-Fuhren erweislich zu Grunde gerichteten, oder nach Beendigung derselben, an den Folgen der Erhitzung krepirten oder sonst unbrauchbar gewordenen Zug-Viehes, oder der sonstigen, durch die Dienstleistung ruinirten Transportmittel, durch drei Kurhessische verpflichtete und zu diesem Ende ihrer Unterthanenpflichten entlassene gemeinschaftlich mit dem Königlichen Etappen-Inspektor gewählte Taxatoren abgeschätzt, das Taxatum von der Etappen-Behörde attestirt und der

Durch-

Durchschnittsbetrag liquidirt, dieser auch durch Vermittelung des Königlichen Etappen-Inspektors in kürzester Frist von dem Königlichen Gouvernement baar vergütet; wofern durch ein vom Ortsvorsteher und zwei Zeugen der Gemeinde pflichtmäßig ausgestelltes schriftliches Zeugniß erwiesen ist, daß das Zugvieh ganz gesund gestellt worden.

Ueber etwaige Differenzen bei der Schätzung des erfolgten Schadens, worüber die Taxatoren und Etappen-Behörden sich mit dem Etappen-Inspektor zu vereinigen nicht vermögen, erkennt die betreffende Kurfürstliche Provinzial-Regierung, welche die Königlichen Behörden von der von ihr ertheilten Entscheidung in Kenntniß zu setzen hat.

Art. 50. Der Inhalt dieser Konvention soll den durchmarschirenden Königlich-Preußischen Truppen sowohl als den Kurhessischen betroffen werdenden Unterthanen zeitig bekannt gemacht und vollständige Auszüge aus derselben zu beider Wissenschaft auf den Etappen angeschlagen werden.

VI. Abschnitt.

Liquidation.

Art. 51. Die wegen Vergütung der verabreichten Verköstigung des gestellten Vorspanns und der Boten oder Wegweiser bisher stattgehabte Quartals-Liquidation wird nur für die einzeln durchmarschirenden Soldaten und kleine ohne Offiziere marschirende Detaschements fortdauern; dagegen sollen bei Durchmärschen ganzer Truppen-Abtheilungen und größerer unter Führung von Offizieren marschirender Detaschements die gedachten Leistungen nach den in dieser Konvention festgestellten Sätzen in der Regel direkt und sogleich von den Truppen-Abtheilungen an die Ortsbehörden gegen die Quittung der letztern bezahlt werden. Sollte diese direkte sofortige Bezahlung in seltenen Ausnahmefällen durch die Truppen nicht haben bewirkt werden können, so tritt das Liquidationsverfahren ein, jedoch nicht erst am Schlusse des Quartals, sondern in jedem einzelnen Falle sogleich, und soll dasselbe soweit nur irgend möglich beschleunigt werden, damit die Befriedigung der Kurfürstlichen Unterthanen in den möglichst kürzesten Fristen erfolge.

VII. Abschnitt.

Allgemeine Bestimmungen.

Art. 52. Diese erneuerte Konvention ist in allen Theilen reziprok, sie tritt mit dem 1sten des auf die Publikation in Kurhessen folgenden Monates in Kraft und wird im Uebrigen als vom 1sten Oktober 1828. bis zum 1sten Oktober 1837. abgeschlossen betrachtet.

Art. 53. Ausfertigungen der gegenwärtigen Uebereinkunft sollen zwischen den be-

betreffenden Staatsministerien baldthunlichst ausgewechselt und alsdann den Staats-behörden und Unterthanen zur Nachachtung gehörig bekannt gemacht werden."

Die vorstehende im Namen Seiner Majestät des Königs von Preußen und Seiner Hoheit des Kurprinzen und Mitregenten von Hessen, abgeschlossene erneuerte Etappen-Konvention soll, nach erfolgter Auswechselung der darüber ausgefertigten gegenseitigen Ministerial-Erklärungen, Kraft und Wirksamkeit in den beiderseitigen Staaten haben und öffentlich bekannt gemacht werden.

Berlin, den 28sten September 1833.

(L. S.)

Königlich-Preußisches Ministerium der auswärtigen Angelegenheiten.

Ancillon.

Vorstehende Erklärung wird, nachdem sie gegen eine übereinstimmende Erklärung des Kurfürstlich-Hessischen Ministerii der auswärtigen Angelegenheiten ausgewechselt worden ist, hierdurch zur öffentlichen Kenntniß gebracht.

Berlin, den 9ten Oktober 1833.

Ancillon.

Gesetz-Sammlung
für die
Königlichen Preußischen Staaten.

No. 16.

(No. 1460.) Allerhöchste Kabinetsorder vom 9ten Oktober 1833., wegen der Gebühren-Taxe für die Gerichte und Justizkommissarien, in dem Mandats-, dem summarischen und dem Bagatellprozesse.

Die Mir mit Ihrem gemeinschaftlichen Berichte vom 11ten v. M. vorgelegte neue Gebühren-Taxe für die Gerichte und die Justizkommissarien in dem Mandats-, dem summarischen und dem Bagatellprozesse habe Ich genehmigt und vollzogen, und überlasse Ihnen, solche durch die Gesetz-Sammlung bekannt zu machen. Zugleich genehmige Ich, daß bei den aus Staatsfonds unterhaltenen Gerichten diejenigen Beamten, deren Einkommen ganz oder zum Theil auf Schreibgebühren angewiesen ist, von den nach der neuen Gebühren-Taxe bei Objekten bis 50 Rthlr. statt der einzelnen Gebührensätze zu liquidirenden Pauschquanten ein bestimmter Antheil zu ihrer Entschädigung überlassen werde. Diesen Antheil bestimme Ich: von Pauschquanten für das Prozeßverfahren von den ersten 20 Rthlr. auf ein Drittheil, und bei höheren Objekten von dem Mehrbetrage auf ein Sechstheil; von Pauschquanten in der Exekutions-Instanz stets auf ein Sechstheil; Ich genehmige ferner: daß die Salarienkassen-Rendanten und andere gerichtliche Beamte, welchen eine Tantième von der quotepflichtigen Sportel-Einnahme zusteht, zur Berechnung dieser Tantième auch diejenigen Sportel-Einnahmen ziehen können, welche nach den Bestimmungen der neuen Gebühren-Taxe liquidirt werden und bisher quotepflichtig gewesen sind. Von diesen Bestimmungen haben Sie, der Justizminister Mühler, die Gerichtsbehörden besonders in Kenntniß zu setzen.

Berlin, den 9ten Oktober 1833.

Friedrich Wilhelm.

An
die Staatsminister Maassen, v. Kamptz und Mühler.

(Ausgegeben zu Berlin den 19ten Oktober 1833.)

Gebühren-Taxe

für die Gerichte und die Justizkommissarien in dem Mandats-, dem summarischen und dem Bagatellprozesse.

Erster Abschnitt.

Gebühren der Gerichte in dem Mandatsprozesse.

1) Bei Gegenständen bis 50 Thaler einschließlich, tritt statt der Gebührensätze

   a. für die Mandatsklage, das Mandat, dessen Insinuation und die Benachrichtigungen des Klägers überhaupt ein Pauschquantum ein, und zwar

      bis zu 20 Thaler einschließlich mit 1 Sgr. von jedem angefangenen Thaler, von dem Mehrbetrage aber nur mit $\frac{1}{2}$ Sgr.

   Doch können auch bei den niedrigsten Gegenständen 3 Sgr. an Gebühren angesetzt werden.

   b. Kommt es zur Exekution, so finden die bei Bagatellprozessen gegebenen Bestimmungen statt. (Abschnitt III. Nr. 3.)

   c. Dasselbe gilt Hinsichts der außer dem Pauschquantum zu liquidirenden Auslagen. (Abschnitt III. Nr. 4. 5.)

   Anmerkung. Ist es zum kontradiktorischen Verfahren gekommen, so treten die Bestimmungen vom Bagatellprozesse ein.

2) Bei Gegenständen über 50 Rthlr. werden für die Aufnahme der Mandatsklage, so wie für alle bei dem Mandatsprozesse vorkommenden gerichtlichen Geschäfte, die Gebühren wie im summarischen Prozesse angesetzt. (Abschnitt II.)

Zwei-

Zweiter Abschnitt.

Gebühren der Gerichte in dem summarischen Prozesse.

No.	Gebühren der Gerichte in dem summarischen Prozesse.	Gegenstand							
		über 50 Rthl. bis 100 Rthl. einschließl.		über 100 Rthl. bis 200 Rthl. einschließl.		über 200 Rthl. bis 500 Rthl. einschließl.		über 500 Rthl.	
		Rthl.	Sgr.	Rthl.	Sgr.	Rthl.	Sgr.	Rthl.	Sgr.
1	Für die Aufnahme der Klage zu Protokoll.. Für Aufnahme bloßer Klage-Anmeldungen sind keine Gebühren zulässig.	—	15	1	—	1	15	2	—
2	Für die Verfügung, durch welche eine Klage zurückgewiesen wird	—	7½	—	15	—	22½	1	—
3	Für jede Vorladung der Partheien, Zeugen, Sachverständigen, so wie überhaupt für jede prozeßleitende Verfügung, sie mag expedirt werden oder durch Dekrets-Abschrift ergehen, — für Berichte an die vorgesetzte Behörde auf Beschwerden der Partheien, wenn solche Materialien enthalten, und die Beschwerden unbegründet gefunden worden; — desgleichen für jede Ausfertigung und jedes Attest............. Doch können für bloße Benachrichtigungen und Uebersendungsschreiben, für Requisitionen zur Besorgung von Insinuationen u. Aushängung öffentlicher Bekanntmachungen, und für Kostenfestsetzungs- und Kostenzahlungs-Verfügungen keine Gebühren sondern nur Kopialien und Meilengelder in Ansatz kommen.	(wie zu Nr. 2.)							
4	Für die Aufnahme der Klagebeantwortung und für die in diesem Termin stattfindenden sonstigen Verhandlungen	(wie zu Nr. 1.)							
5	Für eine Agnitions- oder Purifikations-Resolution, oder ein Kontumazial-Erkenntniß............................	(desgleichen.)							
6	Für die mündliche Verhandlung vor er-								

No.	Gebühren der Gerichte in dem summarischen Prozesse.	Gegenstand über 50 Rthl. bis 100 Rthl. einschließl. Rthl.	Sgr.	über 100 Rthl. bis 200 Rthl. einschließl. Rthl.	Sgr.	über 200 Rthl. bis 500 Rthl. einschließl. Rthl.	Sgr.	über 500 Rthl. Rthl.	Sgr.
	kennendem Gericht, auch wenn darin eine Beweisaufnahme erfolgt	1	—	2	—	3	—	4	—
	Ist keine oder nur eine Parthei erschienen, wird der Klage entsagt, oder der Anspruch eingeräumt, oder die Sache durch Vergleich beendet, die Hälfte von den vorstehenden Sätzen.								
7	Für das definitive Erkenntniß, von beiden Theilen zusammen	(wie zu Nr. 6.).							
	Doch wird bei Gegenständen über 1000 Rthlr. für jedes volle Tausend zwei Thaler mehr, niemals aber über 20 Rthlr. angesetzt, z. B. bei Gegenständen von 2000 Rthlr. und mehr, jedoch unter 3000 Rthlr. 6 Rthlr. u. s. w.								
8	Für Publikation der Erkenntnisse und Resolutionen passiren keine Gebühren.								
9	Für ein Resolut, durch welches eine Beweisaufnahme verfügt wird	(wie zu Nr. 1.).							
10	Für einen status causae specialis, zur Vernehmung auswärtiger Zeugen, wenn solcher vom Deputirten des Gerichts angefertigt worden...	(wie zu Nr. 2.).							
11	Für eine fortgesetzte mündliche Verhandlung, oder wenn ein Eid abgenommen, oder über die Beweisaufnahme verhandelt wird	(wie zu Nr. 6.).							
12	Für die zu Protokoll gegebene Appellations-Anmeldung	(wie zu Nr. 2.).							
13	Für die zu Protokoll gegebene Appellations-Rechtfertigung	(wie zu Nr. 1.).							
14	Für die zu Protokoll gegebene Appellations-Beantwortung	(desgleichen.)							
15	Alle übrigen Geschäfte wie in erster Instanz.								
16	In der Revisions-Instanz wird wie zu Nr. 12. bis 15. liquidirt.								
17	Für die zu Protokoll aufgenommenen Exekutions-Gesuche und die in der Exekutions-Instanz nöthigen gerichtlichen Verfügungen	(wie zu Nr. 2.).							

All-

Allgemeine Anmerkungen.

I. Von vorstehenden Gebührensätzen liquidiren die Untergerichte 2ter Klasse, welche kein Kollegium bilden, nur zwei Drittheile.

II. Außer den Gebührensätzen können weder Siegelgelder, Insinuations-, Abtrags- und Aufwartegebühren, noch Emballage und Kassen-Quote von den Partheien erhoben werden.

III. Dagegen sind neben jenen Gebührensätzen zulässig:

1) Schreibgebühren, und zwar für jeden vorschriftsmäßig geschriebenen Bogen, ohne Unterschied, ob Reinschriften, Behändigungsscheine, oder bloße Abschriften zu fertigen sind, 2½ Sgr.

Dabei wird der angefangene Bogen stets für einen vollen gerechnet.

Für Beilagen der Verfügungen werden die Schreibgebühren besonders berechnet, doch müssen mehrere Beilagen in einem Stück hinter einander geschrieben, und hiernach die zu liquidirenden Bogen berechnet werden.

2) Meilengelder für die Besorgung der auswärtigen Insinuationen ohne Rücksicht auf die Entfernung vom Sitze des Gerichts, für jede einzelne Verfügung 4 Sgr.

Sind in einer Sache nach einer und derselben Verfügung an einen Ort mehrere Schreiben des Gerichts zu befördern, so kann für diese mehrere Schreiben zusammen nur der einfache Satz der Meilengelder von den Partheien gefordert werden.

3) Alle Auslagen, die das Gericht, bei welchem der Prozeß schwebt, aus seiner Sportelkasse bezahlen mußte, z. B. Porto, Stempel, Gebühren ausländischer Gerichte u. s. w.

IV. Hinsichts folgender gerichtlicher Geschäfte und Verfügungen, wenn solche bei den summarischen Prozessen vorkommen, bleibt es vorläufig bei den Bestimmungen der Allgemeinen Gebühren-Taxen für Ober- und Untergerichte vom 23sten August 1815. und bei den auf sie Bezug habenden späteren Verordnungen, je nachdem eine dieser Sportel-Taxen bei den übrigen Geschäften eines Gerichts zur Anwendung kommt:

1) Aufsuchung alter Akten,
ferner Heften der Akten, nach Abschnitt I. Nr. 14. der Allgemeinen Gebühren-Taxe für sämmtliche Untergerichte,
2) Auktionen,
3) Dolmetschergeschäfte,
4) Ediktalcitationen,
5) Abnahme eines Juden-Eides,
6) Antritt und Vollstreckung der Exekutionen,
7) Kommissionstermine,
8) Taxationen und Ausarbeitung der Taxations-Instrumente,
9) Vidimationen,
10) Kalkulaturgeschäfte,
11) Reiseversäumniß- und Zehrungskosten der Zeugen und Sachverständigen.

 Doch

Doch können auch für die hierbei vorkommenden Verfügungen außer den Gebühren für die Verfügung selbst nur Schreibgebühren nach den Bestimmungen dieser neuen Gebühren-Taxe, nicht aber Siegelgelder, Insinuations-, Abtrags- und Aufwartegebühren, so wie überhaupt keine Kassen-Quote in Ansatz kommen.

V. Die Succumbenzgelder werden in den zulässigen Fällen nach Abschnitt I. Nr. 22. der Allgemeinen Gebühren-Taxe für Landes-Justizkollegien und nach den hierauf Bezug habenden erläuternden Verordnungen angesetzt.

Dritter Abschnitt.

Gebühren der Gerichte in dem Bagatellprozesse.

1) Bei Gegenständen bis 50 Rthlr. findet in erster Instanz bis zur erfolgten Publikation und Behändigung des Erkenntnisses, statt der Kosten für die einzelnen gerichtlichen Geschäfte, nur ein Pauschquantum statt, und zwar
   a. ist die Klage durch ein bloßes Dekret zurückgewiesen 3 Sgr.—6 Sgr. überhaupt,
   b. ist die Sache durch Entsagung, Vergleich, Agnitions-Resolution, oder Kontumazialverfahren beendigt, 1½ Sgr. von jedem angefangenen Thaler der eingeklagten Summe.
      Beträgt das hiernach berechnete Pauschquantum weniger als 6 Sgr., so kann dieser Betrag gefordert werden.
   c. Ist auf kontradiktorische Verhandlung erkannt worden, 3 Sgr. von jedem angefangenen Thaler der eingeklagten Summe.
      Doch können auch bei niedrigen Summen jedenfalls 9 Sgr. in Ansatz kommen.
2) In der Appellations-Instanz kommen die Bestimmungen unter Nr. 1. ebenfalls zur Anwendung; doch ist bei Berechnung des Pauschquantums nicht der Klage-, sondern der Appellationsgegenstand zu berücksichtigen.
3) In der Exekutions-Instanz wird ebenfalls statt der Gebühren für die einzelnen gerichtlichen Verfügungen und Geschäfte nur ein Pauschquantum liquidirt, und zwar:
   a. bei nicht erfolgter Vollstreckung der Exekution mit 3—6 Sgr. überhaupt,
   b. bei erfolgter Vollstreckung der Exekution außer dem Satze zu a.
      mit 1½ Sgr. für jeden Thaler der wirklich beigetriebenen Summe, jeden angefangenen Thaler für voll gerechnet.
4) Die unter Nr. 1. bis 3. bestimmten Pauschquanta, vertreten alle wirkliche Gerichtsgebühren, namentlich Taxen, Siegelgelder, Insinuations-, Abtrags-, Aufwarte- und Exekutionsgebühren, Meilengelder, Emballage, Schreibgebühren, Kassen-Quote, Kommissionsgebühren für Geschäfte am Orte des Gerichts, Registratur-, Dolmetscher-, Kalkulatur- und andere bei der gerichtlichen Geschäftsverwaltung vorkommende Gebühren. Doch sind Dolmetscher- und Kalkulaturgebühren für

baare

baare Auslagen zu erachten, wenn bei dem Gerichte keine zu dergleichen Geschäfte ein für allemal bestimmte Beamte vorhanden sind.

Dabei macht es keinen Unterschied, ob bei dem Prozesse das Gericht, bei welchem er anhängig ist, allein zu thun hat, oder auch ein anderes inländisches Gericht, durch Insinuationen, Vernehmung von Zeugen, Abhaltung einzelner Termine, Publikation der Erkenntnisse u. s. w. beschäftigt wird.

Das Hauptgericht, bei welchem der Prozeß anhängig ist, bezieht das statt der einzelnen Gebühren zu liquidirende Pauschquantum allein und für die requirirten oder beauftragten Gerichte können von den Partheien keine Gebühren erhoben werden.

Wenn dagegen der Auftrag oder die Requisition nicht an ein Gericht, sondern an einen einzelnen Justizbeamten für seine Person erfolgt ist, diesem keine zur unentgeldlichen Bearbeitung dergleichen Aufträge verpflichtete Subalternenbeamte zugeordnet sind, und derselbe sich daher der Hülfe anderer Beamten bedient hat, so kann er die zulässigen Meilengelder, Schreib-, Kalkulatur-, Dolmetscher- und Exekutionsgebühren, so wie Emballagekosten als baare Auslagen liquidiren, welche hiernächst von den Partheien neben dem Pauschquantum erhoben werden dürfen.

5) In jedem Falle können außer den Pauschquanten noch gefordert werden:
 a. das erwachsene, oder nachzuliquidirende Porto;
 b. die zulässigen Reise- und Zehrungskosten der gerichtlichen Beamten, Zeugen und Sachverständigen, nach näherer Bestimmung der Allgemeinen Gebühren-Taxe vom 23sten August 1815. Doch können Exekutoren nur Zehrungskosten, nicht aber Meilengelder liquidiren;
 c. die Gebühren ausländischer Gerichte, insofern zwischen den beiden Staaten keine wechselseitige Gebührenfreiheit besteht;
 d. überhaupt alle sonstigen Auslagen, welche das Gericht, bei welchem der Prozeß anhängig ist, aus seiner Sportelkasse bezahlen müßte.

Vierter Abschnitt.

Gebühren der Justizkommissarien, in dem Mandats-, dem summarischen und dem Bagatellprozesse.

Die Gebühren der Justizkommissarien sind nach dem ersten Abschnitte der Gebühren-Taxe für Justizkommissarien vom 23sten August 1815., und deren Erläuterungen, mit folgenden Aenderungen anzusetzen:

1) Bei Gegenständen bis 50 Rthlr. einschließlich, erhält jeder Justiz-Kommissar dasselbe Gebühren-Pauschquantum, welches von dem Gericht liquidirt wird.

2) Bei Gegenständen über 50 Rthlr.:
 für die Klage, deren Beantwortung, Appellations- und Revisions-

visions-Anmeldung, Rechtfertigung und Beantwortung, — eben so viel, wie die Gerichte, bei denen sie die jedesmalige Arbeit einreichen.

3) Für die mündliche Verhandlung vor dem erkennenden Gerichte, eben so viel, wie das Gericht an Urtelsgebühren zu liquidiren befugt ist. (Abschnitt II. Nr. 7. und Allgemeine Anmerkung I.)
Dieser Satz findet nur einmal statt, wenn auch das mündliche Verfahren fortgesetzt werden muß, oder ein Beweisresolut erfolgt.

4) Außer den Gebühren unter Nr. 1. bis 3. und den nach dem ersten Abschnitte der Allgemeinen Gebühren-Taxe vom 23sten August 1815. und deren Erläuterungen noch zulässigen Gebührensätzen können Justizkommissarien nur noch fordern:
a. Schreibgebühren mit 2¼ Sgr. für den Bogen, unter den für die Gerichte erlassenen Bestimmungen. (Abschnitt II. Allgemeine Anmerkung III. Nr. 1.)
b. Reise- und Zehrungskosten bei Terminen außerhalb ihres Wohnsitzes nach den bestehenden Bestimmungen,
c. baare Auslagen für Stempel, Postporto und Botenlohn bei auswärtigen Bestellungen.

5) Wenn die Partheien ihre Schriftsätze oder Vorstellungen durch keine Justizkommissarien anfertigen lassen, so können sie dafür gar nichts liquidiren.

Vorstehende Gebühren-Taxe ist überall, wo die Verordnung vom 1sten Juni dieses Jahres über den Mandats-, den summarischen, und den Bagatellprozeß zur Ausführung kommt, anzuwenden.

Hinsichts der allgemeinen Grundsätze vom Ansatz und von der Einforderung der Kosten und von der Verpflichtung zu deren Tragung und Erstattung, bleibt es bei den Bestimmungen des 23sten Titels der Allgemeinen Prozeßordnung und den Einleitungen zu den Allgemeinen Gebühren-Taxen für die Gerichte und für die Justizkommissarien vom 23sten August 1815., und bei den hierauf Bezug habenden späteren Verordnungen.

Gegeben Berlin, den 9ten Oktober 1833.

Friedrich Wilhelm.

Maassen. v. Kamptz. Mühler.

Gesetz-Sammlung
für die
Königlichen Preußischen Staaten.

No. 17.

(No. 1461.) Allerhöchste Kabinetsorder vom 22sten August 1833., betreffend die Anwendbarkeit der Verordnung vom 8ten August 1832. (Gesetz-Sammlung No. 1382.) in der Provinz Posen.

Auf Ihren Antrag vom 30sten v. M. setze Ich hierdurch fest: daß das abgekürzte Verfahren bei Auszahlung der Entschädigungssummen für die zum Chausseebau abgetretenen Privatländereien, welches die Verordnung vom 8ten August v. J. für die Kurmark vorgeschrieben hat, auch in der Provinz Posen angewendet werde, und überlasse Ihnen, diese Anordnung durch die Gesetz-Sammlung zur öffentlichen Kenntniß zu bringen.

Teplitz, den 22sten August 1833.

Friedrich Wilhelm.

An
den Staatsminister v. Schuckmann.

(No. 1462.) Allerhöchste Kabinetsorder vom 27sten September 1833., welche die Bestimmungen §. 156. der Zoll-Ordnung vom 26sten Mai 1818. und §. 94. der Ordnung wegen Versteuerung des Branntweins vom 8ten Februar 1819. deklarirt.

Auf den Bericht und nach dem Antrage des Staatsministeriums deklarire Ich hiermit die Vorschriften des §. 156. der Zoll- und Verbrauchssteuer-Ordnung vom 26sten Mai 1818. und des §. 94. der Ordnung zu dem Gesetze über die Versteuerung des inländischen Branntweins u. s. w. vom 8ten Februar 1819. dahin: daß in den Fällen, in welchen die Publikation des gegen einen Steuer-Kontravenienten ergangenen Straf-Erkenntnisses oder Resoluts, durch schriftliche Zufertigung erfolgt, auch die Belehrung, die dem Kontravenienten über die bei Wiederholung des Verbrechens verwirkte höhere Strafe gleichzeitig zu ertheilen ist, durch eine schriftliche Verfügung mit eben der Wirkung erfolgen kann, als wenn sie mündlich zu Protokoll ertheilt worden wäre. Es muß jedoch die Insinuation dieser Verfügung vorschriftsmäßig, wenigstens auf die im §. 253. Nr. 8. des Anhangs zur Allgemeinen Gerichtsordnung bezeichnete Weise, bescheinigt werden. Das Staatsministerium hat diese Deklaration durch die Gesetz-Sammlung bekannt machen zu lassen.

Berlin, den 27sten September 1833.

Friedrich Wilhelm.

An
das Staatsministerium.

(No. 1463.) Allerhöchste Kabinetsorder vom 17ten Oktober 1833., die Ausführung der Verordnung vom 1sten Juni d. J., den Mandats-, summarischen und Bagatellprozeß betreffend.

Aus Ihrem Berichte vom 16ten v. M. und der mit demselben Mir vorgelegten Instruktion für die Gerichte zur Ausführung der Verordnung vom 1sten Juni d. J. habe Ich sowohl die Anweisungen, welche Sie zur Erleichterung des Verfahrens für die Gerichte erforderlich und angemessen gefunden, als auch die Erläuterungen ersehen, durch welche Sie etwanigen Mißverständnissen in der praktischen Anwendung des Gesetzes vorzubeugen beabsichtigen. Ich genehmige die von Ihnen vollzogene Instruktion vom 24sten Juli 1833., und da diejenigen Vorschriften, welche nicht bloß zur Belehrung der Gerichte, sondern auch zur Norm für die Partheien bestimmt sind, einer gesetzlichen Bekanntmachung bedürfen, so setze Ich, mit Rücksicht auf Ihre besonderen Anträge, Folgendes fest:

1) Durch die Verweisung der unter Nr. 1. 2. §. 1. der Verordnung enthaltenen Forderungen zum Mandatsprozeß hat die Vorschrift §. 4. Tit. 28. der Prozeßordnung, nach welcher wegen solcher Forderungen die exekutivische Klage auch vor der Verfallzeit stattfindet, nicht abgeändert werden sollen; die Mandatsklage kann daher auch vor der Verfallzeit angestellt werden, und es ist das Mandat dahin zu erlassen, daß der Schuldner den Kläger mit dem Eintritte der Verfallzeit befriedige und die etwanigen Einwendungen binnen vierzehn Tagen anbringe, widrigenfalls nach Ablauf der Verfallzeit ohne Weiteres die Exekution erfolge.

2) Die Bestimmung unter Nr. 4. §. 1. der Verordnung über die Anwendung des Mandatsprozesses auf die Forderungen der Gerichte für ihre Gebühren und Auslagen soll, da die zum Grunde liegende Reform der Verwaltung des gerichtlichen Sportelwesens in Betracht der umfassenden Vorarbeiten nicht gleichzeitig zur Ausführung gebracht werden kann, so lange suspendirt und das bisherige Verfahren der gerichtlichen Behörden bei Einziehung der festgesetzten gerichtlichen Kosten so lange beibehalten werden, bis die anderweitige Einrichtung der gerichtlichen Sportelverwaltung zu Stande gekommen seyn wird.

3) Zu §. 6. Nr. 4. versteht es sich von selbst, daß unter den Forderungen der Handwerker gegenseitige Forderungen der Meister, Gesellen und Lehrlinge begriffen sind.

4) Zu §§. 8. u. f. Den Vorladungen an die Partheien ist die Verwarnung hinzuzufügen, daß der im Termin für sie erscheinende Stellvertreter durch Vollmacht oder Schreiben legitimirt seyn müsse, widrigenfalls angenommen werde, daß Niemand für sie erschienen sey.

 5) Die

5) Die Festsetzung im §. 69. erkläre Ich dahin, daß gegen ein Kontumazial-Erkenntniß die Restitution auch dann zulässig ist, wenn der Gegenstand des Prozesses zwischen 20 bis 50 Rthlr. beträgt.

Ich beauftrage Sie, diese Bestimmungen durch Aufnahme Meines Befehls in die Gesetz-Sammlung zur allgemeinen Kenntniß zu bringen und überlasse Ihnen zugleich, die Gerichte auf die anderweitigen Erinnerungen über einzelne Anweisungen der Instruktion zu belehren und zu bescheiden.

Berlin, den 17ten Oktober 1833.

Friedrich Wilhelm.

An
den Staats- und Justizminister Mühler.

Gesetz-Sammlung
für die
Königlichen Preußischen Staaten.

No. 18.

(No. 1464.) Allerhöchste Kabinetsorder vom 29sten September 1833., wegen Ertheilung der landesherrlichen Genehmigung, welche zur Errichtung gemeinschaftlicher Wittwen-, Sterbe- und Aussteuerkassen erforderlich ist.

Auf den Bericht des Staatsministerii vom 31sten v. M. bestimme Ich nach dessen Antrage, daß die landesherrliche Genehmigung, welche nach §. 651. Tit. XI. P. I. Landrechts, zur Errichtung gemeinschaftlicher Wittwen-, Sterbe- und Aussteuerkassen erforderlich ist, künftig von dem Ober-Präsidenten ertheilt werden soll. Wenn sich jedoch der Wirkungskreis einer solchen Kasse über die Grenzen des Ober-Präsidialbezirks hinaus erstreckt, oder, wenn sich gewisse Klassen von Beamten dazu vereinigen; so hat der Minister des Innern und der Polizei, letzternfalls gemeinschaftlich mit dem vorgesetzten Minister der Beamten, die Genehmigung zu ertheilen. Unter den Sterbekassen sind übrigens alle Kassen zu verstehen, aus welchen für den Sterbefall eines Mitgliedes der Gesellschaft eine Zahlung zu irgend einem Zwecke zu leisten ist. Das Staatsministerium hat diese Order durch die Gesetz-Sammlung bekannt zu machen.

Berlin, den 29sten September 1833.

Friedrich Wilhelm.

An das Staatsministerium.

(Ausgegeben zu Berlin den 30sten Oktober 1833.)

(No. 1465.) Verordnung, die Verpflichtung der Preußischen Seeschiffer zur Mitnahme verunglückter vaterländischer Schiffsmänner betreffend. Vom 5ten Oktober 1833.

Wir Friedrich Wilhelm, von Gottes Gnaden, König von Preußen 2c. 2c.

verordnen, auf Antrag Unsers Staatsministeriums, wie folgt:

§. 1.

Die in Folge von Strandungen oder Schiffbrüchen, von Aufbringung durch feindliche Kaper oder Seeräuber, oder aus anderer Veranlassung in einem hülflosen Zustande sich befindenden Schiffsmänner, welche Preußische Unterthanen sind, und zuletzt auf einem Preußischen Schiffe gedient haben, sollen an Hafen-Orten des Auslandes von den daselbst angestellten Preußischen Konsuln und Agenten, zu ihrer Rückkehr in das Vaterland unterstützt werden.

§. 2.

Die Führer Preußischer Schiffe, welche aus fremden Häfen unmittelbar nach einem Preußischen Hafen fahren, sollen verbunden seyn, die im §. 1. bezeichneten und von dem Konsul mit einem Retour-Passe versehenen Schiffsleute auf schriftliche Anweisung des Konsuls in ihre Schiffe aufzunehmen und in dem Hafen ihrer Bestimmung abzusetzen.

Eine gleiche Verpflichtung findet auch in Hinsicht derjenigen Schiffsführer statt, welche sich nach Bremen, Hamburg, Helsingör, Kopenhagen, oder auch nach einem innerhalb der Ostsee, der Heimath des Aufzunehmenden zunächst belegenen fremden Hafen begeben, und sind in diesen Fällen die Aufgenommenen den dortigen Preußischen Konsulaten zu überweisen, welche dann für die weitere Zurückbeförderung derselben zu sorgen haben.

Im Falle ungegründeter Weigerung Seitens des Schiffers haben die Konsuln die Hülfe der Hafen-Ortsobrigkeiten oder Hafen-Polizeibehörden gegen die sich Weigernden in Anspruch zu nehmen.

§. 3.

Rechtmäßige Weigerungsgründe der Aufnahme aber sind:

a) wenn, bei voller Ladung eines Schiffs von 50 Normallasten oder mehr, weder im Raume noch auf dem Oberdecke ein angemessener Platz für die Aufzunehmenden auszumitteln ist; oder

b) wenn der Aufzunehmende bettlägerig krank, mit einer venerischen oder sonst ansteckenden Krankheit behaftet ist, oder eines Verbrechens schuldig transportirt werden soll; oder

c) wenn und insoweit die Zahl der Aufzunehmenden die Hälfte der Schiffs-Besatzung übersteigt; oder endlich

d) wenn die Aufnahme nicht zur gehörigen Zeit, d. h. mindestens zwei Tage, bevor das Schiff segelfertig ist, verlangt wird.

§. 4.

Die Ausmittelung des zur Aufnahme erforderlichen Raumes (§. 3. Litt. a.) geschieht von dem Konsul, mit Zuziehung von Sachverständigen.

Dabei gilt als Regel, daß auf einem Schiffe von 50 Last zwei Mann, auf einem Schiffe von 100 Last vier Mann u. s. w. untergebracht werden. Befinden sich jedoch bereits früher aufgenommene Reisende als Passagiere am Bord, so muß auf dieselben bei der Ausmittelung des noch vorhandenen Raumes Rücksicht genommen werden, insofern von den Reisenden nicht die Schiffskajüte des Schiffers, welche bei der Bestimmung des Raumes außer Anspruch bleibt, eingenommen wird.

§. 5.

Während der Reise und bis zur Ankunft an dem Bestimmungs- oder Landungsorte erhält der Aufgenommene von dem Schiffer die gewöhnliche Kost und Verpflegung; dagegen ist derselbe schuldig, wenn er arbeitsfähig, seinem Range gemäß an den der Schiffsmannschaft obliegenden Arbeiten, nach den Anweisungen des Schiffers, Theil zu nehmen, und, wie die zur Besatzung gehörigen Schiffsleute, der gesetzlichen Schiffsdisziplin unterworfen.

§. 6.

Der Schiffer soll für die Aufnahme, Ueberfahrt und Beköstigung eines im §. 1. bezeichneten Preußischen Schiffsmannes auf eine jedesmal von dem Konsul zu verabredende Entschädigung Anspruch haben, das Maximum derselben jedoch auf 10 Sgr. für den Mann und Tag, vom Tage der Aufnahme bis zum Tage der Ankunft im Bestimmungsorte einschließlich, bestimmt, und die hiernach ihm zugesicherte Entschädigung, gegen Aushändigung der Aufnahme-Order des Konsuls und einer, von den aufgenommenen Schiffsleuten auszustellenden Bescheinigung über die empfangene Beköstigung, an dem inländischen Bestimmungsorte durch die Hafenkasse, oder, falls die Ablieferung in den im §. 2. bestimmten Fällen an ein Preußisches Konsulat im Auslande erfolgt, durch letzteres ausgezahlt werden.

§. 7.

Auf eine vorschußweise Vorausbezahlung der verabredeten Entschädigung bis zur Hälfte des Betrages kann der Schiffer bestehen, wenn er wegen Mangels an hinreichendem Schiffsproviant erweislich genöthigt ist, die zur Beköstigung des oder der Aufzunehmenden nothwendigen Lebensmittel anzuschaffen.

§. 8.

Schiffer, welche der Aufforderung des Konsuls zur Aufnahme eines von demselben zur Rückkehr in die Preußischen Staaten bestimmten Schiffsmannes (§. 1. 2.) ohne rechtmäßigen Grund (§. 3.) widersprechen, und dadurch die Anrufung der obrigkeitlichen Hülfe veranlassen, oder sich der geforderten Aufnahme entziehen, sollen auf die Anzeige des Konsuls mit einer Geldbuße von 20 bis 50 Rthlr. zum Besten der Seearmen des Heimathhafens des Schiffers belegt, wegen eines damit etwa verbundenen thätigen Widerstandes aber nach den Vorschriften der Kriminalgesetze, auf vorgängige Untersuchung, bestraft werden.

 §. 9.

§. 9.

Uebrigens wird durch die gegenwärtige Verordnung in den bestehenden gesetzlichen Verpflichtungen der Rheder, die Schiffsmannschaften nach deren Heimath zurückzuschaffen oder die desfallsigen Kosten zu tragen, nichts geändert.

So geschehen Berlin, den 5ten Oktober 1833.

(L. S.) Friedrich Wilhelm.

Friedrich Wilhelm, Kronprinz.

Frh. v. Altenstein. v. Schuckmann. Gr. v. Lottum. Maassen.
Frh. v. Brenn. Mühler. Ancillon.

Für den Kriegsminister im Allerhöchsten Auftrage.
v. Witzleben.

(Nr. 1466.) Allerhöchste Kabinetsorder vom 6ten Oktober 1833., über das bei Berichtigung des Besitztitels in Folge der Kabinetsorder vom 31sten Oktober 1831. von den Hypothekenbehörden zu beobachtende Verfahren.

Der Justizminister Mühler hat Mir die Zweifel angezeigt, welche über die Ausführung des §. 52. Tit. 2. der Hypothekenordnung bei einigen Gerichten entstanden sind. Nach dem Antrage desselben bestimme Ich zur Beseitigung dieser Zweifel: daß, wenn in Gemäßheit Meiner Order vom 31sten Oktober 1831. der Besitzer angewiesen worden ist, seinen Besitztitel zu berichtigen, und er die ihm bestimmte Frist nicht inne gehalten hat, die angedrohete Strafe festgesetzt und sofort beigetrieben, die Berichtigung des Besitztitels aber auf seine Kosten von Amtswegen durch die executio ad faciendum, oder auf die sonst kürzeste Weise bewirkt werden soll. Zugleich erkläre Ich, daß zu Denen, welche die Berichtigung des Besitztitels zu verlangen berechtigt sind, auch die General-Kommissionen, wenn es bei einer Regulirung, Auseinandersetzung, Ablösung oder Gemeinheitstheilung u. s. w. darauf ankommt und die Gutsherrschaften zu rechnen sind, wenn sie auch nur die Entrichtung eines Laudemiums, oder einer andern gutsherrlichen Abgabe bei Gelegenheit der Berichtigung des Besitztitels zu fordern haben. Das Staatsministerium hat diese Order durch die Gesetz-Sammlung zur öffentlichen Kenntniß zu bringen.

Berlin, den 6ten Oktober 1833.

Friedrich Wilhelm.

An das Staatsministerium.

Gesetz-Sammlung
für die
Königlichen Preußischen Staaten.

No. 19.

(No. 1467.) Allerhöchste Kabinetsorder vom 13ten Oktober 1833., über die Aufhebung des 2ten Senats bei dem Ober-Landesgerichte zu Marienwerder und: die Bestimmung des Instanzenzuges bei allen andern, nur aus einem Zivilsenate bestehenden Ober-Landesgerichten, in Mandats-, summarischen und Bagatellsachen.

Auf Ihren, des Justizministers Mühler, Antrag und nach erfolgter Berathung im Staatsministerium, habe Ich wegen der bei dem Ober-Landesgerichte zu Marienwerder zu treffenden neuen Einrichtungen genehmigt, daß mit dem ersten Januar künftigen Jahres der zweite Senat desselben aufgelöset werde und das Ober-Landesgericht dieselbe Einrichtung erhalte, welche durch das Regulativ vom 11ten August v. J. (Gesetz-Sammlung Seite 208.) dem Ober-Landesgerichte zu Königsberg vorgeschrieben worden ist. Doch soll mit Rücksicht auf die Verordnung vom 1sten Juni d. J. über den Mandats-, den summarischen und den Bagatellprozeß (Gesetz-Sammlung Seite 37.) die Abfassung des in diesen Prozessen zulässigen zweiten Erkenntnisses sowohl dann, wenn die erste Instanz bei einem Untergerichte aus dem Bezirke des Ober-Landesgerichts zu Marienwerder geschwebt hat, als auch dann, wenn die Zivildeputation dieses Ober-Landesgerichts in erster Instanz erkannt hat, allemal und ohne Rücksicht, ob eine Revision zulässig ist, oder nicht, dem Zivilsenate desselben Ober-Landesgerichts, bei Injuriensachen der Untergerichte aber, dessen Senat für Straffachen, zustehen. Demgemäß soll nunmehr die Distribution von Spruch-Sachen bei dem 2ten Senate des Ober-Landesgerichts zu Marienwerder aufhören und das Erkenntniß zweiter Instanz in allen bisher vor den zweiten Senat ressortirenden Sachen auf die zu bildenden Senate und auf das Tribunal zu Königsberg übergehen. Ich trage Ihnen, dem Justizminister Mühler, auf, die hierzu erforderlichen speziellen Anordnungen zu erlassen. Zugleich bestimme Ich hierdurch: daß bei allen andern Ober-Landesgerichten, welche nur aus einem Zivilsenate bestehen, die Mandats-, summarischen und Bagatellsachen, welche in erster Instanz vor einem Untergerichte, oder vor der Zivildeputation des Ober-Landes-

(Ausgegeben zu Berlin den 23sten November 1833.)

Landesgerichts geschwebt haben, in der zweiten Instanz, so weit sie zulässig ist, vor dem Zivilsenate desselben Ober-Landesgerichts verhandelt werden sollen. Das Staatsministerium hat die Aufnahme dieser Bestimmungen in die Gesetz-Sammlung zu veranlassen.

Berlin, den 13ten Oktober 1833.

Friedrich Wilhelm.

An das Staatsministerium.

(No. 1468.) Allerhöchste Kabinetsorder vom 14ten Oktober 1833., wegen der Grenzen der Gewerbescheinpflichtigkeit der Musiker.

Nach Ihrem Antrage bestimme Ich, daß Musiker, welche ihr Gewerbe außerhalb des Polizeibezirks ihres Wohnorts, jedoch nicht in einer Entfernung über zwei Meilen von letzterem betreiben, dazu keines Gewerbescheins, sondern nur einer polizeilichen Legitimation bedürfen, diejenigen hingegen, welche in einer größern Entfernung vom Wohnorte für Geld Musik machen, auch dann, wenn sie dazu besonders bestellt werden, einen Gewerbeschein zu lösen haben, insofern nicht die im letzten Absatze des §. 18. des Regulativs vom 28sten April 1824. gemachte Ausnahme Anwendung findet. Sie haben diesen Befehl durch die Gesetz-Sammlung zur öffentlichen Kenntniß zu bringen.

Berlin, den 14ten Oktober 1833.

Friedrich Wilhelm.

An die Minister des Innern und der Finanzen.

(No. 1469.) Allerhöchste Kabinetsorder vom 24sten Oktober 1833., das Ausscheiden der Stadt Halbau aus dem städtischen Wahlverbande betreffend.

Da die Stadt Halbau in der Ober-Lausitz aus dem Stande der Städte in den der Landgemeinen überzugehen gewünscht hat und von Mir dem diesfallsigen Antrage stattgegeben worden ist, so scheidet dieselbe auch in ständischer Beziehung aus dem in Meiner Verordnung vom 2ten Juni 1827. wegen der nach dem Gesetze vom 27sten März 1824. vorbehaltenen Bestimmungen für das Herzogthum Schlesien u. s. w. Artikel III. Nr. III. B. 3. festgesetzten Wahlverbande der zu einer Kollektivstimme vereinigten Ober-Lausitzischen Städte aus und wird mit dem Wahlbezirke der Landgemeinen vereinigt, innerhalb dessen sie gelegen ist. Diese Modifikation der gedachten Verordnung hat das Staatsministerium durch die Gesetz-Sammlung bekannt zu machen.

Berlin, den 24sten Oktober 1833.

Friedrich Wilhelm.

An das Staatsministerium.

(No 1470.) Allerhöchste Kabinetsorder vom 2ten November 1833., die Einführung der revidirten Städteordnung vom 17ten März 1831. in der Stadt Kempen, im Regierungsbezirk Posen, betreffend.

Auf Ihren Antrag vom 22sten September c. will Ich der Stadt Kempen im Großherzogthum Posen dem von derselben geäußerten Wunsche gemäß die revidirte Städteordnung vom 17ten März 1831., mit Ausschluß des auf die Provinz Posen nicht anwendbaren zehnten Titels, verleihen und Sie ermächtigen, wegen deren Einführung durch den Ober-Präsidenten der Provinz das Weitere anzuordnen.

Berlin, den 2ten November 1833.

Friedrich Wilhelm.

An den Staatsminister des Innern und der Polizei Frh. v. Brenn.

Gesetz-Sammlung
für die
Königlichen Preußischen Staaten.

No. 20.

(No. 1471.) Allerhöchste Kabinetsorder vom 18ten November 1833. nebst deren Anlage, die Abänderungen im Zolltarif betreffend.

Auf Ihren Bericht vom 14ten d. M. verordne Ich hiermit, daß die Veränderungen in der Zoll-Erhebungsrolle vom 30sten Oktober 1831., welche aus den Vereinbarungen mit andern Staaten über die Annahme eines gleichförmigen Zoll- und Handelssystems hervorgehen, und in der zurückgehenden von Mir genehmigten Zusammenstellung enthalten sind, bekannt gemacht, und, vom 1sten Januar 1834. an, angewendet werden. Von demselben Zeitpunkte an ist, in unmittelbarer Folge der geschlossenen Verträge, die Erhebung des Eingangszolls von den aus dem freien Verkehr der zollvereinten Staaten nach den Preußischen Landen eingehenden, ingleichen des Ausgangszolls für die nach solchen Staaten ausgehenden, endlich der Durchgangsabgaben für die aus den Vereinsländern nach dem Auslande durchgeführten oder vom Auslande ab dorthin gelangenden Gegenstände einzustellen.

Da die Publikation der Zollvereinigungs-Verträge früher nicht zulässig gewesen ist: so muß das im Gesetze vom 26sten Mai 1818. §§. 25. 26. als Regel zugesicherte Verfahren, nach welchem Veränderungen des Tarifs, die von Einfluß auf die Steuerpflichtigen sind, acht Wochen vor dem 1sten Januar zur öffentlichen Kenntniß gebracht werden, eine Ausnahme erleiden, welche im gegenwärtigen Falle, unter Berücksichtigung der Vortheile, die dem Handel und Gewerbfleiße der Unterthanen aus den vorgedachten Verträgen durch Erweiterung des freien Markts erwachsen, auch dadurch sich rechtfertigt, daß die Veränderungen an den einzelnen Tarifsätzen zum größten Theil nur in Ermäßigungen gegen die bisherige Heberolle bestehen. Sie, der Finanzminister, haben auch diesen Befehl und dessen Anlage durch die Gesetz-Sammlung zur öffentlichen Kenntniß zu bringen.

Berlin, den 18ten November 1833.

Friedrich Wilhelm.

An die Staatsminister v. Schuckmann und Maassen.

(Ausgegeben zu Berlin den 27sten November 1833.)

In Folge der mit dem 1sten Januar 1834. in Ausführung kommenden Zoll-Vereins-Verträge mit benachbarten Deutschen Staaten, so wie schon anderweit erlassener Verfügungen, sind Abänderungen in der Erhebungsrolle der Abgaben von Gegenständen, welche eingeführt, ausgeführt und durchgeführt werden, vom 30sten Oktober 1831., festgesetzt, welche in folgender Zusammenstellung enthalten sind:

Zur ersten Abtheilung der Erhebungsrolle.

Den Gegenständen, welche gar keiner Abgabe unterworfen sind, werden ferner beigerechnet:

zu Art. 11. Frische Krappwurzeln, auch Feuerschwamm, unbearbeitet, wie er von den Bäumen kommt;

zu Art. 15. Neue Kleider, Wäsche und Effekten, insofern sie Ausstattungs-Gegenstände von Ausländern sind, welche sich aus Veranlassung ihrer Verheirathung im Lande niederlassen;

zu Art. 17. Handwerkszeug, welches reisende Handwerker, auch Musterkarten und Muster in Abschnitten, welche zu keinem andern Gebrauche dienen können, und welche Handelsreisende mit sich führen.

Zur zweiten Abtheilung.

Von den Gegenständen, welche bei der Einfuhr oder bei der Ausfuhr einer Abgabe unterworfen sind, werden folgende abgeänderten Zollsätze erhoben:

Von

Nummer u. Buchstabe der Erhebungsrolle von 1831.	Benennung der Gegenstände.	Gewicht, Maaß oder Anzahl.	Abgabensätze beim Eingang. Rthl.	Eingang. Sgr.	Ausgang. Rthl.	Ausgang. Sgr.	Für Tara wird vergütet vom Centner Bruttogewicht: Pfund.
1.	Von Mutterlauge von Salzsiedereien die allgemeine Eingangsabgabe	1 Cntr.	.	15	frei.		
2. c.	Von baumwollenen und allen übrigen Zeugen und Waaren dieses Artikels der Erhebungsrolle	1 Cntr.	50	.	.	.	20 in Fässern u. Kisten, 8 in Ballen.
3.	Von Blei, rohem, in Blöcken und Mulden	1 Cntr.	.	7½	.	.	
4. a.	Von groben Bürstenbinder- und Siebmacherwaaren	1 Cntr.	3	.	.	.	
5. d.	Von Blei-, Silber- und Goldglätte die allgemeine Eingangsabgabe	1 Cntr.	.	15	.	.	
— Anmerk.	Von rohem Flußspath in Stücken	1 Cntr.	.	5	.	.	
— —	Von Galläpfeln	1 Cntr.	.	5	.	5	
— g.	Von Eckerdoppern, Knoppern	1 Cntr.	.	2½	.	2½	
— Anmerk.	Von Cedernholz	1 Cntr.	.	5	.	5	
— —	Von Weinstein	1 Cntr.	.	7½	.	.	
— m.	Von Salpeter, gereinigtem und ungereinigtem	1 Cntr.	.	5	.	.	
— p.	Von Schwefel	1 Cntr.	.	2½	.	.	
9.	Hafer, in Quantitäten unter einen Scheffel, andere Getreidefrüchte unter einen halben Scheffel, gehen frei ein.						
11.	Von rohen (grünen, gesalzenen, trockenen) Häuten und Fellen zur Lederbereitung, ingleichen von rohen Pferdehaaren	1 Cntr.	frei.		1	20	14 in Fässern u. Kisten, 7 in Ballen.
	Von Fellen zur Pelzwerkbereitung (Rauchwaaren), Schmaschen, Baranken u. Ukrainer	1 Cntr.	.	20	.	.	
	Von Hasenfellen und Hasenhaaren	1 Cntr.	frei.		.	15	
13.	Von Hopfen	1 Cntr.	2	15	.	.	
19. a.	Von Roh- (Stück-) Messing, Roh- oder Schwarzkupfer, Gar- oder Rosettenkupfer, altem Bruchkupfer oder Bruchmessing, desgleichen von Kupfer- und Messingfeile, Glockengut, Kupfer- und andern Scheidemünzen zum Einschmelzen (letztere auf besondere Erlaubnißscheine) die allgemeine Eingangsabgabe	1 Cntr.	.	15	.	.	
21. a. u. b.	Von lohroth gearbeiteten Häuten, wie von lohgarem Fahlleder ꝛc., ebenso von sämisch- und weißgarem Leder, auch Pergament	1 Cntr.	6	.	.	.	18 in Fässern u. Kisten, 14 in Körben, 7 in Ballen.
— —	Von allem gefärbten und lackirtem Leder, wie von Brüsseler u. Dänischem Handschuhleder	1 Cntr.	8	.	.	.	Desgleichen.

 Halb-

Nummer u. Buchstabe der Erhebungsrolle von 1831.	Benennung der Gegenstände.	Gewicht, Maaß oder Anzahl.	Abgabensätze beim Eingang. Rthl.	Sgr.	Ausgang. Rthl.	Sgr.	Für Tara wird vergütet vom Centner Bruttogewicht Pfund.
21 Ausnahme	Halbgare Ziegen- und Schaffelle für inländische Saffian- und Lederfabrikanten werden unter Kontrole für die allgemeine Eingangsabgabe eingelassen.						
24. b.	Von wollenen Lumpen, wie von leinenen und baumwollenen	1 Cntr.	frei.		2	.	
25. a.	Von Cyder (gegohrenen Getränken aus Obst)	1 Cntr.	8	.	.	.	22 in Kisten. 14 in Körben. 7 in Ueberfässern.
— i.	Von frischen Südfrüchten: Apfelsinen, Citronen, Limonien, Pomeranzen und Granaten. Verlangt der Steuerpflichtige die Auszählung, so zahlt er für 100 Stück 20 Sgr.	1 Cntr.	2	.	.	.	18 in Fässern u. Kisten. 14 in Körben. 7 in Ballen.
— —	Von trockenen und getrockneten Südfrüchten und Blättern: Datteln, Feigen, Kastanien, Korinthen, Mandeln, Pfirsichkernen, Rosinen, Lorbeeren, auch Pomeranzenschalen	1 Cntr.	4	.	.	.	Desgleichen.
— k.	Von Zimmtblüthe (Gewürze)	1 Cntr.	6	20	.	.	18 in Fässern u. Kisten. 14 in Körben. 7 in Ballen.
— m. u. n.	Kaffee, Kaffeesurrogate und Kakao	1 Cntr.	6	20	.	.	14 in Fässern, Kisten und Körben. 7 in Ballen.
— s.	Von Muschel- oder Schalthieren aus der See, als Austern ꝛc.	1 Cntr.	4	.	.	.	
26.	Von Oel, in Fässern eingehend	1 Cntr.	1	20	.	.	
27. a.	Von grauem Lösch- und Packpapier die allgemeine Eingangs-Abgabe	1 Cntr.	.	15	.	.	
— b.	Von ungeleimtem ordinairen Druckpapier, auch grobem (weißen und gefärbten) Packpapier und Pappdeckeln	1 Cntr.	1	.	.	.	
— c.	Von allen andern Papiergattungen, auch von Papier, welches lithographirt, bedruckt oder liniirt ist, um in diesem Zustande zu Rechnungen, Etiketten, Frachtbriefen ꝛc. zu dienen	1 Cntr.	5	.	.	.	14 in Kisten. 7 in Ballen.
— d.	Papiertapeten	1 Cntr.	10	.	.	.	18 in Kisten. 14 in Körben. 7 in Ballen.
28. b.	Von Pelzfutter und Besätzen, wie von andern fertigen Kürschner-Arbeiten, überzogenen Pelzen, Mützen und dergl. m.	1 Cntr.	22	.	.	.	22 in Kisten. 7 in Ballen.
— a.	Ausnahme: Von fertigen nicht überzogenen Schafpelzen, wie bisher	1 Cntr.	6	.	.	.	14 in Fässern 7 in Kisten.

Nummer u. Buchstabe der Erhebungsrolle von 1831.	Benennung der Gegenstände.	Gewicht, Maaß oder Anzahl.	Abgabensätze beim Eingang. Rthl.	Sgr.	Ausgang. Rthl.	Sgr.	Für Tara wird vergütet vom Centner Bruttogewicht Pfund.
33.	Von Lithographirsteinen	1 Stück	.	.	.	$1\frac{1}{4}$	
38. c.	Von einfarbigem oder weißem Fayance oder Steingut, irdenen Pfeifen	1 Entr.	5	.	.	.	18 in Kisten. 10 in Körben.
— f. u. g.	Von farbigem Porzellan, von dergleichen weißem mit farbigen Streifen, mit Malerei oder Vergoldung	1 Entr.	25	.	.	.	25 in Kisten. 14 in Körben.
41. a.	Von roher Schafwolle	1 Entr.	frei.		2	.	
— c.	Von wollenen und allen übrigen Zeugen und Waaren dieses Artikels der Erhebungs-Rolle	1 Entr.	30	.	.	.	22 in Kisten. 10 in Ballen.
— d.	Von Teppichen aus Wolle oder andern Thierhaaren, und dergleichen mit Leinen gemischt	1 Entr.	20	.	.	.	Desgleichen.

Für folgende Gegenstände und Verpackungen ist die Tara abgeändert:

	Pfund
a) Unbearbeitete Tabacksblätter und Stengel (25. w. 1.) in Fässern .	15
b) Raffinirter und Kochzucker (25. y. 1.) in andern als eichenen Fässern	15
c) Rohzucker und Schmelzlumpen (25. y. 2.) in Fässern und Kisten .	15

Zur

Zur dritten Abtheilung.

In die Stelle der Bestimmungen in den Abschnitten I. II. und III. über die Abgaben, welche zu entrichten sind, wenn Gegenstände zur Durchfuhr angemeldet werden, treten folgende ein:

1) Die in der ersten Abtheilung benannten Gegenstände bleiben auch bei der Durchfuhr in der Regel abgabenfrei.

2) Von Gegenständen, welche, nach der zweiten Abtheilung, beim Eingange oder Ausgange, oder in beiden Fällen zusammengenommen, mit weniger als ½ Thaler vom Centner, oder nach Maaß oder Stückzahl belegt sind, ist in der Regel als Durchgangsabgabe der Betrag jener Eingangs- und Ausgangsabgaben zu entrichten.

3) Für Gegenstände, bei welchen die Eingangs- oder Ausgangsabgabe, oder beide zusammen, ½ Thaler vom Centner erreichen oder übersteigen, wird in der Regel nur jener Satz von ½ Thaler, ingleichen für Vieh, und zwar:

	vom Stück:	
a) von Pferden, Mauleseln, Maulthieren, Eseln	1 Thlr.	10 Sgr.
b) von Ochsen und Stieren	1 „	— „
c) von Kühen und Rindern	— „	15 „
d) von Schweinen und Schafvieh	— „	5 „

als Durchgangsabgabe entrichtet, soweit nicht nachfolgend für den Transit auf gewissen Straßen oder für gewisse Gegenstände ausnahmsweise höhere oder geringere Sätze festgestellt sind.

Diese Ausnahmen sind folgende:

I. Abschnitt.

Von nachfolgenden Waaren wird, wenn sie rechts der Oder, seewärts oder landwärts von Memel bis Berun (die Straße über Neu-Berun ausgeschlossen) eingehen, desgleichen durch die Odermündungen ein- und rechts der Oder auf ebengenannten Wegen, aber mit Einschluß der Straße über Neu-Berun, ausgehen; ferner: anderswo links der Oder zuerst eingehen, und rechts der Oder auf ebengenannten Wegen, jedoch mit Ausschluß der Straße über Neu-Berun, ausgehen, erhoben:

1) Von

	Vom Centner:	
	Rthlr.	Sgr.
1) Von baumwollenen Stuhlwaaren (zweite Abtheilung, Art. 2. c.), feinen Blei-, Bürstenbinder-, Eisen-, Glas- und Holzwaaren (3. b.) (4. b.) (6. d. 3.) (10. e.) (12. f.); ferner von Pappwaaren, feiner Seife, feinen Steinwaaren, feinen Strohgeflechten, Porzellanwaaren, Wachs- und feinen Zinnwaaren (27. e.) (31. c.) (33. b.) (35. b. u. c.) (38. h. u. i.) (40. c.) (43. b.); neuen Kleidern (18.); Kurzen Waaren (20.); gebleichter, gefärbter oder gedruckter Leinewand und andern leinenen Stuhlwaaren (22. e., f. u. g.); Seide, seidenen und halbseidenen Waaren (30.); wollenen Zeug- und Strumpf-, Tuch- und Filzwaaren (41. c. u. d.),		
a) insofern die Ein- oder die Ausfuhr durch die Ostseehäfen geschieht	4	—
b) auf anderem Wege	2	—
2) Von Baumwollengarn (2. b.) und gefärbtem Wollengarn (41. b.)	2	—
3) Von Kupfer und Messing und daraus gefertigten Waaren (19.); Gewürzen (25. k.); Kaffee (25. m); Tabacks-Fabrikaten (25. w. 2.); raffinirtem Zucker (25. y. 1.); roher Schafwolle (41. a.)	1	—
4) Von rohem Zucker (25. y. 2.)	—	20
5) Von Glätte, Schmalte, gereinigter Soda (Mineral-Alkali) (5. d.); Schwefelsäure (5. n.); Kolophonium, überhaupt Harzen, außereuropäischen Tischlerhölzern (5. Anmerkung); rohen Häuten und Fellen zur Gerberei, und Haaren (11.); Muschel- oder Schalthieren aus der See (25. s.); getrockneten, geräucherten oder gesalzenen Fischen, Heringe ausgenommen; Hanf und Leinöl (26.); Salmiak, Spießglanz (Antimonium), Thran	—	10
6) Von Zink (42. a. u. b.)	—	20
Ausnahmen:		
a) wenn solcher auf der Linie von der Ostsee bei Memel bis zur Weichsel, diese eingeschlossen, eingeführt und durch die Häfen von Danzig, Memel und über Pillau ausgeführt wird, oder umgekehrt, vom Centner ... 10 Sgr.		

b) wenn

	Vom Centner:	
	Rthlr.	Sgr.
b) wenn solcher über Danzig mit der Bestimmung nach Rußland durchgeht, vom Centner ... 3 Sgr.		
7) Von Roheisen (6. a.), geschmiedetem Eisen und Stahl (6. b.), groben Eisengußwaaren (6. d. 1.), Kraftmehl (25. q.), Mühlenfabrikaten aus Getreide- und Hülsenfrüchten (25. r.); ingleichen Schiffszwieback	—	$7\frac{1}{2}$
Ausnahmen:		
a) für geschmiedetes Eisen, aus Rußland oder Polen kommend und seewärts ausgehend, vom Centner 3 Sgr.		
b) für Mehl in Tonnen verpackt, auf dem unter 6. a. bezeichneten Transitozuge, vom Centner ...... 5 Sgr.		
8) Von Hörnern, Hornspitzen, Klauen und Knochen (1.), Mennige (5. d.), grünem Eisenvitriol (5. e.), Mineralwasser in Flaschen oder Krügen (5. l.), von grauer Packleinwand und Segeltuch (22. c.), rohem Agatstein und großen Marmor-Arbeiten, als: Statuen, Büsten, Kaminen	—	5
	Von der Last zu 4000 Pfund.	
9) Von Salz (25. u.), auf dem unter 6. a. erwähnten Transitozuge, zum Bedarf der Königlich-Polnischen Salz-Administration, unter Kontrole der Königlich-Preußischen Salz-Administration von der Last .... 3 Rthlr.		
10) Von Steinkohlen (34.)	—	15 Sgr.
11) Von Bruch- und behauenen Steinen aller Art, Mühl- und Schleifsteinen (33. a.)	—	10 =
	Von der Tonne:	
12) Von Heringen (25. l.)	—	10 Sgr.

13) Von Weizen und andern unter Nr. 14. nicht besonders genannten Getreidearten, desgleichen von Hülsenfrüchten, als: Bohnen, Erbsen, Linsen, Wicken, auf der Weichsel und dem Niemen eingehend, und durch die Häfen von Danzig und Memel, auch durch Elbing und Königsberg über Pillau ausgehend, vom Scheffel .... 2 Sgr.

(Dies ist zugleich die Eingangsabgabe auf dieser Linie, wenn jene Getreidearten und Hülsenfrüchte nicht weiter auf der Brahe verschifft werden; geschieht solches aber, so wird der Unterschied zwischen dieser Abgabe und der für diese Getreidearten und Hülsenfrüchte in der zweiten Abtheilung allgemein bestimmten Eingangs-Abgabe nacherhoben.)

14) Roggen, Gerste und Hafer, auf denselben Strömen ein- und über die vorgenannten Häfen ausgehend, vom Scheffel .... $\frac{1}{2}$ Sgr.

II. Ab-

II. Abschnitt.

Von nachbenannten Gegenständen, wenn sie

A. durch die Odermündungen, oder auf dem linken Oder-Ufer westlich bis zum Rhein hin, diesen Strom ausgenommen, eingehen, und auf der Grenzlinie zwischen Neu-Berun in Schlesien und Schärding am Thurm in Bayern, beide ebengenannten Orte eingeschlossen, wieder ausgehen, oder welche, umgekehrt, auf der Linie von Neu-Berun bis Schärding am Thurm in das Vereinsgebiet eintreten und über die zuerst genannten Grenzen wieder ausgehen; oder

B. auf dem linken Rhein-Ufer landwärts eingehen, um auf dem rechten Rhein-Ufer, ohne Ueberschreitung der Oder (mit Ausnahme der Grenzlinie von Friedrichshafen bis Füßen in Bayern, beide Orte eingeschlossen) wieder auszugehen; desgleichen, welche vom rechten Rhein-Ufer (mit Ausschluß sowohl der unter Abschnitt I. gedachten Straßenzüge, als auch der Grenzlinie von Füßen bis Friedrichshafen) eingehen, um mit Ueberschreitung des Rheins wieder auszugehen,

wird erhoben:

	Vom Centner: Rthlr.	Sgr.
von baumwollenen Stuhlwaaren (zweite Abtheilung, Art. 2. c.), neuen Kleidern (18.), Leder und Lederarbeiten (21.), Wolle und wollenen Garnen und Waaren (41.) . .	1	—

III. Abschnitt.

Bei der Durchfuhr von Waaren, welche auf dem linken Rhein-Ufer oder mittelst des Rheins eingehen, und auf Straßen auf derselben Rheinseite oder auf dem rechten Rhein-Ufer auf der Linie von Friedrichshafen bis Füßen in Bayern ausgehen, desgleichen, welche, soweit sie landwärts auf dem linken Rhein-Ufer oder auf der Grenzlinie von Friedrichshafen bis Füßen eingegangen sind, auf dem Rhein oder auf dem linken Rhein-Ufer wieder ausgeführt werden, wird die Durchgangs-Abgabe dahin ermäßigt, daß als höchster Durchfuhrzoll auch von den bei der Eingangs- und Ausgangs-Abgabe höher belegten Waaren nur erhoben wird: vom Centner . . . . 10 Sgr.

Anmerkung. Wenn die auf vorbemerkten Straßen durchzusendenden Gegenstände in ununterbrochener Fortsetzung ihres Weges, ohne daß eine Umladung im Auslande stattfindet, ohne Aufhebung des angelegten Waarenverschlusses und binnen der zur Durchfahrung der ausländischen Wegstrecke erforderlichen Frist in das Vereinsgebiet wieder eintreten: so wird der bereits entrichtete Durchgangszoll auf die höhern Transitsätze, welche, sey es nach der allgemeinen Regel mit $\frac{1}{2}$ Rthlr. vom Centner, oder nach den besondern Vorschriften in einem der Abschnitte I. und II., zu entrichten sind, angerechnet.

Zur vierten Abtheilung.

Von den Schiffahrts-Abgaben, welche an der Elbe, der Weser, dem Rhein und der Mosel erhoben werden.

A. An der Elbe

wird an Schiffahrts-Abgaben, wie solche durch die Elbschiffahrts-Acte vom 23sten Juni 1821. und durch spätere Vereinbarungen bestimmt sind, erhoben:

a) eine Rekognitionsgebühr von jedem Fahrzeuge, welches die Zollstätten zu Mühlberg oder Wittenberge passirt, nach Maßgabe der Lasten, welche dasselbe tragen kann, und der unter Nr. II. der Anlage A. zur Erhebungsrolle vom 30sten Oktober 1831. hierüber enthaltenen nähern Bestimmungen;

b) der Elbzoll vom Bruttogewicht der Ladung, und zwar zum vollen Satze:

	Vom Hamburger Centner in Conventions-Geld:		Vom Preußischen Centner in Preußischem Gelde:	
	gGr.	Pf.	Sgr.	Pf.
1) für die ganze Strecke von der Grenze gegen das Königreich Sachsen bis zur Grenze gegen Hannover und Mecklenburg	13	8	17	$\frac{14}{100}$
2) für die Theilstrecke, wenn eine Ladung bloß durchgeführt wird, von Schnakenburg bis zur Grenze gegen Mecklenburg	1	4	1	$7\frac{22}{100}$

Die Gegenstände, für welche nach der Elbschiffahrts-Acte ein, auf $\frac{1}{4}$, $\frac{1}{8}$, $\frac{1}{10}$, $\frac{1}{20}$, $\frac{1}{40}$ des vor unter b. bemerkten vollen Satzes, ermäßigter Zoll zu entrichten ist, oder welche vom Elbzoll ganz frei bleiben, sind aus der Anlage A. zur Erhebungsrolle vom 30sten Oktober 1831. unter I. B. und C. zu ersehen.

Im Allgemeinen aber gelten in Bezug auf den Elbzoll folgende nähern Bestimmungen:

1) Von Waaren, welche bloß innerhalb Landes auf der Elbe transportirt, oder, im freien Verkehr befindlich, aus dem Inlande stromwärts ausgeführt, oder mit der Bestimmung nach einem inländischen Orte eingeführt werden, wird ohne Unterschied, ob die Versteuerung gleich beim Grenz-Eingange, oder erst am Orte der Ausladung erfolgt, kein Elbzoll erhoben.

2) Waaren, welche im steuerlich freien Verkehr aus dem Königreich Sachsen oder aus den Anhaltischen Herzogthümern elbwärts in das Preußische Gebiet gelangen, bleiben von der Entrichtung des Elbzolls frei, ohne Unterschied, ob die gedachten Güter im Lande ausgeladen, oder weiter ins Ausland transportirt werden.

3) Waaren, welche, elbwärts über Wittenberge eingehend, zum Verbleib in den

den Anhaltischen Herzogthümern oder im Königreich Sachsen bestimmt sind, entrichten:

a) wenn sie nach dem Königreich Sachsen bestimmt sind, und die Durchfuhr durch das Preußische Gebiet ohne Löschung und Lagerung der Ladung erfolgt, ein Viertheil des konventionsmäßigen Elbzolls, wogegen

b) bei der Bestimmung nach den Anhaltischen Herzogthümern allgemein, und bei der Bestimmung nach dem Königreich Sachsen, insofern als dieselbe mit der Löschung und Lagerung der Ladung in einem Preußischen Elbhafen verbunden ist, die gänzliche Freiheit von Elbzoll eintritt.

4) Von denjenigen Waaren endlich, welche, über Wittenberge elbwärts eingehend, nach erfolgter Löschung und Lagerung der Ladung in einem Preußischen Elbhafen, weiter nach Böhmen elbwärts durchgeführt werden, wird ein Viertheil an dem konventionsmäßigen Elbzoll erlassen.

B. An der Weser

wird der Weserzoll, wie solcher in der Weserschiffahrts-Acte vom 10ten November 1823. und spätern Vereinbarungen bestimmt ist, vom Bruttogewicht der Ladung im vollen Satze erhoben:

a) in Beverungen, für die Strecke vom Eintritt der Weser in das Preußische Gebiet, oberhalb Beverungen, bis zu ihrem Austritt aus demselben, unterhalb Hörter ...

b) in Minden, für die Strecke vom Wiedereintritt der Weser in das Preußische Gebiet, oberhalb Vlotho, bis zu ihrem Wiederaustritt aus demselben, unterhalb Schlüsselburg ...

	Vom Bremer Schiffspfund in Conventions-Geld:		Macht vom Preußischen Centner in Preußischem Gelde:	
	gGr.	Pf.	Sgr.	Pf.
a)	—	9	—	4 $\frac{5}{108}$
b)	2	11 $\frac{1}{4}$	1	3 $\frac{92}{108}$

Die Gegenstände, welche nach der Weserschiffahrts-Acte nur einen auf $\frac{1}{2}$, $\frac{1}{4}$, $\frac{1}{8}$, $\frac{1}{24}$ ermäßigten, oder nach andern Maßstäben als nach Gewicht bestimmten Zoll zu entrichten haben, sind aus der Anlage B. zur Erhebungsrolle vom 30sten Oktober 1831. zu ersehen.

Im Allgemeinen aber gelten noch folgende nähern Bestimmungen:

1) Von Waaren, welche bloß innerhalb Landes auf der Weser transportirt, oder, im freien Verkehr befindlich, aus dem Inlande stromwärts ausgeführt, oder mit der Bestimmung nach einem inländischen Orte eingeführt werden, wird, ohne Unterschied, ob die Versteuerung gleich beim Grenzeingange oder erst am Orte der Ausladung erfolgt, kein Weserzoll erhoben.

2) Waaren, welche aus dem Gebiet des Kurfürstenthums Hessen im steuerlich freien Verkehr auf der Preußischen Weserstrecke durchgeführt, oder welche, umgekehrt, durch das Preußische Gebiet weserwärts mit der Bestimmung zur Ausladung innerhalb des Kurfürstlich-Hessischen Gebiets durchgeführt werden, bleiben von der Entrichtung des Weserzolles befreiet.

C. Am Rhein

wird an Schiffahrtsabgaben erhoben:

a) ein Rekognitionsgeld von allen beladenen und unbeladenen Fahrzeugen, welche die Rheinzollstätten zu Coblenz und Emmerich passiren, nach Maaßgabe der Ladungsfähigkeit der Fahrzeuge, wie diese Abgabe, zu deren Ermäßigung jedoch der Finanzminister in geeigneten Fällen ermächtigt ist, aus der Beilage C. zur Erhebungsrolle vom 30sten Oktober 1831. unter II. hervorgeht.

b) der Rheinzoll vom Bruttogewicht der Ladung, und zwar zum vollen Satze	Für den Centner von 50 Kilogrammen: Cent.	Decim	Macht für den Preuß. Ctr. in Preuß. Gelde: Sgr.	Pf.
a) abwärts beim Rheinzollamte zu Coblenz, für die Rheinstrecke von Coblenz bis zur Niederländischen Grenze bei Schenkenschanz, nämlich für die Strecke von Coblenz bis Cöln .... 20 Ct. 40 Dcm. = 1 Sgr. $8\frac{15}{100}$ Pf. desgl. von Cöln bis zur Niederländischen Grenze .. 36 ⸗ 60 ⸗ = 3 ⸗ $\frac{15}{100}$ ⸗	57	00	4	$8\frac{30}{100}$
b) abwärts, ebendaselbst, von Ladungen, welche über Vallendar nach Nassau gehen	5	50	—	$5\frac{43}{100}$
c) aufwärts, beim Rheinzollamte zu Emmerich, für die Rheinstrecke von der Niederländischen Grenze bei Schenkenschanz bis Coblenz, nämlich für die Strecke von der Niederl. Grenze bis Cöln 55 Ct. — Dcm. = 4 Sgr. $6\frac{33}{100}$ Pf. desgl. von Cöln bis Coblenz.... 30 ⸗ 70 ⸗ = 2 ⸗ $6\frac{32}{100}$ ⸗	85	70	7	$\frac{65}{100}$
Bei dem Rheinzollamte zu Coblenz wird eben dieser Zollsatz, wofern er nicht schon in Emmerich				

bei

	Für den Centner von 50 Kilogramen:		Macht für den Preuß. Ctr. in Preuß. Gelde:	
	Cent.	Decim.	Sgr.	Pf.
bei der Anmeldung zum direkten Durchgang entrichtet worden ist, von denjenigen über Emmerich daselbst eingetroffenen Ladungen erhoben, welche rheinabwärts nach Vallendar und dann landwärts nach Nassau, oder welche gleich von Coblenz landwärts über Aremberg nach Nassau gehen.				
d) aufwärts, beim Rheinzollamte zu Coblenz, für die Rheinstrecke von Coblenz bis Kaub	16	09	1	$3\frac{89}{100}$
Der Rheinzoll für diese Strecke wird unbedingt von allen Ladungen, welche in der bezeichneten Richtung die Zollstätte passiren, erhoben.				

Die Gegenstände, für welche nach der Rheinschiffahrts-Konvention ein auf $\frac{1}{4}$ und $\frac{1}{20}$ des vollen Satzes rc. ermäßigter Zoll eintritt, ingleichen die Vorschriften wegen des Rheinzolls für Bau- und Nutzholz, sind aus der Anlage C. zur Erhebungsrolle vom 30sten Oktober 1831. unter I. B. C. und D. zu ersehen.

Nächstdem gilt im Allgemeinen, lediglich mit Ausschluß der Stromstrecke von Coblenz bis Kaub, wegen der Erhebung des Rheinzolls Folgendes:

1) Von Gegenständen, welche bloß innerhalb Landes auf dem Rhein transportirt, oder, im freien Verkehr befindlich, aus dem Inlande stromwärts ausgeführt, oder mit der Bestimmung nach einem inländischen Orte eingeführt werden, wird ohne Unterschied, ob die Versteuerung gleich beim Eingange an der Grenze oder aber erst am Orte der Ausladung erfolgt, kein Rheinzoll erhoben.

2) Ferner sind vom Rheinzoll befreiet alle im steuerlich freien Verkehr befindlichen Gegenstände, die nicht überseeischen Ursprungs sind, welche rheinabwärts aus den Königlich-Bayerischen oder Königlich-Württembergischen Landen ein- oder durchgeführt werden.

3) Wenn bei der zollpflichtigen Waarendurchfuhr auf dem Rhein, oder auf dem Rhein und der Mosel, ein Umschlag der Waaren in den Freihäfen am Rhein eintritt: so wird der Rheinzoll nicht beim Eingange, sondern erst beim Ausgange, also abwärts bei dem Rheinzollamte zu Emmerich, aufwärts bei dem Amte zu Coblenz erhoben.

4) Wenn bei der Waarendurchfuhr nur ein Theil der Preußischen Rheinstrecke benutzt wird, sey es, daß die Waaren zu Lande eingehen und rheinwärts ausgehen, oder daß die Einfuhr stromwärts und die Ausfuhr auf Landwegen erfolgt: so wird, je nach der befahrenen Strecke und nach der Richtung des Transports, nur der oben bei den Positionen a. und c. vor der Linie ausgeworfene Rheinzoll bei dem Rheinzollamte zu Cöln, und auch

dieser

dieser nur in den Fällen erhoben, wo der Waareneingang oder Ausgang auf Landwegen des linken Rhein-Ufers erfolgt. — Waarenladungen, welche bei diesem abwechselnden Land- und Wasser-Transit die Rheinzollstelle zu Cöln nicht passiren, bleiben vom Rheinzoll frei, und es findet auch für die hierbei etwa mitbenutzten Theile der Stromstrecken zwischen Cöln und Coblenz, oder zwischen Cöln und der Niederländischen Grenze, eine weitere zusätzliche Rheinzoll-Erhebung nicht statt.

5) Ladungen, die rheinabwärts über Coblenz eingehen und moselaufwärts über Trier ausgehen, oder umgekehrt über Trier ein- und über Coblenz ausgehen, sind für die Rheinstrecke vom Rheinzollamte zu Coblenz bis zur Mosel vom Rheinzoll frei.

D. An der Mosel

wird an Schiffahrtsabgaben erhoben:

a) ein Rekognitionsgeld von allen beladenen und unbeladenen Fahrzeugen, welche über Trier ein- und ausgehen, wie diese Abgabe, zu deren Ermäßigung jedoch der Finanzminister in den geeigneten Fällen ermächtigt ist, aus der Beilage D. zur Erhebungsrolle vom 30sten Oktober 1831. hervorgehet;

b) der Moselzoll von dem Bruttogewicht der Ladung, und zwar zum vollen Satze:

	Für den Centner von 50 Kilogrammen:		Macht für den Preuß. Centner:	
	Sgr.	Pf.	Sgr.	Pf.
a) abwärts, bei dem Moselzollamte zu Trier ...	3	6	3	$7\frac{42}{100}$
b) aufwärts, bei dem Moselzollamte zu Coblenz .	2	4	2	$4\frac{81}{100}$

Die Artikel, für welche ein auf $\frac{1}{4}$, $\frac{1}{20}$ und $\frac{1}{10}$ ermäßigter Moselzoll erhoben, und die Sätze, nach denen die Verzollung des Bau- und Nutzholzes geleistet wird, sind aus der Anlage D. der Erhebungsrolle vom 30sten Oktober 1831. zu entnehmen. —

Die Befreiungen vom Moselzoll finden in gleicher Art statt, wie beim Rheinzoll.

Zur fünften Abtheilung.

Allgemeine Bestimmungen.

Zu Nr. 8. In die Stelle dieser Bestimmung tritt folgende ein:

Es bleiben bei der Abgaben-Erhebung außer Betracht und werden nicht versteuert alle Waarenquantitäten unter vier Loth.

Auch Gefällebeträge von weniger als sechs Silberpfennige werden überhaupt nicht berechnet.

Berlin, den 14ten November 1833.

Der Minister des Innern für Handel und Gewerbe.	Der Finanz-Minister.
v. Schuckmann.	Maassen.

Gesetz-Sammlung
für die
Königlichen Preußischen Staaten.

No. 21.

(No. 1472.) Zollvereinigungs-Vertrag zwischen Seiner Majestät dem Könige von Preußen, Seiner Hoheit dem Kurprinzen und Mitregenten von Hessen und Seiner Königlichen Hoheit dem Großherzoge von Hessen einerseits, dann Seiner Majestät dem Könige von Bayern und Seiner Majestät dem Könige von Württemberg andererseits. Vom 22sten März 1833.

Seine Majestät der König von Preußen, Seine Hoheit der Kurprinz und Mitregent von Hessen und Seine Königliche Hoheit der Großherzog von Hessen einerseits, und

Seine Majestät der König von Bayern und Seine Majestät der König von Württemberg andererseits,

haben in fortgesetzter Fürsorge für die Beförderung der Freiheit des Handels und gewerblichen Verkehrs zwischen Ihren Staaten und hiedurch zugleich in Deutschland überhaupt, über die weitere Entwickelung der zwischen Ihnen bestehenden diesfälligen Verträge Unterhandlungen eröffnen lassen, und zu diesem Zwecke bevollmächtigt:

Seine Majestät der König von Preußen:

Allerhöchst-Ihren Geheimen Staats- und Finanzminister, Carl Georg Maassen, Ritter des Königlich-Preußischen rothen Adler-Ordens erster Klasse, Inhaber des eisernen Kreuzes zweiter Klasse am weißen Bande, Großkreuz des Civil-Verdienst-Ordens der Königlich-Bayerischen Krone, Kommenthur des Ordens der Königlich-Württembergischen Krone, Großkreuz des Kurfürstlich-Hessischen Löwen-Ordens, des Großherzoglich-Hessischen Ludwigs-Ordens und des Großherzoglich-Sachsen-Weimarischen Haus-Ordens vom weißen Falken, und

Allerhöchst-Ihren Wirklichen Geheimen Legationsrath und Direktor im Ministerium der auswärtigen Angelegenheiten, Albrecht Friedrich Eichhorn, Ritter des Königlich-Preußischen rothen Adler-Ordens dritter Klasse mit der Schleife, Inhaber des eisernen Kreuzes zweiter Klasse am weißen Bande, Ritter des Kaiserlich-Russischen St. Annen-Ordens zweiter Klasse, Commandeur des Civil-Verdienst-Ordens der Kö-

(Ausgegeben zu Berlin den 5ten Dezember 1833.)

Königlich-Bayerischen Krone, Kommenthur des Ordens der Königlich-Württembergischen Krone und des Königlich-Hannöverischen Guelphen-Ordens, Commandeur erster Klasse des Kurfürstlich-Hessischen Haus-Ordens vom goldenen Löwen und des Großherzoglich-Hessischen Ludwigs-Ordens, Commandeur des Großherzoglich-Sachsen-Weimarischen Ordens vom weißen Falken;

Seine Hoheit der Kurprinz und Mitregent von Hessen:

Höchst-Ihren Wirklichen Geheimen Legationsrath, außerordentlichen Gesandten und bevollmächtigten Minister an den Königlich-Preußischen und Königlich-Sächsischen Höfen, Heinrich Wilhelm von Steuber, Commandeur des Kurfürstlich-Hessischen Haus-Ordens vom goldenen Löwen, Ritter des Kurhessischen Ordens vom eisernen Helme, Ritter des Königlich-Dänischen Danebrog-Ordens, Kommenthur des Königlich-Sächsischen Civil-Verdienst-Ordens, und

Höchst-Ihren Geheimen Ober-Bergrath, Heinrich Theodor Ludwig Schwedes, Ritter des Kurfürstlich-Hessischen Haus-Ordens vom goldenen Löwen;

Seine Königliche Hoheit der Großherzog von Hessen:

Höchst-Ihren Wirklichen Geheimen Rath und Präsidenten der Ober-Finanzkammer, Wilhelm von Kopp, Commandeur erster Klasse des Großherzoglich-Hessischen Ludwigs-Ordens, Ritter des Königlich-Preußischen rothen Adler-Ordens zweiter Klasse, Commandeur erster Klasse des Kurfürstlich-Hessischen Haus-Ordens vom goldenen Löwen;

Seine Majestät der König von Bayern:

Allerhöchst-Ihren Wirklichen Staatsrath im ordentlichen Dienste, Staatsminister der Finanzen, Arnold Friedrich von Mieg, Commandeur des Civil-Verdienst-Ordens der Königlich-Bayerischen Krone, und

Allerhöchst-Ihren Kämmerer, Staatsrath, außerordentlichen Gesandten und bevollmächtigten Minister an den Königlich-Preußischen, Königlich-Sächsischen, Großherzoglich-Sächsischen und den Herzoglich-Sächsischen Höfen, Friedrich Christian Johann Graf von Luxburg, Großkreuz des Civil-Verdienst-Ordens der Königlich-Bayerischen Krone, Ritter des Königlich-Preußischen rothen Adler-Ordens erster Klasse, Großkreuz des Königlich-Sächsischen Civil-Verdienst-Ordens und Ritter des Königlich-Württembergischen Friedrichs-Ordens;

Seine Majestät der König von Würtemberg:

Allerhöchst-Ihren Major im Generalstabe, Geschäftsträger am Königlich-Preußischen Hofe, Franz a Paula Friedrich Freiherr von Linden, von

von welchen Bevollmächtigten nachstehender anderweiter Vertrag unter Vorbehalt der Ratification abgeschlossen worden ist.

Art. 1. Die dermalen zwischen den genannten Staaten bestehenden Zollvereine werden für die Zukunft einen durch ein gemeinsames Zoll- und Handelssystem verbundenen und alle darin begriffenen Länder umfassenden Gesammtverein bilden.

Art. 2. In diesen Gesammtverein werden insbesondere auch diejenigen Staaten einbegriffen, welche schon früher entweder mit ihrem ganzen Gebiete oder mit einem Theile desselben dem Zoll- und Handelssysteme eines oder des anderen der contrahirenden Staaten beigetreten sind, unter Berücksichtigung ihrer auf den Beitrittsverträgen beruhenden besonderen Verhältnisse zu den Staaten, mit welchen sie jene Verträge abgeschlossen haben.

Art. 3. Dagegen bleiben von dem Gesammtvereine vorläufig ausgeschlossen diejenigen einzelnen Landestheile der contrahirenden Staaten, welche sich ihrer Lage wegen weder in dem Preußisch-Hessischen oder in dem Bayerisch-Württembergischen Zollverbande bis jetzt befunden haben, noch desselben Grundes wegen sich zur Aufnahme in den neuen Gesammtverein eignen.

Es werden jedoch diejenigen Anordnungen aufrecht erhalten, welche rücksichtlich des erleichterten Verkehrs dieser Landestheile mit dem Hauptlande gegenwärtig bestehen.

Weitere Begünstigungen dieser Art können nur im gemeinschaftlichen Einverständniß der contrahirenden Staaten bewilligt werden.

Art. 4. In den Gebieten der contrahirenden Staaten sollen übereinstimmende Gesetze über Eingangs-, Ausgangs- und Durchgangs-Abgaben bestehen, jedoch mit Modificationen, welche, ohne dem gemeinsamen Zwecke Abbruch zu thun, aus der Eigenthümlichkeit der allgemeinen Gesetzgebung eines jeden theilnehmenden Staates oder aus lokalen Interessen sich als nothwendig ergeben.

Bei dem Zolltarife namentlich sollen hiedurch in Bezug auf Eingangs- und Ausgangs-Abgaben bei einzelnen, weniger für den größeren Handelsverkehr geeigneten Gegenständen, und in Bezug auf Durchgangs-Abgaben, je nachdem der Zug der Handelsstraßen es erfordert, solche Abweichungen von den allgemein angenommenen Erhebungssätzen, welche für einzelne Staaten als vorzugsweise wünschenswerth erscheinen, nicht ausgeschlossen seyn, sofern sie auf die allgemeinen Interessen des Vereins nicht nachtheilig einwirken.

Desgleichen soll auch die Verwaltung der Eingangs-, Ausgangs- und Durchgangs-Abgaben, und die Organisation der dazu dienenden Behörden in allen Ländern des Gesammtvereins unter Berücksichtigung der in denselben bestehenden eigenthümlichen Verhältnisse auf gleichen Fuß gebracht werden.

Die nach diesen Gesichtspunkten zwischen den contrahirenden Staaten zu vereinbarenden Gesetze und Ordnungen, namentlich:

das Zollgesetz,
der Zolltarif,
die Zollordnung,

sollen als integrirende Bestandtheile des gegenwärtigen Vertrages angesehen und gleichzeitig mit demselben publicirt werden.

Art. 5. Veränderungen in der Zollgesetzgebung mit Einschluß des Zolltarifs und der Zollordnung (Artikel 4.), so wie Zusätze und Ausnahmen können nur auf demselben Wege und mit gleicher Uebereinstimmung aller Contrahenten bewirkt werden, wie die Einführung der Gesetze erfolgt. Dies gilt auch von allen Anordnungen, welche in Beziehung auf die Zollverwaltung allgemein abändernde Normen aufstellen.

Art. 6. Mit der Ausführung des gegenwärtigen Vertrages tritt zwischen den contrahirenden Staaten Freiheit des Handels und Verkehrs und zugleich Gemeinschaft der Einnahmen an Zöllen ein, wie beide in den folgenden Artikeln bestimmt werden.

Art. 7. Es hören von diesem Zeitpunkte an alle Eingangs-, Ausgangs- und Durchgangs-Abgaben an den gemeinschaftlichen Landesgrenzen des bisherigen Preußisch-Hessischen und des bisherigen Bayerisch-Württembergischen Zollvereins auf, und es können alle im freien Verkehr des einen Gebiets bereits befindliche Gegenstände auch frei und unbeschwert in das andere Gebiet eingeführt werden, mit alleinigem Vorbehalte:

a) der zu den Staatsmonopolien gehörigen Gegenstände (Spielkarten und Salz) nach Maaßgabe der Artikel 9. und 10.;

b) der im Innern der contrahirenden Staaten gegenwärtig entweder mit Steuern von verschiedener Höhe, oder in dem einen Staate gar nicht, in dem andern aber mit Steuern belegten und deshalb einer Ausgleichungs-Abgabe unterworfenen inländischen Erzeugnisse, nach Maaßgabe des Artikels 11., und endlich

c) solcher Gegenstände, welche ohne Eingriff in die von einem der contrahirenden Staaten ertheilten Erfindungspatente oder Privilegien nicht nachgemacht oder eingeführt werden können, und daher für die Dauer der Patente oder Privilegien von der Einfuhr in den Staat, welcher dieselben ertheilt hat, noch ausgeschlossen bleiben müssen.

Art. 8. Der im Artikel 7. festgesetzten Verkehrs- und Abgabenfreiheit unbeschadet, wird der Uebergang solcher Handelsgegenstände, welche nach dem gemeinsamen Zolltarif einer Eingangs- oder Ausgangssteuer an den Außengrenzen unterliegen, auch aus den Königlich-Bayerischen und Königlich-Württembergischen Landen in die Königlich-Preußischen, Kurfürstlich-Hessischen und Großherzoglich-Hessischen Lande und umgekehrt, nur unter Innehaltung der gewöhnlichen Land- und Heerstraßen und auf den schiffbaren Strömen Statt finden, und es werden

an

an den Binnengrenzen gemeinschaftliche Anmeldestellen eingerichtet werden, bei welchen die Waarenführer, unter Vorzeigung ihrer Frachtbriefe oder Transport-Zettel, die aus dem einen in das andere Gebiet überzuführenden Gegenstände anzugeben haben.

Auf den Verkehr mit rohen Producten in geringeren Quantitäten, so wie überall auf den kleineren Grenz- und Marktverkehr und auf das Gepäck von Reisenden findet diese Bestimmung keine Anwendung. Auch wird keine Waaren-Revision Statt finden, außer insoweit, als die Sicherung der Ausgleichungs-Abgaben (Artikel 7. b.) es erfordern könnte.

Art. 9. Hinsichtlich der Einfuhr von Spielkarten behält es in jedem der zum Vereine gehörigen Staaten bei den bestehenden Verbots- oder Beschränkungs-Gesetzen sein Bewenden.

Art. 10. In Betreff des Salzes wird Folgendes festgesetzt:

a) die Einfuhr des Salzes und aller Gegenstände, aus welchen Kochsalz ausgeschieden zu werden pflegt, aus fremden, nicht zum Vereine gehörigen Ländern in die Vereinsstaaten, ist verboten, in so weit dieselbe nicht für eigene Rechnung einer der vereinten Regierungen und zum unmittelbaren Verkaufe in ihren Salz-Aemtern, Faktoreien oder Niederlagen geschieht;

b) die Durchfuhr des Salzes und der vorbezeichneten Gegenstände aus den zum Vereine nicht gehörigen Ländern in andere solche Länder soll nur mit Genehmigung der Vereinsstaaten, deren Gebiet bei der Durchfuhr berührt wird, und unter den Vorsichtsmaaßregeln Statt finden, welche von denselben für nöthig erachtet werden;

c) die Ausfuhr des Salzes in fremde, nicht zum Vereine gehörige Staaten ist frei;

d) was den Salzhandel innerhalb der Vereinsstaaten betrifft, so ist die Einfuhr des Salzes von einem in den anderen nur in dem Falle erlaubt, wenn zwischen den Landesregierungen besondere Verträge deshalb bestehen;

e) wenn eine Regierung von der anderen innerhalb des Vereins aus Staats- und Privatsalinen Salz beziehen will, so müssen die Sendungen mit Pässen von öffentlichen Behörden begleitet werden.

Zu diesem Ende verpflichten sich die betheiligten Regierungen, auf den Privatsalinen einen öffentlichen Beamten aufzustellen, der den Umfang der Production und des Absatzes derselben überhaupt zu beobachten hat;

f) wenn ein Vereinsstaat durch einen anderen aus dem Auslande oder aus einem dritten Vereinsstaate seinen Salzbedarf beziehen, oder durch einen solchen sein Salz in fremde, nicht zum Vereine gehörige Staaten versenden lassen will, so soll diesen Sendungen kein Hinderniß in den Weg gelegt werden; jedoch werden, insofern dieses nicht schon durch frühere Verträge bestimmt ist, durch vorgängige Uebereinkunft der betheiligten Staa-

Staaten die Straßen für den Transport und die erforderlichen Sicherheits-Maaßregeln zur Verhinderung der Einschwärzung verabredet werden;

g) wenn in unmittelbar aneinander grenzenden Vereinsstaaten eine solche Verschiedenheit der Salzpreise bestände, daß daraus für einen oder den anderen dieser Staaten eine Gefahr der Salz-Einschwärzung hervorginge, so macht sich derjenige Staat, in welchem der niedrigere Salzpreis besteht, verbindlich, die Verabfolgung des Salzes in die Grenzorte, binnen eines Bezirks von wenigstens sechs Stunden landeinwärts, auf den genau zu ermittelnden Bedarf jener Orte zu beschränken, und darüber den betheiligten Nachbarstaaten genügende Nachweisung und Sicherheit zu gewähren.

Die näheren Bestimmungen bleiben einer besonderen Verabredung der betheiligten Regierungen vorbehalten.

Art. 11. In Bezug auf diejenigen Erzeugnisse, bei welchen hinsichtlich der Besteuerung im Innern noch eine Verschiedenheit der Gesetzgebung unter den einzelnen Vereinslanden Statt findet (Artikel 7. b.), wird von allen Theilen als wünschenswerth anerkannt, auch hierin eine Uebereinstimmung der Gesetzgebung und der Besteuerungssätze in ihren Staaten hergestellt zu sehen, und es wird daher ihr Bestreben auf die Herbeiführung einer solchen Gleichmäßigkeit gerichtet bleiben. Bis dahin, wo dieses Ziel erreicht worden, können zur Vermeidung der Nachtheile, welche für die Producenten des eigenen Staates im Verhältnisse zu den Producenten in anderen Vereinsstaaten aus der ungleichen Besteuerung erwachsen würden, Ergänzungs- oder Ausgleichungs-Abgaben von folgenden Gegenständen erhoben werden:

a) Im Königreiche Preußen von
Bier,
Branntwein,
Taback,
Traubenmost und Wein.

b) Im Königreiche Bayern (zur Zeit mit Ausschluß des Rheinkreises) von
Bier,
Branntwein,
geschrotetem Malz.

c) Im Königreiche Württemberg von
Bier,
Branntwein,
geschrotetem Malz.

d) Im Kurfürstenthume Hessen von
Bier,
Branntwein,

Ta-

Taback,
Traubenmost und Wein.

e) Im Großherzogthume Hessen von
Bier.

Es soll bei der Bestimmung und Erhebung der gedachten Abgaben nach folgenden Grundsätzen verfahren werden:

1) Die Ausgleichungs-Abgaben werden nach dem Abstande der gesetzlichen Steuer im Lande der Bestimmung von der denselben Gegenstand betreffenden Steuer im Lande der Herkunft bemessen, und fallen daher im Verhältnisse gegen diejenigen Vereinslande gänzlich weg, wo eine gleich hohe oder eine höhere Steuer auf dasselbe Erzeugniß gelegt ist.

2) Veränderungen, welche in den Steuern von inländischen Erzeugnissen der betheiligten Staaten eintreten, haben auch Veränderungen in den Ausgleichungs-Abgaben, jedoch stets unter Anwendung des vorher (1.) aufgestellten Grundsatzes zur Folge.

Wo auf den Grund einer solchen Veränderung eine Ausgleichungs-Abgabe zu erhöhen seyn würde, muß, falls die Erhöhung wirklich in Anspruch genommen wird, eine Verhandlung darüber zwischen den betheiligten Staaten, und eine vollständige Nachweisung der Zulässigkeit nach den Bestimmungen des gegenwärtigen Vertrages vorausgehen.

3) Die gegenwärtig in Preußen gesetzlich bestehenden Sätze der Steuern von inländischem Traubenmost und Wein, vom Tabacksbau und Branntwein, so wie die gegenwärtig in Bayern bestehende Steuer von inländischem geschroteten Malz und Bier (Malzaufschlag) sollen jedenfalls den höchsten Satz desjenigen bilden, was in einem Vereinsstaate, welcher jene Steuern eingeführt hat oder künftig etwa einführen sollte, an Ausgleichungs-Abgaben von diesen Artikeln bei deren Eingang aus einem Lande, in welchem keine Steuer auf dieselben Erzeugnisse gelegt ist, erhoben werden darf, wenn auch die betreffende Steuer des Staates, welcher die Ausgleichungs-Abgabe bezieht, diesen höchsten Satz übersteigen sollte.

4) Rückvergütungen der inländischen Staatssteuern sollen bei der Ueberfuhr der besteuerten Gegenstände in ein anderes Vereinsland nicht gewährt werden.

5) Auf andere Erzeugnisse als Bier und Malz, Branntwein, Tabacksblätter, Traubenmost und Wein, soll unter keinen Umständen eine Ausgleichungs-Abgabe gelegt werden.

6) In allen Staaten, in welchen von Taback, Traubenmost und Wein eine Ausgleichungs-Abgabe erhoben wird, soll in keinem Falle eine weitere Abgabe

gabe von diesen Erzeugnissen, weder für Rechnung des Staates, noch für Rechnung der Kommunen beibehalten oder eingeführt werden.

7) Der Ausgleichungs-Abgabe sind solche Gegenstände nicht unterworfen, von welchen auf die in der Zollordnung vorgeschriebene Weise dargethan ist, daß sie als ausländisches Ein- oder Durchgangsgut die zollamtliche Behandlung bei einer Erhebungsbehörde des Vereins bereits bestanden haben, oder derselben noch unterliegen, und eben so wenig diejenigen im Umfange des Vereins erzeugten Gegenstände, welche nur durch einen Vereinsstaat transitiren, um entweder in einen anderen Vereinsstaat oder nach dem Auslande geführt zu werden.

8) Die Ausgleichungs-Abgabe kommt den Kassen desjenigen Staates zu Gute, wohin die Versendung erfolgt. Insofern sie nicht schon im Lande der Versendung für Rechnung des abgabeberechtigten Staates erhoben worden, wird die Erhebung im Gebiete des letzteren erfolgen.

9) Es sollen in jedem der contrahirenden Staaten solche Einrichtungen getroffen werden, vermöge welcher die Ausgleichungs-Abgabe in dem Vereinslande, aus welchem die Versendung erfolgt, am Orte der Versendung oder bei der gelegensten Zoll- oder Steuerbehörde entrichtet, oder ihre Entrichtung durch Anmeldung sicher gestellt werden kann.

10) So lange, bis diese Einrichtungen durch besondere Uebereinkunft festgesetzt seyn werden, bleibt der Verkehr mit Gegenständen, welche einer Ausgleichungs-Abgabe unterliegen, in der Art beschränkt, daß dieselben, ohne Unterschied der transportirten Quantitäten, in das Gebiet des abgabeberechtigten Staates nur auf den im Artikel 8. bezeichneten, oder noch anderweit zu bestimmenden Straßen eingeführt und an den dort einzurichtenden Anmelde- und Hebestellen angemeldet und resp. versteuert werden müssen, ohne daß jedoch in Folge hievon der Verkehr mit den Gegenständen, von welchen eine Ausgleichungs-Abgabe nicht zu entrichten ist, einer weiteren, als der in dem oben gedachten Artikel angeordneten Aufsicht unterworfen seyn wird.

Art. 12. Hinsichtlich der Verbrauchs-Abgaben, welche in dem Bereiche der Vereinsländer von anderen, als den im Artikel 11. bezeichneten Gegenständen erhoben werden, so wie der im Großherzogthume Hessen zur Erhebung kommenden Steuern von Getränken, wird eine gegenseitige Gleichmäßigkeit der Behandlung Statt finden, dergestalt, daß das Erzeugniß eines anderen Vereinsstaates unter keinem Vorwande höher belastet werden darf, als das inländische.

Derselbe Grundsatz findet auch bei den Zuschlags-Abgaben und Octrois Statt, welche für Rechnung einzelner Gemeinen erhoben werden, so weit dergleichen Abgaben nicht überhaupt nach der Bestimmung des Artikels 11. Nr. 6. unzulässig sind.

Art.

Art. 13. Die contrahirenden Staaten erneuern gegenseitig die Verabredung über den Grundsatz, daß Chausseegelder oder andere statt derselben bestehende Abgaben, wie z. B. der in den Königreichen Bayern und Württemberg zur Surrogirung des Wegegeldes von eingehenden Gütern eingeführte fixe Zollbeischlag, eben so Pflaster-, Damm-, Brücken- und Fährgelder, oder unter welchem anderen Namen dergleichen Abgaben bestehen, ohne Unterschied, ob die Erhebung für Rechnung des Staates oder eines Privatberechtigten, namentlich einer Commune geschieht, nur in dem Betrage beibehalten oder neu eingeführt werden können, als sie den gewöhnlichen Herstellungs- und Unterhaltungskosten angemessen sind.

Das dermalen in Preußen nach dem allgemeinen Tarife vom Jahre 1828 bestehende Chausseegeld soll als der höchste Satz angesehen, und hinführo in keinem der contrahirenden Staaten überschritten werden.

Besondere Erhebungen von Thorsperr- und Pflastergeldern sollen auf chaussirten Straßen da, wo sie noch bestehen, dem vorstehenden Grundsatze gemäß aufgehoben, und die Ortspflaster den Chausseestrecken dergestalt eingerechnet werden, daß davon nur die Chausseegelder nach dem allgemeinen Tarif zur Erhebung kommen.

Art. 14. Die contrahirenden Regierungen wollen dahin wirken, daß in ihren Landen ein gleiches Münz-, Maaß- und Gewichtssystem in Anwendung komme, hierüber sofort besondere Unterhandlungen einleiten lassen, und die nächste Sorge auf die Annahme eines gemeinschaftlichen Zollgewichtes richten.

Sofern die desfallsige Einigung nicht bereits bei der Ausführung des Vertrages zum Grunde gelegt werden könnte, werden die contrahirenden Staaten zur Erleichterung der Versendung von Waaren und zur schnelleren Abfertigung dieser Sendungen an den Zollstellen (soweit dies noch nicht zur Ausführung gebracht seyn sollte) bei den in ihren Zolltarifen vorkommenden Maaß- und Gewichtsbestimmungen eine Reduction auf die Maaße und Gewichte, welche in den Tarifen der anderen contrahirenden Staaten angenommen sind, entwerfen, und zum Gebrauche sowohl ihrer Zoll-Aemter als des Handel treibenden Publikums öffentlich bekannt machen lassen.

Der gemeinschaftliche Zolltarif (Artikel 4.) soll in zwei Haupt-Abtheilungen, nach dem Preußischen und nach dem Bayerischen Maaß-, Gewichts- und Münzsystem ausgefertigt werden.

Die Declaration, die Abwägung und Messung der zollbaren Gegenstände soll in Preußen nach Preußischem, in Bayern und Württemberg nach Bayerischem Maaße und Gewichte, in den Hessischen Landen nach dem daselbst gesetzlich eingeführten Maaße und Gewichte geschehen. In den Ausfertigungen der Zoll-Behörden ist aber die Quantität der Waaren zugleich nach einer der beiden Haupt-Abtheilungen des gemeinschaftlichen Tarifs auszudrücken.

So lange, bis die contrahirenden Staaten über ein gemeinschaftliches Münzsystem übereingekommen seyn werden, soll die Bezahlung der Zoll-Abgaben in jedem Staate nach dem Münzfuße geschehen, nach welchem die Entrichtung der übrigen Landes-Abgaben Statt findet.

Es sollen aber schon jetzt die Gold- und Silbermünzen der sämmtlichen contrahirenden Staaten — mit Ausnahme der Scheidemünze — bei allen Hebestellen des gemeinsamen Zollvereins angenommen und zu diesem Behufe die Valvationstabellen öffentlich bekannt gemacht werden.

Art. 15. Die Wasserzölle oder auch Wegegeldgebühren auf Flüssen, mit Einschluß derjenigen, welche das Schiffsgefäß treffen (Recognitionsgebühren), sind von der Schiffahrt auf solchen Flüssen, auf welche die Bestimmungen des Wiener-Kongresses oder besondere Staatsverträge Anwendung finden, ferner gegenseitig nach jenen Bestimmungen zu entrichten, insofern hierüber nichts Besonderes verabredet wird.

In letzterer Hinsicht wollen die contrahirenden Staaten, was insbesondere die Schiffahrt auf dem Rheine und dessen Nebenflüssen betrifft, unverzüglich in Unterhandlung treten, um zu einer Vereinbarung zu gelangen, in Folge deren die Ein-, Aus- und Durchfuhr der Erzeugnisse der sämmtlichen Vereinslande auf den genannten Flüssen in den Schiffahrts-Abgaben, mit stetem Vorbehalten der Recognitionsgebühren, wo nicht ganz befreiet, doch möglichst erleichtert wird.

Alle Begünstigungen, welche ein Vereinsstaat dem Schiffahrtsbetriebe seiner Unterthanen auf den Eingangs genannten Flüssen zugestehen möchte, sollen in gleichem Maaße auch der Schiffahrt der Unterthanen der anderen Vereinsstaaten zu Gute kommen.

Auf den übrigen Flüssen, bei welchen weder die Wiener-Congreßakte noch andere Staatsverträge Anwendung finden, werden die Wasserzölle nach den privativen Anordnungen der betreffenden Regierungen erhoben. Doch sollen auch auf diesen Flüssen die Unterthanen der contrahirenden Staaten und deren Waaren und Schiffsgefäße überall gleich behandelt werden.

Art. 16. Von dem Tage an, wo die gemeinschaftliche Zollordnung des Vereins in Vollzug gesetzt wird, sollen in den zum Zollvereine gehörigen Gebieten alle etwa noch bestehenden Stapel- und Umschlagsrechte aufhören, und Niemand soll zur Anhaltung, Verladung oder Lagerung gezwungen werden können, als in den Fällen, in welchen die gemeinschaftliche Zollordnung oder die betreffenden Schiffahrtsreglements es zulassen oder vorschreiben.

Art. 17. Kanal-, Schleusen-, Brücken-, Fähr-, Hafen-, Waage-, Krahnen- und Niederlage-Gebühren und Leistungen für Anstalten, die zur Erleichterung des Verkehrs bestimmt sind, sollen nur bei Benutzung wirklich bestehender Einrichrichtungen erhoben, und für letztere nicht erhöhet, auch überall von den Unterthanen der anderen contrahirenden Staaten auf völlig gleiche Weise, wie von den eigenen Unterthanen erhoben werden.

Findet der Gebrauch einer Waage- oder Krahnen-Einrichtung nur zum Behufe einer zollamtlichen Controle Statt, so tritt eine Gebühren-Erhebung bei schon einmal zollamtlich verwogenen Waaren nicht ein.

Art. 18. Die contrahirenden Staaten wollen auch ferner gemeinschaftlich dahin wirken, daß durch Annahme gleichförmiger Grundsätze die Gewerbsamkeit befördert und der Befugniß der Unterthanen des einen Staates, in dem anderen Arbeit und Erwerb zu suchen, möglichst freier Spielraum gegeben werde.

Von den Unterthanen des einen der contrahirenden Staaten, welche in dem Gebiete eines anderen derselben Handel und Gewerbe treiben, oder Arbeit suchen, soll von dem Zeitpunkte ab, wo der gegenwärtige Vertrag in Kraft treten wird, keine Abgabe entrichtet werden, welcher nicht gleichmäßig die in denselben Gewerbsverhältnisse stehenden eigenen Unterthanen unterworfen sind.

Desgleichen sollen Fabrikanten und Gewerbtreibende, welche blos für das von ihnen betriebene Geschäft Ankäufe machen, oder Reisende, welche nicht Waaren selbst, sondern nur Muster derselben bei sich führen, um Bestellungen zu suchen, wenn sie die Berechtigung zu diesem Gewerbbetriebe in dem Vereins-Staate, in welchem sie ihren Wohnsitz haben, durch Entrichtung der gesetzlichen Abgaben erworben haben, oder im Dienste solcher inländischen Gewerbtreibenden oder Kaufleute stehen, in den anderen Staaten keine weitere Abgabe hiefür zu entrichten verpflichtet seyn.

Auch sollen beim Besuche der Märkte und Messen zur Ausübung des Handels und zum Absatze eigener Erzeugnisse oder Fabrikate in jedem Vereins-Staate die Unterthanen der übrigen contrahirenden Staaten eben so wie die eigenen Unterthanen behandelt werden.

Art. 19. Die Preußischen Seehäfen sollen dem Handel der Unterthanen sämmtlicher Vereinsstaaten gegen völlig gleiche Abgaben, wie solche von den Königlich-Preußischen Unterthanen entrichtet werden, offen stehen; auch sollen die in fremden See- und anderen Handelsplätzen angestellten Consuln einer oder der anderen der contrahirenden Staaten veranlaßt werden, der Unterthanen der übrigen contrahirenden Staaten sich in vorkommenden Fällen möglichst mit Rath und That anzunehmen.

Art. 20. Zum Schutze ihres gemeinschaftlichen Zollsystems gegen den Schleichhandel und ihrer inneren Verbrauchs-Abgaben gegen Defraudationen haben die contrahirenden Staaten ein gemeinsames Cartel abgeschlossen, welches sobald als möglich, spätestens aber gleichzeitig mit dem gegenwärtigen Vertrage in Ausführung gebracht werden soll.

Art. 21. Die als Folge des gegenwärtigen Vertrages eintretende Gemeinschaft der Einnahme der contrahirenden Staaten bezieht sich auf den Ertrag der Eingangs-, Ausgangs- und Durchgangs-Abgaben in den Preußischen Staaten, den Königreichen Bayern und Württemberg, dem Kurfürstenthume und dem Großherzogthume Hessen mit Einschluß der den Zollsystemen der contrahirenden Staaten bisher schon beigetretenen Länder.

Von der Gemeinschaft sind ausgeschlossen und bleiben dem privativen Genusse der betreffenden Staatsregierungen vorbehalten:

1) die Steuern, welche im Innern eines jeden Staates von inländischen Erzeugnissen erhoben werden, einschließlich der im Artikel 11. vorbehaltenen Ausgleichungs-Abgaben;
2) die im Artikel 15. erwähnten Wasserzölle;
3) Chaussee-Abgaben, Pflaster-, Damm-, Brücken-, Fähr-, Kanal-, Schleusen-, Hafengelder, so wie Waage- und Niederlage-Gebühren oder gleichartige Erhebungen, wie sie auch sonst genannt werden;
4) die Zollstrafen und Confiscate, welche, vorbehaltlich der Antheile der Denuncianten, jeder Staatsregierung in ihrem Gebiete verbleiben.

Art. 22. Der Ertrag der in die Gemeinschaft fallenden Abgaben wird nach Abzug

1) der Kosten, wovon weiter unten im Artikel 30. die Rede ist;
2) der Rückerstattungen für unrichtige Erhebungen;
3) der auf den Grund besonderer gemeinschaftlicher Verabredungen erfolgten Steuervergütungen und Ermäßigungen

unter den vereinten Staaten nach dem Verhältnisse der Bevölkerung, mit welcher sie im Vereine sich befinden, vertheilt.

Die Bevölkerung solcher Staaten, welche durch Vertrag mit einem oder dem anderen der contrahirenden Staaten unter Verabredung einer von diesem jährlich für ihre Antheile an den gemeinschaftlichen Zollrevenüen zu leistenden Zahlung dem Zollverbande beigetreten sind, oder noch beitreten werden, wird in die Bevölkerung desjenigen Staates eingerechnet, welcher diese Zahlung leistet.

Der Stand der Bevölkerung in den einzelnen Vereinsstaaten wird alle drei Jahre von einem noch zu verabredenden Termine an ausgemittelt, und die Nachweisung derselben von den einzelnen Staaten einander gegenseitig mitgetheilt werden.

Art. 23. Vergünstigungen für Gewerbtreibende hinsichtlich der Steuer-Entrichtung, welche nicht in der Zollgesetzgebung selbst begründet sind, fallen der Staats-Kasse derjenigen Regierung, welche sie bewilliget hat, zur Last.

Die Maaßgaben, unter welchen solche Vergünstigungen zu bewilligen sind, werden näherer Verabredung vorbehalten.

Art.

Art. 24. Dem auf Förderung freier und natürlicher Bewegung des allgemeinen Verkehrs gerichteten Zwecke des Zollvereins gemäß, sollen besondere Zollbegünstigungen einzelner Meßplätze, namentlich Rabattprivilegien da, wo sie dermalen in den Vereinsstaaten noch bestehen, nicht erweitert, sondern vielmehr unter geeigneter Berücksichtigung sowohl der Nahrungsverhältnisse bisher begünstigter Meßplätze, als der bisherigen Handelsbeziehungen mit dem Auslande, thunlichst beschränkt und ihrer baldigen gänzlichen Aufhebung entgegengeführt, neue aber ohne allerseitige Zustimmung auf keinen Fall ertheilt werden.

Art. 25. Von der tarifmäßigen Abgaben-Entrichtung bleiben die Gegenstände, welche für die Hofhaltung der hohen Souveraine und ihrer Regentenhäuser, oder für die bei ihren Höfen accreditirten Botschafter, Gesandten, Geschäftsträger rc. eingehen, nicht ausgenommen, und wenn dafür Rückvergütungen Statt haben, so werden solche der Gemeinschaft nicht in Rechnung gebracht.

Eben so wenig anrechnungsfähig sind Entschädigungen, welche in einem oder dem anderen Staate den vormals unmittelbaren Reichsständen, oder an Communen oder einzelne Privatberechtigte für eingezogene Zollrechte oder für aufgehobene Befreiungen gezahlt werden müssen.

Dagegen bleibt es jedem Staate unbenommen, einzelne Gegenstände auf Freipässe ohne Abgaben-Entrichtung in seinem Gebiete ein-, aus- oder durchgehen zu lassen. Dergleichen Gegenstände werden jedoch zollgesetzlich behandelt, und in Freiregistern, mit denen es wie mit den übrigen Zollregistern zu halten ist, notirt, und die Abgaben, welche davon zu erheben gewesen wären, kommen bei der demnächstigen Revenüen-Ausgleichung demjenigen Theile, von welchem die Freipässe ausgegangen sind, in Abrechnung.

Art. 26. Das Begnadigungs- und Strafverwandlungs-Recht bleibt jedem der contrahirenden Staaten in seinem Gebiete vorbehalten.

Auf Verlangen werden periodische Uebersichten der erfolgten Straf-Erlasse gegenseitig mitgetheilt werden.

Art. 27. Die Ernennung der Beamten und Diener bei den Lokal- und Bezirksstellen für die Zoll-Erhebung und Aufsicht, welche in Gemäßheit der hierüber getroffenen besonderen Uebereinkunft nach gleichförmigen Bestimmungen angeordnet, besetzt und instruirt werden sollen, bleibt einer jeden der contrahirenden Regierungen innerhalb ihres Gebietes überlassen.

Art. 28. In jedem Vereinsstaate wird die Leitung des Dienstes der Lokal- und Bezirks-Zollbehörden, so wie die Vollziehung der gemeinschaftlichen Zollgesetze überhaupt, einer, oder, wo sich das Bedürfniß hierzu zeigt, mehreren Zolldirectionen übertragen, welche dem einschlägigen Ministerium des betreffenden Staates untergeordnet sind.

Die Bildung der Zolldirectionen und die Einrichtung ihres Geschäftsganges bleibt den einzelnen Staatsregierungen überlassen; der Wirkungskreis der-

derselben aber wird, insoweit er nicht schon durch den Grundvertrag und die gemeinschaftlichen Zollgesetze bestimmt ist, durch eine gemeinschaftlich zu verabredende Instruction bezeichnet werden.

Art. 29. Die von den Zoll-Erhebungsbehörden nach Ablauf eines jeden Vierteljahres aufzustellenden Quartals-Extracte, und die nach dem Jahres- und Bücherschlusse aufzustellenden Final-Abschlüsse über die resp. im Laufe des Vierteljahres und während des Rechnungsjahres fällig gewordenen Zoll-Einnahmen, werden von den betreffenden Zolldirectionen nach vorangegangener Prüfung in Haupt-Uebersichten zusammengetragen, und diese sodann an ein Centralbüreau eingesendet, zu welchem ein jeder Vereinsstaat einen Beamten zu ernennen die Befugniß hat.

Dieses Büreau fertigt auf den Grund jener Vorlagen die provisorischen Abrechnungen zwischen den vereinigten Staaten von drei zu drei Monaten, sendet dieselben den Central-Finanzstellen der letzteren, und bereitet die definitive Jahres-Abrechnung vor.

Wenn aus den Quartal-Abrechnungen hervorgeht, daß die wirkliche Einnahme eines Vereinsstaates um mehr als einen Monatsbetrag gegen den ihm verhältnißmäßig an der Gesammt-Einnahme zuständigen Revenüen-Antheil zurückgeblieben ist, so muß alsbald das Erforderliche zur Ausgleichung dieses Ausfalles durch Herauszahlung von Seiten des oder derjenigen Staaten, bei denen eine Mehr-Einnahme Statt gefunden hat, eingeleitet werden.

Art. 30. In Absicht der Erhebungs- und Verwaltungskosten sollen folgende Grundsätze in Anwendung kommen:

1) Man wird keine Gemeinschaft dabei eintreten lassen, vielmehr übernimmt jede Regierung alle in ihrem Gebiete vorkommende Erhebungs- und Verwaltungskosten, es mögen diese durch die Einrichtung und Unterhaltung der Haupt- und Neben-Zoll-Aemter, der inneren Steuer-Aemter, Hall-Aemter und Packhöfe und der Zolldirectionen, oder durch den Unterhalt des dabei angestellten Personals und durch die dem letzteren zu bewilligenden Pensionen, oder endlich aus irgend einem anderen Bedürfnisse der Zollverwaltung entstehen.

2) Hinsichtlich desjenigen Theils des Bedarfs aber, welcher an den gegen das Ausland gelegenen Grenzen und innerhalb des dazu gehörigen Grenz-Bezirks für die Zoll-Erhebungs- und Aufsichts- oder Controlbehörden und Zoll-Schutzwachen erforderlich ist, wird man sich über Pauschsummen vereinigen, welche jeder der contrahirenden Staaten von der jährlich aufkommenden und der Gemeinschaft zu berechnenden Brutto-Einnahme an Zollgefällen in Abzug bringen kann.

3) Bei dieser Ausmittelung des Bedarfs soll da, wo die Perception privater

der Abgaben mit der Zoll-Erhebung verbunden ist, von den Gehalten und Amtsbedürfnissen der Zollbeamten nur derjenige Theil in Anrechnung kommen, welcher dem Verhältnisse ihrer Geschäfte für den Zolldienst zu ihren Amtsgeschäften überhaupt entspricht.

4) Man wird sich über allgemeine Normen vereinigen, um die Besoldungs-Verhältnisse der Beamten bei den Zoll-Erhebungs- und Aufsichtsbehörden, ingleichen bei den Zolldirectionen in möglichste Uebereinstimmung zu bringen.

Art. 31. Die contrahirenden Staaten gestehen sich gegenseitig das Recht zu, den Haupt-Zoll-Aemtern auf den Grenzen anderer Vereinsstaaten Controleure beizuordnen, welche von allen Geschäften derselben und der Neben-Aemter in Beziehung auf das Abfertigungsverfahren und die Grenzbewachung Kenntniß zu nehmen, und auf Einhaltung eines gesetzlichen Verfahrens, ingleichen auf die Abstellung etwaiger Mängel einzuwirken, übrigens sich jeder eigenen Verfügung zu enthalten haben.

Einer näher zu verabredenden Dienstordnung bleibt es vorbehalten, ob und welchen Antheil dieselben an den laufenden Geschäften zu nehmen haben.

Art. 32. Jeder der contrahirenden Staaten hat das Recht, an die Zoll-Directionen der anderen vereinten Staaten Beamte zu dem Zwecke abzuordnen, um sich von allen vorkommenden Verwaltungsgeschäften, welche sich auf die durch den gegenwärtigen Vertrag eingegangene Gemeinschaft beziehen, vollständige Kenntniß zu verschaffen.

Eine besondere Instruction wird das Geschäftsverhältniß dieser Beamten näher bestimmen, als dessen Grundlage die unbeschränkte Offenheit von Seiten des Staates, bei welchem die Abgeordneten fungiren, in Bezug auf alle Gegenstände der gemeinschaftlichen Zollverwaltung, und die Erleichterung jedes Mittels, durch welches sie sich die Information hierüber verschaffen können, anzusehen ist, während andererseits ihre Sorgfalt nicht minder aufrichtig dahin gerichtet seyn muß, eintretende Anstände und Meinungsverschiedenheiten auf eine dem gemeinsamen Zwecke und dem Verhältnisse verbündeter Staaten entsprechende Weise zu erledigen.

Die Ministerien der sämmtlichen Vereinsstaaten werden sich gegenseitig auf Verlangen jede gewünschte Auskunft über die gemeinschaftlichen Zoll-Angelegenheiten mittheilen, und insofern zu diesem Behufe die zeitweise oder dauernde Abordnung eines höheren Beamten, oder die Beauftragung eines anderweit bei der Regierung beglaubigten Bevollmächtigten beliebt würde, so ist demselben nach dem oben ausgesprochenen Grundsatze alle Gelegenheit zur vollständigen Kenntnißnahme von den Verhältnissen der gemeinschaftlichen Zollverwaltung bereitwillig zu gewähren.

Art. 33. Jährlich in den ersten Tagen des Juni findet zum Zwecke gemeinsamer

mer Berathung ein Zusammentritt von Bevollmächtigten der Vereinsregierungen Statt, zu welchem eine jede der letzteren einen Bevollmächtigten abzuordnen befugt ist.

Für die formelle Leitung der Verhandlungen wird von den Conferenz-Bevollmächtigten aus ihrer Mitte ein Vorsitzender gewählt, welchem übrigens kein Vorzug vor den übrigen Bevollmächtigten zusteht.

Der erste Zusammentritt wird in München Statt finden. Wo derselbe künftig erfolgen soll, wird bei dem Schlusse einer jeden jährlichen Versammlung mit Rücksicht auf die Natur der Gegenstände, deren Verhandlung in der folgenden Conferenz zu erwarten ist, verabredet werden.

Art. 34. Vor die Versammlung dieser Conferenz-Bevollmächtigten gehört:

a) die Verhandlung über alle Beschwerden und Mängel, welche in Beziehung auf die Ausführung des Grundvertrages und der besonderen Uebereinkünfte, des Zollgesetzes, der Zollordnung und Tarife, in einem oder dem anderen Vereinsstaate wahrgenommen, und die nicht bereits im Laufe des Jahres in Folge der darüber zwischen den Ministerien geführten Correspondenz erledigt worden sind;

b) die definitive Abrechnung zwischen den Vereinsstaaten über die gemeinschaftliche Einnahme auf den Grund der von den obersten Zollbehörden aufgestellten, durch das Centralbüreau vorzulegenden Nachweisungen, wie solche der Zweck einer dem gemeinsamen Interesse angemessenen Prüfung erheischt;

c) die Berathung über Wünsche und Vorschläge, welche von einzelnen Staats-Regierungen zur Verbesserung der Verwaltung gemacht werden;

d) die Verhandlungen über Abänderungen des Zollgesetzes, des Zolltarifs, der Zollordnung und der Verwaltungs-Organisation, welche von einem der contrahirenden Staaten in Antrag gebracht werden, überhaupt über die zweckmäßige Entwickelung und Ausbildung des gemeinsamen Zoll- und Handelssystems.

Art. 35. Treten im Laufe des Jahres außer der gewöhnlichen Zeit der Versammlung der Conferenz-Bevollmächtigten außerordentliche Ereignisse ein, welche unverzügliche Maaßregeln oder Verfügungen abseiten der Vereinsstaaten erheischen; so werden sich die contrahirenden Theile darüber im diplomatischen Wege vereinigen, oder eine außerordentliche Zusammenkunft ihrer Bevollmächtigten veranlassen.

Art. 36. Den Aufwand für die Bevollmächtigten und deren etwaige Gehülfen bestreitet die Regierung, welche sie absendet.

Das Kanzlei-Dienstpersonale und das Lokale wird unentgeldlich von

der

der Regierung gestellt, in deren Gebiete der Zusammentritt der Conferenz Statt findet.

Art. 37. Sollte zur Zeit der Vollziehung des gegenwärtigen Vertrages eine Uebereinstimmung der Eingangs-Zollsätze in den Landen der contrahirenden Regierungen nicht bereits im Wesentlichen bestehen; so verpflichten sich dieselben zu allen Maaßregeln, welche erforderlich sind, damit nicht die Zoll-Einkünfte des Gesammt-Vereins durch die Einführung und Anhäufung unverzollter oder gegen geringere Steuersätze, als der Vereinstarif enthält, verzollter Waarenvorräthe beeinträchtigt werden.

Art. 38. Für den Fall, daß andere deutsche Staaten den Wunsch zu erkennen geben sollten, in den durch gegenwärtigen Vertrag errichteten Zollverein aufgenommen zu werden, erklären sich die hohen Contrahenten bereit, diesem Wunsche, so weit es unter gehöriger Berücksichtigung der besonderen Interessen der Vereinsmitglieder möglich erscheint, durch desfalls abzuschließende Verträge Folge zu geben.

Art. 39. Auch werden sie sich bemühen, durch Handelsverträge mit anderen Staaten dem Verkehr Ihrer Angehörigen jede mögliche Erleichterung und Erweiterung zu verschaffen.

Art. 40. Alles, was sich auf die Detail-Ausführung der im gegenwärtigen Vertrage und dessen Beilagen enthaltenen Verabredungen, insbesondere auf den Vollzug der gemeinschaftlich festgesetzten organischen Bestimmungen, Reglements und Instructionen bezieht, soll durch gemeinschaftliche Commissarien vorbereitet werden.

Art. 41. Die Dauer des gegenwärtigen Vertrages, welcher mit dem ersten Januar 1834. in Ausführung gebracht werden soll, wird vorläufig bis zum ersten Januar 1842. festgesetzt. Wird derselbe während dieser Zeit und spätestens zwei Jahre vor Ablauf der Frist nicht gekündigt, so soll er auf 12 Jahre, und so fort von 12 zu 12 Jahren als verlängert angesehen werden.

Letztere Verabredung wird jedoch nur für den Fall getroffen, daß nicht in der Zwischenzeit sämmtliche deutsche Bundesstaaten über gemeinsame Maaßregeln übereinkommen, welche den mit der Absicht des Artikels 19. der deutschen Bundes-Acte in Uebereinstimmung stehenden Zweck des gegenwärtigen Zoll-Vereins vollständig erfüllen.

Auch sollen im Falle etwaiger gemeinsamer Maaßregeln über den freien Verkehr mit Lebensmitteln in sämmtlichen deutschen Bundesstaaten die betreffenden Bestimmungen des nach gegenwärtigem Vertrage bestehenden Vereins-Tarifs demgemäß modificirt werden.

Gegenwärtiger Vertrag soll alsbald zur Ratification der hohen contrahirenden Höfe vorgelegt, und die Auswechselung der Ratifications-Urkunden soll spätestens binnen sechs Wochen in Berlin bewirkt werden.

So geschehen Berlin, den 22sten März 1833.

C. G. Maassen.	H. W. v. Steuber.	Wilhelm v. Kopp.	Arn. Fried. v. Mieg.	Franz a Paula Friedrich Frh. v. Linden.
(L. S.)	(L. S.)	(L. S.)	(L. S.)	(L. S.)
Albrecht Friedrich Eichhorn.	Heinrich Theodor Ludwig Schwedes.		Friedrich Ch. Johann Gf. v. Luxburg.	
(L. S.)	(L. S.)		(L. S.)	

(ad No. 1472.)

Zusatz-Artikel zu dem Zollvereinigungs-Vertrage zwischen Preußen, Kurhessen und dem Großherzogthume Hessen einerseits und Bayern und Württemberg andererseits. Vom 31sten Oktober 1833.

1.

In Gemäßheit der im Artikel 4. des Zollvereinigungs-Vertrages vom 22sten März d. J. enthaltenen Verabredung wollen Seine Majestät der König von Bayern und Seine Majestät der König von Württemberg die unter A. beiliegende Zollordnung, und den unter B. beiliegenden Zolltarif, welche zusammen das Zollgesetz bilden, in ihren Staaten verkündigen lassen.

Nicht minder wird in dem Königreiche Preußen, dem Kurfürstenthume Hessen und dem Großherzogthume Hessen, unter Beibehaltung der in diesen Staaten bestehenden Zollgesetze und Zollordnungen, der erwähnte unter B. beigefügte Tarif gleichzeitig mit jenem Vertrage verkündigt werden.

Die in diesem Artikel erwähnten Gesetze und Zollordnungen, so wie der Tarif, sind als integrirende Theile des Vertrages vom 22sten März d. J. anzusehen.

2.

Die contrahirenden Theile wollen so bald wie möglich die Einleitung treffen, daß die Bestrafung der Zollvergehen jeder Art, da solche das Interesse aller Vereinsstaaten gleichmäßig berühren, auch auf möglichst übereinstimmende Grundsätze zurückgeführt werde.

Vorstehenden Artikel, welcher dieselbe Kraft und Giltigkeit haben soll, als wenn derselbe in dem Vertrage vom 22sten März d. J. enthalten wäre, haben

die

die unterzeichneten Bevollmächtigten unter dem Vorbehalte der Ratification vollzogen und untersiegelt.

So geschehen Berlin, den 31sten Oktober 1833.

Carl Georg Maaßen. (L. S.)	Carl Friedrich v. Wilkens-Hohenau. (L. S.)	Wilhelm v. Kopp. (L. S.)	Fr. Ch. Joh. Gf. v. Luxburg. (L. S.)	Franz a Paula Friedrich Frh. v. Linden. (L. S.)
Albr. Fried. Eichhorn. (L. S.)	H. Th. Ludw. Schwedes. (L. S.)			

(Anmerkung. Von den unter A. und B. erwähnten Beilagen des obigen Zusatz-Artikels wird hier nur die Beilage B., den Vereins-Zolltarif enthaltend, abgedruckt, und dabei auf die unter No. 1471. publicirte Allerhöchste Kabinetsorder vom 18ten November d. J. Bezug genommen.)

B.

Vereins-Zolltarif.

Erste Abtheilung.
Gegenstände, welche gar keiner Abgabe unterworfen sind.

Ganz frei bleiben:

1. Bäume zum Verpflanzen, und Reben;
2. Bienenstöcke mit lebenden Bienen;
3. Blut von geschlachtetem Vieh, sowohl flüssiges als eingetrocknetes;
4. Branntweinspülig;
5. Dünger, thierischer; desgleichen andere Düngungsmittel, als: ausgelaugte Asche, Kalkäscher, Hornspäne, Knochenschaum oder Zuckererde, Düngesalz, letzteres nur auf besondere Erlaubnißscheine und unter Controle der Verwendung;
6. Eier;
7. Erden und Erze, die nicht mit einem Zollsatze namentlich betroffen sind, als: Bolus, Bimsstein, Blutstein, Braunstein, Gips, Lehm, Mergel, Sand, Schmirgel, Schwerspath (in krystallisirten Stücken), gewöhnlicher Töpferthon und Pfeifenerde, Tripel, Walkererde u. a.;
8. Erzeugnisse des Ackerbaues und der Viehzucht eines einzelnen von der Grenze durchschnittenen Landgutes;
9. Fische, frische, und Krebse;
10. Gras, Futterkräuter und Heu;
11. Gartengewächse, frische, als:
    Blumen, Gemüse und Krautarten, Kartoffeln und Rüben, eßbare Wurzeln 2c., auch frische Krappwurzeln, ingleichen Feuerschwamm, roh, wie er von den Bäumen kommt; auch ungetrocknete Cichorien, diese mit Ausnahmen für besonders bestimmte Grenzen;
12. Geflügel und kleines Wildpret aller Art;
13. Glasur- und Hafnererz (Alquifoux);
14. Gold und Silber, gemünzt, in Barren und Bruch, mit Ausschluß der fremden silberhaltigen Scheidemünze;
15. Hausgeräthe und Effecten, gebrauchte, getragene Kleider und Wäsche, auch gebrauchtes Handwerkszeug, von Anziehenden zur eigenen Benutzung; auch neue Kleider, Wäsche und Effecten, insofern sie Ausstattungsgegenstände sind;
16. Holz (Brenn- und Nutzholz, auch Flechtweiden), welches zu Lande verfahren wird, und nicht nach einer Holzablage zum Verschiffen bestimmt ist, ausgenommen auf den mit einem Zollsatze namentlich betroffenen Grenzlinien; Reisig und Besen daraus;
17. Kleidungsstücke und Wäsche, welche Reisende, Fuhrleute und Schiffer zu ihrem Gebrauche, auch Handwerkszeug, welches reisende Handwerker, in-

gleichen Muster und Musterkarten, welche Handelsreisende mit sich führen; dann die Wagen der Reisenden; ferner Wagen und Wasserfahrzeuge der Fuhrleute und Schiffer zum Personen- und Waarentransport, gebrauchte Inventarien-Stücke der Schiffe, Reisegeräth, auch Verzehrungsgegenstände zum Reiseverbrauch;

18. Lohkuchen (ausgelaugte Lohe als Brennmaterial);
19. Milch;
20. Obst, frisches, ausgenommen auf besonders bestimmten Grenzen;
21. Papierspäne (Abfälle) und beschriebenes Papier (Acten, Maculatur);
22. Saamen von Waldhölzern;
23. Schachtelhalm, Schilf und Dachrohr;
24. Scheerwolle (Abfälle beim Tuchscheeren), desgleichen Flockwolle (Abfälle von der Spinnerei) und Tuchtrümmer (Abfälle von der Weberei);
25. Steine, alle behauenen und unbehauenen, Bruch-, Kalk-, Schiefer-, Ziegel- und Mauersteine beim Landtransport, insofern sie nicht nach einer Ablage zum Verschiffen bestimmt sind; Mühl- und grobe Schleif- und Wetzsteine in demselben Falle, ausgenommen auf besonders bestimmten Grenzen;
26. Stroh, Spreu, Häckerling;
27. Thiere, alle lebenden, für welche kein Tarifsatz ausgeworfen ist;
28. Torf und Braunkohlen;
29. Treber und Trester.

Zweite Abtheilung.

Gegenstände, welche bei der Einfuhr oder bei der Ausfuhr einer Abgabe unterworfen sind.

Funfzehn Silbergroschen oder ein halber Thaler Preuß. vom Preuß. Centner, oder funfzig Kreuzer im 24-Gulden-Fuß vom Zoll-Centner Brutto-Gewicht wird in der Regel bei dem Eingange, und weiter keine Abgabe bei dem Verbrauch im Lande, noch auch dann erhoben, wenn die Waare hiernächst ausgeführt werden sollte.

Ausnahmen hiervon treten bei allen Gegenständen ein, welche entweder nach dem Vorhergehenden (erste Abtheilung) ganz frei, oder nach dem Folgenden namentlich:

a) einer geringern oder höhern Eingangsabgabe als ein halber Thaler vom Preuß. Centner, oder funfzig Kreuzer vom Zoll-Centner unterworfen, oder:
b) bei der Ausfuhr mit einer Abgabe belegt sind.

Es sind dieses folgende Gegenstände, von welchen die beigesetzten Gefälle erhoben werden:

1. Ab-

No.	Benennung der Gegenstände.
1	**Abfälle** von Glashütten, desgleichen Glasscherben und Bruch; von Seifsiedereien die Unterlauge; von Gerbereien das Leimleder; ferner Thierflechsen, Hörner, Hornspitzen, Klauen und Knochen, letztere mögen ganz oder zerkleinert sein ....
.	Anmerk. An den Bayerischen und Württembergischen Grenzen ....
2	**Baumwolle und Baumwollenwaaren:**
	a) Rohe Baumwolle ....
	b) Baumwollengarn:
	1) weißes ungezwirntes, und Watten ....
	2) doublirtes, gezwirntes Garn (Zwirn, Strickgarn), ingleichen alles gefärbte Garn ....
	c) Baumwollene, desgleichen aus Baumwolle und Leinen, ohne Beimischung von Seide und Wolle, gefertigte Zeuge und Strumpfwaaren, Spitzen (Tüll), Posamentier-, Knopfmacher-, Sticker- und Putzwaaren; auch Gespinnst und Tressenwaaren aus Metallfäden (Lahn) und Baumwolle oder Baumwolle und Leinen, außer Verbindung mit Seide, Wolle, Eisen, Glas, Holz, Leder, Messing, Stahl und andern Materialien ....
3	**Blei:**
	a) Rohes, in Blöcken, Mulden ꝛc. ....
	b) Grobe Bleiwaaren, als: Kessel, Röhren, Schrot, Platten u. s. w. ....
	c) Feine Bleiwaaren, als: Spielzeug ꝛc., ganz oder theilweise aus Blei, auch dergleichen lackirte Waaren ....
4	**Bürstenbinder- und Siebmacherwaaren:**
	a) grobe, in Verbindung mit Holz oder Eisen ohne Politur und Lack ....
	b) feine, in Verbindung mit andern Materialien ....
5	**Droguerie- und Apotheker- auch Farbewaaren:**
	a) Chemische Fabricate für den Medicinal- und Gewerbsgebrauch, auch Präparate, ätherische auch andere Oele, Säuren, Salze, eingedickte Säfte; desgleichen Maler-, Wasch-, Pastellfarben und Tusche, Farben- und Tuschkasten, feine Pinsel, Mundlack (Oblaten), Englisch-Pflaster, Siegellack u. s. w.; über-

Abgabensätze nach dem Preuß. oder 21 = Gulden = Münzfuße (mit der Eintheilung des Thalers in 30stel und 24stel), Maaße und Gewichte.						Abgabensätze nach dem 24 = Gulden = Fuße und Zoll = Centner.					
Gewicht, Maaß oder Anzahl.	Sätze beim Eingang.		Ausgang.		Für Thara wird vergütet vom Centner Brutto = Gewicht:	Gewicht, Maaß oder Anzahl.	Sätze beim Eingang.		Ausgang.		Für Thara wird vergütet vom Centner Brutto = Gewicht.
	Rthlr.	Sgr. (gGr.)	Rthlr.	Sgr. (gGr.)	Pfund.		Fl.	Xr.	Fl.	Xr.	Pfund.
1 Centr.	frei.	..	..	10 (8)*)	....	1 Centr.	frei.	..	..	31¼	
......	..	..	..	..	....	1 Centr.	frei.	..	1	40	
1 Centr.	frei.	..	..	15 (12)	....	1 Centr.	frei.	..	..	50	
1 Centr.	2	..	..	..	20 in Fässern u. Kisten. 10 in Ballen.	1 Centr.	3	26¼	..	..	18 in Fässern u. Kisten. 9 in Ballen.
1 Centr.	6	..	..	..		1 Centr.	10	12½	..	..	
1 Centr.	50	..	..	..	20 in Fässern u. Kisten. 8 in Ballen.	1 Centr.	85	..	..	..	18 in Fässern u. Kisten. 8 in Ballen.
1 Centr.	..	7½ (6)	..	..	....	1 Centr.	..	25	..	..	
1 Centr.	2	..	..	..	7 in Fässern u. Kisten.	1 Centr.	3	26¼	..	..	7 in Fässern u. Kisten.
1 Centr.	10	..	..	..	22 in Fässern u. Kisten. 14 in Körben.	1 Centr.	16	58¾	..	..	20 in Fässern u. Kisten. 13 in Körben.
1 Centr.	3	..	..	..	....	1 Centr.	5	6¼	..	..	
1 Centr.	10	..	..	..	22 in Fässern u. Kisten.	1 Centr.	16	58¾	..	..	20 in Fässern u. Kisten.

*) Die unter den Silbergroschen stehenden Ziffern bezeichnen 24stel des Thalers.

No.	Benennung der Gegenstände.
	haupt die unter Apotheker-, Droguerie- und Farbewaaren gemeiniglich begriffenen Gegenstände, sofern sie nicht besonders ausgenommen sind ....
	Ausnahmen treten jedoch folgende ein, und zahlen weniger:
	b) Alaun ....
	c) Bleiweiß (Kremserweiß), rein oder versetzt ....
	d) Mennige, Schmalte, gereinigte Soda (Mineral-Alkali), Kupfervitriol, gemischter Kupfer- und Eisenvitriol, weißer Vitriol ....
	e) Eisenvitriol (grüner) ....
	f) Gelbe, grüne, rothe Farbenerde, Braunroth, Kreide, Ocker, Rothstein, Umbra; auch roher Flußspath in Stücken ....
	g) 1) Galläpfel, Krapp, Kreuzbeeren, Kurkume, Quercitron, Safflor, Sumach, Waid und Wau ....
	2) Eckerdoppern, Knoppern ....
	h) Farbehölzer, in Blöcken oder geraspelt ....
	i) Korkholz, Pockholz, Cedernholz und Buchsbaum ....
	k) Pot- (Waid-) Asche, Weinstein; auch ungereinigte Soda ....
	l) Mineralwasser in Flaschen oder Krügen ....
	m) Salpeter, gereinigter und ungereinigter ....
	n) Salzsäure und Schwefelsäure ....
	o) Abfälle von der Fabrication der Salpetersäure und Salzsäure ....
	p) Schwefel ....
	q) Terpentin und Terpentinöl (Kienöl) ....

Anmerk. Rohe Erzeugnisse des Mineral-, Thier- und Pflanzenreichs zum Gewerbe- und Medi-

Abgabensätze nach dem Preuß. oder 21-Gulden-Münzfuße (mit der Eintheilung des Thalers in 30stel und 24stel), Maaße und Gewichte.						Abgabensätze nach dem 24-Gulden-Fuße und Zoll-Centner.					
Gewicht, Maaß oder Anzahl.	Sätze beim Eingang.		Sätze beim Ausgang.		Für Thara wird vergütet vom Centner Brutto-Gewicht:	Gewicht, Maaß oder Anzahl.	Sätze beim Eingang.		Sätze beim Ausgang.		Für Thara wird vergütet vom Centner Brutto-Gewicht:
	Rthlr.	Sgr. (gGr.)	Rthlr.	Sgr. (gGr.)	Pfund.		Fl.	Kr.	Fl.	Kr.	Pfund.
1 Centr.	3	20 (16)	..	..	18 in Fässern u. Kisten. 10 in Körben. 7 in Ballen.	1 Centr.	6	15	..	..	16 in Fässern u. Kisten. 9 in Körben. 7 in Ballen.
1 Centr.	1	10 (8)	..	..	12 in Fässern.	1 Centr.	2	17½	..	..	11 in Fässern.
1 Centr.	2	..	..	..	7 in Fässern.	1 Centr.	3	26¼	..	..	7 in Fässern.
1 Centr.	1	..	..	..	....	1 Centr.	1	40	..	..	
1 Centr.	..	7½ (6)	..	..	....	1 Centr.	..	25	..	..	
1 Centr.	..	5 (4)	..	..	....	1 Centr.	..	18¾	..	..	
1 Centr.	..	5 (4)	..	5 (4)	....	1 Centr.	..	18¾	..	18¾	
1 Centr.	..	2½ (2)	..	2½ (2)	....	1 Centr.	..	8	..	8	
1 Centr.	..	5 (4)	..	5 (4)	....	1 Centr.	..	18¾	..	18¾	
1 Centr.	..	5 (4)	..	5 (4)	....	1 Centr.	..	18¾	..	18¾	
1 Centr.	..	7½ (6)	..	..	....	1 Centr.	..	25	..	..	
1 Centr.	..	7½ (6)	..	..	....	1 Centr.	..	25	..	..	
1 Centr.	..	5 (4)	..	..	....	1 Centr.	..	18¾	..	..	
1 Centr.	1	10 (8)	..	..	25 in Kisten. 10 in Körben.	1 Centr.	2	17½	..	..	23 in Kisten. 9 in Körben.
1 Centr.	..	7½ (6)	..	..	....	1 Centr.	..	25	..	..	
1 Centr.	..	2½ (2)	..	..	....	1 Centr.	..	8	..	..	
1 Centr.	..	10 (8)	..	..	....	1 Centr.	..	31¼	..	..	

No.	Benennung der Gegenstände.
	b) Weißes Hohlglas, ungeschliffenes, oder mit abgeschliffenem Boden und Hüttenrande; ingleichen Fenster- und Tafelglas ohne Unterschied der Farbe ....
	Anmerk. An den Bayerischen und Württembergischen Grenzen rechts vom Rhein wird erhoben
	c) Geschliffenes, geschnittenes, vergoldetes, gemaltes, desgleichen alles massive und gegossene Glas, Behänge zu Kronleuchtern von Glas, Glasknöpfe, Glasperlen und Glasschmelz ....
	Anmerk. An den Bayerischen und Württembergischen Grenzen rechts vom Rhein wird erhoben
	d) Spiegelglas:
	1) wenn das Stück nicht über 288 Preuß. oder 333 Altbayerische oder 245 Rheinbayerische □Zoll mißt,
	α) gegossenes, belegtes oder unbelegtes,
	aa) wenn das Stück nicht über 144 Preußische □Zoll mißt ......
	bb) wenn das Stück über 144 und bis 288 Preußische □Zoll mißt.
	β) geblasenes, belegtes oder unbelegtes ....
	Anmerk. zu d. 1. Beim Eingange an den Bayerischen und Württembergischen Grenzen wird unterschieden:
	aa) belegtes ....
	bb) unbelegtes ....
	2) belegtes und unbelegtes, gegossenes und geblasenes, wenn das Stück mißt:
	üb. 288 □Zoll bis 576 □Zoll Preuß. od. bis 666 Altbayer. od. 490 Rhbayer. □Z.
	„ 576 „ 1000 „ „ „ 1156 „ 888 „ „
	„ 1000 „ 1400 „ „ „ 1618 „ 1242 „ „
	„ 1400 „ 1900 „ „ „ 2196 „ 1684 „ „
	„ 1900 □Zoll Preuß. ....
	e) Glaswaaren in Verbindung mit unedlen Metallen und andern nicht zu den Gespinnsten gehörigen Urstoffen; auch Spiegel aller Art ....
11	Häute, Felle und Haare:
	a) Rohe (grüne, gesalzene, trockene) Häute und Felle zur Lederbereitung, ingleichen rohe Pferdehaare ....
	b) Felle zur Pelzwerkbereitung (Rauchwaaren), Schmaschen, Baranken und Ukrainer
	c) Hasenfelle und -Haare ....
	d) Haare von Rindvieh ....

Abgabensätze nach dem Preuß. oder 21-Gulden-Münzfuße (mit der Eintheilung des Thalers in 30tel und 24tel), Maaße und Gewichte.						Abgabensätze nach dem 24-Gulden-Fuße und Zoll-Centner.					
Gewicht, Maaß oder Anzahl.	Sätze beim Eingang.		Sätze beim Ausgang.		Für Thara wird vergütet vom Centner Brutto-Gewicht:	Gewicht, Maaß oder Anzahl.	Sätze beim Eingang.		Sätze beim Ausgang.		Für Thara wird vergütet vom Centner Brutto-Gewicht:
	Rthlr.	Sgr. (gGr.)	Rthlr.	Sgr. (gGr.)	Pfund.		Fl.	Xr.	Fl.	Xr.	Pfund.
1 Centr.	3	..	..	..	25 in Fässern u. Kisten. 14 in Körben.	1 Centr.	5	6¼	..	..	23 in Fässern u. Kisten.
....	..	..	..	..	....	1 Centr.	9	22½	..	..	13 in Körben.
1 Centr.	6	..	..	..	25 in Fässern u. Kisten. 14 in Körben.	1 Centr.	10	12½	..	..	23 in Fässern u. Kisten.
....	..	..	..	..	....	1 Centr.	18	45	..	..	13 in Körben.
1 Centr.	6	..	..	..	....	1 Centr.	10	12½	..	..	
1 Centr.	8	..	..	..	18 in Kisten.	1 Centr.	13	38¾	..	..	16 in Kisten.
1 Centr.	3	..	..	..	....	1 Centr.	5	6¼	..	..	
....	..	..	..	..	....	1 Centr.	18	45	..	..	16 in Kisten.
....	..	..	..	..	....	1 Centr.	13	38¾	..	..	
1 Stück.	1	..	..	..	....	1 Stück.	1	45	..	..	
1 Stück.	3	..	..	..	....	1 Stück.	5	15	..	..	
1 Stück.	8	..	..	..	....	1 Stück.	14	..	..	..	
1 Stück.	22	..	..	..	....	1 Stück.	38	30	..	..	
1 Stück.	33	..	..	..	....	1 Stück.	57	45	..	..	
1 Centr.	10	..	..	..	22 in Fässern u. Kisten. 14 in Körben.	1 Centr.	16	58¾	..	..	20 in Fässern u. Kisten. 13 in Körben.
1 Centr.	frei.	..	1	20 (16)	14 in Fässern u. Kisten. 7 in Ballen.	1 Centr.	frei.	..	2	48¾	13 in Fässern u. Kisten. 7 in Ballen.
1 Centr.	..	20 (16)	..	..	....	1 Centr.	1	8¾	..	..	
1 Centr.	frei.	..	..	15 (12)	....	1 Centr.	frei.	..	..	50	
1 Centr.	frei.	..	..	5 (4)	....	1 Centr.	frei.	..	..	18¾	

No.	Benennung der Gegenstände.
	b) Weißes Hohlglas, ungeschliffenes, oder mit abgeschliffenem Boden und Hüttenrande; ingleichen Fenster- und Tafelglas ohne Unterschied der Farbe ....
	Anmerk. An den Bayerischen und Württembergischen Grenzen rechts vom Rhein wird erhoben
	c) Geschliffenes, geschnittenes, vergoldetes, gemaltes, desgleichen alles massive und gegossene Glas, Behänge zu Kronleuchtern von Glas, Glasknöpfe, Glasperlen und Glasschmelz ....
	Anmerk. An den Bayerischen und Württembergischen Grenzen rechts vom Rhein wird erhoben
	d) Spiegelglas:
	1) wenn das Stück nicht über 288 Preuß. oder 333 Altbayerische oder 245 Rheinbayerische □Zoll mißt,
	α) gegossenes, belegtes oder unbelegtes,
	aa) wenn das Stück nicht über 144 Preußische □Zoll mißt ......
	bb) wenn das Stück über 144 und bis 288 Preußische □Zoll mißt.
	β) geblasenes, belegtes oder unbelegtes ....
	Anmerk. zu d. 1. Beim Eingange an den Bayerischen und Württembergischen Grenzen wird unterschieden:
	aa) belegtes ....
	bb) unbelegtes ....
	2) belegtes und unbelegtes, gegossenes und geblasenes, wenn das Stück mißt: üb. 288 □Zoll bis 576 □Zoll Preuß. od. bis 666 Altbayer. od. 490 Rhbayer. □Z.
	„ 576 „ 1000 „ „ „ 1156 „ 888 „ „
	„ 1000 „ 1400 „ „ „ 1618 „ 1242 „ „
	„ 1400 „ 1900 „ „ „ 2196 „ 1684 „ „
	„ 1900 □Zoll Preuß. ....
	e) Glaswaaren in Verbindung mit unedlen Metallen und andern nicht zu den Gespinnsten gehörigen Urstoffen; auch Spiegel aller Art ....
11	Häute, Felle und Haare:
	a) Rohe (grüne, gesalzene, trockene) Häute und Felle zur Lederbereitung, ingleichen rohe Pferdehaare ....
	b) Felle zur Pelzwerkbereitung (Rauchwaaren), Schmaschen, Baranken und Ukrainer
	c) Hasenfelle und -Haare ....
	d) Haare von Rindvieh ....

Abgabensätze nach dem Preuß. oder 21-Gulden-Münzfuße (mit der Eintheilung des Thalers in 30stel und 24stel), Maaße und Gewichte.						Abgabensätze nach dem 24-Gulden-Fuße und Zoll-Centner.					
Gewicht, Maaß oder Anzahl.	Sätze beim Eingang. Rthlr.	Sgr. (gGr.)	Ausgang. Rthlr.	Sgr. (gGr.)	Für Thara wird vergütet vom Centner Brutto-Gewicht: Pfund.	Gewicht, Maaß oder Anzahl.	Sätze beim Eingang. Fl.	Xr.	Ausgang. Fl.	Xr.	Für Thara wird vergütet vom Centner Brutto-Gewicht: Pfund.
1 Preuß. Klafter.	..	2½ (2)	..	..	....	1 Bayerische Klafter.	..	8	..	..	
1 Schiffslast (4000 Pfd.) oder beim Flößen 75 Preuß. Kubik-Fuß.	1	10 (8)	..	..	....	40 Centner oder beim Flößen 66 Rhein-Bayerische Kubik-Fuß.	2	30	..	..	
1 Schiffslast oder beim Flößen 90 Kubik-Fuß.	..	20 (16)	..	..	....	40 Centner oder beim Flößen 80 Rhein-Bayerische Kubik-Fuß.	1	15	..	..	
1 Stück.	1	10	..	..							
1 Stück.	1	..	..	..							
6 Stück.	1	..	..	..							
30 Stück.	1	..	..	..							
1 Schiffslast.	..	15	..	..							
1 Centr.	frei.	..	..	2½ (2)	....	1 Centr.	frei.	..	..	8	
1 Centr.	frei.	..	..	10 (8)	....	1 Centr.	frei.	..	..	31¼	
1 Centr.	3	..	..	..	18 in Fässern u. Kisten. 7 in Ballen.	1 Centr.	5	6¼	..	..	16 in Fässern u. Kisten. 7 in Ballen.
1 Centr.	10	..	..	..	22 in Fässern u. Kisten. 14 in Körben. 10 in Ballen.	1 Centr.	16	58¼	..	..	20 in Fässern u. Kisten. 13 in Körben. 9 in Ballen.

No.	Benennung der Gegenstände.
12	**Holz, Holzwaaren** 2c.
	a) Brennholz beim Wassertransport ....
	b) Bau- und Nutzholz beim Wassertransport, oder beim Landtransport zur Verschiffungsablage:
	1) Eichen-, Ulmen-, Eschen-, Kirsch-, Birn-, Apfel- und Kornelholz ....
	2) Buchen; auch Fichten-, Tannen-, Lerchen-, Pappeln-, Erlen-, und anderes weiche Holz, ferner: Sägwaaren, Faßholz (Dauben), Bandstöcke, Stangen, Faschinen, Pfahlholz, Flechtweiden 2c. ....
	Anmerk. 1. In den östlichen Provinzen des Preußischen Staats wird erhoben für:
	aa) Masten ....
	bb) Bugsprieten oder Spieren ....
	cc) Blöcke oder Balken von hartem Holze ....
	dd) Balken von Kienen- oder Tannenholz ....
	ee) Bohlen, Bretter, Latten, Faßholz (Dauben), Bandstöcke, Stangen, Faschinen, Pfahlholz, Flechtweiden 2c. ....
	Anmerk. 2. Außer dem Rheinkreise wird in Bayern und Württemberg beim Landtransport, so wie beim Wassertransport auf der Donau, dem Inn und dem Bodensee der Ausgangszoll nach der Beilage C. erhoben.
	c) Holzborke oder Lohe von Eichen und Birken, desgleichen Holzkohlen ....
	d) Holzasche ....
	e) Hölzerne Hausgeräthe (Meubles) und andere Tischler-, Drechsler- und Böttcherwaaren, welche gefärbt, gebeizt, lackirt, polirt, oder auch in einzelnen Theilen in Verbindung mit Eisen, Messing oder lohgarem Leder verarbeitet sind; auch feine Korbflechterwaaren ....
	f) Feine Holzwaaren (ausgelegte Arbeit), sogenannte Nürnbergerwaaren aller Art, feine Drechsler-, Schnitz- und Kammmacherwaaren, auch Meerschaumarbeit, ferner dergleichen Waaren in Verbindung mit andern Materialien (jedoch mit Ausschluß von Gold, Silber, Platina, Semilor und ächten Steinen und Perlen), ingleichen Holzbronze, Holzuhren, ganz feine Korbflechterarbeit; auch Blei- und Rothstifte ....
	g) Gepolsterte Meubles, wie grobe Sattlerwaaren.

Abgabensätze nach dem Preuß. oder 21-Gulden-Münzfuße (mit der Eintheilung des Thalers in 30stel und 24stel), Maaße und Gewichte.						Abgabensätze nach dem 24-Gulden-Fuße und Zoll-Centner.					
Gewicht, Maaß oder Anzahl.	Sätze beim Eingang.		Sätze beim Ausgang.		Für Thara wird vergütet vom Centner Brutto-Gewicht:	Gewicht, Maaß oder Anzahl.	Sätze beim Eingang.		Sätze beim Ausgang.		Für Thara wird vergütet vom Centner Brutto-Gewicht
	Rthlr.	Sgr. (gGr.)	Rthlr.	Sgr. (gGr.)	Pfund.		Fl.	Xr.	Fl.	Xr.	Pfund.
1 Centr.	..	5 (4)	..	..	....	1 Centr.	..	18¾	..	..	
1 Centr.	2	15 (12)	..	..	....	1 Centr.	4	16¼	..	..	
1 Centr.	6	..	..	..	25 in Fässern u. Kisten. 10 in Ballen.	1 Centr.	10	12½	..	..	23 in Fässern u. Kisten. 9 in Ballen.
1 Scheffel oder 1 Tonne od. 1 Bayersch. Schäffel.	..	5 (4)	..	..	....	1 Bayersch. Schäffel.	..	17½	..	..	
1 Centr.	frei.	..	..	5 (4)	....	1 Centr.	frei.	..	..	18¾	
1 Centr.	110	..	..	..	22 in Kisten. 12 in Körben. 10 in Ballen.	1 Centr.	187	5	..	..	20 in Kisten. 11 in Körben. 9 in Ballen.
1 Centr.	..	15 (12)	..	..	....	1 Centr.	..	50	..	..	
1 Centr.	6	..	..	..	14 in Fässern u. Kisten. 7 in Körben. 4 in Ballen.	1 Centr.	10	12½	..	..	13 in Fässern u. Kisten. 7 in Körben. 4 in Ballen.

No.	Benennung der Gegenstände.
	außer Verbindung mit edlen Metallen; ingleichen lackirte Kupfer- und Messingwaaren ....
20	**Kurze Waaren, Quincaillerien rc.:**
	Waaren, gefertigt ganz oder theilweise aus Gold, Silber, Platina, Semilor oder andern feinen Metallgemischen, mit Gold- oder Silberbelegung, aus Bronze (im Feuer vergoldet), aus Perlmutter, echten Perlen und Korallen, und aus echten Steinen; auch dergleichen Waaren in Verbindung mit Alabaster, Bernstein, Elfenbein, Fischbein, Gips, Glas, Holz, Horn, Knochen, Kork, Lack, Leder, Marmor, Meerschaum, unedlen Metallen, Schildpatt und unechten Steinen u. s. w.; feine Parfümerien, wie solche in kleinen Gläsern, Kruken rc. im Galanteriehandel und als Galanteriewaare geführt werden; Etuis, Taschenuhren, Stutz- und Pendeluhren, Kronleuchter mit Bronze, Gold- und Silberblatt; ganz feine lackirte Waaren von Metall oder Pappmasse (papier maché), Regen- und Sonnenschirme, Fächer, Blumen, zugerichtete Schmuckfedern, Perückenmacherarbeit u. s. w.; überhaupt alle zur Gattung der Kurzen, Quincaillerie- und Galanteriewaaren gehörigen unter den Nummern 2. 3. 4. 5. 6. 10. 12. 14. 19. 21. 22. 27. 30. 31. 33. 35. 38. 40. 41. und 43. der zweiten Abtheilung dieses Tarifs nicht mitinbegriffenen Gegenstände; ingleichen Waaren aus Gespinnsten von Baumwolle, Leinen, Seide, Wolle, welche mit Eisen, Glas, Holz, Leder, Messing oder Stahl verbunden sind, z. B. Tuch- und Zeugmützen in Verbindung mit Leder, Knöpfe auf Holzformen, Klingelschnuren und dergleichen mehr ....
21	**Leder und daraus gefertigte Waaren:**
	a) Lohgare oder nur lohroth gearbeitete Häute, Fahlleder, Sohlleder, Kalbleder, Sattlerleder, Stiefelschäfte, auch Juchten; ingleichen sämisch- und weißgares Leder, auch Pergament ....
	Anmerk. An den Bayerischen und Württembergischen Gränzen rechts vom Rhein ....
	b) Brüsseler- und Dänisches Handschuhleder; auch Corduan, Marokin, Saffian und alles gefärbte und lackirte Leder ....
	Anmerk. An den Bayerischen und Württembergischen Gränzen rechts vom Rhein ....
	Ausnahme: Halbgare Ziegen- und Schaaffelle für inländische Saffian- und Leder-Fabrikanten werden unter Controle für die allgemeine Eingangsabgabe eingelassen.
	c) Grobe Schuhmacher- und Sattlerwaaren, Blasebälge, auch Wagen, woran Leder- oder Polsterarbeiten ....
	Anmerk. An den Bayerischen und Württembergischen Gränzen rechts vom Rhein ....

Abgabensätze nach dem Preuß. oder 21-Gulden-Münzfuße (mit der Eintheilung des Thalers in 30stel und 24stel), Maaße und Gewichte.						Abgabensätze nach dem 24-Gulden-Fuße und Zoll-Centner.					
Gewicht, Maaß oder Anzahl.	Sätze beim Eingang.		Ausgang.		Für Thara wird vergütet vom Centner Brutto-Gewicht:	Gewicht, Maaß oder Anzahl.	Sätze beim Eingang.		Ausgang.		Für Thara wird vergütet vom Centner Brutto-Gewicht:
	Rthlr.	Sgr. (gGr.)	Rthlr.	Sgr. (gGr.)	Pfund.		Fl.	Kr.	Fl.	Kr.	Pfund.
1 Centr.	10	..	..	..	14 in Fässern u. Kisten. 7 in Körben. 4 in Ballen.	1 Centr.	16	58¾	..	..	13 in Fässern u. Kisten. 7 in Körben. 4 in Ballen.
1 Centr.	55	..	..	..	22 in Fässern u. Kisten. 14 in Körben. 10 in Ballen.	1 Centr.	93	32½	..	..	20 in Fässern u. Kisten. 13 in Körben. 9 in Ballen.
1 Centr.	6	..	..	..	....	1 Centr.	10	12½	..	..	16 in Fässern u. Kisten. 13 in Körben. 7 in Ballen.
....	..	..	..	..	....	1 Centr.	13	38¾	..	..	
					18 in Fässern u. Kisten. 11 in Körben. 7 in Ballen.						
1 Centr.	8	..	..	..	....	1 Centr.	13	38¾	..	..	
....	..	..	..	..	....	1 Centr.	18	45	..	..	
1 Centr.	10	..	..	..	18 in Fässern u. Kisten. 14 in Körben. 7 in Ballen.	1 Centr.	16	58¾	..	..	16 in Fässern u. Kisten. 13 in Körben. 7 in Ballen.
....	..	..	..	..		1 Centr.	18	45	..	..	

No.	Benennung der Gegenstände.
	d) Feine Lederwaaren von Corduan, Saffian, Marokin, Brüsseler- und Dänischem Leder, von sämisch- und weißgarem Leder, auch lackirtem Leder und Pergament, Sattel- und Reitzeuge und Geschirre mit Schnallen und Ringen, ganz oder theilweise von feinen Metallen und Metallgemischen, Handschuhe von Leder und feine Schuhe aller Art ....
22	**Leinengarn, Leinwand** und andere **Leinenwaaren:**
	a) Rohes Garn ....
	b) Gebleichtes, gefärbtes Garn und Zwirn ....
	c) Graue Packleinwand und Segeltuch ....
	Anmerk. In Bayern und Württemberg wie von roher Leinwand (d. und Anmerk.)
	d) Rohe (unappretirte) Leinwand, Zwillich und Drillich ....
	Anmerk. An den Bayerischen und Württembergischen Grenzen rechts vom Rhein ....
	Ausnahme. Rohe ungebleichte Leinwand geht frei ein:
	aa. in Preußen:
	auf der Grenzlinie von Leobschütz bis Seidenberg in der Ober-Lausitz nach Schlesischen Bleichereien oder Märkten, auch an der Grenze der Provinz Westphalen nach Bleichereien in den westlichen Provinzen;
	bb. in Sachsen:
	auf der Grenzlinie von Ostritz bis Schandau, ebenfalls auf Erlaubnißscheine;
	cc. in Kurhessen:
	auf Erlaubnißscheine der Steuerdirection nach Kurhessischen Bleichereien oder Märkten.
	e) Gebleichte, gefärbte, gedruckte oder in anderer Art zugerichtete (appretirte) Leinwand, Zwillich und Drillich, desgleichen rohes und gebleichtes Tisch- und Handtücherzeug, leinene Kittel, auch neue Wäsche ....
	f) Bänder, Batist, Borten, Fransen, Gaze, Kammertuch, gewebte Kanten, Schnüre, Strumpfwaaren, Gespinnst und Tressenwaaren aus Metallfäden und Leinen, jedoch außer Verbindung mit Eisen, Glas, Holz, Leder, Messing und Stahl ....
	g) Zwirnspitzen ....
23	**Lichte** (Talg-, Wachs-, Wallrath- und Stearin-) ....

Abgabensätze nach dem Preuß. oder 21-Gulden-Münzfuße (mit der Eintheilung des Thalers in 30stel und 24stel), Maaße und Gewichte.						Abgabensätze nach dem 24-Gulden-Fuße und Zoll-Centner.					
Gewicht, Maaß oder Anzahl.	Sätze beim Eingang. Rthlr.	Sätze beim Eingang. Sgr. (gGr.)	Sätze beim Ausgang. Rthlr.	Sätze beim Ausgang. Sgr. (gGr.)	Für Thara wird vergütet vom Centner Brutto-Gewicht: Pfund.	Gewicht, Maaß oder Anzahl.	Sätze beim Eingang. Fl.	Sätze beim Eingang. Xr.	Sätze beim Ausgang. Fl.	Sätze beim Ausgang. Xr.	Für Thara wird vergütet vom Centner Brutto-Gewicht: Pfund.
1 Centr.	22	..	..	..	22 in Fässern u. Kisten. 14 in Körben. 7 in Ballen.	1 Centr.	37	30	..	..	20 in Fässern u. Kisten. 13 in Körben. 7 in Ballen.
1 Centr.	..	5 (4)	..	..	....	1 Centr.	..	18¾	..	..	
1 Centr.	1	..	..	..	....	1 Centr.	1	40	..	..	
1 Centr.	..	20 (16)	..	..	....	1 Centr.	1	8¾	..	..	
1 Centr.	2	..	..	..	14 in Kisten. 7 in Ballen.	1 Centr.	3	26¼	..	..	13 in Kisten. 7 in Ballen.
....	..	..	..	..	....	1 Ceintr.	9	22½	..	..	
1 Centr.	11	..	..	..	14 in Kisten. 10 in Körben. 7 in Ballen.	1 Centr.	18	45	..	..	13 in Kisten. 9 in Körben. 7 in Ballen.
1 Centr.	22	..	..	..	20 in Kisten. 14 in Körben. 7 in Ballen.	1 Centr.	37	30	..	..	18 in Kisten. 13 in Körben. 7 in Ballen.
1 Centr.	55	..	..	..	25 in Kisten. 12 in Ballen.	1 Centr.	93	32½	..	..	23 in Kisten. 11 in Ballen.
1 Centr.	4	..	..	..	18 in Kisten.	1 Centr.	6	46½	..	..	16 in Kisten.

No.	Benennung der Gegenstände.
24	**Lumpen** und andere Abfälle zur Papierfabrication:
	a) leinene, baumwollene und wollene Lumpen ....
	b) alte Fischernetze, altes Tauwerk und Stricke ....
25	**Material- und Specerei-, auch Conditorwaaren und andere Consumtibilien:**
	a) Bier aller Art in Fässern, auch Meth in Fässern ....
	b) Branntweine aller Art, auch Arrak, Rum, Franzbranntwein und versetzte Branntweine ....
	c) Essig aller Art in Fässern ....
	d) Bier und Essig, in Flaschen oder Kruken eingehend ....
	e) Oel, in Flaschen oder Kruken eingehend ....
	f) Wein und Most, auch Cider ....
	Anmerk. Weiße Bodenseeweine über die Grenzlinie von Lindau bis Rottweil eingeführt ......
	g) Butter ....
	Anmerk. Einzelne Stücke, welche eingehen, sind, wenn sie zusammen nicht mehr als drei Pfund wiegen, frei.
	h) Fleisch, ausgeschlachtetes: frisches, gesalzenes, geräuchertes; auch ungeschmolzenes Fett, Schinken, Speck, Würste; desgleichen großes Wild ....
	i) Früchte:
	aa) Südfrüchte und Blätter:
	α) Frische Apfelsinen, Citronen, Limonien, Pomeranzen und Granaten .. Verlangt der Steuerpflichtige die Auszählung, so zahlt er für 100 Stück {20 Sgr. / 16 gGr.} oder 1 Fl. 10 Xr. Verdorbene bleiben unversteuert, wenn sie in Gegenwart von Beamten weggeworfen werden.
	β) Trockene und getrocknete: Datteln, Feigen, Kastanien, Korinthen, Mandeln, Pfirsichkerne, Rosinen, Lorbeeren, auch Pomeranzenschaalen ....
	bb) Frisches Obst und ungetrocknete Cichorienwurzeln auf den Bayerischen und Württembergischen Grenzen rechts vom Rhein unterliegen der allgemeinen Eingangsabgabe.
	k) Gewürze, nämlich: Galgant, Ingber, Cardamomen, Cubeben, Muskatnüsse

Abgabensätze nach dem Preuß. oder 21-Gulden-Münzfuße (mit der Eintheilung des Thalers in 30tel und 24tel), Maaße und Gewichte.						Abgabensätze nach dem 24-Gulden-Fuße und Zoll-Centner.					
Gewicht, Maaß oder Anzahl.	Sätze beim Eingang. Rthlr.	Sätze beim Eingang. Sgr. (gGr.)	Sätze beim Ausgang. Rthlr.	Sätze beim Ausgang. Sgr. (gGr.)	Für Thara wird vergütet vom Centner Brutto-Gewicht: Pfund.	Gewicht, Maaß oder Anzahl.	Sätze beim Eingang. Fl.	Sätze beim Eingang. Xr.	Sätze beim Ausgang. Fl.	Sätze beim Ausgang. Xr.	Für Thara wird vergütet vom Centner Brutto-Gewicht: Pfund.
1 Centr.	frei.	..	2	..	....	1 Centr.	frei.	..	3	26 1/4	
1 Centr.	frei.	..	..	10 (8)	....	1 Centr.	frei.	..	..	31 1/4	
1 Centr.	2	15 (12)	..	..	....	1 Centr.	4	16 1/4	..	..	
1 Centr.	8	..	..	..	22 in Kisten. 14 in Körben.	1 Centr.	13	38 3/4	..	..	20 in Kisten. 13 in Körben.
1 Centr.	1	10 (8)	..	..	....	1 Centr.	2	17 1/2	..	..	
1 Centr.	8	..	..	..	22 in Kisten.	1 Centr.	13	38 3/4	..	..	20 in Kisten.
1 Centr.	8	..	..	..	14 in Körben.	1 Centr.	13	38 3/4	..	..	13 in Körben.
1 Centr.	8	..	..	..	22 in Kisten. 14 in Körben. 7 in Ueberfässern.	1 Centr.	13	38 3/4	..	..	20 in Kisten. 13 in Körben. 7 in Ueberfässern.
....	..	..	..	..	....	1 Centr.	1	40	..	..	
1 Centr.	3	20 (16)	..	..	18 in Fässern.	1 Centr.	6	15	..	..	16 in Fässern.
1 Centr.	2	..	..	..	18 in Fässern u. Kisten. 10 in Körben. 7 in Ballen.	1 Centr.	3	26 1/4	..	..	16 in Fässern u. Kisten. 9 in Körben. 7 in Ballen.
1 Centr.	2	..	..	..	18 in Fässern u. Kisten. 14 in Körben. 7 in Ballen.	1 Centr.	3	26 1/4	..	..	16 in Fässern u. Kisten. 13 in Körben. 7 in Ballen.
1 Centr.	4	..	..	..	18 in Fässern u. Kisten. 14 in Körben. 7 in Ballen.	1 Centr.	6	46 1/4	..	..	16 in Fässern u. Kisten. 13 in Körben. 7 in Ballen.

No.	Benennung der Gegenstände.
	und Blumen (Macis), Nelken, Pfeffer, Piement, Saffran, Stern-Anis, Vanille, Zimmt und Zimmt-Cassia, Zimmtblüthe ....
	l) Heringe ....
	m) Kaffee und Kaffeesurrogate ....
	n) Kakao ....
	o) Käse aller Art ....
	p) Confituren, Zuckerwerk, Kuchenwerk aller Art, eingemachte Früchte und Gewürze mit Zucker und Essig; desgleichen Chocolade, Kaviar, Oliven, Pasteten, Sago und Sagosurrogate, zubereiteter Senf und Tafelbouillon ....
	q) Kraftmehl, worunter Nudeln, Puder, Stärke mitbegriffen ....
	r) Mühlenfabrikate aus Getreide und Hülsenfrüchten, nämlich: geschrotete oder geschälte Körner, Graupe, Gries, Grütze, Mehl ....
	Anmerk. Gewöhnliches Roggenbrod bei dem Eingange zu Lande auf der Sächsischen Grenzlinie gegen Böhmen ....
	s) Muschel- oder Schalthiere aus der See, als: Austern, Hummern, Muscheln, Schildkröten ....
	t) Reiß ....
	u) Salz (Kochsalz, Steinsalz) ist einzuführen verboten; bei gestatteter Durchfuhr wird die Abgabe besonders bestimmt.
	v) Syrop ....
	w) Tabak:
	1) Tabaksblätter, unbearbeitete, und Stengel ....
	2) Tabaksfabrikate, als: Rauchtabak in Rollen, abgerollten Blättern, oder geschnitten; Cigarren, Schnupftabak in Karotten oder Stangen und gerieben, auch Tabaksmehl ....
	x) Thee ....
	y) Zucker:
	1) Raffinirter, und Kochzucker ....
	2) Rohzucker und Schmelzlumpen für inländische Siedereien, unter den besonders vorzuschreibenden Bedingungen und Controlen ....

Abgabensätze nach dem Preuß. oder 21-Gulden-Münzfuße (mit der Eintheilung des Thalers in 30tel und 24tel), Maaße und Gewichte.						Abgabensätze nach dem 24-Gulden-Fuße und Zoll-Centner.					
Gewicht, Maaß oder Anzahl.	Sätze beim Eingang.		Sätze beim Ausgang.		Für Thara wird vergütet vom Centner Brutto-Gewicht:	Gewicht, Maaß oder Anzahl.	Sätze beim Eingang.		Sätze beim Ausgang.		Für Thara wird vergütet vom Centner Brutto-Gewicht:
	Rthlr.	Sgr. (Sgr.)	Rthlr.	Sgr. (Sgr.)	Pfund.		Fl.	Kr.	Fl.	Kr.	Pfund.
1 Centr.	6	20 (16)	..	..	18 in Fässern u. Kisten. 14 in Körben. 7 in Ballen.	1 Centr.	11	21¼	..	..	16 in Fässern u. Kisten. 13 in Körben. 7 in Ballen.
1 Tonne.	1	..	..	..	....	1 Tonne.	1	45	..	..	
1 Centr.	6	20 (16)	..	..	14 in Fässern, Kisten und Körben. 7 in Ballen.	1 Centr.	11	21¼	..	..	13 in Fässern, Kisten und Körben. 7 in Ballen.
1 Centr.	6	20 (16)	..	..		1 Centr.	11	21¼	..	..	
1 Centr.	3	20 (16)	..	..	18 in Fässern u. Kisten. 10 in Körben. 7 in Ballen.	1 Centr.	6	15	..	..	16 in Fässern u. Kisten. 9 in Körben. 7 in Ballen.
1 Centr.	11	..	..	..	22 in Fässern u. Kisten. 14 in Körben. 7 in Ballen.	1 Centr.	18	45	..	..	20 in Fässern u. Kisten. 13 in Körben. 7 in Ballen.
1 Centr.	2	..	..	..	14 in Fässern u. Kisten. 7 in Ballen.	1 Centr.	3	26¼	..	..	13 in Fässern u. Kisten. 7 in Ballen.
1 Centr.	2	..	..	..		1 Centr.	3	26¼	..	..	
1 Centr.	..	5 (4)	..	..			..	..	..	..	
1 Centr.	4	..	..	..	....	1 Centr.	6	46¼	..	..	
1 Centr.	3	..	..	..	14 in Fässern. 7 in Ballen.	1 Centr.	5	6¼	..	..	13 in Fässern. 7 in Ballen.
1 Centr.	5	..	..	..	14 in Fässern.	1 Centr.	8	32½	..	..	13 in Fässern.
1 Centr.	5	15 (12)	..	..	15 in Fässern. 10 in Körben. 7 in Ballen.	1 Centr.	9	22½	..	..	14 in Fässern. 9 in Körben. 7 in Ballen.
1 Centr.	11	..	..	..	18 in Fässern. 14 in Körben. 7 in Ballen.	1 Centr.	18	45	..	..	16 in Fässern. 13 in Körben. 7 in Ballen.
1 Centr.	11	..	..	..	25 in Kisten.	1 Centr.	18	45	..	..	23 in Kisten.
1 Centr.	11	..	..	..	18 in eichenen Fässern. 15 in andern Fässern.	1 Centr.	18	45	..	..	16 in eichenen Fässern. 14 in andern Fässern.
1 Centr.	5	..	..	..	15 in Fässern u. Kisten. 10 in Körben. 7 in Ballen. 20 in Kisten von 8 Centnern und darüber.	1 Centr.	8	32½	..	..	14 in Fässern u. Kisten. 9 in Körben. 7 in Ballen. 18 in Kisten von 8 Centnern und darüber.

No.	Benennung der Gegenstände.
26	**Oel, in Fässern eingehend** ....
	Baumöl zum Fabrikgebrauch wird gegen die allgemeine Eingangsabgabe eingelassen, wenn bei den Zollämtern an der Grenze oder bei der Abfertigung aus den Packhöfen (Hallanstalten) vorher auf einen Centner Oel ein Pfund Terpentinöl zugesetzt worden.
	Anmerk. An den Bayerischen und Württembergischen Grenzen rechts vom Rhein:
	a) Lein-, Hanf-, Rüb- und Rapsöl ....
	b) Oliven-, Mohn-, Nuß- und Buchöl ....
27	**Papier und Pappwaaren:**
	a) ungeleimtes ordinaires Druckpapier, auch grobes (weißes und gefärbtes) Packpapier und Pappdeckel ....
	b) alle andern Papiergattungen ....
	Anmerk. Papier, welches lithographirt, bedruckt oder liniirt ist, um in diesem Zustande zu Rechnungen, Etiketten, Frachtbriefen u. s. w. zu dienen, gehört zu den Litt. b. benannten Papiergattungen.
	c) Papiertapeten ....
	d) Buchbinderarbeiten aus Papier und Pappe, auch grobe lackirte Waaren aus diesen Urstoffen ....
28	**Pelzwerk** (fertige Kürschnerarbeiten) als: überzogene Pelze, Mützen, Handschuhe, Decken, Pelzfutter, Besätze und dergleichen ....
	Ausnahme. Fertige nicht überzogene Schaafpelze ....
29	**Schießpulver** ....
30	**Seide und Seidenwaaren:**
	a) Gefärbte, auch weiß gemachte Seide oder Floretseide (gezwirnt oder ungezwirnt), auch Zwirn aus roher Seide ....
	b) Seidene Zeug- und Strumpfwaaren, Tücher (Shawls), Bänder, Blonden, Spitzen, Petinet, Flor (Gaze), Posamentier-, Knopfmacher-, Sticker- und Putzwaaren, Gespinnst und Tressenwaaren aus Metallfäden und Seide, außer Verbindung mit Eisen, Glas, Holz, Leder, Messing und Stahl; Gold- und Silberstoffe; endlich obige Waaren aus Floretseide (bourre de soie), oder Seide und Floretseide ....

Abgabensätze nach dem Preuß. oder 21-Gulden-Münzfuße (mit der Eintheilung des Thalers in 30stel und 24stel), Maaße und Gewichte.						Abgabensätze nach dem 24-Gulden-Fuße und Zoll-Centner.					
Gewicht, Maaß oder Anzahl.	Sätze beim Eingang.		Ausgang.		Für Thara wird vergütet vom Centner Brutto-Gewicht:	Gewicht, Maaß oder Anzahl.	Sätze beim Eingang.		Ausgang.		Für Thara wird vergütet vom Centner Brutto-Gewicht:
	Rthlr.	Sgr. (gGr.)	Rthlr.	Sgr. (gGr.)	Pfund.		Fl.	Kr.	Fl.	Kr.	Pfund.
1 Centr.	1	20 (16)	..	..	. . . .	1 Centr.	2	48¾	..	..	
. . . .	..	..	..	..	. . . .	1 Centr.	4	16¼	..	..	
. . . .	..	..	..	..	. . . .	1 Centr.	8	32½	..	..	
1 Centr.	1	..	..	..	. . . .	1 Centr.	1	40	..	..	
1 Centr.	5	..	..	..	14 in Kisten. 7 in Ballen.	1 Centr.	8	32½	..	..	13 in Kisten. 7 in Ballen.
1 Centr.	10	..	..	..	18 in Kisten. 14 in Körben. 10 in Ballen.	1 Centr.	16	58¾	..	..	16 in Kisten. 13 in Körben. 9 in Ballen.
1 Centr.	10	..	..	..	18 in Kisten. 14 in Körben. 7 in Ballen.	1 Centr.	16	58¾	..	..	16 in Kisten. 13 in Körben. 7 in Ballen.
1 Centr.	22	..	..	..	22 in Kisten. 7 in Ballen.	1 Centr.	37	30	..	..	20 in Kisten. 7 in Ballen.
1 Centr.	6	..	..	..	14 in Fässern u. Kisten. 7 in Ballen.	1 Centr.	10	12½	..	..	13 in Fässern u. Kisten. 7 in Ballen.
1 Centr.	2	..	..	..	11 in Fässern.	1 Centr.	3	26¼	..	..	13 in Fässern.
1 Centr.	6	..	..	..	18 in Kisten. 10 in Ballen.	1 Centr.	10	12½	..	..	16 in Kisten. 9 in Ballen.
1 Centr.	110	..	..	..	25 in Kisten. 14 in Ballen.	1 Centr.	187	5	..	..	23 in Kisten. 13 in Ballen.

No.	Benennung der Gegenstände.
	c) Alle obigen Waaren, in welchen außer Seide und Floretseide auch andere Spinnmaterialien: Wolle oder andere Thierhaare, Baumwolle, Leinen einzeln oder verbunden enthalten sind ....
31	**Seife:**
	a) Grüne und schwarze ....
	b) Gemeine weiße ....
	c) Feine, in Täfelchen und Kugeln ....
32	**Spielkarten** von jeder Gestalt und Größe sind zum Gebrauche im Lande einzuführen verboten. Werden dergleichen zum Durchgange angemeldet, so wird die Durchgangsabgabe mit einem halben Thaler vom Preuß. oder 50 Kreuzern vom Zoll-Centner erhoben.
	Bei der Einfuhr nach Bayern, Württemberg und Großherzogthum Hessen, neben Berücksichtigung der Stempelverordnung ....
	In Sachsen werden die für das Inland bestimmten eingehenden Spielkarten nach der der Stempelabgabe halber gegebenen besondern Vorschrift behandelt.
33	**Steine:**
	a) Bruchsteine und behauene Steine aller Art, Mühl-, grobe Schleif- und Wetzsteine, Tuffsteine, Traß, Ziegel- und Backsteine aller Art, beim Transport zu Wasser, auch beim Landtransport, wenn die Steine nach einer Ablage zum Verschiffen bestimmt sind ....
	b) Waaren aus Alabaster, Marmor und Speckstein, ferner: unechte Steine in Verbindung mit unedlen Metallen, auch echte und unechte geschliffene Steine, Perlen und Korallen ohne Fassung ....
	Anmerk. zu a. u. b. 1) Große Marmorarbeiten (Statuen, Büsten und dergleichen), Flintensteine, feine Schleif- und Wetzsteine, auch Waaren aus Serpentinstein zahlen die allgemeine Eingangsabgabe.
	2) Bruch- und behauene Bausteine bei der Einfuhr auf dem Bodensee frei.
	3) An den Bayerischen und Württembergischen Grenzen rechts vom Rhein von Mühl- und großen Schleifsteinen ....
	4) Lithographir-Steine ....
34	**Steinkohlen** ....

Abgabensätze nach dem Preuß. oder 21-Gulden-Münzfuße (mit der Eintheilung des Thalers in 30stel und 24stel), Maaße und Gewichte.						Abgabensätze nach dem 24-Gulden-Fuße und Zoll-Centner.					
Gewicht, Maaß oder Anzahl.	Sätze beim Eingang.		Sätze beim Ausgang.		Für Thara wird vergütet vom Centner Brutto-Gewicht:	Gewicht, Maaß oder Anzahl.	Sätze beim Eingang.		Sätze beim Ausgang.		Für Thara wird vergütet vom Centner Brutto-Gewicht:
	Rthlr.	Sgr. (gGr.)	Rthlr.	Sgr. (gGr.)	Pfund.		Fl.	Kr.	Fl.	Kr.	Pfund.
1 Centr.	55	..	..	..	22 in Kisten. 12 in Ballen.	1 Centr.	93	32½	..	..	20 in Kisten. 11 in Ballen.
1 Centr.	1	..	..	..	....	1 Centr.	1	40			
1 Centr.	3	20 (16)	..	..	14 in Kisten. 7 in Ballen.	1 Centr.	6	15	..	..	13 in Kisten. 7 in Ballen.
1 Centr.	10	..	..	..	18 in Kisten.	1 Centr.	16	58¾	..	..	16 in Kisten.
1 Centr.	10	..	..	..	....	1 Centr.	16	58¾	..	..	
1 Schiffslast.	..	15 (12)	..	..	....	40 Centr.	..	56	..	..	
1 Centr.	10	..	..	..	14 in Fässern u. Kisten.	1 Centr.	16	58¾	..	..	13 in Fässern u. Kisten.
....	..	..	..	..	....	1 Stück.	..	30	..	..	
1 Stück.	..	..	..	1¼ (1)	....	1 Stück.	..	..	..	4	
1 Centr.	..	1¼ (1)	..	..	....	1 Centr.	..	4	..	..	

No.	Benennung der Gegenstände.
35	**Stroh-, Rohr- und Bastwaaren:**
	a) Matten und Fußdecken von Bast, Stroh und Schilf ....
	b) Stroh- und Bastgeflechte, grobe Strohhüte und Decken aus ungespaltenem Stroh, Spahn- und Rohrhüte ohne Garnitur ....
	c) feine Bast- und Strohhüte ....
36	**Talg** (eingeschmolzenes Thierfett) ....
37	**Theer, Daggert,** gemeines **Pech** ....
38	**Töpferthon** und **Töpferwaaren:**
	a) Töpferthon für Porzellanfabriken (Porzellanerde) ....
	b) Gemeine Töpferwaaren, Fliesen, Schmelztiegel ....
	c) Einfarbiges oder weißes Fayence oder Steingut, irdene Pfeifen ....
	d) Bemaltes, bedrucktes, vergoldetes oder versilbertes Fayence oder Steingut ...
	e) Porzellan, weißes ....
	f) Porzellan, farbiges und weißes mit farbigen Streifen, auch dergleichen mit Malerei oder Vergoldung ....
	g) Fayence, Steingut und anderes Erdgeschirr, auch weißes Porzellan und Email in Verbindung mit unedlen Metallen ....
	h) Dergleichen in Verbindung mit Gold, Silber, Platina, Semilor und andern feinen Metallgemischen, ingleichen alles übrige Porzellan in Verbindung mit edlen oder unedlen Metallen ....
39	**Vieh:**
	a) Pferde, Maulesel, Maulthiere, Esel ....
	b) Ochsen und Stiere ....
	Anmerk. Pferde und andere vorgenannten Thiere sind steuerfrei, wenn aus dem Gebrauch, der von ihnen beim Eingange gemacht wird, überzeugend hervorgeht, daß sie als Zug- oder Lastthiere zum Angespann eines Reise- oder Frachtwagens gehören, oder zum Waarentragen dienen, oder die Pferde von Reisenden zu ihrem Fortkommen geritten werden müssen. Fohlen, welche der Mutter folgen, gehen frei ein.
	c) Kühe ....
	d) Rinder (Jungvieh) ....

Abgabensätze nach dem Preuß. oder 21-Gulden-Münzfuße (mit der Eintheilung des Thalers in 30stel und 24stel), Maaße und Gewichte.						Abgabensätze nach dem 24-Gulden-Fuße und Zoll-Centner.					
Gewicht, Maaß oder Anzahl.	Sätze beim Eingang. Rthlr.	Sätze beim Eingang. Sgr. (gGr.)	Sätze beim Ausgang. Rthlr.	Sätze beim Ausgang. Sgr. (gGr.)	Für Thara wird vergütet vom Centner Brutto-Gewicht: Pfund.	Gewicht, Maaß oder Anzahl.	Sätze beim Eingang. Fl.	Sätze beim Eingang. Xr.	Sätze beim Ausgang. Fl.	Sätze beim Ausgang. Xr.	Für Thara wird vergütet vom Centner Brutto-Gewicht: Pfund.
1 Centr.	..	5 (4)	..	..	....	1 Centr.	..	$18\frac{3}{4}$	..	..	
1 Centr.	10	..	..	..	22 in Kisten.	1 Centr.	16	$58\frac{3}{4}$	..	..	20 in Kisten.
1 Centr.	55	..	..	..	10 in Ballen.	1 Centr.	93	$32\frac{1}{2}$	..	..	9 in Ballen.
1 Centr.	3	..	..	..	14 in Fässern u. Kisten.	1 Centr.	5	$6\frac{1}{4}$	..	..	13 in Fässern u. Kisten.
1 Centr.	..	5 (4)	..	..		1 Centr.	..	$18\frac{3}{4}$	..	..	
1 Centr.	frei.	..	..	15 (12)	....	1 Centr.	frei.	..	..	50	
1 Centr.	..	10 (8)	..	..	....	1 Centr.	..	$31\frac{1}{4}$	..	..	
1 Centr.	5	..	..	..	18 in Kisten.	1 Centr.	8	$32\frac{1}{2}$	..	..	16 in Kisten.
1 Centr.	10	..	..	..	10 in Körben.	1 Centr.	16	$58\frac{3}{4}$	..	..	9 in Körben.
1 Centr.	10	..	..	..		1 Centr.	16	$58\frac{3}{4}$	..	..	
1 Centr.	25	..	..	..	25 in Kisten. 14 in Körben.	1 Centr.	42	30	..	..	23 in Kisten. 13 in Körben.
1 Centr.	10	..	..	..	....	1 Centr.	16	$58\frac{3}{4}$	..	..	
					18 in Kisten. 10 in Körben.						16 in Kisten. 9 in Körben.
1 Centr.	55	..	..	..	....	1 Centr.	93	$32\frac{1}{2}$	..	..	
1 Stück.	1	10 (8)	..	..	....	1 Stück.	2	20	..	..	
1 Stück.	5	..	..	..	....	1 Stück.	8	45	..	..	
1 Stück.	3	..	..	..	....	1 Stück.	5	15	..	..	
1 Stück.	2	..	..	..	....	1 Stück.	3	30	..	..	

No.	Benennung der Gegenstände.
35	**Stroh-, Rohr- und Bastwaaren:**
	a) Matten und Fußdecken von Bast, Stroh und Schilf ....
	b) Stroh- und Bastgeflechte, grobe Strohhüte und Decken aus ungespaltenem Stroh, Spahn- und Rohrhüte ohne Garnitur ....
	c) feine Bast- und Strohhüte ....
36	**Talg** (eingeschmolzenes Thierfett) ....
37	**Theer, Daggert,** gemeines **Pech** ....
38	**Töpferthon** und **Töpferwaaren:**
	a) Töpferthon für Porzellanfabriken (Porzellanerde) ....
	b) Gemeine Töpferwaaren, Fliesen, Schmelztiegel ....
	c) Einfarbiges oder weißes Fayence oder Steingut, irdene Pfeifen ....
	d) Bemaltes, bedrucktes, vergoldetes oder versilbertes Fayence oder Steingut ...
	e) Porzellan, weißes ....
	f) Porzellan, farbiges und weißes mit farbigen Streifen, auch dergleichen mit Malerei oder Vergoldung ....
	g) Fayence, Steingut und anderes Erdgeschirr, auch weißes Porzellan und Email in Verbindung mit unedlen Metallen ....
	h) Dergleichen in Verbindung mit Gold, Silber, Platina, Semilor und andern feinen Metallgemischen, ingleichen alles übrige Porzellan in Verbindung mit edlen oder unedlen Metallen ....
39	**Vieh:**
	a) Pferde, Maulesel, Maulthiere, Esel ....
	b) Ochsen und Stiere ....
	Anmerk. Pferde und andere vorgenannten Thiere sind steuerfrei, wenn aus dem Gebrauch, der von ihnen beim Eingange gemacht wird, überzeugend hervorgeht, daß sie als Zug- oder Lastthiere zum Angespann eines Reise- oder Frachtwagens gehören, oder zum Waarentragen dienen, oder die Pferde von Reisenden zu ihrem Fortkommen geritten werden müssen. Fohlen, welche der Mutter folgen, gehen frei ein.
	c) Kühe ....
	d) Rinder (Jungvieh) ....

Abgabensätze nach dem Preuß. oder 21-Gulden-Münzfuße (mit der Eintheilung des Thalers in 30tel und 24tel), Maaße und Gewichte.						Abgabensätze nach dem 24-Gulden-Fuße und Zoll-Centner.					
Gewicht, Maaß oder Anzahl.	Sätze beim Eingang. Rthlr.	Eingang. Sgr. (gGr.)	Ausgang. Rthlr.	Ausgang. Sgr. (gGr.)	Für Thara wird vergütet vom Centner Brutto-Gewicht: Pfund.	Gewicht, Maaß oder Anzahl.	Sätze beim Eingang. Fl.	Eingang. Xr.	Ausgang. Fl.	Ausgang. Xr.	Für Thara wird vergütet vom Centner Brutto-Gewicht: Pfund.
1 Stück.	1	..	..	..	....	1 Stück.	1	45	..	..	
1 Stück.	..	20 (16)	..	..	....	1 Stück.	1	10	..	..	
1 Stück.	..	15 (12)	..	..	....	1 Stück.	..	52½	..	..	
1 Stück.	..	5 (4)	..	..	....	1 Stück.	..	17½	..	..	
1 Centr.	2	..	..	..	11 in Kisten. 10 in Körben. 7 in Ballen.	1 Centr.	3	26¼	..	..	13 in Kisten. 9 in Körben. 7 in Ballen.
1 Centr.	5	15 (12)	..	..		1 Centr.	9	22½	..	..	
1 Centr.	10	..	..	..	22 in Kisten.	1 Centr.	16	58¾	..	..	20 in Kisten.
1 Centr.	frei.	..	2	..	....	1 Centr.	frei.	..	3	26¼	
1 Centr.	6	..	..	..	18 in Fässern u. Kisten. 10 in Ballen.	1 Centr.	10	12½	..	..	16 in Fässern u. Kisten. 9 in Ballen.
1 Centr.	30	..	..	..	22 in Kisten. 10 in Ballen.	1 Centr.	51	2½	..	..	20 in Kisten. 9 in Ballen.
1 Centr.	20	..	..	..		1 Centr.	34	3½	..	..	

No.	Benennung der Gegenstände.
42	Zink:
	a) roher ....
	b) in Blechen ....
43	Zinn und Zinnwaaren:
	a) Grobe Zinnwaaren, als: Schüsseln, Teller, Löffel, Kessel und andere Gefäße, Röhren und Platten ....
	b) Andere feine, auch lackirte Zinnwaaren, Spielzeug und dergleichen ....
	Anmerk. Von Zinn in Blöcken und altem Zinn wird die allgemeine Eingangsabgabe erhoben.

Abgabensätze nach dem Preuß. oder 21-Gulden-Münzfuße (mit der Eintheilung des Thalers in 30stel und 24stel), Maaße und Gewichte.						Abgabensätze nach dem 24-Gulden-Fuße und Zoll-Centner.					
Gewicht, Maaß oder Anzahl.	Sätze beim				Für Thara wird vergütet vom Centner Brutto-Gewicht:	Gewicht, Maaß oder Anzahl.	Sätze beim				Für Thara wird vergütet vom Centner Brutto-Gewicht:
	Eingang.		Ausgang.				Eingang.		Ausgang.		
	Rthlr.	Sgr. (gGr.)	Rthlr.	Sgr. (gGr.)	Pfund.		Fl.	Kr.	Fl.	Kr.	Pfund.
1 Centr.	2	..	..	..	11 in Fässern u. Kisten. 7 in Körben.	1 Centr.	3	26¼	..	..	10 in Fässern u. Kisten. 7 in Körben.
1 Centr.	3	20 (16)	..	..		1 Centr.	6	15	..	..	
1 Centr.	2	..	..	..	11 in Fässern u. Kisten. 7 in Körben.	1 Centr.	3	26¼	..	..	10 in Fässern u. Kisten. 7 in Körben.
1 Centr.	10	..	..	..	22 in Fässern u. Kisten. 14 in Körben.	1 Centr.	16	58¼	..	..	20 in Fässern u. Kisten. 13 in Körben.

Dritte Abtheilung.

Von den Abgaben, welche zu entrichten sind, wenn Gegenstände zur Durchfuhr angemeldet werden.

1) Die in der ersten Abtheilung des Tarifs benannten Gegenstände bleiben auch bei der Durchfuhr in der Regel abgabenfrei.
2) Von Gegenständen, welche, nach der zweiten Abtheilung des Tarifs, beim Eingange oder Ausgange, oder in beiden Fällen zusammengenommen, mit weniger als ½ Thaler vom Preußischen Centner oder 50 Kreuzer vom Zoll-Centner, oder nach Maaß oder Stückzahl belegt sind, ist in der Regel als Durchgangsabgabe der Betrag jener Eingangs- und Ausgangsabgaben zu entrichten.
3) Für Gegenstände, bei welchen die Eingangs- oder Ausgangsabgabe, oder beide zusammen, ½ Thaler vom Preußischen Centner oder 50 Kreuzer vom Zoll-Centner erreichen oder übersteigen, wird in der Regel nur jener Satz von ½ Thaler vom Preußischen oder 50 Kreuzer vom Zoll-Centner, ingleichen für Vieh, und zwar:

		vom Stück	
a) von Pferden, Mauleseln, Maulthieren, Eseln	1⅙ Rthlr.	oder 2 Fl.	20 Kr.
b) von Ochsen und Stieren	1 „	„ 1 „	45 „
c) von Kühen und Rindern	½ „	„ — „	52½ „
d) von Schweinen und Schaafvieh	⅙ „	„ — „	17½ „

als Durchgangsabgabe entrichtet, soweit nicht nachfolgend für den Transit auf gewissen Straßen oder für gewisse Gegenstände ausnahmsweise höhere oder geringere Sätze festgestellt sind.

Diese Ausnahmen sind folgende:

I. Abschnitt.

Von nachfolgenden Waaren wird, wenn sie rechts der Oder, seewärts oder landwärts, von Memel bis Berun (die Straße über Neu-Berun ausgeschlossen) eingehen, desgleichen durch die Odermündungen ein- und rechts der Oder auf ebengenannten Wegen, aber mit Einschluß der Straße über Neu-Berun, ausgehen; ferner: anderswo links der Oder zuerst eingehen, und rechts der Oder auf ebengenannten Wegen, jedoch mit Ausschluß der Straße über Neu-Berun, ausgehen, erhoben:

	Vom Preuß. Centner:		Vom Zoll-Centr.:	
	Rtlr.	Sgr.	Fl.	Kr.
1) Von baumwollenen Stuhlwaaren (zweite Abtheilung, Art. 2. c.), feinen Blei-, Bürstenbinder-, Eisen-, Glas- und Holzwaaren (3. c.) (4. b.) (6. d. 3.) (10. e.) (12. f.); ferner von Pappwaaren, feiner Seife, feinen Steinwaaren, feinen Strohgeflechten, Porzellanwaaren, Wachs- und feinen Zinnwaaren (27. d.) (31. c.) (33. b.) (35. b. u. c.) (38. g. u. h.) (40. c.) (43. b.); neuen Kleidern (18.); Kurzen Waaren (20.) gebleichter, gefärbter oder gedruck-				

ter

	Vom Preuß. Centner:		Vom Zoll-Centr.:	
	Rtlr.	Sgr. (gGr.)	Fl.	Kr.
ter Leinwand und andern leinenen Stuhlwaaren (22. c. f. u. g.); Seide, seidenen und halbseidenen Waaren (30.); wollenen Zeug- und Strumpf-, Tuch- und Filzwaaren (41. c. und d.):				
a) insofern die Ein- oder die Ausfuhr durch die Ostseehäfen geschieht	4	—	6	$46\frac{1}{4}$
b) auf anderem Wege	2	—	3	$26\frac{1}{4}$
2) Von Baumwollengarn (2. b.) und gefärbtem Wollengarn (41. b.)	2	—	3	$26\frac{1}{4}$
3) Von Kupfer und Messing und daraus gefertigten Waaren (19.), Gewürzen (25. k.), Kaffee (25. m.), Tabaksfabrikaten (25. w. 2.), raffinirtem Zucker (25. y. 1.), roher Schaafwolle (41. a.)	1	—	1	10
4) Von rohem Zucker (25. y. 2.)	—	20 (16)	1	$8\frac{3}{4}$
5) Von Schmalte, gereinigter Soda (Mineral-Alkali) (5. d.), Schwefelsäure (5. n.); Kolophonium, überhaupt Harzen, von Glätte und außereuropäischen Tischlerhölzern (5. Anmerk.); rohen Häuten und Fellen zur Gerberei, und Haaren (11.); Muschel- oder Schalthieren aus der See (25. s.); getrockneten, geräucherten, oder gesalzenen Fischen, Heringe ausgenommen; Hanf- und Leinöl (26.); Salmiak, Spießglanz (Antimonium), Thran	—	10 (8)	—	$31\frac{1}{4}$
6) Von Zink (42. a. und b.)	—	20 (16)	1	$8\frac{3}{4}$
Ausnahmen:				
a) wenn solcher auf der Linie von der Ostsee bei Memel bis zur Weichsel, diese eingeschlossen, eingeführt und durch die Häfen von Danzig, Memel und über Pillau ausgeführt wird, oder umgekehrt, vom Preußischen Centner .... 10 Sgr.				
b) wenn solcher über Danzig mit der Bestimmung nach Rußland durchgeht, vom Preuß. Centner .... 3 Sgr.				
7) Von Roheisen (6. a.), geschmiedetem Eisen und Stahl (6. b.), groben Eisengußwaaren (6. d. 1.), Kraftmehl (25. q.), Mühlenfabrikaten aus Getreide und Hülsenfrüchten (25. r.); ingleichen Schiffszwieback	—	$7\frac{1}{2}$ (6)	—	25

	Vom Preuß. Centner: Rthlr.	Vom Preuß. Centner: Sgr. (gGr.)	Vom Zoll-Centr.: Fl.	Vom Zoll-Centr.: Xr.
Ausnahmen:				
a) für geschmiedetes Eisen, aus Rußland oder Polen kommend und seewärts ausgehend, vom Preuß. Centner .. 3 Sgr.				
b) für Mehl in Tonnen verpackt, auf dem unter 6. a. bezeichneten Transitozuge, vom Preuß. Centner .. 5 Sgr.				
8) Von Hörnern, Hornspitzen, Klauen und Knochen (1.), Mennige (5. d.), grünem Eisen-Vitriol (5. e.), Mineralwasser in Flaschen oder Krügen (5. l.), von grauer Packleinwand und Segeltuch (22. c.), rohem Agatstein und großen Marmorarbeiten, als: Statuen, Büsten, Kaminen	—	5 (4)	—	18¾
	Von der Last zu 4000 Preuß. Pfunden. Rthlr.	Von der Last zu 4000 Preuß. Pfunden. Sgr. (gGr.)	Von 40 Zoll-Centnern. Fl.	Von 40 Zoll-Centnern. Xr.
9) Von Salz (25. u.) auf dem unter 6. a. erwähnten Transitozuge zum Bedarf der Königl. Polnischen Salz-Administration, unter Controle der Königl. Preußischen Salz-Administration, von der Preuß. Last .... 3 Rthlr.				
10) Von Steinkohlen (34.)	—	15 (12)	—	56
11) Von Bruch- und behauenen Steinen aller Art, Mühl- und Schleifsteinen (33. a.)	—	10 (8)	—	37½
	Von der Tonne. Rthlr.	Von der Tonne. Sgr.	Von der Tonne. Fl.	Von der Tonne. Xr.
12) Von Heringen (25. l.)	—	10	—	35
13) Von Weizen und andern unter Nr. 14. nicht besonders genannten Getreidearten, desgleichen von Hülsenfrüchten, als: Bohnen, Erbsen, Linsen, Wicken, auf der Weichsel und dem Niemen eingehend, und durch die Häfen von Danzig und Memel, auch durch Elbing und Königsberg über Pillau ausgehend, vom Preuß. Scheffel .. 2 Sgr. (Dies ist zugleich die Eingangsabgabe auf dieser Linie, wenn jene Getreidearten und Hülsenfrüchte nicht weiter auf der Brahe verschifft werden; geschieht solches aber, so wird der Unterschied zwischen dieser Abgabe und der für diese Getreidearten und Hülsenfrüchte in der zweiten Abtheilung allgemein bestimmten Eingangsabgabe nacherhoben.)				
14) Roggen, Gerste und Hafer, auf denselben Strömen ein- und über die vorgenannten Häfen ausgehend, vom Preußischen Scheffel .... ½ Sgr.				

II. Abschnitt.

Von nachbenannten Gegenständen, wenn sie

A. durch die Odermündungen oder auf dem linken Oderufer westlich bis zum Rhein hin, diesen Strom ausgenommen, eingehen, und auf der Grenzlinie zwischen Neu-Berun in Schlesien und Schärding am Thurm in Bayern, beide ebengenannten Orte eingeschlossen, wieder ausgehen, oder welche, umgekehrt, auf der Linie von Neu-Berun bis Schärding am Thurm in das Vereins-Gebiet eintreten und über die zuerst genannten Grenzen wieder ausgehen; oder

B. auf dem linken Rheinufer landwärts eingehen, um auf dem rechten Rheinufer, ohne Ueberschreitung der Oder (mit Ausnahme der Grenzlinie von Friedrichshafen bis Füßen in Bayern, beide Orte eingeschlossen) wieder auszugehen; desgleichen, welche vom rechten Rheinufer (mit Ausschluß sowohl der unter Abschnitt I. gedachten Straßenzüge, als auch der Grenzlinie von Füßen bis Friedrichshafen) eingehen, um mit Ueberschreitung des Rheins wieder auszugehen,

wird erhoben:

	Vom Preuß. Centner:		Vom Zoll-Centr.:	
	Rthlr.	Sgr.	Fl.	Xr.
von baumwollenen Stuhlwaaren (Abtheilung II. Art. 2. c.), neuen Kleidern (18.), Leder und Lederarbeiten (21.), Wolle und wollenen Garnen und Waaren (41.)	1	—	1	40

III. Abschnitt.

Bei der Durchfuhr von Waaren bloß durch nachgenannte Landestheile, oder auf nachgenannten Straßen, wird die Durchgangsabgabe dahin ermäßigt, daß als höchster Durchfuhrzoll auch von den bei der Eingangs- und Ausgangsabgabe höher belegten Waaren nur erhoben wird:

	Vom Preuß. Centner:		Vom Zoll-Centr.:	
	Rthlr.	Sgr.	Fl.	Xr.
1) Von Waaren, welche auf dem linken Rheinufer oder mittelst des Rheins eingehen und auf Straßen auf derselben Rheinseite oder auf dem rechten Rheinufer auf der Linie von Friedrichshafen bis Füßen in Bayern ausgehen, desgleichen welche, soweit sie landwärts auf dem linken Rheinufer oder auf der Grenzlinie von Friedrichshafen bis Füßen eingegangen sind, auf dem Rhein oder auf dem linken Rheinufer wieder ausgeführt werden	—	10	—	31¼
2) Von Waaren, welche auf Straßen an den Königl. Bayerischen und Königl. Württembergischen Landesgrenzen in das Vereinsgebiet eintreten, und ebenfalls an den Königl. Bayerischen oder Königl. Württembergischen Landesgrenzen aus dem Vereinsgebiet austreten	—	3¾	—	12½

	Vom Stück:			
vom Vieh, und zwar:	Rthlr.	Sgr.	Fl.	Xr.
a) von Pferden, Maulthieren, Eseln, Ochsen und Stieren, Kühen und Rindern	—	⅚	—	3
b) von Saugfüllen, Schweinen und Schaafvieh	—	⅓	—	1

Anmerk. Wenn die auf obenbemerkten Straßen durchzusendenden Ge-

Gegenstände in ununterbrochener Fortsetzung ihres Weges, ohne daß eine Umladung im Auslande stattfindet, ohne Aufhebung des angelegten Waarenverschlusses und binnen der zur Durchfahrung der ausländischen Wegestrecke erforderlichen Frist in das Vereins-Gebiet wieder eintreten: so wird der bereits entrichtete Durchgangszoll auf die höhern Transitsätze, welche, sei es nach der allgemeinen Regel mit ½ Thaler vom Preußischen Centner oder 50 Xr. vom Zoll-Centner, oder nach den besondern Vorschriften in einem der Abschnitte I. und II. zu entrichten sind, angerechnet.

	Vom Preuß. Centner:		Vom Zoll-Centr.:	
	Rthlr.	Sgr.	Fl.	Xr.
3) Von Waaren, welche über Offenbach, Mainkur oder Hanau, oder aus dem Freihafen zu Mainz eingehen, und über Heppenheim, Miltenberg oder auf der Grenzlinie von Friedrichshafen bis Mittenwald (gegen Tyrol), beide genannten Orte eingeschlossen, ausgehen; oder welche, umgekehrt, auf letztgedachter Grenzlinie oder bei Heppenheim oder Miltenberg in das Vereinsgebiet eingeführt, und über Offenbach, Mainkur oder Hanau, oder nach dem Freihafen zu Mainz ausgeführt werden	—	3	—	10
und wenn in einer der vorbezeichneten Richtungen der Eintritt oder Austritt zu Neu-Ysenburg erfolgt	—	4½	—	15
	Vom Stück:			
	Rthlr.	Sgr.	Fl.	Xr.
von Pferden, Maulthieren, Eseln, Ochsen und Stieren, Kühen und Rindern	—	⅚	—	3
von Säugfüllen, Schweinen und Schaafvieh	—	⅓	—	1

Anmerk. Wenn auf diesen Straßenzügen Großherzoglich-Badensches Land ohne Umladung, ohne Aufhebung des Waarenverschlusses, und nur binnen der zur Durchfuhr nöthigen Frist berührt wird, so wird der Transitzug dadurch für unterbrochen nicht erachtet.

IV. Abschnitt.

Bei der Waarendurchfuhr auf Straßen, welche das Vereinsgebiet auf kurzen Strecken durchschneiden, und für welche die örtlichen Verhältnisse eine weitere Ermäßigung der Durchgangsgefälle oder deren Verwandlung in eine nach Pferdesladung zu entrichtende Controlgebühr erfordern, werden die Ministerien der betheiligten Regierungen solche Ermäßigungen anordnen und zur allgemeinen Kunde bringen lassen.

Vierte Abtheilung.

Hinsichts der Schiffahrts-Abgaben bei dem Transport von Waaren auf der Elbe, der Weser, dem Rhein und dessen Nebenflüssen (Mosel, Main und Neckar), bewendet es im Allgemeinen bei den in der Wiener Kongreß-Acte ent-

enthaltenen Bestimmungen, oder den, auf den Grund derselben, über die Schiffahrt auf einzelnen dieser Ströme bereits abgeschlossenen Uebereinkünften, und es werden die Regierungen der betheiligten Uferstaaten die hierbei in Folge der Zollanschluß-Verträge eintretenden erleichternden Bestimmungen besonders bekannt machen.

Fünfte Abtheilung.

Allgemeine Bestimmungen.

1) Das in dem Tarif neben dem Preußischen Gewicht in Anwendung gebrachte **Zoll-Gewicht** ist mit dem Großherzoglich-Hessischen übereinstimmend. Der Zoll-Centner ist in hundert Pfund getheilt, und es sind von diesen

Zoll-Pfunden:

$935\frac{422}{1000}$ = 1000 Preußische (Kurhessische) Pfund,
1120 = 1000 Bayerische Pfund,
2000 = 1000 Rheinbayerische Kilogramm,
$935\frac{456}{1000}$ = 1000 Württembergische Pfund,
$933\frac{872}{1000}$ = 1000 Sächsische (Dresdner) Pfund.

Demnach sind gleich zu achten:

Zoll-Pfund:

14 = 15 Preußische (Kurhessische) Pfund,
28 = 25 Bayerische Pfund,
2 = 1 Rheinbayerisches Kilogramm,
14 = 15 Württembergische Pfund,
14 = 15 Sächsische (Dresdner) Pfund.

und

Zoll-Centner:

36 = 35 Preußische (Kurhessische) Centner zu 110 Pfund,
28 = 25 Bayerische Centner zu 100 Pfund,
2 = 1 Rheinbayerisches Quintal zu 100 Kilogramm,
36 = 37 Württembergische Centner zu 104 Pfund,
36 = 35 Sächsische (Dresdner) Centner zu 110 Pfund.

2) Werden Waaren unter Begleitschein-Controle versandt, oder bedarf es zum Waarenverschlusse der Anlegung von Bleien, so wird erhoben:
für einen Begleitschein 2 sgr. ($1\frac{1}{2}$ gGr.) oder 7 Kreuzer,
für ein angelegtes Blei 1 sgr. ($\frac{3}{4}$ gGr.) oder 3 Kreuzer.
Andere Nebenerhebungen sind unzulässig.

3) Die Abgaben werden vom Bruttogewicht erhoben:
a) von allen verpackt transitirenden Gegenständen;
b) von den im Lande verbleibenden, wenn die Abgabe einen Thaler vom Preußischen oder einen Gulden und vierzig Kreuzer vom Zoll-Centner nicht übersteigt; auch

c) in andern Fällen, wenn nicht eine Vergütung für Thara im Tarif ausdrücklich festgesetzt ist. Gehen Waaren, bei denen eine Tharavergütung zugestanden wird, bloß in einfachen Säcken gepackt ein, so kann vier Pfund vom Centner für Thara gerechnet werden. Inwiefern der Steuerpflichtige die Wahl hat, den Tharatarif gelten zu lassen oder Nettoverwiegung zu verlangen, bestimmt die Zollordnung §. . Die Steuerbehörde ist, in besondern Fällen, solche anzuordnen ebenfalls befugt.

d) Wo bei der Waarendurchfuhr auf kurzen Straßenstrecken (dritte Abtheilung Abschn. IV.) geringere Zollsätze statt finden, auch wenn sonst die Abschätzung des Gewichts nachgelassen wird, kann, mit Vorbehalt der speciellen Verwiegung, im Ganzen berechnet werden:

die Traglast eines Lastthiers zu drei Centner,
die Ladung eines Schubkarrens zu zwei Centner,
" " " einspännigen Fuhrwerks zu funfzehn Centner,
" " " zweispännigen Fuhrwerks zu vier und zwanzig Centner,
und für jedes weiter vorgespannte Stück Zugvieh zwölf Centner mehr.

4) Bei den aus gemischten Gespinnsten von Baumwolle, Leinen, Seide und Wolle gefertigten Waaren muß bei der Declaration jedes darin vorhandene Material genannt werden, insofern dasselbe zu der eigentlichen Waare gehört. Die gewöhnlichen Weberkanten (Anschroten, Saumleisten, Saalband, Lisière) an den Zeugwaaren bleiben dabei und bei der Steuerklassification außer Betracht.

5) Sind in einem und demselben Ballen (Faß, Kiste) Waaren zusammengepackt, welche nicht gleich belastet sind, so muß bei der Declaration zugleich die Menge von einer jeden Waarengattung, welche der Ballen enthält, nach ihrem Nettogewicht angemerkt werden, widrigenfalls entweder der Inhaber des Ballens ꝛc. beim Grenz-Zollamte, Behufs der speciellen Revision, auspacken muß, oder von dem ganzen Gewicht des Ballens ꝛc. der Abgabensatz erhoben werden soll, welcher von der am höchsten besteuerten Waare, die darin enthalten, zu erlegen ist.

Ausgenommen hiervon sind: Glas, Instrumente und Porzellan, wenn die Beschaffenheit der Emballage solcher Waaren einen ganz zuverlässigen Verschluß gestattet. Auch soll die Declaration der in der zweiten Abtheilung No. 3c. 4h. 6d.3. 10e. 12f. 19c. 27d. 31e. 33h. 35b. und 43b. benannten Waaren als Kurze Waaren nicht die Besteuerung derselben nach dem höhern Tarifsatze für Kurze Waare zur Folge haben, sondern die Abgabenerhebung nach dem Revisionsbefunde geschehen, wenn der Steuerpflichtige vor der Revision auf specielle Ermittelung anträgt.

6) Von Waaren, welche zum Durchgange bestimmt sind, wird:

a) sofern dieselben zu einer Niederlage (Packhof, Hallamt) declarirt werden, die Durchgangsabgabe erst bei dem weitern Transport von der Niederlage erhoben.

b) So-

b) Sofern dieselben zum unmittelbaren Durchgang declarirt werden, erfolgt die Entrichtung der Durchgangsabgabe in der Regel gleich beim Eingangsamte, wo nicht aus örtlichen Rücksichten Ausnahmen angeordnet, oder, bei veränderter Richtung des Waarenzugs, Nacherhebungen beim Ausgangs- oder Packhofsamte nöthig werden.

c) Von Waaren, welche keine höhere Abgabe beim Eingange tragen, als die allgemeine Eingangsabgabe (½ Thaler vom Preußischen oder 50 Kreuzer vom Zoll-Centner) und nach der dritten Abtheilung beim Durchgange nicht mit einer geringern Abgabe belegt sind, als an Eingangsabgabe, oder Ausgangsabgabe, oder an beiden zusammengenommen, davon zu entrichten sein würde, müssen die Gefälle gleich beim Eingangsamte erlegt werden, vorbehaltlich örtlicher Ausnahmen wie bei b.

7) Waaren dagegen, welche höher belegt, oder nicht unter vorstehender Ausnahme begriffen, und nach einem Orte, wo sich ein Haupt-Zoll- oder Haupt-Steuer-amt befindet, adressirt sind, können unter Begleitschein-Controle von den Grenzämtern dorthin abgelassen und es können daselbst die Gefälle davon entrichtet werden. An solchen Orten, wo Niederlagen befindlich sind, erfolgt sodann die Gefälle-Entrichtung erst, wenn die Waaren aus der Niederlage entnommen werden sollen.

8) a. Bei den Neben-Zollämtern erster Klasse (Zollordnung §. .) können alle Gegenstände eingeführt werden, von welchen die Gefälle nicht über fünf Thaler vom Preußischen oder nicht über neun Gulden vom Zoll-Centner betragen. Bei höher belegten Gegenständen findet die Einführung über diese Aemter nur statt, wenn die Gefälle von der ganzen Ladung oder den darunter begriffenen höher belegten Artikeln, nicht über funfzig Thaler oder nicht über acht und achtzig Gulden betragen, und örtliche Verhältnisse das Finanz-Ministerium nicht bestimmen, erweiterte Befugnisse einer solchen Zollstelle beizulegen.

Den Ausfuhrzoll können die Neben-Zollämter erster Klasse ohne Beschränkung in Hinsicht des Betrages erheben.

b. Bei den Neben-Zollämtern zweiter Klasse kann Getreide in unbeschränkter Menge eingehen. Waaren, wovon die Gefälle weniger als sechs Thaler vom Preußischen, oder weniger als zehn Gulden vom Zoll-Centner betragen, und Vieh können in der Regel bei diesen Aemtern nur ein- und ausgeführt werden, wenn die von der ganzen Waarenladung oder dem ganzen Vieh-Transport zu erhebenden Gefälle überhaupt nicht zehn Thaler oder nicht achtzehn Gulden übersteigen: auch können an höher belegten Gegenständen in der Regel nicht mehr als zehn Pfund innerhalb des vorstehenden Gefällebetrags mit einemmal eingeführt werden.

c. Bei den Neben-Zollämtern müssen die Gefälle in der Regel sogleich erlegt werden. — Ausnahmen finden nur statt bei solchen Neben-Zollämtern, die vom Finanz-Ministerium zur Ertheilung von Begleitscheinen oder

oder Abfertigung von Waaren, ohne daß die Gefälle sogleich entrichtet werden, besonders ermächtigt sind.

9) Es bleiben bei der Abgabenerhebung außer Betracht und werden nicht versteuert: alle Waaren-Quantitäten unter vier Loth Preußisch oder unter $\frac{1}{1000}$ des Zoll-Centners. — Gefällebeträge von weniger als sechs Silberpfennige oder Einen Kreuzer werden überhaupt nicht erhoben.

10) Die Eingangs-, Ausgangs- und Durchgangsabgaben (zweite und dritte Abtheilung) sind in Preußischem Silber-Courant, zu 14 Thalern (21 Gulden), und in Bayerischem Silbergeld, zu 24 Gulden auf die Mark fein, zahlbar. Ueber das Verhältniß, nach welchem die Gold- und Silbermünzen der sämmtlichen Vereinsstaaten — mit Ausnahme der Scheidemünze — bei Entrichtung der gedachten Abgaben anzunehmen sind, werden, so weit als erforderlich, besondere Kundmachungen ergehen.

Beilage A.

Beilage **A.**
zum Vereins-Zolltarif.

Eingangs-Zoll vom Getreide

in den Königreichen Bayern (mit Ausschluß des Rheinkreises) und Württemberg.

Weitzen, Kernen oder gegerbter Dinkel.						Berechnung des Zolls von ungegerbtem Dinkel (Fesen, Spelz), nach dem Preise des Kerns oder gegerbten Dinkels.						Korn oder Roggen.						Gerste.						Haber und Wicken.					
Das Schäffel im Preise				Zoll-Belegung vom Schäffel.		Das Schäffel Kernen im Preise				Zoll-Belegung vom Schäffel.		Das Schäffel im Preise				Zoll-Belegung vom Schäffel.		Das Schäffel im Preise				Zoll-Belegung vom Schäffel.		Das Schäffel im Preise				Zoll-Belegung vom Schäffel.	
von		bis				von		bis				von		bis				von		bis				von		bis			
Fl.	Kr.	Fl.	Kr.	Fl.	Kr.	Fl.	Kr.	Fl.	Kr	Fl.	Kr.	Fl.	Kr.	F.	Kr.	F.	Kr.	Fl.	Kr.	Fl.	Kr.	Fl.	Kr.	Fl.	Kr.	Fl.	Kr.	Fl.	Kr.
1	—	6	—	1	12	1	—	8	—	—	24	1	—	6	—	—	36	1	—	5	—	—	24	1	—	3	—	—	18
8	1	12	—	—	48	8	1	12	—	—	18	6	1	7	59	—	24	5	1	6	59	—	18	3	1	3	59	—	12
12	1	13	59	—	24	12	1	13	59	—	9	8	—	8	59	—	12	7	—	7	59	—	9	4	—	4	59	—	6
14	—	15	59	—	12	14	—	15	59	—	6	9	—	10	59	—	6	8	—	8	59	—	6	5	—	6	—	frei.	
16	—	20	—	frei.		16	—	20	—	frei.		11	—	15	—	frei.		9	—	12	—	frei.				u. darüber			
		u. darüber						u. darüber						u. darüber						u. darüber									

Beilage D.
zum Vereins-Zolltarif.

Ausgangs-Zoll vom Getreide
in den Königreichen Bayern (mit Ausschluß des Rheinkreises) und Württemberg.

Weitzen, Kernen oder gegerbter Dinkel.						Berechnung des Zolls von ungegerbtem Dinkel (Fesen, Spelz), nach dem Preise des Kerns oder gegerbten Dinkels.						Korn oder Roggen.						Gerste.						Haber und Wicken.					
Das Schäffel im Preise				Zoll-Belegung vom Schäffel.		Das Schäffel Kernen im Preise				Zoll-Belegung vom Schäffel.		Das Schäffel im Preise				Zoll-Belegung vom Schäffel.		Das Schäffel im Preise				Zoll-Belegung vom Schäffel.		Das Schäffel im Preise				Zoll-Belegung vom Schäffel.	
von		bis				von		bis				von		bis				von		bis				von		bis			
Fl.	Xr.	Fl.	Xr.	Fl.	Xr.	Fl.	Xr.	Fl.	Xr.	Fl.	Xr.	Fl.	Xr.	Fl.	Xr.	Fl.	Xr.	Fl.	Xr.	Fl.	Xr.	Fl.	Xr.	Fl.	Xr.	Fl.	Xr.	Fl.	Xr.
1	—	15	59	frei.		1	—	15	59	frei.		1	—	10	59	frei.		1	—	8	59	frei.		1	—	4	59	frei.	
16	—	17	59	—	9	16	—	17	59	—	3	11	—	12	59	—	6	9	—	9	59	—	6	5	—	5	59	—	3
18	—	20	29	—	30	18	—	20	29	—	12	13	—	15	29	—	24	10	—	10	29	—	18	6	—	7	59	—	12
20	30	25	29	1	12	20	30	25	29	—	30	15	30	20	29	1	—	10	30	13	29	—	42	8	—	9	59	—	30
25	30	30	29	2	24	25	30	30	29	1	—	20	30	25	29	2	—	13	30	16	29	1	24	10	—	11	59	1	—
30	30	35	29	4	—	30	30	35	29	1	36	25	30	30	29	3	36	16	30	20	29	2	24	12	—	13	59	1	36
35	30	40	—	6	—	35	30	40	—	2	24	30	30	35	—	5	24	20	30	25	—	3	36	14	—	16	—	2	24
		u. darüber						u. darüber						u. darüber						u. darüber						u. darüber			

Beilage C.
zum Vereins-Zolltarif.

Ausgangs-Zölle für Holz

in den Königreichen Bayern (mit Ausschluß des Rheinkreises) und Württemberg beim Landtransport, so wie beim Wassertransport auf der Donau, dem Inn und dem Bodensee.

Gegenstände.	Ausgangs-Zoll von	Fl.	Xr.	Bemerkungen.
Holz:				
a) gemeines hartes und weiches:				
1) Bau- und Werkholz in Stämmen und Blöcken, auch Rafen und Stangen ungeschnitten...	1 Fl. Werth	—	6	Rafen bedeutet das geringere Bau-, Werk- und Schiffbauholz, nämlich: Bauholz in Stämmen, und Sägeblöcke von ½ bis zu 1 Fuß im Durchmesser, dann Schiffbauholz in Stämmen von 10 bis 16 Klafter Länge und dem erwähnten Durchmesser.
2) Bau- und Werkholz geschnitten zu Rähmlingen, Läden, Pfosten, Riegeln, Stollen, Bohlen, Brettern, Schwärtlingen, Latten, Dauben, Faßböden, Felgen, gebohrte Brunnenteicheln, Weinpfähle oder Rebstöcken, auch Weiden und Reisholz	1 Fl. Werth	—	3	Läden oder Bohlen 4—6 Zoll dicke Bretter. — Unter Pfosten ist das beschlagene oder geschnittene, zur Befestigung von Gartenzäunen ꝛc. dienende Holz verstanden; Rähmlinge sind Rähmschenkel; Stollen (oder Riegel) ist vierkantig geschnittenes Holz, 2 bis 4 Zoll im Gevierte und von Bretterlänge. — Schwärtlinge oder Schwarten sind die äußern Segmente, welche beim Schneiden eines Stammes in Bretter auf den Seiten abfallen — Felgen sind das zugehauene oder geschnittene Holz, wie es die Wagner kaufen, um es zu Radfelgen weiter zu verarbeiten.
3) Brennholz, alles, in Scheitern, Aesten, Bauschen, Borzen, Spänen, Stöcken, Sturzbürden, Scheiten, Hobelspänen..	1 Fl. Werth	—	3	Bauschen bedeutet Wellen; Sturzbürden sind Wellen größerer Gattung, auch werden darunter Faschinen und die Holzbürden verstanden, welche Landleute in den Wäldern sammeln und nach Hause bringen; Borzen werden theils Theile ausgehauener Wurzelstöcke, theils die Giebel-Enden des Floßholzes, welche beim Floßbau zu Erzielung einer gleichen Länge der Floßstämme abgeschnitten werden, theils jene knorzigen Abfälle genannt, welche beim Aufmachen der größern Baumäste zu Prügelholz abfallen. Holzscheiten sind die Späne, welche beim Beschlagen des Bau- und Commerzial-Holzes abfallen.
4) Schiffbauholz, alles, in Stämmen, Ruthen, auch Küpfe und Krummholz	1 Fl. Werth	—	6	

Um die Zollbehandlung der verschiedenen Holzartikel nach Klafter, Maß, Stämmen und Stücken möglich zu machen, wird der Current-Werth derselben von Zeit zu Zeit nach den örtlichen Preisen der verschiedenen Ein- und Austrittspunkte festgesetzt und bekannt gemacht werden.

(No. 1473.) Zoll-Vereinigungs-Vertrag zwischen Seiner Majestät dem Könige von Preußen, Seiner Hoheit dem Kurprinzen und Mitregenten von Hessen und Seiner Königlichen Hoheit dem Großherzoge von Hessen, dann Seiner Majestät dem Könige von Bayern und Seiner Majestät dem Könige von Würtemberg einerseits, und Seiner Majestät dem Könige und Seiner Königlichen Hoheit dem Prinzen Mitregenten von Sachsen andererseits. Vom 30sten März 1833.

Seine Majestät der König von Preußen, Seine Hoheit der Kurprinz und Mitregent von Hessen und Seine Königliche Hoheit der Großherzog von Hessen, dann Seine Majestät der König von Bayern und Seine Majestät der König von Württemberg einerseits, und

Seine Majestät der König und Seine Königliche Hoheit der Prinz Mitregent von Sachsen andererseits,

haben, von dem Wunsche beseelt, Ihre Unterthanen der Wohlthaten eines gegenseitig freien Handels und gewerblichen Verkehrs in möglichster Ausdehnung theilhaftig zu machen, und hiedurch zugleich die Entwickelung der Verkehrsfreiheit in Deutschland überhaupt mehr und mehr zu befördern, Unterhandlungen eröffnen lassen, und zu diesem Zwecke bevollmächtigt:

Seine Majestät der König von Preußen:

Allerhöchst-Ihren Geheimen Staats- und Finanzminister, Carl Georg Maassen, Ritter des Königlich-Preußischen rothen Adler-Ordens erster Klasse, Inhaber des eisernen Kreuzes zweiter Klasse am weißen Bande, Großkreuz des Civil-Verdienst-Ordens der Königlich-Bayerischen Krone, Kommenthur des Ordens der Königlich-Württembergischen Krone, Großkreuz des Kurfürstlich-Hessischen Löwen-Ordens, des Großherzoglich-Hessischen Ludwigs-Ordens und des Großherzoglich-Sachsen-Weimarischen Haus-Ordens vom weißen Falken, und

Allerhöchst-Ihren Wirklichen Geheimen Legationsrath und Direktor im Ministerium der auswärtigen Angelegenheiten, Albrecht Friedrich Eichhorn, Ritter des Königlich-Preußischen rothen Adler-Ordens dritter Klasse mit der Schleife, Inhaber des eisernen Kreuzes zweiter Klasse am weißen Bande, Ritter des Kaiserlich-Russischen St. Annen-Ordens zweiter Klasse, Commandeur des Civil-Verdienst-Ordens der Königlich-Bayerischen Krone, Kommenthur des Ordens der Königlich-Württembergischen Krone und des Königlich-Hannöverischen Guelphen-Ordens, Commandeur erster Klasse des Kurfürstlich-Hessischen Haus-Ordens vom goldenen Löwen und des Großherzoglich-Hessischen Ludwigs-Ordens, Commandeur des Großherzoglich-Sachsen-Weimarischen Ordens vom weißen Falken;

Seine

Seine Hoheit der Kurprinz und Mitregent von Hessen:

Höchst-Ihren Wirklichen Geheimen Legationsrath, außerordentlichen Gesandten und bevollmächtigten Minister an den Königlich-Preußischen und Königlich-Sächsischen Höfen, Heinrich Wilhelm von Steuber, Commandeur des Kurfürstlich-Hessischen Haus-Ordens vom goldenen Löwen, Ritter des Kurhessischen Ordens vom eisernen Helme, Ritter des Königlich-Dänischen Danebrog-Ordens, Kommenthur des Königlich-Sächsischen Civil-Verdienst-Ordens, und

Höchst-Ihren Geheimen Ober-Bergrath, Heinrich Theodor Ludwig Schwedes, Ritter des Kurfürstlich-Hessischen Haus-Ordens vom goldenen Löwen;

Seine Königliche Hoheit der Großherzog von Hessen:

Höchst-Ihren Wirklichen Geheimen Rath und Präsidenten der Ober-Finanzkammer, Wilhelm von Kopp, Commandeur erster Klasse des Großherzoglich-Hessischen Ludwigs-Ordens, Ritter des Königlich-Preußischen rothen Adler-Ordens zweiter Klasse, Commandeur erster Klasse des Kurfürstlich-Hessischen Haus-Ordens vom goldenen Löwen;

Seine Majestät der König von Bayern:

Allerhöchst-Ihren Wirklichen Staatsrath im ordentlichen Dienste, Staatsminister der Finanzen, Arnold Friedrich von Mieg, Commandeur des Civil-Verdienst-Ordens der Königlich-Bayerischen Krone, und

Allerhöchst-Ihren Kämmerer, Staatsrath, außerordentlichen Gesandten und bevollmächtigten Minister an den Königlich-Preußischen, Königlich-Sächsischen, Großherzoglich-Sächsischen und den Herzoglich-Sächsischen Höfen, Friedrich Christian Johann Graf von Luxburg, Großkreuz des Civil-Verdienst-Ordens der Königlich-Bayerischen Krone, Ritter des Königlich-Preußischen rothen Adler-Ordens erster Klasse, Großkreuz des Königlich-Sächsischen Civil-Verdienst-Ordens und Ritter des Königlich-Württembergischen Friedrichs-Ordens;

Seine Majestät der König von Württemberg:

Allerhöchst-Ihren Major im Generalstabe, Geschäftsträger am Königlich-Preußischen Hofe, Franz a Paula Friedrich Freiherr von Linden;

Seine Majestät der König und Seine Königliche Hoheit der Prinz Mitregent von Sachsen:

Allerhöchst-Ihren Staats- und Finanzminister, Heinrich Anton von Zeschau, Commandeur des Königlich-Sächsischen Civil-Verdienst-Ordens, und

Allerhöchst-Ihren General-Lieutenant der Cavallerie, General-Adjutanten

ten, außerordentlichen Gesandten und bevollmächtigten Minister am Königlich-Preußischen Hofe, Carl Friedrich Ludwig von Watzdorff, Ritter des Königlich Sächsischen Rauten-Ordens, Commandeur erster Klasse des Königlich-Sächsischen Militair-St. Heinrichs-Ordens, Ritter des Königlich-Bayerischen St. Hubertus-Ordens;

von welchen Bevollmächtigten nachstehender Vertrag unter Vorbehalt der Ratification abgeschlossen worden ist.

Art. 1. Seine Majestät der König und Seine Königliche Hoheit der Prinz Mitregent von Sachsen treten mit Ihren Landen dem vermittelst Vertrages vom 22sten März d. J. zwischen Preußen, Kurhessen und dem Großherzogthume Hessen einerseits, dann Bayern und Württemberg andererseits geschlossenen Zoll-Vereine mit der Wirkung für das Königreich Sachsen bei, als wenn Allerhöchst- und Höchstdieselben unmittelbar an dem Abschlusse jenes Vertrages Antheil genommen, und die darin gegenseitig zugestandenen Rechte und übernommenen Verbindlichkeiten gleichzeitig hätten verabreden lassen. Es wird demgemäß das Königreich Sachsen mit allen in diesem Vereine begriffenen Ländern für die Zukunft einen Gesammtverein bilden, und der Inhalt des Vertrages vom 22sten März d. J. auf dasselbe Anwendung finden, zu welchem Ende die einzelnen Bestimmungen des letzteren, jedoch mit den dabei für das besondere Verhältniß des Königreichs Sachsen verabredeten Modificationen, hier, wie nachsteht, aufgenommen werden.

Art. 2. In den Gesammtverein werden insbesondere auch diejenigen Staaten einbegriffen, welche schon früher entweder mit ihrem ganzen Gebiete, oder mit einem Theile desselben dem Zoll- und Handelssysteme eines oder des anderen der contrahirenden Staaten beigetreten sind, unter Berücksichtigung ihrer auf den Beitrittsverträgen beruhenden besonderen Verhältnisse zu den Staaten, mit welchen sie jene Verträge abgeschlossen haben.

Art. 3. Dagegen bleiben von dem Gesammtvereine vorläufig ausgeschlossen diejenigen einzelnen Landestheile der contrahirenden Staaten, welche sich ihrer Lage wegen zur Aufnahme in den neuen Gesammtverein nicht eignen.

Es werden jedoch diejenigen Anordnungen aufrecht erhalten, welche rücksichtlich des erleichterten Verkehrs dieser Landestheile mit dem Hauptlande gegenwärtig in Preußen, Kurhessen und in dem Großherzogthume Hessen, desgleichen in Bayern und Württemberg bestehen, auch sollen ganz ähnliche Anordnungen im Königreiche Sachsen für einzelne Landestheile, welche sich ebenfalls zur Aufnahme in den Gesammtverein nicht eignen, zugelassen, diese, wie fernere Begünstigungen derselben Art aber nur im gemeinschaftlichen Einverständnisse der contrahirenden Staaten bewilligt werden.

Art. 4. In den Gebieten der contrahirenden Staaten sollen übereinstimmende Ge-

Gesetze über Eingangs-, Ausgangs- und Durchgangs-Abgaben bestehen, jedoch mit Modificationen, welche, ohne dem gemeinsamen Zwecke Abbruch zu thun, aus der Eigenthümlichkeit der allgemeinen Gesetzgebung eines jeden theilnehmenden Staates oder aus lokalen Interessen sich als nothwendig ergeben.

Bei dem Zolltarife namentlich sollen hiedurch in Bezug auf Eingangs- und Ausgangs-Abgaben bei einzelnen, weniger für den größeren Handelsverkehr geeigneten Gegenständen, und in Bezug auf Durchgangs-Abgaben, je nachdem der Zug der Handelsstraßen es erfordert, solche Abweichungen von den allgemein angenommenen Erhebungssätzen, welche für einzelne Staaten als vorzugsweise wünschenswerth erscheinen, nicht ausgeschlossen seyn, sofern sie auf die allgemeinen Interessen des Vereins nicht nachtheilig einwirken.

Desgleichen soll auch die Verwaltung der Eingangs-, Ausgangs- und Durchgangs-Abgaben, und die Organisation der dazu dienenden Behörden in allen Ländern des Gesammtvereins unter Berücksichtigung der in denselben bestehenden eigenthümlichen Verhältnisse auf gleichen Fuß gebracht werden.

Die nach diesen Gesichtspunkten zwischen den contrahirenden Staaten zu vereinbarenden Gesetze und Ordnungen, namentlich:

das Zollgesetz,
der Zolltarif,
die Zollordnung,

sollen als integrirende Bestandtheile des gegenwärtigen Vertrages angesehen, und gleichzeitig mit demselben publicirt werden.

Art. 5. Veränderungen in der Zollgesetzgebung mit Einschluß des Zolltarifs und der Zollordnung (Artikel 4.), so wie Zusätze und Ausnahmen können nur auf demselben Wege und mit gleicher Uebereinstimmung aller Contrahenten bewirkt werden, wie die Einführung der Gesetze erfolgt. Dies gilt auch von allen Anordnungen, welche in Beziehung auf die Zollverwaltung allgemein abändernde Normen aufstellen.

Art. 6. Mit der Ausführung des gegenwärtigen Vertrages tritt zwischen den contrahirenden Staaten Freiheit des Handels und Verkehrs und zugleich Gemeinschaft der Einnahme an Zöllen ein, wie beide in den folgenden Artikeln bestimmt werden.

Art. 7. Es hören von diesem Zeitpunkte an alle Eingangs-, Ausgangs- und Durchgangs-Abgaben an den gemeinschaftlichen Landesgrenzen des bisherigen Preußisch-Hessischen und des bisherigen Bayerisch-Württembergischen Zollvereins, ingleichen des Königreichs Sachsen auf, und es können alle im freien Verkehr des einen Gebiets bereits befindliche Gegenstände auch frei und unbeschwert in das andere Gebiet eingeführt werden, mit alleinigem Vorbehalte:

a) der zu den Staatsmonopolien gehörigen Gegenstände (Spielkarten und Salz) nach Maaßgabe der Artikel 9. und 10.;

 b) der

b) der im Innern der contrahirenden Staaten gegenwärtig entweder mit Steuern von verschiedener Höhe, oder in dem einen Staate gar nicht, in dem anderen aber mit Steuern belegten und deshalb einer Ausgleichungs-Abgabe unterworfenen inländischen Erzeugnisse, nach Maaßgabe des Artikels 11., und endlich

c) solcher Gegenstände, welche ohne Eingriff in die von einem der contrahirenden Staaten ertheilten Erfindungspatente oder Privilegien nicht nachgemacht oder eingeführt werden können, und daher für die Dauer der Patente oder Privilegien von der Einfuhr in den Staat, welcher dieselben ertheilt hat, noch ausgeschlossen bleiben müssen.

Art. 8. Der im Artikel 7. festgesetzten Verkehrs- und Abgabenfreiheit unbeschadet, wird der Uebergang solcher Handelsgegenstände, welche nach dem gemeinsamen Zolltarif einer Eingangs- oder Ausgangssteuer an den Außengrenzen unterliegen, auch aus den Königlich-Bayerischen und Königlich-Württembergischen Landen in die Königlich-Preußischen, Königlich-Sächsischen, Kurfürstlich-Hessischen und Großherzoglich-Hessischen Lande und umgekehrt, nur unter Innehaltung der gewöhnlichen Land- und Heerstraßen und auf den schiffbaren Strömen Statt finden, und es werden an den Binnengrenzen gemeinschaftliche Anmeldestellen eingerichtet werden, bei welchen die Waarenführer unter Vorzeigung ihrer Frachtbriefe oder Transportzettel die aus dem einen in das andere Gebiet überzuführenden Gegenstände anzugeben haben.

Auf den Verkehr mit rohen Producten in geringeren Quantitäten, so wie überall auf den kleineren Grenz- und Marktverkehr, und auf das Gepäck von Reisenden findet obige Bestimmung keine Anwendung. Auch wird keinerlei Waarenrevision Statt finden, außer insoweit, als die Sicherung der Ausgleichungs-Abgaben (Artikel 7. b.) es erfordern könnte.

Art. 9. Hinsichtlich der Einfuhr von Spielkarten behält es in jedem der zum Vereine gehörigen Staaten bei den bestehenden Verbots- oder Beschränkungs-Gesetzen sein Bewenden.

Art. 10. In Betreff des Salzes wird Folgendes festgesetzt:

a) die Einfuhr des Salzes und aller Gegenstände, aus welchen Kochsalz ausgeschieden zu werden pflegt, aus fremden, nicht zum Vereine gehörigen Ländern in die Vereinsstaaten, ist verboten, insoweit dieselbe nicht für eigene Rechnung einer der vereinten Regierungen und zum unmittelbaren Verkaufe in ihren Salz-Aemtern, Faktoreien oder Niederlagen geschieht;

b) die Durchfuhr des Salzes und der vorbezeichneten Gegenstände aus den zum Vereine nicht gehörigen Ländern in andere solche Länder soll nur mit Genehmigung der Vereinsstaaten, deren Gebiet bei der Durchfuhr berührt wird, und unter den Vorsichtsmaaßregeln Statt finden, welche von denselben für nöthig erachtet werden;

c) die

c) die Ausfuhr des Salzes in fremde, nicht zum Vereine gehörige Staaten ist frei;

d) was den Salzhandel innerhalb der Vereinsstaaten betrifft, so ist die Einfuhr des Salzes von einem in den anderen nur in dem Falle erlaubt, wenn zwischen den Landesregierungen besondere Verträge deshalb bestehen;

e) wenn eine Regierung von der anderen innerhalb des Vereins aus Staats- oder Privatsalinen Salz beziehen will, so müssen die Sendungen mit Pässen von öffentlichen Behörden begleitet werden.

Zu diesem Ende verpflichten sich die betheiligten Regierungen, auf den Privatsalinen einen öffentlichen Beamten aufzustellen, der den Umfang der Production und des Absatzes derselben überhaupt zu beobachten hat;

f) wenn ein Vereinsstaat durch einen anderen aus dem Auslande oder aus einem dritten Vereinsstaate seinen Salzbedarf beziehen, oder durch einen solchen sein Salz in fremde nicht zum Vereine gehörige Staaten versenden lassen will, so soll diesen Sendungen kein Hinderniß in den Weg gelegt werden; jedoch werden, insofern dieses nicht schon durch frühere Verträge bestimmt ist, durch vorgängige Uebereinkunft der betheiligten Staaten die Straßen für den Transport und die erforderlichen Sicherheitsmaaßregeln zur Verhinderung der Einschwärzung verabredet werden;

g) wenn in den unmittelbar aneinander grenzenden Vereinsstaaten eine solche Verschiedenheit der Salzpreise bestände, daß daraus für einen oder den anderen dieser Staaten eine Gefahr der Salz-Einschwärzung hervorginge, so macht sich derjenige Staat, in welchem der niedrigere Salzpreis besteht, verbindlich, die Verabfolgung des Salzes in die Grenzorte, binnen eines Bezirks von wenigstens sechs Stunden landeinwärts, auf den genau zu ermittelnden Bedarf jener Orte zu beschränken, und darüber den betheiligten Nachbarstaaten genügende Nachweisung und Sicherheit zu gewähren.

Die näheren Bestimmungen bleiben einer besonderen Verabredung der betheiligten Regierungen vorbehalten.

Art. 11. In Bezug auf diejenigen Erzeugnisse, bei welchen hinsichtlich der Besteuerung im Innern noch eine Verschiedenheit der Gesetzgebung unter den einzelnen Vereinslanden Statt findet (Artikel 7. b.), wird von allen Theilen als wünschenswerth anerkannt, auch hierin eine Uebereinstimmung der Gesetzgebung und der Besteuerungssätze in ihren Staaten hergestellt zu sehen, und es wird daher ihr Bestreben auf die Herbeiführung einer solchen Gleichmäßigkeit gerichtet bleiben. Bis dahin, wo dieses Ziel erreicht worden, können zur Vermeidung der Nachtheile, welche für die Producenten des eigenen Staates im Verhältnisse zu den Producenten in anderen Vereinsstaaten, aus der ungleichen Besteuerung erwachsen würden, Ergänzungs- oder Ausgleichungs-Abgaben von folgenden Gegenständen erhoben werden:

 a) Im

a) Im Königreiche Preußen von
Bier,
Bramntwein,
Taback,
Traubenmost und Wein.

b) Im Kurfürstenthume Hessen von
Bier,
Branntwein,
Taback,
Traubenmost und Wein.

c) Im Großherzogthume Hessen von
Bier.

d) Im Königreiche Bayern (zur Zeit mit Ausschluß des Rheinkreises) von
Bier,
Branntwein,
geschrotetem Malz.

e) Im Königreiche Württemberg von
Bier,
Branntwein,
geschrotetem Malz.

f) Im Königreiche Sachsen von
Bier,
Branntwein,
Taback,
Traubenmost und Wein.

Es soll bei der Bestimmung und Erhebung der gedachten Abgaben nach folgenden Grundsätzen verfahren werden:

1) Die Ausgleichungs-Abgaben werden nach dem Abstande der gesetzlichen Steuer im Lande der Bestimmung von der denselben Gegenstand betreffenden Steuer im Lande der Herkunft bemessen, und fallen daher im Verhältnisse gegen diejenigen Vereinslande gänzlich weg, wo eine gleich hohe oder eine höhere Steuer auf dasselbe Erzeugniß gelegt ist.

2) Veränderungen, welche in den Steuern von inländischen Erzeugnissen der betheiligten Staaten eintreten, haben auch Veränderungen in den Ausgleichungs-Abgaben, jedoch stets unter Anwendung des vorher (1.) aufgestellten Grundsatzes zur Folge.

Wo auf den Grund einer solchen Veränderung eine Ausgleichungs-Abgabe zu erhöhen seyn würde, muß, falls die Erhöhung wirklich in Anspruch genommen wird, eine Verhandlung darüber zwischen den betheilig-

ten

ten Staaten, und eine vollständige Nachweisung der Zulässigkeit nach den Bestimmungen des gegenwärtigen Vertrages vorausgehen.

3) Die gegenwärtig in Preußen gesetzlich bestehenden Sätze der Steuern von inländischem Traubenmost und Wein, vom Tabacksbau und Branntwein, so wie die gegenwärtig in Bayern bestehende Steuer von inländischem geschroteten Malz und Bier (Malzaufschlag) sollen jedenfalls den höchsten Satz desjenigen bilden, was in einem Vereinsstaate, welcher jene Steuern eingeführt hat, oder künftig etwa einführen sollte, an Ausgleichungs-Abgaben von diesen Artikeln bei deren Eingang aus einem Lande, in welchem keine Steuer auf dieselben Erzeugnisse gelegt ist, erhoben werden darf, wenn auch die betreffende Steuer des Staates, welcher die Ausgleichungs-Abgabe bezieht, diesen höchsten Satz übersteigen sollte.

4) Rückvergütungen der inländischen Staatssteuern sollen bei der Ueberfuhr der besteuerten Gegenstände in ein anderes Vereinsland nicht gewährt werden.

5) Auf andere Erzeugnisse als Bier und Malz, Branntwein, Tabacksblätter, Traubenmost und Wein soll unter keinen Umständen eine Ausgleichungs-Abgabe gelegt werden.

6) In allen Staaten, in welchen von Taback, Traubenmost und Wein eine Ausgleichungs-Abgabe erhoben wird, soll in keinem Falle eine weitere Abgabe von diesen Erzeugnissen, weder für Rechnung des Staates, noch für Rechnung der Communen beibehalten oder eingeführt werden.

7) Der Ausgleichungs-Abgabe sind solche Gegenstände nicht unterworfen, von welchen auf die in der Zollordnung vorgeschriebene Weise dargethan ist, daß sie als ausländisches Ein- oder Durchgangsgut die zollamtliche Behandlung bei einer Erhebungsbehörde des Vereins bereits bestanden haben, oder derselben noch unterliegen, und eben so wenig diejenigen im Umfange des Vereins erzeugten Gegenstände, welche nur durch einen Vereinsstaat transitiren, um entweder in einen anderen Vereinsstaat oder nach dem Auslande geführt zu werden.

8) Die Ausgleichungs-Abgabe kommt den Kassen desjenigen Staates zu Gute, wohin die Versendung erfolgt. Insofern sie nicht schon im Lande der Versendung für Rechnung des abgabeberechtigten Staates erhoben worden, wird die Erhebung im Gebiete des letzteren erfolgen.

9) Es sollen in jedem der contrahirenden Staaten solche Einrichtungen getroffen werden, vermöge welcher die Ausgleichungs-Abgabe in dem Vereinslande, aus welchem die Versendung erfolgt, am Orte der Versendung

oder bei der gelegensten Zoll- oder Steuerbehörde entrichtet, oder ihre Entrichtung durch Anmeldung sicher gestellt werden kann.

10) So lange, bis diese Einrichtungen durch besondere Uebereinkunft festgesetzt seyn werden, bleibt der Verkehr mit Gegenständen, welche einer Ausgleichungs-Abgabe unterliegen, in der Art beschränkt, daß dieselben, ohne Unterschied der transportirten Quantitäten, in das Gebiet des abgabeberechtigten Staates nur auf den im Artikel 8. bezeichneten, oder noch anderweit zu bestimmenden Straßen eingeführt, und an den dort einzurichtenden Anmelde- und Hebestellen angemeldet und resp. versteuert werden müssen, ohne daß jedoch in Folge hievon der Verkehr mit den Gegenständen, von welchen eine Ausgleichungs-Abgabe nicht zu entrichten ist, einer weiteren, als der in dem oben gedachten Artikel angeordneten Aufsicht unterworfen seyn wird.

Art. 12. Hinsichtlich der Verbrauchs-Abgaben, welche in dem Bereiche der Vereinsländer von anderen, als den im Artikel 11. bezeichneten Gegenständen erhoben werden, so wie der im Großherzogthume Hessen zur Erhebung kommenden Steuern von Getränken, wird eine gegenseitige Gleichmäßigkeit der Behandlung Statt finden, dergestalt, daß das Erzeugniß eines anderen Vereinsstaates unter keinem Vorwande höher belastet werden darf, als das inländische.

Derselbe Grundsatz findet auch bei den Zuschlags-Abgaben und Octrois Statt, welche für Rechnung einzelner Gemeinen erhoben werden, so weit dergleichen Abgaben nicht überhaupt nach der Bestimmung des Artikels 11. Nr. 6. unzulässig sind.

Art. 13. Chausseegelder oder andere statt derselben bestehende Abgaben, wie z. B. der in den Königreichen Bayern und Württemberg zur Surrogirung des Wegegeldes von eingehenden Gütern eingeführte fixe Zollbeischlag, eben so Pflaster-, Damm-, Brücken- und Fährgelder, oder unter welchem anderen Namen dergleichen Abgaben bestehen, ohne Unterschied, ob die Erhebung für Rechnung des Staates oder eines Privatberechtigten, namentlich einer Commune geschieht, sollen nur in dem Betrage beibehalten oder neu eingeführt werden können, als sie den gewöhnlichen Herstellungs- und Unterhaltungskosten angemessen sind.

Das dermalen in Preußen nach dem allgemeinen Tarif vom Jahre 1828 bestehende Chausseegeld soll als der höchste Satz angesehen, und hinführo in keinem der contrahirenden Staaten überschritten werden.

Besondere Erhebungen von Thorsperr- und Pflastergeldern sollen auf chaussirten Straßen, da, wo sie noch bestehen, dem vorstehenden Grundsatze gemäß aufgehoben, und die Ortspflaster den Chausseestrecken dergestalt eingerechnet werden, daß davon nur die Chausseegelder nach dem allgemeinen Tarif zur Erhebung kommen.

Art.

Art. 14. Die contrahirenden Regierungen wollen dahin wirken, daß in ihren Landen ein gleiches Münz-, Maaß- und Gewichtssystem in Anwendung komme, hierüber sofort besondere Unterhandlungen einleiten lassen, und die nächste Sorge auf die Annahme eines gemeinschaftlichen Zollgewichts richten.

Sofern die desfallsige Einigung nicht bereits bei der Ausführung des Vertrages zum Grunde gelegt werden könnte, werden die contrahirenden Staaten zur Erleichterung der Versendung von Waaren und zur schnelleren Abfertigung dieser Sendungen an den Zollstellen, so weit dies noch nicht zur Ausführung gebracht seyn sollte, bei den in ihren Zolltarifen vorkommenden Maaß- und Gewichtsbestimmungen eine Reduction auf die Maaße und Gewichte, welche in den Tarifen der anderen contrahirenden Staaten angenommen sind, entwerfen, und zum Gebrauche sowohl ihrer Zoll-Aemter als des Handel treibenden Publikums öffentlich bekannt machen lassen. Der gemeinschaftliche Zolltarif (Artikel 4.) soll in zwei Haupt-Abtheilungen, nach dem Preußischen und nach dem Bayerischen Maaß-, Gewichts- und Münzsystem ausgefertigt werden.

Die Declaration, die Abwägung und Messung der zollbaren Gegenstände soll bis auf weitere Verabredung wegen eines gemeinsamen Maaßes und Gewichtes in Preußen nach Preußischem, in Bayern und Württemberg nach Bayerischem Maaße und Gewichte, in Sachsen und in den Hessischen Landen nach dem daselbst gesetzlich eingeführten Maaße und Gewichte geschehen. In den Ausfertigungen der Zollbehörden im Königreiche Sachsen und in den Hessischen Landen ist aber die Quantität der Waaren zugleich nach einer der beiden Haupt-Abtheilungen des gemeinschaftlichen Tarifs auszudrucken.

Die Zoll-Abgabe soll im Königreiche Sachsen nach dem Preußischen Münzfuße berechnet, und kann entweder in Preußischen $\frac{1}{1}$ bis $\frac{1}{6}$ Stücken, oder in Sächsischem Gelde, nach einem noch zu bestimmenden Verhältnisse, geleistet werden.

Es sollen auch schon jetzt die Gold- und Silbermünzen der sämmtlichen contrahirenden Staaten — mit Ausnahme der Scheidemünze — bei allen Hebestellen des gemeinsamen Zollvereins angenommen und zu diesem Behufe Valvationstabellen öffentlich bekannt gemacht werden.

Art. 15. Die Wasserzölle oder auch Wegegeldgebühren auf Flüssen mit Einschluß derjenigen, welche das Schiffsgefäß treffen (Recognitionsgebühren) sind von der Schiffahrt auf solchen Flüssen, auf welche die Bestimmungen des Wiener-Congresses oder besondere Staatsverträge Anwendung finden, ferner gegenseitig nach jenen Bestimmungen zu entrichten, insofern hierüber nichts Besonderes verabredet wird.

Ueber den Verkehr mittelst der Elbe und wegen der Erhebung der conventionellen Elbschiffahrts-Abgaben wird zwischen der Königlich-Preußischen und Königlich-Sächsischen Regierung Folgendes verabredet:

 1) Waa-

1) Waaren, welche vermittelst der Elbe durch das Preußische und Sächsische Gebiet unmittelbar durchgeführt werden, bleiben den vollen Elbschiffahrts-Abgaben, wie solche conventionsmäßig festgesetzt sind, unterworfen. Findet bei der Durchfuhr eine Umladung oder Lagerung zur Spedition oder zum Zwischenhandel Statt; so kann von der Regierung des Staates, in dessen Gebiete der Umschlag erfolgt, ein Erlaß an dem Elbzolle, jedoch nicht höher als zu ¼ der conventionsmäßigen Sätze, welche sie zu erheben hat, bewilligt werden.

2) Der Waarentransport auf der Elbe aus dem Gebiete eines der beiden gedachten Staaten nach dem Gebiete des anderen, oder aus einem dieser Staaten nach dem Auslande oder umgekehrt aus dem Auslande nach dem Gebiete eines der gedachten Staaten, ist in der Regel von aller Zoll-Entrichtung frei, unterliegt jedoch der Entrichtung des conventionsmäßigen Recognitionsgeldes.

3) Hievon findet in dem Falle eine Ausnahme Statt, wo bei der Einfuhr aus dem Auslande das Gebiet eines der beiden Staaten ohne Löschung und Lagerung der Ladung durchfahren wird, in welchem Falle neben dem Recognitionsgelde ein Viertheil des Elbzoll-Antheils des letzteren Staates entrichtet wird.

4) Waaren, welche auf der Elbe in das Gebiet eines der beiden Staaten eingehen, um zu Lande wieder ausgeführt zu werden, oder welche umgekehrt zu Lande in das Gebiet eines der beiden Staaten eingehen, um mittelst der Elbe ausgeführt zu werden, unterliegen neben dem conventionsmäßigen Recognitionsgelde der Durchgangs-Abgabe nach dem Zolltarif, welchem in dem vorbemerkten Falle zu 3. der dort bestimmte Wasserzoll zutritt.

Alle Begünstigungen, welche ein Vereinsstaat dem Schiffahrtsbetriebe seiner Unterthanen auf den Eingangs genannten Flüssen zugestehen möchte, sollen in gleichem Maaße auch der Schiffahrt der Unterthanen der anderen Vereins-Staaten zu Gute kommen.

Auf den übrigen Flüssen, bei welchen weder die Wiener-Congreßakte noch andere Staatsverträge Anwendung finden, werden die Wasserzölle nach den privativen Anordnungen der betreffenden Regierungen erhoben. Doch sollen auch auf diesen Flüssen die Unterthanen der contrahirenden Staaten und deren Waaren und Schiffsgefäße überall gleich behandelt werden.

Art. 16. Von dem Tage an, wo die gemeinschaftliche Zollordnung des Vereins in Vollzug gesetzt wird, sollen in den zum Zollvereine gehörigen Gebieten alle etwa noch bestehenden Stapel- und Umschlagsrechte aufhören, und Niemand soll

zur

zur Anhaltung, Verladung oder Lagerung gezwungen werden können, als in den Fällen, in welchen die gemeinschaftliche Zollordnung oder die betreffenden Schifffahrtsreglements es zulassen oder vorschreiben.

Art. 17. Kanal-, Schleusen-, Brücken-, Fähr-, Hafen-, Waage-, Krahnen- und Niederlage-Gebühren und Leistungen für Anstalten, die zur Erleichterung des Verkehrs bestimmt sind, sollen nur bei Benutzung wirklich bestehender Einrichtungen erhoben, und für letztere nicht erhöhet, auch überall von den Unterthanen der anderen contrahirenden Staaten auf völlig gleiche Weise, wie von den eigenen Unterthanen erhoben werden.

Findet der Gebrauch einer Waage- oder Krahnen-Einrichtung nur zum Behufe einer zollamtlichen Controle Statt, so tritt eine Gebühren-Erhebung bei schon einmal zollamtlich verwogenen Waaren nicht ein.

Art. 18. Die contrahirenden Staaten wollen auch ferner gemeinschaftlich dahin wirken, daß durch Annahme gleichförmiger Grundsätze die Gewerbsamkeit befördert, und der Befugniß der Unterthanen des einen Staates, in dem anderen Arbeit und Erwerb zu suchen, möglichst freier Spielraum gegeben werde.

Von den Unterthanen des einen der contrahirenden Staaten, welche in dem Gebiete eines anderen derselben Handel und Gewerbe treiben, oder Arbeit suchen, soll von dem Zeitpunkte ab, wo der gegenwärtige Vertrag in Kraft treten wird, keine Abgabe entrichtet werden, welcher nicht gleichmäßig die in denselben Gewerbsverhältnisse stehenden eigenen Unterthanen unterworfen sind.

Desgleichen sollen Fabrikanten und Gewerbtreibende, welche blos für das von ihnen betriebene Geschäft Ankäufe machen, oder Reisende, welche nicht Waaren selbst, sondern nur Muster derselben bei sich führen, um Bestellungen zu suchen, wenn sie die Berechtigung zu diesem Gewerbebetriebe in dem Vereins-Staate, in welchem sie ihren Wohnsitz haben, durch Entrichtung der gesetzlichen Abgaben erworben haben, oder im Dienste solcher inländischen Gewerbtreibenden oder Kaufleute stehen, in den anderen Staaten keine weitere Abgabe hiefür zu entrichten verpflichtet seyn.

Auch sollen beim Besuche der Märkte und Messen zur Ausübung des Handels und zum Absatze eigener Erzeugnisse oder Fabrikate in jedem Vereins-Staate die Unterthanen der übrigen contrahirenden Staaten eben so wie die eigenen Unterthanen behandelt werden.

Art. 19. Die Preußischen Seehäfen sollen dem Handel der Unterthanen sämmtlicher Vereinsstaaten gegen völlig gleiche Abgaben, wie solche von den Königlich-Preußischen Unterthanen entrichtet werden, offen stehen, auch sollen die in fremden See- und anderen Handelsplätzen angestellten Consuln eines oder der anderen der contrahirenden Staaten veranlaßt werden, der Unterthanen der übrigen con-

contrahirenden Staaten sich in vorkommenden Fällen möglichst mit Rath und That anzunehmen.

Art. 20. Die Königlich-Sächsische Regierung wird mittelst besonderer Uebereinkunft dem Zoll-Cartel beitreten, welches zwischen den übrigen contrahirenden Theilen zum Schutze ihres gemeinschaftlichen Zollsystems gegen den Schleichhandel und ihrer inneren Verbrauchs-Abgaben gegen Defraudationen bereits abgeschlossen worden ist.

Art. 21. Die als Folge des gegenwärtigen Vertrages eintretende Gemeinschaft der Einnahme der contrahirenden Staaten bezieht sich auf den Ertrag der Eingangs-, Ausgangs- und Durchgangs-Abgaben in den Preußischen Staaten, den Königreichen Bayern, Sachsen und Württemberg, dem Kurfürstenthume und dem Großherzogthume Hessen mit Einschluß der den Zollsystemen der contrahirenden Staaten bisher schon beigetretenen Länder.

Von der Gemeinschaft sind ausgeschlossen und bleiben, sofern nicht Separatverträge zwischen einzelnen Vereinsstaaten ein Anderes bestimmen, dem privativen Genusse der betreffenden Staatsregierungen vorbehalten:

1) die Steuern, welche im Innern eines jeden Staates von inländischen Erzeugnissen erhoben werden, einschließlich der im Artikel 11. vorbehaltenen Ausgleichungs-Abgaben;
2) die im Artikel 15. erwähnten Wasserzölle;
3) Chaussee-Abgaben, Pflaster-, Damm-, Brücken-, Fähr-, Kanal-, Schleusen-, Hafengelder, so wie Waage- und Niederlage-Gebühren oder gleichartige Erhebungen, wie sie auch sonst genannt werden;
4) die Zollstrafen und Confiscate, welche, vorbehaltlich der Antheile der Denuncianten, jeder Staatsregierung in ihrem Gebiete verbleiben.

Art. 22. Der Ertrag der in die Gemeinschaft fallenden Abgaben wird nach Abzug
1) der Kosten, wovon weiter unten im Artikel 30. die Rede ist;
2) der Rückerstattungen für unrichtige Erhebungen;
3) der auf den Grund besonderer gemeinschaftlicher Verabredungen erfolgten Steuervergütungen und Ermäßigungen

unter den vereinigten Staaten nach dem Verhältnisse der Bevölkerung, mit welcher sie im Vereine sich befinden, vertheilt.

Die Bevölkerung solcher Staaten, welche durch Vertrag mit einem oder dem anderen der contrahirenden Staaten unter Verabredung einer von diesem jährlich für ihre Antheile an den gemeinschaftlichen Zollrevenüen zu leistenden Zahlung dem Zollverbande beigetreten sind, oder noch beitreten werden, wird in die Bevölkerung desjenigen Staates eingerechnet, welcher diese Zahlung leistet.

Der

Der Stand der Bevölkerung in den einzelnen Vereinsstaaten wird alle drei Jahre von einem noch zu verabredenden Termine an ausgemittelt, und die Nachweisung derselben von den einzelnen Staaten einander gegenseitig mitgetheilt werden.

Art. 23. Vergünstigungen für Gewerbtreibende hinsichtlich der Steuer-Entrichtung, welche nicht in der Zollgesetzgebung selbst begründet sind, fallen der Staatskasse derjenigen Regierung, welche sie bewilligt hat, zur Last.

Die Maaßgaben, unter welchen solche Vergünstigungen zu bewilligen sind, werden näherer Verabredung vorbehalten.

Art. 24. Dem auf Förderung freier und natürlicher Bewegung des allgemeinen Verkehrs gerichteten Zwecke des Zollvereines gemäß, sollen besondere Zollbegünstigungen einzelner Meßplätze, namentlich Rabattprivilegien, da wo sie dermalen in den Vereinsstaaten noch bestehen, nicht erweitert, sondern vielmehr, unter geeigneter Berücksichtigung sowohl der Nahrungsverhältnisse bisher begünstigter Meßplätze, als der bisherigen Handelsbeziehungen mit dem Auslande, thunlichst beschränkt und ihrer baldigen gänzlichen Aufhebung entgegengeführt, neue aber ohne allerseitige Zustimmung auf keinen Fall ertheilt werden.

Art. 25. Von der tarifmäßigen Abgaben-Entrichtung bleiben die Gegenstände, welche für die Hofhaltung der hohen Souveraine und ihrer Regentenhäuser, oder für die bei ihren Höfen accreditirten Botschafter, Gesandten, Geschäftsträger 2c. eingehen, nicht ausgenommen, und wenn dafür Rückvergütungen Statt haben, so werden solche der Gemeinschaft nicht in Rechnung gebracht.

Eben so wenig anrechnungsfähig sind Entschädigungen, welche in einem oder dem anderen Staate den vormals unmittelbaren Reichsständen, oder an Communen oder einzelne Privatberechtigte für eingezogene Zollrechte oder für aufgehobene Befreiungen gezahlt werden müssen.

Dagegen bleibt es jedem Staate unbenommen, einzelne Gegenstände auf Freipässe ohne Abgaben-Entrichtung in seinem Gebiete ein-, aus- oder durchgehen zu lassen. Dergleichen Gegenstände werden jedoch zollgesetzlich behandelt und in Freiregistern, mit denen es wie mit den übrigen Zollregistern zu halten ist, notirt, und die Abgaben, welche davon zu erheben gewesen wären, kommen bei der demnächstigen Revenüen-Ausgleichung demjenigen Theile, von welchem die Freipässe ausgegangen sind, in Abrechnung.

Art. 26. Das Begnadigungs- und Strafverwandlungs-Recht bleibt jedem der contrahirenden Staaten in seinem Gebiete vorbehalten.

Auf Verlangen werden periodische Uebersichten der erfolgten Straf-Erlasse gegenseitig mitgetheilt werden.

 Art.

Art. 27. Die Ernennung der Beamten und Diener bei den Lokal- und Bezirksstellen für die Zoll-Erhebung und Aufsicht, welche in Gemäßheit der hierüber getroffenen besonderen Uebereinkunft nach gleichförmigen Bestimmungen angeordnet, besetzt und instruirt werden sollen, bleibt einer jeden der contrahirenden Regierungen innerhalb ihres Gebietes überlassen.

Art. 28. In jedem Vereinsstaate wird die Leitung des Dienstes der Lokal- und Bezirks-Zollbehörden, so wie die Vollziehung der gemeinschaftlichen Zollgesetze überhaupt, einer, oder, wo sich das Bedürfniß hierzu zeigt, mehreren Zolldirectionen übertragen, welche dem einschlägigen Ministerium des betreffenden Staates untergeordnet sind.

Die Bildung der Zolldirectionen und die Einrichtung ihres Geschäftsganges bleibt den einzelnen Staatsregierungen überlassen; der Wirkungskreis derselben aber wird, insoweit er nicht schon durch den Grundvertrag und die gemeinschaftlichen Zollgesetze bestimmt ist, durch eine gemeinschaftlich zu verabredende Instruction bezeichnet werden.

Art. 29. Die von den Zoll-Erhebungsbehörden nach Ablauf eines jeden Vierteljahres aufzustellenden Quartals-Extracte, und die nach dem Jahres- und Bücherschlusse aufzustellenden Final-Abschlüsse über die resp. im Laufe des Vierteljahres und während des Rechnungsjahres fällig gewordenen Zoll-Einnahmen, werden von den betreffenden Zolldirectionen nach vorangegangener Prüfung in Haupt-Uebersichten zusammengetragen, und diese sodann an ein Centralbüreau eingesendet, zu welchem ein jeder Vereinsstaat einen Beamten zu ernennen die Befugniß hat.

Dieses Büreau fertigt auf den Grund jener Vorlagen die provisorischen Abrechnungen zwischen den vereinigten Staaten von drei zu drei Monaten, sendet dieselben den Central-Finanzstellen der letzteren, und bereitet die definitive Jahres-Abrechnung vor.

Wenn aus den Quartal-Abrechnungen hervorgeht, daß die wirkliche Einnahme eines Vereinsstaates um mehr als einen Monatsbetrag gegen den ihm verhältnißmäßig an der Gesammt-Einnahme zuständigen Revenüen-Antheil zurückgeblieben ist, so muß alsbald das Erforderliche zur Ausgleichung dieses Ausfalles durch Herauszahlung von Seiten des oder derjenigen Staaten, bei denen eine Mehr-Einnahme Statt gefunden hat, eingeleitet werden.

Art. 30. In Absicht der Erhebungs- und Verwaltungskosten sollen folgende Grundsätze in Anwendung kommen:

1) Man wird keine Gemeinschaft dabei eintreten lassen, vielmehr übernimmt jede Regierung alle in ihrem Gebiete vorkommenden Erhebungs- und Verwaltungskosten, es mögen diese durch die Einrichtung und Unterhaltung der Haupt- und Neben-Zoll-Aemter, der inneren Steuer-Aemter, Hall-Aemter und

und Packhöfe und der Zolldirectionen, oder durch den Unterhalt des dabei angestellten Personals und durch die dem letzteren zu bewilligenden Pensionen, oder endlich aus irgend einem anderen Bedürfnisse der Zollverwaltung entstehen.

2) Hinsichtlich desjenigen Theils des Bedarfs aber, welcher an den gegen das Ausland gelegenen Grenzen und innerhalb des dazu gehörigen Grenz-Bezirks für die Zoll-Erhebungs- und Aufsichts- oder Controlbehörden und Zoll-Schutzwachen erforderlich ist, wird man sich über Pauschsummen vereinigen, welche jeder der contrahirenden Staaten von der jährlich aufkommenden und der Gemeinschaft zu berechnenden Brutto-Einnahme an Zollgefällen in Abzug bringen kann.

3) Bei dieser Ausmittelung des Bedarfs soll da, wo die Perception privativer Abgaben mit der Zoll-Erhebung verbunden ist, von den Gehalten und Amtsbedürfnissen der Zollbeamten nur derjenige Theil in Anrechnung kommen, welcher dem Verhältnisse ihrer Geschäfte für den Zolldienst zu ihren Amtsgeschäften überhaupt entspricht.

4) Man wird sich über allgemeine Normen vereinigen, um die Besoldungs-Verhältnisse der Beamten bei den Zoll-Erhebungs- und Aufsichtsbehörden, imgleichen bei den Zolldirectionen in möglichste Uebereinstimmung zu bringen.

Art. 31. Die contrahirenden Staaten gestehen sich gegenseitig das Recht zu, den Haupt-Zoll-Aemtern auf den Grenzen anderer Vereinsstaaten Controleure beizuordnen, welche von allen Geschäften derselben und der Neben-Aemter in Beziehung auf das Abfertigungsverfahren und die Grenzbewachung Kenntniß zu nehmen und auf Einhaltung eines gesetzlichen Verfahrens, imgleichen auf die Abstellung etwaiger Mängel einzuwirken, übrigens sich jeder eigenen Verfügung zu enthalten haben.

Einer näher zu verabredenden Dienstordnung bleibt es vorbehalten, ob und welchen Antheil dieselben an den laufenden Geschäften zu nehmen haben.

Art. 32. Jeder der contrahirenden Staaten hat das Recht, an die Zolldirectionen der anderen vereinten Staaten Beamte zu dem Zwecke abzuordnen, um sich von allen vorkommenden Verwaltungsgeschäften, welche sich auf die durch den gegenwärtigen Vertrag eingegangene Gemeinschaft beziehen, vollständige Kenntniß zu verschaffen.

Eine besondere Instruction wird das Geschäftsverhältniß dieser Beamten näher bestimmen, als dessen Grundlage die unbeschränkte Offenheit von Seiten des Staates, bei welchem die Abgeordneten fungiren, in Bezug auf alle Gegenstände der gemeinschaftlichen Zollverwaltung, und die Erleichterung jedes Mittels, durch welches sie sich die Information hierüber verschaffen können, anzusehen ist,

 wäh-

während andererseits ihre Sorgfalt nicht minder aufrichtig dahin gerichtet seyn muß, eintretende Anstände und Meinungsverschiedenheiten auf eine dem gemeinsamen Zwecke und dem Verhältnisse verbündeter Staaten entsprechende Weise zu erledigen.

Die Ministerien der sämmtlichen Vereinsstaaten werden sich gegenseitig auf Verlangen jede gewünschte Auskunft über die gemeinschaftlichen Zoll-Angelegenheiten mittheilen, und insofern zu diesem Behufe die zeitweise oder dauernde Abordnung eines höheren Beamten, oder die Beauftragung eines anderweit bei der Regierung beglaubigten Bevollmächtigten beliebt würde, ist demselben nach dem oben ausgesprochenen Grundsatze alle Gelegenheit zur vollständigen Kenntnißnahme von den Verhältnissen der gemeinschaftlichen Zollverwaltung bereitwillig zu gewähren.

Art. 33. Jährlich in den ersten Tagen des Juni findet zum Zwecke gemeinsamer Berathung ein Zusammentritt von Bevollmächtigten der Vereinsregierungen Statt, zu welchem eine jede der letzteren einen Bevollmächtigten abzuordnen befugt ist.

Für die formelle Leitung der Verhandlungen wird von den Conferenz-Bevollmächtigten aus ihrer Mitte ein Vorsitzender gewählt, welchem übrigens kein Vorzug vor den übrigen Bevollmächtigten zusteht.

Der erste Zusammentritt wird in München Statt finden. Wo derselbe künftig erfolgen soll, wird bei dem Schlusse einer jeden jährlichen Versammlung mit Rücksicht auf die Natur der Gegenstände, deren Verhandlung in der folgenden Conferenz zu erwarten ist, verabredet werden.

Art. 34. Vor die Versammlung dieser Conferenz-Bevollmächtigten gehört:

a) die Verhandlung über alle Beschwerden und Mängel, welche in Beziehung auf die Ausführung des Grundvertrages und der besonderen Uebereinkünfte, des Zollgesetzes, der Zollordnung und Tarife, in einem oder dem anderen Vereinsstaate wahrgenommen, und die nicht bereits im Laufe des Jahres in Folge der darüber zwischen den Ministerien geführten Correspondenz erledigt worden sind;

b) die definitive Abrechnung zwischen den Vereinsstaaten über die gemeinschaftliche Einnahme auf den Grund der von den obersten Zollbehörden aufgestellten, durch das Centralbüreau vorzulegenden Nachweisungen, wie solche der Zweck einer dem gemeinsamen Interesse angemessenen Prüfung erheischt;

c) die Berathung über Wünsche und Vorschläge, welche von einzelnen Staats-Regierungen zur Verbesserung der Verwaltung gemacht werden;

d) die Verhandlungen über Abänderungen des Zollgesetzes, des Zolltarifs, der Zollordnung und der Verwaltungs-Organisation, welche von einem der contratrahirenden Staaten in Antrag gebracht werden, überhaupt über die zweckmäßige Entwickelung und Ausbildung des gemeinsamen Zoll- und Handels-Systems.

Art. 35. Treten im Laufe des Jahres außer der gewöhnlichen Zeit der Versammlung der Conferenz-Bevollmächtigten außerordentliche Ereignisse ein, welche unverzügliche Maaßregeln oder Verfügungen abseiten der Vereinsstaaten erheischen; so werden sich die contrahirenden Theile darüber im diplomatischen Wege vereinigen, oder eine außerordentliche Zusammenkunft ihrer Bevollmächtigten veranlassen.

Art. 36. Den Aufwand für die Bevollmächtigten und deren etwaige Gehülfen bestreitet die Regierung, welche sie absendet.

Das Kanzlei-Dienstpersonale und das Lokale wird unentgeldlich von der Regierung gestellt, in deren Gebiete der Zusammentritt der Conferenz Statt findet.

Art. 37. Sollte zur Zeit der Vollziehung des gegenwärtigen Vertrages eine Uebereinstimmung der Eingangs-Zollsätze in den Landen der contrahirenden Regierungen nicht bereits im Wesentlichen bestehen, so verpflichten sich dieselben zu allen Maaßregeln, welche erforderlich sind, damit nicht die Zoll-Einkünfte des Gesammt-Vereins durch die Einführung und Anhäufung unverzollter oder gegen geringere Steuersätze, als der Vereinstarif enthält, verzollter Waarenvorräthe beeinträchtigt werden.

Art. 38. Für den Fall, daß andere deutsche Staaten den Wunsch zu erkennen geben sollten, in den durch gegenwärtigen Vertrag errichteten Zollverein aufgenommen zu werden, erklären sich die hohen Contrahenten bereit, diesem Wunsche, so weit es unter gehöriger Berücksichtigung der besonderen Interessen der Vereinsmitglieder möglich erscheint, durch desfalls abzuschließende Verträge Folge zu geben.

Art. 39. Auch werden sie sich bemühen, durch Handelsverträge mit anderen Staaten dem Verkehr Ihrer Angehörigen jede mögliche Erleichterung und Erweiterung zu verschaffen.

Art. 40. Alles, was sich auf die Detail-Ausführung der in dem gegenwärtigen Vertrage und dessen Beilagen enthaltenen Verabredungen, insbesondere auf den Vollzug der gemeinschaftlich festgesetzten organischen Bestimmungen, Reglements und Instructionen bezieht, soll durch gemeinschaftliche Commissarien vorbereitet werden.

Art. 41. Die Dauer des gegenwärtigen Vertrages, welcher mit dem ersten Januar 1834. in Ausführung gebracht werden soll, wird vorläufig bis zum ersten Januar 1842.

1842. festgesetzt. Wird derselbe während dieser Zeit und spätestens zwei Jahre vor Ablauf der Frist nicht gekündigt, so soll er auf 12 Jahre, und so fort von 12 zu 12 Jahren als verlängert angesehen werden.

Letztere Verabredung wird jedoch nur für den Fall getroffen, daß nicht in der Zwischenzeit sämmtliche deutsche Bundesstaaten über gemeinsame Maaßregeln übereinkommen, welche den mit der Absicht des Artikels 19. der deutschen Bundes-Acte in Uebereinstimmung stehenden Zweck des gegenwärtigen Zoll-Vereins vollständig erfüllen.

Auch sollen im Falle etwaiger gemeinsamer Maaßregeln über den freien Verkehr mit Lebensmitteln in sämmtlichen deutschen Bundesstaaten die betreffenden Bestimmungen des nach gegenwärtigem Vertrage bestehenden Vereins-Tarifs demgemäß modificirt werden.

Gegenwärtiger Vertrag soll alsbald zur Ratification der hohen contrahirenden Höfe vorgelegt, und die Auswechselung der Ratifications-Urkunden soll spätestens binnen sechs Wochen in Berlin bewirkt werden.

So geschehen Berlin, den 30sten März 1833.

C. G. Maassen.	H. W. v. Steuber.	Wilhelm v. Kopp.	Arn. Fried. v. Mieg.	Franz a Paula Friedrich Frh. v. Linden.	Heinr. Ant. v. Zeschau.
(L. S.)	(L. S.)	(L. S.)	(L. S.)	(L. S.)	(L. S.)

Albr. Fried. Eichhorn.	Heinr. Theod. Ludwig Schwedes.	Friedrich Ch. Johann Gf. v. Luxburg.	Carl Fried. Ludwig v. Watzdorff.
(L. S.)	(L. S.)	(L. S.)	(L. S.)

(ad No. 1473.)

Zusatz-Artikel zu dem Zollvereinigungs-Vertrage zwischen Preußen, Kurhessen und dem Großherzogthume Hessen, dann Bayern und Württemberg einerseits und Sachsen andererseits. Vom 31sten Oktober 1833.

1.

In Gemäßheit der im Artikel 4. des Zollvereinigungs-Vertrages vom 30sten März d. J. enthaltenen Verabredung wollen Seine Majestät der König und Seine Königliche Hoheit der Prinz-Mitregent von Sachsen das unter A. beiliegende Zollgesetz, die unter B. beiliegende Zollordnung, und den unter C. beiliegenden Zolltarif, welche als integrirende Theile des gedachten Vertrages anzusehen sind, im Königreiche Sachsen verkündigen lassen.

Hinsichtlich der in dem Königreiche Preußen, dem Kurfürstenthume Hessen und dem Großherzogthume Hessen, imgleichen in dem Königreiche Bayern

und

und in dem Königreiche Württemberg zu publicirenden Zolltarife und resp. Zollordnungen bewendet es bei den Bestimmungen des heute unterzeichneten Zusatz-Artikels zu dem Zollvereinigungs-Vertrage vom 22sten März d. J., welche auch dem Königreiche Sachsen gegenüber volle Giltigkeit haben sollen.

2.

Die contrahirenden Theile wollen so bald wie möglich die Einleitung treffen, daß die Bestrafung der Zollvergehen jeder Art, da solche das Interesse aller Vereinsstaaten gleichmäßig berühren, auch auf möglichst übereinstimmende Grundsätze zurückgeführt werde.

Vorstehenden Artikel, welcher dieselbe Kraft und Giltigkeit haben soll, als wenn derselbe in dem Vertrage vom 30sten März d. J. enthalten wäre, haben die unterzeichneten Bevollmächtigten unter dem Vorbehalte der Ratification vollzogen und untersiegelt.

So geschehen Berlin, den 31sten Oktober 1833.

Carl Georg Maassen.	Carl Friedrich v. Wilkens-Hohenau.	Wilhelm v. Kopp.	Friedr. Ch. Johann Gf. v. Luxburg.	Franz a Paula Friedrich Frh. v. Linden.	C. Friedr. Ludwig v. Watzdorff.
(L. S.)	(L. S.)	(L. S.)	(L. S.)	(L. S)	(L. S.)
Albr. Friedr. Eichhorn.	H. Th. Ludw. Schwedes.				
(L. S.)	(L. S.)				

(Anmerkung. Wegen des unterbleibenden Abdrucks der zu obigem Zusatz-Artikel gehörigen Beilagen A. B. und C., welche letztere mit der Beilage B. des Zusatz-Artikels zu dem Zollvereinigungs-Vertrage vom 22sten März d. J. gleichlautend ist, wird auf die Bemerkung unter letztgedachtem Zusatz-Artikel Bezug genommen.)

(No. 1474.) Vertrag zwischen Seiner Majestät dem Könige von Preußen, und Seiner Majestät dem Könige und Seiner Königlichen Hoheit dem Prinzen Mitregenten von Sachsen, wegen gleicher Besteuerung innerer Erzeugnisse. Vom 30sten März 1833.

Im Zusammenhange mit dem zwischen Preußen, Kurhessen und dem Großherzogthume Hessen, dann Bayern und Württemberg einerseits, und Sachsen andererseits abgeschlossenen Zollvereinigungs-Vertrage, sind von den Bevollmächtigten Seiner Majestät des Königs von Preußen und Seiner Majestät des Königs und Seiner Königlichen Hoheit des Prinzen Mitregenten von Sachsen, nämlich:

dem Königlich-Preußischen Geheimen Staats- und Finanzminister, Carl Georg Maassen, Ritter des Königlich-Preußischen rothen Adler-Ordens erster Klasse, Inhaber des eisernen Kreuzes zweiter Klasse am weißen Bande, Großkreuz des Civil-Verdienst-Ordens der Königlich-Bayerischen Krone, Kommenthur des Ordens der Königlich-Württembergischen Krone, Großkreuz des Kurfürstlich-Hessischen Löwen-Ordens, des Großherzoglich-Hessischen Ludwigs-Ordens und des Großherzoglich-Sachsen-Weimarischen Haus-Ordens vom weißen Falken, und

dem Königlich-Preußischen Wirklichen Geheimen Legationsrath und Direktor im Ministerium der auswärtigen Angelegenheiten, Albrecht Friedrich Eichhorn, Ritter des Königlich-Preußischen rothen Adler-Ordens dritter Klasse mit der Schleife, Inhaber des eisernen Kreuzes zweiter Klasse am weißen Bande, Ritter des Kaiserlich-Russischen St. Annen-Ordens zweiter Klasse, Commandeur des Civil-Verdienst-Ordens der Königlich-Bayerischen Krone, Kommenthur des Ordens der Königlich-Württembergischen Krone und des Königlich-Hannöverischen Guelphen-Ordens, Commandeur erster Klasse des Kurfürstlich-Hessischen Haus-Ordens vom goldenen Löwen und des Großherzoglich-Hessischen Ludwigs-Ordens, Commandeur des Großherzoglich-Sachsen-Weimarischen Ordens vom weißen Falken, und

dem Königlich-Sächsischen Minister, Staatssecretair der Finanzen, Heinrich Anton von Zeschau, Commandeur des Königlich-Sächsischen Civil-Verdienst-Ordens, und

dem Königlich-Sächsischen General-Lieutenant der Cavallerie, General-Adjutanten, außerordentlichen Gesandten und bevollmächtigten Minister am Königlich-Preußischen Hofe, Carl Friedrich Ludwig von Watzdorff, Ritter des Königlich-Sächsischen Rauten-Ordens, Commandeur

erster

erster Klasse des Königlich-Sächsischen Militair- St. Heinrichs-Ordens,
Ritter des Königlich-Bayerischen St. Hubertus-Ordens,

noch die folgenden, nur auf Verhältnisse zwischen Preußen und Sachsen Bezug habenden Verabredungen unter dem Vorbehalte der Ratification ihrer Allerhöchsten Höfe getroffen worden.

Art. 1. Um eine völlige Freiheit des gegenseitigen Verkehrs auch mit denjenigen inneren Erzeugnissen herzustellen, bei welchen eine Verschiedenheit der Besteuerung noch die Erhebung einer Ausgleichungs-Abgabe auf der einen oder auf der anderen Seite nothwendig machen würde, wollen Seine Majestät der König und Seine Königliche Hoheit der Prinz Mitregent von Sachsen dahin wirken, daß in Ihren Landen spätestens bis zum 1sten Januar 1834. dieselbe Besteuerung des Braumalzes, der Branntweinfabrikation, des Tabacks- und des Weinbaues eintrete, welche in Preußen gesetzlich bestehet, worauf sodann eine Abgaben-Erhebung von Bier, Branntwein, Tabacksblättern und Fabrikaten, imgleichen von Traubenmost und Wein bei dem Uebergange aus dem einen in das andere Gebiet, gegenseitig nicht Statt finden wird.

Art. 2. Unter Voraussetzung einer gesetzlich gesicherten Erhebung des Steuer-Betrages von 1½ Sgr. oder 1¼ gGr. für ein Quart Branntwein zu 50 pCt. Alkoholstärke auf der Grundlage der deshalb gegenwärtig in Preußen bestehenden Gesetzgebung, soll vom 1sten Januar 1834. ab zwischen Preußen und Sachsen auch eine Gemeinschaftlichkeit der Einnahme von der Fabrikationssteuer des Branntweins dergestalt Statt finden, daß der Ertrag dieser Steuer zwischen Preußen und dem Königreiche Sachsen zusammengeworfen, und im Verhältnisse der Bevölkerung beider Staaten getheilt wird.

Art. 3. Das Nähere über das Geschäft der im vorhergehenden Artikel erwähnten Theilung, so wie die Feststellung gegenseitiger Befugnisse zu dem Zwecke, um sich von der gleichmäßigen Ausführung der die Branntweinsteuer betreffenden gesetzlichen Vorschriften überzeugen zu können, bleibt einer besonderen Verabredung vorbehalten.

Art. 4. Der auf dem Grunde des Wiener Traktats vom 18ten Mai 1818. zwischen der Königlich-Preußischen und der Königlich-Sächsischen Regierung bestehende Salz-Lieferungsvertrag, d. d. Berlin, den 3ten Dezember 1828., wird beibehalten.

Art. 5. Der gegenwärtige Vertrag soll vorläufig bis zum 1sten Januar 1842. gültig seyn, und wenn er nicht spätestens zwei Jahre vor dem Ablaufe gekündigt wird, als auf zwölf Jahre, und so fort von zwölf zu zwölf Jahren verlängert angesehen werden.

Derselbe soll alsbald zur Ratification der hohen contrahirenden Höfe vor-

vorgelegt, und die Auswechselung der Ratifications-Urkunden soll spätestens binnen sechs Wochen hier in Berlin bewirkt werden.

So geschehen Berlin, den 30. März 1833.

Carl Georg Maassen. (L. S.)	Heinrich Anton v. Zeschau. (L. S.)
Albrecht Friedrich Eichhorn. (L. S.)	Carl Friedrich Ludwig v. Watzdorff. (L. S.)

Die vorstehenden Verträge No. 1472., 1473. und 1474. sind ratificirt, und die Ratifications-Urkunden sind am 28sten November d. J. zu Berlin ausgewechselt worden.

(No. 1475.) Vertrag zwischen Preußen, Kurhessen, Sachsen-Weimar-Eisenach, Sachsen-Meiningen, Sachsen-Altenburg, Sachsen-Coburg-Gotha, Schwarzburg-Sondershausen, Schwarzburg-Rudolstadt, Reuß-Schleitz, Reuß-Greitz, und Reuß-Lobenstein und Ebersdorf, wegen Errichtung des Thüringischen Zoll- und Handelsvereins. Vom 10ten Mai 1833.

Seine Majestät der König von Preußen, Seine Hoheit der Kurprinz und Mitregent von Hessen, Seine Königliche Hoheit der Großherzog von Sachsen-Weimar-Eisenach, Ihre Durchlauchten die Herzöge von Sachsen-Meiningen, Sachsen-Altenburg und Sachsen-Coburg-Gotha, imgleichen Ihre Durchlauchten, die Fürsten von Schwarzburg-Sondershausen, Schwarzburg-Rudolstadt, Reuß-Schleitz, Reuß-Greitz und Reuß-Lobenstein und Ebersdorf, in Erwägung, daß ihre nachfolgend benannten Länder und Landestheile wegen deren vermischter Lage und der hiedurch bedingten gegenseitigen Abhängigkeit des Verkehrs weder im Einzelnen die Einführung einer besonderen Zollgesetzgebung zulassen, noch geeignet sind, abgesondert einem bereits bestehenden größeren Zollverbande angeschlossen zu werden, und von der Ueberzeugung ausgehend, daß sich nur in der Vereinigung zu einem gemeinschaftlichen Zollsysteme die Aussicht eröffnet, diesen Ländern und Landestheilen nach deren immer fühlbarer werdenden dringendem Bedürfdürfnisse die Vortheile eines möglichst erleichterten Verkehrs, wie andere größere Staaten derselben genießen, sowohl unter sich als auch im Verhältnisse zu angrenzenden Staaten zuzuwenden, haben über diesen Gegenstand Unterhandlungen eröffnen lassen, und zu diesem Zwecke zu Bevollmächtigten ernannt:

Seine Majestät der König von Preußen:

Allerhöchst-Ihren Geheimen Ober-Finanzrath, Ludwig Bogislaus Samuel Kühne, Ritter des Königlich-Preußischen rothen Adler-Ordens dritter Klasse mit der Schleife, Commandeur zweiter Klasse des Kurfürstlich-Hessischen Haus-Ordens vom goldenen Löwen, und

Allerhöchst-Ihren Geheimen Legationsrath, Ernst Michaelis, Ritter des Königlich-Preußischen rothen Adler-Ordens vierter Klasse, Offizier der Königlich-Französischen Ehrenlegion, Commandeur zweiter Klasse des Kurfürstlich-Hessischen Haus-Ordens vom goldenen Löwen;

Seine Hoheit der Kurprinz und Mitregent von Hessen:

Höchst-Ihren Wirklichen Geheimen Legationsrath, außerordentlichen Gesandten und bevollmächtigten Minister am Königlich-Preußischen Hofe, Carl Friedrich von Wilkens-Hohenau, Commandeur des Kurfürstlich-Hessischen Haus-Ordens vom goldenen Löwen, Ritter des Königlich-Preußischen rothen Adler-Ordens dritter Klasse und des Königlich-Preußischen St. Johanniter-Ordens, und

Höchst-Ihren Geheimen Ober-Bergrath, Heinrich Theodor Ludwig Schwedes, Ritter des Kurfürstlich-Hessischen Haus-Ordens vom goldenen Löwen;

Seine Königliche Hoheit der Großherzog von Sachsen-Weimar-Eisenach:

Höchst-Ihren Minister-Residenten am Königlich-Preußischen Hofe, den General-Major Ludwig Heinrich von L'Estocq, Ritter des Königlich-Preußischen rothen Adler-Ordens zweiter Klasse mit Eichenlaub und des Königlich-Preußischen Militair-Verdienst-Ordens, Commandeur des Großherzoglich-Sächsischen Haus-Ordens vom weißen Falken, und

Höchst-Ihren Kammerrath, Ottokar Thon, Ritter des Königlich-Preußischen rothen Adler-Ordens dritter Klasse;

Seine Durchlaucht der Herzog von Sachsen-Meiningen:

Höchst-Ihren Minister-Residenten am Königlich-Preußischen Hofe, den Kammerherrn Ludwig August von Rebeur, Ritter des Königlich-Preußischen rothen Adler-Ordens dritter Klasse,

Höchst-Ihren Wirklichen Geheimen Legationsrath und Kammerherrn, Jacob Ignatz von Cruickshank, Ritter des Königlich-Preußischen rothen

rothen Adler-Ordens dritter Klasse und des Großherzoglich-Sächsischen Ordens vom weißen Falken, und

Höchst-Ihren Ministerialrath, Carl August Friedrich Adolph von Fischern, Ritter des Königlich-Preußischen rothen Adler-Ordens dritter Klasse und des Königlich-Sächsischen Civil-Verdienst-Ordens;

Seine Durchlaucht der Herzog von Sachsen-Altenburg:

Höchst-Ihren Wirklichen Geheimen Rath, Minister und Kammer-Präsidenten, Carl Johann Ernst Edler von Braun, Commandeur des Königlich-Sächsischen Civil-Verdienst-Ordens und des Großherzoglich-Sächsischen Haus-Ordens vom weißen Falken, Ritter des Ordens der Königlich-Württembergischen Krone;

Seine Durchlaucht der Herzog von Sachsen-Coburg-Gotha:

Höchst-Ihren Kammerherrn und Minister-Residenten am Königlich-Preußischen Hofe, den Oberst-Lieutenant Otto Wilhelm Carl von Röder;

Seine Durchlaucht der Fürst von Schwarzburg-Sondershausen:

Höchst-Ihren Kammer-Präsidenten, Carl Friedrich Wilhelm von Weise, Ritter des Königlich-Preußischen rothen Adler-Ordens dritter Klasse;

Seine Durchlaucht der Fürst von Schwarzburg-Rudolstadt:

Höchst-Ihren Oberstallmeister, Friedrich Wilhelm von Witzleben;

Seine Durchlaucht der Fürst von Reuß-Schleitz,

Seine Durchlaucht der Fürst von Reuß-Greitz, und

Seine Durchlaucht der Fürst von Reuß-Lobenstein und Ebersdorf:

Höchst-Ihren Kanzler, Regierungs- und Consistorial-Präsidenten, Gustav Adolph von Strauch, Ritter des Königlich-Preußischen rothen Adler-Ordens dritter Klasse und des Königlich-Sächsischen Civil-Verdienst-Ordens;

von welchen Bevollmächtigten unter dem Vorbehalte der Ratification folgender Vertrag abgeschlossen worden ist.

Art. 1. Die Königlich-Preußischen Landestheile: Stadt- und Landkreis Erfurt, nebst den Kreisen Schleusingen und Ziegenrück, der Kurfürstlich-Hessische Kreis Schmalkalden, die Großherzoglich-Sachsen-Weimar- und Eisenachischen Lande, mit Ausnahme der Aemter Allstedt und Oldisleben und des Amtes Ostheim, die Herzoglich-Sachsen-Meiningenschen Lande, die Herzoglich-Sachsen-Altenburgischen Lande, die Herzoglich-Sachsen-Coburg- und Gothaischen Lande, mit Ausnahme der Aemter Volkenrode und Königsberg und des Fürstenthums Lichtenberg, die Fürstlich-Schwarzburg-Sondershausenschen und Fürstlich-Schwarzburg-Rudolstädtischen Oberherrschaften, und die Fürstlich-Reuß-Schleitz-, Reuß-

Greitz-

Greitz- und Reuß-Lobenstein- und Ebersdorfischen Lande werden zu einem gemeinsamen Zoll- und Handelsverbande unter dem Namen:

„Zoll- und Handelsverein der Thüringischen Staaten"

vereinigt.

Art. 2. Die contrahirenden Regierungen werden die erforderlichen gesetzlichen Vorschriften zu dem Zwecke erlassen, damit in den oben genannten Landen und Landestheilen in Beziehung auf die Eingangs-, Ausgangs- und Durchgangs-Abgaben, welche in diesem Vertrage unter dem gemeinschaftlichen Namen „Zoll" begriffen werden, eine völlige Uebereinstimmung mit der in den Königlich-Preußischen, Kurfürstlich-Hessischen und Großherzoglich-Hessischen zu einem gemeinschaftlichen Zollsysteme verbundenen Landen bestehenden Gesetzgebung Statt finde.

Art. 3. Mit dem Tage der Ausführung des Vereins wird zwischen den sämmtlichen im Artikel 1. genannten Landen und Landestheilen Freiheit des Handels und Verkehrs und Gemeinschaft der Zoll-Einnahme unter den nachfolgenden Bestimmungen eintreten.

Art. 4. Demgemäß hören von jenem Tage an alle Eingangs-, Ausgangs- und Durchgangs-Abgaben an den gegenseitigen inneren Grenzen sämmtlicher zum Vereine gehörigen Lande und Landestheile, namentlich auch alle Binnenzölle (zu welchen jedoch die in dem folgenden Artikel erwähnten Wasserzölle nicht gerechnet werden sollen), dieselben mögen bisher unter dem Namen Geleit, oder unter irgend einer anderen Benennung bestanden haben, gänzlich auf.

Art. 5. Die Wasserzölle auf den Flüssen in den zum Vereine gehörigen Landen werden auch ferner den privativen Anordnungen der betreffenden Regierungen oder den etwa darüber bestehenden Verträgen gemäß, erhoben, jedoch sollen weder neue Wasserzölle eingeführt, noch die bestehenden ohne allseitige Zustimmung erhöhet, auch in Betreff der Erhebungsart und des Betrages dieser Zölle die Unterthanen der übrigen mitcontrahirenden Staaten den eigenen Unterthanen überall gleich behandelt werden.

Art. 6. Damit die gegenseitige Freiheit des Verkehrs nicht durch eine Ungleichheit der Besteuerung der inneren Erzeugnisse eine störende Ausnahme erleide; sind die hohen Contrahenten übereingekommen, in Ihren zum Vereine gehörigen Gebieten hinsichtlich der Abgabe von der Fabrication des Branntweins, imgleichen von dem inländischen Tabacks- und Weinbau dieselbe Besteuerung und Erhebung eintreten zu lassen, welche in den Königlich-Preußischen Staaten dermalen gesetzlich eingeführt ist, auch die ohnehin in den Vereinslanden bestehenden Abgaben von der Bereitung des Biers nicht unter den Betrag der dieserhalb gegenwärtig in Preußen bestehenden Steuer herabzusetzen.

Imgleichen wollen die hohen Contrahenten für den Debit des Kochsalzes eine gleichförmige Regie-Einrichtung einführen, und einen Debitpreis festsetzen, unter

unter welchem in keinem der zu dem Vereine gehörigen Gebiete das Salz abgesetzt werden darf.

Der Verkauf des Salzes an Privaten aus dem Gebiete der einen in dasjenige einer anderen der contrahirenden Regierungen ist verboten, mit Ausnahme der Fälle einer besonderen Uebereinkunft zwischen den betheiligten Regierungen, imgleichen solcher Fälle, wo dieser Verkauf auf dem Grunde eines zwischen der Regierung jenes Landes, wohin das Salz verkauft wird, und der Saline, welche es verkauft, bestehenden Vertrages, unter Beobachtung der auf der Saline angeordneten Controlmaaßregeln Statt findet.

Art. 7. In denjenigen Landen, wo der Debit der Spielkarten zu den Staatsmonopolien gehört, ist die Einführung derselben aus anderen zum Vereine gehörigen Landen auch fernerhin verboten. Auch bleibt einer jeden Regierung, in deren Gebiete dieses Monopol noch nicht bestehet, unbenommen, dasselbe einzuführen, und demzufolge das Einbringen der Spielkarten aus anderen zum Vereine gehörigen Landen zu untersagen.

Hinsichtlich der Verbrauchs-Abgaben, welche im Bereiche der Vereinslande von anderen als den im Artikel 6. bezeichneten Gegenständen erhoben werden, wird eine gegenseitige Gleichmäßigkeit der Behandlung dergestalt Statt finden, daß das Erzeugniß eines anderen Vereinsgebietes unter keinem Vorwande höher, als das inländische, belastet werden darf. Derselbe Grundsatz gilt auch für die Zuschlags-Abgaben oder Octrois, welche in einzelnen Gemeinen der zum Vereine gehörigen Lande eingeführt sind, oder etwa noch eingeführt werden sollten, dergestalt, daß auch hiebei das Erzeugniß eines anderen dieser Lande unter keinem Vorwande höher belastet werden darf, als das Erzeugniß des eigenen Landes.

Es wird jedoch von Taback, Traubenmost und Wein, außer dem gemeinschaftlichen Zolle und resp. außer den im Artikel 6. erwähnten Steuern, in keinem Vereinsstaate weder für dessen, noch für Rechnung einer einzelnen Gemeine eine Abgabe erhoben werden.

Art. 8. Die hohen Contrahenten wollen gemeinschaftlich dahin wirken, daß durch Annahme gleichförmiger Grundsätze die Gewerbsamkeit befördert und der Befugniß der Unterthanen des einen Staates, in dem anderen Arbeit und Erwerb zu suchen, möglichst freier Spielraum gegeben werde.

Von den Unterthanen des einen Staates, welche in dem Gebiete eines anderen Handel und Gewerbe treiben oder Arbeit suchen, soll von dem Zeitpunkte an, wo der gegenwärtige Vertrag in Kraft treten wird, keine Abgabe entrichtet werden, welcher nicht gleichmäßig die in demselben Gewerbsverhältnisse stehenden eigenen Unterthanen unterworfen sind.

Desgleichen sollen Fabrikanten oder Gewerbtreibende, welche blos für das von ihnen betriebene Geschäft Ankäufe machen, oder Reisende, welche nicht Waaren

ren selbst, sondern nur Muster derselben bei sich führen, um Bestellungen zu suchen, wenn sie die Berechtigung zu diesem Gewerbsbetriebe in dem Vereins-Staate, in welchem sie ihren Wohnsitz haben, durch Entrichtung der gesetzlichen Abgaben erworben haben, oder im Dienste solcher inländischen Gewerbtreibenden oder Kaufleute stehen, in den anderen Staaten keine weitere Abgabe hiefür zu entrichten verpflichtet seyn.

Auch sollen beim Besuche der Märkte und Messen zur Ausübung des Handels und zum Absatze eigener Erzeugnisse oder Fabrikate in jedem Vereins-Staate die Unterthanen der übrigen contrahirenden Staaten eben so wie die eigenen Unterthanen behandelt werden.

Art. 9. Zur Aufrechthaltung Ihres Handels- und Zollsystems und zur Unterdrückung des gemeinschädlichen Schleichhandels und der Unterschleife bei den Steuern im Innern des Vereins, wollen die hohen Contrahenten sich gegenseitig kräftig unterstützen, auch zu diesem Behufe die erforderlichen Anordnungen durch besondere Uebereinkunft verabreden und ein förmliches Zoll-Cartel schließen lassen.

Art. 10. Von der als Folge des gegenwärtigen Vertrages (Artikel 3.) eintretenden Gemeinschaftlichkeit der Zoll-Einnahmen bleiben ausgeschlossen: die Erträgnisse der Wasser- oder Floßzölle, der Chaussee-Abgaben, Pflaster-, Damm-, Brücken-, Fähr-, Kanal-, Schleusen-, Waage-, Krahnen- und Niederlage-Gebühren, imgleichen die Zollstrafen und Confiscate, welche, vorbehaltlich der Antheile der Denuncianten, einer jeden Staatsregierung innerhalb ihres Gebietes verbleiben.

Art. 11. Die Vertheilung der gemeinschaftlichen Einnahmen richtet sich nach dem Verhältnisse der Seelenzahl in den zum Vereine gehörigen Landen und Landestheilen.

Zum Behufe der Vertheilung sollen die von den betreffenden höheren Staatsbehörden als richtig zu attestirenden Uebersichten von der neuesten Bevölkerung von drei zu drei Jahren gegenseitig mitgetheilt, und wird mit dieser Mittheilung unmittelbar nach Ratification des gegenwärtigen Vertrages der Anfang gemacht werden.

Art. 12. Die an den Erhebungsstätten eingehenden gemeinschaftlichen Zollgefälle fließen bis zur Abrechnung und Vertheilung in die Kassen derjenigen Landes-Herrschaften, in deren Gebieten die Erhebungsstätten belegen sind.

Art. 13. Die sämmtlichen Erhebungs- und Verwaltungskosten fallen den einzelnen betreffenden Staaten zur Last, mit Ausnahme derjenigen, welche die Unterhaltung der gemeinschaftlichen Behörde in Erfurt (Artikel 17.) und die dieser obliegende Geschäftsführung verursacht.

Art. 14. Von der tarifmäßigen Abgaben-Entrichtung bleiben die für die Hofhaltungen der hohen Souveraine und Ihrer Regentenhäuser, so wie die für die bei Ihren Höfen accreditirten Gesandten eingehenden Gegenstände nicht ausgenomnommen, und wenn dafür Rückvergütungen Statt haben, so werden solche der Gemeinschaft nicht in Anrechnung gebracht.

Eben so wenig anrechnungsfähig sind Entschädigungen, welche wegen Einziehung von Zollrechten oder wegen aufgehobener Befreiung an Communen oder einzelne Berechtigte gezahlt werden müssen.

Art. 15. Vergünstigungen für Gewerbtreibende hinsichtlich der Steuer-Entrichtung, welche nicht in der Zollgesetzgebung begründet sind, fallen der Staatskasse derjenigen Regierung, welche sie bewilligt hat, zur Last. Darüber, unter welchen Maaßgaben solche Vergünstigungen zu bewilligen sind, wird nähere Verabredung vorbehalten.

Art. 16. Das Begnadigungs- und Strafverwandlungs-Recht wird ebenfalls von jedem der contrahirenden Theile in seinem Gebiete ausgeübt.

Art. 17. In Beziehung sowohl auf die Zoll-Erhebung, als auf die Verwaltung und Erhebung der vertragsmäßig nach gleichförmigen Einrichtungen zu erhebenden inneren Steuern (Artikel 6.) wird von sämmtlichen Vereinsregierungen eine gemeinschaftliche Controle angeordnet, und diese einem General-Inspector übertragen werden, welchem zugleich die Vorbereitung der jährlichen Revenüentheilung obliegen soll. Der Sitz des General-Inspectors wird in Erfurt seyn. Das Nähere über die Einrichtung dieser Controle wird durch ein besonderes Regulativ bestimmt werden, welches als ein integrirender Theil des gegenwärtigen Vertrages angesehen werden soll.

Art. 18. Es werden jährlich zu einer noch näher zu verabredenden Zeit Bevollmächtigte sämmtlicher Vereinsregierungen in Erfurt zusammenkommen, um über die Angelegenheiten des Vereins sich zu berathen, Beschlüsse zu fassen, namentlich auch die definitive Abrechnung zwischen den betheiligten Staaten festzustellen.

Einer dieser Bevollmächtigten wird dabei zum Vorsitzenden gewählt, ohne daß jedoch demselben hiedurch ein Vorrecht vor den anderen zu Theil würde.

Im Falle des Bedürfnisses werden die Bevollmächtigten auch außerordentliche Zusammenkünfte halten, worüber die betheiligten Regierungen sich auf dem Wege des schriftlichen Benehmens einigen werden.

Die Kosten der Bevollmächtigten werden von einer jeden Regierung für den ihrigen getragen.

Art. 19. Alles, was sich auf die Ausführung der im gegenwärtigen Vertrage enthaltenen Verabredungen bezieht, soll durch gemeinschaftliche Commissarien vorbereitet werden.

Zum Geschäfte dieser Commissarien gehört insbesondere die Vereinbarung wegen der nöthigen übereinstimmenden Abfassung der in den zum Vereine gehörigen Landen und Landestheilen einzuführenden organischen Bestimmungen und der damit in Verbindung stehenden reglementairen Verfügungen und Instructionen, ingleichen die Vereinbarung, welche Maaßgaben bei dem Organisations-

Plane

Pläne für die Verwaltung der gemeinschaftlichen Abgaben in einem jeden Vereinslande nöthig sind.

Art. 20. Die Dauer des gegenwärtigen Vertrages, welcher spätestens am ersten Januar 1834. in Ausführung kommen soll, wird vorläufig bis zum ersten Januar 1842. festgesetzt. Wird der Vertrag während dieser Zeit und spätestens neun Monate vor Ablauf derselben nicht gekündigt, so soll derselbe als noch auf zwölf Jahre, und so fort von zwölf zu zwölf Jahren verlängert angesehen werden.

Art. 21. Gegenwärtiger Vertrag soll alsbald zur Ratification der hohen contrahirenden Theile vorgelegt, und die Auswechselung der Ratifications-Urkunden soll spätestens in sechs Wochen in Berlin bewirkt werden.

So geschehen Berlin, den 10ten Mai 1833.

Ludewig Kühne. (L. S.) Ernst Michaelis. (L. S.) Carl Friedrich v. Wilkens. (L. S.)

Heinrich Theodor Ludwig Schwedes. (L. S.) Ludwig Heinrich v. L'Estocq. (L. S.)

Ottokar Thon. (L. S.) Ludwig v. Rebeur. (L. S.) Jacob Ignatz v. Cruickshank. (L. S.)

Carl August Friedrich Adolph v. Fischern. (L. S.) Carl Joh. Heinr. Ernst Edler v. Braun. (L. S.)

Otto Wilhelm Carl v. Röder. (L. S.) Carl Friedrich Wilhelm v. Weise. (L. S.)

Friedrich Wilhelm v. Witzleben. (L. S.) Gustav Adolph v. Strauch. (L. S.)

(No. 1476.) Vertrag zwischen Preußen, Kurhessen und dem Großherzogthume Hessen, ferner Bayern und Würtemberg, sodann Sachsen einerseits, und den zu dem Thüringischen Zoll- und Handelsvereine verbundenen Staaten andererseits, wegen Anschließung des letzteren Vereins an den Gesammt-Zollverein der ersteren Staaten. Vom 11ten Mai 1833.

Nachdem die zu dem Thüringischen Zoll- und Handelsvereine verbundenen Regierungen sich in dem Wunsche vereiniget haben, zur ferneren möglichsten Förderung eines freien Verkehrs den gedachten Verein dem zwischen den Königreichen Preußen, Bayern, Sachsen und Württemberg, imgleichen dem Kurfürstenthume und dem Großherzogthume Hessen begründeten Zollverbande anzuschließen, die Regierungen dieser Staaten aber der Eröffnung des diesfälligen Wunsches mit derjenigen Bereitwilligkeit entgegen gekommen sind, welche ihrer Fürsorge für die fortschreitende Entwickelung eines freien Handels und gewerblichen Verkehrs in Deutschland entspricht: so sind zur Erreichung dieses Zweckes Verhandlungen gepflogen worden, wozu als Bevollmächtigte ernannt haben:

einerseits:

Seine Majestät der König von Preußen, Seine Hoheit der Kurprinz und Mitregent von Hessen und Seine Königliche Hoheit der Großherzog von Hessen, und zwar:

Seine Majestät der König von Preußen:

Allerhöchst-Ihren Geheimen Ober-Finanzrath, Ludwig Bogislaus Samuel Kühne, Ritter des Königlich-Preußischen rothen Adler-Ordens dritter Klasse mit der Schleife und Commandeur zweiter Klasse des Kurfürstlich-Hessischen Haus-Ordens vom goldenen Löwen, und

Allerhöchst-Ihren Geheimen Legationsrath, Ernst Michaelis, Ritter des Königlich-Preußischen rothen Adler-Ordens vierter Klasse, Offizier der Königlich-Französischen Ehrenlegion und Commandeur zweiter Klasse des Kurfürstlich-Hessischen Haus-Ordens vom goldenen Löwen;

Seine Hoheit der Kurprinz und Mitregent von Hessen:

Höchst-Ihren Wirklichen Geheimen Legationsrath, außerordentlichen Gesandten und bevollmächtigten Minister an dem Königlich-Preußischen Hofe, Carl Friedrich von Wilkens-Hohenau, Commandeur des Kurfürstlich-Hessischen Haus-Ordens vom goldenen Löwen, Ritter des Königlich-Preußischen rothen Adler-Ordens dritter Klasse und des Königlich-Preußischen St. Johanniter-Ordens, und

Höchst-Ihren Geheimen Ober-Bergrath, Heinrich Theodor Ludwig

wig Schwedes, Ritter des Kurfürstlich-Hessischen Haus-Ordens vom goldenen Löwen;

Seine Königliche Hoheit der Großherzog von Hessen:

Höchst-Ihren Wirklichen Geheimen Rath und Präsidenten der Ober-Finanzkammer, Wilhelm von Kopp, Commandeur erster Klasse des Großherzoglich-Hessischen Ludwigs-Ordens, Ritter des Königlich-Preußischen rothen Adler-Ordens zweiter Klasse, Commandeur erster Klasse des Kurfürstlich-Hessischen Haus-Ordens vom goldenen Löwen;

ferner:

Seine Majestät der König von Bayern und Seine Majestät der König von Württemberg, und zwar:

Seine Majestät der König von Bayern:

Allerhöchst-Ihren Kämmerer, Staatsrath, außerordentlichen Gesandten und bevollmächtigten Minister an den Königlich-Preußischen, Königlich-Sächsischen, Großherzoglich-Sächsischen und den Herzoglich-Sächsischen Höfen, Friedrich Christian Johann Graf von Luxburg, Großkreuz des Civil-Verdienst-Ordens der Königlich-Bayerischen Krone, Ritter des Königlich-Preußischen rothen Adler-Ordens erster Klasse, Großkreuz des Königlich-Sächsischen Civil-Verdienst-Ordens und Ritter des Königlich-Württembergischen Friedrichs-Ordens;

Seine Majestät der König von Württemberg:

Allerhöchst-Ihren Major im Generalstabe, Geschäftsträger am Königlich-Preußischen Hofe, Franz a Paula Friedrich Freiherr von Linden;

sodann:

Seine Majestät der König und Seine Königliche Hoheit der Prinz Mitregent von Sachsen:

Allerhöchst-Ihren General-Lieutenant der Cavallerie, General-Adjutanten, außerordentlichen Gesandten und bevollmächtigten Minister am Königlich-Preußischen Hofe, Carl Friedrich Ludwig von Watzdorff, Ritter des Königlich-Sächsischen Rauten-Ordens, Commandeur erster Klasse des Königlich-Sächsischen Militair-St. Heinrichs-Ordens, Ritter des Königlich-Bayerischen St. Hubertus-Ordens;

andererseits:

Die bei dem Thüringischen Zoll- und Handelsvereine betheiligten Souveraine, nämlich, außer Seiner Majestät dem Könige von Preußen und Seiner Hoheit dem Kurprinzen und Mitregenten von Hessen:

Seine Königliche Hoheit der Großherzog von Sachsen-Weimar-Eisenach:

Höchst-Ihren Minister-Residenten am Königlich-Preußischen Hofe, den General-Major Ludwig Heinrich von L'Estocq, Ritter des Königlich-Preußischen rothen Adler-Ordens zweiter Klasse mit Eichenlaub und des Königlich-Preußischen Militair-Verdienst-Ordens, Commandeur des Großherzoglich-Sächsischen Haus-Ordens vom weißen Falken, und

Höchst-Ihren Kammerrath, Ottokar Thon, Ritter des Königlich-Preußischen rothen Adler-Ordens dritter Klasse;

Seine Durchlaucht der Herzog von Sachsen-Meiningen:

Höchst-Ihren Minister-Residenten am Königlich-Preußischen Hofe, den Kammerherrn Ludwig August von Rebeur, Ritter des Königlich-Preußischen rothen Adler-Ordens dritter Klasse,

Höchst-Ihren Wirklichen Geheimen Legationsrath und Kammerherrn, Jacob Ignatz von Cruickshank, Ritter des Königlich-Preußischen rothen Adler-Ordens dritter Klasse und des Großherzoglich-Sächsischen Ordens vom weißen Falken, und

Höchst-Ihren Ministerialrath, Carl August Friedrich Adolph von Fischern, Ritter des Königlich-Preußischen rothen Adler-Ordens dritter Klasse und des Königlich-Sächsischen Civil-Verdienst-Ordens;

Seine Durchlaucht der Herzog von Sachsen-Altenburg:

Höchst-Ihren Wirklichen Geheimen Rath, Minister und Kammer-Präsidenten, Carl Johann Heinrich Ernst Edler von Braun, Commandeur des Königlich-Sächsischen Civil-Verdienst-Ordens und des Großherzoglich-Sächsischen Haus-Ordens vom weißen Falken, Ritter des Ordens der Königlich-Württembergischen Krone;

Seine Durchlaucht der Herzog von Sachsen-Coburg-Gotha:

Höchst-Ihren Kammerherrn und Minister-Residenten am Königlich-Preußischen Hofe, den Oberst-Lieutenant Otto Wilhelm Carl von Röder;

Seine Durchlaucht der Fürst von Schwarzburg-Sondershausen:

Höchst-Ihren Kammer-Präsidenten, Carl Friedrich Wilhelm von Weise, Ritter des Königlich-Preußischen rothen Adler-Ordens dritter Klasse;

Seine Durchlaucht der Fürst von Schwarzburg-Rudolstadt:

Höchst-Ihren Oberstallmeister, Friedrich Wilhelm von Witzleben;

Seine Durchlaucht der Fürst von Reuß-Schleitz,

Seine Durchlaucht der Fürst von Reuß-Greitz und

Seine Durchlaucht der Fürst von Reuß-Lobenstein und Ebersdorf:

Höchst-Ihren Kanzler, Regierungs- und Consistorial-Präsidenten, Gustav Adolph von Strauch, Ritter des Königlich-Preußischen rothen

Adler-

Adler-Ordens dritter Klasse und des Königlich-Sächsischen Civil-Verdienst-Ordens;

von welchen Bevollmächtigten unter dem Vorbehalt der Ratification folgender Vertrag geschlossen worden ist.

Art. 1. Die zu dem Thüringischen Zoll- und Handelsvereine verbundenen Regierungen treten in ihrer Gesammtheit dem zwischen den Königreichen Preußen, Bayern, Sachsen und Württemberg, imgleichen dem Kurfürstenthume und dem Großherzogthume Hessen Behufs eines gemeinsamen Zoll- und Handelssystems errichteten Gesammtvereine auf der Grundlage der darüber unter dem 22sten und 30sten März d. J. abgeschlossenen Verträge mit der Wirkung bei, daß diese, jedoch unter den aus der Natur der besonderen Verhältnisse folgenden Maaßgaben, auch auf die Thüringischen Vereinslande Anwendung finden, und daher die letzteren in ihrer Gesammtheit gegen Uebernahme gleicher Verbindlichkeiten auch gleicher Rechte, wie die übrigen Staaten des Gesammtvereins, theilhaftig werden.

Die Bestimmungen der gedachten Verträge werden mit den dabei für angemessen befundenen Veränderungen und Zusätzen hier, wie nachstehet, aufgenommen.

Art. 2. In dem Gesammtvereine, welchem die Lande und Landestheile des Thüringischen Vereins sich anschließen, sind insbesondere auch diejenigen Staaten einbegriffen, welche schon früher entweder mit ihrem ganzen Gebiete, oder mit einem Theile desselben, dem Zoll- und Handelssysteme eines oder des anderen der contrahirenden Staaten beigetreten sind, unter Berücksichtigung ihrer auf den Beitrittsverträgen beruhenden besonderen Verhältnisse zu den Staaten, mit welchen sie jene Verträge abgeschlossen haben.

Art. 3. Dagegen bleiben von dem Gesammtvereine vorläufig ausgeschlossen diejenigen einzelnen Landestheile der contrahirenden Staaten, welche sich ihrer Lage wegen zur Aufnahme in den neuen Gesammtverein nicht eignen.

Es werden jedoch diejenigen Anordnungen aufrecht erhalten, welche rücksichtlich des erleichterten Verkehrs dieser Landestheile mit dem Hauptlande gegenwärtig bestehen.

Weitere Begünstigungen dieser Art können nur im gemeinschaftlichen Einverständnisse der Vereinsglieder bewilligt werden.

Art. 4. In den Gebieten der contrahirenden Staaten sollen übereinstimmende Gesetze über Eingangs-, Ausgangs- und Durchgangs-Abgaben bestehen, jedoch mit Modificationen, welche, ohne dem gemeinsamen Zwecke Abbruch zu thun, aus der Eigenthümlichkeit der allgemeinen Gesetzgebung eines jeden Theil nehmenden Staates oder aus lokalen Interessen sich als nothwendig ergeben.

Bei dem Zolltarife namentlich sollen hiedurch in Bezug auf Eingangs- und

und Ausgangs-Abgaben bei einzelnen, weniger für den größeren Handelsverkehr geeigneten Gegenständen, und in Bezug auf Durchgangs-Abgaben, je nachdem der Zug der Handelsstraßen es erfordert, solche Abweichungen von den allgemein angenommenen Erhebungssätzen, welche für einzelne Staaten als vorzugsweise wünschenswerth erscheinen, nicht ausgeschlossen seyn, sofern sie auf die allgemeinen Interessen des Vereins nicht nachtheilig einwirken.

Desgleichen soll auch die Verwaltung der Eingangs-, Ausgangs- und Durchgangs-Abgaben und die Organisation der dazu dienenden Behörden in allen Ländern des Gesammtvereins, unter Berücksichtigung der in denselben bestehenden eigenthümlichen Verhältnisse, auf gleichen Fuß gebracht werden.

Die nach diesen Gesichtspunkten zwischen den contrahirenden Staaten zu vereinbarenden Gesetze und Ordnungen, namentlich:

das Zollgesetz,
der Zolltarif,
die Zollordnung,

sollen als integrirende Bestandtheile des gegenwärtigen Vertrages angesehen und gleichzeitig mit demselben publicirt werden.

Art. 5. Veränderungen in der Zollgesetzgebung mit Einschluß des Zolltarifs und der Zollordnung (Artikel 4.), so wie Zusätze und Ausnahmen, können nur auf demselben Wege und mit gleicher Uebereinstimmung sämmtlicher Glieder des Gesammtvereins bewirkt werden, wie die Einführung der Gesetze erfolgt.

Dies gilt auch von allen Anordnungen, welche in Beziehung auf die Zollverwaltung allgemein abändernde Normen aufstellen.

Art. 6. Mit der Ausführung des gegenwärtigen Vertrages tritt zwischen den contrahirenden Staaten Freiheit des Handels und Verkehrs und zugleich Gemeinschaft der Einnahme an Zöllen ein, wie beide in den folgenden Artikeln bestimmt werden.

Art. 7. Es hören von diesem Zeitpunkte an alle Eingangs-, Ausgangs- und Durchgangs-Abgaben an den gemeinschaftlichen Landesgrenzen des bisherigen Preußisch-Hessischen und des bisherigen Bayerisch-Württembergischen Zollvereins, imgleichen des Königreichs Sachsen und der Thüringischen Staaten auf, und es können alle im freien Verkehr des einen zu dem Gesammtvereine gehörigen Gebietes bereits befindlichen Gegenstände auch frei und unbeschwert in jedes andere zu diesem Vereine gehörige Gebiet eingeführt werden, mit alleinigem Vorbehalte:

a) der zu den Staatsmonopolien gehörigen Gegenstände (Spielkarten und Salz), nach Maaßgabe der Artikel 9. und 10.;

b) der im Innern der contrahirenden Staaten gegenwärtig entweder mit Steuern von verschiedener Höhe, oder in dem einen Staate gar nicht, in in dem anderen aber mit einer Steuer belegten, und deshalb einer Ausgleichungs-Abgabe unterworfenen inländischen Erzeugnisse, nach Maaßgabe des Artikels 11., und endlich

c) solcher Gegenstände, welche ohne Eingriff in die von einem der contrahirenden Staaten ertheilten Erfindungspatente oder Privilegien nicht nachgemacht oder eingeführt werden können, und daher für die Dauer der Patente oder Privilegien von der Einfuhr in den Staat, welcher dieselben ertheilt hat, noch ausgeschlossen bleiben müssen.

Art. 8. Der im Artikel 7. festgesetzten Verkehrs- und Abgabenfreiheit unbeschadet, wird der Uebergang solcher Handelsgegenstände, welche nach dem gemeinsamen Zolltarife einer Eingangs- oder Ausgangssteuer an den Außengrenzen unterliegen, auch aus den Königlich-Bayerischen und Königlich-Württembergischen Landen in das Gebiet des Thüringischen Vereines und umgekehrt, nur unter Innehaltung der gewöhnlichen Land- und Heerstraßen Statt finden, und es werden an den Binnengrenzen gemeinschaftliche Anmeldestellen eingerichtet werden, bei welchen die Waarenführer unter Vorzeigung ihrer Frachtbriefe oder Transportzettel die aus dem einen in das andere Gebiet überzuführenden Gegenstände anzugeben haben.

Auf den Verkehr mit rohen Producten in geringeren Quantitäten, so wie überall auf den kleineren Grenz- und Marktverkehr, und auf das Gepäck von Reisenden findet obige Bestimmung keine Anwendung. Auch wird keinerlei Waarenrevision Statt finden, außer insoweit, als die Sicherung der Ausgleichungs-Abgaben (Artikel 7. b.) es erfordern könnte.

Art. 9. Hinsichtlich der Einfuhr von Spielkarten behält es in jedem der zum Gesammtvereine gehörigen Staaten bei den bestehenden Verbots- oder Beschränkungsgesetzen sein Bewenden.

Art. 10. In Betreff des Salzes wird Folgendes festgesetzt:

a) Die Einfuhr des Salzes und aller Gegenstände, aus welchen Kochsalz ausgeschieden zu werden pflegt, aus fremden, nicht zum Vereine gehörigen Ländern in die Vereinsstaaten, ist verboten, insoweit dieselbe nicht für eigene Rechnung einer der vereinten Regierungen, und zum unmittelbaren Verkaufe in ihren Salz-Aemtern, Faktoreien oder Niederlagen geschieht.

b) Die Durchfuhr des Salzes und der vorbezeichneten Gegenstände aus den zum Vereine nicht gehörigen Ländern in andere solche Länder soll nur mit Genehmigung der Vereinsstaaten, deren Gebiet bei der Durchfuhr berührt wird, und unter den Vorsichtsmaaßregeln Statt finden, welche von denselben für nöthig erachtet werden.

c) Die Ausfuhr des Salzes in fremde, nicht zum Vereine gehörige Staaten ist frei.

 d) Was

d) Was den Salzhandel innerhalb der Vereinsstaaten betrifft, so ist die Einfuhr des Salzes von einem in den anderen nur in dem Falle erlaubt, wenn zwischen den Landesregierungen besondere Verträge deshalb bestehen.

e) Wenn eine Regierung von einer anderen innerhalb des Gesammtvereins aus Staats- oder Privatsalinen Salz beziehen will, so müssen die Sendungen mit Pässen von öffentlichen Behörden begleitet werden.

f) Wenn ein Vereinsstaat durch einen anderen aus dem Auslande oder aus einem dritten Vereinsstaate seinen Salzbedarf beziehen, oder durch einen solchen sein Salz in fremde, nicht zum Vereine gehörige Staaten versenden lassen will, so soll diesen Sendungen kein Hinderniß in den Weg gelegt werden, jedoch werden, insofern dieses nicht schon durch frühere Verträge bestimmt ist, durch vorhergängige Uebereinkunft der betheiligten Staaten die Straßen für den Transport und die erforderlichen Sicherheitsmaaßregeln zur Verhinderung der Einschwärzung verabredet werden.

g) Zur wirksamen Verhütung des Schleichhandels mit Salz machen die Regierungen der zu dem Thüringischen Vereine gehörigen Staaten sich verbindlich, gleich wie solches früher schon zwischen Preußen und Kurhessen verabredet worden ist, aus den in ihren Landen belegenen, gleichviel, ob landesherrlichen oder Privatsalinen, nur ein solches Quantum Kochsalz zum inländischen Debit abzugeben und abgeben zu lassen, als für den Verbrauch innerhalb ihrer Gebiete nach einer auskömmlich zuzulegenden Berechnung erforderlich ist, auch fürerst den Debitspreis von 8¼ Rthlr. für die Tonne zu 400 Pfund Preußisches Gewicht mit 5 Pfund Gutgewicht, als den niedrigsten, welcher in dem Gesammtvereine dermalen besteht, in ihren Landen und Landestheilen als Minimum einzuführen. Die näheren Bestimmungen über die Regie-Verwaltung bleiben einer besonderen Verabredung der betheiligten Regierungen vorbehalten.

Art. 11. In Bezug auf diejenigen Erzeugnisse, bei welchen hinsichtlich der Besteuerung im Innern noch eine Verschiedenheit der Gesetzgebung unter den einzelnen Vereinslanden Statt findet (Artikel 7. Litt. b.), wird von allen Theilen als wünschenswerth anerkannt, auch hierin eine Uebereinstimmung der Gesetzgebung und der Besteuerungssätze in ihren Staaten hergestellt zu sehen, und es wird daher ihr Bestreben auf die Herbeiführung einer solchen Gleichmäßigkeit gerichtet bleiben. Bis dahin, wo dieses Ziel erreicht worden, können zur Vermeidung der Nachtheile, welche für die Producenten des eigenen Staates im Verhältnisse zu den Producenten in anderen Vereinsstaaten aus der ungleichen Besteuerung erwachsen würden, von anderen Gliedern des Gesammtvereins gegen den Thüringischen Verein und umgekehrt, Ergänzungs- oder Ausgleichungs-Abgaben von folgenden Gegenständen erhoben werden:

a) im

a) im Königreiche Bayern (zur Zeit mit Ausschluß des Rheinkreises)
von Bier,
geschrotetem Malz;
b) im Königreiche Württemberg
von Bier,
geschrotetem Malz;
c) in den zum Thüringischen Vereine gehörigen Staaten
von Branntwein,
Taback,
Traubenmost und Wein.

Es soll bei der Bestimmung und Erhebung der gedachten Abgaben nach folgenden Grundsätzen verfahren werden:

1) Die Ausgleichungs-Abgaben werden nach dem Abstande der gesetzlichen Steuer im Lande der Bestimmung von der denselben Gegenstand betreffenden Steuer im Lande der Herkunft bemessen, und fallen daher im Verhältnisse gegen diejenigen Vereinslande gänzlich weg, wo eine gleich hohe oder eine höhere Steuer auf dasselbe Erzeugniß gelegt ist.

2) Veränderungen, welche in den Steuern von inländischen Erzeugnissen der betheiligten Staaten eintreten, haben auch Veränderungen in den Ausgleichungs-Abgaben, jedoch stets unter Anwendung des vorher (1.) aufgestellten Grundsatzes, zur Folge.

Wo auf den Grund einer solchen Veränderung eine Ausgleichungs-Abgabe zu erhöhen seyn würde, muß, falls die Erhöhung wirklich in Anspruch genommen wird, eine Verhandlung darüber zwischen den betheiligten Staaten, und eine vollständige Nachweisung der Zulässigkeit nach den Bestimmungen des gegenwärtigen Vertrages vorausgehen.

3) Die gegenwärtig in Preußen gesetzlich bestehenden Sätze der Steuern von inländischem Traubenmost und Wein, vom Tabacksbau und Branntwein, so wie die gegenwärtig in Bayern bestehende Steuer von inländischem geschroteten Malz und Bier (Malzaufschlag), sollen jedenfalls den höchsten Satz desjenigen bilden, was in einem Vereinsstaate, welcher jene Steuern eingeführt hat, oder künftig etwa einführen sollte, an Ausgleichungs-Abgaben von diesen Artikeln bei deren Eingange aus einem Lande, in welchem keine Steuer auf dieselben Erzeugnisse gelegt ist, erhoben werden darf, wenn auch die betreffende Steuer des Staates, welcher die Ausgleichungs-Abgabe bezieht, diesen höchsten Satz übersteigen sollte.

4) Rückvergütungen der inländischen Staatssteuern sollen bei der Ueberfuhr der besteuerten Gegenstände in ein anderes Vereinsland nicht gewährt werden.

 5) Auf

5) Auf andere Erzeugnisse als Bier und Malz, Branntwein, Tabacksblätter, Traubenmost und Wein soll unter keinen Umständen eine Ausgleichungs-Abgabe gelegt werden.

6) In allen Staaten, in welchen von Taback, Traubenmost und Wein eine Ausgleichungs-Abgabe erhoben wird, soll von diesen Erzeugnissen in keinem Falle eine weitere Abgabe weder für Rechnung des Staates noch für Rechnung der Communen beibehalten oder eingeführt werden.

7) Der Ausgleichungs-Abgabe sind solche Gegenstände nicht unterworfen, von welchen auf die in der Zollordnung vorgeschriebene Weise dargethan ist, daß sie als ausländisches Ein- oder Durchgangsgut die zollamtliche Behandlung bei einer Erhebungsbehörde des Vereins bereits bestanden haben, oder derselben noch unterliegen, und eben so wenig diejenigen im Umfange des Vereins erzeugten Gegenstände, welche nur durch einen Vereinsstaat transitiren, um entweder in einen anderen Vereinsstaat oder nach dem Auslande geführt zu werden.

8) Die Ausgleichungs-Abgabe kommt den Kassen desjenigen Staates zu Gute, wohin die Versendung erfolgt. Insofern sie nicht schon im Lande der Versendung für Rechnung des abgabeberechtigten Staates erhoben worden, wird die Erhebung im Gebiete des letzteren erfolgen.

9) Es sollen in jedem der contrahirenden Staaten solche Einrichtungen getroffen werden, vermöge welcher die Ausgleichungs-Abgabe in dem Vereinslande, aus welchem die Versendung erfolgt, am Orte der Versendung oder bei der gelegensten Zoll- oder Steuerbehörde entrichtet, oder ihre Entrichtung durch Anmeldung sicher gestellt werden kann.

10) So lange, bis diese Einrichtungen durch besondere Uebereinkunft festgesetzt seyn werden, bleibt der Verkehr mit Gegenständen, welche einer Ausgleichungs-Abgabe unterliegen, in der Art beschränkt, daß dieselben, ohne Unterschied der transportirten Quantitäten, in das Gebiet des abgabeberechtigten Staates nur auf den im Artikel 8. bezeichneten oder noch anderweit zu bestimmenden Straßen eingeführt, und an den dort einzurichtenden Anmelde- und Hebestellen angemeldet und resp. versteuert werden müssen, ohne daß jedoch in Folge hievon der Verkehr mit den Gegenständen, von welchen eine Ausgleichungs-Abgabe nicht zu entrichten ist, einer weiteren, als der in dem obengedachten Artikel angeordneten Aufsicht unterworfen seyn wird.

Art. 12. Hinsichtlich der Verbrauchs-Abgaben, welche im Bereiche der Vereinsländer von anderen, als den im Artikel 11. bezeichneten Gegenständen erhoben werden, so wie der im Großherzogthume Hessen zur Erhebung kommenden Steuern von Getränken, wird überall eine gegenseitige Gleichmäßigkeit der Behandhandlung Statt finden, dergestalt, daß das Erzeugniß eines anderen Vereins-Staates unter keinem Vorwande höher belastet werden darf, als das inländische. Derselbe Grundsatz findet auch bei den Zuschlags-Abgaben und Octrois Statt, welche für Rechnung einzelner Gemeinen erhoben werden, so weit dergleichen Abgaben nicht überhaupt nach der Bestimmung des Artikels 11. Nr. 6. unzulässig sind.

Art. 13. Chausseegelder oder andere statt derselben bestehende Abgaben, wie z. B. der in den Königreichen Bayern und Württemberg zur Surrogirung des Wegegeldes von eingehenden Gütern eingeführte fixe Zollbeischlag, ebenso Pflaster-, Damm-, Brücken- und Fährgelder, oder unter welchem anderen Namen dergleichen Abgaben bestehen, ohne Unterschied, ob die Erhebung für Rechnung des Staates oder eines Privatberechtigten, namentlich einer Commune geschieht, sollen nur in dem Betrage beibehalten oder neu eingeführt werden können, als sie den gewöhnlichen Herstellungs- und Unterhaltungskosten angemessen sind.

Das dermalen in Preußen nach dem allgemeinen Tarife vom Jahre 1828. bestehende Chausseegeld soll als der höchste Satz angesehen, und hinführo in keinem der contrahirenden Staaten überschritten werden.

Besondere Erhebungen von Thorsperr- und Pflastergeldern sollen auf chaussirten Straßen da, wo sie noch bestehen, dem vorstehenden Grundsatze gemäß aufgehoben, und die Ortspflaster den Chausseestrecken dergestalt eingerechnet werden, daß davon nur die Chausseegelder nach dem allgemeinen Tarife zur Erhebung kommen.

Art. 14. Die contrahirenden Regierungen wollen dahin wirken, daß in ihren Landen ein gleiches Münz-, Maaß- und Gewichtssystem allgemein in Anwendung komme, und hierüber sofort besondere Unterhandlungen einleiten lassen.

Vorläufig sind dieselben übereingekommen, daß schon von der Ausführung des gegenwärtigen Vertrages an ein gemeinschaftliches Zollgewicht, und zwar der bereits in dem Großherzogthume Hessen gesetzlich eingeführte Centner in Anwendung kommen, und der gemeinschaftliche Zolltarif überall mit Zugrundelegung dieser Gewichts-Einheit ausgearbeitet und publicirt werden soll.

Den contrahirenden Regierungen bleibt es überlassen, zur schnelleren Abfertigung der Waarensendungen an den Zollstätten, und zur leichteren Berechnung des vorgedachten gemeinschaftlichen Zollgewichts bei den in dem Zolltarife vorkommenden Maaß- und Gewichtsbestimmungen eine Reduction sowohl auf die Maaße, welche in den Tarifen der anderen contrahirenden Staaten angenommen sind, als auch auf das Gewicht, welches in ihren Landen anderweit gesetzlich oder landüblich eingeführt ist, entwerfen und öffentlich bekannt machen zu lassen.

Die Zoll-Abgabe soll in den Thüringischen Vereinslanden nach dem

Preußischen Münzfuße berechnet, und kann entweder in Preußischen ⅙ bis ⅓ Thalerstücken, oder in Conventionsgelde, und zwar den Preußischen Thaler gleich 1¾ Rheinischen Gulden oder 23¼ gGr. gerechnet, geleistet werden, und bleibt es in denjenigen Thüringischen Vereinsstaaten, in welchen die Rechnung nach Gulden gebräuchlich ist, den Regierungen überlassen, dem Tarife eine Reduction auf Guldenwährung beizufügen.

Es sollen auch schon jetzt die Gold- und Silbermünzen der sämmtlichen contrahirenden Staaten — mit Ausnahme der Scheidemünze — bei allen Hebestellen des Gesammtvereins angenommen, und zu diesem Behufe Valvations-Tabellen öffentlich bekannt gemacht werden.

Art. 15. Alle Begünstigungen, welche ein Vereinsstaat dem Schiffahrts-Betriebe seiner Unterthanen zugestehen möchte, sollen in gleichem Maaße auch der Schiffahrt der Unterthanen der anderen Vereinsstaaten zu Gute kommen.

Art. 16. Von dem Tage an, wo die gemeinschaftliche Zollordnung des Vereins in Vollzug gesetzt wird, sollen in den zum Zollvereine gehörigen Gebieten alle etwa noch bestehenden Stapel- und Umschlagsrechte aufhören, und Niemand soll zur Anhaltung, Verladung oder Lagerung gezwungen werden können, als in den Fällen, in welchen die gemeinschaftliche Zollordnung oder die betreffenden Schiffahrtsreglements es zulassen oder vorschreiben.

Art. 17. Kanal-, Schleusen-, Brücken-, Fähr-, Hafen-, Waage-, Krahnen- und Niederlage-Gebühren und Leistungen für Anstalten, die zur Erleichterung des Verkehrs bestimmt sind, sollen nur bei Benutzung wirklich bestehender Einrichtungen erhoben und für letztere nicht erhöhet, auch überall von den Unterthanen der anderen contrahirenden Staaten auf völlig gleiche Weise, wie von den eigenen Unterthanen erhoben werden.

Findet der Gebrauch einer Waage- oder Krahnen-Einrichtung nur zum Behufe einer zollamtlichen Controle Statt, so tritt eine Gebühren-Erhebung bei schon einmal zollamtlich verwogenen Waaren nicht ein.

Art. 18. Die hohen Contrahenten wollen auch ferner gemeinschaftlich dahin wirken, daß durch Annahme gleichförmiger Grundsätze die Gewerbsamkeit befördert, und der Befugniß der Unterthanen des einen Staates, in dem anderen Arbeit und Erwerb zu suchen, möglichst freier Spielraum gegeben werde.

Von den Unterthanen des einen der contrahirenden Staaten, welche in dem Gebiete eines anderen derselben Handel und Gewerbe treiben, oder Arbeit suchen, soll von dem Zeitpunkte an, wo der gegenwärtige Vertrag in Kraft treten wird, keine Abgabe entrichtet werden, welcher nicht gleichmäßig die in demselben Gewerbsverhältnisse stehenden eigenen Unterthanen unterworfen sind.

Desgleichen sollen Fabrikanten und Gewerbtreibende, welche blos für das von ihnen betriebene Geschäft Ankäufe machen, oder Reisende, welche nicht Waa-

ren

ren selbst, sondern nur Muster derselben bei sich führen, um Bestellungen zu suchen, wenn sie die Berechtigung zu diesem Gewerbsbetriebe in dem Vereins-Staate, in welchem sie ihren Wohnsitz haben, durch Entrichtung der gesetzlichen Abgaben erworben haben, oder im Dienste solcher inländischen Gewerbtreibenden oder Kaufleute stehen, in den anderen Staaten keine weitere Abgabe hiefür zu entrichten verpflichtet seyn.

Auch sollen beim Besuche der Märkte und Messen zur Ausübung des Handels und zum Absatze eigener Erzeugnisse oder Fabrikate in jedem Vereins-Staate die Unterthanen der übrigen contrahirenden Staaten eben so wie die eigenen Unterthanen behandelt werden.

Art. 19. Die Preußischen Seehäfen sollen dem Handel der Unterthanen sämmtlicher Vereinsstaaten gegen völlig gleiche Abgaben, wie solche von den Königlich-Preußischen Unterthanen entrichtet werden, offen stehen; auch sollen die in fremden See- und anderen Handelsplätzen angestellten Consuln eines oder der anderen der contrahirenden Staaten veranlaßt werden, der Unterthanen der übrigen contrahirenden Staaten sich in vorkommenden Fällen möglichst mit Rath und That anzunehmen.

Art. 20. Zum Schutze ihres gemeinschaftlichen Zollsystems gegen den Schleichhandel und ihrer inneren Verbrauchs-Abgaben gegen Defraudationen haben die contrahirenden Staaten ein gemeinsames Cartel abgeschlossen, welches so bald als möglich, spätestens aber gleichzeitig mit dem gegenwärtigen Vertrage in Ausführung gebracht werden soll.

Art. 21. Die als Folge des gegenwärtigen Vertrages eintretende Gemeinschaft der Einnahme der contrahirenden Staaten bezieht sich auf den Ertrag der Eingangs-, Ausgangs- und Durchgangs-Abgaben in den Königlich-Preußischen Staaten, den Königreichen Bayern, Sachsen und Württemberg, dem Kurfürstenthume und dem Großherzogthume Hessen und dem Thüringischen Zoll- und Handels-Vereine, mit Einschluß der den Zollsystemen der contrahirenden Staaten bisher schon beigetretenen Länder.

Von der Gemeinschaft sind ausgeschlossen und bleiben, sofern nicht Separatverträge zwischen einzelnen Vereinsstaaten ein Anderes bestimmen, dem privativen Genusse der betreffenden Staatsregierungen vorbehalten:

1) die Steuern, welche im Innern eines jeden Staates von inländischen Erzeugnissen erhoben werden, einschließlich der im Artikel 11. vorbehaltenen Ausgleichungs-Abgaben;
2) die Wasserzölle;
3) Chaussee-Abgaben, Pflaster-, Damm-, Brücken-, Fähr-, Kanal-, Schleusen-, Hafengelder, so wie Waage- und Niederlage-Gebühren oder gleichartige Erhebungen, wie sie auch sonst genannt werden;

 4) die

4) die Zollstrafen und Confiscate, welche, vorbehaltlich der Antheile der Denuncianten, jeder Staatsregierung in ihrem Gebiete verbleiben.

Art. 22. Der Ertrag der in die Gemeinschaft fallenden Abgaben wird nach Abzug

1) der Kosten, wovon weiter unten im Artikel 30. die Rede ist;
2) der Rückerstattungen für unrichtige Erhebungen;
3) der auf dem Grunde besonderer gemeinschaftlicher Verabredungen erfolgten Steuervergütungen und Ermäßigungen

zwischen Preußen, Bayern, Sachsen, Württemberg, Kurhessen, dem Großherzogthume Hessen und dem Thüringischen Vereine nach dem Verhältnisse der Bevölkerung, mit welcher sie in dem Gesammtvereine sich befinden, vertheilt.

Die Bevölkerung solcher Staaten, welche durch Vertrag mit einem oder dem anderen der contrahirenden Staaten unter Verabredung einer von diesem jährlich für ihre Antheile an den gemeinschaftlichen Zollrevenüen zu leistenden Zahlung dem Zollverbande beigetreten sind, oder noch beitreten werden, wird in die Bevölkerung desjenigen Staates eingerechnet, welcher diese Zahlung leistet.

Der Stand der Bevölkerung in den einzelnen Vereinsstaaten wird alle drei Jahre von einem noch zu verabredenden Termine an ausgemittelt, und die Nachweisung derselben von den oben gedachten Vereinsgliedern einander gegenseitig mitgetheilt werden.

Art. 23. Vergünstigungen für Gewerbtreibende hinsichtlich der Steuer-Entrichtung, welche nicht in der Zollgesetzgebung selbst begründet sind, fallen der Staats-Kasse derjenigen Regierung, welche sie bewilligt hat, zur Last; die Maaßgaben, unter welchen solche Vergünstigungen zu bewilligen sind, werden näherer Verabredung vorbehalten.

Art. 24. Dem auf Förderung freier und natürlicher Bewegung des allgemeinen Verkehrs gerichteten Zwecke des Zollvereines gemäß, sollen besondere Zollbegünstigungen einzelner Meßplätze, namentlich Rabattprivilegien, da wo sie dermalen in den Vereinsstaaten noch bestehen, nicht erweitert, sondern vielmehr unter geeigneter Berücksichtigung sowohl der Nahrungsverhältnisse bisher begünstigter Meßplätze, als der bisherigen Handelsbeziehungen mit dem Auslande, thunlichst beschränkt und ihrer baldigen gänzlichen Aufhebung entgegengeführt, neue aber ohne allerseitige Zustimmung auf keinen Fall ertheilt werden.

Art. 25. Von der tarifmäßigen Abgaben-Entrichtung bleiben die Gegenstände, welche für die Hofhaltung der hohen Souveraine und Ihrer Regentenhäuser, oder für die bei Ihren Höfen accreditirten Botschafter, Gesandten, Geschäftsträger u. s. w. eingehen, nicht ausgenommen, und wenn dafür Rückvergütungen Statt haben, so werden solche der Gemeinschaft nicht in Rechnung gebracht.

Eben so wenig anrechnungsfähig sind Entschädigungen, welche in einem

oder

oder dem anderen Staate den vormals unmittelbaren Reichsständen, oder an Communen oder einzelne Privatberechtigte für eingezogene Zollrechte oder für aufgehobene Befreiungen gezahlt werden müssen.

Art. 26. Das Begnadigungs- und Strafverwandlungs-Recht bleibt jedem der contrahirenden Staaten in seinem Gebiete vorbehalten. Auf Verlangen werden periodische Uebersichten der erfolgten Straf-Erlasse gegenseitig mitgetheilt werden.

Art. 27. Die Ernennung der Beamten und Diener bei den Bezirks- und Lokal-Stellen für die Zoll-Erhebung und Aufsicht, welche nach der hierüber getroffenen besonderen Uebereinkunft nach gleichförmigen Bestimmungen angeordnet, besetzt und instruirt werden sollen, bleibt, wie jedem der übrigen contrahirenden Staaten, so auch dem Thüringischen Vereine innerhalb seines Gebietes überlassen.

Art. 28. In jedem Vereinsstaate, mit Ausnahme des Thüringischen Vereins-Gebietes, wird die Leitung des Dienstes der Lokal- und Bezirks-Zollbehörden, so wie die Vollziehung der gemeinschaftlichen Zollgesetze überhaupt, einer, oder, wo sich das Bedürfniß hierzu zeigt, mehreren Zolldirectionen übertragen.

In dem Thüringischen Vereinsgebiete wird der auf dem Grunde der diesfälligen Bestimmungen des Vereinsvertrages gemeinschaftlich zu bestellende General-Inspector in den Berührungen mit den Zollbehörden der anderen Vereinsstaaten die Stelle einer Zolldirection vertreten.

Art. 29. Die von den Zoll-Erhebungsbehörden nach Ablauf eines jeden Vierteljahres aufzustellenden Quartals-Extracte, und die nach dem Jahres- und Bücherschlusse aufzustellenden Final-Abschlüsse über die resp. im Laufe des Vierteljahres und während des Rechnungsjahres fällig gewordenen Zoll-Einnahmen werden von den betreffenden Zolldirectionen, im Thüringischen Vereine von dem General-Inspector, nach vorangegangener Prüfung in Haupt-Uebersichten zusammengetragen, und diese sodann an ein Centralbüreau eingesendet, zu welchem auch die Gesammtheit des Thüringischen Vereins, wie jedes andere Glied des Gesammtvereins, einen Beamten zu ernennen die Befugniß hat.

Dieses Büreau fertigt auf den Grund jener Vorlagen die provisorischen Abrechnungen zwischen den vereinigten Staaten von drei zu drei Monaten, sendet dieselben den Central-Finanzstellen der letzteren, für den Thüringischen Verein jedoch dem General-Inspector, welcher sofort den einzelnen Regierungen dieses Vereins davon Mittheilung zu machen hat, und bereitet die definitive Jahres-Abrechnung vor.

Wenn aus den Quartals-Abrechnungen hervorgeht, daß die wirkliche Einnahme eines Vereinsgliedes um mehr als einen Monatsbetrag gegen den ihm verhältnißmäßig an der Gesammt-Einnahme zuständigen Revenüen-Antheil zurückgeblieben ist, so muß alsbald das Erforderliche zur Ausgleichung dieses Ausfalles

 durch

durch Herauszahlung von Seiten des oder derjenigen Staaten, bei denen eine Mehr-Einnahme Statt gefunden hat, eingeleitet werden.

Art. 30. In Absicht der Erhebungs- und Verwaltungskosten sollen folgende Grundsätze in Anwendung kommen:

1) Man wird keine Gemeinschaft dabei eintreten lassen, vielmehr übernimmt jede Regierung alle in ihrem Gebiete vorkommenden Erhebungs- und Verwaltungskosten, es mögen diese durch die Einrichtung und Unterhaltung der Haupt- und Neben-Zoll-Aemter, der inneren Steuer-Aemter, Hall-Aemter und Packhöfe und der Zolldirectionen, oder durch den Unterhalt des dabei angestellten Personals und durch die dem letzteren zu bewilligenden Pensionen, oder endlich aus irgend einem anderen Bedürfnisse der Zollverwaltung entstehen.

2) Hinsichtlich desjenigen Theils des Bedarfs aber, welcher an den gegen das Ausland gelegenen Grenzen und innerhalb des dazu gehörigen Grenz-Bezirks für die Zoll-Erhebungs- und Aufsichts- oder Controlbehörden und Zoll-Schutzwachen erforderlich ist, wird man sich über Pauschsummen vereinigen, welche jeder der contrahirenden Staaten von der jährlich aufkommenden und der Gemeinschaft zu berechnenden Brutto-Einnahme an Zollgefällen in Abzug bringen kann.

3) Bei dieser Ausmittelung des Bedarfs soll da, wo die Perception privativer Abgaben mit der Zoll-Erhebung verbunden ist, von den Gehalten und Amtsbedürfnissen der Zollbeamten nur derjenige Theil in Anrechnung kommen, welcher dem Verhältnisse ihrer Geschäfte für den Zolldienst zu ihren Amtsgeschäften überhaupt entspricht.

Art. 31. Wie dem Thüringischen Vereine das Recht eingeräumt wird, an die Zolldirectionen der anderen vereinten Staaten Beamte zu dem Zwecke zu senden, um sich von allen vorkommenden Verwaltungsgeschäften, welche sich auf die durch den gegenwärtigen Vertrag eingegangene Gemeinschaft beziehen, vollständige Kenntniß zu verschaffen, so steht auch jedem der anderen vereinten Staaten die Befugniß zu, Beamte zu gleichem Zwecke an die General-Inspection zu Erfurt abzuordnen. Eine besondere Instruction wird das Geschäftsverhältniß dieser Beamten näher bestimmen, als dessen Grundlage die unbeschränkte Offenheit von Seiten der Verwaltung, bei welcher die Abgeordneten fungiren, in Bezug auf alle Gegenstände der gemeinschaftlichen Zollverwaltung, und die Erleichterung jedes Mittels, durch welches sie sich die Information hierüber verschaffen können, anzusehen ist, während andererseits ihre Sorgfalt nicht minder aufrichtig dahin gerichtet seyn muß, eintretende Anstände und Meinungsverschiedenheiten auf eine dem gemeinsamen Zwecke und dem Verhältnisse verbündeter Staaten entsprechende Weise zu erledigen.

Die

Die Ministerien oder obersten Verwaltungsstellen der sämmtlichen Vereinsstaaten werden sich gegenseitig auf Verlangen jede gewünschte Auskunft über die gemeinschaftlichen Zoll-Angelegenheiten mittheilen, und insofern zu diesem Behufe die zeitweise oder dauernde Abordnung eines höheren Beamten, oder die Beauftragung eines anderweit bei der Regierung beglaubigten Bevollmächtigten beliebt würde, was beides rücksichtlich der Thüringischen Staaten nur Namens der Gesammtheit Statt finden kann, so ist demselben nach dem oben ausgesprochenen Grundsatze alle Gelegenheit zur vollständigen Kenntnißnahme von den Verhältnissen der gemeinschaftlichen Zollverwaltung bereitwillig zu gewähren.

Art. 32. Jährlich in den ersten Tagen des Juni findet zum Zwecke gemeinsamer Berathung ein Zusammentritt von Bevollmächtigten der Vereinsglieder Statt, zu welchem auch der Thüringische Verein einen Bevollmächtigten abzuordnen befugt ist. Für die formelle Leitung der Verhandlungen wird von den Conferenz-Bevollmächtigten aus ihrer Mitte ein Vorsitzender gewählt, welchem übrigens kein Vorzug vor den übrigen Bevollmächtigten zusteht.

Der erste Zusammentritt wird in München Statt finden. Wo derselbe künftig erfolgen soll, wird bei dem Schlusse einer jeden jährlichen Versammlung mit Rücksicht auf die Natur der Gegenstände, deren Verhandlung in der folgenden Conferenz zu erwarten ist, verabredet werden.

Art. 33. Vor die Versammlung dieser Conferenz-Bevollmächtigten gehört:

a) die Verhandlung über alle Beschwerden und Mängel, welche in Beziehung auf die Ausführung des Grundvertrages und der besonderen Uebereinkünfte, des Zollgesetzes, der Zollordnung und Tarife, in einem oder dem anderen Vereinsstaate wahrgenommen, und die nicht bereits im Laufe des Jahres in Folge der darüber zwischen den Ministerien und obersten Verwaltungsstellen geführten Correspondenz erledigt worden sind;

b) die definitive Abrechnung zwischen den Vereinsgliedern über die gemeinschaftliche Einnahme auf dem Grunde der von den obersten Zollbehörden und in dem Thüringischen Vereine von dem General-Inspector aufgestellten, durch das Centralbüreau vorzulegenden Nachweisungen, wie solche der Zweck einer dem gemeinsamen Interesse angemessenen Prüfung erheischt;

c) die Berathung über Wünsche und Vorschläge, welche von einzelnen Staatsregierungen zur Verbesserung der Verwaltung gemacht werden;

d) die Verhandlungen über Abänderungen des Zollgesetzes, der Zollordnung, des Zolltarifs und der Verwaltungs-Organisation, welche von einem der contrahirenden Staaten in Antrag gebracht werden, überhaupt über die zweckmäßige Entwickelung und Ausbildung des gemeinsamen Handels- und Zollsystems.

 Art.

Art. 34. Treten im Laufe des Jahres außer der gewöhnlichen Zeit der Versammlung der Conferenz-Bevollmächtigten außerordentliche Ereignisse ein, welche unverzügliche Maaßregeln oder Verfügungen abseiten der Vereinsstaaten erheischen, so werden sich die contrahirenden Theile darüber im diplomatischen Wege vereinigen, oder eine außerordentliche Zusammenkunft ihrer Bevollmächtigten veranlassen.

Art. 35. Den Aufwand für die Bevollmächtigten und deren etwaige Gehülfen bestreitet dasjenige Glied des Gesammtvereins, welches sie absendet. Das Kanzlei-Dienstpersonale und das Lokale wird unentgeldlich von der Regierung gestellt, in deren Gebiete der Zusammentritt der Conferenz Statt findet.

Art. 36. Sollte zur Zeit der Vollziehung des gegenwärtigen Vertrages eine Uebereinstimmung der Eingangs-Zollsätze in den Landen der contrahirenden Regierungen nicht bereits im Wesentlichen bestehen, so verpflichten sich dieselben zu allen Maaßregeln, welche erforderlich sind, damit nicht die Zoll-Einkünfte des Gesammtvereins durch die Einführung und Anhäufung unverzollter oder gegen geringere Steuersätze, als der Vereinstarif enthält, verzollter Waarenvorräthe beeinträchtigt werden.

Art. 37. Für den Fall, daß andere deutsche Staaten den Wunsch zu erkennen geben sollten, in den durch gegenwärtigen Vertrag errichteten Zollverein aufgenommen zu werden, erklären sich die hohen Contrahenten bereit, diesem Wunsche, so weit es unter gehöriger Berücksichtigung der besonderen Interessen der Vereinsmitglieder möglich erscheint, durch desfalls abzuschließende Verträge Folge zu geben.

Art. 38. Auch werden Sie Sich bemühen, durch Handelsverträge mit anderen Staaten dem Verkehr Ihrer Angehörigen jede mögliche Erleichterung und Erweiterung zu verschaffen.

Art. 39. Alles, was sich auf die Detail-Ausführung der in dem gegenwärtigen Vertrage und dessen Beilagen enthaltenen Verabredungen bezieht, soll durch gemeinschaftliche Commissarien vorbereitet werden.

Art. 40. Die Dauer des gegenwärtigen Vertrages, welcher mit dem 1sten Januar 1834. in Ausführung gebracht werden soll, wird vorläufig bis zum 1sten Januar 1842. festgesetzt. Wird derselbe während dieser Zeit und spätestens zwei Jahre vor Ablauf der Frist nicht gekündigt, so soll er auf 12 Jahre, und so fort von 12 zu 12 Jahren als verlängert angesehen werden.

Letztere Verabredung wird jedoch nur für den Fall getroffen, daß nicht in der Zwischenzeit sämmtliche deutsche Bundesstaaten über gemeinsame Maaßregeln übereinkommen, welche den mit der Absicht des Artikels 19. der deutschen Bundes-Acte in Uebereinstimmung stehenden Zweck des gegenwärtigen Zollvereins vollständig erfüllen.

Auch

Auch sollen im Falle etwaiger gemeinsamer Maaßregeln über den freien Verkehr mit Lebensmitteln in sämmtlichen deutschen Bundesstaaten die betreffenden Bestimmungen des nach gegenwärtigem Vertrage bestehenden Vereinstarifs demgemäß modificirt werden.

Gegenwärtiger Vertrag soll alsbald zur Ratification der hohen contrahirenden Höfe vorgelegt, und die Auswechselung der Ratifications-Urkunden soll spätestens binnen sechs Wochen in Berlin bewirkt werden.

So geschehen Berlin, den 11ten Mai 1833.

Ludwig Kühne. (L. S.) Ernst Michaelis. (L. S.) Carl Friedrich v. Wilkens. (L. S.)

Heinrich Theodor Ludwig Schwedes. (L. S.) Wilhelm v. Kopp. (L. S.) Gf. v. Luxburg. (L. S.)

Franz a Paula Friedrich Frh. v. Linden. (L. S.) Carl Friedrich Ludwig v. Watzdorff. (L. S.)

Ludwig Heinrich v. L'Estocq. (L. S.) Ottokar Thon. (L. S.) Ludwig v. Rebeur. (L. S.)

Jacob Ignatz v. Cruickshank. (L. S.) Carl August Friedrich Adolph v. Fischern. (L. S.)

Carl Johann Heinrich Ernst Edler v. Braun. (L. S.) Otto Wilhelm Carl v. Röder. (L. S.)

Carl Friedrich Wilhelm v. Weise. (L. S.) Friedrich Wilhelm v. Witzleben. (L. S.)

Gustav Adolph v. Strauch. (L. S.)

(No. 1477.) **Zoll-Cartel zwischen Preußen, Kurhessen und dem Großherzogthume Hessen, ferner Bayern und Württemberg, sodann Sachsen einerseits, und den zu dem Thüringischen Zoll- und Handelsvereine verbundenen Staaten andererseits. Vom 11ten Mai 1833.**

Seine Majestät der König von Preußen, Seine Hoheit der Kurprinz und Mitregent von Hessen, und Seine Königliche Hoheit der Großherzog von Hessen,

ferner:

Seine Majestät der König von Bayern und Seine Majestät der König von Württemberg,

sodann:

Seine Majestät der König und Seine Königliche Hoheit der Prinz Mitregent von Sachsen

einerseits,

und die bei dem Thüringischen Zoll- und Handelsvereine betheiligten Souveraine, nämlich, außer Seiner Majestät dem Könige von Preußen und Seiner Hoheit dem Kurprinzen und Mitregenten von Hessen:

Seine Königliche Hoheit der Großherzog von Sachsen-Weimar-Eisenach, Ihre Durchlauchten die Herzöge von Sachsen-Meiningen, Sachsen-Altenburg und Sachsen-Coburg-Gotha, imgleichen Ihre Durchlauchten die Fürsten von Schwarzburg-Sondershausen, Schwarzburg-Rudolstadt, Reuß-Schleitz, Reuß-Greitz und Reuß-Lobenstein und Ebersdorf

andererseits,

haben zu dem Zwecke, um sich durch gemeinschaftliche Maaßregeln in der Aufrechthaltung Ihres Handels- und Zollsystems und Unterdrückung des gemeinschädlichen Schleichhandels zu unterstützen, Unterhandlungen eröffnen lassen, und zu diesen als Bevollmächtigte ernannt:

Seine Majestät der König von Preußen:

Allerhöchst-Ihren Geheimen Ober-Finanzrath, Ludwig Bogislaus Samuel Kühne, Ritter des Königlich-Preußischen rothen Adler-Ordens dritter Klasse mit der Schleife und Commandeur zweiter Klasse des Kurfürstlich-Hessischen Haus-Ordens vom goldenen Löwen, und

Allerhöchst-Ihren Geheimen Legationsrath, Ernst Michaelis, Ritter des Königlich-Preußischen rothen Adler-Ordens vierter Klasse, Offizier der Königlich-Französischen Ehrenlegion und Commandeur zweiter Klasse des Kurfürstlich-Hessischen Haus-Ordens vom goldenen Löwen;

Seine Hoheit der Kurprinz und Mitregent von Hessen:

Höchst-Ihren Wirklichen Geheimen Legationsrath, außerordentlichen Gesandten und bevollmächtigten Minister an dem Königlich-Preußischen

schen

schen Hofe, Carl Friedrich von Wilkens-Hohenau, Commandeur des Kurfürstlich-Hessischen Haus-Ordens vom goldenen Löwen, Ritter des Königlich-Preußischen rothen Adler-Ordens dritter Klasse und des Königlich-Preußischen St. Johanniter-Ordens, und

Höchst-Ihren Geheimen Ober-Bergrath, Heinrich Theodor Ludwig Schwedes, Ritter des Kurfürstlich-Hessischen Haus-Ordens vom goldenen Löwen;

Seine Königliche Hoheit der Großherzog von Hessen:

Höchst-Ihren Wirklichen Geheimen Rath und Präsidenten der Ober-Finanzkammer, Wilhelm von Kopp, Commandeur erster Klasse des Großherzoglich-Hessischen Ludwigs-Ordens, Ritter des Königlich-Preußischen rothen Adler-Ordens zweiter Klasse, Commandeur erster Klasse des Kurfürstlich-Hessischen Haus-Ordens vom goldenen Löwen;

Seine Majestät der König von Bayern:

Allerhöchst-Ihren Kämmerer, Staatsrath, außerordentlichen Gesandten und bevollmächtigten Minister an den Königlich-Preußischen, Königlich-Sächsischen, Großherzoglich-Sächsischen und den Herzoglich-Sächsischen Höfen, Friedrich Christian Johann Graf von Luxburg, Großkreuz des Civil-Verdienst-Ordens der Königlich-Bayerischen Krone, Ritter des Königlich-Preußischen rothen Adler-Ordens erster Klasse, Großkreuz des Königlich-Sächsischen Civil-Verdienst-Ordens und Ritter des Königlich-Württembergischen Friedrichs-Ordens;

Seine Majestät der König von Württemberg:

Allerhöchst-Ihren Major im Generalstabe, Geschäftsträger am Königlich-Preußischen Hofe, Franz a Paula Friedrich Freiherr von Linden;

Seine Majestät der König und Seine Königliche Hoheit der Prinz Mitregent von Sachsen:

Allerhöchst-Ihren General-Lieutenant der Cavallerie, General-Adjutanten, außerordentlichen Gesandten und bevollmächtigten Minister am Königlich-Preußischen Hofe, Carl Friedrich Ludwig von Watzdorff, Ritter des Königlich-Sächsischen Rauten-Ordens, Commandeur erster Klasse des Königlich-Sächsischen Militair-St. Heinrichs-Ordens, Ritter des Königlich-Bayerischen St. Hubertus-Ordens;

Seine Königliche Hoheit der Großherzog von Sachsen-Weimar-Eisenach:

Höchst-Ihren Minister-Residenten am Königlich-Preußischen Hofe, den General-Major Ludwig Heinrich von L'Estocq, Ritter des Königlich-Preußischen rothen Adler-Ordens zweiter Klasse mit Eichenlaub und des Königlich-Preußischen Militair-Verdienst-Ordens, Commandeur des Großherzoglich-Sächsischen Haus-Ordens vom weißen Falken, und

Höchst-Ihren Kammerrath, Ottokar Thon, Ritter des Königlich-Preußischen rothen Adler-Ordens dritter Klasse;

Seine Durchlaucht der Herzog von Sachsen-Meiningen:

Höchst-Ihren Minister-Residenten am Königlich-Preußischen Hofe, den Kammerherrn Ludwig August von Rebeur, Ritter des Königlich-Preußischen rothen Adler-Ordens dritter Klasse;

Höchst-Ihren Wirklichen Geheimen Legationsrath und Kammerherrn, Jacob Ignatz von Cruickshank, Ritter des Königlich-Preußischen rothen Adler-Ordens dritter Klasse und des Großherzoglich-Sächsischen Ordens vom weißen Falken, und

Höchst-Ihren Ministerialrath, Carl August Friedrich Adolph von Fischern, Ritter des Königlich-Preußischen rothen Adler-Ordens dritter Klasse und des Königlich-Sächsischen Civil-Verdienst-Ordens;

Seine Durchlaucht der Herzog von Sachsen-Altenburg:

Höchst-Ihren Wirklichen Geheimen Rath, Minister und Kammer-Präsidenten, Carl Johann Heinrich Ernst Edler von Braun, Commandeur des Königlich-Sächsischen Civil-Verdienst-Ordens und des Großherzoglich-Sächsischen Haus-Ordens vom weißen Falken, Ritter des Ordens der Königlich-Württembergischen Krone;

Seine Durchlaucht der Herzog von Sachsen-Coburg-Gotha:

Höchst-Ihren Kammerherrn und Minister-Residenten am Königlich-Preußischen Hofe, Oberst-Lieutenant Otto Wilhelm Carl von Röder;

Seine Durchlaucht der Fürst von Schwarzburg-Sondershausen:

Höchst-Ihren Kammer-Präsidenten, Carl Friedrich Wilhelm von Weise, Ritter des Königlich-Preußischen rothen Adler-Ordens dritter Klasse;

Seine Durchlaucht der Fürst von Schwarzburg-Rudolstadt:

Höchst-Ihren Oberstallmeister, Friedrich Wilhelm von Witzleben;

Seine Durchlaucht der Fürst von Reuß-Schleitz,

Seine Durchlaucht der Fürst von Reuß-Greitz, und

Seine Durchlaucht der Fürst von Reuß-Lobenstein und Ebersdorf:

Höchst-Ihren Kanzler, Regierungs- und Consistorial-Präsidenten, Gustav Adolph von Strauch, Ritter des Königlich-Preußischen rothen Adler-Ordens dritter Klasse, und des Königlich-Sächsischen Civil-Verdienst-Ordens,

von welchen Bevollmächtigten unter dem Vorbehalt der Ratification ihrer Höfe das folgende Zoll-Cartel abgeschlossen worden ist.

Art. 1. Die sämmtlichen contrahirenden Staaten verpflichten sich, gegenseitig auf die Verhinderung und Unterdrückung des Schleichhandels, ohne Unterschied, ob derselbe zum Nachtheile der contrahirenden Staaten in ihrer Gesammtheit, oder ein-

einzelner unter ihnen unternommen wird, durch alle ihrer Verfassung angemessne Maaßregeln gemeinschaftlich hinzuwirken.

Art. 2. Es sollen auf ihrem Gebiete Rottirungen, ingleichen solche Waaren-Niederlagen, oder sonstige Anstalten nicht geduldet werden, welche den Verdacht begründen, daß sie zum Zwecke haben, Waaren, welche in den anderen contrahirenden Staaten verboten oder beim Eingange in dieselben mit einer Abgabe belegt sind, dorthin einzuschwärzen.

Art. 3. Die Behörden, Beamten oder Bediensteten aller contrahirenden Staaten sollen sich gegenseitig thätig und ohne Verzug den verlangten Beistand in allen gesetzlichen Maaßregeln leisten, welche zur Verhütung, Entdeckung oder Bestrafung der Zoll-Contraventionen dienlich sind, die gegen irgend einen der contrahirenden Staaten unternommen worden oder begangen sind.

Unter Zoll-Contraventionen werden hier und in allen folgenden Artikeln dieses Vertrages auch die Verletzung der von den einzelnen Regierungen erlassenen Einfuhr- oder Ausfuhrverbote, insbesondere auch der Verbote solcher Gegenstände, deren ausschließlichen Debit diese Regierungen sich vorbehalten haben, so wie ferner auch diejenigen Contraventionen begriffen, durch welche die Abgaben beeinträchtigt werden, welche, nach der besonderen Verfassung einzelner Staaten, für den Uebergang von Waaren aus einem Staate in einen anderen vertragsmäßig angeordnet sind.

Art. 4. Auch ohne besondere Aufforderung sind die Behörden, Beamten oder Bediensteten der contrahirenden Staaten verbunden, alle gesetzliche Mittel anzuwenden, welche zur Verhütung, Entdeckung oder Bestrafung der gegen irgend einen der gedachten Staaten beabsichtigten oder ausgeführten Zoll-Contraventionen dienen können, und jedenfalls die betreffenden Behörden dieses Staates von demjenigen in Kenntniß zu setzen, was sie in dieser Beziehung in Erfahrung bringen.

Art. 5. Den Zollbeamten und anderen zur Wahrnehmung des Zoll-Interesse verpflichteten Bediensteten sämmtlicher contrahirenden Staaten wird hiedurch gestattet, die Spuren begangener Zoll-Contraventionen auch in das Gebiet der angrenzenden mitcontrahirenden Staaten, ohne Beschränkung auf eine gewisse Strecke, zu verfolgen, und es sollen, je nach der bestehenden Verfassung, die Orts-Obrigkeiten, Polizei- oder Gerichtsbehörden in solchen Fällen auf mündlichen oder schriftlichen Antrag dieser Beamten oder Bediensteten, und unter deren Zuziehung, durch Haussuchungen, Beschlagnahmen oder andere gesetzliche Maaßregeln des Thatbestandes sich gehörig versichern.

Auch soll auf den Antrag der requirirenden Beamten oder Bediensteten bei dergleichen Visitationen, Beschlagnahmen, oder sonstigen Vorkehrungen ein Zoll-, Steuer- oder Gefällsbeamter oder Bediensteter desjenigen Staates, in dessen Gebiete Maaßregeln dieser Art zur Ausführung kommen, zugezogen werden, falls ein solcher im Orte anwesend ist.

Bei Haussuchungen und Beschlagnahmen soll ein den ganzen Hergang vollständig darstellendes Protocoll aufgenommen, und ein Exemplar desselben den requirirenden Beamten oder Bediensteten eingehändigt, ein zweites Exemplar aber zu den Acten der Behörde genommen werden, welche die Haussuchung angestellt hat.

Art. 6. In den Fällen, wo wegen Zoll-Contraventionen die Verhaftung gesetzlich zulässig ist, wird die Befugniß, den oder die Contravenienten anzuhalten, den verfolgenden Beamten oder Bediensteten auch auf dem Gebiete der anderen mitcontrahirenden Staaten, jedoch unter der Bedingung eingeräumt, daß der Angehaltene an die nächste Ortsbehörde desjenigen Staates überliefert werde, auf dessen Gebiete die Anhaltung Statt gefunden hat.

Wenn die Person des Contravenienten dem verfolgenden Beamten oder Bediensteten bekannt, und die Beweisführung hinlänglich gesichert ist, so findet eine Anhaltung auf fremdem Gebiete nicht Statt.

Art. 7. Eine Auslieferung der Zoll-Contravenienten tritt in dem Falle nicht ein, wenn sie Unterthanen desjenigen Staates sind, in dessen Gebiete sie angehalten worden sind.

Im anderen Falle sind die Contravenienten demjenigen Staate, auf dessen Gebiete die Contravention verübt worden ist, auf dessen Requisition auszuliefern.

Nur dann, wenn dergleichen flüchtige Individuen Unterthanen eines dritten der contrahirenden Staaten sind, ist der letztere vorzugsweise berechtigt, die Auslieferung zu verlangen, und daher zunächst von dem requirirten Staate zur Erklärung über die Ausübung dieses Rechtes zu veranlassen.

Art. 8. Sämmtliche contrahirende Staaten verpflichten sich, ihre Unterthanen und die in ihrem Gebiete sich aufhaltenden Fremden, letztere, wenn deren Auslieferung nicht nach Art. 7. verlangt wird, wegen der auf dem Gebiete eines anderen der contrahirenden Staaten begangenen Zoll-Contraventionen oder ihrer Theilnahme an selbigen, auf die von diesem Staate ergehende Requisition eben so zur Untersuchung und Strafe zu ziehen, als ob die Contravention auf eigenem Gebiete und gegen die eigene Gesetzgebung begangen wäre.

Diese Verpflichtung erstreckt sich in gleicher Art auch auf die mit den Contraventionen concurrirenden gemeinen Verbrechen oder Vergehen, beispielsweise der Fälschung, der Widersetzlichkeit gegen die Beamten oder Bediensteten, der körperlichen Verletzung ꝛc.

Was solche Contraventionen betrifft, welche gegen die besonderen Gesetze eines oder mehrerer Staaten begangen werden, wonach die Einfuhr gewisser Gegenstände auch aus anderen der contrahirenden Staaten entweder gar nicht, oder

doch

doch nur gegen Erlegung einer vertragsmäßig bestimmten Abgabe Statt finden darf, oder die Ausfuhr gewisser Gegenstände verboten ist: so werden diejenigen Staaten, in welchen für die entsprechende Bestrafung solcher Contraventionen etwa noch nicht vorgesehen seyn sollte, veranlassen, daß

1) die Contraventionen gegen die in anderen contrahirenden Staaten bestehenden Ein- oder Ausfuhrverbote wenigstens mit einer dem zweifachen Werthe des verbotswidrig ein- oder ausgeführten Gegenstandes gleichkommenden Geldbuße;
2) die Defraudationen der vertragsmäßig bestimmten Abgaben wenigstens mit einer dem vierfachen Betrage der verkürzten Steuer gleichkommenden Geldbuße

bestraft werden.

Art. 9. In den nach Artikel 8. einzuleitenden Untersuchungen soll in Bezug auf die Feststellung des Thatbestandes den amtlichen Angaben der Behörden, Beamten oder Bediensteten desjenigen Staates, auf dessen Gebiete die Zoll-Contravention begangen worden, dieselbe Beweiskraft beigemessen werden, welche den amtlichen Angaben der inländischen Behörden, Beamten oder Bediensteten für Fälle gleicher Art in den Landesgesetzen beigelegt ist.

Art. 10. Die festgesetzten Geldbußen und der Erlös aus den in Folge der Untersuchung und Verurtheilung in Beschlag genommenen und confiscirten Gegenständen verbleiben demjenigen Staate, in welchem die Verurtheilung erfolgt ist, jedoch nach Abzug des dem Denuncianten (Aufbringer, Angeber) gesetzlich zustehenden Antheils, der auch in dem Falle an letzteren verabfolgt werden soll, wenn dieser ein Beamter oder Bediensteter eines anderen der contrahirenden Staaten ist.

Die von dem Uebertreter verkürzten Gefälle sind dagegen, so weit sie von ihm beigetrieben werden können, jedesmal an die betreffende Behörde desjenigen Staates zu übersenden, auf dessen Gebiete die Contravention begangen worden ist.

Art. 11. Den sämmtlichen contrahirenden Staaten verbleibt die Befugniß, wegen der in ihrem Gebiete verübten Zoll-Contraventionen, auch wenn die Uebertreter Unterthanen eines anderen derselben sind, selbst die Untersuchung einzuleiten, Strafen festzusetzen und solche beizutreiben, wenn der Angeschuldigte in ihrem Gebiete verhaftet ist. Jedenfalls sollen dem beeinträchtigten Staate, wenn er von dieser Befugniß keinen Gebrauch macht, die etwa in Beschlag genommenen Effecten des Angeschuldigten so lange verbleiben, bis von dem anderen Staate, an welchen der Uebertreter ausgeliefert worden, rechtskräftige Entscheidung erfolgt seyn wird. Die Auslieferung solcher Effecten kann selbst dann nur insoweit gefordert werden, als nicht auf deren Confiscation erkannt, oder der Erlös

 aus

aus denselben nicht zur Berichtigung der verkürzten Abgaben und daneben entstandenen Kosten erforderlich ist.

Ganz dasselbe tritt auch dann ein, wenn ohne Verhaftung des Angeschuldigten Effecten desselben von dem Staate, in welchem er die Uebertretung begangen hat, in Beschlag genommen worden sind.

Art. 12. Die bisher schon dem Zollsysteme der einen oder der anderen der contrahirenden Staatsregierungen entweder mit ihrem ganzen Länderbestande oder mit einzelnen Theilen desselben beigetretenen Staaten sollen eingeladen werden, diesem Zoll-Cartel sich anzuschließen.

Art. 13. Die Dauer des gegenwärtigen Vertrages wird vorläufig bis zum 1sten Januar 1842. festgesetzt. Wird der Vertrag während dieser Zeit und spätestens zwei Jahre vor deren Ablaufe nicht gekündigt, so soll derselbe auf zwölf Jahre, und so fort von zwölf zu zwölf Jahren als verlängert angesehen werden.

Gegenwärtiger Vertrag soll alsbald zur Ratification der hohen contrahirenden Höfe vorgelegt, und die Auswechselung der Ratifications-Urkunden spätestens binnen sechs Wochen in Berlin bewirkt werden.

So geschehen Berlin, den 11ten Mai 1833.

Ludwig Kühne. (L. S.) Ernst Michaelis. (L. S.) Carl Friedrich v. Wilkens. (L. S.)

Heinr. Theod. Ludw. Schwedes. (L. S.) Wilh. v. Kopp. (L. S.) Fried. Chr. Joh. Gf. v. Luxburg. (L. S.)

Franz a Paula Friedrich Frh. v. Linden. (L. S.) Carl Friedrich Ludwig v. Watzdorff. (L. S.)

Ludwig Heinrich v. L'Estocq. (L. S.) Ottokar Thon. (L. S.) Ludwig v. Rebeur. (L. S.)

Jacob Ignatz v. Cruickshank. (L. S.) Carl August Friedrich Adolph v. Fischern. (L. S.)

Carl Johann Heinrich Ernst Edler v. Braun. (L. S.) Otto Wilhelm Carl v. Röder. (L. S.)

Carl Friedrich Wilhelm v. Weise. (L. S.) Friedrich Wilhelm v. Witzleben. (L. S.)

Gustav Adolph v. Strauch. (L. S.)

(No. 1478.) Vertrag zwischen Preußen, Sachsen und den zu dem Thüringischen Zoll- und Handelsvereine verbundenen übrigen Staaten, wegen gleicher Besteuerung innerer Erzeugnisse. Vom 11ten Mai 1833.

Im Zusammenhange mit dem zwischen Preußen, Bayern, Sachsen, Württemberg, Kurhessen und dem Großherzogthume Hessen einerseits, und den Thüringischen Vereinsstaaten andererseits abgeschlossenen Zollvereinigungs-Vertrage sind von den Bevollmächtigten Preußens, Sachsens und sämmtlicher außer Preußen noch bei dem Thüringischen Zoll- und Handelsvereine betheiligten Staaten, nämlich:

dem Königlich-Preußischen Geheimen Ober-Finanzrath, Ludwig Bogislaus Samuel Kühne, Ritter des Königlich-Preußischen rothen Adler-Ordens dritter Klasse mit der Schleife, Commandeur zweiter Klasse des Kurfürstlich-Hessischen Haus-Ordens vom goldenen Löwen, und

dem Königlich-Preußischen Geheimen Legationsrath, Ernst Michaelis, Ritter des Königlich-Preußischen rothen Adler-Ordens vierter Klasse, Offizier der Königlich-Französischen Ehrenlegion, Commandeur zweiter Klasse des Kurfürstlich-Hessischen Haus-Ordens vom goldenen Löwen;

dem Königlich-Sächsischen General-Lieutenant der Cavallerie, General-Adjutanten, außerordentlichen Gesandten und bevollmächtigten Minister am Königlich-Preußischen Hofe, Carl Friedrich Ludwig von Watzdorff, Ritter des Königlich-Sächsischen Rauten-Ordens, Commandeur erster Klasse des Königlich-Sächsischen Militair-St. Heinrichs-Ordens, Ritter des Königlich-Bayerischen St. Hubertus-Ordens;

dem Kurfürstlich-Hessischen Wirklichen Geheimen Legationsrath, außerordentlichen Gesandten und bevollmächtigten Minister am Königlich-Preußischen Hofe, Carl Friedrich von Wilkens-Hohenau, Commandeur des Kurfürstlich-Hessischen Haus-Ordens vom goldenen Löwen, Ritter des Königlich-Preußischen rothen Adler-Ordens dritter Klasse und des Königlich-Preußischen St. Johanniter-Ordens, und

dem Kurfürstlich-Hessischen Geheimen Ober-Bergrath, Heinrich Theodor Ludwig Schwedes, Ritter des Kurfürstlich-Hessischen Haus-Ordens vom goldenen Löwen;

dem Großherzoglich-Sachsen-Weimar-Eisenachischen Minister-Residenten am Königlich-Preußischen Hofe, General-Major Ludwig Heinrich von L'Estocq, Ritter des Königlich-Preußischen rothen Adler-Ordens zweiter Klasse mit Eichenlaub und des Königlich-Preußischen Militair-

Verdienst-Ordens, Commandeur des Großherzoglich-Sächsischen Haus-Ordens vom weißen Falken, und

dem Großherzoglich-Sachsen-Weimar-Eisenachischen Kammerrath, Ottokar Thon, Ritter des Königlich-Preußischen rothen Adler-Ordens dritter Klasse;

dem Herzoglich-Sachsen-Meiningenschen Minister-Residenten am Königlich-Preußischen Hofe, Kammerherrn Ludwig August von Rebeur, Ritter des Königlich-Preußischen rothen Adler-Ordens dritter Klasse;

dem Herzoglich-Sachsen-Meiningenschen Wirklichen Geheimen Legationsrath und Kammerherrn, Jacob Ignatz von Cruickshank, Ritter des Königlich-Preußischen rothen Adler-Ordens dritter Klasse und des Großherzoglich-Sächsischen Ordens vom weißen Falken, und

dem Herzoglich-Sachsen-Meiningenschen Ministerialrath, Carl August Friedrich Adolph von Fischern, Ritter des Königlich-Preußischen rothen Adler-Ordens dritter Klasse, und des Königlich-Sächsischen Civil-Verdienst-Ordens;

dem Herzoglich-Sachsen-Altenburgischen Wirklichen Geheimen Rath, Minister und Kammer-Präsidenten, Carl Johann Heinrich Ernst Edler von Braun, Commandeur des Königlich-Sächsischen Civil-Verdienst-Ordens und des Großherzoglich-Sächsischen Haus-Ordens vom weißen Falken, Ritter des Ordens der Königlich-Württembergischen Krone;

dem Herzoglich-Sachsen-Coburg-Gothaischen Kammerherrn und Minister-Residenten am Königlich-Preußischen Hofe, Oberst-Lieutenant Otto Wilhelm Carl von Röder;

dem Fürstlich-Schwarzburg-Sondershausenschen Kammer-Präsidenten, Carl Friedrich Wilhelm von Weise, Ritter des Königlich-Preußischen rothen Adler-Ordens dritter Klasse;

dem Fürstlich-Schwarzburg-Rudolstädtischen Oberstallmeister, Friedrich Wilhelm von Witzleben;

dem Fürstlich-Reußischen Kanzler, Regierungs- und Consistorial-Präsidenten, Gustav Adolph von Strauch, Ritter des Königlich-Preußischen rothen Adler-Ordens dritter Klasse und des Königlich-Sächsischen Civil-Verdienst-Ordens;

noch die folgenden, nur auf Verhältnisse zwischen Preußen, Sachsen und dem Thüringischen Zoll- und Handelsvereine Bezug habenden Verabredungen unter dem Vorbehalte der Ratification getroffen worden.

Art.

Art. 1. Um eine völlige Freiheit des gegenseitigen Verkehrs auch mit denjenigen inneren Erzeugnissen herzustellen, bei welchen eine Verschiedenheit der Besteuerung noch die Erhebung einer Ausgleichungs-Abgabe auf der einen oder auf der anderen Seite nothwendig machen würde, wollen sämmtliche bei dem Thüringischen Zoll- und Handelsvereine betheiligte Regierungen dahin wirken, daß in ihren zu diesem Vereine gehörigen Landen und Landestheilen spätestens bis zum 1sten Januar 1834. dieselbe Besteuerung der Branntweinfabrikation, des Tabacks- und des Weinbaues eintrete, welche in Preußen dermalen gesetzlich besteht, und in Sachsen bis zu jenem Zeitpunkte eingeführt werden wird, worauf sodann eine Abgaben-Erhebung von Branntwein, Tabacksblättern und Fabrikaten, imgleichen von Traubenmost und Wein, bei dem Uebergange aus dem einen in das andere Gebiet gegenseitig nicht Statt finden wird.

Art. 2. Die Mitglieder des Thüringischen Vereins verpflichten sich, in ihren zu letzterem gehörigen Landen und Landestheilen die daselbst bestehenden Steuern von der Bierbereitung nicht unter den Betrag der dermalen in den Königlich-Preußischen Staaten bestehenden Abgabe von dieser Fabrication herabzusetzen. Unter dieser Bedingung soll vom 1sten Januar 1834. an auch der Uebergang von Bier aus dem Gebiete des Thüringischen Vereins nach Preußen und dem Königreiche Sachsen und umgekehrt keiner Abgabe unterliegen.

Art. 3. Unter Voraussetzung einer gesetzlich gesicherten Erhebung des Steuer-Betrages von 1¼ gGr. oder 1 9/16 Sgr. für ein Quart Branntwein zu 50 % Alkohol Stärke nach Tralles auf der Grundlage der deshalb gegenwärtig in Preußen bestehenden Gesetzgebung, wird vom 1sten Januar 1834. ab zwischen Preußen, Sachsen und dem Thüringischen Vereine auch eine Gemeinschaftlichkeit der Einnahme von der Fabricationssteuer des Branntweins dergestalt Statt finden, daß der Ertrag dieser Steuer zusammen geworfen, und zwischen Preußen, Sachsen und dem Thüringischen Vereine im Verhältnisse der Bevölkerung getheilt wird.

Art. 4. Das Nähere über das Geschäft der im vorhergehenden Artikel erwähnten Theilung, so wie die Feststellung gegenseitiger Befugnisse zu dem Zwecke, um sich von der gleichmäßigen Ausführung der die Branntweinsteuer betreffenden gesetzlichen Vorschriften überzeugen zu können, bleibt einer besonderen Verabredung vorbehalten.

Art. 5. Der gegenwärtige Vertrag soll vorläufig bis zum 1sten Januar 1842. gültig seyn, und wenn er nicht spätestens neun Monate vor dem Ablaufe gekündigt wird, als auf zwölf Jahre und so fort von zwölf zu zwölf Jahren verlängert angesehen werden.

Derselbe soll alsbald zur Ratification der hohen contrahirenden Höfe vorgelegt, und die Auswechselung der Ratifications-Urkunden soll spätestens binnen sechs Wochen in Berlin bewirkt werden.

So geschehen Berlin, den 11ten Mai 1833.

Ludwig Kühne. (L. S.)
Ernst Michaelis. (L. S.)
Carl Friedrich v. Wilkens. (L. S.)
Heinrich Theodor Ludwig Schwedes. (L. S.)
Carl Friedrich Ludwig v. Watzdorff. (L. S.)
Ludwig Heinrich v. L'Estocq. (L. S.)
Ottokar Thon. (L. S.)
Ludwig v. Rebeur. (L. S.)
Jacob Ignatz v. Cruickshank. (L. S.)
Carl August Friedrich Adolph v. Fischern. (L. S.)
Carl Johann Heinrich Ernst Edler v. Braun. (L. S.)
Otto Wilhelm Carl v. Röder. (L. S.)
Carl Friedrich Wilhelm v. Weise. (L. S.)
Friedrich Wilhelm v. Witzleben. (L. S.)
Gustav Adolph v. Strauch. (L. S.)

(No. 1479.) Vertrag zwischen Seiner Majestät dem Könige von Preußen und Seiner Durchlaucht dem Fürsten von Schwarzburg-Rudolstadt, betreffend die Zoll- und Handelsverhältnisse, imgleichen die Besteuerung der inneren Erzeugnisse in der Unterherrschaft des Fürstenthums Schwarzburg-Rudolstadt. Vom 25sten Mai 1833.

Nachdem zwischen Seiner Majestät dem Könige von Preußen und Seiner Durchlaucht dem Fürsten zu Schwarzburg-Rudolstadt unter dem 24sten Juni 1822. in Beziehung auf die Erhebung der Zölle an der äußeren Grenze der Preußischen Monarchie, insofern diese auch den Verbrauch der im Preußischen Gebiete eingeschlossenen Fürstlich-Schwarzburg-Rudolstädtischen souverainen Besitzungen treffen, ein Vertrag geschlossen, und bis jetzt auch in Kraft erhalten worden ist; das hiedurch begründete Verhältniß aber nunmehr in Folge der jüngst zum Abschlusse gekommenen Verträge, wodurch die Preußischen Provinzen, in welchen jene Fürstlich-Schwarzburg-Rudolstädtischen Besitzungen eingeschlossen sind, und die außerhalb des Preußischen Gebiets belegene Oberherrschaft des Fürstenthums Schwarzburg-Rudolstadt sowohl unter sich als mit anderen deutschen Ländern in einen Zollverband getreten sind, demgemäße anderweite Verabredungen, namentlich auch in Betreff der Besteuerung der inländischen Erzeugnisse, nöthig macht; so haben zu diesem Behufe zu Bevollmächtigten ernannt, und zwar:

Seine Majestät der König von Preußen:

Allerhöchst-Ihren Geheimen Ober-Finanzrath, Ludwig Samuel Kühne, Ritter des Königlich-Preußischen rothen Adler-Ordens dritter Klasse mit der Schleife rc., und

Allerhöchst-Ihren Geheimen Legationsrath, Ernst Michaelis, Ritter des Königlich-Preußischen rothen Adler-Ordens vierter Klasse rc., und

Seine Durchlaucht der Fürst von Schwarzburg-Rudolstadt:

Höchst-Ihren Oberstallmeister, Friedrich Wilhelm von Witzleben,

von welchen unter Vorbehalt der beiderseitigen landesherrlichen Genehmigung nachstehender Vertrag abgeschlossen worden ist.

Art. 1. Das für die im Preußischen Gebiete eingeschlossenen souverainen Fürstlich-Schwarzburg-Rudolstädtischen Besitzungen den Fürstlichen Kassen in Beziehung auf die Zollgefälle zu gewährende jährliche Einkommen soll vom 1sten Januar 1834. an nach Maaßgabe des Rein-Ertrages, welcher in dem Gebiete des zwischen Preußen, Bayern, Sachsen, Württemberg, Kurhessen, dem Großherzogthume Hessen und dem Thüringischen Zoll- und Handelsvereine durch den Vertrag vom 11ten Mai dieses Jahres begründeten Gesammtzollvereins aufkommen wird, anderweit regulirt, und der Betrag desselben auch fortan wie bisher auf eine bestimmte Summe von drei zu drei Jahren verabredet werden, welche Summe in gleichen Viertheilen in den Monaten März, Juni, Septem-

 ber

ber und December zur Verfügung Seiner Durchlaucht des Fürsten von Schwarzburg-Rudolstadt bei der Haupt-Zollamts-Kasse in Nordhausen oder bei der Königlichen Regierungs-Hauptkasse zu Erfurt bereit stehen wird. Zur Feststellung dieser Summe wird die Fürstliche Regierung eine Uebersicht der neuesten Bevölkerung ihrer oben erwähnten Besitzungen mittheilen, und hiemit von drei zu drei Jahren in denselben Terminen, in welchen die Aufnahme der Bevölkerung in dem Preußischen Staate erfolgt, fortfahren.

Art. 2. Wegen der steuerfreien Einlassung der mit Fürstlichen Kammer-Attesten etwa für eine Fürstliche Hofhaltung zu Frankenhausen eingehenden Waaren unter Anrechnung des von diesen Waaren zu entrichtenden Steuerbetrages auf die nächste Quartalzahlung, und wegen Erhebung der Gefälle von den mit der Post einkommenden steuerbaren Waaren, verbleibt es bei den im 3ten und 4ten Artikel des Vertrages vom 24sten Juni 1822. enthaltenen Bestimmungen.

Art. 3. Nicht minder bewendet es bei denjenigen Bestimmungen, welche der Artikel 9. des eben gedachten Vertrages vom 24sten Juni 1822. wegen der gegenseitig zu gewährenden Unterstützung zur Sicherung der landesherrlichen Gefälle und zum Schutze der Gewerbe enthält, und insbesondere wird die bereits durch die Fürstliche Verordnung vom 18ten Januar 1826. ergangene Vorschrift wegen der Buch- und Controlführung und wegen der Transportbezettelung gewisser steuerpflichtigen Waaren aufrecht erhalten werden, und nur unter Zustimmung der Königlich-Preußischen Regierung einer Abänderung unterliegen dürfen; wie denn auch die Bestimmungen des Zoll-Cartels, welches unter dem 11ten Mai dieses Jahres gleichzeitig mit dem Anschlusse des Thüringischen Zoll- und Handelsvereins an den Gesammt-Zollverein errichtet worden ist, gleichmäßig auf die Unterherrschaft des Fürstenthums Schwarzburg-Rudolstadt Anwendung finden.

Art. 4. Die gegenseitige Durchfuhrfreiheit für gewisse Gegenstände, welche im 8ten Artikel des Staatsvertrages vom 19ten Juni 1816. stipulirt, und durch den 5ten Artikel des Vertrages vom 24sten Juni 1822. bestätigt ist, wird in Folge der im Eingange erwähnten Zoll-Anschlüsse dermalen eine weitere Ausdehnung auf den gesammten Verkehr der beiderseitigen Länder erhalten. Bei etwa eintretender Aenderung in jenen dermaligen Vertragsverhältnissen, oder nach dem Ablaufe derselben, sollen jedenfalls die Stipulationen des früheren Staatsvertrages vom 19ten Juni 1816. als ferner in Kraft stehend betrachtet werden.

Art. 5. Um in dem gegenseitigen Verkehr der Königlich-Preußischen und der in diesen eingeschlossenen Fürstlich-Schwarzburg-Rudolstädtischen Lande diejenigen Beschränkungen aufheben zu können, welche in der bisherigen Verschiedenheit der inneren Besteuerung einiger Verzehrungsgegenstände ihren Grund haben, sind die contrahirenden Theile im Verfolge der hierüber bereits in dem Vertrage vom 24sten Juni 1822. Artikel 7. enthaltenen Bestimmungen übereingekommen,

hin-

hinsichtlich dieser Besteuerung theils eine nähere Uebereinstimmung in den Abgabesätzen und Formen, theils anderweit sichernde Vorkehrungen anzuordnen. Demgemäß wird über die einzelnen Gegenstände, welche einer solchen Besteuerung unterliegen, Folgendes verabredet:

A. Wegen des Branntweins.

1) Die Fürstliche Regierung wird durch ein vor dem 1sten Januar 1834. zu erlassendes, und von diesem Zeitpunkte an in Kraft tretendes Gesetz diejenige Steuer auf die Fabrication dieses Getränkes, welche dermalen in Preußen besteht, nach gleichem Satze und unter gleichen Controlformen in dem innerhalb der Preußischen Zoll-Linie belegenen Theile des Fürstlichen Gebietes einführen.

2) Die Fürstliche Regierung erkennt hiebei den Grundsatz an, daß zur Aufrechthaltung des gegenseitigen freien Verkehrs und wegen der sogleich zu erwähnenden Revenüengemeinschaft, den Branntweinbrennern ein unmittelbarer oder mittelbarer Erlaß an der gesetzlich zu entrichtenden Steuer nicht gewährt werden darf.

3) In Folge dieser steuerlichen Gleichstellung soll der gesammte Ertrag der Maischsteuer in der Preußischen Monarchie und in der Fürstlichen Unterherrschaft vermittelst einer nach der Seelenzahl aufzustellenden Berechnung zwischen beiden contrahirenden Theilen vom 1sten Januar 1834. ab in der Art zur Theilung gelangen, daß derselbe nach der Volksmenge vertheilt, und durch nachträgliche Vergütung des Minderbetrages in die eine oder andere Kasse ausgeglichen wird.

4) Da besonders mit Rücksicht auf das Gewerbe Ihrer Unterthanen beide contrahirende Theile ein Interesse dabei haben, daß die Besteuerung des Branntweins in jedem Lande genau nach den hierüber erlassenen Vorschriften in Ausführung komme, so wollen Sie Sich gegenseitig die Befugniß einräumen, Beamte abzuordnen, welche sich von der richtigen Controle und resp. Erhebung dieser Steuern in dem anderen Gebiete die Ueberzeugung verschaffen sollen.

B. Wegen des Biers

wollen Seine Durchlaucht die dermalen schon von der Fabrikation dieses Getränkes in Ihrer Unterherrschaft zu entrichtende Abgabe nicht unter den Betrag der dieserhalb in Preußen bestehenden Steuer herabsetzen.

C. Wegen der Besteuerung des inländischen Tabacksbaues.

Seine Durchlaucht wollen eine den dermaligen Preußischen Steuer-Gesetzen über diesen Gegenstand entsprechende gesetzliche Verfügung für die Unterherrschaft des Fürstenthums Schwarzburg-Rudolstadt ergehen lassen; übernehmen auch:

 D. we-

D. wegen der Steuer vom inländischen Weinbau
dieselbe eben zu C. ausgesprochene Verpflichtung für den Fall, daß innerhalb Ihrer mehrgedachten Gebietstheile Weinbau zur Kelterung von Most von Privaten betrieben werden sollte.

E. Wegen des Salzes
wollen Seine Durchlaucht eine Einrichtung in der Art treffen, daß die Stadt- und Landgemeinen der Unterherrschaft des Fürstenthums Schwarzburg-Rudolstadt nur ein nach der Bevölkerung und mit Rücksicht auf den größeren oder minderen Bedarf zur Viehfütterung und zum Fabrikgebrauche abgemessenes Salzquantum von der Saline zu Frankenhausen abnehmen dürfen, und daß die abgenommenen Quantitäten auf Salzbücher, welche den Gemeinen, oder den Umständen nach auch einzelnen größeren Grundbesitzern oder Fabrikanten zu ertheilen sind, abgeschrieben werden. Die Einbringung des Salzes aus dem Fürstlichen in das Königlich-Preußische Gebiet und umgekehrt bleibt verboten.

F. Bei der Einfuhr von Mehl aller Art, Graupen, Gries, Nudeln, Puder und Stärke, desgleichen Fleisch, es sey frisch, gesalzen oder geräuchert, aus der Fürstlichen Unterherrschaft in Preußische Städte, wo Mahl- und Schlachtsteuer besteht, ist diese Abgabe eben so, wie von inländischen gleichartigen Erzeugnissen, zu entrichten, und es ist gleichmäßig auch bei der Einfuhr Preußischer Erzeugnisse in Fürstlich-Schwarzburg-Rudolstädtische Ortschaften zu halten, in welchen die gedachten oder andere Gegenstände mit einer Verbrauchssteuer belegt sind, oder ferner belegt werden, so also, daß diese Artikel ganz den inländischen gleich behandelt werden müssen.

G. Da endlich der Debit der Spielkarten in den Königlich-Preußischen Staaten zu den Staatsmonopolien gehört, so bleibt der Uebergang derselben aus dem Fürstlich-Schwarzburg-Rudolstädtischen Gebiete in erstere, verboten. Sollte die Fürstlich-Schwarzburg-Rudolstädtische Regierung sich veranlaßt sehen, dieses Monopol in der Unterherrschaft des Fürstenthums einzuführen, so bleibt derselben das Verbot des Eingangs fremder Spielkarten vorbehalten.

Art. 6. In Folge der in dem vorhergehenden Artikel verabredeten Anordnungen wird, mit alleiniger Ausnahme des Salzes und der Spielkarten, so wie der Fälle, wo nach Litt. F. jenes Artikels eine Besteuerung auch der fremden Erzeugnisse eintritt, zwischen der Unterherrschaft des Fürstenthums Schwarzburg-Rudolstadt und den Königlich-Preußischen Landen, nebst den in letzteren eingeschlossenen fremden souverainen Landen und Landestheilen, gegenseitig ein völlig freier und unbelasteter Verkehr mit den gegenseitigen Erzeugnissen und Waaren Statt finden, und es hören hienach namentlich auch alle Binnenzölle, dieselben mögen bisher unter dem Namen: Geleit, oder unter irgend einer anderen Benennung bestanden haben, gänzlich auf.

Art. 7. Die Chausseegelder oder andere statt derselben bestehende Entrichtungen,

eben

eben so Pflaster-, Damm-, Brücken- und Fährgelder, sind zwar unter der eben ausgesprochenen Aufhebung nicht mitbegriffen. Indessen sollen auch derartige Erhebungen, ohne Rücksicht, ob sie für Rechnung der Fürstlichen Kassen oder eines Privatberechtigten, namentlich einer Gemeine geschehen, nur in dem Betrage beibehalten, oder neu eingeführt werden können, als sie den gewöhnlichen Herstellungs- und Unterhaltungskosten angemessen sind; auch soll dabei ein Unterschied je nach der Qualität oder Herkunft der transportirten Gegenstände nicht Statt finden dürfen. Das dermalen in Preußen nach dem allgemeinen Tarif vom 28sten April 1828. bestehende Chausseegeld soll als der höchste Satz angesehen, und hinführo auch in der Unterherrschaft des Fürstenthums Schwarzburg-Rudolstadt nicht überstiegen werden. Besondere Erhebungen von Thorsperr- und Pflastergeldern sollen auf chaussirten Straßen da, wo sie noch bestehen, dem vorstehenden Grundsatze gemäß aufgehoben, und die Ortspflaster den Chaussee-Strecken dergestalt eingerechnet werden, daß davon nur die Chausseegelder nach dem allgemeinen Tarif zur Erhebung kommen.

Art. 8. Es wird gegenseitig anerkannt, daß alle Bestimmungen, welche zur Beförderung einer freien Bewegung in der Gewerbsamkeit, und über die Befugnisse der Unterthanen des einen Gebietes, in dem anderen Arbeit und Erwerb zu suchen, über den Bezug der Märkte, über die Herstellung eines gleichen Münz-, Maaß- und Gewichtssystems ꝛc. in dem Thüringischen Vereinsvertrage vom 10ten dieses Monats, und in dem Vertrage über die Anschließung des Thüringischen Vereins an den Gesammt-Zollverein vom 11ten dieses Monats enthalten sind, auch auf die innerhalb des Preußischen Gebietes belegenen souverainen Fürstlich-Schwarzburg-Rudolstädtischen Besitzungen in dem Maaße Anwendung finden sollen, als wenn sie dem gegenwärtigen Vertrage wörtlich eingeschaltet wären.

Art. 9. Gegenwärtiger Vertrag soll unverzüglich zur landesherrlichen Ratification vorgelegt, und es sollen die Ratifications-Urkunden binnen sechs Wochen in Berlin ausgewechselt werden.

Des zu Urkund ist derselbe von den beiderseitigen Bevollmächtigten unterzeichnet und untersiegelt worden.

So geschehen Berlin, den 25sten Mai 1833.

Ludwig Kühne. (L. S.) Ernst Michaelis. (L. S.) Friedrich Wilhelm v. Witzleben. (L. S.)

(No. 1480.) **Vertrag zwischen Seiner Majestät dem Könige von Preußen und Seiner Königlichen Hoheit dem Großherzoge von Sachsen-Weimar-Eisenach, betreffend die Zoll- und Handelsverhältnisse, ingleichen die Besteuerung der inneren Erzeugnisse in den Großherzoglichen Aemtern Allstedt und Oldisleben. Vom 30sten Mai 1833.**

Nachdem zwischen Seiner Majestät dem Könige von Preußen und Seiner Königlichen Hoheit dem Großherzoge von Sachsen-Weimar-Eisenach unter dem 27sten Juni 1823. in Beziehung sowohl auf die Erhebung der Zölle an den äußeren Grenzen der Preußischen Monarchie, insofern diese auch den Verbrauch der im Preußischen Gebiete eingeschlossenen souverainen Großherzoglichen Aemter Allstedt und Oldisleben treffen, als über die Besteuerung der inneren Erzeugnisse in jenen Aemtern, und über die Verkehrsverhältnisse zwischen letzteren und den Königlich-Preußischen Landen ein Vertrag auf die Dauer von 11 Jahren, welche mit dem 31sten December 1833. ablaufen, geschlossen worden ist; das hiedurch begründete Verhältniß aber nunmehr in Folge der jüngst zum Abschlusse gekommenen Verträge, wodurch die Preußischen Provinzen, in welchen jene Großherzoglich-Sächsischen Aemter eingeschlossen sind, und die anderen Landestheile des Großherzoglichen Gebietes sowohl unter sich als mit anderen deutschen Ländern in einen Zollverband getreten sind, dem entsprechende anderweite Verabredungen nöthig macht; so haben zu diesem Behufe zu Bevollmächtigten ernannt, und zwar:

Seine Majestät der König von Preußen:

Allerhöchst-Ihren Geheimen Ober-Finanzrath, Ludwig Bogislaus Samuel Kühne, Ritter des Königlich-Preußischen rothen Adler-Ordens dritter Klasse mit der Schleife, Commandeur zweiter Klasse des Kurfürstlich-Hessischen Haus-Ordens vom goldenen Löwen; und

Allerhöchst-Ihren Geheimen Legationsrath Ernst Michaelis, Ritter des Königlich-Preußischen rothen Adler-Ordens vierter Klasse, Offizier der Königlich-Französischen Ehrenlegion, Commandeur zweiter Klasse des Kurfürstlich-Hessischen Haus-Ordens vom goldenen Löwen; und

Seine Königliche Hoheit der Großherzog von Sachsen-Weimar-Eisenach:

Höchst-Ihren Minister-Residenten, den General-Major Ludwig Heinrich von L'Estocq, Ritter des Königlich-Preußischen rothen Adler-Ordens zweiter Klasse mit Eichenlaub und des Königlich-Preußischen Militair-Verdienst-Ordens, Commandeur des Großherzoglich-Sächsischen Haus-Ordens vom weißen Falken und

Höchst-Ihren Geheimen Legationsrath und Kammerrath, Ottokar Thon, Ritter des Großherzoglich-Sächsischen Haus-Ordens vom weißen

ßen Falken und des Königlich-Preußischen rothen Adler-Ordens dritter Klasse;

von welchen unter Vorbehalt der beiderseitigen landesherrlichen Genehmigung nachstehender Vertrag abgeschlossen worden ist.

Art. 1. Das für die im Preußischen Gebiete eingeschlossenen Großherzoglich-Sächsischen Aemter Allstedt und Oldisleben den Großherzoglichen Kassen in Beziehung auf die Zollgefälle zu gewährende jährliche Einkommen soll vom 1sten Januar 1834. an nach Maaßgabe des Rein-Ertrages, welcher in dem Gebiete des zwischen Preußen, Bayern, Sachsen, Württemberg, Kurhessen, dem Großherzogthume Hessen und dem Thüringischen Zoll- und Handelsvereine durch den Vertrag vom 11ten Mai d. J. begründeten Gesammt-Zollvereins aufkommen wird, anderweit regulirt werden, und der Betrag desselben in gleichen Viertheilen, in den Monaten März, Juni, September und December zur Verfügung Seiner Königlichen Hoheit des Großherzogs von Sachsen-Weimar-Eisenach bei der Hauptkasse der Königlichen Regierung zu Erfurt bereit stehen. Zur Feststellung dieser Summe wird die Großherzogliche Regierung eine Uebersicht der neuesten Bevölkerung der Aemter Allstedt und Oldisleben mittheilen, und hiemit von drei zu drei Jahren in denselben Terminen, in welchen die Aufnahme der Bevölkerung in dem Preußischen Staate erfolgt, fortfahren.

Art. 2. Wegen der steuerfreien Einlassung der Waaren, welche mit Großherzoglichen Hofmarschallamts-Attesten für die Hofhaltung Seiner Königlichen Hoheit eingehen, bewendet es bei den Bestimmungen des Artikels 6. des Vertrages vom 27sten Juni 1823.

Art. 3. Nicht minder verbleibt es bei denjenigen Bestimmungen, welche im Artikel 1. des eben gedachten Vertrages über die gegenseitig zu gewährende Unterstützung in der Controle der Steuern und in der Bestrafung der Steuervergehen enthalten sind, woneben im Allgemeinen auch die Bestimmungen des Zoll-Cartels, welches unter dem 11ten Mai d. J. gleichzeitig mit dem Anschlusse des Thüringischen Zoll- und Handelsvereins an den Gesammt-Zollverein errichtet worden ist, auf die Verhältnisse der Aemter Allstedt und Oldisleben volle Anwendung finden sollen.

Art. 4. In Betreff der Steuern von inneren Erzeugnissen, und wegen des Salz-Debits ist im Anschlusse an die auch hierüber bereits in dem mehrgedachten Vertrage vom 27sten Juni 1823. enthaltenen Stipulationen Folgendes verabredet worden.

A. Wegen des Branntweins.

Seine Königliche Hoheit der Großherzog wollen, gemäß der im 3ten Artikel des gedachten Vertrages ertheilten Zusage der Einführung einer Steuer auf die Fabrication dieses Getränks, welche der Preußischen Steuer im Betrage und in den Erhebungs- und Controlformen entspricht, dieselbe Verordnung für

 die

die Erhebung jener Steuer, welche Höchstdieselben als Mitglied des Thüringischen Zoll- und Handelsvereins für Ihre diesem Vereine angehörigen Lande erlassen werden, gleichmäßig auch für die Aemter Allstedt und Oldisleben ergehen lassen.

Es soll ferner der Ertrag der Branntweinsteuer, welcher in diesen Aemtern aufkommt, mit dem Gesammt-Ertrage der Branntweinsteuer in der Preußischen Monarchie und in denjenigen Staaten oder Gebietstheilen anderer Staaten, mit welchen Preußen vertragsmäßig in Gemeinschaft des Ertrages der Branntweinsteuer steht, zusammen geworfen, und der Antheil der Großherzoglichen Regierung an diesem Gesammt-Ertrage in dem Verhältnisse der Bevölkerung der Aemter Allstedt und Oldisleben zu der Bevölkerung der Preußischen Monarchie und der übrigen gedachten Staaten und Gebietstheile festgestellt, und den Großherzoglichen Kassen gewährt werden.

Da auch die hohen Contrahenten sowohl in Rücksicht auf diese Theilung, als auch auf das Gewerbe Ihrer Unterthanen ein Interesse dabei haben, daß die Besteuerung des Branntweins in jedem Lande genau nach den darüber erlassenen Vorschriften in Ausführung komme, so wollen Sie Sich gegenseitig die Befugniß einräumen, Beamte abzuordnen, welche sich von der richtigen Controle und resp. Erhebung dieser Steuer in dem anderen Gebiete die Ueberzeugung verschaffen sollen.

B. Wegen des Biers

versprechen Seine Königliche Hoheit, die von der Fabrikation desselben in den Aemtern Allstedt und Oldisleben zu entrichtende Abgabe nicht unter den Betrag der dieserhalb in Preußen bestehenden Steuer herabzusetzen.

C. Wegen der Besteuerung des inländischen Tabacksbaues

wollen Seine Königliche Hoheit eine den dermaligen Preußischen Steuergesetzen entsprechende Verordnung auch für die Aemter Allstedt und Oldisleben ergehen lassen, und während der Dauer des gegenwärtigen Vertrages nicht ändern; Höchstdieselben übernehmen auch:

D. wegen der Steuer vom inländischen Weinbau

dieselbe vorher zu C. ausgesprochene Verpflichtung für den Fall, daß innerhalb Ihrer mehrgedachten Gebietstheile Weinbau zur Kelterung von Most von Privaten betrieben werden sollte.

E. Wegen des Salzes

wollen Seine Königliche Hoheit eine Einrichtung in der Art treffen, daß die Gemeinen in den Aemtern Allstedt und Oldisleben nur ein nach der Bevölkerung und mit Rücksicht auf den größeren oder minderen Bedarf zur Viehfütterung und zum Fabriken gebrauche abgemessenes Salzquantum, sey es unmittelbar aus den für diesen Debit zu bestimmenden Salinen, oder aus den innerhalb der Großherzoglichen Aemter anzulegenden Debitsstellen (Sellereien, Faktoreien) ent-

neh-

nehmen, und daß die abgenommenen Quantitäten auf Salzbücher, welche den Gemeinen oder, den Umständen nach, auch einzelnen größeren Grundbesitzern oder Fabrikanten zu ertheilen sind, abgeschrieben werden. Die Königlich-Preußische Regierung verspricht dabei, auch ferner, so weit es von der Großherzoglichen Regierung gewünscht wird, den Salzbedarf für das Amt Allstedt aus der Königlichen Saline zu Artern um den nach Maaßgabe des 7ten Artikels des Vertrages vom 27sten Juni 1823. zu bestimmenden Preis zu liefern, wobei es jedoch der Großherzoglichen Regierung unbenommen bleibt, diesen Bedarf von anderen Salinen zu entnehmen, und wird in letzterem Falle die Königlich-Preußische Regierung, vorbehaltlich der zur Verhütung mißbräuchlicher Verwendung des Salzes bei solchen Salztransporten erforderlichen Controle, der Durchfuhr kein Hinderniß in den Weg legen.

F. Bei der Einfuhr von Mehl aller Art, Graupen, Gries, Nudeln, Puder und Stärke, desgleichen Fleisch, es sey frisch, gesalzen oder geräuchert, in Preußische Städte, wo Mahl- und Schlachtsteuer besteht, ist diese Abgabe eben so wie von inländischen gleichartigen Erzeugnissen zu entrichten, und ist es gleichmäßig auch bei der Einfuhr Preußischer Erzeugnisse der eben bezeichneten Art in Großherzogliche Ortschaften zu halten, in welchen die gedachten Gegenstände mit einer Verbrauchssteuer belegt sind oder künftig etwa belegt werden, so also, daß diese Artikel ganz den inländischen gleich behandelt werden müssen.

G. Da endlich der Debit der Spielkarten in den Königlich-Preußischen Staaten zu den Staatsmonopolien gehört, und auch in dem Großherzogthume Sachsen-Weimar-Eisenach seither schon Beschränkungen unterlag, so bleibt der Uebergang derselben aus dem Großherzoglichen Gebiete in das Königlich-Preußische Gebiet verboten, und der Großherzoglichen Regierung überlassen, auch ihrerseits die in dieser Beziehung ihr nöthig erscheinenden Anordnungen hinsichtlich einer Verkehrsbeschränkung oder eines Einfuhrverbotes zu erlassen.

Art. 5. In Folge der in dem vorhergehenden Artikel verabredeten Anordnungen wird, mit alleiniger Ausnahme des Salzes und der Spielkarten, so wie der Fälle, wo nach Litt. F. jenes Artikels eine Besteuerung auch der fremden Erzeugnisse eintritt, zwischen den Großherzoglichen Aemtern Allstedt und Oldisleben und den Königlich-Preußischen Landen, nebst den in letzteren eingeschlossenen fremden souverainen Landen und Landestheilen, ein völlig freier und unbelasteter Verkehr mit den gegenseitigen Erzeugnissen und Waaren Statt finden, und es hören hienach namentlich auch alle Binnenzölle, dieselben mögen bisher unter dem Namen Geleit oder unter irgend einer anderen Benennung bestanden haben, gänzlich auf.

Art. 6. Die Chausseegelder oder andere statt derselben bestehende Entrichtungen, eben so Pflaster-, Damm-, Brücken- und Fährgelder, sind zwar unter der eben ausgesprochenen Aufhebung nicht begriffen, indessen sollen auch derartige Erhebungen, ohne Rücksicht, ob sie für Rechnung der Landeskassen oder eines Privatberechtigten, namentlich einer Gemeine geschehen, nur in dem Betrage beibehalten oder neu eingeführt werden können, als sie den gewöhnlichen Herstellungs- und Unterhaltungskosten angemessen sind; auch soll dabei ein Unterschied je nach der Qualität oder Herkunft der transportirten Gegenstände nicht Statt finden dürfen.

Das dermalen in Preußen nach dem allgemeinen Tarif vom 28sten April 1828. bestehende Chausseegeld soll als der höchste Satz angesehen, und hinführo auch in den Aemtern Allstedt und Oldisleben nicht überstiegen werden. Besondere Erhebungen von Thorsperr- und Pflastergeldern sollen auf chaussirten Straßen da, wo sie noch bestehen, dem vorstehenden Grundsatze gemäß aufgehoben, und die Ortspflaster den Chausseestrecken dergestalt eingerechnet werden, daß davon nur die Chausseegelder nach dem allgemeinen Tarif zur Erhebung kommen.

Art. 7. Es wird gegenseitig anerkannt, daß alle Bestimmungen, welche zur Beförderung einer freieren Bewegung in der Gewerbsamkeit, und über die Befugnisse der Unterthanen des einen Gebietes, in dem anderen Arbeit und Erwerb zu suchen, über den Bezug der Märkte, über die Herstellung eines gleichen Münz-, Maaß- und Gewichtssystems u. s. w. in dem Thüringischen Vereinsvertrage vom 10ten d. M., und in dem Vertrage über die Anschließung des Thüringischen Vereins an den Gesammt-Zollverein vom 11ten d. M. enthalten sind, auch auf die Großherzoglichen Aemter Allstedt und Oldisleben in dem Maaße Anwendung finden, als wenn sie dem gegenwärtigen Vertrage wörtlich eingeschaltet wären.

Art. 8. Die Dauer des gegenwärtigen Vertrages wird vorläufig bis zum 1sten Januar 1842. festgesetzt. Wird der Vertrag während dieser Zeit und spätestens neun Monate vor dem Ablaufe derselben nicht gekündigt, so soll er als noch auf zwölf Jahre, und so fort von zwölf zu zwölf Jahren verlängert angesehen werden.

Art. 9. Gegenwärtiger Vertrag soll sofort zur landesherrlichen Ratification vorgelegt, und es sollen die Ratifications-Urkunden binnen sechs Wochen in Berlin ausgewechselt werden.

Zu Urkund dessen ist der Vertrag von den beiderseitigen Bevollmächtigten unterzeichnet und untersiegelt worden.

So geschehen Berlin, den 30sten Mai 1833.

Ludw. Kühne.	Ernst Michaelis.	Ludw. v. L'Estocq.	Ottokar Thon.
(L. S.)	(L. S.)	(L. S.)	(L. S.)

(No. 1481.) **Vertrag zwischen Seiner Majestät dem Könige von Preußen und Seiner Durchlaucht dem Fürsten von Schwarzburg-Sondershausen, betreffend die Zoll- und Handelsverhältnisse, imgleichen die Besteuerung der inneren Erzeugnisse in der Unterherrschaft des Fürstenthums Schwarzburg-Sondershausen. Vom 8ten Juni 1833.**

Nachdem zwischen Seiner Majestät dem Könige von Preußen und Seiner Durchlaucht dem Fürsten zu Schwarzburg-Sondershausen unter dem 25sten Oktober 1819. in Beziehung auf die Erhebung der Zölle an der äußeren Grenze der Preußischen Monarchie, insofern diese auch den Verbrauch der im Preußischen Gebiete eingeschlossenen Fürstlich-Schwarzburg-Sondershausenschen souverainen Besitzungen treffen, ein Vertrag geschlossen und bis jetzt auch in Kraft erhalten worden ist; das hiedurch begründete Verhältniß aber nunmehr in Folge der jüngst zum Abschlusse gekommenen Verträge, wodurch die Preußischen Provinzen, in welchen jene Fürstlich-Schwarzburg-Sondershausenschen Besitzungen eingeschlossen sind, und die außerhalb des Preußischen Gebietes belegene Ober-Herrschaft des Fürstenthums Schwarzburg-Sondershausen sowohl unter sich, als mit anderen deutschen Ländern in einen Zollverband getreten sind, demgemäße anderweite Verabredungen, namentlich auch in Betreff der Besteuerung der inländischen Erzeugnisse, nöthig macht; so haben zu diesem Behufe zu Bevollmächtigten ernannt, und zwar:

Seine Majestät der König von Preußen:

Allerhöchst-Ihren Geheimen Ober-Finanzrath, Ludwig Bogislaus Samuel Kühne, Ritter des Königlich-Preußischen rothen Adler-Ordens dritter Klasse mit der Schleife ꝛc. und

Allerhöchst-Ihren Geheimen Legationsrath, Ernst Michaelis, Ritter des Königlich-Preußischen rothen Adler-Ordens vierter Klasse ꝛc., und

Seine Durchlaucht der Fürst von Schwarzburg-Sondershausen:

Höchst-Ihren Kammer-Präsidenten, Carl Friedrich Wilhelm von Weise, Ritter des Königlich-Preußischen rothen Adler-Ordens dritter Klasse;

von welchen unter Vorbehalt der beiderseitigen landesherrlichen Genehmigung nachstehender Vertrag abgeschlossen worden ist.

Art. 1. Das für die im Preußischen Gebiete eingeschlossenen souverainen Fürstlich-Schwarzburg-Sondershausenschen Besitzungen den Fürstlichen Kassen in Beziehung auf die Zollgefälle zu gewährende jährliche Einkommen soll vom 1sten Januar 1834. an, nach Maaßgabe des Rein-Ertrages, welcher in dem Gebiete des zwischen Preußen, Bayern, Sachsen, Württemberg, Kurhessen, dem Großherzogthume Hessen und dem Thüringischen Zoll- und Handelsvereine durch den Vertrag vom 11ten Mai d. J. begründeten Gesammt-Zollvereins aufkommen wird,

 an-

anderweit regulirt, und der Betrag desselben auch fortan wie bisher auf eine bestimmte Summe von drei zu drei Jahren verabredet werden, welche Summe in gleichen Viertheilen in den Monaten März, Juni, September und December zur Verfügung Seiner Durchlaucht des Fürsten von Schwarzburg-Sondershausen bei der Haupt-Zollamts-Kasse in Nordhausen bereit stehen wird. Zur Feststellung dieser Summe wird die Fürstliche Regierung eine Uebersicht der neuesten Bevölkerung ihrer oben erwähnten Besitzungen mittheilen, und hiemit von drei zu drei Jahren in demselben Termine, in welchem die Aufnahme der Bevölkerung in dem Preußischen Staate erfolgt, fortfahren.

Art. 2. Wegen der steuerfreien Einlassung der mit Fürstlichen Kammer-Attesten für die Hofhaltung Seiner Durchlaucht eingehenden Waaren unter Anrechnung des von diesen Waaren zu entrichtenden Steuerbetrages auf die nächste Quartalzahlung, und wegen Erhebung der Gefälle von den mit der Post einkommenden steuerbaren Waaren bei dem Königlich-Preußischen Post-Amte zu Sondershausen verbleibt es lediglich bei den im Artikel 3. und 4. des Vertrages vom 25sten Oktober 1819. enthaltenen Bestimmungen.

Art. 3. In Betreff des von Seiner Durchlaucht zu gewährenden landesherrlichen Schutzes, welcher zur Sicherung der Zollgefälle erforderlich ist, verbleibt es bei denjenigen Bestimmungen, welche der Artikel 5. des Vertrages vom 25sten Oktober 1819. hierüber enthält. Nicht minder wird die bereits durch die Fürstliche Verordnung vom 2ten Mai 1826. ergangene Vorschrift wegen der Buch- und Controlführung, und wegen der Transportbezettelung gewisser steuerpflichtigen Waaren aufrecht erhalten werden, und nicht ohne Zustimmung der Preußischen Regierung einer Abänderung unterliegen; wie denn auch die Bestimmungen des Zoll-Cartels, welches unter dem 11ten Mai d. J. gleichzeitig mit dem Anschlusse des Thüringischen Zoll- und Handelsvereins an den Gesammt-Zoll-Verein errichtet worden ist, auch auf das untere Fürstenthum Schwarzburg-Sondershausen volle Anwendung finden sollen.

Art. 4. Die gegenseitige Durchfuhrfreiheit für gewisse Gegenstände, welche in dem 8ten Artikel des Staatsvertrages vom 15ten Juni 1816. stipulirt und durch den 6ten Artikel des Vertrages vom 25sten Oktober 1819. bestätiget ist, wird in Folge der im Eingange erwähnten Zoll-Anschlüsse dermalen eine weitere Ausdehnung auf den gesammten Verkehr der beiderseitigen Länder erhalten. Bei etwa eintretender Aenderung in jenen dermaligen Vertragsverhältnissen, oder nach dem Ablaufe derselben, sollen jedenfalls die Stipulationen des früheren Staatsvertrages vom 15ten Juni 1816. als ferner in Kraft stehend betrachtet werden.

Art. 5. Um in dem gegenseitigen Verkehr der Königlich-Preußischen und der in diesen eingeschlossenen Fürstlich-Schwarzburg-Sondershausenschen Lande diejenigen Beschränkungen aufheben zu können, welche in der bisherigen Verschiedenheit

heit der inneren Besteuerung einiger Verzehrungsgegenstände ihren Grund haben, sind die contrahirenden Theile übereingekommen, hinsichtlich dieser Besteuerung theils eine nähere Uebereinstimmung in den Abgabesätzen und Formen, theils anderweit sichernde Vorkehrungen anzuordnen. Demgemäß wird über die einzelnen Gegenstände, welche einer solchen Besteuerung unterliegen, Folgendes vereinbart:

A. Wegen des Branntweins.

1) Die Fürstliche Regierung wird durch ein vor dem 1sten Januar 1834. zu erlassendes, und spätestens von diesem Zeitpunkte an in Kraft tretendes Gesetz diejenige Steuer auf die Fabrication dieses Getränkes, welche dermalen in Preußen bestehet, nach gleichem Satze und unter gleichen Controlformen in dem innerhalb der Preußischen Zoll-Linie belegenen Theile des Fürstlichen Gebietes einführen.

2) Die Fürstliche Regierung erkennt hiebei den Grundsatz an, daß zur Aufrechthaltung des gegenseitigen freien Verkehrs, und wegen der sogleich zu erwähnenden Revenüengemeinschaft, den Branntweinbrennern ein unmittelbarer oder mittelbarer Erlaß an der gesetzlich zu entrichtenden Steuer nicht gewährt werden darf.

3) In Folge dieser steuerlichen Gleichstellung soll der Ertrag der Branntweinsteuer, welcher in der Fürstlichen Unterherrschaft aufkömmt, mit dem Ertrage dieser Steuer in der Preußischen Monarchie und in denjenigen Staaten oder Gebietstheilen anderer Staaten, mit welchen Preußen vertragsmäßig in Gemeinschaft des Ertrages der Branntweinsteuer steht, zusammengeworfen, und der Antheil der Fürstlichen Regierung an diesem Gesammt-Ertrage in dem Verhältnisse der Bevölkerung der Fürstlichen Unterherrschaft zu der Bevölkerung der Preußischen Monarchie und der übrigen gedachten Staaten und Gebietstheile festgestellt und den Fürstlichen Kassen gewährt werden.

4) Da besonders mit Rücksicht auf das Gewerbe Ihrer Unterthanen beide contrahirende Theile ein Interesse dabei haben, daß die Besteuerung des Branntweins in jedem Lande genau nach den darüber erlassenen Vorschriften in Ausführung komme, so wollen Sie Sich gegenseitig die Befugniß einräumen, Beamte abzuordnen, welche sich von der richtigen Controle und resp. Erhebung dieser Steuer in dem anderen Gebiete die Ueberzeugung verschaffen sollen.

B. Wegen des Biers

wollen Seine Durchlaucht die dermalen schon von der Fabrication dieses Getränkes in Ihren Landen zu entrichtende Abgabe nicht unter den Betrag der dieserhalb in Preußen bestehenden Steuer herabsetzen.

C. Wegen der Besteuerung des inländischen Tabacksbaues.

Seine Durchlaucht wollen eine den dermaligen Preußischen Steuergesetzen über diesen Gegenstand entsprechende Verordnung für die Unterherrschaft des Fürstenthums Schwarzburg-Sondershausen ergehen lassen; übernehmen auch

D. wegen der Steuer vom inländischen Weinbau

dieselbe so eben zu C. ausgesprochene Verpflichtung für den Fall, daß innerhalb Ihrer mehrgedachten Gebietstheile Weinbau zur Kelterung von Most von Privaten betrieben werden sollte.

E. Wegen des Salzes

wollen Seine Durchlaucht eine Einrichtung in der Art treffen, daß die Gemeinen der Unterherrschaft des Fürstenthums Schwarzburg-Sondershausen nur ein nach der Bevölkerung und mit Rücksicht auf den größeren oder minderen Bedarf zur Viehfütterung und zum Fabrikengebrauche abgemessenes Salzquantum von der Saline zu Frankenhausen abnehmen dürfen, und daß die abgenommenen Quantitäten auf Salzbücher, welche den Gemeinen oder den Umständen nach auch einzelnen größeren Grundbesitzern oder Fabrikanten zu ertheilen sind, abgeschrieben werden. Die Einbringung des Salzes aus dem Fürstlichen in das Königlich-Preußische Gebiet bleibt verboten.

F. Bei der Einfuhr von Mehl aller Art, Graupen, Gries, Nudeln, Puder und Stärke, desgleichen Fleisch, es sey frisch, gesalzen oder geräuchert, aus der Fürstlichen Unterherrschaft in Preußische Städte, wo Mahl- und Schlachtsteuer bestehet, ist diese Abgabe eben so, wie von inländischen gleichartigen Erzeugnissen, zu entrichten, und ist es gleichmäßig auch bei der Einfuhr Preußischer Erzeugnisse der eben bezeichneten Art in Fürstlich-Schwarzburg-Sondershausensche Ortschaften zu halten, in welchen die gedachten oder andere Gegenstände mit einer Verbrauchssteuer belegt sind, oder ferner belegt werden, so also, daß diese Artikel ganz den inländischen gleich behandelt werden müssen.

G. Da endlich der Debit der Spielkarten in den Königlich-Preußischen Staaten, wie auch in der Fürstlichen Unterherrschaft zu den Staatsmonopolien gehört, so bleibt der Uebergang derselben gegenseitig verboten.

Art. 6. In Folge der in dem vorhergehenden Artikel verabredeten Anordnungen wird mit alleiniger Ausnahme des Salzes und der Spielkarten, so wie der Fälle, wo nach Litt. F. jenes Artikels eine Besteuerung auch der fremden Erzeugnisse eintritt, zwischen der Unterherrschaft des Fürstenthums Schwarzburg-Sondershausen und den Königlich-Preußischen Landen, nebst den in letzteren eingeschlossenen fremden souverainen Landen und Landestheilen, ein völlig freier und unbelasteter Verkehr mit den gegenseitigen Erzeugnissen und Waaren Statt finden, und es hören hienach namentlich auch alle Binnenzölle, dieselben mögen bisher unter dem Namen Geleit oder unter irgend einer anderen Benennung bestanden haben, gänzlich auf

Art.

Art. 7. Die Chausseegelder oder andere statt derselben bestehende Entrichtungen, eben so Pflaster-, Damm-, Brücken- und Fährgelder, sind zwar unter der oben ausgesprochenen Aufhebung nicht begriffen. Indessen sollen auch derartige Erhebungen, ohne Rücksicht, ob sie für Rechnung der Landeskassen oder eines Privatberechtigten, namentlich einer Gemeine geschehen, nur in dem Betrage beibehalten oder neu eingeführt werden können, als sie den gewöhnlichen Herstellungs- und Unterhaltungskosten angemessen sind; auch soll dabei ein Unterschied je nach der Qualität oder Herkunft der transportirten Gegenstände nicht Statt finden dürfen. Das dermalen in Preußen nach dem allgemeinen Tarife vom 28sten April 1828. bestehende Chausseegeld soll als der höchste Satz angesehen, und hinführo auch in der Unterherrschaft des Fürstenthums Schwarzburg-Sondershausen nicht überstiegen werden. Besondere Erhebungen von Thorsperr- und Pflastergeldern sollen auf chaussirten Straßen da, wo sie noch bestehen, dem vorstehenden Grundsatze gemäß aufgehoben, und die Ortspflaster den Chausseestrecken dergestalt eingerechnet werden, daß davon nur die Chausseegelder nach dem allgemeinen Tarife zur Erhebung kommen.

Art. 8. Es wird gegenseitig anerkannt, daß alle Bestimmungen, welche zur Beförderung einer freieren Bewegung der Gewerbsamkeit, und über die Befugnisse der Unterthanen des einen Gebietes, in dem anderen Arbeit und Erwerb zu suchen, über den Bezug der Märkte, über die Herstellung eines gleichen Münz-, Maaß- und Gewichtssystems ꝛc. in dem Thüringischen Vereinsvertrage vom 10ten Mai dieses Jahres, und in dem Vertrage über die Anschließung des Thüringischen Vereins an den Gesammt-Zollverein vom 11ten Mai d. J. enthalten sind, auch auf die innerhalb des Preußischen Gebietes belegenen souverainen Fürstlich-Schwarzburg-Sondershausenschen Besitzungen in dem Maaße Anwendung finden sollen, als wenn sie dem gegenwärtigen Vertrage wörtlich eingeschaltet wären.

Art. 9. Gegenwärtiger Vertrag soll unverzüglich zur landesherrlichen Ratification vorgelegt, und es sollen die Ratifications-Urkunden binnen sechs Wochen in Berlin ausgewechselt werden.

Deß zu Urkund ist derselbe von den beiderseitigen Bevollmächtigten unterzeichnet und untersiegelt worden.

So geschehen Berlin, den 8ten Juni 1833.

Ludwig Kühne. **Ernst Michaelis.** **Carl Friedr. Wilh. von Weise.**

(L. S.) (L. S.) (L. S.)

(No. 1482.) Vertrag zwischen Seiner Majestät dem Könige von Preußen und Seiner Durchlaucht dem Herzoge von Sachsen-Coburg-Gotha, betreffend die Zoll- und Handelsverhältnisse, imgleichen die Besteuerung der inneren Erzeugnisse in dem Herzoglich-Sachsen-Coburg-Gothaischen Amte Volkenrode. Vom 26sten Juni 1833.

Nachdem zwischen Seiner Majestät dem Könige von Preußen und Seiner Herzoglichen Durchlaucht dem Herzoge von Sachsen-Coburg-Gotha unter dem 4ten Juli 1829. in Beziehung auf die Erhebung der Zölle an der äußeren Grenze der Preußischen Monarchie, sofern diese auch den Verbrauch des im Preußischen Gebiete eingeschlossenen souverainen Herzoglich-Sachsen-Coburg-Gothaischen Amts Volkenrode treffen, ein Vertrag auf den Zeitraum bis zu Ende des Jahres 1834. geschlossen worden ist; das hiedurch begründete Verhältniß aber dermalen in Folge der jüngst zum Abschlusse gekommenen Verträge, wodurch die Preußischen Provinzen, in welchen das Herzoglich-Sachsen-Coburg-Gothaische Amt Volkenrode eingeschlossen ist, und die anderen Landestheile des Herzoglichen Gebietes sowohl unter sich, als mit anderen deutschen Ländern in einen Zollverband getreten sind, demgemäße anderweite Verabredungen, namentlich auch in Betreff der Besteuerung der inländischen Erzeugnisse, nöthig macht; so haben zu diesem Behufe zu Bevollmächtigten ernannt, und zwar:

Seine Majestät der König von Preußen:

Allerhöchst-Ihren Geheimen Ober-Finanzrath, Ludwig Bogislaus Samuel Kühne, Ritter des Königlich-Preußischen rothen Adler-Ordens dritter Klasse mit der Schleife ꝛc., und

Allerhöchst-Ihren Geheimen Legationsrath, Ernst Michaelis, Ritter des Königlich-Preußischen rothen Adler-Ordens vierter Klasse ꝛc., und

Seine Durchlaucht der Herzog von Sachsen-Coburg-Gotha:

Höchst-Ihren Kammerherrn und Minister-Residenten, den Oberst-Lieutenant Otto Wilhelm Carl von Röder;

von welchen unter Vorbehalt der beiderseitigen landesherrlichen Genehmigung nachstehender Vertrag abgeschlossen worden ist.

Art. 1. Das wegen des im Preußischen Gebiete eingeschlossenen Herzoglich-Sachsen-Coburg-Gothaischen Amtes Volkenrode den Herzoglichen Kassen in Beziehung auf die Zollgefälle zu gewährende jährliche Einkommen soll vom 1sten Januar 1834. an nach Maaßgabe des Rein-Ertrages, welcher in dem Gebiete des zwischen Preußen, Bayern, Sachsen, Württemberg, Kurhessen, dem Großherzogthume Hessen und dem Thüringischen Zoll- und Handelsvereine durch den Vertrag vom 11ten Mai d. J. begründeten Gesammt-Zollvereins aufkommen wird, anderweit regulirt, und der Betrag desselben auch fortan wie bisher auf eine bestimmte Summe von 3 zu 3 Jahren verabredet werden, welche Summe

in

in gleichen Viertheilen in den Monaten März, Juni, September und December zur Verfügung Seiner Durchlaucht des Herzogs von Sachsen-Coburg-Gotha bei der Haupt-Zollamts-Kasse zu Nordhausen bereit stehen wird. Zur Feststellung dieser Summe wird die Herzogliche Regierung eine Uebersicht der neuesten Bevölkerung des Amtes Volkenrode mittheilen, und hiemit von 3 zu 3 Jahren in denselben Terminen, in welchen die Aufnahme der Bevölkerung in dem Preußischen Staate erfolgt, fortfahren.

Art. 2. Wegen der steuerfreien Einlassung der mit Attesten des Herzoglichen Hofmarschall-Amtes für die Hofhaltung Seiner Durchlaucht des Herzogs von Sachsen-Coburg-Gotha eingehenden Waaren mittelst Einrechnung des auf diese Waaren treffenden Steuerbetrages in die nächstfällige Quartalzahlung, bewendet es bei der Verabredung im 9ten Artikel des Vertrages vom 4ten Juli 1829.

Art. 3. Nicht minder verbleibt es bei denjenigen Bestimmungen, welche im Artikel 12. jenes Vertrages über die gegenseitig zu gewährende Unterstützung in der Controle der Steuern und in der Bestrafung der Steuervergehen enthalten sind, woneben im Allgemeinen auch die Stipulationen des Zoll-Cartells, welches unter dem 11. Mai d. J. gleichzeitig mit dem Anschusse des Thüringischen Zoll- und Handelsvereins an den Gesammt-Zollverein errichtet worden ist, auf die Verhältnisse des Amtes Volkenrode volle Anwendung finden sollen.

Art. 4. In Betreff der Steuern von inneren Erzeugnissen und wegen des Salzdebits ist im Anschlusse an die auch hierüber bereits in dem Vertrage vom 4ten Juli 1829. enthaltenen Stipulationen Folgendes verabredet worden:

A. Wegen des Branntweins

soll die im 5ten Artikel jenes Vertrages zugesagte, bisher aber im gemeinsamen Einverständnisse der beiderseitigen Regierungen ausgesetzt gebliebene Einführung einer Steuer auf die Fabrication dieses Getränkes, welche der Preußischen im Steuersatze, so wie in den Erhebungs- und Controlformen völlig entspricht, spätestens vom 1sten Januar 1834. an unfehlbar erfolgen, und zu diesem Ende wollen Seine Durchlaucht der Herzog von Sachsen-Coburg-Gotha dieselbe Verordnung wegen der Erhebung jener Steuer, welche Höchstdieselben als Mitglied des Thüringischen Zoll- und Handelsvereins für Ihre diesem Vereine angehörigen Lande erlassen werden, gleichmäßig auch für das Amt Volkenrode ergehen lassen.

Es soll sodann der Ertrag der Branntweinsteuer in der Preußischen Monarchie nebst denjenigen Staaten oder Gebietstheilen anderer Staaten, mit welchen Preußen vertragsmäßig in Gemeinschaft des Ertrages dieser Steuer stehen, mit dem Ertrage derselben Steuer in dem Amte Volkenrode zusammengeworfen werden, und eine Theilung dieses Gesammt-Ertrages zwischen beiden contrahirenden Theilen nach dem Verhältnisse der Bevölkerung der Preußischen Monarchie und der übrigen vorgedachten Staaten oder Gebietstheile zu der Bevölvölkerung des Amtes Volkenrode am Schlusse eines jeden Jahres in der Art Statt finden, daß die danach auf der einen oder anderen Seite sich ergebenden Minder-Erträge durch nachträgliche Vergütung von dem anderen Theile ausgeglichen werden.

Was die Beaufsichtigung der Branntweinsteuer in dem Amte Volkenrode betrifft, so bewendet es bei den hierüber bereits in dem 6ten Artikel des Vertrages vom 4ten Juli 1829. enthaltenen Bestimmungen.

B. Wegen des Biers

wollen Seine Herzogliche Durchlaucht die dermalen schon von der Fabrication dieses Getränkes in dem Amte Volkenrode zu entrichtende Abgabe nicht unter den Betrag der dieserhalb in Preußen bestehenden Steuer herabsetzen.

C. Wegen der Besteuerung des inländischen Tabacksbaues

wollen Seine Herzogliche Durchlaucht eine den dermaligen Preußischen Steuer-Gesetzen entsprechende Verordnung auch für das Amt Volkenrode ergehen lassen, und während der Dauer des gegenwärtigen Vertrages nicht ändern; Höchstdieselben übernehmen auch:

D. Wegen der Steuer vom inländischen Weinbau

dieselbe oben zu C. ausgesprochene Verpflichtung für den Fall, daß innerhalb des Amtes Volkenrode Weinbau zur Kelterung von Most von Privaten betrieben werden sollte.

E. Wegen des Salzes

wollen Seine Herzogliche Durchlaucht, im Anschlusse an die auch hierüber im zweiten Absatze des 10ten Artikels im Vertrage vom 4ten Juli 1829. bereits enthaltene Bestimmung, eine Einrichtung in der Art treffen, daß für die Gemeinen des Amtes Volkenrode nur ein nach der Bevölkerung und mit Rücksicht auf den größeren oder minderen Bedarf zur Viehfütterung und zum Fabrikengebrauche abgemessenes Salzquantum geliefert, und daß die aus der Herzoglichen Faktorei oder Sellerei abgenommenen Quantitäten auf Salzbücher, welche den Gemeinen, oder den Umständen nach auch einzelnen größeren Grundbesitzern oder Fabrikanten zu ertheilen sind, abgeschrieben werden. Der Transport des für das Amt Volkenrode erforderlichen Salzes durch das Königlich-Preußische Gebiet erfolgt auch fernerhin abgabenfrei unter der im vorgedachten Artikel 10. des Vertrages vom 4ten Juli 1829. bestimmten Controle.

Die Einbringung von Salz aus dem Amte Volkenrode in das Preußische Gebiet bleibt verboten.

F. Bei der Einfuhr von Mehl aller Art, Graupen, Gries, Nudeln, Puder und Stärke, desgleichen Fleisch, es sey frisch, gesalzen oder geräuchert, in Preußische Städte, wo Mahl- und Schlachtsteuer besteht, ist diese Abgabe eben so, wie von inländischen gleichartigen Erzeugnissen zu entrichten, und es ist gleichmäßig auch bei der Einfuhr Preußischer Erzeugnisse der eben bezeichneten

Art

Art in solche Ortschaften des Amtes Volkenrode zu halten, in welchen die gedachten Gegenstände mit einer Verbrauchssteuer belegt sind, oder künftig etwa belegt werden, so also, daß diese Artikel ganz den inländischen gleich behandelt werden müssen.

G. Auch wegen der Spielkarten endlich verbleibt es bei den hierüber im ersten Abschnitte des Artikels 10. des Vertrages vom 4. Juli 1829. enthaltenen Bestimmungen, und bei dem Verbote der Einbringung von Spielkarten aus dem Amte Volkenrode in das Königlich-Preußische Gebiet.

Art. 5. In Folge der in dem vorhergehenden Artikel verabredeten Anordnungen wird, mit alleiniger Ausnahme des Salzes und der Spielkarten, so wie der Fälle, wo nach Litt. F. jenes Artikels eine Besteuerung auch der fremden Erzeugnisse eintritt, zwischen dem souverainen Herzoglich-Sachsen-Coburg-Gothaischen Amte Volkenrode und den Königlich-Preußischen Landen, nebst den in letzteren eingeschlossenen fremden souverainen Landen und Landestheilen, ein völlig freier und unbelasteter Verkehr mit den gegenseitigen Erzeugnissen und Waaren Statt finden, und es hören hienach namentlich auch alle Binnenzölle, dieselben mögen bisher unter dem Namen Geleit, oder unter irgend einer anderen Benennung bestanden haben, gänzlich auf.

Art. 6. Die Chausseegelder oder andere statt derselben bestehende Entrichtungen, eben so Pflaster-, Damm-, Brücken- und Fährgelder, sind zwar unter der eben ausgesprochenen Aufhebung nicht begriffen. Indessen sollen auch derartige Erhebungen, ohne Rücksicht, ob sie für Rechnung der Landeskassen oder eines Privatberechtigten, namentlich einer Gemeine geschehen, nur in dem Betrage beibehalten oder neu eingeführt werden können, als sie den gewöhnlichen Herstellungs- und Unterhaltungskosten angemessen sind; auch soll dabei ein Unterschied je nach der Qualität oder Herkunft der transportirten Gegenstände nicht Statt finden dürfen.

Das dermalen in Preußen nach dem allgemeinen Tarife vom 28sten April 1828. bestehende Chausseegeld soll als der höchste Satz angesehen, und hinführo auch in dem Amte Volkenrode nicht überstiegen werden. Besondere Erhebungen von Thorsperr- und Pflastergeldern sollen auf chaussirten Straßen da, wo sie noch bestehen, dem vorstehenden Grundsatze gemäß aufgehoben, und die Orts-Pflaster den Chausseestrecken dergestalt eingerechnet werden, daß davon nur die Chausseegelder nach dem allgemeinen Tarif zur Erhebung kommen.

Art. 7. Es wird gegenseitig anerkannt, daß alle Bestimmungen, welche zur Beförderung einer freien Bewegung in der Gewerbsamkeit, und über die Befugnisse der Unterthanen des einen Gebietes, in dem anderen Arbeit und Erwerb zu suchen, über den Bezug der Märkte, über die Herstellung eines gleichen Münz-, Maaß- und Gewichtssystems rc. in dem Thüringischen Vereinsvertrage vom 10ten v. M., und in dem Vertrage über die Anschließung des Thüringischen Ver-

Vereins an den Gesammt-Zollverein vom 11ten v. M. enthalten sind, auch auf das Herzogliche Amt Volkenrode in dem Maaße Anwendung finden, als wenn sie dem gegenwärtigen Vertrage wörtlich eingeschaltet wären.

Art. 8. Die Dauer des gegenwärtigen Vertrages wird vorläufig bis zum 1sten Januar 1842. festgesetzt. Wird der Vertrag während dieser Zeit, und spätestens neun Monate vor dem Ablaufe derselben nicht gekündigt, so soll er als noch auf zwölf Jahre, und so fort von zwölf zu zwölf Jahren verlängert angesehen werden.

Art. 9. Gegenwärtiger Vertrag soll sofort zur landesherrlichen Ratification vorgelegt, und es sollen die Ratifications-Urkunden binnen sechs Wochen in Berlin ausgewechselt werden.

Zu Urkund dessen ist der Vertrag von den beiderseitigen Bevollmächtigten mit Beidruckung ihrer Siegel unterzeichnet worden.

So geschehen Berlin, den 26sten Juni 1833.

Ludwig Kühne.	Ernst Michaelis.	Otto Wilhelm Carl v. Röder.
(L. S.)	(L. S.)	(L. S.)

Die unter No. 1475. bis 1482. abgedruckten Verträge sind ratificirt, und die Ratifications-Urkunden derselben sind am 2ten December zu Berlin ausgewechselt worden.

Gesetz-Sammlung
für die
Königlichen Preußischen Staaten.

No. 22.

(No. 1483.) Allerhöchste Kabinetsorder vom 11ten Juli 1833., über die Glaubwürdigkeit der von Lazareth-Administrationen ausgestellten Todtenscheine und die Aufbewahrung der von Militairpersonen im Felde errichteten Testamente.

Zur Beseitigung von Zweifeln, welche über die Glaubwürdigkeit der von den Lazareth-Administrationen auszustellenden Todtenscheine aus dem §. 79. der Militair-Kirchenordnung vom 12ten Februar 1832. entnommen werden könnten, bestimme Ich,

daß den Todtenscheinen, welche von Lazarethbeamten, die in Eid und Pflicht stehen, auf den Grund vorschriftsmäßig geführter Register ausgestellt werden, gleichmäßig mit den Attesten aus den Kirchenbüchern, die §. 127. Theil I. Titel 10. der Allgemeinen Gerichtsordnung erwähnte Beweiskraft von öffentlichen außergerichtlichen Urkunden überall beizulegen ist.

In Ansehung der Rheinprovinzen erkläre Ich, daß die Vorschriften des Art. 80. in dem dort geltenden Zivilgesetzbuch, durch den §. 79. der Militair-Kirchenordnung nicht aufgehoben, mithin die Vorsteher der in den Rheinprovinzen befindlichen Militairlazarethe, die in denselben sich ereignenden Todesfälle den Zivilstandsbeamten anzuzeigen schuldig seyn sollen, wobei Ich zugleich festsetze: daß die von den Lazareth-Administrationen und Militairpredigern auf den Grund vorschriftsmäßig geführter Register auszustellenden Todtenscheine mit den Auszügen aus dem Zivilstandsregister in den Rheinprovinzen gleiche Beweiskraft haben sollen.

Uebrigens genehmige Ich, daß die von Militairpersonen im Felde zu errichtenden Testamente in den Feld-Kriegskassen aufbewahrt werden können; indem Ich noch bestimme: daß solchen in der Feld-Kriegskasse deponirten militairischen Testamenten, mit den in dem Feldnachlasse der Militairpersonen vorgefundenen Testamenten, gemäß §. 183. Theil I. Titel 12. des Allgemeinen Land-Rechts gleiche Gültigkeit beizulegen ist. Diese Bestimmungen sind durch die Gesetz-Sammlung bekannt zu machen.

Berlin, den 11ten Juli 1833.

Friedrich Wilhelm.

An die Justizminister v. Kamptz und Mühler und an den General-Lieutenant v. Witzleben.

(Ausgegeben zu Berlin den 9ten Dezember 1833.)

(No. 1484.) Allerhöchste Kabinetsorder vom 23sten Oktober 1833., die Genehmigung des Gewerbebetriebes der Buch- und Kunsthändler, Bibliothekare, Antiquare, Buchdrucker und Lithographen betreffend.

Da nach Ihrem gemeinschaftlichen Berichte vom 17ten v. M. Zweifel über die bisher angenommene allgemeine Anwendbarkeit der den Verkehr mit Büchern, Kupferstichen und ähnlichen Gegenständen betreffenden, in den §§. 126. bis 128. des Gewerbepolizei-Edikts vom 7ten September 1811. enthaltenen Vorschriften entstanden sind, so bestimme Ich hierdurch, daß im ganzen Umfange Meiner Staaten Niemand sich ohne vorgängige ausdrückliche Genehmigung der betreffenden Provinzial-Regierung als Buch- oder Kunsthändler, Bibliothekar, Antiquar, Buchdrucker oder Lithograph etabliren und solches Gewerbe selbstständig betreiben darf. Uebertretungen dieses Verbots sind als Gewerbe-Polizei-Kontraventionen mit einer nachdrücklichen, jedoch Funfzig Thaler Geld- oder sechswöchentliches Gefängniß- nicht übersteigenden Strafe zu ahnden. Die Bedingungen, unter welchen die Genehmigung zu ertheilen ist, haben die Regierungen nach Ihrer Anweisung, mit Berücksichtigung der Verhältnisse in jedem einzelnen Falle, und unter Vorbehalt des Rekurses der Interessenten an Ihre Entscheidung, zu ermessen. Diesen Meinen Befehl haben Sie durch die Gesetz-Sammlung zur öffentlichen Kenntniß zu bringen.

Berlin, den 23sten Oktober 1833.

Friedrich Wilhelm.

An die Staatsminister Frh. v. Altenstein, v. Schuckmann und Frh. v. Brenn.

(No. 1485.) Allerhöchste Kabinetsorder vom 2ten November 1833., betreffend den Gerichtsstand minderjähriger oder unter väterlicher Gewalt stehender Soldaten in Zivilsachen.

Auf Ihren Bericht vom 31sten August dieses Jahres erkläre Ich Mich mit Ihrer Meinung einverstanden, daß die Bestimmung im §. 13. des Anhanges zur Allgemeinen Gerichtsordnung, auch auf minderjährige oder unter väterlicher Gewalt stehende Soldaten anzuwenden ist, und daß dieselben hiernach bei dem Gerichte der Garnisonstadt in allen Angelegenheiten der bürgerlichen Gerichtsbarkeit ihren ordentlichen persönlichen Gerichtsstand haben. Ich beauftrage Sie, den Justizminister Mühler, die über die Auslegung des Gesetzes zweifelhaften Gerichtshöfe diesem gemäß zu belehren.

Berlin, den 2ten November 1833.

Friedrich Wilhelm.

An den Staats- und Justizminister Mühler und an das Kriegsministerium.

(No. 1486.) Allerhöchste Kabinetsorder vom 5ten November 1833., wegen der Dienst- und Bürger-Eide.

Auf den Bericht des Staatsministeriums vom 4ten v. M. bestimme Ich, daß der Eid aller unmittelbaren und mittelbaren Zivilbeamten des Staats (§. 68. Tit. 10. P. II. L. R.) in Zukunft dahin abgeleistet werden soll:

Ich N. N. schwöre zu Gott, dem Allmächtigen und Allwissenden, daß, nachdem ich zum ...... des ...... bestellt worden, Seiner Königlichen Majestät von Preußen, meinem Allergnädigsten Herrn, ich unterthänig, treu und gehorsam seyn und alle mir vermöge meines Amts obliegende Pflichten nach meinem besten Wissen und Gewissen genau erfüllen will, so wahr mir Gott helfe u. s. w.

In Beziehung auf die Dienst-Eide der mittelbaren Staatsdiener tritt diesem Formular unabgeändert diejenige Eidesnorm hinzu, mittelst welcher sie sich, den vorgeschriebenen Bestimmungen und den speziellen Verhältnissen gemäß, dem unmittelbaren Dienstherrn zu verpflichten haben. Zugleich verordne Ich, daß der Bürger-Eid dahin abgeleistet werden soll:

Ich N. N. schwöre zu Gott, dem Allmächtigen und Allwissenden, daß Seiner Königlichen Majestät von Preußen, meinem Allergnädigsten Herrn, ich unterthänig, treu und gehorsam seyn, meinen Vorgesetzten willige Folge leisten, meine Pflichten als Bürger gewissenhaft erfüllen und zum Wohl des Staats und der Gemeine, zu der ich gehöre, nach allen meinen Kräften mitwirken will, so wahr mir Gott helfe u. s. w.

Hiernach sind sämmtliche Dienst-Eide, so wie die in der Gesetz-Sammlung für 1831. S. 33. und 1832. S. 184. und 187. angegebenen Eidesformulare abzuändern. Vorstehende Bestimmung ist durch die Gesetz-Sammlung bekannt zu machen.

Berlin, den 5ten November 1833.

Friedrich Wilhelm.

An das Staatsministerium.

(No. 1487.) Allerhöchste Kabinetsorder vom 23sten November 1833., wegen Verleihung der revidirten Städteordnung vom 17ten März 1831. an die Stadt Meseritz.

Auf Ihren Antrag vom 29sten v. M. will Ich der Stadt Meseritz, nach ihrem Gesuche, die revidirte Städteordnung vom 17ten März 1831. verleihen und ermächtige Sie, wegen deren Einführung durch den Oberpräsidenten der Provinz das Weitere anzuordnen.

Berlin, den 23sten November 1833.

Friedrich Wilhelm.

An den Staatsminister des Innern und der Polizei Frh. v. Brenn.

(No. 1488.) Allerhöchste Kabinetsorder vom 24sten November 1833., betreffend die Deklaration der §§. 37. und resp. 24. und 23. der Gesetze vom 21sten April 1825. über die gutsherrlich-bäuerlichen Verhältnisse.

Aus dem Berichte des Staatsministeriums vom 14ten d. M. habe Ich die irrthümliche Auslegung ersehen, die von einigen Gerichten der in den Gesetzen über die gutsherrlich-bäuerlichen Verhältnisse vom 21sten April 1825. enthaltenen Bestimmung in Bezug auf die Vererbung der dem Heimfallsrechte noch unterworfenen Grundstücke gegeben wird. Wenn das Gesetz für die vormals Westphälischen Landestheile im §. 37. für die vormals Bergschen im §. 24. und für die vormals Französischen im §. 23. vorschreibt, daß ein dem Heimfall unterworfenes Grundstück, so lange derselbe unabgelöst ist, nach den Grundsätzen vererbt werden soll, welche daselbst vor Einführung der fremden Gesetze bestanden, so ist von Mir nicht beabsichtiget, die Anwendung der früheren Vererbungs-Grundsätze auf das Verhältniß des Gutsbesitzers zu dem Heimfallberechtigten zu beschränken, vielmehr dadurch verordnet, daß diese Grundsätze auch bei der Auseinandersetzung der Erben unter einander beobachtet werden sollen. Sie, die Justizminister, haben hiernach die Gerichte, welche in ihren Entscheidungen das Gesetz beschränkend angewendet haben, zu belehren; auch hat das Staatsministerium diese Belehrung durch die Gesetz-Sammlung bekannt zu machen.

Berlin, den 24sten November 1833.

Friedrich Wilhelm.

An das Staatsministerium.

Gesetz-Sammlung
für die
Königlichen Preußischen Staaten.

No. 23.

(No. 1489.) Allerhöchste Kabinetsorder vom 3ten November 1833., erläuternde Bestimmungen in Bezug auf die künftige Ergänzungsweise der Truppen enthaltend.

Die Erfahrung der letzten Jahre, wo die äußern Verhältnisse es nothwendig machten, einen großen Theil der Truppen auf die Kriegsstärke zu bringen, hat gezeigt, daß bei dem Friedens-Etat, welchen die Finanzkräfte des Staats gestatten, die Ergänzung in der Kriegsreserve und Landwehr nicht in dem Maaße erfolgen kann, als es das Bedürfniß der Truppen erheischt. Um diesem für die Sicherheit des Vaterlandes so wichtigen Uebelstande gehörig zu begegnen und da durch die Art, wie das Gesetz vom 3ten September 1814. bisher angewendet worden, eine große Ungleichheit in der Erfüllung der allgemeinen Dienstpflicht stattgefunden hat, so bestimme Ich auf Ihren Bericht vom 22sten v. M. hiermit Folgendes:

1) Da nach dem unzweideutigen Sinne des Gesetzes vom 3ten September 1814. jeder Dienstpflichtige 5 Jahre im stehenden Heere und in der Kriegsreserve und 7 Jahre in der Landwehr des ersten Aufgebots dienen soll, und nach §. 9. Denjenigen, welche vor dem vollendeten 20sten Lebens-Jahre in den Kriegsdienst treten, nachgegeben ist, um eben so viele Jahre früher aus jenen Verpflichtungen wieder herauszutreten; so folgt daraus, daß Diejenigen, welche nach dem vollendeten 20sten Lebensjahre in den Kriegsdienst treten, auch nur um eben so viele Jahre später aus jenen Verpflichtungen wieder heraustreten können.

2) Unteroffiziere, Spielleute und Gemeine, welche nach §. 1. wegen unverschuldeten verspäteten Eintritts in den Militairdienst noch über das vollendete 32ste Lebensjahr hinaus im ersten Aufgebot der Landwehr verbleiben müssen, sollen zur Friedenszeit vom zurückgelegten 32sten Lebensjahre ab nicht mehr mit dem ersten Aufgebot zu großen Uebungen herangezogen werden, sondern nur zur Ergänzung ihres Truppentheils bei ausbrechendem Kriege verbleiben.

3) Dagegen hört die Verpflichtung zum zweiten Aufgebot der Landwehr mit dem

(Ausgegeben zu Berlin den 20sten Dezember 1833.)

dem zurückgelegten 39sten Lebensjahre allgemein auf. Davon ausgenommen sind nur solche Leute, welche ausgetreten gewesen sind, oder sich sonst dem Dienste böswillig entzogen hatten, indem diese auch im zweiten Aufgebot ihrer Dienstpflicht vollständig während 7 Jahre zu genügen haben.

4) Dienstpflichtige, welche nach der Ersatz-Instruktion vom 30sten Juni 1817. als alleinige Ernährer ihrer Familien, auf Ein Jahr und nach Befinden der Umstände wiederholt zurückgestellt werden, sollen künftig nach dreimaliger Zurückstellung in gewöhnlichen Friedensverhältnissen gar nicht mehr zur Aushebung, weder für das stehende Heer noch zur Ergänzung der Kriegsreserve oder Landwehr herangezogen, vielmehr nur noch der allgemeinen Ersatzreserve, zur Benutzung für den Fall eines Krieges oder einer Mobilmachung der Armee nach Maaßgabe des alsdann stattfindenden Bedürfnisses, überwiesen werden.

5) Dienstpflichtige, welche wegen Körperschwäche dreimal zurückgestellt sind, sollen in Friedenszeiten nicht mehr zur Ergänzung des Dienststandes bei den Fahnen eingezogen werden, sondern zur Ergänzung der Kriegsreserve dienen, wenn sie späterhin, und zwar bis zum vollendeten 25sten Lebens-Jahre felddienstbrauchbar werden möchten. Tritt ihre Dienstfähigkeit aber erst nach dem zurückgelegten 25sten Lebensjahre ein, so fallen sie gleich den §. 4. genannten Individuen der allgemeinen Ersatzreserve zur Benutzung für den Fall eines Krieges oder einer Mobilmachung zu.

6) Die obigen Bestimmungen finden auf Diejenigen, welche bei deren Bekanntmachung schon aus dem ersten Aufgebot der Landwehr ausgeschieden waren, keine Anwendung.

7) Die Militair-Dienstzeit soll überall erst von dem Tage des wirklichen Eintritts bei den Fahnen gerechnet, und daher diejenige Zeit, welche die Mannschaften nach erfolgter Aushebung noch in heimathlichen Verhältnissen zubringen, nicht zur Dienstzeit gezogen werden.

Ich trage Ihnen auf, diese Verordnung durch die Gesetz-Sammlung zur allgemeinen Kenntniß zu bringen und darnach die betreffenden Behörden mit weiterer Instruktion zu versehen.

Berlin, den 3ten November 1833.

Friedrich Wilhelm.

An die Staatsminister Frh. v. Brenn und den General-Lieutenant v. Witzleben.

(No. 1490.) Auszug aus der Allerhöchsten Kabinetsorder vom 26sten November 1833., wegen Verleihung der revidirten Städteordnung vom 17ten März 1831. an die Stadt Bielefeld.

Auf Ihren Bericht vom 6ten d. M. will Ich nach Ihrem Antrage der Stadt Bielefeld, dem Ansuchen der Stadtbehörde gemäß, die revidirte Städte-Ordnung vom 17ten März 1831. verleihen u. s. w.

Berlin, den 26sten November 1833.

Friedrich Wilhelm.

An
den Staatsminister Frh. v. Brenn.

(No. 1491.) Allerhöchste Kabinetsorder vom 11ten Dezember 1833, betreffend die Bestrafung derjenigen Handlungen, wodurch die gerichtliche Pfändung beweglicher Sachen in den Rheinprovinzen vereitelt wird.

Aus dem Berichte der Justizminister habe Ich ersehen, daß es in der Rhein-Provinz einer gesetzlichen Bestimmung gegen die strafbaren Handlungen bedarf, durch welche die gerichtlichen Pfändungen beweglicher Sachen vereitelt werden, indem der Artikel 600. der bürgerlichen Prozeßordnung für den Fall, wenn gepfändete bewegliche Sachen der Beschlagnahme entzogen werden, auf das Straf-Gesetzbuch verweiset und dieses keine erschöpfende Strafbestimmung darüber enthält. Ich setze daher nach dem Antrage der Justizminister fest: daß der von dem Gerichtsvollzieher bestellte Hüter, wenn er selbst gepfändete, bewegliche Sachen, oder auf dem Halme stehende Früchte der Beschlagnahme entzieht, oder, daß es von Andern geschehe, gestattet, mit Gefängniß von einem Monat bis zu zwei Jahren bestraft, dieselbe Strafe auch wider den Gepfändeten, dessen Ehe-Gatten und Verwandte oder Verschwägerte in auf- und absteigender Linie, wenn sie sich des obgedachten Vergehens schuldig machen, ohne Unterschied, ob sie zu Hütern bestellt worden, oder nicht, erkannt werden, gegen andere Personen aber die Strafe des Diebstahls eintreten soll. Das Staatsministerium hat diese Bestimmung durch die Gesetz-Sammlung bekannt zu machen.

Berlin, den 11ten Dezember 1833.

Friedrich Wilhelm.

An das Staatsministerium.

Gesetz-Sammlung
für die
Königlichen Preußischen Staaten.

No. 24.

(No. 1492.) Verordnung, über die Anstellung von Kreis-Justizräthen im Bezirke des Ober-Landesgerichts zu Frankfurt. Vom 30sten November 1833.

Wir Friedrich Wilhelm, von Gottes Gnaden, König von Preußen rc. rc.

haben Uns, auf den Antrag Unserer beiden Justizminister, bewogen gefunden, für den Bezirk des Ober-Landesgerichts zu Frankfurt die Wiederanstellung von Kreis-Justizräthen, als beständiger Kommissarien des Ober-Landesgerichts, welche früher, in Gemäßheit des Reglements vom 30sten November 1782., angestellt wurden, zu genehmigen, und über die amtlichen Verhältnisse derselben Folgendes zu bestimmen:

§. 1. In jedem landräthlichen Kreise kann ein Kreis-Justizrath angestellt werden. Er wird aus den im Kreise wohnenden richterlichen Beamten erwählt, und es muß hierbei darauf gesehen werden, daß er sich während einer längern Dienstführung als ein geschickter, thätiger, in seinen amtlichen und Privatverhältnissen untadelhafter Beamter bewährt hat, und die Achtung und das Vertrauen der Gerichts-Eingesessenen besitzt.

Anstellung von Kreis-Justizräthen.

Der Vorschlag hierzu erfolgt vom Ober-Landesgericht, die Ernennung aber auf den Antrag Unserer Justizminister durch Uns unmittelbar.

§. 2. Die Kreis-Justizräthe haben den Rang der Ober-Landesgerichts-Räthe, welche ihnen jedoch vorgehen, und die mit diesem Range verbundenen Rechte.

Rang.

§. 3. Sie erhalten keine Besoldung, erlangen in Hinsicht auf dieses Amt keinen Anspruch auf Pension, und eben so wenig ihre Hinterbliebenen einen Anspruch auf ein Gnadengehalt.

Einkommen.

Dagegen beziehen sie und die von ihnen zugezogenen Gerichtspersonen, die in sportelpflichtigen Partheisachen zulässigen Gebühren (§. 7. dieser Verordnung).

§. 4. Zu dem Geschäftskreise der Kreis-Justizräthe gehören folgende Angelegenheiten:

Geschäfts-Kreis.

1) Es wird ihnen die Befugniß zur Aufnahme und Ausfertigung solcher Ver-

(Ausgegeben zu Berlin den 21sten Dezember 1833.)

Verhandlungen der freiwilligen Gerichtsbarkeit beigelegt, welche von jedem Richter aufgenommen werden dürfen, insofern der Erklärende, oder, bei zweiseitigen Geschäften, einer der Kontrahenten, zu den unmittelbaren Gerichts-Eingesessenen des Ober-Landesgerichts gehört, oder das Geschäft ein eximirtes Grundstück betrifft.

Die bei einzelnen Geschäften erforderliche Bestätigung, so weit sie durch das Gesetz vom 23sten April 1821. nicht aufgehoben worden, bleibt dem Ober-Landesgerichte vorbehalten, ohne daß es jedoch eines nochmaligen Anerkenntnisses oder Verlautbarung vor demselben bedarf.

Testamente, Kodizille und Erbverträge eximirter Personen, haben die Kreis-Justizräthe mit der nächsten Post an das Ober-Landesgericht zur Annahme in das Depositum abzusenden.

2) Den Kreis-Justizräthen wird die Pflicht auferlegt:

alle Todesfälle eximirter Personen, welche ihnen die Ortsgeistlichen anzuzeigen haben, so schleunig als möglich dem Ober-Landesgerichte, und wenn Pflegebefohlene unter den nächsten Verwandten sich befinden, zugleich dem Pupillenkollegium anzuzeigen;

imgleichen

Siegelungen des Nachlasses in allen Fällen vorzunehmen, wo das Gesetz es verlangt, oder einer der Interessenten dieselbe in Antrag bringt.

3) Die Kreis-Justizräthe sind verbunden, auf den Antrag der sich meldenden Kreis-Eingesessenen

Klagen gegen eximirte Personen, Klagebeantwortungen der Letzteren, Appellations- und Revisions-Anmeldungen und deren Rechtfertigungen,

imgleichen

die Beantwortungen derselben, Exekutions-Anträge und andere Gesuche in prozessualischen und nicht prozessualischen Angelegenheiten zum Protokoll aufzunehmen und an das Ober-Landesgericht abzusenden.

4) Die Kreis-Justizräthe haben, wenn sich der Kläger an sie wendet, nachstehende, zum Geschäftsressort des Ober-Landesgerichts geeignete, Prozeß-Sachen vor sich zu ziehen:

a) alle zum Bagatellprozesse nach der Verordnung vom 1sten Juni d. J. gehörige Sachen;

b) die Gesindesachen, insoweit die Gerichte nach dem Inhalte des Reskripts vom 17ten April 1812. dabei konkurriren;

c) wenn über die Räumung einer Wohnung und über die Befugniß zum Aufkündigen gestritten wird.

In diesen Sachen von a) bis c) steht den Kreis-Justizräthen nicht nur die Verhandlung, sondern auch das Erkenntniß zu.

d) Arrest-

d) Arrestsachen in schleunigen und dringenden Fällen;
wobei die Einwirkung der Kreis-Justizräthe auf die §§. 30 — 38. Tit. 29. der Prozeßordnung enthaltenen Bestimmungen beschränkt wird.

e) Streitigkeiten bei Besitzstörungen, Tit. 31. und Tit. 44. §§. 44. und 45. der Prozeßordnung;

f) wenn über die Zulässigkeit eines Baues und die Art denselben zu führen, §. 34. u. f. Tit. 42. der Prozeßordnung, gestritten wird.

Die zu d) nach §. 39. Tit. 29. der Prozeßordnung erforderliche Festsetzung so wie die Erkenntnisse in den zu e) und f) bezeichneten Sachen bleiben dem Ober-Landesgericht vorbehalten, insofern nicht beide Theile, oder deren Stellvertreter, darauf antragen, daß der Kreis-Justizrath sich der Entscheidung unterziehe.

Eben so haben sie

5) die Aufnahme des Beweises zum ewigen Gedächtnisse auf den Antrag eines Theils zu besorgen, wenn der Fall des §. 21. Tit. 33. der Prozeß-Ordnung vorhanden ist.

6) Die Kreis-Justizräthe sind die Organe des Ober-Landesgerichts bei der Aufsicht über die Justizverwaltung der Untergerichte. Sie sind nicht nur verpflichtet, die von ihnen selbst bemerkten Unregelmäßigkeiten und Pflicht-Verletzungen bei der Justizverwaltung der Untergerichte zur Kenntniß des Ober-Landesgerichts zu bringen, sondern auch die sich bei ihnen meldenden Beschwerdeführer zum Protokoll zu vernehmen, hierauf und auf die schriftlich eingehenden Beschwerden sich die Akten des Untergerichts vorlegen zu lassen, und wenn die Beschwerde sich hieraus nicht sogleich erledigt, die Sache dem Ober-Landesgericht unter Beifügung der Akten anzuzeigen. Am Schlusse des Jahres haben sie Konduitenberichte über sämmtliche im Kreise wohnende Justizbeamte, Subalternen und Justizkommissarien an den Chef-Präsidenten des Ober-Landesgerichts einzureichen.

7) Zur Bearbeitung durch die Kreis-Justizräthe, in Folge besonderer Aufträge, sind vorzugsweise die nachstehenden Geschäfte geeignet:

Wiederaufsiegelungen,
Inventuren,
Auktionen,
Aufnahme von Taxen,
Natural-Traditionen,
Wirthschafts-Revisionen,
Rechnungs-Abnahmen,
Verpflichtung von Vormündern,
Aufnahme vormundschaftlicher Quittungen und Verzichte,

Instruktionen solcher Prozesse, wobei es auf eine örtliche Untersuchung ankömmt,
Zeugenvernehmungen,
Eides-Abnahmen,
Sühnsversuche in Ehescheidungen,
Exekutions-Vollstreckungen,
Abhaltung von Lizitations-Terminen in Subhastationsprozessen,
Führung von fiskalischen und Kriminal-Untersuchungen,
Justiz-Visitationen,
Kassen-Revisionen bei den Untergerichten,
Geschäfts-Revisionen der Justizkommissarien und Notarien.

Es bleibt jedoch dem Ober-Landesgericht unbenommen, einzelne dieser Geschäfte durch andere Kommissarien besorgen zu lassen.

Rechtliche Wirkungen ihrer Verfügungen.

§. 5. In allen Angelegenheiten, welche die Kreis-Justizräthe vermöge allgemeinen Auftrags (§. 1. Nr. 1. bis 6.) oder vermöge besonderer Aufträge (§. 1. Nr. 7.) ausrichten, sind die dabei betheiligten Personen schuldig, den Verfügungen derselben, bei Vermeidung der gesetzlichen Zwangsmittel und Rechtsnachtheile, gebührende Folge zu leisten. Doch bleibt den Partheien der Rekurs gegen die Verfügungen der Kreis-Justizräthe an das Ober-Landes-Gericht frei.

Protokollführer, Beisitzer und Gerichts-Vollzieher.

§. 6. Die Kreis-Justizräthe haben zu allen ihren Verhandlungen einen Auskultator oder Referendarius, in dessen Ermangelung einen Subalternbeamten, der das Aktuariats-Examen gemacht hat, als Protokollführer, oder zwei glaubwürdige, in keinem Dienstverhältniß zu ihnen stehende Männer, als Beisitzer zuzuziehen.

Die Geschäfte eines Gerichtsboten oder Gerichtsvollziehers kann der Justizrath einem, bei einem Königlichen oder Privatgericht angestellten, vorschriftsmäßig vereideten Gerichtsdiener oder Exekutor übertragen. Macht es indeß der Geschäfts-Umfang an einzelnen Orten nothwendig, so ist ein besonderer Gerichts-Vollzieher zu ernennen und auf die eingehenden Gebühren oder eine ihm sonst von dem Kreis-Justizrath zu gewährende Remuneration anzuweisen.

Gebühren in sportelpflichtigen Sachen.

§. 7. Der Kreis-Justizrath ist berechtigt, dieselben Gebührensätze zu liquidiren, welche das Ober-Landesgericht für die einzelnen Verrichtungen angesetzt hätte, wenn die Angelegenheit vor ihm wäre verhandelt worden.

Wo es auf die Liquidirung von Kommissions-Gebühren, Diäten und Reisekosten ankommt, hat der Kreis-Justizrath seine Gebühren und Auslagen nach der Sporteltaxe vom 23sten August 1815. und deren Deklarationen anzusetzen,

setzen, gleich einem Mitgliede des Ober-Landesgerichts bei Geschäften außerhalb des Orts. Er muß jedoch seinen Protokollführer kostenfrei mit sich nehmen.

Der Satz, welcher außer dem, was ein Mitglied des Ober-Landesgerichts zu erhalten hat, noch für die Salarien-Kasse besonders liquidirt wird, so wie der Ansatz einer Kassen-Quote, fällt jedoch weg.

Die Auskultatoren, Referendarien oder Protokollführer, imgleichen die Gerichtsboten oder Gerichtsvollzieher, haben die ihnen nach der Ober-Landesgerichts-Sporteltaxe zustehenden Gebührensätze zu fordern.

Müssen zwei Beisitzer zugezogen werden; so theilen dieselben den für einen Referendarius zulässigen Satz.

Die Liquidationen der Kreis-Justizräthe bedürfen an sich keiner Festsetzung von Seiten des Ober-Landesgerichts, doch hat dasselbe darauf zu sehen, daß die Kreis-Justizräthe die ihnen vorgeschriebenen Befugnisse nicht überschreiten. Aus diesem Grunde müssen die Letzteren die Kosten bei den Akten vollständig in Ansatz bringen.

Es bleibt ihnen überlassen, die Kosten von dem jedesmaligen Extrahenten einzufordern, auch in Prozessen, bei welchen die Akten an das Ober-Landesgericht zur Entscheidung eingesandt worden, ohne die Entscheidung abwarten zu dürfen. Nur bei fiskalischen und Kriminal-Untersuchungen bleibt die Einforderung der Kosten bis nach rechtskräftiger Entscheidung der Sache ausgesetzt.

Wird ihrer Aufforderung zur Zahlung, vom Debenten nicht genügt; so haben sie sich wegen Festsetzung und Einziehung an das Ober-Landesgericht zu wenden.

Unentgeldlich zu verrichtende Geschäfte.

§. 8. Die Kreis-Justizräthe sind verpflichtet, alle ihnen hiernach obliegende, oder von dem Ober-Landesgericht aufgetragene Geschäfte, auch wenn dafür keine Gebühren liquidirt werden dürfen, zu übernehmen und auszurichten.

Ein jeder Kreis-Justizrath erhält jedoch jährlich ein Pausch-Quantum von Fünf und Zwanzig Thalern aus dem Fond: ad extraordinaria der Ober-Landesgerichts-Salarien-Kasse als eine Vergütung,

a) für Schreibmaterialien und alle Schreibereien in Armen- und Offizial-Sachen,

b) für einzelne Porto-Auslagen bis zu 10 Sgr., welche in Partheisachen entstanden und von den Partheien nicht wieder eingezogen werden können.

Höhere Porto-Auslagen, so wie die von Partheien nicht einzuziehenden Reise-Kosten und Diäten der Kreis-Justizräthe und ihrer Protokollführer, werden außer diesem Pausch-Quantum nach Vorschrift der Verordnung vom 28sten Juni

 1825.

1825. (Gesetz-Sammlung Seite 165.) aus der Salarien-Kasse des Ober-Landesgerichts bezahlt.

Gegeben Berlin, den 30sten November 1833.

Friedrich Wilhelm.

v. Kamptz. Mühler.

(No. 1493.) **Verordnung, über das Rechtsmittel der Revision und der Nichtigkeitsbeschwerde. Vom 14ten Dezember 1833.**

Wir Friedrich Wilhelm, von Gottes Gnaden, König von Preußen ꝛc. ꝛc.

Da die Vorschriften Unserer Allgemeinen Gerichtsordnung über das Rechtsmittel der Revision und über die Nichtigkeitsklage den jetzigen Bedürfnissen der Rechtspflege nicht mehr vollständig entsprechen, und die Abhülfe dieses Mangels nicht füglich bis zur Vollendung der von Uns angeordneten allgemeinen Revision der Gesetze ausgesetzt bleiben kann; so verordnen Wir vorläufig für alle Provinzen Unserer Monarchie, in welchen die Allgemeine Gerichtsordnung Kraft hat, auf den Antrag Unserer Justizminister und nach erfordertem Gutachten einer von Uns aus Mitgliedern des Staatsraths ernannten Kommission, wie folgt:

I. Revision.

§. 1. Das Rechtsmittel der Revision findet in allen Fällen statt, in welchen die Revisionsbeschwerde Familien- oder Standesverhältnisse, Ehrenrechte, Ehegelöbnisse oder Ehesachen, allein oder in Verbindung mit andern daraus hergeleiteten Ansprüchen, zum Gegenstande hat.

§. 2. Betrifft dagegen die Revisionsbeschwerde lediglich das Vermögen, so ist die Revision nur alsdann zulässig, wenn die beiden ersten Erkenntnisse ganz oder zum Theil verschiedenen Inhalts sind, und wenn zugleich der dieser Verschiedenheit unterliegende Gegenstand der Beschwerde über Fünfhundert Thaler beträgt, oder in Gelde nicht abzuschätzen ist.

§. 3. Ausgeschlossen von der Revision sind jedoch Schwängerungssachen und die darauf gegründeten Alimentenforderungen, Provokationen auf die Rechts-Wohlthat der Güter-Abtretung, die in der Prozeßordnung Tit. 42. §§. 34. bis 41. bezeichneten Bausachen, und die in dem Allgemeinen Landrecht Thl. I. Tit. 22. §§. 55. bis 79. einschließlich, genannten Grundgerechtigkeiten.

Außerdem bleibt die Revision auch in allen Fällen ausgeschlossen, in welchen die Prozeßordnung oder besondere Gesetze dieselbe nicht gestatten.

II. Nich-

II. Nichtigkeitsbeschwerde.

§. 4. Dagegen soll künftig, sowohl in Zivilsachen, als in den wegen Steuer-Vergehen oder gegen Beamte wegen Dienstvergehen eingeleiteten Untersuchungs-Sachen, wider Erkenntnisse erster oder zweiter Instanz, gegen welche die Gesetze kein ordentliches Rechtsmittel zulassen, der beeinträchtigten Parthei oder der betheiligten Staats- oder Dienstbehörde ein Rechtsmittel der Nichtigkeitsbeschwerde gestattet seyn, jedoch nur:

1) wenn das angefochtene Urtheil einen Rechtsgrundsatz verletzt, er möge auf einer ausdrücklichen Vorschrift des Gesetzes beruhen, oder aus dem Sinne und Zusammenhange der Gesetze hervorgehen; oder wenn dasselbe einen solchen Grundsatz in Fällen, wofür er nicht bestimmt ist, in Anwendung bringt;
2) wenn es eine wesentliche Prozeßvorschrift verletzt.

§. 5. Als Verletzungen wesentlicher Prozeßvorschriften (§. 4. Nr. 2.) werden nur folgende Fälle betrachtet:

1) wenn der Implorant nicht gehört, d. h. wenn ihm derjenige Vortrag des Gegners, worauf sich der beschwerende Inhalt des Erkenntnisses gründet, vor Abfassung des letzteren gar nicht oder nicht so zeitig bekannt gemacht worden ist, daß er sich darüber hat erklären können; wohin auch der Fall des §. 2. Nr. 6. Tit. 16. der Prozeßordnung zu rechnen ist;
2) wenn in den Fällen, in welchen die Gesetze ein besonderes Präjudiz ausdrücklich androhen, gegen den Imploranten ein anderes Präjudiz zur Anwendung gebracht und darauf der beschwerende Inhalt des Erkenntnisses gegründet worden ist;
3) wenn die Frist zur Anmeldung eines Rechtsmittels, oder sonst ein gesetzlicher Präklusivtermin überschritten, und diese Ueberschreitung von dem Richter zugelassen worden ist;
4) wenn bei einem Gericht, welches als Kollegium zu erkennen hat, in erster Instanz nicht wenigstens Drei, und in zweiter Instanz nicht wenigstens Fünf Richter an der Abfassung des Erkenntnisses Theil genommen haben;
5) wenn ein Richter, welcher an der Entscheidung Theil genommen hat, bei dem Rechtsstreite selbst persönlich betheiligt, oder mit einer Parthei bis zum vierten Grade einschließlich, verwandt oder verschwägert ist;
6) wenn derselbe einer der streitenden Partheien in der Sache Rath ertheilt hat, oder darin als Zeuge vernommen worden ist;
7) wenn derselbe in einer früheren Instanz bereits als Richter mit erkannt hat;
8) wenn ein Richter, der aus irgend einem Grunde in der Sache nicht kompetent ist, sich der Instruktion und Entscheidung derselben unterzogen, und

 auf

auf den ihm vom Imploranten zeitig (Prozeßordnung Tit. 2. §. 160.) gemachten Einwand der Inkompetenz keine Rücksicht genommen hat.

In Bezug auf die zum gerichtlichen Verfahren gar nicht geeigneten Gegenstände behält es jedoch lediglich bei den Bestimmungen Unserer Order vom 30sten Juni 1828. (Gesetz-Sammlung Seite 86.) sein Bewenden.

9) wenn der Richter gar keine Entscheidungsgründe angegeben oder der Appellationsrichter sich lediglich auf die Gründe des ersten Urtheils bezogen hat;

10) wenn nach den von dem Richter angegebenen Gründen wider den klaren Inhalt der Akten erkannt worden ist. Dieser Fall tritt ein:

a) wenn eine in den Prozeßschriften enthaltene oder zu Protokoll erklärte und mit Angabe der Beweismittel unterstützte Thatsache, welche eine entgegengesetzte Entscheidung begründen würde, in den Urtheilsgründen gar nicht erwähnt ist;

b) wenn der aus einer bestimmten Erklärung einer Parthei entnommene Entscheidungsgrund dem wörtlichen Inhalte dieser Erklärung entgegen ist, oder wenn eine Thatsache, im Fall eine Beweis-Aufnahme stattfand, gegen den wörtlichen Inhalt der beigebrachten oder aufgenommenen Beweismittel festgestellt worden ist;

c) wenn zur Begründung der Richtigkeit einer solchen Thatsache den beigebrachten oder aufgenommenen Beweismitteln, welchen nach den Gesetzen die Beweiskraft völlig mangelt, dennoch Beweiskraft beigelegt worden ist;

d) wenn über den Antrag des Gegners hinaus erkannt worden ist, mit Ausnahme der Fälle, in denen die Gesetze dies ausdrücklich gestatten (§. 58. Tit. 23. der Prozeßordnung). Ist dagegen nicht über alle Anträge der Partheien erkannt, so ist der Fall einer Nichtigkeitsbeschwerde nicht vorhanden. Der Richter ist auf Verlangen einer derselben nur eine Ergänzung seines Erkenntnisses zu liefern verbunden; jedoch behält es in Hinsicht der geforderten, vom Richter aber übergangenen Zinsen bei der Vorschrift des Allgemeinen Landrechts Thl. I. Tit. 11. §§. 846. und 848. sein Bewenden.

§. 6. Hat eine solche Verletzung (§. 5.) stattgefunden, die dadurch benachtheiligte Parthei aber, obwohl davon unterrichtet, dennoch die Verletzung in der zunächst stattgefundenen Prozeßverhandlung nicht gerügt; so soll dies als eine stillschweigende Entsagung angesehen und die Nichtigkeitsbeschwerde nicht weiter zugelassen werden.

§. 7. Die Nichtigkeitsbeschwerde wird auch gegen Agnitions- und Purifikations-Resolutionen, so wie gegen Adjudikations-Erkenntnisse gestattet.

§. 8. Ausgenommen von der durch die gegenwärtige Verordnung eingeführgeführten Nichtigkeitsbeschwerde sind diejenigen Erkenntnisse, gegen welche der Rekurs nach der Prozeßordnung Tit. 26. §. 18. und Unserer Order vom 8ten August 1832. zulässig ist.

§. 9. Ist in erster Instanz über mehrere, aus verschiedenen Geschäften entstandene Streitpunkte erkannt worden; so bestimmt die Beschaffenheit eines jeden einzelnen Streitpunktes, ob die Appellation oder die Nichtigkeitsbeschwerde dagegen zulässig ist. Es treten dabei folgende nähere Bestimmungen ein:

1) Wird von einer oder auch von beiden Partheien bei dem einen Streitpunkte die Appellation, bei dem andern die Nichtigkeitsbeschwerde eingelegt; so muß die Verhandlung und Entscheidung der Nichtigkeitsbeschwerde so lange ausgesetzt werden, bis über die Appellation erkannt worden ist.
2) Wird dagegen bei einem und demselben Streitpunkte von der einen Parthei die Appellation, und von der andern Parthei die Nichtigkeitsbeschwerde eingelegt; so ist die Nichtigkeitsbeschwerde in diesem Falle als eine eigentliche Appellation zu behandeln.

Ist in zweiter Instanz über mehrere, aus verschiedenen Geschäften entstandene Streitpunkte erkannt worden; so bestimmt die Beschaffenheit eines jeden einzelnen Streitpunktes, ob die Revision oder die Nichtigkeitsbeschwerde dagegen zulässig ist. Beide Rechtsmittel werden aber gleichzeitig, jedoch in getrennten Akten, verhandelt, und es wird darüber durch ein und dasselbe Erkenntniß entschieden.

Mehrere, aus einem und demselben Geschäfte entspringende, Streitpunkte werden in diesen Beziehungen als Ein Gegenstand betrachtet.

§. 10. Die Einlegung der Nichtigkeitsbeschwerde hält die Vollstreckung des angefochtenen Erkenntnisses nicht auf, es sey denn, daß durch die Vollstreckung ein unersetzlicher Schaden entstände (§. 8. Tit. 14. der Prozeßordnung).

Es ist jedoch der Verurtheilte die streitige Sache oder Summe in gerichtlichen Gewahrsam zu geben, und, wenn der Prozeß andere Verpflichtungen zum Gegenstande hat, eine vom Richter festzusetzende Kaution zu bestellen und sich dadurch vor der wirklichen Vollstreckung des Erkenntnisses zu schützen befugt.

Wird die Nichtigkeitsbeschwerde verworfen, so ist der Tag der Insinuation des angefochtenen Erkenntnisses als der Tag der Rechtskraft desselben anzusehen.

§. 11. Die Nichtigkeitsbeschwerde muß bei dem Gerichte erster Instanz entweder mündlich zu Protokoll oder schriftlich, im letzteren Fall jedoch, wenn der Implorant eine Privatparthei ist, mittelst eines von einem Justizkommissarius unterzeichneten Schriftsatzes angebracht werden, und die bestimmte Angabe der Beschwerdepunkte, deren Beweismittel, und des Gesetzes, dessen Nichtbeachtung oder unrichtige Anwendung behauptet wird, so wie einen bestimmten Antrag enthalten.

Wird die Nichtigkeitsbeschwerde auf die Vorschrift des §. 5. Nr. 10. der gegenwärtigen Verordnung gegründet, so muß diejenige Stelle der Akten, worauf die Beschwerde beruht, genau angegeben werden.

§. 12. Ist die Nichtigkeitsbeschwerde unvollständig, so wird ein, nicht über vierzehn Tage hinauszusetzender Termin, zur Vervollständigung derselben vor einem Deputirten des Gerichts, anberaumt, der Implorant, unter Androhung des Verlustes des Rechtsmittels, dazu vorgeladen, und der Gegner hiervon benachrichtigt.

Eine Prorogation des Termins findet nicht statt.

§. 13. Zur Beantwortung der Nichtigkeitsbeschwerde wird der Implorat unter abschriftlicher Mittheilung derselben vor einen Deputirten des Gerichts mit der Warnung vorgeladen, daß bei seinem Ausbleiben angenommen werden würde, er begebe sich der Gegenausführung, und räume die angeführten Thatsachen ein.

Der Termin ist dergestalt anzuberaumen, daß dem Vorgeladenen eine Frist von sechs Wochen zur Vorbereitung seiner Beantwortung frei bleibt.

Eine Verlängerung der Frist findet nicht statt.

§. 14. Der Implorat kann die Beantwortung in dem Termine mündlich zu Protokoll, oder auch in oder vor demselben mittelst eines vor einem Justiz-Kommissarius unterzeichneten Schriftsatzes anbringen.

§. 15. Sobald die Beantwortung erfolgt oder der dazu anberaumte Termin verstrichen ist, werden die Akten zum Spruch eingesandt, und die Partheien, der Implorant unter abschriftlicher Mittheilung der Beantwortung, davon benachrichtigt.

§. 16. Die Entscheidung erfolgt auf den schriftlichen Vortrag zweier Referenten, jedoch nur über die angegebenen Beschwerdepunkte.

Bei der Entscheidung legt der Richter das in dem angefochtenen Erkenntnisse als feststehend angenommene Sachverhältniß lediglich zum Grunde, insofern letzteres nicht den Gegenstand der Nichtigkeitsbeschwerde selbst ausmacht. (§. 5. Nr. 10.)

§. 17. Wird die Beschwerde gegründet befunden, so vernichtet das Gericht das angefochtene Erkenntniß, schlägt die Kosten desselben nieder, kompensirt die Kosten des Nichtigkeitsverfahrens, verordnet zugleich die Erstattung des Geleisteten, und erkennt in der Sache selbst, so wie über die Kosten des früheren Verfahrens, anderweit definitiv, oder verweiset, wenn in Folge der ausgesprochenen Vernichtung eine neue Ausmittelung nothwendig wird, die Sache zu dieser Ermittelung und zur nochmaligen Entscheidung in diejenige Instanz zurück, in welcher die noch zu ermittelnden Umstände zuerst vorgebracht worden sind.

Wird

Wird aber in den Fällen des §. 5. Nr. 1. 5. und 6. noch vor der Entscheidung über die Nichtigkeit eine nähere Instruktion oder Beweisaufnahme nöthig befunden; so verordnet das Gericht das Erforderliche durch ein Resolut, ernennt die Behörde, welche dem Resolute zu genügen hat, und bestimmt, daß die Sache demnächst zur Entscheidung wieder eingesandt werden soll.

Den Referenten ist gestattet, ihren Vortrag zunächst auf die Prüfung der Frage zu beschränken, ob das angefochtene Urtheil für nichtig zu erachten, und erst, wenn die Nichtigkeit vom Gerichte angenommen worden ist, über die Sache selbst den Vortrag zu halten.

§. 18. Wird die Nichtigkeitsbeschwerde ungegründet oder unerwiesen befunden, so ist dieselbe durch Erkenntniß zurückzuweisen, und der Implorant in die Kosten dieses Verfahrens, so wie in eine Sukkumbenzstrafe von 5 bis 50 Thalern zu verurtheilen.

§. 19. Bringt nur einer der Litiskonsorten die Nichtigkeitsbeschwerde an; so kommen die Vorschriften der Prozeßordnung Tit. 14. §§. 14. a. und 14. b. zur Anwendung.

§. 20. Für das ganze Verfahren in den Nichtigkeitsbeschwerde-Sachen, mit Einschluß des Erkenntnisses, dessen Ausfertigung und Insinuation, wird ein Pausch-Quantum von 5 bis 50 Thalern an Kosten angesetzt. Der Mandatar erhält für das ganze Verfahren, an Gebühren einschließlich der Kopialien, so viel, als die Hälfte der angesetzten Gerichtskosten beträgt. Der Prozeßstempel wird wie bei den Revisionssachen verwendet.

III. Allgemeine Bestimmungen.

§. 21. Die Frist zur Einlegung des Rechtsmittels der Revision und der Nichtigkeitsbeschwerde beträgt sechs Wochen, vom Tage der Zustellung des ausgefertigten Erkenntnisses an die Parthei oder deren Stellvertreter an gerechnet. Diese Frist wird für den Fiskus verdoppelt.

Eine Verlängerung der Frist findet nicht statt.

§. 22. Die im §. 21. gedachte Frist wird auch zur Einlegung des Rechtsmittels der Appellation festgesetzt, und dagegen die im §. 34. Tit. 14. der Prozeßordnung gestattete Restitution aufgehoben.

§. 23. In der Appellations-Instanz ist jedesmal, wenn nicht die Verhandlung nach der Verordnung vom 9ten Februar 1817. und 1sten Juni 1833. mündlich stattgefunden hat, von zwei Referenten ein schriftlicher Vortrag zu halten.

§. 24. Aus den Ausfertigungen der von kollegialischen Gerichten in erster oder zweiter Instanz abgefaßten Erkenntnisse müssen die Namen der Richter ersichtlich seyn. (§. 5. Nr. 4.)

§. 25. Das auf eine Revision oder Nichtigkeitsbeschwerde mit den Entscheischeidungsgründen abgefaßte Erkenntniß wird für jede der Partheien und für das Gericht, bei welchem das Rechtsmittel angebracht worden, ausgefertigt. Diese Ausfertigungen sind mit den Akten dem Dirigenten des letzteren zu übersenden, welcher die Insinuation an die Partheien oder deren Stellvertreter statt der Publikation sofort zu veranlassen hat.

§. 26. Die Entscheidung in der Revisions-Instanz, und über die Nichtigkeitsbeschwerde, wird ausschließlich dem Geheimen Ober-Tribunal beigelegt. Die Geschäfte werden unter die Senate nach Unserer Order vom 19ten Juli 1832. vertheilt.

§. 27. Die Vorschriften der Titel 15. 16. und 35. der Prozeßordnung, so weit sie der gegenwärtigen Verordnung entgegenstehen, werden hierdurch aufgehoben. Jedoch findet gegen die vor dem 1sten März 1834. rechtskräftig gewordenen Erkenntnisse, die im §. 2. Nr. 2. und Nr. 6. Tit. 16. der Prozeß-Ordnung nachgelassene Nullitätsklage noch bis zum 1sten März 1835. statt.

§. 28. In den Fällen, welche die Prozeßordnung Tit. 16. §. 2. Nr. 1. 3. 4. und 5. bezeichnet, findet nicht die durch die gegenwärtige Verordnung eingeführte Nichtigkeitsbeschwerde statt, sondern behält es bei den daselbst gegebenen Vorschriften sein Bewenden.

§. 29. Die gegenwärtige Verordnung soll mit dem 1sten März 1834. in Wirksamkeit treten. Alle bis dahin anhängig gemachte Rechtssachen werden in der Instanz, in welcher sie sich befinden, nach den bisherigen Vorschriften erledigt; nach beendigter Instanz aber treten die Vorschriften der gegenwärtigen Verordnung ein.

Urkundlich unter Unserer Höchsteigenhändigen Unterschrift und beigedrucktem Königlichen Insiegel.

Gegeben Berlin, den 14ten Dezember 1833.

(L. S.) Friedrich Wilhelm.

Carl, Herzog von Mecklenburg.
v. Kamptz. Mühler.

Beglaubigt:
Friese.

Gesetz-Sammlung

für die

Königlichen Preußischen Staaten.

1834.

Enthält

die Verordnungen vom 10ten Januar bis zum 18ten Dezember 1834., nebst 11 Verordnungen aus dem Jahre 1833.

(Von Nr. 1494. bis Nr. 1571.)

Nr. 1. bis incl. 25.

Berlin,

zu haben im vereinigten Gesetz-Sammlungs-Debits- und Zeitungs-Komtoir.

Chronologische Uebersicht
der in der Gesetz-Sammlung für die Königlichen Preußischen Staaten vom Jahre 1834. enthaltenen Verordnungen.

Datum des Gesetzes rc.	Ausgegeben zu Berlin.	Inhalt.	Nr. des Stücks.	Nr. des Gesetzes.	Seite.
1833.	1834.				
2. Novbr.	29. Juli.	Allerhöchste Kabinetsorder, den Abdruck der ständischen Gutachten und Petitionen betreffend.	15	1539	91
8. Dezbr.	16. Jan.	Allerhöchste Kabinetsorder, wegen Vergütung der von den Kommunen für die Land-Gendarmerie gelieferten Fourage.	1	1494	1
14. —	16. —	Allerhöchste Kabinetsorder, die Befugniß der Civil-Staatsbeamten und Civil-Staatspensionaire zur Herabsetzung der bei der General-Wittwenkasse versicherten Wittwen-Pensionen betreffend.	1	1495	2
17. —	4. Febr.	Allerhöchste Kabinetsorder, wegen der Gewerbe-Steuerfreiheit des Hüttenbetriebs und der Gewerbesteuerpflichtigkeit der Hammerwerke.	2	1499	5
18. —	16. Jan.	Auszug aus der Allerhöchsten Kabinetsorder, wegen Verleihung der revidirten Städteordnung vom 17ten März 1831. an die Stadt Höxter.	1	1496	2
22. —	16. —	Allerhöchste Kabinetsorder, betreffend die in Bezug auf den §. 21. der vorläufigen Verordnung über das Judenwesen im Großherzogthum Posen vom 1sten Juni 1833. erlassene Allerhöchste Bestimmung wegen der Familiennamen der Juden in dieser Provinz.	1	1497	3
22. —	4. Febr.	Allerhöchste Kabinetsorder, über die Anwendung der Vorschrift im §. 122. des Gewerbe-Polizeigesetzes vom 7ten September 1811. — den Gewerbebetrieb der Kommissionaire betreffend — auf die Provinzen, in welchen dieses Gesetz nicht publizirt ist, mit Ausnahme der Rheinprovinz.	2	1500	6
23. —	11. —	Das zwischen der diesseitigen und der Sachsen-Koburg-Gothaischen Regierung abgeschlossene Abkommen, die gegenseitigen Gerichtsbarkeits-Verhältnisse betreffend.	3	1503	9—16
24. —	4. —	Allerhöchste Kabinetsorder, die Modifikationen zur Meßordnung für die Messen in Frankfurt a. d. O. vom 31sten März 1832. betreffend.	2	1501 (mit Anl.)	7
24. —	4. —	Nachtrag zur revidirten Meßordnung für die Messen zu Frankfurt a. d. O. vom 31sten März 1832.	2	1501 (Anl.)	7
26. —	4. —	Allerhöchste Kabinetsorder, betreffend die Ausdehnung des in der Verordnung vom 8ten August 1832. vorgeschriebenen Verfahrens auf Geld-Entschädigungen für den zu Kanälen und öffentlichen Flußbauten abgetretenen Grund und Boden.	2	1502	8

Datum des Gesetzes rc.	Ausgegeben zu Berlin.	Inhalt.	Nr. des Stücks.	Nr. des Gesetzes.	Seite.
1833.	1834.				
31. Dezbr.	16. Jan.	Verordnung, wegen Abänderung des im Artikel 351. der Rheinischen Kriminal-Prozeßordnung vorgeschriebenen Verfahrens, in Beziehung auf die Abstimmung unter den Geschwornen und den Richtern des Assisenhofes.	1	1498	3
1834.					
10. Jan.	13. März.	Erklärung wegen des, zwischen der Königl. Preußischen und der Regierung des Freistaats Krakau getroffenen Uebereinkommens, rücksichtlich der gegenseitigen kostenfreien Erledigung gerichtlicher Requisitionen in Armensachen.	4	1504	17
26. —	13. —	Allerhöchste Kabinetsorder, betreffend die Berechnung des Werthstempels in Konkurs- und Liquidations-Prozessen.	4	1505	19
26. —	13. —	Allerhöchste Kabinetsorder, wodurch der §. 5. des Rang-Reglements vom 7ten Februar 1817. hinsichtlich des Polizeipräsidenten der Haupt- und Residenzstadt Berlin, modifizirt worden.	4	1506	19
30. —	13. —	Allerhöchste Kabinetsorder, wornach in der Provinz Westphalen das Nichteinziehen zu den Uebungen des ersten Aufgebots der Landwehr erst nach dem zurückgelegten 33sten Lebensjahre stattfinden soll.	4	1507 (mit Anl.)	20
1. Febr.	13. —	Allerhöchste Kabinetsorder, die Verleihung der Städteordnung an die Stadt Dortmund betreffend.	4	1508	20
8. —	2. April.	Reglement für das Königliche Leihamt zu Berlin.	6	1510 (Anl.)	23—30
19. —	14. —	Allerhöchste Kabinetsorder, wegen Erweiterung des Art. XI. des Zensur-Gesetzes vom 18ten Oktober 1819., hinsichtlich der in Polnischer Sprache erscheinenden Schriften.	9	1514	55
24. —	14. —	Verordnung über das Verfahren bei eintretender Mobilmachung der Armee zur Herbeischaffung der Pferde durch Landlieferung.	9	1515	56—59
25. —	2. —	Allerhöchste Kabinetsorder, die Bestätigung eines Königlichen Leihamtes zu Berlin.	6	1510 (mit Anl.)	23
4. März.	3. —	Verordnung über die Exekution in Civilsachen.	7	1511	31—38
4. —	3. —	Verordnung über den Subhastations- und Kaufgelder-Liquidations-Prozeß.	7	1512	39—46
9. —	14. —	Allerhöchste Deklaration über die Anwendbarkeit der §§. 76. bis 79. Tit. 10. Thl. 2. des Allgemeinen Landrechts auf die Anmaßung geistlicher Amtshandlungen.	9	1516	60
10. —	17. Juni.	Ministerial-Erklärung, wegen anderweiter Verlängerung der Konvention vom 23sten Juni 1821., das Revisionsverfahren auf der Elbe betreffend, auf einen Zeitraum von sechs Jahren.	11	1523	69

Datum des Gesetzes rc.	Ausgegeben zu Berlin.	Inhalt.	Nr. des Stücks.	Nr. des Gesetzes.	Seite.
1834.	1834.				
15. März.	22. März.	Publikations-Patent, wegen der mit Ihren Majestäten den Kaisern von Oestreich und von Rußland getroffenen Stipulationen hinsichtlich der Auslieferung politischer Verbrecher.	5	1509	21
15. —	14. April.	Allerhöchste Kabinetsorder, wegen Anwendbarkeit der Verordnung vom 14ten Dezember 1833., über das Rechtsmittel der Revision und der Nichtigkeitsbeschwerde, auf die gutsherrlich-bäuerlichen Regulirungen, Gemeinheitstheilungen und Ablösungen.	9	1517	61
18. —	28. Juni.	Allerhöchste Kabinetsorder, betreffend den Intelligenz-Insertionszwang in allen Provinzen, wo Intelligenzblätter eingerichtet werden.	12	1525	71
25. —	20. Mai.	Allerhöchste Kabinetsorder, wegen des Aggravations-Rechtsmittels bei allen gegen Civilbeamte eingeleiteten Kriminal-Untersuchungen.	10	1518	63
31. —	12. April.	Verordnung, wegen Einrichtung des Hypothekenwesens in dem Herzogthum Westphalen, dem Fürstenthum Siegen, mit den Aemtern Burbach und Neuenkirchen (Freien- und Hückenschen Grund) und den Grafschaften Wittgenstein-Wittgenstein und Wittgenstein-Berleburg.	8	1513	47—54
3. April.	20. Mai.	Allerhöchste Kabinetsorder, betreffend die Wiederverleihung der Kriegsdenkmünze.	10	1519	65
6. —	5. August.	Vorschrift über die Maßregeln zur Verhütung der Menschenpocken bei der Armee.	16	1544 (Anl.)	119-122
18. —	20. Mai.	Allerhöchste Kabinetsorder, betreffend die Bestimmung, daß die Pläne von Festungen und ihrer Umgegend von allen Maßstäben, wenn deren Herausgabe beabsichtigt wird, künftig nur der Zensur des General-Inspekteurs der Festungen, Generals der Infanterie v. Rauch, und des Chefs des Generalstabes der Armee, Generallieutenants Krauseneck, unterworfen seyn sollen.	10	1520	66
28. —	17. Juni.	Allerhöchste Kabinetsorder, wegen der Befugniß, statt der im §. 5. des Gesetzes vom 7ten Juni 1821. bestimmten Forstarbeit der Holzdiebe, auch andere Arbeiten eintreten zu lassen.	11	1521	67
1. Mai.	14. Juli.	Uebereinkunft zwischen der Königlich-Preußischen Staatsregierung und der Fürstlich-Reuß-Plauischen der jüngern Linie gemeinschaftlichen Regierung zu Gera, wegen Verhütung und Bestrafung der Forst- und Jagdfrevel.	13	1530	79
12. —	17. Juni.	Allerhöchste Kabinetsorder, betreffend die Erläuterung des §. 171. lit. e. Tit. 51. der Prozeßordnung, hinsichtlich der Zulässigkeit des Aufgebots un-	11	1522	68

Datum des Gesetzes 2c.	Ausgegeben zu Berlin.	Inhalt.	Nr. des Stücks.	Nr. des Gesetzes.	Seite.
1834.	1834.				
		bekannter Kassengläubiger nach dem Verluste der Rechnungspapiere.			
16. Mai.	17. Juni.	Bekanntmachung der Ministerial-Erklärung vom 10ten März 1834. wegen anderweiter Verlängerung der Konvention vom 23sten Juni 1821., das Revisionsverfahren auf der Elbe betreffend, auf einen Zeitraum von sechs Jahren.	11	1523 (Anl.)	70
17. —	28. —	Erklärung, wegen eines Abkommens zwischen der Königl. Preußischen und Königl. Baierschen Regierung, die Korrespondenz der beiderseitigen Gerichtsbehörden betreffend.	12	1526	71
29. —	17. —	Allerhöchste Kabinetsorder, betreffend die Abrechnung der Wittwenkassen-Beiträge bei Ermittelung der zulässigen Gehalts- und Pensions-Abzüge.	11	1524	70
29. —	28. —	Allerhöchste Kabinetsorder, betreffend die Verhältnisse der servisberechtigten Militairpersonen und der auf Inaktivitäts-Gehalt gesetzten Offiziere und Militairbeamten in Beziehung auf die Kommunallasten.	12	1527	74
29. —	12. August.	Allerhöchste Kabinetsorder, betreffend die Deklaration der Publikations-Patente vom 12ten März 1831. und 15ten Juni 1832. über die von der Deutschen Bundesversammlung angenommene allgemeine Kartel-Konvention.	17	1545	123
31. —	30. Septbr.	Staatsvertrag zwischen Sr. Majestät dem Könige von Preußen und Sr. Durchlaucht dem Herzoge von Sachsen-Koburg-Gotha, wegen Abtretung des Fürstenthums Lichtenberg.	20	1556	159
1. Juni.	28. Juni.	Allerhöchste Kabinetsorder, wegen der von beurlaubten Landwehr-Offizieren in der Uniform wider andere Militairpersonen begangenen Vergehen.	12	1528	74
8. —	18. Juli.	Allerhöchste Kabinetsorder, betreffend die Heranziehung derjenigen Grundstücke zu Kommunalsteuern, welchen wegen ihrer Bestimmung zu öffentlichen oder gemeinnützigen Zwecken die Befreiung von Staatssteuern zusteht.	14	1534	87
10. —	13. August.	Allerhöchste Kabinetsorder, betreffend die Aufsicht des Staats über Privatanstalten und Privatpersonen, die sich mit dem Unterrichte und der Erziehung der Jugend beschäftigen.	18	1548	135
12. —	28. Juni.	Bekanntmachung der Erklärung vom 17ten Mai 1834., wegen eines Abkommens zwischen der Königl. Preußischen und Königl. Baierschen Regierung, die Korrespondenz der beiderseitigen Gerichtsbehörden betreffend.	12	1526 (Anl.)	73

Datum des Gesetzes rc.	Ausgegeben zu Berlin.	Inhalt.	Nr. des Stücks.	Nr. des Gesetzes.	Seite.
1834.	1834.				
16. Juni.	28. Juni.	Verordnung über die Einrichtung der Justizbehörden im Großherzogthume Posen.	12	1529	75—78
16. —	5. August.	Allerhöchste Kabinetsorder, die zur Verhütung der Menschenpocken bei der Armee zu ergreifenden Maßregeln betreffend.	16	1544 (mit Anl.)	119
19. —	14. Juli.	Allerhöchste Kabinetsorder, betreffend Erläuterungen der Vorschriften des Tarifs zum Stempelgesetze vom 7ten März 1822., wegen Stempelpflichtigkeit der Punktationen.	13	1531	81
21. —	14. —	Allerhöchste Kabinetsorder, betreffend den Seitens der ritterschaftlichen Privatbank in Pommern zu erlassenden öffentlichen Aufruf zur Einlieferung der noch nicht gestempelten Fünfthaler-Bankscheine.	13	1532	82
28. —	14. —	Bekanntmachung der mit der Fürstlich Reußischen Regierung zu Gera unterm 1sten Mai 1834. abgeschlossenen Uebereinkunft wegen Verhütung und Bestrafung der Forst- und Jagdfrevel.	13	1530 (Anl.)	81
28. —	14. —	Gesetz, über den Waffengebrauch der Grenzaufsichtsbeamten.	13	1533	83
28. —	18. —	Allerhöchste Kabinetsorder, die Abänderung der Statuten der ritterschaftlichen Privatbank von Pommern, vom 23sten Januar 1833. betreffend.	14	1535	88
30. —	29. —	Gesetz, über die Termine bei Wohnungs-Miethsverträgen.	15	1540	92
30. —	29. —	Verordnung, wegen Vereinigung der General-Kommissionen zu Königsberg und Marienwerder mit den Regierungen der Provinz Preußen.	15	1541	93
30. —	29. —	Verordnung, wegen des Geschäftsbetriebes in den Angelegenheiten der Gemeinheitstheilungen, Ablösungen und der Regulirung der gutsherrlich-bäuerlichen Verhältnisse, als Anhang zu der Verordnung vom 20sten Juni 1817. und dem Gesetze vom 7ten Juni 1821.	15	1542	96—118
30. —	13. August.	Verordnung, wegen Einrichtung der Rheinzoll-Gerichte und des gerichtlichen Verfahrens in den Rheinschiffahrts-Angelegenheiten.	18	1549	136-145
30. —	13. —	Verordnung, wegen Anwendung der Rheinschiffahrts-Ordnung und der Verordnung über die Rheinzoll-Gerichte rc. vom heutigen Tage auf die Binnenschiffahrt am Rhein.	18	1550	145
1. Juli.	18. Juli.	Allerhöchste Kabinetsorder, betreffend die Taxation unbepfandbriefter adlicher Güter durch die Kreditdirektion.	14	1536	88

	Die diesseits abgegebene Erklärung, in Betreff der mit der Fürstlich-Reuß-Plauenschen der jüngern Linie gemeinschaftlichen Regierung getroffenen Uebereinkunft, wegen gegenseitiger Beförderung der Rechtspflege.	124-132
	Allerhöchste Kabinetsorder, über die Befugniß des Rheinischen Revisions- und Kassationshofes, nach erfolgter Kassation eines Urtheils, die Hauptsache, die er zu seiner materiellen Entscheidung faktisch noch nicht hinreichend vorbereitet findet, an die Instanzgerichte zur Instruktion und zum Erkenntniß zurückzuverweisen; und über die Verpflichtung der letztern, nach den vom Revisions- und Kassationshofe festgesetzten Rechtsgrundsätzen und Normen zu verfahren und zu erkennen.	89
11. —	Bekanntmachung, wegen des Zutritts verschiedener Deutscher Regierungen zu dem unterm 11ten Mai 1833. zwischen Preußen, Baiern, Sachsen, Kurhessen, dem Großherzogthum Hessen und den bei dem Thüringenschen Zoll- und Handelsvereine betheiligten Regierungen, abgeschlossenen Zollkartel.	90
14. —	Allerhöchste Kabinetsorder, wegen der Bürgschaften der Ehefrauen im Herzogthume Westphalen, im Fürstenthume Siegen und den Grafschaften Wittgenstein.	118
19. —	Allerhöchste Kabinetsorder, betreffend den Gerichtsstand der zu den Garnisonen in den Bundesfestungen Mainz und Luxemburg gehörigen diesseitigen Militairpersonen und Beamten und ihrer Angehörigen, so wie die auf deren Rechtsangelegenheiten zur Anwendung kommenden Gesetze.	132
24. —	Allerhöchste Kabinetsorder, wegen Verleihung der revidirten Städteordnung vom 17ten März 1831. an die Stadt Bojanowo, im Regierungsbezirke Posen.	147
28. —	Allerhöchste Kabinetsorder, betreffend die Modifikation der Vorschriften in Nr. 20. des allgemeinen Regulativs über das Servis- und Einquartierungswesen, vom 17. März 1810. in Beziehung auf die Ausmiethung der Unteroffiziere und Soldaten unter dem Beding der Verabreichung einschläfriger Bettstellen.	147

Datum des Gesetzes rc.	Ausgegeben zu Berlin.	Inhalt.	Nr. des Stücks.	Nr. des Gesetzes.	Seite.
1834.	1834.				
2. August.	11. Septbr.	Allerhöchste Kabinetsorder, wegen Deklaration der Allerhöchsten Order vom 6ten März 1821., betreffend die Strafgesetze und das Verfahren in den Rheinprovinzen bei Staatsverbrechen und Dienstvergehen der Beamten.	19	1553	148
4. —	12. August.	Bekanntmachung der Erklärung vom 5ten Juli 1834. rücksichtlich der mit der Fürstlich Reußischen Regierung zu Gera getroffenen Uebereinkunft, wegen gegenseitiger Beförderung der Rechtspflege.	17	1546 (Anl.)	132
5. —	11. Septbr.	Regulativ, wegen Ausübung der Rheinschiffahrt von diesseitigen Unterthanen, und wegen des Lootsendienstes auf dem Rheine.	19	1554	149-156
12. —	11. —	Allerhöchste Kabinetsorder, betreffend die Bekanntmachung der Subhastations-Patente durch die Intelligenzblätter.	19	1555	158
15. —	30. —	Patent, wegen Besitznahme der, unter dem Namen des Fürstenthums Lichtenberg, von Sr. Durchlaucht dem Herzoge zu Sachsen-Koburg-Gotha bisher inne gehabten Landestheile am linken Rheinufer.	20	1557	161
16. —	12. Novbr.	Reglement, für die Tilgungs-Kasse zur Erleichterung der Reallasten in den Kreisen Paderborn, Büren, Warburg und Höxter des Regierungsbezirks Minden.	23	1564 (Anl.)	172-178
23. —	4. —	Gesetz, wegen näherer Bestimmung der Rechte der Fideikommiß-Anwarter in denjenigen Theilen der Rheinprovinz, welche bei Auflösung der fremden Herrschaft zum Großherzogthum Berg gehört haben.	22	1561	167
14. Septbr.	4. —	Allerhöchste Kabinetsorder, betreffend die Subhastation von Berg- und Hüttenwerken und von Bergantheilen, nach der Verordnung vom 4ten März d. J.	22	1562	169
17. —	12. —	Allerhöchste Kabinetsorder, betreffend die Bestätigung des Reglements für die Tilgungskasse zur Erleichterung der Ablösung der Reallasten in den Kreisen Paderborn, Büren, Warburg und Höxter des Regierungsbezirks Minden.	23	1564 (mit Anl.)	171
22. —	6. Oktbr.	Allerhöchste Kabinetsorder, betreffend die Regulirung des Gerichtsstandes des Militairs in Neu-Vorpommern und Rügen.	21	1558	163
22. —	6. —	Ministerielle Bekanntmachung, wegen der den Schiffen des Kirchenstaates in diesseitigen Häfen zugestandenen Abgaben-Gleichstellung mit den inländischen Schiffen.	21	1559	164

Datum des Gesetzes 2c.	Ausgegeben zu Berlin.	Inhalt.	Nr. des Stücks.	Nr. des Gesetzes.	Seite.
1834.	1834.				
28. Septbr.	6. Oktbr.	Allerhöchste Kabinetsorder, betreffend die Abänderung der §§. 3. und 4. des Weinsteuer-Gesetzes vom 25sten September 1820.	21	1560	165
18. Oktbr.	27. Dezbr.	Allerhöchste Kabinetsorder, betreffend die Anwendbarkeit der Vorschriften vom 8. August 1832. und 26sten Dezember 1833. in Bezug auf die Geld-Entschädigungen für den zur Anlage von Chausseen und Kanälen und bei öffentlichen Flußbauten abgetretenen Grund und Boden, auch in der Provinz Sachsen.	24	1565	179
21. —	4. Novbr.	Allerhöchste Kabinetsorder, wegen fernerer Anwendbarkeit der Zollerhebungs-Rolle vom 30sten Oktober 1831. für das Jahr 1835.	22	1563	170
31. —	27. Dezbr.	Allerhöchste Kabinetsorder, durch welche des Königs Majestät der Stadt Schwerin, im Großherzogthume Posen, die Städteordnung vom 17ten März 1831. zu verleihen geruht haben.	24	1566	180
6. Novbr.	27. —	Allerhöchste Kabinetsorder, über die Vidimation der Urkunden und die Abzweigung der Schulddokumente.	24	1567	180
6. —	27. —	Allerhöchste Kabinetsorder, betreffend das Verfahren bei Auf- und Annahme letztwilliger Verordnungen im Großherzogthume Posen.	24	1568	181
29. —	27. —	Allerhöchste Kabinetsorder, durch welche des Königs Majestät der Stadt Krotoschin, im Großherzogthume Posen, die Städteordnung vom 17ten März 1831. zu verleihen geruht haben.	24	1569	182
9. Dezbr.	27. —	Allerhöchste Kabinetsorder, wegen des Gerichtsstandes der auf unbestimmte Zeit beurlaubten Unteroffiziere und Soldaten des stehenden Heeres, in Kriminal- und Injurien-Sachen.	24	1570	182
18. —	31. —	Allerhöchste Kabinetsorder, das Verbot des Besuchs der Universitäten Zürich und Bern betreffend.	25	1571	183

Druckfehler-Berichtigung.

Gesetz-Sammlung. Jahrgang 1834.

Seite 87. letzte Zeile von unten, ist statt: „18ten Juni" zu lesen: „18ten Juli 1834."
- 171. in der ersten Zeile der Inhalts-Rubrik, statt: „27sten September" zu lesen: „17ten September 1834."

Gesetz-Sammlung für die Königlichen Preußischen Staaten.

No. 1.

(No. 1494.) Allerhöchste Kabinetsorder vom 8ten Dezember 1833., wegen Vergütung der von den Kommunen für die Land-Gendarmerie gelieferten Fourage.

Da die Fourage für die Gendarmerie in denjenigen Orten, in welchen weder ein Magazin vorhanden, noch der Bedarf zu einem angemessenen Preise auf dem von Mir durch die Order vom 12ten Dezember 1822. nachgelassenen Wege der Verdingung zu erlangen ist, von den nach §. 12. der Dienst-Instruktion für die Gendarmen vom 30sten Dezember 1820. zur Lieferung verpflichteten Orts-Behörden nicht immer für den laufenden mittleren Marktpreis, welcher aus der Staatskasse vergütigt wird, beschafft werden kann, so will Ich, um den Gemeinen die in solchen Fällen nöthigen Zuschüsse zu ersparen, auf den Bericht vom 31sten Oktober d. J. gestatten: daß, wenn von den Ortsbehörden erweislich die Fourage in der erforderlichen Qualität für den laufenden mittleren Marktpreis nicht zu beschaffen ist, vom 1sten Januar 1834. ab die wirklich gezahlten höhern Preise liquidirt und auf die Staatskasse angewiesen werden. Diese Order, mit deren Ausführung Ich Sie, den Minister des Innern und der Polizei, beauftrage, ist durch die Gesetz-Sammlung zur allgemeinen Kenntniß zu bringen.

Berlin, den 8ten Dezember 1833.

Friedrich Wilhelm.

An das Staatsministerium.

(Ausgegeben zu Berlin den 16ten Januar 1834.)

(No. 1495.) Allerhöchste Kabinetsorder vom 14ten Dezember 1833., die Befugniß der Zivil-Staatsbeamten und Zivil-Staatspensionaire zur Herabsetzung der bei der General-Wittwenkasse versicherten Wittwen-Pensionen betreffend.

Auf Ihren Antrag vom 9ten v. M. bestimme Ich, mit Bezug auf Meine Order vom 27sten Februar 1831., daß, gleichwie es daselbst bereits den übrigen Interessenten der Allgemeinen Wittwen-Verpflegungsanstalt verstattet ist, auch den beitrittspflichtigen Zivil-Staatsbeamten und den Zivil-Staatspensionairen, welche ihren Ehefrauen eine über das vorschriftsmäßige Minimum eines Fünftheils des Gehalts hinausgehende Pension versichert haben, für die Folge freigestellt seyn soll, die versicherte Pension mit Beobachtung der reglementsmäßigen Pensions-Raten zu 25 Rthlr. Gold, unter Einwilligung ihrer Ehefrauen, jedoch nur bis zu dem gedachten Minimum herabzusetzen, und beauftrage Ich Sie, diese nähere Anordnung durch die Gesetz-Sammlung bekannt zu machen.

Berlin, den 14ten Dezember 1833.

Friedrich Wilhelm.

An
die Staatsminister v. Schuckmann und Maassen.

(No. 1496.) Auszug aus der Allerhöchsten Kabinetsorder vom 18ten Dezember 1833., wegen Verleihung der revidirten Städteordnung vom 17ten März 1831. an die Stadt Höxter.

Auf Ihren Bericht vom 18ten v. M. will Ich der Stadt Höxter, nach dem Ansuchen des Gemeinderaths, die Städteordnung vom 17ten März 1831. u. s. w. verleihen u. s. w.

Berlin, den 18ten Dezember 1833.

Friedrich Wilhelm.

An
den Staatsminister Frh. v. Brenn.

(No. 1497.) Allerhöchste Kabinetsorder vom 22sten Dezember 1833., betreffend die in Bezug auf den §. 21. der vorläufigen Verordnung über das Judenwesen im Großherzogthum Posen vom 1sten Juni 1833. erlassene Allerhöchste Bestimmung über die Familien-Namen der Juden in dieser Provinz.

Auf Ihren Antrag vom 18ten v. M. setze Ich, zum §. 21. der vorläufigen Verordnung über das Judenwesen im Großherzogthum Posen vom 1sten Juni d. J. fest: daß alle, auch die zur Naturalisation noch nicht qualifizirten dortigen Juden verpflichtet seyn sollen, einen bestimmten Familien-Namen anzunehmen, unter welchem sie in das anzulegende Verzeichniß einzutragen und in den §. 22. vorgeschriebenen Zertifikaten aufzuführen sind. Die Regierungen, denen die Genehmigung der gewählten Familien-Namen sowohl für die naturalisirten, als der zur Naturalisation noch nicht geeigneten Juden zusteht, haben hierbei darauf zu halten, daß die Familien-Namen von den bisherigen jüdischen Namen nicht abweichen, zugleich auch dahin zu sehen, daß dieses in Ansehung der Vornamen beobachtet werde, welche die jüdischen Eltern den Kindern beilegen. Sie haben diese Bestimmung durch die Gesetz-Sammlung zur allgemeinen Kenntniß zu bringen.

Berlin, den 22sten Dezember 1833.

Friedrich Wilhelm.

An
den Staatsminister Frh. v. Brenn.

(No. 1498.) Verordnung wegen Abänderung des im Artikel 351. der Rheinischen Kriminal-Prozeßordnung vorgeschriebenen Verfahrens. Vom 31sten Dezember 1833.

Wir Friedrich Wilhelm, von Gottes Gnaden, König von Preußen 2c. 2c.

Zur Verhütung der Rechtsunsicherheit, welche für die Einwohner der Rheinprovinz durch die Anwendung des im Artikel 351. der Rheinischen Kriminal-Prozeßordnung vorgeschriebenen Verfahrens entsteht, verordnen Wir, auf den Antrag Unserer Justizminister und nach dem Gutachten Unsers Staatsministeriums, wie folgt:

§. 1. Die Vorschrift im Artikel 351. der Rheinischen Kriminal-Prozeß-Ordnung, nach welcher, wenn der Angeklagte durch die einfache Stimmenmehrheit der Geschwornen der Haupt-Thatsache für schuldig erklärt worden, die

 Stim-

Stimmen der Richter und der Geschwornen zusammengezählt werden, wird hierdurch aufgehoben.

§. 2. In allen Fällen, in welchen die einfache Mehrheit der Stimmen bei der Entscheidung der Geschwornen stattgefunden hat, sie mag die Haupt-That, oder das Daseyn eines erschwerenden Umstandes betreffen, haben die Richter des Assisenhofes selbst in Berathung zu treten, und nach Mehrheit ihrer Stimmen zu entscheiden.

§. 3. Die nach Artikel 341. der Rheinischen Kriminal-Prozeßordnung den Geschwornen durch den Präsidenten des Assisenhofes zu ertheilende Anweisung, muß sich nicht auf die That selbst beschränken, sondern sich auch auf die in den entworfenen Fragen enthaltenden Umstände erstrecken.

§. 4. Bei der Beantwortung der ihnen zugestellten Fragen, haben die Geschwornen in Ansehung nicht blos der That selbst, sondern auch der erschwerenden Umstände, im Eingange ihrer Erklärung bestimmt und ausdrücklich anzuzeigen, ob die bejahende Frage durch eine einfache Stimmenmehrheit von ihnen entschieden sey.

§. 5. Der Präsident des Assisenhofes hat den Vorsteher der Geschwornen, insofern die Anzeige nach §. 4. nicht unmittelbar erfolgt, jedesmal zu befragen: ob die Entscheidung wider den Angeklagten überall, es sey über die That selbst, oder über einen erschwerenden Umstand, auf der absoluten, oder auf der einfachen Stimmenmehrheit beruhe.

§. 6. Die Befolgung vorstehender Vorschriften muß im Audienz-Protokoll angemerkt werden.

§. 7. Jedes Versäumniß dieser Bestimmungen (§§. 3—6.) zieht die Nichtigkeit des Verfahrens nach sich.

Wir befehlen Unsern Rheinischen Gerichten, sich nach vorstehender durch die Gesetz-Sammlung bekannt zu machender Verordnung überall zu achten.

Gegeben Berlin, den 31sten Dezember 1833.

Friedrich Wilhelm.

v. Kamptz. Mühler.

Gesetz-Sammlung
für die
Königlichen Preußischen Staaten.

No. 2.

(No. 1499.) Allerhöchste Kabinetsorder vom 17ten Dezember 1833., wegen der Gewerbe-Steuer-Freiheit des Hüttenbetriebs, und der Gewerbesteuerpflichtigkeit der Hammerwerke.

Auf den Antrag des Staatsministerii vom 28sten August c. bestimme Ich, daß die Gewerbesteuer-Freiheit, die Ich in Meiner Order vom 9ten Januar 1823. nur solchem Hüttenbetriebe, zu welchem nach den Provinzial-Bergordnungen eine Belehnung der Bergbau-Behörde erforderlich ist, bewilligt habe, vom 1sten Januar k. J. ab, ohne Ausnahme allem Hüttenbetriebe zustehen soll, insofern derselbe nicht mit einer Fabrikation von Waaren zum Handel verbunden ist, wobei sich auch von selbst versteht, daß solche Fabrikationsstätten, welche, wie Glas- und Ziegelhütten, nur mißbräuchlich mit dem Namen Hütten belegt werden, der Gewerbesteuer unterliegen. Dagegen sind sämmtliche Hammerwerke vom 1sten Januar k. J. an, so weit es noch nicht geschehen ist, der Gewerbe-Steuer zu unterwerfen, da die besondere Konzession, die in einigen Landestheilen zur Anlage eines Hammers im Verwaltungswege ertheilt wird, keine Belehnung aus dem Titel des Bergregals ist und in den einzelnen Provinzen keine Verschiedenheit der Besteuerung eines und desselben Fabrikationszweiges veranlassen darf. Das Staatsministerium hat diese Order durch die Gesetz-Sammlung zur öffentlichen Kenntniß zu bringen.

Berlin, den 17ten Dezember 1833.

Friedrich Wilhelm.

An das Staatsministerium.

(No. 1500.) Allerhöchste Kabinetsorder vom 22sten Dezember 1833., über die Anwendung der Vorschrift im §. 122. des Gewerbepolizei-Gesetzes vom 7ten September 1811. auf die Provinzen, in welchen dieses Gesetz nicht publizirt ist, mit Ausnahme der Rheinprovinz.

Auf Ihren Bericht vom 30sten v. M. setze Ich hierdurch fest, daß die Vorschrift im §. 122. des Gewerbepolizei-Gesetzes vom 7ten September 1811., nach welcher Kommissionairs, die nicht bloß kaufmännische Geschäfte besorgen, sondern aus der Uebernahme anderer Aufträge ein Gewerbe machen, zum Betriebe desselben der Genehmigung der Orts-Polizeibehörde bedürfen, auch in denjenigen Provinzen, in welchen das Gewerbepolizei-Gesetz vom 7ten September 1811. nicht publizirt worden ist, mit Ausnahme der Rheinprovinz, beobachtet werden soll. Sie haben diesen Befehl durch die Gesetz-Sammlung bekannt zu machen und die Regierungen in den betreffenden Provinzen anzuweisen, demgemäß zu verfahren.

Berlin, den 22sten Dezember 1833.

Friedrich Wilhelm.

An
den Staatsminister v. Schuckmann.

(No. 1501.) Allerhöchste Kabinetsorder vom 24sten Dezember 1833., die Modifikationen zur Meßordnung für die Messen in Frankfurt a. d. O. vom 31sten März 1832. betreffend.

Ich genehmige, nach Ihrem Antrage vom 8ten d. M., in Folge der Zollvereinigung mit dem Königreiche Sachsen, die in dem zurückgehenden Nachtrage zur Meßordnung für die Messen in Frankfurt an der Oder vom 31sten März v. J. enthaltenen Modifikationen derselben und ermächtige Sie, diesen Nachtrag öffentlich bekannt zu machen und darnach verfahren zu lassen.

Berlin, den 24sten Dezember 1833.

Friedrich Wilhelm.

An
die Staatsminister v. Schuckmann und Maassen.

Nachtrag

zur revidirten Meßordnung für die Messen zu Frankfurt a. d. Oder
vom 31sten März 1832.

1) Zu §. 9. sind fortan nur die nach der jedesmaligen Erhebungsrolle mit einer Eingangs-Abgabe von Einem Thaler und darüber belegten ausländischen Manufaktur- und Fabrikwaaren als Meßgüter anzusehen, auf welche das in der Meßordnung weiter vorgeschriebene Kontoverfahren Anwendung findet.

2) Zu §. 11. wird der Steuer-Erlaß oder Rabatt von einem Fünftel des in der jedesmaligen Erhebungsrolle ausgeworfenen Abgabensatzes für jetzt:

a) von Leder und Lederwaaren,
von lakirten Metallwaaren,
von Gewehren und Waffen,
von Steingut und von weißem und einfarbigem Porzellan,
auf Fünf Prozent;

b) von seidenen Waaren,
von kurzen Waaren (Tarif Art. 20.),
von Rauch- und Pelzwaaren,
von bemaltem und vergoldetem Porzellan,
von wollenen Tuchen und gefilzten Hutwaaren; desgleichen von Teppichen

pichen aus Wolle oder andern Thierhaaren und dergleichen mit Leinen gemischt,

auf Zehn Prozent;

c) von allen übrigen im §. 11. der Meßordnung bezeichneten Waaren aber auf Funfzehn Prozent ermäßigt.

Berlin, den 24sten Dezember 1833.

v. Schuckmann. Maassen.

(No. 1502.) Allerhöchste Kabinetsorder vom 26sten Dezember 1833., betreffend die Ausdehnung des in der Verordnung vom 8ten August 1832. vorgeschriebenen Verfahrens auf Geld-Entschädigungen für den zu Kanälen und öffentlichen Flußbauten abgetretenen Grund und Boden.

Auf Ihren Antrag vom 30sten v. M. bestimme Ich, daß dasjenige bei Auszahlung der Entschädigungssummen für die zum Chausseebau abgetretenen Privatländereien abgekürzte Verfahren, welches Ich durch die Verordnung vom 8ten August v. J. in der Kurmark vorgeschrieben und durch die Erlasse vom 17ten Februar und 22sten August d. J. auf Preußen und Posen ausgedehnt habe, in diesen drei Provinzen auch auf die Geld-Entschädigung für den zu Anlegung von Kanälen und zu öffentlichen Flußbauten abgetretenen Grund und Boden, von den Behörden angewendet werden soll. Ich beauftrage Sie, diese Bestimmung durch die Gesetz-Sammlung bekannt zu machen.

Berlin, den 26sten Dezember 1833.

Friedrich Wilhelm.

An
die Staatsminister v. Schuckmann und Mühler.

Gesetz-Sammlung
für die
Königlichen Preußischen Staaten.

No. 3.

(No. 1503.) Das zwischen der diesseitigen und der Sachsen-Koburg-Gothaischen Regierung unterm 23sten Dezember 1833. abgeschlossene Abkommen, die gegenseitigen Gerichtsbarkeits-Verhältnisse betreffend.

Zwischen der Königlich-Preußischen und der Herzoglich-Sachsen-Koburg-Gothaischen Regierung ist zur Beförderung der Rechtspflege folgende Uebereinkunft getroffen worden:

I. Allgemeine Bestimmungen.

Art. 1. Die Gerichte beider Staaten leisten sich gegenseitig alle diejenige Rechtshülfe, welche sie den Gerichten des Inlandes, nach dessen Gesetzen und Gerichtsverfassung, nicht verweigern dürfen, inwiefern das gegenwärtige Abkommen nicht besondere Einschränkungen feststellt.

Art. 2. Die Vollstreckbarkeit der richterlichen Erkenntnisse wird gegenseitig anerkannt, dafern diese nach den näheren Bestimmungen des gegenwärtigen Abkommens von einem beiderseits als kompetent anerkannten Gerichte gesprochen worden sind, und nach den Gesetzen des Staats, von dessen Gericht sie gefällt worden, die Rechtskraft bereits beschritten haben.

Solche Erkenntnisse werden an dem in dem andern Staate befindlichen Vermögen des Sachfälligen unweigerlich vollstreckt.

Art. 3. Ein von einem zuständigen Gerichte gefälltes rechtskräftiges Erkenntniß begründet vor den Gerichten des andern Staates die Einrede des rechtskräftigen Urtheils (exceptio rei judicatae) mit denselben Wirkungen, als wenn das Urtheil von einem Gerichte desjenigen Staates, in welchem solche Einrede geltend gemacht wird, gesprochen wäre.

II. Besondere Bestimmungen.

1) Rücksichtlich der Gerichtsbarkeit in bürgerlichen Rechtsstreitigkeiten.

Art. 4. Keinem Unterthanen ist es erlaubt, sich durch freiwillige Prorogation der Gerichtsbarkeit des anderen Staates, dem er als Unterthan und Staatsbürger nicht angehört, zu unterwerfen.

Keine Gerichtsbehörde ist befugt, der Requisition eines solchen gesetzwidrig prorogirten Gerichts, um Stellung des Beklagten oder Vollstreckung des Er-

(Ausgegeben zu Berlin den 11ten Februar 1834.)

Erkenntnisses statt zu geben, vielmehr wird jedes von einem solchen Gericht gesprochene Erkenntniß in dem andern Staate als ungültig betrachtet.

Der Kläger folgt dem Beklagten.

Art. 5. Beide Staaten erkennen den Grundsatz an, daß der Kläger dem Gerichtsstande des Beklagten zu folgen habe; es wird daher das Urtheil der fremden Gerichtsstelle nicht nur, sofern dasselbe den Beklagten, sondern auch sofern es den Kläger, z. B. rücksichtlich der Erstattung von Gerichtskosten, betrifft, in dem anderen Staate als rechtsgültig anerkannt und vollzogen.

Widerklage.

Art. 6. Für die Widerklage ist die Gerichtsbarkeit des über die Vorklage zuständigen Richters begründet, dafern nur jene mit dieser im rechtlichen Zusammenhange steht, und sonst nach den Landesgesetzen des Vorbeklagten zulässig ist.

Provokationsklage.

Art. 7. Die Provokationsklagen (ex lege diffamari oder ex legi si condendat) werden erhoben vor dem persönlich zuständigen Gerichte der Provokanten, oder da, wohin die Klage in der Hauptsache selbst gehörig ist; es wird daher die von diesem Gerichte, besonders im Falle des Ungehorsams, rechtskräftig ausgesprochene Sentenz von der Obrigkeit des Provozirten als vollstreckbar anerkannt.

Persönlicher Gerichtsstand.

Art. 8. Der persönliche Gerichtsstand, welcher entweder durch den Wohnsitz in einem Staate, oder bei denen, die einen eigenen Wohnsitz noch nicht genommen haben, durch die Herkunft in dem Gerichtsstande der Eltern begründet ist, wird von beiden Staaten in persönlichen Klagsachen dergestalt anerkannt, daß der Unterthan des einen Staates von den Unterthanen des andern nur vor seinem persönlichen Richter belangt werden darf. Es müßten denn bei jenen persönlichen Klagsachen neben dem persönlichen Gerichtsstande noch die besonderen Gerichtsstände des Kontraktes oder der geführten Verwaltung konkurriren, welchen Falls die persönliche Klage auch vor diesen Gerichtsständen erhoben werden kann.

Art. 9. Die Absicht, einen beständigen Wohnsitz an einem Orte nehmen zu wollen, kann sowohl ausdrücklich, als durch Handlungen, geäußert werden.

Das Letztere geschieht, wenn Jemand an einem gewissen Orte ein Amt, welches seine beständige Gegenwart daselbst erfordert, übernimmt, Handel oder Gewerbe daselbst zu treiben anfängt, oder sich daselbst Alles, was zu einer eingerichteten Wirthschaft gehört, anschafft. Die Absicht muß aber nicht bloß in Beziehung auf den Staat, sondern selbst auf den Ort, wo der Wohnsitz genommen werden soll, bestimmt geäußert seyn.

Art. 10. Wenn Jemand, sowohl in dem einen als in dem anderen Staate, seinen Wohnsitz in dem landesgesetzlichen Sinne genommen hat; so hängt die Wahl des Gerichtsstandes vom Kläger ab.

Art. 11. Der Wohnsitz des Vaters, wenn dieser noch am Leben ist, begründet zugleich den ordentlichen Gerichtsstand des noch in seiner Gewalt befindlichen Kindes, ohne Rücksicht auf den Ort, wo dasselbe geboren worden, oder wo das Kind sich nur eine Zeit lang aufhält.

Art. 12. Ist der Vater verstorben, so verbleibt der Gerichtsstand, unter welchem derselbe zur Zeit seines Ablebens seinen Wohnsitz hatte, der ordentliche Gerichtsstand des Kindes, so lange dasselbe noch keinen eigenen ordentlichen Wohnsitz rechtlich begründet hat.

Art.

Art. 13. Ist der Vater unbekannt, oder das Kind nicht aus einer Ehe zur rechten Hand erzeugt, so richtet sich der Gerichtsstand eines solchen Kindes auf gleiche Art nach dem gewöhnlichen Gerichtsstande der Mutter.

Art. 14. Diejenigen, welche in dem einen oder dem andern Staate, ohne dessen Bürger zu seyn, eine abgesonderte Handlung, Fabrik oder ein anderes dergleichen Etablissement besitzen, sollen wegen persönlicher Verbindlichkeiten, welche sie in Ansehung solcher Etablissements eingegangen haben, sowohl vor den Gerichten des Landes, wo die Gewerks-Anstalten sich befinden, als vor dem Gerichtsstande des Wohnortes belangt werden können.

Art. 15. Die Uebernahme einer Pachtung, verbunden mit dem persönlichen Aufenthalte auf dem erpachteten Gute, soll den Wohnsitz des Pächters im Staate begründen.

Art. 16. Ausnahmsweise sollen Studirende und Dienstboten auch in demjenigen Staate, wo sie sich in dieser Eigenschaft aufhalten, während dieser Zeit noch einen persönlichen Gerichtsstand haben, hier aber, so viel ihren persönlichen Zustand und die davon abhangenden Rechte betrifft, ohne Ausnahme nach den Gesetzen ihres Wohnortes und ordentlichen Gerichtsstandes beurtheilt werden.

Gerichtsstand der Erben.

Art. 17. Erben werden wegen persönlicher Verbindlichkeiten ihres Erblassers vor dessen Gerichtsstande so lange belangt, als die Erbschaft ganz oder theilweise noch dort vorhanden, oder, wenn der Erben mehrere sind, noch nicht getheilt ist.

Allgemeines Gantgericht.

Art. 18. Im Konkurse wird der persönliche Gerichtsstand des Schuldners auch als Allgemeines Gantgericht anerkannt, ausgenommen wenn der größere Theil des Vermögens bei dessen Bestimmung das über die Vermögensmasse aufzunehmende Inventarium und Taxe zum Grunde zu legen ist, in dem andern Staate sich befindet, wo alsdann dem letztern unter der im Art. 22. enthaltenen Beschränkung das Recht des Allgemeinen Gantgerichts zugestanden wird.

Art. 19. Aktivforderungen werden, ohne Unterschied, ob sie hypothekarisch sind oder nicht, angesehen, als befänden sie sich an dem Wohnorte des Gemeinschuldners.

Art. 20. Einem Partikularkonkurse wird nicht Statt gegeben, ausgenommen, wenn ein gesetzlich begründetes Separationsrecht geltend gemacht wird, namentlich wenn der Gemeinschuldner in dem andern Staate, wo er seinen Wohnsitz nicht hatte, eine abgesonderte Handlung, Fabrik, oder ein anderes dergleichen Etablissement, welches als ein eigenes Ganzes, einen besonderen Inbegriff von Rechten und Verbindlichkeiten des Gemeinschuldners bildet, besitzt, welchen Falls zum Vortheile derjenigen Gläubiger, welche in Ansehung dieses Etablissements besonders kreditirt haben, ein Partikularkonkurs eröffnet werden darf.

Wirkungen des Allgemeinen Gantgerichtsstandes.

Art. 21. Alle Forderungen, sie seyen auf ein dingliches oder persönliches Recht gegründet, sind allein bei dem Allgemeinen Gantgerichte einzuklagen, oder, wenn sie bereits klagbar gemacht worden, dort weiter zu verfolgen. Das außerhalb Landes befindliche Vermögen des Gemeinschuldners wird, nach vorgängiger Veräußerung der Grundstücke und Effekten, durch den Richter der gelegenen Sache dem Gantgerichte abgeliefert.

Rechtliche Beurtheilung u. Ordnung der dinglichen und persönlichen Rechte.

Art. 22. Dingliche Rechte werden nach den Gesetzen des Orts der belegenen Sache beurtheilt und geordnet; über die Rangordnung rein persönlicher An-

Ansprüche und deren Verhältnisse zu den dinglichen Rechten entscheiden die am Orte des Gantgerichts geltenden Gesetze, und es findet kein Unterschied zwischen in- und ausländischen Gläubigern, als solchen, statt. Damit insbesondere bei der Eigenthümlichkeit der Preußischen Hypothekenverfassung die auf den im Preußischen Gebiete gelegenen Grundstücken eingetragenen Gläubiger in ihren Rechten keinen Schaden leiden, hat es in Rücksicht ihrer bei der Absonderung und Vertheilung der Immobiliarmasse nach den Vorschriften der Allgemeinen Gerichtsordnung Theil I. Titel 50. §§. 489 - 522. sein Bewenden.

Art. 23. Alle Realklagen, desgleichen alle possessorischen Rechtsmittel, wie auch die sogenannten actiones in rem scriptae, müssen, dafern sie eine unbewegliche Sache betreffen, vor dem Gerichte, in dessen Bezirk sich die Sache befindet — können aber, wenn der Gegenstand beweglich ist, auch vor dem persönlichen Gerichtsstande des Beklagten — erhoben werden, vorbehältlich dessen, was auf den Fall des Konkurses bestimmt ist.

Art. 24. In dem Gerichtsstande der Sache können keine blos (rein) persönlichen Klagen angestellt werden.

Art. 25. Eine Ausnahme von dieser Regel findet jedoch statt, wenn gegen den Besitzer unbeweglicher Güter eine solche persönliche Klage angestellt wird, welche aus dem Besitze des Grundstücks, oder aus Handlungen fließt, die er in der Eigenschaft als Gutsbesitzer vorgenommen hat. Wenn daher ein solcher Grundbesitzer

1) die mit seinem Pachter, oder Verwalter eingegangenen Verbindlichkeiten zu erfüllen, oder
2) die zum Besten des Grundstücks geleisteten Vorschüsse, oder gelieferten Materialien und Arbeiten, zu vergüten sich weigert, oder
3) die Patrimonial-Gerichtsbarkeit, oder ein ähnliches Befugniß mißbraucht, oder
4) seine Nachbarn im Besitze stört,
5) sich eines auf das benachbarte Grundstück ihm zustehenden Rechts berühmt, oder
6) wenn er das Grundstück ganz, oder zum Theil veräußert, und den Kontrakt nicht erfüllt, oder die schuldige Gewähr nicht leistet,

so muß derselbe in allen diesen Fällen bei dem Gerichtsstande der Sache Recht nehmen, wenn sein Gegner ihn in seinem persönlichen Gerichtsstande nicht belangen will.

Art. 26. Eben so begründet ausnahmsweise auch der Besitz eines Lehn-Gutes, oder die gesammte Hand daran, zugleich einen persönlichen Gerichtsstand.

Art. 27. Erbschaftsklagen werden da, wo die Erbschaft sich befindet, erhoben und zwar dergestalt, daß, wenn die Erbschaftsstücke zum Theil in dem einen, zum Theil in dem andern Staatsgebiete sich befinden, der Kläger seine Klage zu theilen verbunden ist, ohne Rücksicht, wo der größte Theil der Erbschaftssachen sich befinden mag.

Doch werden alle bewegliche Erbschaftsstücke angesehen, als befänden sie sich an dem Wohnorte des Erblassers.

Aktivforderungen werden ohne Unterschied, ob sie hypothekarisch sind oder nicht, den beweglichen Sachen beigezählt.

Art.

Art. 28. Ein Arrest darf in dem einen Staate und nach den Gesetzen desselben, gegen den Bürger des anderen Staates ausgebracht und verfügt werden, unter der Bedingung jedoch, daß entweder auch die Hauptsache dorthin gehöre, oder daß sich eine wirkliche gegenwärtige Gefahr auf Seiten des Gläubigers nachweisen lasse. Ist in dem Staate, in welchem der Arrest verhangen worden, ein Gerichtsstand für die Hauptsache nicht begründet, so ist diese nach vorläufiger Regulirung des Arrestes an den zuständigen Richter des anderen Staates zu verweisen. Was dieser rechtskräftig erkennt, unterliegt der allgemeinen Bestimmung im Art. 2.

Gerichtsstand des Arrestes.

Art. 29. Der Gerichtsstand des Kontraktes, vor welchem eben sowohl auf Erfüllung, als wie auf Aufhebung des Kontraktes geklagt werden kann, findet nur dann seine Anwendung, wenn der Kontrahent zur Zeit der Ladung in dem Gerichtsbezirke sich anwesend befindet, in welchem der Kontrakt geschlossen worden ist, oder in Erfüllung gehen soll.

Gerichtsstand des Kontraktes.

Dieses ist besonders auf die, auf öffentlichen Märkten geschlossenen Kontrakte, auf Viehhandel und dergleichen anwendbar.

Art. 30. Die Klausel in einer Wechselverschreibung, wodurch sich der Schuldner der Gerichtsbarkeit eines jeden Wechselgerichts, in dessen Gerichtszwang er zu der Verfallzeit anzutreffen sey, unterworfen hat, wird als gültig, das hiernach eintretende Gericht, welches die Vorladung bewirkt hat, für zuständig, mithin dessen Erkenntniß für vollstreckbar an den in dem anderen Staate belegenen Gütern anerkannt.

Besonders bei Wechselverschreibungen.

Art. 31. Bei dem Gerichtsstande, unter welchem Jemand fremdes Gut oder Vermögen bewirthschaftet oder verwaltet hat, muß er auch auf die aus einer solchen Administration angestellten Klagen sich einlassen, es müßte denn die Administration bereits völlig beendigt und dem Verwalter über die gelegte Rechnung quittirt seyn. Wenn daher ein aus der quittirten Rechnung verbliebener Rückstand gefordert, oder eine ertheilte Quittung angefochten wird, so kann dieses nicht bei dem vormaligen Gerichtsstande der geführten Verwaltung geschehen.

Gerichtsstand geführter Verwaltung.

Art. 32. Jede echte Intervention, die nicht eine besonders zu behandelnde Rechtssache in einen schon anhängigen Prozeß einmischt, sie sey prinzipal oder akzessorisch, betreffe den Kläger oder den Beklagten, sey nach vorgängiger Streit-Ankündigung oder ohne dieselbe geschehen, begründet gegen den ausländischen Intervenienten die Gerichtsbarkeit des Staates, in welchem der Haupt-Prozeß geführt wird.

Ueber Intervention.

Art. 33. Sobald vor irgend einem in den bisherigen Artikeln bestimmten Gerichtsstande eine Sache rechtshängig geworden ist, so ist der Streit daselbst zu beendigen, ohne daß die Rechtshängigkeit durch Veränderung des Wohnsitzes oder Aufenthalt des Beklagten gestört oder aufgehoben werden könnte.

Wirkung der Rechtshängigkeit.

Die Rechtshängigkeit einzelner Klagsachen wird durch Insinuation der Ladung zur Einlassung auf die Klage für begründet erkannt.

2) In Hinsicht der Gerichtsbarkeit in nicht streitigen Rechtssachen.

Art. 34. Alle Rechtsgeschäfte unter Lebenden und auf den Todesfall werden, was die Gültigkeit derselben rücksichtlich ihrer Form betrifft, nach den Gesetzen des Orts beurtheilt, wo sie eingegangen sind.

Wenn

Wenn nach der Verfassung des einen oder des andern Staates die Gültigkeit einer Handlung allein von der Aufnahme vor einer bestimmten Behörde in demselben abhängt, so hat es auch hierbei sein Verbleiben.

Art. 35. Verträge, welche die Begründung eines dinglichen Rechtes auf unbewegliche Sachen zum Zweck haben, richten sich lediglich nach den Gesetzen des Ortes, wo die Sachen liegen.

3) In Rücksicht der Strafgerichtsbarkeit.

Auslieferung der Verbrecher.

Art. 36. Verbrecher und andere Uebertreter von Strafgesetzen werden, soweit nicht die nachfolgenden Artikel Ausnahmen bestimmen, von dem einen Staate dem andern nicht ausgeliefert, sondern wegen der in dem andern Staate begangenen Verbrechen und Uebertretungen von dem Staate, dem sie angehören, zur Untersuchung gezogen und nach dessen Gesetzen gerichtet. Daher findet denn auch ein Kontumazialverfahren des andern Staates gegen sie nicht statt.

Rücksichtlich der Forstfrevel in den Grenzwaldungen hat es bei dem Abkommen vom 4ten Dezember 1821. und 26sten November 1824. sein Bewenden; in solchen Fällen jedoch, wo der Holzdieb nicht vermögend ist, die Geld-Strafe ganz oder theilweise zu erlegen, und wo Gefängnißstrafe eintritt, soll letztere niemals nach der Wahl des Wald-Eigenthümers in Forst-Arbeit verwandelt werden können. Für die Konstatirung eines Forstfrevels, welcher von einem Angehörigen des einen Staates in dem Gebiete des andern verübt worden, soll den offiziellen Angaben und Abschätzungen der kompetenten Forst- und Polizeibeamten des Ortes des begangenen Frevels die volle gesetzliche, zur Verurtheilung des Beschuldigten hinreichende, Beweiskraft von der zur Aburtheilung geeigneten Gerichtsstelle beigelegt werden, wenn dieser Beamte, der übrigens keinen Denunzianten-Antheil an den Strafgeldern und keine Pfandgelder zu genießen hat, nach Maaßgabe des Königlich-Preußischen Gesetzes vom 7ten Juni 1821., vor Gericht auf die wahrheitmäßige, treue und gewissenhafte Angabe seiner Wahrnehmung und Kenntniß eidlich verpflichtet worden ist.

Vollstreckung der Straf-Erkenntnisse.

Art. 37. Wenn der Unterthan des einen Staates in dem Gebiete des andern sich eines Vergehens oder Verbrechens schuldig gemacht hat, und daselbst ergriffen und abgeurtheilt worden ist, so wird, wenn der Verbrecher vor der Strafverbüßung sich in seinen Heimathsstaat zurück begeben hat, oder vor der Aburtheilung gegen juratorische Kaution entlassen worden ist, von diesem das Erkenntniß des ausländischen Gerichts, nach vorgängiger Requisition und Mittheilung des Urtheiles, sowohl an der Person, als an den im Staatsgebiete befindlichen Gütern des Verurtheilten vollzogen, vorausgesetzt, daß die Handlung, wegen deren die Strafe erkannt worden, auch nach den Gesetzen des requirirten Staates als ein Vergehen oder Verbrechen erscheint, und nicht zu den blos polizei-finanzgesetzlichen Uebertretungen gehört, von welchen der nächstfolgende Artikel handelt. Im Falle einer eigenmächtigen Flucht des Verbrechers, vor der Aburtheilung, soll es dem untersuchenden Gerichte nur frei stehen, unter Mittheilung der Akten bei dem Gerichte des Wohnortes auf Fortsetzung der Untersuchung und Bestrafung nach Art. 36. anzutragen. In solchen Fällen, wo der Verbrecher nicht vermögend ist, die Kosten der Strafvollstreckung zu tragen, hat das requirirende Gericht solche zu ersetzen.

Art.

Bedingt zu verstattende Selbststellung.

Art. 38. Hat ein Unterthan des einen Staates Strafgesetze des andern durch solche Handlungen verletzt, welche in dem Staate, dem er angehört, gar nicht verpönt sind, z. B. durch Uebertretung eigenthümlicher Abgabengesetze, Polizeivorschriften und dergleichen, und welche demnach von diesem Staate auch nicht bestraft werden könnten, so soll auf vorgängige Requisition zwar nicht zwangsweise der Unterthan vor das Gericht des andern Staates gestellt, demselben aber sich selbst zu stellen verstattet werden, damit er sich gegen die Anschuldigungen vertheidigen und gegen das in solchem Falle zulässige Kontumazial-Verfahren wahren könne.

Doch soll, wenn bei Uebertretung eines Abgabengesetzes des einen Staates dem Unterthan des andern Waaren in Beschlag genommen worden sind, die Verurtheilung, sey es im Wege des Kontumazial-Verfahrens oder sonst insofern eintreten, als sie sich nur auf die in Beschlag genommenen Gegenstände beschränkt.

Art. 39. Der zuständige Strafrichter darf auch über die aus dem Verbrechen entsprungenen Privat-Ansprüche mit erkennen, wenn wegen derselben von dem Beschädigten adhärirt worden ist.

Auslieferung der Geflüchteten.

Art. 40. Unterthanen des einen Staates, welche wegen Verbrechen oder anderer Uebertretungen ihr Vaterland verlassen und in den andern Staat sich geflüchtet haben, ohne daselbst zu Unterthanen aufgenommen worden zu seyn, werden nach vorgängiger Requisition, gegen Erstattung der Kosten, und zwar, wenn wegen Unvermögenheit der Inquisiten oder sonst die Untersuchungskosten niedergeschlagen werden müssen, nur der baaren Auslagen, z. B. für Atzung, Transport, Porto und Kopialien, ausgeliefert.

Auslieferung der Ausländer.

Art. 41. Solche, eines Verbrechens oder einer Uebertretung verdächtige Individuen, welche weder des einen noch des anderen Staates Unterthanen sind, werden, wenn sie Strafgesetze des einen der beiden Staaten verletzt zu haben beschuldigt sind, demjenigen, in welchem die Uebertretung verübt wurde, auf vorgängige Requisition, gegen Erstattung der Kosten, wie diese im vorigen Artikel bestimmt ist, ausgeliefert; es sey denn, daß der Staat, welchem er als Unterthan angehört, auf die vorher von dem requirirten gemachte Anzeige der Verhaftung, jene Uebertreter selbst reklamirt, und ihre Auslieferung zur eigenen Bestrafung in Antrag bringt.

Verbindlichkeit zur Annahme der Auslieferung.

Art. 42. In denselben Fällen, wo der eine Staat berechtigt ist, die Auslieferung eines Beschuldigten zu fordern, ist er auch verbunden, die ihm von dem andern Staate angebotene Auslieferung anzunehmen.

Stellung der Zeugen.

Art. 43. In Kriminalfällen, wo die persönliche Gegenwart der Zeugen an dem Orte der Untersuchung nothwendig ist, soll die Stellung der Unterthanen des einen Staates vor das Untersuchungsgericht des andern, zur Ablegung des Zeugnisses, zur Konfrontation oder Rekognition, gegen vollständige Vergütung der Reisekosten und der Versäumniß, nie verweigert werden. Auch in solchen Fällen, wo die Zeugen vor dem requirirten Gerichte abgehört werden, hat das requirirende Gericht die Entschädigung der Zeugen zu bezahlen. Uebrigens verbleibt es bei dem, wegen der gegenseitigen Kostenvergütung unter dem 8ten Mai

Mai 1819. mit der Herzoglich-Sachsen-Gotha- und Altenburgischen Regierung getroffenen Uebereinkommen.

Art. 44. Da nunmehr die Fälle genau bestimmt sind, in welchen die Auslieferung der Angeschuldigten oder Gestellung der Zeugen gegenseitig nicht verweigert werden soll, so hat im einzelnen Falle die Behörde, welcher sie obliegt, weder vorgängige reversales de observando reciproco zu erfordern, noch, dafern sie nur eine Provinzialbehörde ist, in der Regel erst die besondere Genehmigung der ihr vorgesetzten Ministerialbehörde einzuholen, es sey denn, daß im einzelnen Falle die Anwendung des Abkommens noch Zweifel zuließe, oder sonst ganz eigenthümliche Bedenken hervorträten. Unterbehörden bleiben aber unter allen Umständen verpflichtet, keinen Menschen außer Landes verabfolgen zu lassen, bevor sie nicht zu dieser Auslieferung der Autorisation der ihnen unmittelbar vorgesetzten Behörde eingeholt haben.

Art. 45. Sämmtliche vorstehende Bestimmungen gelten nicht in Beziehung auf die Königlich-Preußischen Rheinprovinzen. Rücksichtlich dieser hat es bei der Verordnung vom 2ten Mai 1823. sein Bewenden.

Art. 46. Die Dauer dieses Abkommens wird auf zwölf Jahre, vom 1sten Januar 1834. an gerechnet, festgesetzt. Erfolgt ein Jahr vor dem Ablaufe keine Aufkündigung von der einen oder der andern Seite, so ist es stillschweigend als auf noch zwölf Jahre weiter verlängert, anzusehen.

Gegenwärtige, im Namen Seiner Majestät des Königs von Preußen und Seiner Durchlaucht des Herzogs von Sachsen-Koburg-Gotha zweimal gleichlautend ausgefertigte Erklärung soll, nach erfolgter gegenseitiger Auswechselung, Kraft und Wirksamkeit in den beiderseitigen Landen haben, und öffentlich bekannt gemacht werden.

So geschehen Berlin, den 23sten Dezember 1833.

Königlich-Preußisches Ministerium der auswärtigen Angelegenheiten.

(L. S.) Ancillon.

Gesetz-Sammlung
für die
Königlichen Preußischen Staaten.

No. 4.

(No. 1504.) Erklärung wegen des, zwischen der Königlich-Preußischen und der Regierung des Freistaats Krakau getroffenen Uebereinkommens, rücksichtlich der gegenseitigen kostenfreien Erledigung gerichtlicher Requisitionen in Armensachen. Vom 10ten Januar 1834.

Nachdem die Königlich-Preußische Regierung mit der Regierung des Freistaats Krakau dahin übereingekommen ist, die gegenseitige Kostenvergütigung in Kriminal-, Civil- und Vormundschaftssachen, rücksichtlich der dabei betheiligten unvermögenden Personen, aufzuheben, erklärt das Königlich-Preußische Ministerium der auswärtigen Angelegenheiten hiermit Folgendes:

I.

In allen Fällen, wo in Untersuchungs-, Civil- und insonderheit Vormundschaftssachen Requisitionen von einer Königlich-Preußischen Gerichts- oder vormundschaftlichen Behörde, an eine derartige Behörde des Freistaates Krakau oder von dieser an jene erlassen werden, so wie wenn Delinquenten von einem Gericht an das andere ausgeliefert werden, sind nicht allein alle baaren Auslagen, sondern auch die sämmtlichen, nach der bei dem requirirten Gerichte üblichen Taxe zu liquidirenden Gebühren dem letztern aus dem Vermögen der betreffenden Person, wenn solches hinreicht, zu entrichten. — Hat selbige aber kein Vermögen, so fallen die Gebühren für die Arbeiten der requirirten Behörde, mithin auch alle Vergütung oder Taxe für Zeugenvernehmungen und für Abhaltung der Termine, für den Erlaß oder die Expedition der Verfügungen, desgleichen die Insinuations- und sogenannten Siegelgebühren durchgehends weg, und das requirirende Gericht bezahlt alsdann dem erstern nur die unvermeidlichen baaren Auslagen für Atzung, Transport, Porto, Kopialien, Reise- und Zehrungskosten der Richter und Zeugen, nach den, bei den requirirten Gerichten üblichen Taxsätzen.

II.

Zur Entscheidung der Frage: ob der Delinquent oder die sonst betheiligte Per-

(Ausgegeben zu Berlin den 13ten März 1834.)

Person hinlängliches Vermögen zur Berichtigung der Gerichtsgebühren besitze oder nicht? soll in dem beiderseitigen Gebiete nichts weiter als das Zeugniß derjenigen obrigkeitlichen Stelle erfordert werden, unter welcher die betheiligten Personen ihre wesentliche Wohnung haben. — Sollte ein Delinquent solche in einem dritten Lande gehabt haben, und die Einziehung der Kosten dort mit Schwierigkeit verknüpft seyn, so wird angenommen, daß er kein hinlängliches Vermögen besitzt.

III.

Den in allen Untersuchungs-, Civil- und Vormundschaftssachen zu sistirenden Zeugen und jeder abzuhörenden Person überhaupt, sollen die Reise- und Zehrungskosten, nebst der, wegen ihrer Versäumniß ihnen gebührenden Vergütung, nach deren vom requirirten Gericht geschehenen Verzeichnung bei erfolgter wirklichen Sistirung, sey es von dem requirirten oder von dem requirirenden Gericht, unverzüglich verabreicht werden. Insofern sie dazu eines Vorschusses bedürfen, wird das requirirte Gericht zwar die erforderliche Auslage übernehmen; es soll selbige jedoch vom requirirenden Gericht, auf die erhaltene Benachrichtigung, dem requirirten Gerichte erstattet werden.

IV.

Gegenwärtige Erklärung soll, nachdem sie gegen eine übereinstimmende der Regierung des Freistaats Krakau ausgewechselt worden, Kraft und Wirksamkeit in den beiderseitigen Gebieten haben, und öffentlich bekannt gemacht werden.

Berlin, den 10ten Januar 1834.

(L. S.)

Königlich-Preußisches Ministerium der auswärtigen Angelegenheiten.

Eichhorn.

(No. 1505.) Allerhöchste Kabinetsorder vom 26sten Januar 1834., betreffend die Berechnung des Werthstempels in Konkurs- und Liquidationsprozessen.

Auf den Bericht des Staatsministeriums vom 16ten d. M. will Ich, nach dessen Anträgen, die Zweifel über die Berechnung des Werthstempels in Konkurs- und Liquidationsprozessen nach den Vorschriften in §§. 11. und 19. des Stempelgesetzes vom 7ten März 1822. durch die Bestimmung beseitigen:

daß der stempelpflichtige Werth in Konkurs- und Liquidationsprozessen nur nach demjenigen Betrage der Aktivmasse festzusetzen ist, welcher von den Gläubigern in Anspruch genommen wird und zur Vertheilung unter sie kommen soll; daß also in allen Fällen die zur Perzeption kommende Passivmasse, auch wenn sie weniger beträgt als die Aktiv-Masse, zum Maaßstabe des zu erhebenden Prozeßstempels zu nehmen ist.

Das Staatsministerium hat diesen Erlaß durch die Gesetz-Sammlung bekannt zu machen, und Sie, die Finanz- und Justizminister, haben hiernach die Behörden mit Anweisung zu versehen.

Berlin, den 26sten Januar 1834.

Friedrich Wilhelm.

An das Staatsministerium.

(No. 1506.) Allerhöchste Kabinetsorder vom 26sten Januar 1834., wodurch der §. 5. des Rang-Reglements vom 7ten Februar 1817. hinsichtlich des Polizeipräsidenten der Haupt- und Residenzstadt Berlin, modifizirt worden.

Ich habe nach dem Vorschlage des Staatsministeriums verfügt, daß dem jedesmaligen Polizeipräsidenten der Haupt- und Residenzstadt Berlin der Rang eines Ministerialraths der zweiten Klasse zustehen soll. Die Bestimmung im §. 5. des Rang-Reglements vom 7ten Februar 1817. wird hiernach modifizirt. Das Staatsministerium hat das weiter Erforderliche diesem gemäß zu veranlassen.

Berlin, den 26sten Januar 1834.

Friedrich Wilhelm.

An das Staatsministerium.

(No. 1507.) Allerhöchste Kabinetsorder vom 30sten Januar 1834., wonach in der Provinz Westphalen das Nichteinziehen zu den Uebungen des ersten Aufgebots der Landwehr erst nach dem zurückgelegten 33sten Lebensjahre stattfinden soll.

Ich fertige Ihnen in der abschriftlichen Anlage Meine an den General der Infanterie Freiherrn von Müffling und Oberpräsidenten von Vincke heute erlassene Order zur Kenntnißnahme zu.

Berlin, den 30sten Januar 1834.

Friedrich Wilhelm.

An den Staatsminister Frh. v. Brenn und General-Lieutenant v. Witzleben.

Ich bestimme auf die Mir vorgelegte Anfrage, daß bei der in der Provinz Westphalen bestehenden Einrichtung, die militairpflichtigen Leute erst mit 21 Jahren auszuheben, auch das Nichteinziehen zu den Uebungen des ersten Aufgebots der Landwehr erst nach dem zurückgelegten 33sten Lebensjahre stattfinden soll. Ich trage Ihnen auf, hiernach verfahren zu lassen.

Berlin, den 30sten Januar 1834.

Friedrich Wilhelm.

An den General der Infanterie Frh. v. Müffling und den Wirklichen Geheimen Rath Oberpräsidenten v. Vincke.

(No. 1508.) Allerhöchste Kabinetsorder vom 1sten Februar 1834., die Verleihung der Städteordnung an die Stadt Dortmund betreffend.

Auf Ihren Antrag vom 14ten v. M. will Ich der Stadt Dortmund die revidirte Städteordnung vom 17ten März 1831. verleihen.

Berlin, den 1sten Februar 1834.

Friedrich Wilhelm.

An den Staatsminister Frh. v. Brenn.

Druckfehler.

Im §. 4. der Allerhöchsten Verordnung vom 31sten Dezember v. J. wegen Berechnung der Stimmen in den Assisen (Gesetz-Sammlung No. 1498.) ist statt der Worte: „bejahende Frage" zu lesen: „bejahete Frage".

Gesetz-Sammlung
für die
Königlichen Preußischen Staaten.

No. 5.

(No. 1509.) Publikations-Patent wegen der mit Ihren Majestäten den Kaisern von Oestreich und von Rußland getroffenen Stipulationen hinsichtlich der Auslieferung politischer Verbrecher. Vom 15ten März 1834.

Wir Friedrich Wilhelm, von Gottes Gnaden, König von Preußen 2c. 2c.

Zu mehrerer Befestigung der zwischen Uns und Ihren Majestäten dem Kaiser von Oestreich und dem Kaiser von Rußland, König von Polen, und Unseren Staaten bestehenden innigen freundschaftlichen und nachbarlichen Verhältnisse, und bei dem gleichen Interesse der drei Mächte an der Aufrechthaltung der Ruhe und gesetzlichen Ordnung in den Ihrer Herrschaft unterworfenen Polnischen Provinzen, sind Wir mit gedachten Ihren Majestäten über nachstehende Bestimmungen übereingekommen:

Wer in den Preußischen, Oestreichischen und Russischen Staaten sich der Verbrechen des Hochverraths, der beleidigten Majestät, oder der bewaffneten Empörung schuldig gemacht, oder sich in eine, gegen die Sicherheit des Thrones und der Regierung gerichtete Verbindung eingelassen hat, soll in dem anderen der drei Staaten weder Schutz, noch Zuflucht finden.

Die drei Höfe verbinden sich vielmehr, die unmittelbare Auslieferung eines jeden, der erwähnten Verbrechen bezüchtigten Individuums anzuordnen, wenn dasselbe von der Regierung, welcher es angehört, reclamirt wird.

Dabei ist aber verstanden, daß diese Bestimmungen keine rückwirkende Kraft haben sollen.

Nachdem Wir mit Seiner Majestät dem Kaiser von Oestreich und Seiner Majestät dem Kaiser von Rußland, König von Polen, übereingekommen sind, daß vorstehende Verabredungen in den drei Staaten zur öffentlichen Kennt-

(Ausgegeben zu Berlin den 22sten März 1834.)

Kenntniß gebracht werden sollen, so geschieht solches hierdurch Unserer Seits, indem Wir zugleich Unseren sämmtlichen Civil- und Militair-Behörden aufgeben, darauf zu halten, daß dieselben vom 1sten April d. J. ab ihrem ganzen Umfange und Inhalte nach vollzogen werden.

Urkundlich unter Unserer Allerhöchsteigenhändigen Unterschrift und beigedrucktem Königlichen Insiegel.

So geschehen und gegeben Berlin, den 15ten März 1834.

(L. S.) Friedrich Wilhelm.

Frh. v. Brenn. v. Kamptz. Mühler. Ancillon.

Gesetz-Sammlung
für die
Königlichen Preußischen Staaten.

No. 6.

(No. 1510.) Allerhöchste Kabinetsorder vom 25sten Februar 1834., die Bestätigung eines Königlichen Leih-Amtes zu Berlin betreffend.

Da die Stadtgemeinde zu Berlin ihrem Interesse nicht gemäß findet, eine öffentliche Leih-Anstalt nach den Grundsätzen der Verordnung vom 28sten Juni 1826. unter ihrer Verwaltung und Garantie einzurichten, so genehmige Ich, daß, um dem anerkannten Bedürfnisse hieselbst abzuhelfen, eine solche Anstalt unter der Benennung „Königliches Leih-Amt zu Berlin" von Seiten der Seehandlung gegründet werde, bestätige auch nach Ihrem Antrage das mit deren Zustimmung von Ihnen abgefaßte, hierbei zurückerfolgende Reglement vom 8ten d. M. als ein Spezial-Gesetz für die Anstalt und autorisire Sie, solches durch die Gesetz-Sammlung bekannt zu machen.

Berlin, den 25sten Februar 1834.

Friedrich Wilhelm.

An die Staatsminister v. Schuckmann, Frh. v. Brenn und Mühler.

Reglement
für
das Königliche Leih-Amt zu Berlin.

Um dem längst gefühlten, sowohl von dem Publikum, als den betreffenden Behörden anerkannten Bedürfnisse einer öffentlichen Leih-Anstalt für Berlin abzuhelfen, hat die Königliche Seehandlung auf vielfache, deshalb an sie ergangene Aufforderungen, sich entschlossen, eine solche Anstalt zu errichten.

Da sie hierbei lediglich einen gemeinnützigen Zweck vor Augen hat, so hat dieselbe auch auf jeden eigenen Gewinn von diesem verzichtet, und den, nach mäßiger Verzinsung des Betriebs-Kapitals, nach Erstattung sämmtlicher Verwaltungskosten und nach Deckung der etwanigen Ausfälle bei den nicht eingelöseten und deshalb verkauften Pfändern verbleibenden Ueberschuß zu mildthätigen

(Ausgegeben zu Berlin den 2ten April 1834.)

Zwecken bestimmt, worüber zu seiner Zeit das Nähere öffentlich bekannt gemacht werden wird.

Die Königliche Seehandlung wird demnach unter ihrer Garantie und alleinigen Aufsicht hier in Berlin, in einem besonders bekannt zu machenden Geschäftslokale, eine öffentliche Leih-Anstalt unter der Benennung:

„Königliches Leih-Amt für Berlin"

unter folgenden nähern Bestimmungen errichten:

Fonds der Anstalt.

§. 1. Zum Betriebe des Geschäfts bestimmt die Königliche Seehandlung vorläufig ein Kapital von 200,000 Rthlrn. Kourant, behält sich jedoch vor, dasselbe nach den Umständen zu vermehren oder zu vermindern. Das Kapital wird dem Leih-Amte nach den Erforderníssen der Anstalt in runden Summen von der Königlichen Seehandlung überwiesen und — soweit es nicht fortwährend zum laufenden Geschäftsbetriebe gebraucht wird — einstweilen zur Haupt-Seehandlungskasse zurückgezahlt. Die Zinsen werden gegenseitig zu 4 Prozent jährlich berechnet, für Provision oder sonstige Spesen aber nichts in Anrechnung gebracht.

Geschäfts-Personal.

§. 2. Das zur Verwaltung der Anstalt erforderliche Personale wird von dem Chef des Königlichen Seehandlungs-Instituts angestellt, und mit besondern Instruktionen versehen. Die allgemeine Aufsicht über die Geschäfte und die obere Leitung des Leih-Amtes führt ein Kommissarius der Seehandlung, welcher bei demselben zugleich als Direktor fungirt.

Zur speziellen Besorgung der Geschäfte werden:

ein Rendant, ein Kontroleur, desgleichen die erforderlichen Buchhalter, Magazin-Aufseher u. s. w.

angestellt.

Die Abschätzung der Pfänder geschieht durch besonders anzustellende sachverständige und vereidete Taxatoren. Alle bei dem Leih-Amte angestellte Personen sind zur größten Verschwiegenheit gegen das Publikum über die Geschäfte des Instituts verpflichtet.

Aufsicht und Revision.

§. 3. Die Bücher der Anstalt werden alljährlich am 31sten Dezember abgeschlossen. Auf Grund derselben wird eine rechnungsmäßige Haupt-Uebersicht des Zustandes der Anstalt und ihres Verkehrs angefertigt und der General-Direktion der Seehandlung zugestellt. Diese veranlaßt durch einen ihrer Beamten die Revision der Bücher und legt die Uebersicht dem Chef des Seehandlungs-Instituts vor, welcher, nach vorgängiger Erledigung der etwa vorgekommenen Erinnerungen, dem Leih-Amte die Decharge ertheilt.

Bei dieser Revision hat es lediglich sein Bewenden und es findet eine fernere Superrevision nicht statt. Außerdem wird die General-Direktion der Seehandlung von Zeit zu Zeit außerordentliche Revisionen der Kassen- und Pfandbestände durch einen ihrer Beamten mit Zuziehung des der Anstalt vorgesetzten Seehandlungs-Kommissarius vornehmen lassen. Die über diese Revisionen aufzunehmenden Protokolle werden der General-Direktion eingereicht. Letztere untersucht und entscheidet auch die gegen das Leih-Amt etwa eingehenden Beschwerden, mit alleinigem Vorbehalte des Rekurses an den Chef des Seehandlungs-Instituts.

Siegel der Anstalt.

§. 4. Die Anstalt wird ein besonderes Siegel und einen Stempel mit der Inschrift:

„König-

„Königliches Leih-Amt für Berlin"
und mit dem Preußischen Adler führen.

§. 5. Die Anstalt leiht auf alle bewegliche Effekten, insofern solche nicht nach den unten folgenden Bestimmungen ausdrücklich von der Annahme ausgeschlossen werden, namentlich auf Kleinodien und Edelsteine, auf Gold, Silber, Kupfer, Messing, Zinn und dergleichen metallene Geräthschaften, ferner auf Kleidungsstücke, Zeuge und Waaren, sowie auf alle sonstige bewegliche, nutzbare Gegenstände, insofern zu deren Aufbewahrung kein großer Raum erforderlich ist, die Hälfte bis Zwei Drittheile des Taxwerthes.

Beschaffenheit der Pfänder.

Ausgeschlossen von der Annahme als Pfand sind alle abgenutzte Sachen, flüssige Gegenstände, Kupferstiche, Bücher und alle leicht zerbrechliche oder dem Verderben ausgesetzte, sowie feuergefährliche Gegenstände.

§. 6. Auf dergleichen Pfänder (§. 5.) giebt die Anstalt verzinsliche Darlehne, jedoch nicht unter Einem Thaler und nur in solchen Beträgen, welche mit vollen oder halben Thalern abschließen. Dem Chef des Seehandlungs-Instituts bleibt es indessen vorbehalten, nach den Umständen das Minimum der Darlehne auf eine geringere Summe festzusetzen.

Darlehnsbedingungen.

Die Zinsen dürfen das Maximum des in der Allerhöchsten Kabinetsorder vom 28sten Junius 1826. (Gesetz-Sammlung de 1826. No. 1025.) bestimmten Zinsfußes nicht überschreiten.

Die Anstalt behält sich vor, denselben sowohl in einzelnen Fällen (z. B. bei bedeutenden Summen) zu ermäßigen, als auch im Allgemeinen nach Maaßgabe der jedesmaligen Verhältnisse, von Zeit zu Zeit zu verringern oder wieder zu erhöhen, ist aber dergleichen allgemein abändernde Bestimmungen jedesmal vor deren Anwendung durch einen Aushang in dem Geschäftslokale zur öffentlichen Kenntniß zu bringen verpflichtet.

Die Darlehne werden jederzeit auf 6 Monate gegeben, dem Verpfänder steht es indessen frei, das Pfand auch früher einzulösen und er entrichtet, wenn dies geschieht, die Zinsen nur für die Zeit bis zur wirklich erfolgten Einlösung. Dieselben werden jedoch nicht auf einzelne Tage, sondern nur auf Monate berechnet, dergestalt, daß jeder angefangene Monat für voll gilt.

Außer den Zinsen entrichtet der Verpfänder nichts weiter als den nach der Höhe des Darlehns etwa gesetzlich erforderlichen Stempelbetrag und zwar bei dem Abschlusse des Geschäfts.

§. 7. Von Personen, welche keinem der Beamten des Leih-Amts als unverdächtig bekannt sind, sich auch weder durch Dokumente, noch durch das Anerkenntniß bekannter glaubwürdiger Personen als unverdächtig legitimiren können, desgleichen von solchen, deren Befugniß, Darlehne aufzunehmen, gesetzlich beschränkt ist, dürfen keine Pfänder angenommen werden. Dagegen finden die Bestimmungen des Allgemeinen Landrechts Th. I. Tit. 15. §. 19. auf Verpfändungen bei dem Leih-Amte nicht Anwendung.

Einschränkungen in Ansehung der Personen der Pfandgeber.

§. 8. Steht der Annahme des Pfandes an sich nichts entgegen, so wird dasselbe durch den vereideten Taxator abgeschätzt, und der Betrag der Taxe, sowie des darauf zu gebenden Darlehns, dem Darlehnssucher bekannt gemacht. Will derselbe auf das Geschäft nicht eingehen, so wird ihm das offerirte Pfand ohne Kosten zurückgegeben. Erklärt er sich aber für einverstanden, so empfängt er das Dar-

Abschluß des Darlehn- und Pfandgeschäfts.

Darlehn gegen Aushändigung des Pfandes. Letzteres wird alsdann mit der laufenden Nummer des Journals bezeichnet, eingepackt und dem Vorsteher des Magazins zur Aufbewahrung überliefert. Jouvelen und andere Kostbarkeiten werden in einen Umschlag gelegt und versiegelt; dem Verpfänder steht es frei, den Umschlag des übergebenen Pfandes mit seinem Privatsiegel zu belegen.

Pfandbuch.

§. 9. Gleichzeitig wird in die Bücher des Leih-Amts eingetragen:

a) die Nummer des Pfandes;
b) der Name des Pfandgebers;
c) die Beschreibung des Pfandstücks;
d) die Taxe desselben;
e) der Betrag des Darlehns;
f) der Tag der Auszahlung desselben;
g) der monatliche Betrag der davon zu entrichtenden Zinsen.

Pfandschein.

§. 10. Der Pfandschuldner empfängt einen, alle diese Bezeichnungen enthaltenden mit dem Pfandbuche genau übereinstimmenden Pfandschein, nach beiliegendem Formular, welcher von dem Rendanten und dem Kontroleur oder deren Stellvertretern vollzogen und mit dem Stempel des Leih-Amts versehen wird. Dieser Schein vertritt die Stelle eines schriftlichen Darlehns- und Verpfändungs-Dokuments für und wider die Anstalt, dergestalt, daß wenn Letztere beim Verlust oder Verderben des Pfandes nach allgemeinen gesetzlichen Bestimmungen Ersatz zu leisten verpflichtet ist, nur auf den im Pfandscheine ausgedrückten Werth der Sache Rücksicht genommen, der Beweis eines größern oder geringern Werths aber weder dem einen noch dem andern Theile nachgelassen wird.

Aufbewahrung und Sicherstellung der Pfänder.

§. 11. Die Pfänder werden an einem gegen Entwendung und Verderben möglichst gesicherten Orte aufbewahrt. Für Schaden, welchen dieselben durch das bloße Liegen, ohne Verwahrlosung oder Schuld der Anstalt, durch Zufall oder durch äußere Gewalt erleiden, steht das Leih-Amt nicht ein. Es übernimmt jedoch die Versicherung der Pfänder gegen Feuersgefahr, auf Höhe des taxirten Werths derselben ohne besondere Vergütigung.

Die Benutzung irgend eines Pfandstücks ist den Beamten der Anstalt bei Strafe des doppelten Ersatzes und der Dienst-Entlassung ausdrücklich untersagt.

Einlösung der Pfänder.

§. 12. Jedem Pfandschuldner steht es frei, das Pfand auch vor Ablauf der Kontraktszeit einzulösen. conf. §. 6.

Dem jedesmaligen Vorzeiger des Pfandscheins wird gegen Rückgabe des Letztern und gegen Berichtigung des Darlehns und der angewachsenen Zinsen, das Pfand zurückgegeben, ausgenommen:

a) wenn gerichtlich darauf Beschlag gelegt, oder
b) wenn von dem in dem Pfandbuche verzeichneten Pfandgeber dem Leih-Amt angezeigt worden, daß ihm der Pfandschein abhänden gekommen sey.

Das Leih-Amt ist sonach wohl befugt, aber nicht verpflichtet, von den auf dem Pfandscheine etwa befindlichen Zessionen oder sonstigen Vermerken Kenntniß zu nehmen und überhaupt die Legitimation des Vorzeigers besonders zu prüfen.

Verfahren, wenn der Pfandschein verloren ist.

§. 13. Derjenige, welchem ein Pfandschein verloren geht, muß, um sich vor Nachtheil zu schützen, sofort dem Leih-Amte davon Anzeige machen. Diese

wird,

wird, insofern nicht das Pfand gegen Rückgabe des Pfandscheins bereits eingelöset ist, mit Angabe des Tages unter genauer Bezeichnung des Anmeldenden in dem Pfandbuche vermerkt und dem Anzeigenden hierüber eine Bescheinigung ertheilt. Der Letztere muß alsdann den nach §. 15. zu bestimmenden Verfall-Termin des Pfandscheins abwarten, und ist erst vier Wochen nach dessen Eintritt, gegen Rückgabe der erhaltenen Bescheinigung und gegen Ausstellung eines Mortifikationsscheins, das Pfand nach §. 12. einzulösen berechtigt, insofern der Pfandschein selbst bis dahin nicht präsentirt seyn sollte. Meldet sich aber vor dieser Einlösung der Inhaber eines solchen als verloren angezeigten Pfandscheins bei dem Leih-Amte, so wird das Pfand demselben nicht verabfolgt, der Pfandschein vielmehr angehalten und der Präsentant unter Ausreichung einer von dem Rendanten zu vidimirenden und mit der Bemerkung, daß das Original angehalten sey, zu versehenden Abschrift desselben, angewiesen, sein Recht gegen den ihm namhaft zu machenden Inhaber der Bescheinigung geltend zu machen und die gerichtliche Beschlagnahme des Pfandes nachzusuchen. Erfolgt eine solche bis spätestens vier Wochen nach Eintritt des oben erwähnten Verfalltermins (§. 15.) nicht, so wird der ursprüngliche Pfandgeber nach §. 12. zur Einlösung des Pfandes zugelassen und wenn auch dieser sich dazu nicht meldet, mit dem Verkauf des Pfandes in der im §. 15. bestimmten Art verfahren.

In allen Fällen, in welchen hiernach ein solches Pfand vor der Verfall-Zeit nicht zurückgegeben werden kann, soll es jedoch dem Schuldner gestattet seyn, das Darlehn selbst zurückzuzahlen und sich dadurch von dem fernern Zinsenlaufe zu befreien.

§. 14. Prolongationen der Pfand-Darlehne werden nur insoweit gestattet, als eine neue Taxe ergiebt, daß das Pfand noch den bei der ersten Verpfändung angenommenen Werth hat. Wird die Prolongation hiernach zulässig befunden, so wird gegen Rückgabe des alten Pfandscheins und gegen Berichtigung der aufgelaufenen Zinsen ein neuer Pfandschein ertheilt, das Pfandstück mit der neuen Nummer bezeichnet und wieder zur Asservation genommen; auch eine neue Eintragung in die Bücher und die Ertheilung des Pfandscheins nach den §§. 9. und 10. bewirkt.

Prolongation.

§. 15. Jedem Pfandschuldner wird nach Ablauf der in dem Pfandscheine bestimmten sechsmonatlichen Frist noch eine Nachfrist von sechs Monaten zur Einlösung des Pfandes gestattet. Diejenigen Pfänder aber, welche auch während dieser Nachfrist, mithin innerhalb eines Jahres vom Tage der Verpfändung ab gerechnet, weder eingelöset noch prolongirt sind, werden als verfallen betrachtet und das Leih-Amt ist alsdann zur öffentlichen Versteigerung derselben berechtigt.

Versteigerung der nicht eingelösten Pfänder.

Dergleichen Versteigerungen werden, je nachdem das Bedürfniß dazu eintritt, jährlich zwei- oder mehreremale von dem Leih-Amte unter Leitung des Direktors, mit Zuziehung eines Notars oder eines besonders zu diesem Behufe zu verpflichtenden Beamten, in dem Geschäftslokale der Anstalt abgehalten, worüber ein von den genannten Personen zu unterzeichnendes Protokoll aufgenommen wird.

Eine nochmalige Abschätzung der zu verkaufenden Gegenstände erfolgt nicht.

Jede Versteigerung wird zuvor dreimal von acht zu acht Tagen durch die

die hiesigen Intelligenzblätter und zwei Zeitungen, desgleichen durch eine, vier Wochen lang im Lokale des Leih-Amts auszuhängende Anzeige öffentlich bekannt gemacht.

Für die entstehenden Kosten wird 1 Sgr. pro Thaler von dem Erlöse der Pfänder berechnet und von dem nach Berichtigung des Kapitals und der Zinsen etwa verbleibenden Ueberschusse in Abzug gebracht.

Bewilligung der spätern Einlösung.

§. 16. Bis zum erfolgten Zuschlage ist jeder Pfandschuldner sein Pfand gegen Berichtigung des Darlehns und der bis zur wirklichen Einlösung aufgewachsenen Zinsen zurückzunehmen oder nach §. 14. das Darlehn zu prolongiren berechtigt; hat jedoch die Versteigerung bereits angefangen, so ist der Pfandschuldner zu den hierauf verwendeten Kosten einen Beitrag von Einem Silbergroschen von jedem Thaler des Darlehns zu entrichten verpflichtet.

Verfahren wegen des Ueberschusses.

§. 17. Unmittelbar nach geschlossener Versteigerung wird durch die hiesigen Intelligenzblätter und zwei Zeitungen ein öffentlicher Aufruf an die betheiligten Pfandgeber erlassen, sich bei dem Leih-Amte zu melden und den nach Berichtigung des Darlehns und der davon bis zum Verkauf des Pfandes aufgelaufenen Zinsen und des oben bestimmten Kostenbeitrages verbleibenden Ueberschuß gegen Quittung und Rückgabe des Pfandscheins in Empfang zu nehmen.

Die betreffenden Pfänder werden lediglich durch Angabe des Zeitraums, in welchem sie niedergelegt sind, bezeichnet, die Namen der Pfandgeber und die Nummern der Pfandscheine aber nicht angegeben. Dieser Aufruf wird dreimal von drei zu drei Monaten wiederholt. Meldet sich binnen drei Monaten nach der letzten Bekanntmachung (mithin nach Jahresfrist vom Tage der ersten Aufforderung ab gerechnet) Niemand zur Empfangnahme des Ueberschusses, von welchem niemals Zinsen vergütigt werden, so wird solcher zur Ansammlung des Eingangs gedachten, zu mildthätigen Zwecken bestimmten Fonds an die Haupt-Seehandlungskasse abgeliefert und der Pfandschein mit den darauf begründeten Rechten der Pfandschuldner ist erloschen.

Meldet sich zwar der ursprüngliche, in dem Pfandbuche verzeichnete Pfandgeber, kann jedoch den Pfandschein nicht beibringen, so muß er den Ablauf der oben bestimmten Frist abwarten und empfängt alsdann den Ueberschuß gegen Ausstellung der Quittung und eines Mortifikations-Scheins. Wird inzwischen der Pfandschein von einem andern Inhaber präsentirt, so wird der Pfandschein angehalten und der Ueberschuß dem betreffenden ordentlichen Gerichte zur Regulirung der Sache übersendet.

Letzteres geschieht auch, wenn vom Gericht auf das Pfand selbst oder auf den Ueberschuß Beschlag gelegt und im erstern Falle der Verkauf des Pfandes nicht rechtzeitig verhindert ist. (conf. §. 20.)

Mit dem Ablaufe der oben bestimmten Frist verfällt der bis dahin nicht erhobene Ueberschuß dem Eingangs gedachten mildthätigen Fonds unwiderruflich, dagegen wird aber auch der Pfandschuldner durch den Verkauf des Pfandes von allen Nachforderungen des Leih-Amts wegen des etwa entstandenen Ausfalls an Kapital, Zinsen und Kosten befreit.

Darlehne auf Staats- und Kommunal-Papiere.

§. 18. Das Königl. Leih-Amt behält sich vor, wenn es dies seiner Konvenienz gemäß findet, auch auf inländische, auf jeden Inhaber lautende, Staats- oder Kommunal-Papiere, Darlehne bis zu dem Betrage von Eintausend Thalern

zu

zu geben. Die Bestimmung der Höhe derselben, mit Rücksicht auf den jedesmaligen Börsenkurs der zu verpfändenden Papiere, desgleichen der Dauer, des Zinssatzes (innerhalb des gesetzlich zulässigen Betrages, conf. §. 6.) und der sonstigen Darlehns-Bedingungen, bleibt der jedesmaligen Vereinigung mit dem Kommissarius und resp. Direktor der Anstalt vorbehalten.

Filial-Anstalten.

§. 19. Sollte das Königl. Leih-Amt es dem Interesse der Anstalt angemessen finden, zur Bequemlichkeit des Publikums besondere Komtoire an verschiedenen Orten der Stadt zu errichten, so wird das Nähere hierüber zu seiner Zeit öffentlich bekannt gemacht werden.

Vorrechte des Leih-Amts.

§. 20. Das Königl. Leih-Amt ist die von ihm angenommenen Pfänder an Niemand, auch nicht an gerichtliche Behörden, anders als gegen vollständige Befriedigung wegen des Kapitals, der Zinsen und der etwanigen Kosten auszuliefern, auch den Verkauf derselben im Wege der öffentlichen Versteigerung nach eingetretener Verfallzeit (§. 15.) nur gegen vollständige Prolongation des Pfandscheins (§. 14.) oder gegen Niederlegung der Gesammt-Forderung der Anstalt bei der letztern auszusetzen verpflichtet.

In allen Fällen also, in welchen es den Partheien oder Behörden auf die Auslieferung oder Konservation der Pfänder ankommt, ist es lediglich die Sache der Betheiligten, die Einlösung des Pfandes oder die Prolongation des Pfandscheins auf ihre Kosten zu bewirken. Dies gilt auch von den in einer Konkursmasse sich etwa vorfindenden Pfandscheinen.

Hierdurch sollen jedoch die etwanigen Eigenthums- oder sonstigen Ansprüche dritter Personen an die niedergelegten Pfänder, soweit solche nach §. 7. gegen das Leih-Amt rechtlich begründet sind, nicht beschränkt werden, sondern den Betheiligten entweder auf das Pfand selbst oder, wenn dessen Verkauf nicht in der vorgedachten Weise von ihnen verhindert worden, auf die Verkaufslosung gegen das Leih-Amt vorbehalten bleiben.

In allen Fällen dagegen, in welchen das Leih-Amt die Redlichkeit des Besitzes für sich hat, ist dasselbe auch die von dem Pfand-Darlehne aufgelaufenen Zinsen von dem Vindikanten zu verlangen oder demselben in Abzug zu bringen berechtigt.

Dauer der Anstalt.

§. 21. Die Königl. Seehandlung behält sich zwar vor, das Leih-Amt zu jeder Zeit wieder aufzulösen, wird aber die bevorstehende Auflösung, wenn solche beschlossen werden sollte, ein Jahr vorher öffentlich bekannt machen.

Berlin, den 8ten Februar 1834.

Der Minister des Innern für Handel und Gewerbe.	Der Minister des Innern und der Polizei.	Der Justiz-Minister.
v. Schuckmann.	Freiherr v. Brenn.	Mühler.

For-

Formulare.

№ . . . . Rthlr. Sgr. Pf.

Empfangen von N. N. für ein Darlehn auf sechs Monate, im Betrage
von . . . . (mit Buchstaben)
und Rthlr. Sgr. Pf. monatliche Zinsen,
als Unterpfand . . . .
taxirt Rthlr. Sgr. Pf.,
dessen Rückgabe nach umstehenden Bedingungen erfolgt.

Berlin, den . . . .

Königliches Leih-Amt für Berlin.

Rückseite.

Gegen Zurückzahlung des umstehend verschriebenen Kapitals und der Zinsen, welche für jeden angefangenen Monat voll gerechnet werden, und gegen Rückgabe dieses Scheins, wird dem Vorzeiger des Letztern, dessen Legitimation zu prüfen das Königl. Leih-Amt befugt, jedoch nicht verpflichtet ist, das darin bezeichnete Pfand binnen Jahresfrist vom Tage der Ausstellung des Scheins ab, jederzeit zurückgegeben.

Erfolgt bis zum Ablauf des Jahres weder die Einlösung des Pfandes, noch — gegen vollständige Berichtigung der Zinsen — die Prolongation des Darlehns, so wird das Pfand öffentlich verkauft und dem Inhaber des Scheins verbleibt nur das Recht auf den etwanigen Ueberschuß des Kaufgeldes nach Abzug des Kapitals, der Zinsen und Kosten, doch wird er bis zum Zuschlage noch zur Einlösung oder Prolongation zugelassen. Wird der Ueberschuß nicht innerhalb Jahresfrist nach dem ersten öffentlichen Aufrufe erhoben, so fällt derselbe einer milden Anstalt unwiderruflich anheim. Dagegen wird aber auch der Schuldner durch den Verkauf des Pfandes von seiner Schuld jedenfalls völlig liberirt.

Wird dem Königl. Leih-Amte der Verlust des Pfandscheins angezeigt, bevor das Pfand eingelöst ist, so wird dies im Pfandbuche vermerkt, der ursprüngliche Inhaber des Scheins aber erst vier Wochen nach Ablauf des Jahres, vom Datum des Scheins ab gerechnet, gegen Ausstellung einer Quittung und Mortifikations-Bescheinigung zur Einlösung des Pfandes verstattet, insofern nicht bis dahin eine gerichtliche Beschlagnahme desselben erfolgt seyn sollte. Bei etwanigem Verlust des Pfandes haftet das Königl. Leih-Amt als Depositar für den Taxwerth, versichert auch auf Höhe des letztern das Pfand gegen Feuersgefahr.

Königliches Leih-Amt für Berlin.

Gesetz-Sammlung
für die
Königlichen Preußischen Staaten.

No. 7.

(No. 1511.) Verordnung über die Exekution in Civilsachen. Vom 4ten März 1834.

Wir Friedrich Wilhelm, von Gottes Gnaden, König von Preußen &c. &c.

Mehrere Vorschriften Unserer Allgemeinen Gerichtsordnung über die Exekution in Civilsachen entsprechen nicht mehr ganz den Bedürfnissen der Rechtspflege, und die Abhülfe dieses Mangels kann nicht bis zur Vollendung der von Uns angeordneten allgemeinen Gesetzrevision ausgesetzt bleiben; Wir verordnen demnach für alle Provinzen Unserer Monarchie, in welchen die Allgemeine Gerichtsordnung Kraft hat, auf den Antrag Unserer Justizminister und nach erfordertem Gutachten einer von Uns aus Mitgliedern des Staatsraths ernannten Kommission, wie folgt:

§. 1.

Zu §. 4. Tit. 24. der Prozeßordnung.

Die Exekution aus gerichtlichen Vergleichen über rechtshängige Gegenstände findet statt, auch wenn diese Vergleiche vor einem andern als dem Prozeßrichter, jedoch im Inlande, geschlossen worden sind.

Wird ein solcher Vergleich über Wechselverpflichtungen geschlossen, so ist die Wechsel-Exekution zulässig.

§. 2.

Zu §. 15. ff. Tit. 24. und §. 59. ff. Tit. 51.

Der Benefizial-Erbe und der Verlassenschafts-Kurator können die Exekution in den Nachlaß, wenn das Inventarium über denselben bereits angefertigt ist, nur durch den Antrag auf Eröffnung des erbschaftlichen Liquidations-Prozesses, wenn das Inventarium aber noch nicht angefertigt worden, nur durch den Antrag auf gerichtliche Inventur und Einleitung des erbschaftlichen Liquidations-Prozesses abwenden. Eine Berufung auf die im Allgemeinen Landrecht Thl. I. Tit. 9. §. 424. bestimmte Frist findet hierbei nicht statt.

(Ausgegeben zu Berlin den 3ten April 1834.)

Läßt es der Erbe zur Exekution kommen, so treten auch in diesem Falle die Vorschriften des Allg. Landrechts Thl. I. Tit. 9. §§. 452—454. und der Prozeßordnung Tit. 51. §. 57. ein.

Die Vorschrift §. 19. Tit. 24. der Prozeßordnung wird aufgehoben.

§. 3.

Zu §. 22. Tit. 24.

In dem Exekutions-Gesuche muß bestimmt angegeben werden, ob die Exekution in das Vermögen oder gegen die Person, und im ersteren Falle, in welche Gattungen oder einzelne Gegenstände des Vermögens dieselbe verlangt wird.

§. 4.

Zu §. 25. Tit. 24.

An Sonn- und Festtagen (Allgemeines Landrecht Thl. I. Tit. 3. §. 48.) darf keine Exekution vollstreckt werden.

Ebensowenig während der Saat- und Erntezeit gegen Personen, welche sich mit der Landwirthschaft beschäftigen, ausgenommen in Wechsel-, Alimenten- und solchen Sachen, bei denen Gefahr im Verzuge obwaltet; desgleichen in allen Fällen, in welchen der verabredete Zahlungstermin in diese Zeit fällt.

Für die Saat werden im Frühjahr und Herbst jedesmal vierzehn Tage, für die Ernte vier Wochen in derjenigen Jahreszeit, in welche nach der Oertlichkeit Saat und Ernte hauptsächlich zu fallen pflegen, freigelassen.

Hat die Exekution schon vor dem Eintritt der Saat- oder Erntezeit angefangen, so wird der Fortgang derselben nicht gehemmt.

Der §. 25. Tit. 24. der Prozeßordnung fällt weg.

§. 5.

Zu §. 31. Tit. 24.

Wird eine Subhastation in Antrag gebracht, so ist in dem Zahlungsbefehle an den Schuldner die Frist, binnen welcher demselben genügt werden soll, auf vier Wochen zu bestimmen.

§. 6.

Zu §. 36. ff. Tit. 24. und
§. 152. des Anhanges.

Die Einwendungen der Zahlung, der Kompensation, des Erlasses und des Vergleichs hemmen die Exekution nur alsdann, wenn sie liquid sind (§. 3. der Verordnung vom 1sten Juni 1833.) und die Thatsachen, auf welche sie gegründet werden, sich erst nach geschlossener Instruktion der Sache ereignet haben, oder erst nach diesem Zeitpunkt zur Kenntniß des Schuldners gelangt sind.

Ueber diese Einreden wird nach §. 3. und §. 18. ff. der Verordnung vom 1sten Juni 1833. verfahren.

§. 7.

§. 7.

Zu §. 42. Tit. 24.

§. 9. Tit. 47. und

§. 306. des Anhanges.

Wird erst nach rechtskräftiger Entscheidung der Sache ein Spezial-Moratorium nachgesucht, so bleibt die Exekution zulässig, bis die dem Gläubiger gebührende Sicherheit bestellt worden ist.

§. 8.

Zu §. 48. und §. 64. Tit. 24.

Die Exekutions-Vollstreckung durch Einlegung des Exekutors soll ferner nicht stattfinden.

§. 9.

Zu §§. 49—52. Tit. 24.

und §. 154. des Anhanges.

Soll eine Handlung geleistet werden, so steht dem Berechtigten, wenn der Verpflichtete es auf Exekution ankommen läßt, die Wahl zu, auf Leistung der Handlung durch den Verpflichteten zu bestehen, oder dieselbe auf dessen Kosten durch einen dritten verrichten zu lassen, oder sein Interesse zu fordern.

Er ist auch befugt, von der getroffenen Wahl wieder abzugehen, und eine andere zu treffen.

Dem Verpflichteten, welcher die Handlung innerhalb der in dem Urtel bestimmten Frist nicht geleistet hat, ist jedoch zuvor durch ein Mandat die Vollziehung der Handlung binnen einer Frist von wenigstens acht Tagen und höchstens vier Wochen aufzugeben. Dies Mandat muß die, dem Berechtigten zustehanden Befugnisse ausdrücken und durch einen gerichtlichen Beamten insinuirt werden.

Fordert der Berechtigte die Leistung durch den Verpflichteten selbst, und hängt solche nach dem Ermessen des Richters von dem Willen des Verpflichteten ab, so ist dieser durch Personal-Arrest von höchstens einjähriger Dauer dazu anzuhalten.

Soll die Leistung durch einen dritten geschehen, so hat der Richter den Betrag der dazu erforderlichen Kosten vorläufig zu bestimmen und von dem Verpflichteten einzuziehen.

Die Vorschriften §§. 49—52. Tit. 24. der Prozeßordnung und §. 154. des Anhanges zur Allgemeinen Gerichtsordnung werden aufgehoben.

§. 10.

Zu §. 54. Tit. 24.

Bei Exekutionen auf Unterlassung findet die Festsetzung der auf die Uebertretung angedroheten Strafe, wenn die Uebertretung selbst feststeht, durch ein

 Dekret,

Dekret, wenn es zur Feststellung derselben aber noch einer Beweis-Aufnahme bedarf, durch Erkenntniß statt, gegen welches nur der Rekurs zulässig ist.

Bei diesem Rekurse soll dasselbe Verfahren eintreten, welches Unsere Order vom 8ten August 1832. (Gesetzsammlung 1832. Seite 199.) §. 2. ff. vorschreibt.

§. 11.

Zu §§. 68 — 141. Tit. 24.

Die in den Vorschriften der Prozeßordnung Tit. 24. §§. 68. bis 141. über die Beobachtung der Exekutionsgrade enthaltenen Bestimmungen werden aufgehoben.

Dem Gläubiger steht, insoweit nicht die Vorschriften des Allgemeinen Landrechts Thl. I. Tit. 20. §§. 46—54. und §. 24. der gegenwärtigen Verordnung eine Ausnahme machen, die Wahl frei, an welchen Gegenstand des Vermögens seines Schuldners er sich zunächst halten will.

Der Antrag auf Ableistung des Manifestations-Eides findet statt, sobald die Exekution in das Mobiliare ohne Erfolg gewesen oder gehemmt worden, oder wenn es nach dem Ermessen des Richters klar ist, daß der Gläubiger aus dem vorhandenen Mobiliare nicht werde befriedigt werden.

§. 12.

Zu §. 69. ff. Tit. 24.

Die Exekution darf aus einem und demselben Erkenntnisse gleichzeitig nicht in mehrere Vermögensstücke des Schuldners vollstreckt werden, als nach richterlichem Ermessen zur Befriedigung des Gläubigers erforderlich sind. Dagegen steht dem Gläubiger die Befugniß zu, anstatt des zuerst gewählten Exekutions-Gegenstandes einen andern in Vorschlag zu bringen; doch muß er in diesem Falle das aus der frühern Exekution erlangte Vorrecht aufgeben und, wenn er ohne zureichende Gründe eine andere Wahl getroffen hat, die Kosten der zuerst gewählten Exekution tragen.

§. 13.

Zu §. 76. Tit. 24.

Interventionen bei Auspfändungen werden nach den Vorschriften über den summarischen Prozeß behandelt. (Verordnung vom 1sten Juni 1833. Tit. 2.)

§. 14.

Zu §§. 95. 96. Tit. 24.

und §. 159. des Anhanges.

Die in der Prozeßordnung Tit. 24. §§. 95. 96. und Anhang §. 159. vorgeschriebenen Beschränkungen der Exekution kommen nur solchen Künstlern und Professionisten zu Statten, welche schon bei Eingehung der zur Exekution

stehen-

stehenden Schuld dem Stande der Künstler und Professionisten angehörten, auch zur Zeit der Vollstreckung der Exekution dasselbe oder ein anderes Gewerbe solcher Art selbstständig betreiben.

Sind die Terminalzahlungen so gering, daß der Gläubiger binnen drei Jahren durch dieselben nicht vollständig befriedigt werden kann, so ist er nicht verpflichtet, sich dieselben gefallen zu lassen.

§. 15.

Zu §§. 101—109. Tit. 24.,
§. 447. ff. Tit. 50.,
§. 364. des Anhanges,
§§. 51. 52. Tit. 51.,
und §. 380. des Anhanges.

Durch die nach §. 2. des Gesetzes vom 4ten Juli 1822. (Gesetzsammlung 1822. Seite 178.) dem Exekutionssucher ertheilte Ermächtigung zur Einklagung und Einziehung einer Aktivforderung des Schuldners erlangt Ersterer das in der Prozeßordnung Tit. 50. §. 447. bestimmte Vorzugsrecht der fünften Klasse.

§. 16.

Dasselbe Vorzugsrecht entsteht durch die im Wege der Exekution erfolgte Beschlagnahme von Besoldungen, Dienst-Emolumenten, Wartegeldern, Pensionen, Fideikommiß- oder Lehns-Nutzungen und anderen an die Person des Schuldners gebundenen Einkünften, und zwar nicht nur auf die bereits fälligen, sondern auch auf die künftigen Beträge derselben.

Die einmal erfolgte Beschlagnahme des Dienst-Einkommens umfaßt auch jedes Dienst-Einkommen, welches bei später eintretenden Veränderungen durch Versetzung, Uebernahme neuer Aemter oder Gehaltszulage erworben wird.

§. 17.

Unter mehrere immittirte Gläubiger geschiehet die Vertheilung nach folgenden Grundsätzen:

1) Forderungen, denen ein besseres Vorrecht, als das im §. 447. Tit. 50. der Prozeßordnung bestimmte, zusteht, werden vorzugsweise befriedigt.
2) Von den übrigen Forderungen werden
   a) die vor der ersten Beschlagnahme entstandenen zunächst, und
   b) die später entstandenen erst nach jenen befriedigt.

§. 18.

Die Vertheilung erfolgt jährlich mit dem Ablauf des Kalenderjahres, sobald die letzte Hebung eingegangen ist.

Nach Befriedigung der im §. 17. No. 1. erwähnten Forderungen fällt, bei Vertheilung unter die §. 17. No. 2. a. bezeichneten Gläubiger, die Einnahme

nahme des ersten Jahres denjenigen zu, welche die erste Beschlagnahme ausgebracht haben; die Einnahme des zweiten Jahres wird auf sämmtliche Gläubiger vertheilt, welche während des ersten Jahres die Beschlagnahme ausgebracht haben, oder derselben beigetreten sind; bei der Vertheilung der Einnahme des dritten und jeden folgenden Jahres treten den früher theilnehmenden Gläubigern immer noch diejenigen hinzu, welche in dem zunächst vorangegangenen Jahre die Immission erlangt haben.

Die Vertheilung unter die gleichberechtigten Gläubiger erfolgt nach Verhältniß des Betrages ihrer Forderungen.

§. 19.

Wenn demnächst, bei Fortdauer des nämlichen Verfahrens, die nach der ersten Beschlagnahme entstandenen Forderungen (§. 17. No. 2. b.) zur Hebung gelangen, so schließt unter diesen der früher immittirte den später immittirten Gläubiger aus.

§. 20.

Bei den jährlichen Vertheilungen ist folgendes Verfahren zu beobachten:

Es wird ein Vertheilungsplan nach den vorstehenden Grundsätzen angefertigt und sowohl den Gläubigern als dem Schuldner mit der Aufforderung mitgetheilt, sich darüber in dem zugleich anzusetzenden Termine zu erklären, unter der Androhung, daß bei ihrem Ausbleiben angenommen werden würde, sie genehmigten den Plan, und hätten gegen die Ausführung desselben nichts zu erinnern.

Werden in dem Termine Ausstellungen gegen den Plan gemacht, so wird jeder einzelne Betrag, auf welchen sich eine Ausstellung bezieht, zu einer Spezialmasse genommen; die unstreitigen Beträge werden sofort nach Inhalt des Plans ausgezahlt; die Verhandlung über die Ausstellungen aber wird, nachdem die Interessenten darüber gehört worden, zur Abfassung eines Erkenntnisses vorgelegt, welches sich zugleich darüber aussprechen muß, an wen die angelegten Spezialmassen ausgezahlt werden sollen.

§. 21.

Die Vorschriften §. 364. des Anhanges zur Allgemeinen Gerichtsordnung und §. 52. Tit. 51. der Prozeßordnung werden aufgehoben.

§. 22.

Zu §. 110. ff. Tit. 24.

Der Gläubiger erwirbt durch solche Erkenntnisse, Vergleiche und Zahlungs-Verfügungen, aus welchen eine Exekution stattfindet, für Kapital, Zinsen und Kosten, und für die Kosten der Eintragung, einen Titel zum Pfandrecht auf die dem Schuldner zugehörigen Immobilien.

(Allg. Landrecht Thl. I. Tit. 20. §. 5.)

Er

Er ist nach Ablauf der im Zahlungsbefehl (Prozeßordnung Tit. 24. §. 31.) bestimmten Frist befugt, die Eintragung in das Hypothekenbuch auch ohne besondere Einwilligung des Schuldners bei dem Prozeß-Richter nachzusuchen, und Letzterer ist verbunden, die Eintragung bei der Hypotheken-Behörde unter Mittheilung einer mit dem Atteste der Rechtskraft versehenen Ausfertigung des Erkenntnisses, Vergleichs rc. und, wenn ein Instrument über den Anspruch vorhanden ist, unter Beifügung desselben, in Antrag zu bringen, auch gleichzeitig den Schuldner davon zu benachrichtigen.

Dem Gläubiger steht schon vor Nachsuchung des Zahlungsbefehls frei, mit Ueberreichung des Erkenntnisses, Vergleichs rc. oder einer beglaubten Abschrift derselben, sich unmittelbar an den Hypotheken-Richter zu wenden, und die Eintragung einer Protestation zur Erhaltung seines Vorrechts nachzusuchen. Der Hypotheken-Richter hat in solchem Falle die Eintragung sofort zu bewirken, ist jedoch verpflichtet, die Protestation von Amtswegen wieder zu löschen, wenn der Antrag des Prozeß-Richters auf Eintragung einer förmlichen Hypothek nicht binnen drei Monaten eingeht.

Kommt es noch auf die Feststellung des Betrages der Forderung an, oder ist die Exekution nur provisorisch zulässig, so kann der Gläubiger auf denselben Wegen die vorläufige Eintragung seines Rechts verlangen.

§. 23.

Besitzt der Schuldner mehrere Immobilien, und der Gläubiger will sich nicht mit der Eintragung auf eines derselben begnügen, so darf Letzterer nur einen von ihm zu bestimmenden Theil der Forderung auf jedes Immobile eintragen lassen.

§. 24.

Zu §. 112. Tit. 24.
und §. 171. des Anhanges.

Die Gerichte sind nicht verpflichtet, von Amtswegen zu untersuchen, ob die Forderung, zu deren Beitreibung die Subhastation eines Grundstücks nachgesucht wird, aus den Einkünften desselben berichtigt werden könne. Kann der Schuldner jedoch nachweisen, daß die Einkünfte nach Abzug der Wirthschaftskosten, Reallasten und sämmtlichen Hypothekenzinsen hinreichen, die beizutreibende Forderung innerhalb Jahresfrist zu tilgen, so ist er befugt, darauf anzutragen, daß die Subhastation ausgesetzt und inzwischen nur mit Beschlagnahme der Revenuen oder, nach der Wahl des Gläubigers, mit Sequestration des Grundstücks verfahren werde.

Zur Führung des Nachweises über den Rein-Ertrag genügt es, wenn bei städtischen Grundstücken der Magistrat, bei Rittergütern der Landrath, oder, wenn das Gut zu einem landschaftlichen Kreditverbande gehört, die Kreditdirek-

 tion,

tion, und bei andern ländlichen Grundstücken die Orts-Polizeibehörde ein Attest darüber ausstellen.

Nach Ablauf der im Zahlungsbefehl bestimmten vierwöchentlichen Frist (§. 5. dieser Verordnung) findet ein solcher Antrag nicht mehr statt.

§. 25.

Zu §. 124. und §. 135. ff. Tit. 24.

Nach erfolgter Beschlagnahme der Einkünfte oder Einleitung der Sequestration eines Grundstücks sind die laufenden Zinsen, sobald sie fällig sind, den aus dem Hypothekenbuche ersichtlichen Gläubigern nach der Ordnung der Priorität, und soweit die jedesmaligen Bestände hinreichen, auszuzahlen, ohne die in der Konkursordnung vorgeschriebenen jährlichen Vertheilungen abzuwarten. Als laufend werden die Zinsen erachtet, welche vom letztverflossenen 1sten Juli anfangen.

Das Gericht hat nach Vernehmung des Schuldners und der eingetragenen Gläubiger den Sequester mit einer Anweisung zu versehen, worin der Zinsenbetrag für jeden Gläubiger, dessen Forderung unstreitig und dessen Aufenthalt bekannt ist, sowie die Folgeordnung, in welcher die Zahlung geschehen soll, genau bestimmt werden muß.

Der hiernach nicht zur Auszahlung kommende Betrag wird zum gerichtlichen Depositorium abgeliefert, und für jeden nicht befriedigten Gläubiger eine eigene Spezialmasse angelegt.

§. 26.

Die Vorschriften der gegenwärtigen Verordnung treten mit dem 1sten Mai dieses Jahres in Kraft.

Urkundlich haben Wir diese Verordnung Höchsteigenhändig vollzogen und mit Unserem Königlichen Insiegel bedrucken lassen.

Gegeben Berlin, den 4ten März 1834.

(L. S.) Friedrich Wilhelm.

Carl, Herzog zu Mecklenburg.
v. Kamptz. Mühler.

Beglaubigt:
Friese.

(No. 1512.) Verordnung über den Subhastations- und Kaufgelderliquidations-Prozeß. Vom 4ten März 1834.

Wir Friedrich Wilhelm, von Gottes Gnaden, König von Preußen ꝛc. ꝛc.

Bei den Vorschriften Unserer Allgemeinen Gerichtsordnung über den Subhastations- und Kaufgelderliquidations-Prozeß hat sich das Bedürfniß einer Abänderung ergeben, welche nicht bis zur Vollendung der von Uns angeordneten allgemeinen Gesetzrevision ausgesetzt werden kann. Wir verordnen demnach für alle Provinzen Unserer Monarchie, in welchen die Allgemeine Gerichtsordnung Kraft hat, auf den Antrag Unserer Justizminister und nach erfordertem Gutachten einer von Uns aus Mitgliedern des Staatsraths ernannten Kommission, wie folgt:

§. 1.

Zu §§. 1. 4. 65. Tit. 52. der Prozeßordnung.

Die Subhastation soll künftig nur stattfinden:

1) bei Grundstücken,
2) bei Gerechtigkeiten, welchen das Gesetz die Eigenschaft einer unbeweglichen Sache beilegt, und
3) bei Schiffen, zu deren Verpfändung die Natural-Uebergabe an den Gläubiger gesetzlich nicht erforderlich ist. (Allgemeines Landrecht Thl. I. Tit. 20. §. 300.)

§. 2.

Zu §§. 5—8. Tit. 52.

Außer den Fällen der Exekution und des Konkurses tritt die nothwendige Subhastation mit ihren Wirkungen auch alsdann ein, wenn der Verkauf erfolgen soll:

1) im erbschaftlichen Liquidations-Prozesse, ohne Unterschied, ob der Erbe im Besitz des Nachlasses sich befindet, oder nicht;
2) auf den Antrag des Benefizial-Erben, dessen Eigenschaft als Benefizial-Erbe im Hypothekenbuche vermerkt (Allgemeines Landrecht Thl. I. Tit. 9. §. 448.), oder, wenn das Hypothekenbuch noch nicht regulirt worden, zu den Hypotheken-Akten angezeigt ist;
3) auf den Antrag eines Miteigenthümers zum Zweck der Auseinandersetzung, insofern die Miteigenthümer sich nicht darüber einigen, daß nur eine freiwillige Subhastation statthaben soll.

Die Vorschrift §. 8. Tit. 52. der Prozeßordnung wird aufgehoben.

§. 3.

Zu §§. 9. 10. Tit. 52.

Wird eine nothwendige Subhastation eingeleitet, so ist zugleich von Amtswegen ein Vermerk in das Hypothekenbuch einzutragen: daß die Subhastation verfügt worden, und spätere Dispositionen den bis dahin eingetragenen Gläubigern unnachtheilig sind.

§. 4.

Zu §. 23. Tit. 52.

Die Bekanntmachung des Abschätzungs-Termins erfolgt nur an die aus dem Hypothekenbuche ersichtlichen Gläubiger und es genügt bei Auswärtigen der Nachweis, daß die Benachrichtigung zur Post gegeben worden. Kommt solche wieder zurück, so ist eine weitere Benachrichtigung nicht erforderlich.

§. 5.

Zu §§. 26. 27. Tit. 52.

Erinnerungen gegen die Taxe, welche später als vier Wochen vor dem Bietungstermine eingehen, werden zwar in diesem Termine den Kauflustigen bekannt gemacht, eine nähere Prüfung derselben ist aber nicht erforderlich.

§. 6.

Zu §. 29. Tit. 52.

Das Subhastations-Patent soll nur enthalten:

1) Die Bezeichnung des zum Verkauf bestimmten Gegenstandes;
2) die Angabe des Taxwerthes und die Anzeige, wo die Taxe, der neueste Hypothekenschein und die besonderen Kaufbedingungen eingesehen werden können;
3) die Zeit und den Ort der Lizitation;
4) in den Fällen der §§. 7. und 9. dieser Verordnung die Vorladung der unbekannten Interessenten.

§. 7.

Wenn das Hypothekenbuch des zum Verkauf gestellten Grundstückes noch nicht regulirt oder der Besitztitel für den Schuldner noch nicht eingetragen worden, so ist mit der Subhastation jedesmal das Aufgebot der Realprätendenten, deren Ansprüche der Eintragung in das Hypothekenbuch bedürfen, nach Maaßgabe der Prozeßordnung Tit. 51. §§. 99. ff. zu verbinden.

§. 8.

Zu §§. 30—32. und §. 55. Tit. 52.
und §§. 397—399. des Anhanges.

Es wird in allen Fällen nur ein Bietungstermin anberaumt, und dieser bei Gegenständen über 5000 Rthlr. an Werth auf sechs Monate, bei andern auf drei Monate hinausgerückt. Die Bekanntmachung des Subhastations-

Pa-

Patents erfolgt durch Aushang an der Gerichtsstelle und durch Einrückung in das Intelligenzblatt, in den Anzeiger des Regierungs-Amtsblatts, und bei Gegenständen über 5000 Rthlr. an Werth auch noch in eine inländische Zeitung. Die Einrückung geschieht von Monat zu Monat.

§. 9.

Zu §§. 34. 35. Tit. 52. und §§. 401. 403. des Anhanges.

Zur Wahrnehmung ihrer Gerechtsame bei der bevorstehenden Veräußerung sind der Extrahent der Subhastation, der Schuldner, und die aus dem Hypothekenbuche ersichtlichen Real-Interessenten und Vorkaufsberechtigten, jeder besonders, durch Uebersendung einer Abschrift des Subhastations-Patents von dem anberaumten Bietungstermine in Kenntniß zu setzen. Eben dieses findet in Konkursen statt. Die Uebersendung erfolgt ohne Begleitschreiben. Bei Auswärtigen finden die Vorschriften des §. 4. dieser Verordnung Anwendung. Ist der Aufenthalt einer der vorgenannten Personen schon bei Veranlassung des Subhastations-Patents unbekannt, so ist dieselbe in dem Patente mit vorzuladen.

§. 10.

Zu §. 37. Tit. 52.

Neue Bieter werden nach sechs Uhr Abends überhaupt nicht mehr zugelassen. Auch schließt der Deputirte mit dieser Stunde den Termin, wenn nach geschehenem Aufruf kein Mehrgebot erfolgt.

§. 11.

Zu §§. 40—45. Tit. 52. und §. 406. des Anhanges.

Personen, deren Zahlungsfähigkeit einer der Subhastations-Interessenten (§. 9. dieser Verordnung) nicht für genügend erachtet, werden nur dann zum Mitbieten zugelassen, wenn sie sofort eine Kaution zum Betrage des zehnten Theils der Taxe baar oder in inländischen öffentlichen Papieren nach dem Kurswerthe niederlegen.

Gläubiger, deren Forderungen innerhalb des Taxwerthes auf dem Immobile eingetragen stehen, können die Kaution mit diesen Forderungen bestellen, und müssen sodann die darüber sprechenden Urkunden niederlegen.

Der §. 406. des Anhanges wird aufgehoben.

§. 12.

Zu §§. 41. 58. Tit. 52.

Nur die im Bietungstermine erschienenen Interessenten der Subhastation (§. 9. dieser Verordnung) sind zur Erklärung über den Zuschlag aufzufordern. Sie müssen, wenn sie demselben widersprechen wollen, dies noch im Bietungstermine selbst thun. Auf Vorbehalte oder unbestimmte Erklärungen wird

tiget, die streitigen Beträge aber, wenn nicht zwischen allen bei einer solchen Post betheiligten Interessenten ein anderweitiges Abkommen getroffen wird, zum gerichtlichen Gewahrsam gezahlt, und für jede Post eine Spezialmasse angelegt.

§. 18.

Reichen die Kaufgelder zu, so werden bei deren Vertheilung den Real-Gläubigern sämmtliche Zinsen-Rückstände gezahlt; reichen sie nicht zu, so erhält jeder Gläubiger am Orte seines Kapitals nur:

1) die laufenden Zinsen nach §. 25. der Verordnung über die Exekution in Civilsachen, so weit sie noch nicht gezahlt sind, und
2) die Rückstände aus den beiden früheren Jahren.

Ist eine Beschlagnahme der Einkünfte nicht vorangegangen, so nehmen die laufenden Zinsen mit dem 1sten Juli vor der verfügten Subhastation ihren Anfang.

Den im Kaufgelderbelegungs-Termine ausbleibenden Gläubigern werden, auch wenn die Kaufgelder weiter reichen, vorläufig nur die laufenden Zinsen und die Rückstände aus den vorangegangenen zwei Jahren berechnet.

Die Kosten des Werthstempels und des Zuschlagsbescheides trägt der Käufer; die übrigen Subhastationskosten werden bei Austheilung der Kaufgelder vorweg in Abzug gebracht und entgehen dem letzten Perzipienten.

§. 19.

Ist bei Belegung der Kaufgelder der ganze Kaufpreis durch Uebernahme oder Konsolidation von Hypothekenforderungen oder durch Zahlung berichtiget, so ertheilt das Gericht dem Käufer auf dessen Kosten eine Ausfertigung der darüber aufgenommenen Verhandlung, auf deren Grund bei Eintragung seines Besitztitels die Löschung des nach §. 3. dieser Verordnung eingetragenen Vermerkes und der nicht übernommenen Hypotheken erfolgen soll.

Außer diesem Falle wird im Kaufgelderbelegungs-Termine mit Zuziehung der Real-Gläubiger festgestellt, was der Adjudikatar nach Abzug der von ihm zum Depositorium eingezahlten Gelder und namentlich übernommenen Forderungen der Gläubiger auf das Kaufgeld rückständig bleibt. Dieser Rückstand und die davon zu entrichtenden Zinsen sind gegen Löschung des nach §. 3. dieser Verordnung eingetragenen Vermerkes und aller von dem Adjudikatar nicht namentlich übernommenen Hypothekenforderungen bei Berichtigung des Besitztitels zugleich im Hypothekenbuche einzutragen, wobei eine Ausfertigung des Adjudikationsbescheides und des Kaufgelderbelegungs-Protokolls zur Eintragungs-Urkunde dient.

Ein

Ein jeder auf den Kaufgelder-Rückstand angewiesene Gläubiger ist befugt, zu verlangen, daß ihm von dieser Eintragungs-Urkunde, nach Maaßgabe des ihm zustehenden Vorrechts, eine Theil-Obligation abgezweigt werde.

§. 20.

Zahlt der Käufer in den bestimmten Terminen die Kaufgelder nicht, so können die Gläubiger, mit Vorbehalt des Rechts auf den Wiederverkauf des subhastirten Gegenstandes, wegen der rückständigen Kaufgelder aus dem Adjudikationsbescheide, wie aus einem Judikate, auch in das andere Vermögen des Käufers die Exekution nachsuchen. Wird bei dem Wiederverkauf das Gebot, für welches dem Käufer der Zuschlag ertheilt war, nicht erreicht, so ist wegen des Ausfalles und der Kosten, ohne daß es einer Klage bedarf, die Exekution in eben der Art zulässig.

Bei Ausübung dieser Befugnisse ist kein Gläubiger an die Zustimmung der Mitgläubiger gebunden. Wird der Wiederverkauf in Antrag gebracht, so erfolgt die neue Subhastation (§. 408. des Anhanges) nach den Vorschriften der gegenwärtigen Verordnung.

§. 21.

Ist eine Subhastation eingeleitet, so hindert die später eintretende Eröffnung des Konkurses oder erbschaftlichen Liquidations-Prozesses über das Vermögen des Schuldners die Fortsetzung des Subhastations-Verfahrens und die Vertheilung der Kaufgelder-Masse nach den Vorschriften dieser Verordnung nicht; doch können alsdann die Gläubiger, selbst wenn die Kaufgelder zureichen sollten, am Orte ihres Kapitals nur diejenigen Zinsen fordern, zu denen sie nach §. 18. für den Fall befugt sind, wenn die Kaufgelder nicht zureichen.

§. 22.

Die Vorschriften der Prozeßordnung Tit. 51. §§. 2—50. vom Liquidations-Prozesse über Grundstücke oder deren Kaufgelder werden aufgehoben.

§. 23.

Auf die Subhastation der Schiffe, Berg- und Hüttenwerke und Berg-Antheile finden der §. 8. und der erste Satz des §. 14. dieser Verordnung keine Anwendung.

§. 24.

Die Vorschriften der gegenwärtigen Verordnung treten mit dem 1sten Mai dieses Jahres in Kraft. Dieselben finden auch auf die bereits eingeleiteten Sub-

Subhastationen Anwendung; jedoch behält es bei den schon anberaumten Bietungsterminen sein Bewenden.

Urkundlich haben Wir diese Verordnung Höchsteigenhändig vollzogen und mit Unserem Königlichen Insiegel bedrucken lassen.

Gegeben Berlin, den 4ten März 1834.

(L. S.) **Friedrich Wilhelm.**

Carl, Herzog zu Mecklenburg.
v. Kamptz. Mühler.

Beglaubigt:
Friese.

Gesetz-Sammlung
für die
Königlichen Preußischen Staaten.

No. 8.

(No. 1513.) Verordnung wegen Einrichtung des Hypothekenwesens in dem Herzogthum Westphalen, dem Fürstenthum Siegen mit den Aemtern Burbach und Neuenkirchen (Freien- und Hückenschen Grund) und den Grafschaften Wittgenstein-Wittgenstein und Wittgenstein-Berleburg. Vom 31sten März 1834.

Wir Friedrich Wilhelm, von Gottes Gnaden, König von Preußen ꝛc. ꝛc.

haben in dem Patente vom 21sten Juni 1825. wegen Einführung des Allgemeinen Landrechts und der Allgemeinen Gerichtsordnung in das Herzogthum Westphalen, das Fürstenthum Siegen mit den Aemtern Burbach und Neuenkirchen (Freien- und Hückenschen Grund) und in die Grafschaften Wittgenstein-Wittgenstein und Wittgenstein-Berleburg, erklärt, daß Unsere auf das Hypothekenwesen sich beziehenden Gesetze bis zur erfolgten Revision der Hypotheken-Ordnung außer Anwendung bleiben sollen; da jedoch diese Revision für jetzt noch nicht hat vollendet werden können, so verordnen Wir, um den gedachten Ländern die Vortheile eines vollständig gesicherten Realkredits schon jetzt zu Theil werden zu lassen, auf den Antrag Unseres Staatsministeriums, wie folgt:

§. 1.

Einführung der Preußischen Hypothekengesetze.

Die Allgemeine Hypothekenordnung vom 20sten Dezember 1783. und die darauf Bezug habenden spätern gesetzlichen Vorschriften erhalten in den, im Eingange der Verordnung genannten Landestheilen mit dem 1sten Mai 1834. volle Gesetzeskraft unter nachstehenden nähern Bestimmungen.

§. 2.

Hypotheken-Behörden.

Die Bearbeitung des Hypothekenwesens verbleibt den Gerichten, welche zur Zeit damit beauftragt sind.

§. 3.

Worüber das Hypotheken-Buch geführt werden soll.

Nur Grundstücke, nicht aber Gerechtigkeiten, welche für sich bestehen (§. 14. Tit. 1. der Hypothekenordnung), erhalten ein Folium im Hypotheken-Buche. Bei getheiltem Eigenthume wird das Folium für das Nutzungs-Eigenthum, bei Vererbpachtungen für die Erbpachtgerechtigkeit angelegt. Die Rechte des Ober-Eigenthümers und des Erbverpächters werden in der zweiten Rubrik vermerkt.

(Ausgegeben zu Berlin den 12ten April 1834.)

Ueber die Gegenstände des Bergwerks-Eigenthums, worauf diese Verordnung keine Anwendung leidet, bleiben besondere Bestimmungen vorbehalten.

§. 4.

Pflicht der Hypotheken-Behörde zur Anlegung eines Foliums.

Die Anlegung eines Foliums erfolgt, wenn der Besitzer des Grundstücks ausdrücklich darauf anträgt, oder wenn er nach Maaßgabe Unserer Order vom 31sten Oktober 1831. (Gesetz-Sammlung Seite 251.) von Seiten der Gerichte zur Berichtigung des Besitztitels angehalten werden muß.

§. 5.

Verbindung des Hypothekenbuchs mit dem Kataster.

Den Hypothekenbüchern wird das Kataster zum Grunde gelegt. Die Flurbücher, wovon jedem Untergericht für seinen Bezirk eine Abschrift mitgetheilt werden soll, dienen zur Ausmittelung der in die Hypothekenbücher gehörenden Grundstücke, ihrer Lage und Größe. Ihre Bezeichnung im Kataster und in den Flurbüchern ist bei dem Hypothekenbuche beizubehalten.

§. 6.

Besitzt Jemand mehrere unter verschiedenen Nummern des Flurbuchs aufgeführte, innerhalb desselben Gerichtsbezirks belegene Grundstücke, sie mögen in einer Verbindung mit einander stehen oder nicht, so bleibt es seiner Willkühr überlassen, ob und in welcher Art er ein Folium oder mehrere Folien damit anlegen lassen will.

Insoweit diese Grundstücke aber

1) nicht innerhalb ein und desselben Katastral-Gemeinebezirks liegen,
2) für die in der dritten Rubrik des Hypothekenbuchs einzutragenden Forderungen nicht auf gleiche Weise verpfändet worden sind oder verpfändet werden sollen, oder
3) wenn es das Gericht, sey es um Verwirrung zu vermeiden oder um die Uebersicht zu erleichtern, für zweckmäßig erachtet,

sind für dieselben besondere Folien im Hypothekenbuche anzulegen.

§. 7.

Vorschriften über die erste Berichtigung des Besitztitels.

Jeder Eigenthümer eines Grundstücks, dessen Eintragung in das Hypothekenbuch geschehen soll, ist verpflichtet:

1) seinen Vorbesitzer zu benennen,
2) den Rechtsgrund anzugeben, vermöge dessen das Eigenthum von dem Vorbesitzer auf ihn übergegangen ist;

demzufolge auch

3) alle darauf Bezug habende Dokumente und Beweismittel, in deren Besitz er sich befindet, getreulich vorzulegen, und
4) einen Auszug aus der Grundsteuer-Mutterrolle einzureichen, mit einer Bescheinigung, daß seit der letzten Berichtigung der Mutterrolle keine Besitz-Veränderungen bekannt geworden sind.

§. 8.

Zur Eintragung des Besitztitels auf den Namen des in der Mutterrolle als Steuerpflichtigen vermerkten Besitzers genügt es, wenn derselbe

1) das Grundstück in einer Subhastation erstanden, oder ein Präklusions-Erkenntniß darüber ausgebracht hat (§. 30. Tit. 4. der Hypothekenordnung), oder
2) wenn er durch Dokumente, Zeugen oder Atteste öffentlicher Behörden glaub-

glaubwürdig bescheinigt, daß er das Grundstück seit dem 1sten Dezember 1825., oder überhaupt 10 Jahre lang ununterbrochen besitze.

§. 9.

Bei einem kürzeren Besitzstande (§. 8. No. 2.) muß der Uebergang auf den Besitzer durch einen zur Erwerbung des Eigenthums nach Vorschrift des Allgemeinen Landrechts an sich geeigneten, dem Inhalt und der Form nach rechtsgültigen Titel nachgewiesen, und

entweder

1) dargethan werden, daß der unmittelbare Vorbesitzer selbst schon einen Titel für sich hatte, der nach den damals geltenden Gesetzen an sich zur Erwerbung des Eigenthums geschickt ist (§§. 29. und 30. Tit. 4. der Hypothekenordnung),

oder

2) durch Dokumente, Zeugen oder Atteste öffentlicher Behörden glaubwürdig bescheinigt werden, daß der jetzige und der Vorbesitzer, ihren Besitzstand zusammengerechnet, das Grundstück seit dem 1sten Dezember 1825., oder überhaupt 10 Jahre lang besitzen.

Der Eintragung des Vorbesitzers in das Hypothekenbuch bedarf es nicht.

§. 10.

Wer die Berichtigung des Besitztitels eines in der Mutterrolle auf den Namen eines Andern eingetragenen Grundstücks für sich verlangt, muß sein besseres Recht nachweisen. Der in der Mutterrolle eingetragene Steuerpflichtige wird darüber gehört, und bei entstehendem Widerspruche die Sache zur richterlichen Entscheidung verwiesen.

§. 11.

Aufforderung Aller: a. welche Eigenthums-Ansprüche machen und nicht in der Mutterrolle als Steuerpflichtige eingetragen stehen und b. welchen das Recht zusteht, die Dispositionsbefugniß des Besitzers zu beschränken, sich binnen drei Monaten zu melden.

Da unter den vorstehenden Bedingungen für den in der Mutterrolle eingetragenen Steuerpflichtigen der Besitztitel berichtigt werden soll, so werden alle diejenigen,

welche nicht in der Mutterrolle als Steuerpflichtige eingetragen stehen und dennoch vermeinen, daß ihnen

als Eigenthümern

oder

aus einem Lehnsverhältnisse, einer Substitution, oder sonst einem, die freie Dispositions-Befugniß des Besitzers einschränkenden Rechtsgrunde

Ansprüche zustehen,

hierdurch aufgefordert, solche zeitig bei der Hypothekenbehörde anzumelden.

Es wird denselben hierzu eine Frist von drei Monaten von dem Tage der Gesetzeskraft dieser Verordnung bestimmt.

Nach Ablauf derselben muß der Hypothekenrichter, den Vorschriften der §§. 4. und 8. gemäß, mit der Berichtigung des Besitztitels vorschreiten, und Jeder, der die Anmeldung seiner Real-Ansprüche versäumt, hat es sich selbst beizumessen, wenn bis zur Nachholung seiner Anmeldung der eingetragene Besitzer in allen mit dritten Personen über das Grundstück geschlossenen oder zu schließenden Verhandlungen, nach Vorschrift des Allgemeinen Landrechts Thl. I. Tit. 10. §. 7. u. f., für den wahren Eigenthümer desselben angesehen wird.

§. 12.

Eintragung bisher erworbener Hypotheken- und Realrechte in das neue Hypothekenbuch.

Bei Anlegung des Hypothekenbuchs sollen

a) alle Hypotheken, welche in Folge des im §. 22. des Patents vom 21sten Juni 1825. und Unserer Order vom 4ten Februar 1828. geschehenen Aufrufs bei dem Gericht, in dessen Gerichtssprengel das Grundstück belegen ist, bis dahin angemeldet worden sind,
b) sämmtliche nach §§. 8—11. des Patents vom 21sten Juni 1825. seit dem 1sten Dezember 1825. entstandene Realrechte,

von Amtswegen berücksichtigt werden.

§. 13.

Es ist dabei in nachstehender Art zu verfahren:

1) Bei jeder Besitztitel-Berichtigung muß der Real-Schuldenzustand
   a) durch Vernehmung des Besitzers,
   b) durch Extrakte aus den bisher geführten Registern über die angemeldeten Realrechte und Hypotheken,
   und
   c) durch Einsicht der denselben zum Grunde liegenden Anmeldungen und Dokumente, festgestellt werden.
2) Jeder auf diese Weise ermittelte Realberechtigte oder Hypothekengläubiger ist aufzufordern, die ihm ertheilte Rekognition, mit dem dazu gehörigen Dokument, zur Eintragung in das Hypothekenbuch einzureichen.
   Auch Erben, Cessionarien, Pfand-Inhaber und andere Betheiligte erhalten eine solche spezielle Aufforderung, wenn ihr Rechts-Anspruch zu den Grund-Akten angezeigt worden.

§. 14.

Aufforderung der unbekannten Inhaber von Rekognitionen, sich binnen drei Monaten zu melden.

Alle Inhaber von Rekognitionen, welche ihre Rechts-Ansprüche zu den Grund-Akten nicht angezeigt haben, werden aufgefordert, spätestens innerhalb dreier Monate, vom Tage der Gesetzeskraft dieser Verordnung angerechnet, die Anmeldung nachzuholen.

§. 15.

Folgen der Unterlassung.

Wer der ergangenen Aufforderung (§§. 13. und 14.) nicht genügt, behält zwar

a) seine Rechte gegen die Person seines Schuldners oder dessen Erben, und kann sich auch an das ihm verhaftete Grundstück halten, insofern solches noch in den Händen dieses Schuldners oder dessen Erben sich befindet;

er geht aber

b) in Beziehung auf alle übrige Realberechtigte, deren Hypotheken- und andere Real-Ansprüche eingetragen worden, seiner Vorzugsrechte verlustig,

verliert

c) in Beziehung auf jeden dritten, der im redlichen Glauben an die Richtigkeit des Hypothekenbuchs nach der Anlegung des letzteren das Grundstück selbst erworben hat, sein Realrecht,

und haftet endlich

d) für jeden mit dem Dokument späterhin gemachten Mißbrauch, und für jeden hierdurch und aus der Nichtbefolgung der an ihn ergangenen Aufforderung entstehenden Schaden.

§. 16.

§. 16.

Jeder zur Einreichung der ertheilten Rekognition aufgeforderte Realberechtigte ist verpflichtet, auf Erfordern die Grundstücke, auf welchen sein Recht eingetragen werden soll, speziell nach deren Bezeichnung im neuen Flurbuche anzugeben.

Waltet gegen die Identität dieser Grundstücke mit den im Dokument verpfändeten kein Zweifel ob, oder erkennt der Besitzer diese Identität an, so begründet die erhaltene Rekognition einen Anspruch auf die Eintragung des Rechts selbst.

Entstehen Zweifel über die Identität, die sich nicht sofort beseitigen lassen, die Identität aber ist wahrscheinlich, so wird dadurch jedenfalls die Eintragung einer Protestation begründet.

Eine mangelhafte oder vorläufige Rekognition über zwar bescheinigte, aber nicht sofort liquid zu machende Real-Ansprüche begründet ebenfalls einen Anspruch auf die Eintragung einer Protestation zur Erhaltung des Vorrechts.

§. 17.

Prioritäts-Bestimmungen.

Allen vor dem 1sten Dezember 1825. entstandenen, binnen der vorgeschriebenen Frist angemeldeten Realrechten gebührt bei der Eintragung die Priorität vor den später erworbenen; mit Vorbehalt der näheren Bestimmungen ihrer Rangverhältnisse unter sich, welche festzustellen, oder im Fall eines Streites durch richterliche Entscheidung feststellen zu lassen, den Interessenten überlassen bleibt.

Die seit dem 1sten Dezember 1825. entstandenen werden nach der Zeitfolge ihrer Anmeldung eingetragen.

§. 18.

Getilgte Realforderungen.

Realforderungen, die bei einer Subhastation, einem Konkurs- oder Liquidationsprozesse ausgefallen, präkludirt oder durch Zahlung getilgt sind, werden nicht weiter berücksichtigt.

Behauptet der Besitzer, daß das Realrecht auf andere Weise aufgehoben worden, so muß er diese Aufhebung sofort darthun. Kann er dies nicht, so ist die Eintragung der Forderung und zugleich in der Kolonne „Cessionen" die Eintragung des Widerspruchs zu bewirken, sofern derselbe bescheinigt ist.

§. 19.

Vorsichts-Maaßregeln für die Inhaber bereits angemeldeter Titel zu Hypotheken und Realrechten.

Allen Inhabern bereits angemeldeter Titel zu Hypotheken- und Real-Rechten, welche ungewiß darüber sind, ob die von ihnen angemeldeten Titel auch wirklich in die geführten Hypothekenregister aufgenommen worden, und daher besorgen, bei der nach §. 12. u. f. vorzunehmenden Feststellung des Schuldenzustandes unbeachtet zu bleiben, bleibt es überlassen, sich die angelegten Hypothekenregister vorlegen zu lassen, und erforderlichen Falls die Nachtragung in dieselben, oder die Ertheilung vollständiger Rekognitionen anderweit in Antrag zu bringen.

Auch steht es ihnen frei, durch schriftliche Eingaben sich die Berücksichtigung bei der Anlegung des Foliums zu sichern. Es muß jedoch diese Eingabe enthalten:

eine genaue Bezeichnung der verhafteten Grundstücke;

 die

die Namen der gegenwärtigen Besitzer derselben;
die Angabe des Titels und des Datums der frühern Anmeldung;
Endlich muß derselben
eine Abschrift der erhaltenen Rekognition beigefügt werden.

§. 20.

Ausmittelung und Eintragung der älteren, bisher nicht aufgebotenen Real-Lasten.

In dem, §. 11. dieser Verordnung erfolgten Aufruf sind diejenigen Real-Berechtigten nicht mit begriffen, welche aus einem Grundstück gewisse zu bestimmten Zeiten wiederkehrende, nach §. 49. Tit. 1. der Hypothekenordnung in die zweite Rubrik gehörende Hebungen zu beziehen und diese bereits vor dem 1sten Dezember 1825. erworben haben.

Die Vernehmung des Besitzers über seinen Besitztitel ist daher auch auf das Vorhandenseyn solcher beständigen Lasten und Abgaben mit möglichster Sorgfalt zu richten.

Es sind diese Lasten und Abgaben sodann, mit Ausnahme derjenigen, die nach §. 48. Tit. 1. der Hypothekenordnung und §. 58. des Anhanges zum Allgemeinen Landrecht überhaupt keiner Eintragung bedürfen, zur Eintragung zu notiren und der Berechtigte davon in Kenntniß zu setzen.

§. 21.

Wenn der Besitztitel hiernächst berichtigt und das Hypotheken-Folium angelegt worden ist, so ist dies unter wörtlicher Bezeichnung des Grundstücks und des Besitzers, wie solche das Hypothekenbuch enthält, durch einmalige Einrückung in das Amtsblatt der Regierung öffentlich bekannt zu machen, mit dem Bemerken, daß alle Realberechtigte jener Art (§. 20.), welche von der geschehenen Aufzeichnung ihrer Ansprüche nicht besonders benachrichtigt worden sind, sich noch innerhalb dreier Monate bei der Hypothekenbehörde melden müssen.

Wer auch diese Frist verabsäumt, verfällt in dieselben Nachtheile, welche der §. 15. ausspricht.

Die Bekanntmachungen sollen aber nicht einzeln für jedes Grundstück, sondern vierteljährig durch Unser Hofgericht zu Arnsberg erfolgen, welches die Verzeichnisse der einzelnen Gerichte zu sammeln und in ein Haupt-Verzeichniß zusammen zu stellen hat.

§. 22.

Diejenigen älteren Real-Ansprüche, welche vorschriftsmäßig angemeldet worden und deren Richtigkeit durch öffentliche Urkunden oder das Anerkenntniß des Besitzers des verhafteten Grundstücks nachgewiesen ist, werden ihrer Zeitfolge nach in das Hypothekenbuch eingetragen, mit dem ausdrücklichen Vorbehalte der näheren Bestimmung ihrer Rangordnung unter sich.

Ist der Nachweis der Richtigkeit nicht geführt, der Anspruch jedoch einigermaßen bescheinigt, und widerspricht der Besitzer der Eintragung, so kann nur eine Protestation, und es muß dabei zugleich der Widerspruch des Besitzers vermerkt werden.

Die Feststellung der Rangordnung unter denselben erfolgt nach den im §. 17. angegebenen Bestimmungen.

§. 23.

Bei Grundstücken, welche nach dem 1sten Dezember 1825. in einer nothwendigen Subhastation erstanden sind, und worüber nach §. 99. u. f. Tit. 51.

der

der Prozeßordnung ein Präklusions-Erkenntniß ergangen ist, findet eine Ausmittelung der älteren Reallasten nicht weiter statt.

§. 24.

Von den künftig zu erwerbenden Realrechten.

Wenn für ein Grundstück ein Folium im Hypothekenbuche angelegt ist, so hört in Beziehung auf dasselbe die im §. 13. des Patents vom 21sten Juni 1825. erfolgte Suspension derjenigen Gesetze auf, welche das Daseyn eingerichteter Hypothekenbücher voraussetzen, und es treten die Vorschriften der Hypothekenordnung und der sich darauf beziehenden gesetzlichen Vorschriften in volle Kraft. Insbesondere kann auf ein solches Grundstück ein Realrecht nach Vorschrift Unserer Verordnung vom 16ten Juni 1820. (Gesetz-Sammlung Seite 106.) oder nach §§. 8—12 des Patents vom 21sten Juni 1825. (Gesetz-Sammlung Seite 153.) nicht ferner erworben werden.

§. 25.

In Beziehung auf solche Grundstücke, womit noch kein Folium im Hypothekenbuche angelegt ist, bleibt es dagegen bei den Vorschriften der §§. 8—13. des Patents vom 21sten Juni 1825. und der Verordnung vom 16ten Juni 1820.

Jeder angemeldete Titel muß jedoch für die künftige Eintragung genau aufgezeichnet und in den Dokumenten oder Anmeldungen das betreffende Grundstück so bezeichnet werden, wie es im Kataster-Flurbuch aufgeführt ist. In der auszufertigenden Rekognition muß das Grundstück ebenso bezeichnet werden.

§. 26.

Auch denen, welche durch Cession, Verpfändung oder aus einem andern gesetzlichen Grunde in die Rechte des ursprünglichen Realberechtigten getreten sind, steht es in dem Falle des §. 25. frei, ihr Recht bei der betreffenden Hypothekenbehörde anzumelden.

Es ist ihnen ein Attest darüber zu ertheilen.

§. 27.

Allgemeine Bestimmungen.

In allen künftig abzuschließenden Verträgen über Grundstücke, insbesondere in Kauf- und Verpfändungs-Instrumenten, welche vor Gericht oder vor einem Notar aufgenommen werden, ist genau anzugeben, wie die Grundstücke in dem betreffenden Kataster-Flurbuch bezeichnet sind. Ist dies unterblieben, so erfolgt die Ergänzung auf Kosten dessen, dem hierbei ein Versehen zur Last fällt.

Richter und Notare, welche diese Vorschrift vernachlässigen, verfallen außerdem in eine Ordnungsstrafe von 1 bis 5 Rthlrn. für jeden Kontraventionsfall.

§. 28.

Da sich die Führung besonderer Ingrossationsbücher neben den Grund-Akten und Hypothekenbüchern als überflüssig bewiesen hat, so fällt die Führung von Ingrossationsbüchern fort.

§. 29.

Zur Erleichterung der Interessenten bewilligen Wir nicht nur den Verhandlungen, welche zur Eintragung der bisher erworbenen Hypotheken- und Realrechte in dem neu anzulegenden Hypothekenbuche erforderlich seyn werden, die Kosten- und Stempelfreiheit; sondern bestimmen auch, daß von allen denen, welche innerhalb dreier Jahre nach der Gesetzeskraft dieser Verordnung ihre

 Grund-

Grundstücke im Hypothekenbuche eintragen lassen, außer einem Pauschquantum zur Deckung der baaren Auslagen an Papier, Schreib- und Botengebühren ꝛc., weder Gerichtsgebühren noch Stempel für diese erste Berichtigung ihrer Folien im Hypothekenbuche eingezogen werden sollen.

§. 30.

Vor Ablauf des im §. 21. zur Ausmittelung der Reallasten bestimmten Zeitraums dürfen keine Hypothekenscheine, sondern nur Atteste über die erfolgte Eintragung ertheilt, oder Benachrichtigungen darüber erlassen werden.

Für die Ausführung dieser Verordnung werden die Hypothekenbehörden von Unserem Justizminister mit weiterer Anweisung versehen werden, nach welcher sie sich zu achten haben.

Urkundlich unter Unserer Höchsteigenhändigen Unterschrift und beigedrucktem Königlichen Insiegel.

Gegeben Berlin, den 31sten März 1834.

(L. S.) Friedrich Wilhelm.

Friedrich Wilhelm, Kronprinz.

Frh. v. Altenstein. v. Schuckmann. Gr. v. Lottum. Gr. v. Bernstorff.
Maassen. Frh. v. Brenn. v. Kamptz. Mühler. Ancillon.

Für den Kriegsminister im Allerhöchsten Auftrage.
v. Witzleben.

Gesetz-Sammlung
für die
Königlichen Preußischen Staaten.

No. 9.

(No. 1514.) Allerhöchste Kabinetsorder vom 19ten Februar 1834., eine Erweiterung des Art. XI. des Zensur-Gesetzes vom 18ten Oktober 1819. hinsichtlich der in Polnischer Sprache erscheinenden Schriften betreffend.

Auf Ihren Bericht vom 3ten d. M. will Ich die Bestimmung des Art. XI. des Zensur-Edikts vom 18ten Oktober 1819. dahin erweitern, daß keine in Polnischer Sprache außerhalb Meiner Staaten, es sey innerhalb oder außerhalb der Staaten des Deutschen Bundes, erscheinende Schrift, ohne vorherige ausdrückliche Debits-Erlaubniß des Ober-Zensurkollegiums, in irgend einem Landestheile Meiner Staaten verkauft oder verbreitet werden darf. Dem Ober-Zensurkollegium bleibt anheimgegeben, zur Erleichterung des Bücherverkehrs in dem Großherzogthum Posen mit dem Oberpräsidenten diejenigen Einrichtungen zu verabreden, welche von beiden Behörden angemessen gefunden werden. Die gegenwärtige Order ist durch die Gesetz-Sammlung zu publiziren.

Berlin, den 19ten Februar 1834.

Friedrich Wilhelm.

An die Staatsminister Frh. v. Altenstein, Frh. v. Brenn und Ancillon.

(Ausgegeben zu Berlin den 14ten April 1834.)

(No. 1515.) Verordnung über das Verfahren bei eintretender Mobilmachung der Armee zur Herbeischaffung der Pferde durch Landlieferung. Vom 24sten Februar 1834.

Wir Friedrich Wilhelm, von Gottes Gnaden, König von Preußen &c. &c.

Obgleich das durch die Myliussche Ediktensammlung publizirte Reglement vom 17ten April 1789. schon die Bestimmung enthält, daß bei eintretender Mobilmachung die zur Ausrüstung der Armee erforderlichen Pferde durch Landlieferung beschafft werden sollen; so finden Wir Uns doch, in Erwägung des Umstandes, daß jenes Edikt eines Theils die Verpflichtung zur Gestellung der Pferde nicht für sämmtliche, sondern nur für die damals der Konskription unterworfenen Unterthanen begründet, anderen Theils aber auch in den neuen Provinzen nicht publizirt worden ist, auf den Antrag der Ministerien des Innern und der Polizei und des Krieges, bewogen, zur Beseitigung aller Zweifel über die Verpflichtung der Unterthanen, bei einer Mobilmachung der Armee die zum Kriegsdienst geeigneten Pferde herzugeben, für sämmtliche Landestheile Unserer Monarchie Folgendes anzuordnen:

1) Sobald Wir es für angemessen erachten, die Armee, oder auch nur einzelne Theile derselben, auf den Kriegsfuß setzen zu lassen, tritt für sämmtliche Unterthanen Unseres Reichs die Verpflichtung ein, die zum Kriegsdienst tauglichen Pferde, auf die deshalb an sie ergehende Aufforderung der Behörden, sofort unweigerlich zu gestellen.

2) Ausgenommen von dieser Verpflichtung sind nur die Dienstpferde der Beamten und Posthalter, weil hier der Staatsdienst und das öffentliche Interesse Ausnahmen nothwendig machen. Bei den Beamten kann jedoch nur die zur Ausführung der ihnen obliegenden Dienstgeschäfte wirklich nothwendige Zahl von Pferden, und bei den Posthaltern nur diejenige Zahl verschont bleiben, deren Haltung ihnen kontraktlich zur Förderung der Posten obliegt. Bei eintretenden diesfälligen Zweifeln entscheidet der Kreis-Landrath. Seiner Bestimmung ist, mit Vorbehalt des Rekurses wegen einer etwaigen Entschädigung, einstweilen sofort Folge zu leisten.

3) Alle übrigen Pferde, sowohl Luxus- als Arbeitspferde, und ohne jeden Unterschied der Besitzer müssen, so weit es der Bedarf für die Armee nöthig macht, hergegeben werden. Damit aber diese Ermittelung bei Zeiten und für das Land so schonend als möglich gemacht werden möge, wird der Minister des Innern und der Polizei einer jeden Provinz das Kontingent bekannt machen, welches sie zu liefern hat. Der Oberpräsident der Provinz hat darnach in Uebereinstimmung mit dem kommandirenden General die näheren Bestimmungen über

die

die Art der Gestellung, Auswahl und Abschätzung der Pferde, so wie über die sonstigen Maaßregeln, welche für den ordnungsmäßigen Gang des Geschäfts nothwendig sind, unter Berücksichtigung der dieserhalb schon ergangenen Festsetzungen, nach den Verhältnissen der einzelnen Landestheile für jede Provinz in ein besonderes Reglement zusammenzufassen. Diese Provinzial-Reglements sind, nachdem sie die Genehmigung der Ministerien des Innern und der Polizei und des Krieges erlangt haben werden, durch die Amtsblätter zur öffentlichen Kenntniß zu bringen.

4) Wo nicht die Ablieferung des vollen Bedarfs und in annehmlicher Qualität zur Zufriedenheit des kommandirenden Generals gesichert ist, und eine Mobilmachung eintritt, da sollen auf die erste Aufforderung alle nicht unter 2) ausgenommene Pferde sofort an diejenigen Orte gestellt werden, welche die Behörde zu ihrer Auswahl und resp. Abnahme bestimmen wird.

5) Für den Transport der Pferde bis zum Gestellungsort und für die Kosten ihrer Futterung bis zur Abnahme wird keine Vergütung gezahlt. Die Gestellungsorte sollen jedoch so bestimmt werden, daß den Pferdebesitzern jede Belästigung erspart werde, die nicht durch den Zweck der Maaßregel ausdrücklich geboten werden, oder den Umständen nach irgend zu vermeiden seyn möchte.

6) Alle Pferde, welche die mit Leitung dieses Geschäfts beauftragte Kommission zum Kriegsdienst tauglich findet, sind von ihren Eigenthümern, so weit sie gebraucht werden, sofort zur Disposition der Militairbehörde zu stellen. Da der Bedarf für die Armee vollständig erreicht werden muß, so hat die Kommission für dessen Aufbringung zu sorgen.

7) Die Eigenthümer der ausgehobenen Pferde erhalten für die Ueberlassung derselben aus Staatskassen eine angemessene Vergütigung. Die Vergütigungssumme wird von einer unpartheiischen Kommission durch Abschätzung festgestellt. Die Abschätzung darf aber nicht auf die durch die augenblickliche Konjunktur bei einer Mobilmachung gesteigerten Preise der Pferde gerichtet, sie muß vielmehr nach den im gewöhnlichen Verkehr des Friedens stattfindenden Preisen regulirt werden.

Das Maximum der Taxe eines einzustellenden Pferdes darf ferner in der Regel die Summe von Einhundert Thalern Preuß. Courant nicht übersteigen. Pferde, die höher abgeschätzt werden, müssen zunächst von der Einstellung zurückgewiesen werden. Nur dann, wenn unter der Masse der zur Aushebung vorgestellten Pferde nicht so viele, als das Kontingent des Kreises beträgt, in dem Werthe von Einhundert Thalern und darunter vorhanden oder sonst zu beschaffen seyn sollten, kann auf höher taxirte Pferde, jedoch immer nur bis zum Werthe von Einhundert und Zwanzig Thalern Preuß. Courant zurückgegangen werden. Selbst wenn noch theurere Pferde genommen werden müßten, vergütigt die Staatskasse doch nicht mehr als Einhundert Zwanzig Thaler Preuß. Courant.

8) Die Abschätzungs-Kommission besteht aus drei sachverständigen in gutem Ruf stehenden und zu diesem Geschäfte eigends vereideten Taxatoren.

9) Die Bezahlung der Pferde, nach ihrem abgeschätzten Werthe, soll sofort aus den bereitesten Mitteln der Staatskassen erfolgen.

10) Wir hegen zwar zu Unseren getreuen Unterthanen das Vertrauen, daß sie, die Nothwendigkeit einer solchen die Sicherheit des Vaterlandes für den Fall eines Krieges befördernden Maaßregel anerkennend, keinen Augenblick zögern werden, sich derselben zu fügen; da indessen die regelmäßige und schleunige Gestellung und Ablieferung der Pferde von dem wichtigsten Einflusse auf die Mobilmachung der Armee ist, so wollen Wir hiermit den Provinzialbehörden die Mittel zur kräftigen Durchführung dieser Anordnungen in die Hand geben, und dieselben ermächtigen, nicht bloß gegen diejenigen Eigenthümer von Pferden, welche sich in deren Gestellung säumig finden lassen, eine polizeiliche Geldstrafe von 5 bis 50 Thaler festzusetzen, sondern auch sofort alle Zwangsmaaßregeln eintreten zu lassen, welche die Umstände und die unverzügliche Erreichung des Zwecks gebieten. Gegen die festzusetzenden Strafen soll keine Berufung auf richterliche Entscheidung, sondern nur ein Rekurs an die Oberpräsidenten der Provinz stattfinden.

11) Die vorstehenden Anordnungen beziehen sich überall nur auf die Aushebung der zum Bedarf des stehenden Heeres und der Garde-Landwehr erforderlichen Pferde. Hinsichtlich der Provinzial-Landwehr behält es aber bei der schon durch die Landwehr-Ordnung vom 21sten November 1815. begründeten Bestimmung dahin sein Bewenden, daß jeder Landwehr-Bataillons-Bezirk die zur Ausrüstung seiner Landwehr nöthigen Pferde unentgeltlich beschaffen muß. Den Beschlüssen der Kreisstände bleibt es überlassen, ob sie ihre Kontingente an Landwehr-Pferden durch Aushebung in derselben Art wie für die Linie, oder im Wege des Ankaufs beschaffen wollen.

In dem ersten Falle bleibt aber denjenigen Eingesessenen, deren Pferde zur Landwehr ausgehoben werden, dafür Vergütigung nach der Taxe zu gewähren.

Die Gesammtkosten der Gestellung der Pferde zur Ausrüstung der Provinzial-Landwehr sollen von den Kreisen in der nämlichen Art aufgebracht werden, wie durch Unsere Order vom 17ten September 1831. in Betreff der Kosten der Gestellung der Pferde zu den Landwehr-Uebungen festgesetzt worden ist.

12) Die

12) Die gegenwärtige Verordnung, zu deren Ausführung die Ministerien des Innern und der Polizei und des Krieges die Provinzial-Behörden mit näherer Instruktion zu versehen haben, ist durch die Gesetz-Sammlung und zugleich durch die Amtsblätter zu publiziren.

Urkundlich unter Unserer Höchsteigenhändigen Unterschrift und Beidrückung Unseres großen Königlichen Insiegels.

Gegeben Berlin, den 24sten Februar 1834.

(L. S.) Friedrich Wilhelm.

Frh. v. Brenn.

Für den Kriegsminister
im Allerhöchsten Auftrage.
v. Witzleben.

 (No. 1516.)

(No. 1516.) Allerhöchste Deklaration über die Anwendbarkeit der §§. 76 bis 79. Tit. 10. Th. 2. des Allgemeinen Landrechts auf die Anmaßung geistlicher Amts-Handlungen. Vom 9ten März 1834.

Zur Erledigung der erhobenen Zweifel über die Anwendbarkeit der §§. 76 bis 79. Tit. 10. Th. 2. des Allgemeinen Landrechts auf die Anmaßung geistlicher Amtshandlungen, bestimme Ich hiermit, daß die §. 79. l. c. angedrohete Geldbuße bis Funfzig Thaler, oder Gefängnißstrafe bis Sechs Wochen eintreten soll, wenn Personen, welche die Ordination zu einem geistlichen Amte nicht erhalten haben, sich geistlicher Amtshandlungen anmaßen, insbesondere das heilige Abendmahl austheilen, die Konfirmation, eine Trauung oder Taufhandlung vornehmen, mit alleiniger Ausnahme des Falles einer Noth-Taufe nach der gesetzlichen Bestimmung. Sollte über die Noth-Taufe an einem Orte weder durch Observanz, noch durch die Provinzial-Kirchenordnung etwas festgestellt seyn, so hat das Provinzial-Konsistorium mit Genehmigung des Ministeriums der geistlichen Angelegenheiten das Erforderliche anzuordnen und durch die Amtsblätter bekannt zu machen. Ich beauftrage Sie, vorstehende Bestimmungen durch die Gesetz-Sammlung zur öffentlichen Kentniß zu bringen.

Berlin, den 9ten März 1834.

Friedrich Wilhelm.

An den Staatsminister Frh. v. Altenstein.

(No. 1517.)

(No. 1517.) Allerhöchste Kabinetsorder vom 15ten März 1834., wegen Anwendbarkeit der Verordnung vom 14ten Dezember 1833. auf die gutsherrlich-bäuerlichen Regulirungen, Gemeinheitstheilungen und Ablösungen.

Auf Ihren gemeinschaftlichen Bericht vom 20sten v. M. bestimme Ich über die Anwendbarkeit der Verordnung vom 14ten Dezember 1833. auf die gutsherrlich-bäuerlichen Regulirungen, Gemeinheitstheilungen und Ablösungen, wie folgt:

§. 1.

Die wegen des Rechtsmittels der Revision und der Nichtigkeitsbeschwerde in der Verordnung vom 14ten Dezember 1833. ertheilten Vorschriften finden auf die bei den General-Kommissionen anhängigen Auseinandersetzungs-Angelegenheiten nur insoweit Anwendung, als die Entscheidungen in Streitigkeiten über Theilnehmungsrechte und deren Umfang, oder überhaupt wegen solcher Rechts-Verhältnisse erfolgen, welche ohne Rücksicht auf die Gesetze wegen Regulirung der gutsherrlich-bäuerlichen Verhältnisse, auf die Gemeinheitstheilungs- und Ablösungs-Ordnungen und auf die hiernach zu bewirkenden Auseinandersetzungen, Gegenstand eines Prozesses hätten werden können und alsdann zum ordentlichen Rechtswege gehört hätten. Dahin werden insbesondere in Beziehung auf die Regulirung der gutsherrlich-bäuerlichen Verhältnisse die im §. 178. der Verordnung vom 20sten Juni 1817. unter No. 1. 2. 3. 5 bis 9. einschließlich bezeichneten Gegenstände gerechnet, so wie die Entscheidungen über die Pertinenzien der Höfe, über die Grenzen derselben und über den Umfang der zuvor bestandenen gegenseitigen Leistungen der Gutsherren und bäuerlichen Wirthe.

§. 2.

Der im §. 5. der Verordnung vom 14ten Dezember v. J. No. 10. Litt. d. bezeichnete Nichtigkeitsgrund, daß über den Antrag eines oder des andern Theiles hinaus erkannt worden, findet nicht statt, wenn es sich von Entscheidungen in demjenigen Verfahren handelt, welches in §. 162. und folg. der Verordnung vom 20sten Juni 1817. vorgeschrieben ist. Bei der Anwendung der im §. 5. der Verordnung vom 14ten Dezember v. J. unter No. 4. 5. 6 und 7. wegen der Besetzung des Gerichts und der Partheilosigkeit der Richter ertheilten Vorschriften werden die den General-Kommissionen und Revisions-Kollegien beigegebenen Mitglieder aus der Klasse der Verwaltungs-Beamten und die ökonomischen Techniker, welche an der Entscheidung Theil genommen haben, den richterlichen Beamten gleichgestellt.

§. 3.

Wegen der zu einer höheren gerichtlichen Entscheidung nicht geeigneten Festsetzungen der General-Kommissionen oder Revisions-Kollegien bleibt es eben so, wie im §. 5. No. 8. der Verordnung vom 14ten Dezember v. J. wegen

 der

der zum gerichtlichen Verfahren gar nicht geeigneten Gegenstände vorgeschrieben worden, bei Meinen Bestimmungen vom 30sten Juni 1828.

§. 4.

Die allgemeinen Vorschriften §§. 21. und folg. der Verordnung vom 14ten Dezember v. J. kommen auf die bei den General-Kommissionen anhängigen, nach §. 1. dieser Order für den Rechtsweg geeigneten Sachen mit der Maaßgabe zur Anwendung, daß es für die bis zum 1sten März d. J. rechtskräftig gewordenen Erkenntnisse bei dem §. 4. der Verordnung vom 29sten November 1819. sein Bewenden behält. Vom 1sten März laufenden Jahres an findet dessen Anwendung nicht weiter statt.

Ich beauftrage Sie, diesen Meinen Befehl durch die Gesetz-Sammlung zur öffentlichen Kenntniß zu bringen.

Berlin, den 15ten März 1834.

Friedrich Wilhelm.

An die Staatsminister v. Schuckmann, v. Kamptz und Mühler.

Gesetz-Sammlung
für die
Königlichen Preußischen Staaten.

No. 10.

(No. 1518.) Allerhöchste Kabinetsorder vom 25sten März 1834. wegen des Aggravations-Rechtsmittels bei allen gegen Civilbeamte eingeleiteten Kriminal-Untersuchungen.

Ich habe auf den Antrag der Justizminister und nach dem Gutachten der aus Mitgliedern des Staatsraths von Mir ernannten Kommission festgesetzt, daß auch in den wider Civilbeamte, es sey wegen Dienstvergehen oder wegen gemeiner Verbrechen, eingeleiteten Kriminal-Untersuchungen dem Departements-Chef des Beamten, sowohl im Falle der Freisprechung als wegen zu gelinde erscheinender Bestrafung, das in fiskalischen Untersuchungen zulässige Rechtsmittel gestattet und das in der Prozeß-Ordnung Tit. 35. §§. 98. 99. 100. vorgeschriebene Verfahren mit nachstehenden, in beiden Formen der Untersuchung zu beobachtenden Modifikationen in Anwendung gebracht werden soll.

1) Das Rechtsmittel muß binnen drei Monaten nach Eröffnung des Erkenntnisses angemeldet werden, widrigenfalls die Rechtskraft eintritt.
2) Wenn der Beamte wider das Erkenntniß das Rechtsmittel der weitern Vertheidigung einwendet, so ist über dasselbe und über das Rechtsmittel der Aggravation gleichzeitig zu erkennen.
3) Dem Beschuldigten steht es im Aggravations-Verfahren frei, statt der schriftlichen Beantwortung (§. 98.) die Vernehmung zum Protokoll bei dem Gerichte nachzusuchen.
4) Neue Thatsachen und neue Beweismittel (§. 99.) können in dieser zweiten Instanz angeführt werden.
5) Wird das erste Urtheil zum Nachtheil des Beschuldigten geändert, so bleibt ihm das Rechtsmittel der weitern Vertheidigung in allen Fällen dagegen offen.
6) Auf dieses, gegen ein verschärftes Urtheil eingelegte Rechtsmittel des Beamten soll im ganzen Umfange der Monarchie der Ober-Appellations-Senat des Kammergerichts das Urtheil abfassen, weshalb Ich zugleich
7) für den Gerichtsbezirk des Kammergerichts verordne, daß in den Fällen, in

(Ausgegeben zu Berlin den 20sten Mai 1834.)

in welchen nach der Vorschrift des §. 98. l. c. bei dem bestehenden Instanzenzuge der Ober-Appellationssenat die zweite Instanz bildet, die Entscheidung, die in erster Instanz dem Kriminalsenat gebührt, in zweiter Instanz an den Instruktionssenat übergehen soll.

8) Wird das Urtheil der ersten Instanz auf das Rechtsmittel der Aggravation in zweiter Instanz bestätigt, so ist wegen der Kosten die Bestimmung der Prozeß-Ordnung im §. 102. Tit. 35. zu befolgen.

Diese Vorschriften sollen mit dem 1sten Junius des laufenden Jahres eintreten, und in den gegen Civilbeamte eingeleiteten Untersuchungen auf alle Erkenntnisse anzuwenden seyn, seit deren Publikation am 1sten Junius noch nicht drei Monate verflossen sind. Das Staatsministerium hat diese Bestimmungen durch die Gesetz-Sammlung bekannt zu machen.

Berlin, den 25sten März 1834.

Friedrich Wilhelm.

An das Staatsministerium.

(No. 1519.) Allerhöchste Kabinetsorder vom 3ten April 1834., betreffend die Wiederverleihung der Kriegsdenkmünze.

Ich bestimme auf die Mir vorgelegte Anfrage, daß die Wiederverleihung der Kriegsdenkmünze unter allen Umständen Meiner Bestimmung vorbehalten bleibt, und in betreffenden Fällen, auch wenn die Nationalkokarde wieder verliehen seyn sollte, jedesmal speziell an Mich hierüber zu berichten ist, dergestalt, daß mit der Wiederverleihung der Nationalkokarde die Wiederverleihung der Kriegsdenkmünze nicht immer von selbst verbunden ist. Zugleich will Ich in Verfolg Meiner Order vom 30sten Oktober 1814. hierdurch festsetzen, daß von den Behörden ein Antrag auf Wiederverleihung der Kriegsdenkmünze nur dann nicht gemacht werden soll, wenn das betreffende Individuum zur Ausstoßung aus dem Soldatenstande verurtheilt worden ist. Ich trage Ihnen auf, diese Bestimmungen durch die Gesetz-Sammlung bekannt machen zu lassen.

Berlin, den 3ten April 1834.

Friedrich Wilhelm.

An die Staatsminister v. Kamptz und Mühler und den General-Lieutenant v. Witzleben.

(No. [illegible]) Allerhöchste Kabinetsorder vom 18ten April 1834, betreffend die Bestimmung, daß die Pläne von Festungen und ihrer Umgegend von allen Maaßstäben, wenn deren Herausgabe beabsichtigt wird, künftig nur der Censur des General-Inspekteurs der Festungen, Generals der Infanterie von Rauch und des Chefs des Generalstaabes der Armee, General-Lieutenants Krauseneck, unterworfen seyn sollen.

Ich bestimme, daß die Pläne von Festungen und ihrer Umgegend von allen Maaßstäben, wenn deren Herausgabe beabsichtigt wird, künftig nur der Censur des General-Inspekteurs der Festungen, Generals der Infanterie v. Rauch und des Chefs des Generalstaabes der Armee, General-Lieutenants Krauseneck, unterworfen seyn sollen, und trage dem Staatsministerium auf, diese Bestimmung durch die Gesetz-Sammlung bekannt zu machen.

Berlin, den 18ten April 1834.

Friedrich Wilhelm.

An das Staatsministerium.

Gesetz-Sammlung
für die
Königlichen Preußischen Staaten.

No. 11.

(No. 1521.) Allerhöchste Kabinetsorder vom 28sten April 1834., wegen der Befugniß, statt der im §. 5. des Gesetzes vom 7ten Juni 1821. bestimmten Forst-Arbeit der Holzdiebe, auch andere Arbeiten eintreten zu lassen.

Da nach dem Berichte des Staatsministerii vom 10ten d. M. die Straf-Bestimmungen im Gesetze vom 7ten Juni 1821., die Untersuchung und Bestrafung der Holzdiebstähle betreffend, ihren Zweck nur mangelhaft erreichen, indem die Geldstrafe schwer beizutreiben, die Gefängnißstrafe, bei der großen Anzahl dieser Vergehen, oft erst spät zu vollstrecken, die Forst-Arbeit aber vom Wald-Eigenthümer nur in seltenen Fällen anzuweisen ist; so bestimme Ich hierdurch, mit Vorbehalt der bereits eingeleiteten Revision des gedachten Gesetzes, den Anträgen des Staatsministerii gemäß, vorläufig Folgendes:

1) Wenn die Geldstrafe nicht beizutreiben ist und die beschädigten Wald-Eigenthümer die von den Forstfrevlern statt der Gefängnißstrafe zu leistende Forst-Arbeit nicht anweisen können oder wollen, so sollen sie auch berechtiget seyn, unter Genehmigung der Ortsbehörde, dem Schuldigen andere, seinen Kräften angemessene Arbeiten aufzutragen. Leistet aber der beschädigte Wald-Eigenthümer darauf Verzicht die Schuldigen zu seinem eigenen Vortheile zu beschäftigen, so sollen sie auch zu andern Arbeiten im Interesse der öffentlichen Verwaltung, nach dem Ermessen und der Anweisung der Orts-Polizeibehörden, verwendet werden.

2) Den Behörden steht es frei, hierbei gewisse, den Kräften der Sträflinge angemessene Tagewerke zu bestimmen, dergestalt, daß dieselben, wenn sie durch angestrengte Thätigkeit früher mit der ihnen zugewiesenen Aufgabe zu Stande kommen, auch früher zu entlassen, im Gegentheil aber bei Trägheit und üblem Willen auch über die bestimmte Strafzeit hinaus und bis zur ordentlichen Vollbringung der ihnen angewiesenen Arbeit, zu derselben anzuhalten sind.

3) Die zu diesen Straf-Arbeiten erforderlichen Utensilien haben die Sträflinge, insofern sie solche besitzen, selbst mitzubringen. Außerdem sind sie ihnen

(Ausgegeben zu Berlin den 17ten Juni 1834.)

ihnen von denjenigen Wald-Eigenthümern, oder von derjenigen Behörde zu liefern, zu deren Besten die Arbeiten geleistet werden. Bei muthwilliger Beschädigung der gelieferten Utensilien ist die Straf-Arbeit insoweit zu verlängern, als es zum Ersatze des Schadens nach den ortsüblichen Löhnen erforderlich ist.

4) Für ihre Beköstigung während der Straf-Arbeit haben die Sträflinge, wenn sie dazu im Stande sind, selbst zu sorgen. Ganz Armen aber wird von den Wald-Eigenthümern oder der Behörde, für welche die Arbeiten geschehen, während derselben diejenige Kost gereicht, welche sie im Gefängnisse erhalten haben würden.

5) In Gemäßheit dessen, was §. 5. des Gesetzes vom 7ten Juni 1821. wegen der Forst-Arbeit, des dabei anzuwendenden Zwangs und der Aufsicht verordnet ist, werden die Regierungen und Landes-Justizkollegien in Beziehung auf die der Forst-Arbeit zu substituirenden Arbeiten besondere Bestimmungen erlassen.

Das Staatsministerium hat diesen Befehl durch die Gesetz-Sammlung bekannt zu machen.

Berlin, den 28sten April 1834.

Friedrich Wilhelm.

An
das Staatsministerium.

(No. 1522.) Allerhöchste Kabinetsorder vom 12ten Mai 1834., die Erläuterung des §. 171 Litt. e. Tit. 51. der Prozeßordnung betreffend.

Auf Ihren durch die Vernichtung der Raths-Registratur zu Arendsee veranlaßten Antrag vom 10ten v. M. bestimme Ich, daß die Vorschrift im §. 171 Litt. e. Tit. 51. der Prozeßordnung auch alsdann Anwendung finden und das Aufgebot der unbekannten Kassengläubiger zulässig seyn soll, wenn die Regulirung des vorliegenden Geschäfts und die Aufstellung der Rechnung wegen Abganges der dazu erforderlichen Materialien, nach dem Urtheile der vorgesetzten Verwal-

tungs-

tungsbehörde nicht anders als mit Hülfe des Aufgebots erfolgen kann. Sie haben diese Bestimmung durch die Gesetz-Sammlung bekannt zu machen.

Berlin, den 12ten Mai 1834.

Friedrich Wilhelm.

An die Staatsminister Frh. v. Brenn und Mühler.

(No. 1523.) **Ministerial-Erklärung wegen anderweiter Verlängerung der Konvention vom 23sten Juni 1821., das Revisionsverfahren auf der Elbe betreffend, auf einen Zeitraum von sechs Jahren. De publicato den 16ten Mai 1834.**

Da die zwischen Ihren Majestäten den Königen von Preußen, Sachsen, Großbritannien und Irland, als König von Hannover, und Dänemark, ingleichen Seiner Königlichen Hoheit dem Großherzoge von Mecklenburg-Schwerin unter dem 23sten Juni 1821. abgeschlossene und zu seiner Zeit erneuerte Konvention wegen des Revisionsverfahrens auf der Elbe, mit dem letzten Dezember des verwichenen Jahres abgelaufen ist, die Regierungen von Sachsen, Hannover, Dänemark und Mecklenburg-Schwerin aber, nach der von ihnen über die Zweckmäßigkeit dieser Konvention bisher gemachten Erfahrung, in dem Wunsche übereingekommen sind, daß die Dauer derselben, dem in ihrem Artikel 8. ausgesprochenen Vorbehalte gemäß, verlängert werde, und von Seiten der Preußischen Regierung dem desfallsigen Vorschlage beigestimmt worden ist: so wird, in Folge der hierüber stattgefundenen Vereinbarung, von Seiten der Königlich-Preußischen Regierung, in Beziehung auf die ihr deshalb zugekommenen Zusicherungen der übrigen betheiligten Regierungen, hierdurch insbesondere der Königlich-Sächsischen Regierung die Erklärung gegeben:

daß Preußischer Seits die gedachte Konvention vom 23sten Juni 1821., in allen ihren Bestimmungen, als noch auf anderweitige sechs Jahre, mithin bis zum 31sten Dezember 1839., verlängert und in Kraft bestehend anerkannt werde.

Berlin, den 10ten März 1834.

Königlich-Preußisches Ministerium der auswärtigen Angelegenheiten.

Ancillon.

Vorstehende Ministerial-Erklärung wird, nachdem solche gegen eine übereinstimmende, von den Königlich-Sächsischen Ministerien der Finanzen und der auswärtigen Angelegenheiten unter dem 3ten März d. J. vollzogene Erklärung ausgewechselt worden ist, hierdurch mit der Bemerkung zur öffentlichen Kenntniß gebracht, daß ein Austausch ähnlicher Erklärungen auch mit der Königlich-Großbritannisch-Hannöverischen, der Königlich-Dänischen und der Großherzoglich-Mecklenburg-Schwerinschen Regierung stattgefunden hat.

Berlin, den 16ten Mai 1834.

Ministerium der auswärtigen Angelegenheiten.

Ancillon.

(No. 1524.) **Allerhöchste Kabinetsorder vom 29sten Mai 1834., betreffend die Abrechnung der Wittwenkassen-Beiträge bei Ermittelung der zulässigen Gehalts- und Pensions-Abzüge.**

Auf den gemeinschaftlichen Bericht vom 16ten v. M. genehmige Ich, daß bei Berechnung der Gehalts- und Pensions-Abzüge eines aktiven oder pensionirten Offiziers, so wie aller Militair- und Civilbeamten, die zur Wittwenkasse zu entrichtenden Beiträge von dem Gehalte oder der Pension vorweg in Abzug gebracht, und erst von dem Ueberreste derselben die gesetzlich zulässigen Abzüge für die Gläubiger berechnet werden. Diese Bestimmung ist durch die Gesetz-Sammlung zur öffentlichen Kenntniß zu bringen.

Berlin, den 29sten Mai 1834.

Friedrich Wilhelm.

An die Staatsminister Frh. v. Brenn, Mühler und General-Lieutenant v. Witzleben.

Gesetz-Sammlung
für die
Königlichen Preußischen Staaten.

No. 12.

(No. 1525.) Allerhöchste Kabinetsorder vom 18ten März 1834., betreffend den Intelligenz-Insertionszwang in allen Provinzen, wo Intelligenzblätter eingerichtet werden.

Da nach dem gemeinschaftlichen Berichte des Staatsministers, Grafen von Lottum und des General-Postmeisters Zweifel entstanden sind, ob die Gerechtsame des für Rechnung des großen Potsdamschen Militair-Waisenhauses verwalteten Intelligenzblatt-Instituts sich auf die Provinz Sachsen erstrecken, so beseitige Ich diese Zweifel dahin, daß der Intelligenz-Insertionszwang für die gedachte Provinz gilt, und überall eintritt, wenn nach Meiner Verordnung vom 28sten März 1811. §. 10. die Einrichtung eines Intelligenzblatts für nöthig gehalten wird. Ich genehmige dabei die mildernden Verfügungen, welche die Verwaltung des Intelligenzwesens in Beziehung auf den Insertionszwang erlassen hat, und nach den Umständen noch eintreten läßt.

Berlin, den 18ten März 1834.

Friedrich Wilhelm.

An den Staatsminister, Grafen von Lottum und an den General-Postmeister von Nagler.

(No. 1526.) Erklärung vom 17ten Mai 1834., wegen eines Abkommens zwischen der Königlich-Preußischen und Königlich-Bayerischen Regierung, die Korrespondenz der beiderseitigen Gerichtsbehörden betreffend.

Nachdem die Königlich-Preußische Regierung mit der Königlich-Bayerischen Regierung übereingekommen ist, zur Erleichterung und Sicherung der Rechtspflege das Verfahren bei Korrespondenz der beiderseitigen Gerichtsbehörden zweckgemäß festzustellen; erklärt das Königlich-Preußische Ministerium der auswärtigen Angelegenheiten hiermit Folgendes:

Artikel 1.

Was die Beförderungs-Mittel der beiderseitigen gerichtlichen Korrespondenz anbelangt, so verbleibt es für die Rheinprovinzen beider Staaten vor der Hand bei den betreffenden Bestimmungen der in dieser Beziehung unterm $\frac{4}{16}$ Oktober 1819. getroffenen Uebereinkunft.

(Ausgegeben zu Berlin den 28sten Juni 1834.)

Für die übrigen Provinzen ist bei jeder Korrespondenz eine gegenseitig unmittelbare Kommunikation der beiderseitigen Gerichtsbehörden zulässig.

Artikel 2.

Bei allen Requisitionen, welche bloß die Insinuation von Ladungen und Verfügungen betreffen, sollen gegenseitig keine baaren Auslagen und sonstige Kosten berechnet, Requisitionen dieser Art vielmehr unbedingt kostenfrei befördert und erledigt werden. Es bleibt jedem Staate überlassen, ob und welche Kosten er von seinen Unterthanen für Bewirkung der Insinuation einziehen will.

Artikel 3.

Bei anderen Requisitionen findet gegenseitig Einziehung sämmtlicher erwachsenen Kosten Statt, wenn und inwiefern

a) in Untersuchungssachen der Angeschuldigte zur Zahlung von Kosten rechtskräftig verurtheilt worden und vermögend ist;

b) in den übrigen gerichtlichen Angelegenheiten der Extrahent der Requisition zur Zahlung von Kosten vermögend und gesetzlich verpflichtet ist.

Artikel 4.

Für unvermöglich zur Bezahlung von Kosten ist derjenige zu achten, welcher durch ein Zeugniß seiner betreffenden Domizils-Behörde darzuthun vermag, daß er durch Entrichtung von Kosten außer Stande gesetzt werden würde, sich und die Seinigen nothdürftig zu ernähren.

Es ist hierbei kein hinlängliches Vermögen für vorhanden anzunehmen, wenn der Wohnsitz des fraglichen Individuums in einem dritten Staate belegen, und die Einziehung von Kosten dorther mit Schwierigkeiten verknüpft ist.

Artikel 5.

Für den Fall, daß nach Maaßgabe der Artikel 3. und 4. von den Partheien die Kosten nicht eingezogen werden können, sind die unvermeidlich gewesenen baaren Auslagen, aber keine andere Kosten, gegenseitig zu erstatten.

Zu den jedenfalls zu erstattenden baaren Auslagen sind zu rechnen Atzung, Transport, Kopialien, Reise- und Zehrungskosten der Gerichtsbeamten und Zeugen, Botenlohn (Meilengelder), Dolmetschergebühren u. s. w., nicht aber Stempel und das Porto von Schreiben und Paketen.

Artikel 6.

An Reise- und Zehrungskosten können die Gerichtsbeamten nur diejenigen Sätze fordern, welche ihnen im Inlande als Auslagen aus Staatskassen vergütigt werden. Den Zeugen gebühren dergleichen Kosten nach den bei dem requirirten Gerichte üblichen Taxsätzen; doch haben dieselben, wenn sie im Auslande vernommen worden, die Wahl zwischen den Taxsätzen ihres und denen des auswärtigen Staates. Uebrigens ist den Zeugen ihre Vergütung unverzüglich, sey es von dem requirirten Gerichte, sey es von dem requirirenden nach der vom requirirten Gerichte übergebenen Liquidation, zu verabreichen, und hierbei erforderlichen Falls von dem requirirten Gerichte die nöthige Auslage vorschußweise zu übernehmen, solche jedoch von dem requirirenden Gerichte sofort auf erhaltene Benachrichtigung zu erstatten.

Artikel 7.

Sowohl die gegenseitig freie als die gegenseitig zahlbare Gerichts-Korrespondenz ist als solche durch „frei G. S." (freie Gerichts-Sache) oder durch

„zahlb.

„zahlb. G. S." (zahlbare Gerichts-Sache) unter Angabe der aufgebenden Gerichtsstelle auf dem Kouverte zu bezeichnen, und mit dem Amtssiegel der letzteren zu verschließen. Außerdem ist der Gegenstand der portofreien Korrespondenz (Gerichtliche Insinuations- Vorladungs- Armen- Fiskal-Sache) genau und deutlich auf dem Kouverte zu vermerken.

Artikel 8.

In Betreff der gegenseitig frei zu befördernden Gerichts-Korrespondenz werden zur Beförderung mit den Reitposten nur Briefe bis zum Gewichte von 2 Loth als geeignet erachtet. Alle schwereren Schriften und Aktenpakete sind mit den Fahrposten zu befördern. Bei Mittheilung von Kriminal-Akten können Corpora delicti nur insofern übersendet werden, als solches überhaupt nach den gegenseitig bestehenden gesetzlichen Vorschriften nothwendig, auch der Gegenstand zur Beförderung mit den Posten nach den allgemeinen Verordnungen angethan ist.

In Sachen, wo die Parthei zur Zahlung von Kosten gesetzlich verpflichtet oder rechtskräftig verurtheilt, und dazu vermögend ist, hat die betreffende Gerichtsbehörde dieser Parthei für Entrichtung des Postporto, sowohl wegen der abzusendenden Briefe und Pakete als wegen der zu empfangenden, Sorge zu tragen; bei der Aufgabe wird nicht nur das inländische Postporto bis zur Grenze, sondern auch das ausländische bis zum Bestimmungs-Orte, letzteres als Weiter-Franko, erhoben; und bei dem Empfange wird von der ausländischen Aufgabs-Postbehörde das Porto bis zur Grenze als Zutaxe zugerechnet, und von der anderseitigen Postanstalt vergütet.

Artikel 9.

Nach den in vorstehenden Artikeln 2 — 8. enthaltenen Bestimmungen modifizirt und erweitert sich die Anordnung sub No. 3. der oben angeführten Uebereinkunft vom 4/30 Oktober 1819.

Artikel 10.

Gegenwärtige Erklärung soll, nachdem sie gegen eine übereinstimmende Erklärung des Königlich-Bayerischen Ministerii der auswärtigen Angelegenheiten ausgewechselt worden, Kraft und Wirksamkeit in den beiderseitigen Landen haben und öffentlich bekannt gemacht werden.

Berlin, den 17ten Mai 1834.

(L. S.)

Königlich-Preußisches Ministerium der auswärtigen Angelegenheiten.

Ancillon.

Vorstehende Erklärung wird, nachdem sie gegen eine übereinstimmende Erklärung des Königlich-Bayerischen Ministerii der auswärtigen Angelegenheiten ausgewechselt worden ist, hierdurch zur öffentlichen Kenntniß gebracht.

Berlin, den 12ten Juni 1834.

Ancillon.

(No. 1527.) Allerhöchste Kabinetsorder vom 29sten Mai 1834., betreffend die Verhältnisse der servisberechtigten Militairpersonen und auf Inaktivitäts-Gehalt gesetzten Offiziere und Militairbeamten in Beziehung auf die Kommunal-Lasten.

Da es nothwendig ist, daß überall, wo die Städte-Ordnung, sey es die vom 19ten November 1808. oder die vom 17ten März 1831., gilt, in Hinsicht der Zuziehung des Militairs zu den Kommunal-Lasten nach gleichen Grundsätzen verfahren und jeder zu Streitigkeiten Veranlassung gebende Zweifel beseitigt werde, so verordne Ich hierdurch auf den Bericht des Staatsministeriums vom 15ten d. M., daß auch in den nach der Städte-Ordnung vom 19ten November 1808. verwalteten Städten die Vorschriften des §. 38. der revidirten Städte-Ordnung zur Anwendung kommen, mithin servisberechtigte aktive Militairpersonen und auf Inaktivitäts-Gehalt gesetzte Offiziere und Militairbeamte von allen Beiträgen zu den Gemeine-Lasten, so wie von allen persönlichen Diensten frei seyn sollen, insofern sie nicht das Bürgerrecht gewonnen haben. Doch soll diese Befreiung sich nicht auf Zuschläge zu indirekten Verbrauchssteuern, wenn nicht durch besondere landesherrliche Verfügungen darüber Ausnahmen festgesetzt sind, desgleichen nicht auf solche Leistungen beziehen, wovon die Militairpersonen als Grundeigenthümer betroffen werden.

Diesen Meinen Befehl hat das Staatsministerium durch die Gesetz-Sammlung bekannt machen zu lassen.

Berlin, den 29sten Mai 1834.

Friedrich Wilhelm.

An das Staatsministerium.

(No. 1528.) Allerhöchste Kabinetsorder vom 1sten Juni 1834 wegen der von beurlaubten Landwehr-Offizieren in der Uniform wider andere Militairpersonen begangenen Vergehen.

Ich bin auf den Bericht des Militair-Justizdepartements vom 22sten v. M. damit einverstanden, daß Vergehungen der beurlaubten Landwehr-Offiziere, welche dieselben zu einer Zeit, wo sie sich in Uniform befinden, gegen eine andere Militairperson verüben, welche sich gleichfalls in Uniform befindet, nach den Militairgesetzen zu beurtheilen und von den Militairgerichten zur Untersuchung und Bestrafung gezogen werden. Ich beauftrage das Militair-Justizdepartement, diese Bestimmung bekannt zu machen.

Potsdam, den 1sten Juni 1834.

Friedrich Wilhelm.

An das Militair-Justizdepartement.

(No. 1529.) Verordnung über die Einrichtung der Justizbehörden im Großherzogthume Posen. Vom 16ten Juni 1834.

Wir Friedrich Wilhelm, von Gottes Gnaden, König von Preußen ꝛc. ꝛc.

Da die Ausführung Unserer Verordnung vom 14ten Dezember v. J., das Rechtsmittel der Revision und der Nichtigkeitsbeschwerde betreffend, eine Abänderung der im Großherzogthume Posen nach dem Patent vom 9ten November 1816. und den Verordnungen vom 9ten Februar 1817. und vom 4ten Mai 1829. bestehenden Gerichtsverfassung nothwendig macht, und es Unser landesväterlicher Wille ist, den dortigen Justizbehörden eine Einrichtung zu geben, welche dem Zwecke einer guten und prompten Rechtspflege möglichst entspricht, so haben Wir Uns, mit Rücksicht auf die von Unseren Provinzialständen vorgelegten Anträge und nach Anhörung Unseres Staatsministeriums bewogen gefunden, über die Gerichts-Einrichtung im Großherzogthume Posen, Folgendes zu bestimmen:

I.

Die Justizverwaltung im Großherzogthume Posen soll künftig durch nachstehende Behörden besorgt werden:

1) zwei Ober-Landesgerichte, welche für die Regierungsbezirke Posen und Bromberg errichtet worden;
2) sechs und zwanzig Land- und Stadtgerichte, wovon jedes einen landräthlichen Kreis zugetheilt erhält;
3) die jetzt bestehenden Inquisitoriate;
4) ein Ober-Appellationsgericht für die ganze Provinz; und
5) das Geheime Ober-Tribunal zu Berlin für die Revisionssachen und Nichtigkeitsbeschwerden.

In der Einrichtung der geistlichen Gerichte wird nichts geändert.

II.

Zum Ressort der Ober-Landesgerichte gehört:

1) die Hypothekenbuchführung über alle in ihrem Bezirke gelegenen Domainen und Rittergüter, so wie über alle zur Aufnahme von Pfandbriefen nach §. 12. und folgende der landschaftlichen Kreditordnung für das Großherzogthum Posen vom 15ten Dezember 1821. geeigneten adeligen Güter.

Sie bilden

2) den dinglichen Gerichtsstand für diese Güter.

Es steht ihnen daher

a) die Instruktion und Entscheidung erster Instanz in allen Prozessen zu, in welchen dieser dingliche Gerichtsstand eintritt, mit der Befugniß jedoch, minder wichtige Sachen dem betreffenden Land- nnd Stadtgericht zur Instruktion und Entscheidung zu delegiren;
b) die Bearbeitung aller Vormundschaftssachen, aller Nachlaß-Regulirungen und aller Konkurs-, Liquidations- und Güterabtretungs-Prozesse, wenn

ein zum Hypothekenbuch des Ober-Landesgerichts gehöriges Gut einen Theil des Nachlasses oder der Masse ausmacht.

Außerdem gebührt ihnen

3) als persönlichem Gerichtsstande

a) die Instruktion und Entscheidung aller Prozesse in erster Instanz, welche sich, dem Objekte nach, zur Vten Kolonne der Allgemeinen Gebühren-Taxe eignen, also entweder nach Gelde geschätzt einen Werth von mehr als 500 Rthlr. Kourant, oder Regalien und wichtige Gerechtsame betreffen. Es kommt hierbei nur auf den ursprünglichen Klageantrag an.

Auf eine Veränderung desselben nach erfolgter Insinuation und auf den Gegenstand der vom Verklagten erhobenen Widerklage wird keine Rücksicht genommen. Eigentliche Widerklagen, welche Gegenstände der Real-Jurisdiktion betreffen, werden an den dinglichen Gerichtsstand verwiesen; und

b) die Bearbeitung aller Vormundschaftssachen und damit verbundenen Nachlaß-Regulirungen, wenn der Nachlaß 2500 Rthlr., und bei vorhandener Gütergemeinschaft das gemeinschaftliche Vermögen 5000 Rthlr. übersteigt. Es kommt hierbei auf den Betrag der Aktivmasse zur Zeit der Einleitung an, und die Berechnung des Werths erfolgt nach den Grundsätzen der §§. 107. und 108. Tit. 50. der Prozeßordnung.

Sie erkennen

4) in allen Strafsachen,

a) in erster Instanz, wenn ein Inquisitoriat die Untersuchung geführt hat,

b) in zweiter Instanz, wenn das Erkenntniß erster Instanz bei einem Land- und Stadtgerichte ergangen ist,

und sind endlich

5) die Aufsichtsbehörden über die Untergerichte und Inquisitoriate ihres Bezirkes, mit allen Befugnissen, welche die Allgemeine Gerichtsordnung Theil III. Tit. I. den Landes-Justizkollegien beilegt.

III.

Zum Ressort der Land- und Stadtgerichte gehören:

alle Gegenstände der streitigen und nicht streitigen Civilgerichtsbarkeit, welche nicht vorstehend den Ober-Landesgerichten überwiesen sind,

und in Betreff der Strafgerichtsbarkeit:

1) alle polizeimäßig oder fiskalisch zu führende Untersuchungen,

2) alle Kriminal-Untersuchungen wegen zweiten oder dritten großen gemeinen, oder unter erschwerenden Umständen begangenen, oder ersten gewaltsamen Diebstahls, so wie wegen aller Vergehen, bei welchen die höchste gesetzliche Strafe des, den Gegenstand der Untersuchung ausmachenden Verbrechens oder Vergehens eine Geldstrafe, oder, außer körperlicher Züchtigung und den eintretenden Ehrenstrafen, eine dreijährige Freiheitsstrafe nicht übersteigt.

Sie führen diese Untersuchungen und erkennen darin, haben jedoch die Befugniß, wenn die Individualität verhafteter Verbrecher eine größere Sicherheit der Aufbewahrung, als solche das Gefängniß des Ortes, oder des Land-

und

und Stadtgerichts gewährt, nothwendig macht; oder wenn es in diesen Gefängnissen an Raum gebricht, — die Untersuchung an das Inquisitoriat abzugeben.

Den Ober-Landesgerichten steht auch frei, ihnen nach §. 94. der Kriminal-Ordnung jede Untersuchungssache abzunehmen, und sie bei dem Inquisitoriate oder durch ein Mitglied des Ober-Landesgerichts führen zu lassen.

IV.

Die Inquisitoriate sind die Untersuchungs-Behörden für die wichtigern Kriminalsachen, welche von der Kompetenz der Land- und Stadtgerichte ausgenommen sind. Die Abfassung der Erkenntnisse in denselben gebührt den Ober-Landesgerichten.

V.

Das Ober-Appellationsgericht bildet die zweite Instanz, und zwar

a) in Civilsachen ohne Ausnahme für die ganze Provinz,
b) in solchen Strafsachen, welche in erster Instanz von den Ober-Landes-Gerichten entschieden worden.

VI.

Vor das Geheime Ober-Tribunal zu Berlin gehört die Entscheidung der Revisionssachen und Nichtigkeitsbeschwerden. (Verordnung vom 14ten Dezember vorigen Jahres.)

Bis zur Auflösung des jetzt bestehenden zweiten Senats des Ober-Appellationsgerichts zu Posen hat derselbe auch in diesen Sachen zu erkennen; die bei seiner Auflösung nicht abgeurtelten Sachen werden an das Geheime Ober-Tribunal abgegeben.

VII.

Das Verfahren in Civil-Prozessen richtet sich nach den Vorschriften des 1sten Abschnitts der Verordnung, betreffend die Justizverwaltung im Großherzogthum Posen vom 9ten Februar 1817. (Gesetz-Sammlung Seite 37.) unter den Modifikationen, welche die Verordnung über das Rechtsmittel der Revision und Nichtigkeitsbeschwerde vom 14ten Dezember 1833. (Gesetz-Sammlung Seite 302.) enthält.

In allen Sachen aber, welche nach der Verordnung vom 1sten Juni 1833. (Gesetz-Sammlung Seite 37.) dem Mandats- und Bagatell-Prozeß unterliegen, kommen die Vorschriften dieser Verordnung (1ster Titel und 3ter Titel) zur Anwendung. Auch alle Injurien-Sachen, die nicht zur Kriminal- oder fiskalischen Untersuchung geeignet sind, und bisher zur Kognition der Friedensgerichte gehörten, sollen nach den Bestimmungen dieser Verordnung und Meiner Order vom 17ten Oktober v. J. behandelt werden.

VIII.

Um den Gerichtseingesessenen eines Land- und Stadtgerichts in den grösseren Kreisen die Rechtspflege noch mehr zu erleichtern, werden an den entfernten Orten des Kreises bestimmte Gerichtstage durch Kommissarien des Gerichts abgehalten. Welche Geschäfte diese Kommissarien an den Gerichtstagen vorzunehmen haben, wird von dem Justizminister durch eine besondere Instruktion bestimmt werden.

IX.

Was den Gebrauch der Polnischen Sprache betrifft, so enthält die Verordordnung vom 9ten Februar 1817., Abschnitt IV. §§. 143 — 156. (Gesetz-Sammlung Seite 51. und 52.) die Bestimmung darüber.

Es tritt dabei nur die Abänderung ein:

daß, wenn irgend eine Verhandlung in Polnischer Sprache aufgenommen, oder eine Verfügung in dieser Sprache erlassen worden, oder eine Vorstellung in derselben zu den Akten kommen soll, derselben allemal eine Deutsche Uebersetzung zur Seite stehen muß, wofür jedoch keine besondere Kosten erhoben werden dürfen.

X.

Die Mitglieder des Ober-Appellationsgerichts und der Ober-Landesgerichte müssen die angeordneten drei Prüfungen bestanden haben.

Für die Land- und Stadtgerichte und Inquisitoriate genügt dieselbe Qualifikation, wie für andere Untergerichte.

Die Prüfung zum Amt eines Auskultators und Referendarius geschieht durch die Ober-Landesgerichte, welchen letzteren auch die Ernennung der Auskultatoren zusteht.

XI.

Das Ober-Appellationsgericht und die Ober-Landesgerichte erheben die Gebühren nach der Taxe für die Landes-Justizkollegien; die Land- und Stadtgerichte nach der Taxe für die Untergerichte, und in Posen nach der Taxe für die Gerichte der großen Städte.

In Mandats- und Bagatell-Prozessen kommen die Bestimmungen der Gebühren-Taxe vom 9ten Oktober 1833. (Gesetz-Sammlung Seite 109.) zur Anwendung.

XII.

Wir autorisiren Unsern Justizminister mit Auflösung der bestehenden Land- und Friedensgerichte, und des zweiten Senats des Ober-Appellationsgerichts, die Justizbehörden in dem Großherzogthume Posen nach den Bestimmungen der gegenwärtigen Verordnung einzurichten, welche durch die Gesetz-Sammlung zur öffentlichen Kenntniß gebracht werden soll.

Urkundlich unter Unserer Höchsteigenhändigen Unterschrift und beigedrucktem Königlichen Insiegel.

Gegeben Berlin, den 16ten Juni 1834.

(L. S.) **Friedrich Wilhelm.**

Friedrich Wilhelm, Kronprinz.

Frh. v. Altenstein. Graf Lottum. Maassen. Frh. v. Brenn. v. Kamptz. Mühler. Ancillon. v. Rochow.

Für den Kriegsminister im Allerhöchsten Auftrage.
v. Schöler.

Gesetz-Sammlung
für die
Königlichen Preußischen Staaten.

No. 13.

(No. 1530.) Uebereinkunft zwischen der Königlich-Preußischen Staatsregierung und der Fürstlich-Reuß-Plauischen der jüngeren Linie gemeinschaftlichen Regierung zu Gera wegen Verhütung und Bestrafung der Forst- und Jagdfrevel. Vom 1sten Mai 1834.

Nachdem die Königlich-Preußische Staatsregierung und die Fürstlich-Reußische Regierung zu Gera übereingekommen sind, wirksamere Maaßregeln zur Verhütung der Forst- und Jagdfrevel gegenseitig zu treffen, so erklären dieselben Folgendes:

I.

Es verpflichtet sich sowohl die Königlich-Preußische als die Fürstlich-Reußische Regierung, die Forst- und Waldfrevel, welche ihre Unterthanen in den Waldungen und Jagdrevieren des andern Gebiets verübt haben möchten, sobald sie davon Kenntniß erhält, nach denselben Gesetzen zu untersuchen und zu bestrafen, nach welchen sie untersucht und bestraft werden würden, wenn sie in inländischen Forsten und Jagdrevieren begangen worden wären.

II.

Von den beiderseitigen Behörden soll zur Entdeckung der Frevler alle mögliche Hülfe geleistet werden, und namentlich wird gestattet, daß die Spur der Frevler durch die Förster und Waldwärter ꝛc. bis auf eine Stunde Entfernung von der Grenze verfolgt, und daß, wenn die auf der Verfolgung eines Wald- und Jagdfrevlers begriffenen Förster oder Waldwärter eine Haussuchung in dem jenseitigen Gebiete vorzunehmen für nöthig finden, sie solches an den Orten, wo der Sitz einer Gerichts-Obrigkeit ist, bei dieser, an anderen Orten aber dem Bürgermeister oder Ortsschultheissen anzuzeigen haben, von welchen alsdann unverzüglich und zwar im letzteren Falle, mit Zuziehung eines Gerichtsschöppen, die Haussuchung im Beiseyn des Requirenten vorgenommen werden dürfe.

III.

Bei diesen Haussuchungen muß der Ortsvorstand sogleich ein Protokoll aufnehmen und ein Exemplar dem requirirenden Angeber einhändigen, ein zweites

(Ausgegeben zu Berlin den 14ten Juli 1834.)

tes Exemplar aber seiner vorgesetzten Behörde (Landrath oder Beamten) übersenden, bei Vermeidung einer Polizeistrafe von 1 bis 5 Thalern für denjenigen Ortsvorstand, welcher der Requisition nicht Genüge leistet. Wenn der Ortsvorsteher nicht im Stande seyn sollte, das Protokoll gehörig aufzunehmen, und kein Forst-Offiziant daselbst befindlich ist, so hat der Ortsvorsteher die betreffenden Umstände doch so genau zu untersuchen und zu beobachten, daß er nöthigen Falls ein genügendes Zeugniß darüber ablegen könne, weshalb er auch eine sofortige mündliche Anzeige bei der vorgesetzten Behörde zu machen hat. Auch kann der Angeber verlangen, daß, wenn in dem Orte, worin die Haussuchung vorgenommen werden soll, ein Förster, Holzwärter, Holzvogt ꝛc. wohnhaft oder gerade anwesend ist, ein solcher Offiziant zugezogen werde.

IV.

Den untersuchenden und bestrafenden Behörden in den Königlich-Preußischen Staaten und in den Fürstlich-Reußischen Landen jüngerer Linie wird zur Pflicht gemacht, die Untersuchung und Bestrafung der Forst- und Jagdfrevel in jedem einzelnen Falle so schleunig vorzunehmen, als es nach der Verfassung des Landes nur irgend möglich seyn wird.

V.

Die Einziehung des Betrages der Strafe und der etwa stattgehabten Gerichtskosten, soll demjenigen Staate verbleiben, in welchem der verurtheilte Frevler wohnt, und in welchem das Erkenntniß stattgefunden hat, und nur der Betrag des Schaden-Ersatzes und der Pfandgebühren an die betreffende Kasse desjenigen Staates abgeführt werden, in welchem der Frevel verübt worden ist.

VI.

Für die Konstatirung eines Frevels, welcher von einem Angehörigen des einen Staates in dem Gebiete des andern verübt worden, soll den offiziellen Angaben und Abschätzungen, welche von den kompetenten und gerichtlich verpflichteten Forst- und Polizeibeamten des Orts des begangenen Frevels aufgenommen worden, jener Glaube von der zur Aburtheilung geeigneten Gerichtsstelle beigemessen werden, welchen die Gesetze den offiziellen Angaben der inländischen Beamten beilegen.

VII.

Es wird in der Regel nicht erforderlich seyn, die denunzirenden Forstbedienten in den ausländischen Gerichten zur Bestätigung ihrer Anzeigen erscheinen zu lassen, sondern das requirirende Gericht wird in den mehrsten Fällen bloß die Rüge nebst Beschreibung des Pfandes und den übrigen Beweismitteln, dem requirirenden Gerichte mitzutheilen haben.

VIII.

Gegenwärtige im Namen Seiner Majestät des Königs von Preußen und

Ihrer

Ihrer Durchlauchten der regierenden Fürsten Reuß jüngerer Linie, zweimal gleichlautend ausgefertigte Konvention soll nach erfolgter gegenseitiger Auswechselung Kraft und Wirksamkeit in den beiderseitigen Landen haben und öffentlich bekannt gemacht werden.

So geschehen Berlin, am 1sten Mai 1834.

(L. S.)

Königlich-Preußisches Ministerium der auswärtigen Angelegenheiten.
Ancillon.

Vorstehende Uebereinkunft wird, nachdem sie gegen ein übereinstimmendes Exemplar der Fürstlich-Reuß-Plauischen der jüngeren Linie gemeinschaftlichen Regierung ausgewechselt worden ist, hiedurch zur öffentlichen Kenntniß gebracht.

Berlin, den 28sten Juni 1834.

Ancillon.

(No. 1531.) Allerhöchste Kabinetsorder vom 19ten Juni 1834., betreffend Erläuterung der Vorschriften des Tarifs zum Stempelgesetz vom 7ten März 1822. wegen Stempelpflichtigkeit der Punktationen.

Auf den Bericht des Staatsministeriums vom 1sten d. M. setze Ich, nach dessen Antrage, zur Erläuterung der Vorschriften des Tarifs zum Stempel-Gesetze vom 7ten März 1822., wegen Stempelpflichtigkeit der Punktationen, so wie zur Ergänzung der §§. 12. 21. und 22. jenes Gesetzes, Folgendes fest:

1) Punktationen und gerichtliche oder Notariatsprotokolle über einen zu errichtenden Vertrag, welche die Kraft eines Vertrages haben, und demnach eine Klage auf Erfüllung begründen, sind dem gesetzlichen Vertragsstempel auch alsdann unterworfen, wenn darin die Ausfertigung einer förmlichen Vertrags-Urkunde vorbehalten ist.
2) Für den zu einem Vertrage oder einer Punktation zu verwendenden Stempel haftet jeder Aussteller oder Theilnehmer unter Vorbehalt seines Regresses gegen die Mitbetheiligten.
3) Bei gerichtlich oder von Notarien aufgenommenen Verträgen und Punktationen muß, wenn deren Ausfertigung nicht früher erfolgt, der Stempel binnen vierzehn Tagen nach der Aufnahme verwendet, und für dessen Ein-

(No. 1527.) Allerhöchste Kabinetsorder vom 29sten Mai 1834., betreffend die Verhältnisse der servisberechtigten Militairpersonen und auf Inaktivitäts-Gehalt gesetzten Offiziere und Militairbeamten in Beziehung auf die Kommunal-Lasten.

Da es nothwendig ist, daß überall, wo die Städte-Ordnung, sey es die vom 19ten November 1808. oder die vom 17ten März 1831., gilt, in Hinsicht der Zuziehung des Militairs zu den Kommunal-Lasten nach gleichen Grundsätzen verfahren und jeder zu Streitigkeiten Veranlassung gebende Zweifel beseitigt werde, so verordne Ich hierdurch auf den Bericht des Staatsministeriums vom 15ten d. M., daß auch in den nach der Städte-Ordnung vom 19ten November 1808. verwalteten Städten die Vorschriften des §. 38. der revidirten Städte-Ordnung zur Anwendung kommen, mithin servisberechtigte aktive Militairpersonen und auf Inaktivitäts-Gehalt gesetzte Offiziere und Militairbeamte von allen Beiträgen zu den Gemeine-Lasten, so wie von allen persönlichen Diensten frei seyn sollen, insofern sie nicht das Bürgerrecht gewonnen haben. Doch soll diese Befreiung sich nicht auf Zuschläge zu indirekten Verbrauchssteuern, wenn nicht durch besondere landesherrliche Verfügungen darüber Ausnahmen festgesetzt sind, desgleichen nicht auf solche Leistungen beziehen, wovon die Militairpersonen als Grundeigenthümer betroffen werden.

Diesen Meinen Befehl hat das Staatsministerium durch die Gesetz-Sammlung bekannt machen zu lassen.

Berlin, den 29sten Mai 1834.

Friedrich Wilhelm.

An das Staatsministerium.

(No. 1528.) Allerhöchste Kabinetsorder vom 1sten Juni 1834 wegen der von beurlaubten Landwehr-Offizieren in der Uniform wider andere Militairpersonen begangenen Vergehen.

Ich bin auf den Bericht des Militair-Justizdepartements vom 22sten v. M. damit einverstanden, daß Vergehungen der beurlaubten Landwehr-Offiziere, welche dieselben zu einer Zeit, wo sie sich in Uniform befinden, gegen eine andere Militairperson verüben, welche sich gleichfalls in Uniform befindet, nach den Militairgesetzen zu beurtheilen und von den Militairgerichten zur Untersuchung und Bestrafung gezogen werden. Ich beauftrage das Militair-Justizdepartement, diese Bestimmung bekannt zu machen.

Potsdam, den 1sten Juni 1834.

Friedrich Wilhelm.

An das Militair-Justizdepartement.

(No. 1533.) Gesetz, über den Waffengebrauch der Grenzaufsichtsbeamten. Vom 28sten Juni 1834.

Wir Friedrich Wilhelm, von Gottes Gnaden, König von Preußen rc. rc.

haben für nothwendig erachtet, über das Recht der Grenzaufsichtsbeamten zum Waffengebrauch und über das wegen Mißbrauchs desselben zu beobachtende Verfahren nähere Bestimmungen zu erlassen.

Wir verordnen demnach auf den Antrag Unseres Staatsministeriums und nach erfordertem Gutachten Unseres Staatsraths für den ganzen Umfang Unserer Monarchie, wie folgt:

§. 1.

Die Grenzaufsichtsbeamten sind bei Ausübung ihres Dienstes im Grenz-Bezirke von den ihnen anvertrauten Waffen Gebrauch zu machen befugt:

a) wenn ein Angriff auf ihre Person erfolgt, oder wenn sie mit einem solchen Angriffe bedrohet werden;

b) wenn diejenigen, welche Fuhrwerke oder Schiffsgefäße führen, Sachen transportiren, oder Gepäck bei sich haben, sich ihrer Anhaltung, der Visitation und Beschlagnahme ihrer Effekten, Waaren und Transportmittel, der Abführung zum nächsten Zollamte oder zur Obrigkeit des nächsten Orts, oder der Ergreifung bei versuchter Flucht, thätlich oder durch gefährliche Drohungen widersetzen.

Der Gebrauch der Waffen darf aber nicht weiter ausgedehnt werden, als es zur Abwehrung des Angriffs und zur Ueberwindung des Widerstandes nothwendig ist. Der Gebrauch der Schußwaffe findet nur alsdann statt, wenn der Angriff oder die Widersetzlichkeit entweder mit Waffen oder andern gefährlichen Werkzeugen, oder aber von einer Mehrheit, welche stärker ist, als die Zahl der zur Stelle anwesenden Grenzaufsichtsbeamten unternommen oder angedrohet wird. Der Androhung eines solchen Angriffes wird es gleich geachtet, wenn die angehaltenen Personen ihre Waffen oder anderen gefährlichen Werkzeuge nach erfolgter Aufforderung nicht sofort ablegen, oder wenn sie solche demnächst wieder aufnehmen.

§. 2.

Die Grenzaufsichtsbeamten können ferner bei Ausübung ihres Dienstes der Waffen, und namentlich der Schußwaffen sich bedienen:

a) wenn im Grenzbezirke, außerhalb eines bewohnten Ortes und außerhalb der Landstraße mehr wie zwei Personen als Fußgänger, Reiter, oder als Begleiter von Lastfuhrwerken und Lastthieren zur Nachtzeit (d. h. eine Stunde nach Sonnenuntergang bis eine Stunde vor Sonnenaufgang) oder

oder mit Gepäck oder Ladung auch zur Tageszeit betroffen werden, und auf einen zweimaligen Anruf, wobei der Anrufende sich als Grenzaufsichtsbeamter zu erkennen gegeben hat, nicht anhalten, sich vielmehr einzeln oder sämmtlich entfernen;

und

b) wenn im Grenzbezirke Schiffer, welche zur Nachtzeit, oder mit verdeckten oder beladenen Schiffsgefäßen zur Tageszeit in der Fahrt angetroffen werden, auf einen solchen Anruf nicht anhalten, oder nicht wenigstens ihre Bereitwilligkeit zum Anhalten durch die That unzweideutig zu erkennen geben, sondern sich vielmehr zu entfernen suchen.

Der Gebrauch der Schußwaffen ist jedoch in den vorstehend unter a und b bezeichneten Fällen den Beamten nur dann erlaubt, wenn wenigstens zwei von ihnen zur Wahrnehmung des Dienstes auf einem Posten zusammen sind.

§. 3.

Die nach §. 13. der Zollordnung vom 26sten Mai 1818. zur Unterstützung der Grenzbesetzung verpflichtete Polizei- und Forstbeamten sind nur dann, wenn sie mit den Grenzaufsichtsbeamten gemeinschaftlich handeln, in solchem Falle aber eben so wie diese, die Waffen zu gebrauchen befugt.

§. 4.

Die Beamten müssen, wenn sie sich der Waffen bedienen, in Uniform oder mit einem amtlichen Abzeichen versehen seyn.

§. 5.

Sie sind nach Anwendung der Schußwaffen sogleich nachzuforschen schuldig, ob Jemand verletzt worden, so weit es ohne Gefahr für ihre Person geschehen kann.

§. 6.

Im Fall einer Verletzung haben sie dem Verletzten Beistand zu leisten und dessen Fortschaffung zum nächsten Ort zu veranlassen, wo die Polizeibehörde für ärztliche Hülfe und für die nöthige Bewachung Sorge zu tragen hat.

Die Kurkosten sind erforderlichen Falls aus der Steuer-Kasse vorzuschießen, welche den Ersatz von dem Verletzten und den Theilnehmern der Kontravention, oder von dem Beamten, je nachdem die Anwendung der Waffen gerechtfertiget befunden worden ist oder nicht, verlangen kann.

§. 7.

Auf die Anzeige, daß Jemand von den Grenzaufsichtsbeamten oder deren Hülfsbeamten im Dienste durch Anwendung der Waffen verletzt worden, hat das Gericht des Orts, wo die Verletzung vorgefallen ist, mit Zuziehung eines

Ober-

Ober-Steuerbeamten den Thatbestand festzustellen, und zu ermitteln, ob ein Mißbrauch der Waffen stattgefunden habe oder nicht.

Das Gericht ist schuldig, hierbei auf die Anträge Rücksicht zu nehmen, welche der Ober-Steuerbeamte zur Aufklärung der Sache zu machen für nothwendig erachtet.

§. 8.

Nach beendigter vorläufiger Untersuchung sind die Akten an das betreffende Gericht einzusenden. Dasselbe hat die Verhandlungen, sobald dieselben als vollständig befunden werden, der betreffenden Provinzial-Steuerbehörde zur Erklärung über die Einleitung der gerichtlichen Untersuchung mitzutheilen.

§. 9.

Nach Eingang dieser Erklärung faßt das Gericht einen Beschluß wegen Eröffnung der Untersuchung ab. Wird die Eröffnung der Untersuchung gegen die Ansicht und den Widerspruch der Provinzial-Steuerbehörde beschlossen, so muß die Sache nach Anleitung der über die Kompetenz-Konflikte zwischen den Verwaltungsbehörden und Gerichten ertheilten Vorschriften erlediget werden.

§. 10.

In den Rheinprovinzen, so weit dort die Französische Justizverfassung bestehet, werden die Verhandlungen über die vorläufige Untersuchung an den Ober-Prokurator des betreffenden Landgerichts eingesandt, und durch diesen der Rathskammer desselben mitgetheilt, welche auf den Bericht des Instruktions-Richters nach Anhörung der Staatsbehörde, die unter §. 8. erwähnte Prüfung vornimmt und den im §. 9. vorgeschriebenen Beschluß abfaßt.

§. 11.

Mit der Verhaftung eines des Waffenmißbrauchs beschuldigten Beamten darf nicht eher verfahren werden, als bis die Eröffnung der gerichtlichen Untersuchung definitiv feststehet.

§. 12.

Gegen den Beamten, welcher beschuldigt ist, seine Befugniß zum Gebrauch der Waffen gegen Zoll- oder Steuer-Kontravenienten überschritten zu haben, können die Angaben des verletzten Kontravenienten, der übrigen Theilnehmer der Kontravention, und solcher Personen, welche wegen Zoll- und Steuervergehen bereits bestraft worden sind, für sich allein keinen zur Anwendung einer Strafe hinreichenden Beweis begründen.

 §. 13.

§. 13.

Wenn ein Beamter zur Nachtzeit gegen eine geringere Personenzahl als §. 2. unter Buchst. a bestimmt worden, sich der Waffen bedient hat, bei der Untersuchung aber ermittelt wird, daß derselbe Ursache gehabt habe, die Personenzahl für stärker zu halten, so ist er, nach Bewandniß der Umstände, mit Strafe zu verschonen, oder mit einer gelinderen als der ordentlichen Strafe zu belegen.

§. 14.

In Ansehung der Strafe der Beamten, welche des Mißbrauchs der Waffen schuldig befunden worden, behält es bei den bisherigen Vorschriften der Gesetze sein Bewenden.

Urkundlich unter Unserer Allerhöchsteigenhändigen Unterschrift und beigedrucktem Königlichen Insiegel.

Gegeben Berlin, den 28sten Juni 1834.

(L. S.) Friedrich Wilhelm.

Carl, Herzog von Mecklenburg.

Maassen. v. Kamptz. Mühler.

Beglaubigt:

Friese.

Gesetz-Sammlung für die Königlichen Preußischen Staaten.

No. 14.

(No. 1534.) Allerhöchste Kabinetsorder vom 8ten Juni 1834. betreffend die Heranziehung derjenigen Grundstücke zu Kommunalsteuern, welchen wegen ihrer Bestimmung zu öffentlichen oder gemeinnützigen Zwecken die Befreiung von Staatssteuern zusteht.

Auf den Bericht des Staatsministeriums vom 25sten April d. J. über die streitige Frage: ob ein Grundstück, welchem wegen seiner Bestimmung zu öffentlichen oder gemeinnützigen Zwecken die Befreiung von den Staatssteuern zusteht, deshalb auch den örtlichen Kommunalsteuern nicht unterworfen sey, setze Ich fest, daß in den Provinzen und Ortschaften, in welchen die Vorschriften des allgemeinen Landrechts, oder des gemeinen Rechts verbindliche Kraft haben, der gegenwärtige Zustand beibehalten werden soll; woselbst also dergleichen Grundstücke von Kommunallasten entbunden sind, hat es dabei sein Bewenden; woselbst sie dazu beitragen, verbleibt es bei dem Antheil, der bisher stattgefunden hat. Für die Zukunft dagegen, mit Inbegriff der schon eingetretenen, als unerledigt noch vorliegenden Fälle, sollen bei neuen Erwerbungen zu öffentlichen, oder gemeinnützigen Zwecken die Realverpflichtungen, die vermöge des Kommunalverbandes vor der Erwerbung geleistet worden sind, fernerhin davon geleistet werden. Natural-Leistungen werden auf eine Geldrente nach den zur Zeit der Erwerbung bestehenden Preisen berechnet. Persönliche Prästationen der bisherigen Privatbesitzer, darf die Gemeine aber nicht weiter fordern. Auch soll die Verpflichtung des Fiskus oder der betreffenden Anstalt, auf die Erwerbung von Gebäuden beschränkt und nicht auf Grundstücke bezogen werden, die mit Gebäuden nicht besetzt sind, wie beispielsweise bei der Anlage von Festungswerken, Chausseen ꝛc. In der Rheinprovinz soll nach den Bestimmungen der daselbst bestehenden Gesetzgebung nach wie vor verfahren werden. Das Staatsministerium hat die Aufnahme dieses Erlasses in die Gesetz-Sammlung zu verfügen.

Berlin, den 8ten Juni 1834.

Friedrich Wilhelm.

An das Staatsministerium.

(No. 1535.) Allerhöchste Kabinetsorder vom 28sten Juni 1834., die Abänderung der Statuten der ritterschaftlichen Privatbank von Pommern vom 23sten Januar 1833. betreffend.

Nach den in Ihrem Berichte vom 7ten d. M. bevorworteten Anträgen der General-Versammlung der Aktionairs der ritterschaftlichen Privatbank von Pommern genehmige Ich die von derselben beschlossenen Abänderungen des Statuts vom 23sten Januar v. J. in Beziehung auf das Aufsichts- und Verwaltungs-Personal der Bank, und setze fest:

Zum §. 16.

Das Kuratorium besteht aus sieben stimmfähigen Aktionairs, mit Einschluß des Präsidenten, welchen dasselbe aus seinen Mitgliedern der General-Versammlung vorschlägt, die jedoch auch ein andres Mitglied des Kuratoriums, unter dem Vorbehalt Meiner unmittelbaren Bestätigung, zu wählen ermächtiget ist. Der Präsident wird auf sechs Jahre ernannt und kann nach Ablauf dieser Zeit wieder gewählt werden. Bei dem jährlichen Ausscheiden eines Mitgliedes des Kuratoriums, wenn dasselbe nicht wieder erwählt wird, hat es sein Verbleiben.

Zum §. 18.

Die Bankdirektion besteht aus zween mit gleichen Befugnissen und Verpflichtungen bestellten Direktoren und einem Syndikus. Der Präsident des Kuratoriums ist beständiger Kommissarius desselben bei der Direktion.

Ich überlasse Ihnen, diese Bestimmungen durch die Gesetz-Sammlung bekannt zu machen.

Berlin, den 28sten Juni 1834.

Friedrich Wilhelm.

An die Staatsminister Maassen und Frh. v. Brenn.

(No. 1536.) Allerhöchste Kabinetsorder vom 1sten Juli 1834., betreffend die Taxation unbepfandbriefter adlicher Güter durch die Kredit-Direktion.

Auf den Antrag der Minister des Innern und der Justiz habe Ich die Deklaration vom 30sten Dezember 1811. (Gesetz-Sammlung von 1812. S. 7.) wodurch die Taxation der unbepfandbrieften adlichen Güter dem ordentlichen Realgerichtsstande zugewiesen worden, so wie die darauf gegründeten Vorschriften §§. 172. und 396. des Anhangs zur Gerichtsordnung, wieder aufgehoben, und die Bestimmungen in §§. 14—16. Tit. 52. der Prozeßordnung, nach welchen die Taxation sämmtlicher adlicher Güter in den Provinzen worin Kredit-Systeme errichtet sind, der betreffenden Kredit-Direktion aufzutragen und von ihr zu bewirken ist, für diese Provinzen hergestellt, jedoch die Güter des Posenschen Kredit-Systems, dessen Reglement die Landschaft zur Aufnahme der Taxen unbepfandbriefter Güter für den gerichtlichen Gebrauch nicht verpflichtet, so wie diejenigen adlichen Güter, deren geringer Erwerbepreis die Bepfandbriefung derselben nach den Vorschriften der einzelnen Kredit-Reglements nicht gestattet, von der Anwendung des §. 14. Tit. 52. der Prozeßordnung ausgeschlossen. In Ansehung

sehung der von der landschaftlichen Detaxation ausgeschlossenen Güter wird nach den Bestimmungen §§. 17. und folg. des angeführten Titels der Prozeßordnung, wie bisher, verfahren. Das Staatsministerium hat diesen Erlaß durch die Gesetz-Sammlung bekannt zu machen.

Berlin, den 1sten Juli 1834.

Friedrich Wilhelm.

An das Staatsministerium.

(No. 1537.) Allerhöchste Kabinetsorder vom 8ten Juli 1834. über die Befugniß des Rheinischen Revisions- und Kassationshofes, nach erfolgter Kassation eines Urtheils die Hauptsache, die er zu seiner materiellen Entscheidung faktisch noch nicht hinreichend vorbereitet findet, an die Instanzgerichte zur Instruktion und zum Erkenntniß zurückzuverweisen; und über die Verpflichtung der letztern, nach den vom Revisions- und Kassationshofe festgesetzten Rechtsgrundsätzen und Normen zu verfahren und zu erkennen.

Ich habe die Gründe ersehen, welche den Rheinischen Revisions- und Kassationshof veranlaßt haben, bei seinen Entscheidungen eine Praxis einzuführen, die von den Vorschriften der im §. 6. der Verordnung vom 21sten Juni 1819. provisorisch bestätigten Verfügungen der Rheinischen General-Gouvernements vom 28sten April, 6ten Mai und 20sten Juli 1814. dahin abweicht, daß derselbe, nach erfolgter Kassation eines Urtheils, diejenige Sache, die er zu seiner materiellen Entscheidung faktisch noch nicht hinreichend vorbereitet findet, an die Instanzgerichte zur Instruktion und zum Erkenntniß zurückverweist. Ich trage kein Bedenken, dieses durch die veränderte Lokalität des Gerichtssitzes außerhalb der Provinz von selbst herbeigeführte Verfahren nach Ihrem Antrage zu genehmigen, und hiemit unter Aufhebung der entgegenstehenden Bestimmungen in den Erlassen der Rheinischen General-Gouvernements vom 28sten April, 6ten Mai und 20sten Juli 1814. zu verordnen, daß der Revisions- und Kassationshof die Sache, in welcher er das Urtheil kassirt hat, wenn er solche zu seiner eignen Entscheidung in der Hauptsache noch nicht reif findet, an die Instanzgerichte, der bisherigen Praxis gemäß, zu verweisen ermächtigt seyn soll, damit sie daselbst nach dem neuern, durch die Ansicht des Revisionshofes ihr gegebenen Rechtsstandpunkte verhandelt und mit Vorbehalt der gesetzlichen Rechtsmittel entschieden werde. Keine Gerichtsstelle, an welche die Verweisung geschieht, darf sich, unter welchem Vorwande es sey, der Verhandlung und Entscheidung entziehen, vielmehr hat jedes Gericht, bei Vermeidung einer Ordnungsstrafe, selbst nach Bewandniß der Umstände bei Strafe der Rechtsverweigerung, nach den vom Revisions- und Kassationshofe festgestellten Rechtsgrundsätzen und Normen zu verfahren und zu erkennen. Hiernach haben Sie die Rheinischen Gerichte anzuweisen, auch diesen Erlaß durch die Gesetz-Sammlung zur öffentlichen Kenntniß zu bringen.

Teplitz, den 8ten Juli 1834.

Friedrich Wilhelm.

An den Staats- und Justizminister v. Kamptz.

(No. 1538.) Bekanntmachung wegen des Zutritts verschiedener Deutscher Regierungen zu dem unterm 11ten Mai 1833. zwischen Preußen, Bayern, Sachsen, Kurhessen, dem Großherzogthum Hessen und den bei dem Thüringenschen Zoll- und Handelsvereine betheiligten Regierungen, abgeschlossenen Zollkartel. Vom 11ten Juli 1834.

Es wird hiedurch zur allgemeinen Kenntniß gebracht, daß die resp. Großherzoglichen, Herzoglichen, Fürstlichen und Landgräflichen Regierungen von
Mecklenburg-Schwerin,
Oldenburg,
Sachsen-Koburg-Gotha,
Anhalt-Köthen,
Anhalt-Dessau,
Anhalt-Bernburg,
Waldeck,
Lippe und
Hessen-Homburg
der in Gemäßheit des Artikels 12. des zwischen Preußen, Bayern, Sachsen, Kurhessen, dem Großherzogthume Hessen und den bei dem Thüringischen Zoll- und Handelsvereine betheiligten Regierungen unter dem 11ten Mai 1833. abgeschlossenen Zollkartels (Gesetz-Sammlung Nr. 1477.) an dieselben ergangenen Einladung, mit ihren durch frühere Verträge dem Zollsysteme des Preußischen Staates angeschlossenen Landen und resp. Landestheilen dem gedachten Zollkartel beizutreten, Folge gegeben, diesem Zollkartel durch besondere Erklärungen sich angeschlossen und die entsprechenden Anordnungen und Bekanntmachungen deshalb erlassen haben, wonach nunmehr auch von sämmtlichen betreffenden diesseitigen Behörden den Bestimmungen des Zollkartels vom 11ten Mai 1833. den genannten Regierungen gegenüber und in Beziehung auf deren gedachte Lande und Landestheile, namentlich auf

die Großherzoglich-Mecklenburg-Schwerinischen Gebietstheile Rossow, Netzeband und Schönberg,
das Großherzoglich-Oldenburgische Fürstenthum Birkenfeld,
das Herzoglich-Sachsen-Koburg und Gothaische Fürstenthum Lichtenberg,
die sämmtlichen Herzoglich-Anhaltischen Lande,
das Fürstenthum Waldeck,
die Fürstlich-Lippeschen Gebietstheile Lipperode, Kappel und Grevenhagen,
das Landgräflich-Hessische Oberamt Meisenheim

in vorkommenden Fällen volle Anwendung zu geben ist.

Berlin, den 11ten Juli 1834.

Die Minister

der Finanzen.	der Justiz.	der auswärtigen Angelegenheiten.	des Innern und der Polizei.
Maassen.	v. Kamptz. Mühler.	Ancillon.	v. Rochow.

Gesetz-Sammlung
für die
Königlichen Preußischen Staaten.

No. 15.

(No. 1539.) Allerhöchste Kabinetsorder vom 2ten November 1833., den Abdruck der ständischen Gutachten und Petitionen betreffend.

In den Gesetzen über die Anordnung der Provinzialstände ist bestimmt worden, daß die Resultate der Landtagsverhandlungen durch den Druck bekannt gemacht werden sollen, welches durch den Abdruck einer vom Landtagsmarschall verfaßten geschichtlichen Darstellung der Verhandlungen des Landtags und Meines den Provinzialständen ertheilten Landtags-Abschiedes bisher auch geschehen ist. Da jedoch von dem Sächsischen Landtage und auch sonst der Wunsch geäußert worden ist, daß die Verhandlungen vollständiger bekannt werden möchten, so will Ich genehmigen, daß, wenn es auf dem Landtage begehrt wird, auch die Gutachten und Petitionen der Provinzialstände gleichzeitig mit der geschichtlichen Darstellung und dem Landtags-Abschiede, auf Kosten der Stände, abgedruckt werden, insofern die Gutachten und Petitionen zu den in die geschichtliche Darstellung und in den Landtags-Abschied aufgenommenen Gegenständen gehören. Das Staatsministerium hat diesen Befehl durch die Gesetz-Sammlung zur allgemeinen Kenntniß zu bringen.

Berlin, den 2ten November 1833.

Friedrich Wilhelm.

An das Staatsministerium.

(No. 1540.) Gesetz, über die Termine bei Wohnungs-Miethsverträgen. Vom 30sten Juni 1834.

Wir Friedrich Wilhelm, von Gottes Gnaden, König von Preußen rc. rc.

finden Uns bewogen, zur Beseitigung einiger bei Verträgen über Wohnungs-Miethen vorgekommenen Zweifel, auf den Antrag Unseres Staatsministeriums und nach erfordertem Gutachten Unseres Staatsraths für den ganzen Umfang Unserer Monarchie Folgendes zu bestimmen:

§. 1. Wenn künftig der Anfang eines Wohnungs-Miethsvertrages auf Ostern, Johannis, Michaelis oder Weihnachten bestimmt wird, so soll unter diesen Ausdrücken jederzeit der Anfang eines Kalenderquartals, also der 1ste April, 1ste Julius, 1ste Oktober, 1ste Januar verstanden werden, wenn nicht der Vertrag ausdrücklich ein Anderes bedingt.

§. 2. Wo es nöthig gefunden werden sollte, bei größeren Wohnungen die gesetzliche Räumungsfrist zu verlängern, kann solches, unter Berücksichtigung der bestehenden örtlichen Gewohnheiten, durch eine von der Orts-Polizeibehörde zu erlassende Verordnung mit verbindlicher Kraft für alle Einwohner des betreffenden Orts angeordnet werden; solche Verordnungen bedürfen jedoch der Bestätigung der vorgesetzten Regierung. Die Regierungen werden hierüber von dem Ministerium des Innern und der Polizei mit Instruktion versehen werden.

§. 3. Fallen Sonntage oder Feiertage in die bestimmte Umzugszeit, so soll an solchen Tagen die außerdem vorhandene Verbindlichkeit des Miethers ruhen.

Urkundlich unter Unserer Höchsteigenhändigen Unterschrift und beigedrucktem Königlichen Insiegel.

Gegeben Berlin, den 30sten Juni 1834.

(L. S.) Friedrich Wilhelm.

Carl, Herzog zu Mecklenburg.
v. Kamptz. Mühler. v. Rochow.

Beglaubigt:
Friese.

(No. 1541.)

(No. 1541.) Verordnung, wegen Vereinigung der General-Kommissionen zu Königsberg und Marienwerder mit den Regierungen der Provinz Preußen. Vom 30sten Juni 1834.

Wir Friedrich Wilhelm, von Gottes Gnaden, König von Preußen rc. rc.

haben nach dem Antrage Unseres Staatsministeriums und in besonderer Berücksichtigung sowohl der provinziellen Verhältnisse, als der Uns vorgetragenen Wünsche Unserer getreuen Stände der Provinz Preußen, die Vereinigung der General-Kommissionen zu Königsberg und Marienwerder, mit den Regierungen jener Provinz beschlossen, und verordnen deshalb wie folgt:

§. 1. Die Geschäfte wegen Regulirung der gutsherrlich-bäuerlichen Verhältnisse nach den Edikten vom 14ten September 1811. und 8ten April 1823., desgleichen wegen Ausführung der Gemeinheitstheilungs- und Dienstablösungs-Ordnungen, so weit solche den General-Kommissionen zu Königsberg und Marienwerder übertragen sind, sollen nach den zu diesem Behuf noch zu treffenden Vorbereitungen, von einem Seitens des Ministeriums des Innern für die Gewerbe zu bestimmenden Termine ab, von den Regierungen der Provinz Preußen, von jeder in den Grenzen ihres Departements unter dem Beitritt der Beamten jener Kommissionen und unter Mitwirkung besonderer Spruch-Kollegien (§. 5.) übernommen und verwaltet werden.

§. 2. Die Regierungen überkommen jene Geschäfte, mit Ausnahme derjenigen, welche besonderen Spruch-Kollegien überwiesen werden, ganz in dem Umfange und mit denselben Rechten und Pflichten, welche den General-Kommissionen deshalb zuständig sind, sowohl rücksichtlich der Leitung und Ausführung jener Angelegenheiten, als der Bestätigung der Auseinandersetzungs-Rezesse und der über die Gegenstände derselben zu treffenden Entscheidungen.

Die hierüber bestimmenden Verordnungen dienen denselben unter den weiterhin bestimmten Modifikationen ebenfalls zur Norm ihres Verfahrens.

§. 3. Bei der Regierung zu Danzig werden jene Geschäfte speziell von der Abtheilung des Innern bearbeitet. Bei den von derselben zu erlassenden Entscheidungen ist, außer dem für diese Angelegenheiten bestallten Rathe, ein in dem Orte stationirter Oekonomie-Kommissarius zuzuziehen, welcher zugleich bei persönlichen Verhinderungen des Departements-Rathes dessen Stelle bei dem Kollegium vertritt.

Bei den Regierungen zu Königsberg, Gumbinnen und Marienwerder wird für jene Geschäfte eine zweite Abtheilung des Innern eingerichtet. Diese besteht aus

einem Dirigenten, welcher der Regel nach der nämliche seyn soll, dem die Direktion der ersten Abtheilung des Innern übertragen ist, einem der landwirthschaftlichen Gewerbslehre kundigen Justitiarius, einem Ober-Kommissarius und einem zweiten ökonomischen Techniker, wozu der

der Regel nach ebenfalls ein am Orte stationirter Oekonomie-Kommissarius genommen wird, der aber nicht stetig an den Geschäften der Abtheilung Theil zu nehmen hat, sondern ebenfalls nur bei Definitiv-Entscheidungen zugezogen wird, und in Fällen der Verhinderung des Ober-Kommissarius denselben im Kollegium vertreten muß.

§. 4. Rücksichtlich der Geschäftsverbindung des Ober-Präsidenten und der Regierungen mit den für die Gemeinheitstheilungen, gutsherrlich-bäuerlichen Regulirungen und Ablösungsgeschäfte berufenen Abtheilungen kommen die Regierungs-Instruktion vom 23sten Oktober 1817. und Unsere Order vom 31sten Dezember 1825., (Gesetz-Sammlung vom Jahre 1826. Seite 5. ff.) jedoch unter den weiterhin bestimmten Maaßgaben, zur Anwendung. Insbesondere haben diese Abtheilungen wegen der in den Geschäftskreis der übrigen einschlagenden Angelegenheiten sich mit denselben eben so zu verständigen und bei entstehenden Differenzien die Beschlüsse des Plenums einzuholen, wie es wegen der übrigen zum Ressort der Regierungen gehörigen Geschäfte vorgeschrieben ist. Gegenseitig konkurrirt die Abtheilung für die Gemeinheitstheilungen ꝛc. bei den von einer andern Regierungs-Abtheilung, in Betreff ihrer Güterverwaltung, unter ihre besondere Leitung genommenen Auseinandersetzungen auf gleiche Weise rücksichtlich der von der ersteren wahrzunehmenden staatswirthschaftlichen Interessen, insbesondere bei Feststellung der Landtheilungs-Pläne, imgleichen bei Prüfung und Bestätigung der Rezesse. Dies findet insbesondere auch auf die Verleihungen des Eigenthums an die Immediat-Einsassen auf den Grund des Gesetzes vom 27sten Juli 1808. Anwendung.

Bei der Anwendung der Regierungs-Instruktion auf die bisher zum Ressort der General-Kommissionen gehörigen Geschäfte finden folgende Modifikationen statt, als

1) in den Fällen, wenn der Beschluß der Abtheilung wider die Ansicht des Vorgesetzten ausfällt, tritt nicht die mittelst Unserer Order vom 31sten Dezember 1825. unter No. VII. angeordnete Provokation auf den Regierungs-Präsidenten, vielmehr die auf Entscheidung des Plenums der Regierung ein;
2) auch in den Fällen, wo sonst der Präsident nach §. 39. No. 3. der Regierungs-Instruktion die Entscheidung des Ober-Präsidenten einholen kann, behält es in Angelegenheiten dieser Art bei dem Beschlusse des Kollegiums sein Bewenden.

§. 5. Die Entscheidung derjenigen Streitigkeiten, welche nach den näheren Bestimmungen in dem Anhange zur Verordnung vom 20sten Juni 1817. ꝛc. zur Appellation an das Revisions-Kollegium geeignet sind, wird von der Kompetenz der Regierungen ausgenommen und dieselbe in erster Instanz besonderen Spruch-Kollegien übertragen, welche jedes aus drei zum Richteramte qualifizirten Mitgliedern der Provinzial-Kollegien und den bei den Regierungen des Ortes in der zweiten Abtheilung des Innern fungirenden beiden ökonomischen Technikern bestehen sollen. Die erstgedachten Mitglieder und der aus ihnen zu ernennende Direktor sind durch den Justizminister und den Minister des Innern

für

für die Gewerbe aus den Justitiarien der Regierung und den Mitgliedern des Oberlandes-Gerichts des Ortes auszuwählen.

Es sollen dieser Spruch-Kollegien aber nur zwei errichtet werden, nämlich deren eins, die Justiz-Deputation für die Regierungs-Bezirke Königsberg und Gumbinnen, welche in Königsberg, und das andere die Justiz-Deputation für die Regierungs-Bezirke Danzig und Marienwerder, welche ihren Sitz in Marienwerder nehmen wird.

§. 6. Die Konkurrenz der Justiz-Deputationen beschränkt sich auf die Entscheidung der ihnen zu solchem Behuf von der betreffenden Abtheilung der Regierung überwiesenen Angelegenheiten. Die Leitung der Instruktion dieser Streitfälle, die Publikation der Erkenntnisse, das Verfahren wegen der dagegen zulässigen Rechtsmittel und die Ausführung derselben nach beschrittener Rechtskraft ist dagegen Sache der Regierungs-Abtheilung.

§. 7. Dem Ministerium des Innern für die Gewerbe bleibt es überlassen, in einzelnen Fällen, die zur Kompetenz der Regierungen gehörigen Entscheidungen der Justiz-Deputation zu delegiren, vorbehältlich des in solchen Fällen gegen die Entscheidung derselben nur zulässigen Rekursverfahrens.

§. 8. Die Justiz-Deputationen stehen unter gemeinschaftlicher Leitung der Minister des Innern für die Gewerbe und der Justiz.

§. 9. Bei der Anstellung der für die Angelegenheiten der Gemeinheitstheilungen u. s. w. bestimmten Mitglieder und Subalternen der genannten Regierungen finden die wegen der Anstellung der Regierungsbeamten bestehenden Ressortverhältnisse Anwendung. Im Uebrigen treten diese Regierungen und deren Abtheilungen in den Angelegenheiten der Gemeinheitstheilungen, gutsherrlich-bäuerlichen Regulirungen und Ablösungsgeschäfte zu dem Ministerium des Innern für die Gewerbe, rücksichtlich ihrer Beaufsichtigung und der von ihren Verfügungen und Entscheidungen stattfindenden Rekurse in das nämliche Verhältniß, in welchem verfassungsmäßig die General-Kommissionen zu demselben stehen.

Urkundlich unter Unserer Höchsteigenhändigen Unterschrift und beigedrucktem Königlichen Insiegel.

Gegeben Berlin, den 30sten Juni 1834.

(L. S.) Friedrich Wilhelm.

Frh. v. Brenn. Mühler.

(No. 1542.) Verordnung vom 30sten Juni 1834., wegen des Geschäftsbetriebes in den Angelegenheiten der Gemeinheitstheilungen, Ablösungen und Regulirung der gutsherrlich-bäuerlichen Verhältnisse, als Anhang zu der Verordnung vom 20sten Juni 1817. und dem Gesetze vom 7ten Juni 1821.

Wir Friedrich Wilhelm, von Gottes Gnaden, König von Preußen rc. rc.

haben auf Anlaß mehrerer bei dem Geschäftsbetriebe in den Angelegenheiten der Gemeinheitstheilungen, Ablösungen und Regulirung der gutsherrlich-bäuerlichen Verhältnisse wahrgenommenen Uebelstände und vorgekommenen Bedenken und in Berücksichtigung der von mehreren Provinzial-Landtagen deshalb gemachten Vorstellungen, eine Revision der betreffenden Verordnungen veranstaltet und verordnen in Folge derselben wegen Abänderung, Ergänzung und Erläuterung jener Verordnungen, nach dem Antrage Unseres Staatsministeriums, wie folgt.

§. 1. Die Verordnung vom 20sten Juni 1817. wegen Organisation der General-Kommissionen zur Regulirung der gutsherrlich-bäuerlichen Verhältnisse, das Gesetz vom 7ten Juni 1821. wegen Ausführung der Gemeinheitstheilungs- und Ablösungs-Ordnung und die sie erläuternden, ergänzenden und abändernden Bestimmungen der gegenwärtigen Verordnung kommen bei allen zum Ressort der General-Kommissionen verwiesenen Auseinandersetzungen zur Anwendung, welche die Regulirung der gutsherrlich-bäuerlichen Verhältnisse und die Ausführung der Gesetze vom 21sten April 1825. wegen der den Grundbesitz betreffenden Rechtsverhältnisse, imgleichen die Gemeinheitstheilungs- und Ablösungs-Angelegenheiten zum Gegenstande haben. Die ebengedachten Vorschriften treten an die Stelle des Gesetzes vom 25sten September 1820. wegen der in Münster u. s. w. zu errichtenden General-Kommissionen (Nr. 624. der Gesetz-Sammlung) und der hierauf zurückweisenden Bestimmungen in den §§. 120. und 122. des Gesetzes vom 21sten April 1825. über die den Grundbesitz betreffenden Rechtsverhältnisse in den Landestheilen, welche vormals zum Königreiche Westphalen gehört haben, (Nr. 938. der Gesetz-Sammlung) in den §§. 96. und 98. des Gesetzes vom 21sten April 1825. über die den Grundbesitz betreffenden Rechtsverhältnisse in den Landestheilen, welche zu dem Großherzogthume Berg gehört haben, (Nr. 939. der Gesetz-Sammlung) und in den §§. 93. und 95. des Gesetzes vom 21sten April 1825., wegen der den Grundbesitz betreffenden Rechtsverhältnisse rc. in den vormals zu den Französischen Departements gehörig gewesenen Landestheilen. (Nr. 940. der Gesetz-Sammlung.)

Zu §§. 1. 2. der Verordnung v. 20sten Juni 1817.

§. 2. Zu mehrerer Beförderung gütlicher Vereinigungen in den zum Ressort der General-Kommission gehörigen Angelegenheiten sollen besondere Kreis-Vermittelungsbehörden bestellt werden.

Zu §§. 1. 2. des Gesetzes v. 7ten Juni 1821.

An die Stelle derjenigen Bestimmungen, die in den Gesetzen vom 8ten April 1823. wegen Regulirung der gutsherrlich-bäuerlichen Verhältnisse in dem Großherzogthume Posen rc. §§. 13. 14. und 110, imgleichen in dem Landgebiet der

der Stadt Danzig §§. 8 — 11. und 13. in den angezogenen Gesetzen vom 21sten April 1825. wegen der den Grundbesitz betreffenden Rechtsverhältnisse ꝛc. §. 121. und resp. §. 97 und §. 94. und in der Ablösungs-Ordnung vom 13ten Juli 1829. §§. 136. und 137. über die Wahl und Geschäftsführung der Kreis-Vermittelungsbehörden getroffen sind, treten die in diesem Anhange ertheilten Vorschriften, wogegen es in Beziehung auf die Ergänzung der Distrikts-Kommissionen bei den Bestimmungen des §. 135. der Ablösungs-Ordnung vom 13ten Juli 1829. sein Bewenden behält.

In jedem Kreise werden für die Kreis-Vermittelungsbehörden zwei bis sechs zuverlässige und sachkundige Kreis-Eingesessene ernannt. Die Wahl dieser Kreisverordneten und der Beschluß über ihre Anzahl wird den Kreis-Ständen überlassen. Die für die Auseinandersetzungs-Geschäfte bestimmte Provinzialbehörde hat die Wahl zu bestätigen. Sie kann die Bestätigung aus Gründen, worüber sie nur dem vorgesetzten Ministerio Rechenschaft zu geben hat, versagen. Wo die Personen der Kreis-Vermittelungsbehörden bereits ernannt sind, behält es dabei sein Bewenden, vorbehältlich des Beschlusses der Kreisstände wegen Vermehrung derselben. Können sich die Kreisstände über die Auswahl nicht vereinigen, so treten die Abgeordneten jeden Standes zusammen, um abgesondert ihre Vorschläge wegen Besetzung der Stelle zu machen. Der Provinzialbehörde gebührt in diesem Falle unter den Vorgeschlagenen die Auswahl, jedoch hat dieselbe dahin zu sehen, nicht nur, daß die tüchtigsten Männer für das Geschäft, sondern auch für jeden Stand solche, die sich des Vertrauens desselben zu erfreuen haben, ernannt werden.

§. 3. Die Kreis-Vermittelungsbehörden führen ihre Geschäfte unter Direktion des Kreis-Landraths und der General-Kommission. Sind die für ein gegebenes Geschäft gewählten Kreisverordneten über die Maaßregeln zur Vorbereitung, oder Leitung desselben, verschiedener Meinung, so giebt die Meinung des Kreis-Landraths den Ausschlag. Die in dem Kreise angestellten Oekonomie-Kommissarien und Kreis-Justizkommissarien sind auf ihre Requisition insbesondere

Behufs Feststellung des Legitimationspunktes und Ermittelung der Theilnehmungsrechte der ökonomischen Berechnungen; der Aufnahme der Verträge u. s. w.

den nachgesuchten Beistand zu leisten verpflichtet. Bieten sich den ebengedachten Kommissarien Bedenken wegen Zulässigkeit, Nothwendigkeit, oder Zweckmäßigkeit der Ausführung dar, so haben sie solche der Kreis-Vermittelungsbehörde und, wenn dies ohne Erfolg bleibt, dem Kreis-Landrathe oder der General-Kommission zur Entscheidung vorzutragen.

§. 4. Jeder Provokant einer Auseinandersetzung kann sich an den Kreis-Landrath wenden, um die Dazwischenkunft der Kreis-Vermittelungsbehörde zu gütlicher Abmachung derselben in Anspruch zu nehmen. Doch soll, wenn ein Theil dieselbe verlangt, dem andern freistehen, diese Einwirkung abzulehnen. Sind bei der Auseinandersetzung auf einer oder der andern Seite mehrere Interessenten betheiligt, so entscheidet die Stimmenmehrheit auf Seiten der Provokan-

 vokan-

vokanten über den Antrag darauf und ebenso die Stimmenmehrheit der Provokaten über die Ablehnung, in beiden Fällen nach den Personen gerechnet, und es ist die Obliegenheit des Kreis-Landraths, sich vor Veranlassung der Verhandlung darüber, von den auf der einen oder andern Seite interessirenden Theilhabern Kenntniß zu verschaffen. Versagen sich die Provokaten auf die an sie ergangene Aufforderung der Erklärung über die Zuziehung der Kreis-Vermittelungsbehörde ganz: so wird dies einer ablehnenden Erklärung gleich geachtet. Sind in dem zur Erklärung über die Zuziehung der Kreis-Vermittelungsbehörde angesetzten Termine die Provokanten, oder Provokaten nicht sämmtlich erschienen: so werden die Stimmen lediglich nach der Zahl derjenigen, die erschienen sind, und ihre Erklärung abgeben, berechnet.

Sind die Parteien über die Zuziehung der Kreis-Vermittelungsbehörde einig: so steht ihnen die Auswahl unter den dafür ernannten Kreisverordneten zu. Diejenigen, welche bei dem zu ermittelnden Geschäfte als Provokanten auftreten, wählen den einen, diejenigen, welche Provokaten sind, wählen den andern Kreisverordneten. Sollten sich auch weiterhin, wie z. B. bei Gemeinheitstheilungen die Interessen mehrfach theilen, so üben die einmal erwählten Kreisverordneten doch die Funktionen der Kreis-Vermittelungsbehörde im Verlaufe des ganzen Geschäfts aus, für welches sie erwählt sind.

Sind die Provokanten oder Provokaten darüber einig, daß statt zweier Kreisverordneten nur einer das Geschäft der Vermittelung übernehme, so ist dieser ihrer Vereinigung Folge zu geben, und geschieht in solchem Falle die Wahl von beiden Theilen gemeinschaftlich nach der Stimmenmehrheit.

Die Wahl der Parteien kann auch auf die Kreisverordneten eines benachbarten Kreises gerichtet werden, doch bleibt es diesen unbenommen, die auf sie gefallene Wahl abzulehnen. In allen Fällen können sich die Kreisverordneten der Vermittelung des Geschäfts versagen, wenn eine Gemeinheitstheilung der Gegenstand desselben ist, oder wenn es sonst auf eine Landtheilung dabei ankommt.

§. 5. Kommt durch die Kreis-Vermittelungsbehörde ein Vergleich zu Stande, so muß der Rezeß der kompetenten Provinzialbehörde zur Prüfung und Bestätigung eingereicht werden.

Zu §. 2. der Verordnung.

§. 6. Die Ausführung der Gesetze vom 21sten April 1825. über die den Grundbesitz betreffenden Rechtsverhältnisse in den Landestheilen, welche eine Zeitlang zum vormaligen Königreiche Westphalen, dem Großherzogthume Berg und den Französischen Departements gehört haben und die Entscheidung der hierbei entstehenden Streitigkeiten gebührt den General-Kommissionen alsdann, wenn auf Regulirung aller nach jenen Gesetzen veränderten oder näher bestimmten Rechtsverhältnissen des Belasteten zu dem Berechtigten provozirt wird. Wegen ihrer Kompetenz und ihrer Instruktion für die besonderen Fälle, welche in den gedachten Gesetzen und zwar

unter Nr. 938. der Gesetz-Sammlung §§. 111. 112. 115.
" " 939. " " §§. 89. 90. 92.
" " 940. " " §§. 86. 87. 89.

bezeich-

bezeichnet sind, ist ebendaselbst das Nähere bestimmt, wobei es sein Bewenden behält. Die Einleitung und Entscheidung aller andern Streitigkeiten in den Angelegenheiten, welche durch jene Gesetze ihre Bestimmung erhalten haben, gehört vor die ordentlichen Gerichte. Handelt es sich aber dabei um Fragen, welche nach den allgemeinen Ressort-Bestimmungen zur Kompetenz der ordentlichen Verwaltungsbehörden gehören, so haben die Gerichte solche den Letzteren zu überlassen. Ferner haben sie in den zu ihrer Kognition gehörigen Angelegenheiten wegen solcher Gegenstände, weshalb nach den unten folgenden Vorschriften gegen die Entscheidungen der General-Kommissionen nicht der Weg der Appellation, sondern der des Rekurses nachgelassen ist, vor Abfassung ihrer Erkenntnisse das Gutachten der General-Kommission einzuholen, und sich danach als einem konsultativen voto zu achten. Auch bleibt es dem Dirigenten des Gerichts überlassen, zu weiterer Erläuterung des Gegenstandes, bei Abfassung des Erkenntnisses, einen von der General-Kommission zu bezeichnenden Sachverständigen zuzuziehen. Ein Verfahren dieser Art findet insbesondere dann statt, wenn es sich um Streitigkeiten über aufgehobene Abgaben und über Abzüge wegen der Grundsteuer handelt.

In den Fällen, wenn es nach §§. 24. und 27. des Gesetzes vom 21sten April 1825. (wegen der den Grundbesitz betreffenden Rechtsverhältnisse ꝛc. in den Landestheilen, welche eine Zeitlang zum Königreiche Westphalen gehört haben) auf die Beurtheilung der Eigenschaften des neuen Erwerbes eines bäuerlichen Grundstückes ankommt, tritt das schiedsrichterliche Verfahren nach näherer Bestimmung der §§. 32. ff. dieses Anhanges ein.

Im Uebrigen kommen bei der Behandlung dieser Angelegenheiten die Regeln des Prozeßverfahrens, oder die Vorschriften der Eingangs gedachten Verordnungen zur Anwendung, je nachdem dieselben zur Kompetenz der ordentlichen Gerichte oder der General-Kommission gehören.

Zu §§. 3. 5—8. 10—14. der Verordnung. Zu §. 5. des Gesetzes.

§. 7. In den Angelegenheiten, welche bei den General-Kommissionen anhängig sind, haben dieselben nicht bloß den Haupt-Gegenstand der Auseinandersetzung, sondern auch alle anderweitigen Rechtsverhältnisse, welche bei vorschriftsmäßiger Ausführung der Auseinandersetzung in ihrer bisherigen Lage nicht verbleiben können, zu reguliren, die hiebei vorkommenden Streitigkeiten zu entscheiden und überhaupt alle obrigkeitlichen Festsetzungen zu erlassen, deren es bedarf, um die Auseinandersetzung zur Ausführung zu bringen und die Interessenten zu einem völlig geordneten Zustande zurückzuführen.

Die nähere Entwickelung dieser Grundsätze in der besondern Anwendung auf die gutsherrlich-bäuerlichen Regulirungen nach dem Edikte von 14ten September 1811., wie sie in den §§. 5. 6. 7. 8. der Verordnung vom 20sten Juni 1817. gegeben ist, findet daher auf alle jene Angelegenheiten Anwendung. Dagegen haben die §§. 10. 11. 12. 13. 14. a. a. O. durch die Erweiterung des Ressorts der General-Kommissionen, rücksichtlich der Gemeinheitstheilungen, ihre Erledigung gefunden.

Zur Kompetenz der General-Kommissionen gehören insbesondere die Grenzstreitigkeiten nicht bloß unter den Interessenten der Auseinandersetzung, son-

sondern auch derselben mit den Nachbarn, insoweit dies zur Feststellung des Gegenstandes der Auseinandersetzung erforderlich ist.

Ihre Kompetenz tritt ferner nicht bloß dann ein, wenn die Interessenten auf ihre Vermittelung der Auseinandersetzung antragen, vielmehr sind alle in Angelegenheiten ihres Ressorts geschlossenen Verträge zu ihrer Prüfung und Bestätigung einzureichen, die zur Berichtigung und Vervollständigung derselben erforderlichen Verhandlungen von ihnen zu veranlassen, und die wegen derselben entstehenden Streitigkeiten von ihnen zu entscheiden; doch bedarf es in den Fällen der §§. 39. und 44. dieses Anhangs der Prüfung und Bestätigung der Rezesse durch die General-Kommissionen nicht.

Endlich bleibt ihnen überlassen, die nach dem zweiten Abschnitte der Gemeinheitstheilungs-Ordnung, an die Lokal- und Kreisbehörden verwiesenen Gegenstände gleich unmittelbar vor sich zu ziehen.

§. 8. Die General-Kommissionen und deren Abgeordnete sind befugt, ihre Vermittelung auch auf solche Geschäfte, sowohl unter den Haupt-Parteien, als unter ihnen und andern bei dem Gegenstande der Auseinandersetzung selbst nicht betheiligten Personen auszudehnen, deren Regulirung zwar in keinem nothwendigen Zusammenhange mit dem Hauptgegenstande der bei ihnen anhängigen Auseinandersetzung steht, welche aber zur bessern Regulirung des Hauptgeschäfts gereichen, z. B. Verbesserung der Planlagen bei Landtheilungen durch den Zutritt eines Nachbarn, desgleichen zur Darstellung besserer Grenzzüge, zur Erleichterung der Bewässerungs- und Entwässerungs-Anstalten rc.

Den unmittelbaren Theilnehmern an dem Hauptgeschäfte der Auseinandersetzung kann aber die Einlassung auf solche Punkte, welche nicht nothwendig zur Verhandlung gehören, wider ihren Willen nicht aufgedrungen werden. Dasselbe gilt von dritten Personen, die als unmittelbare Theilnehmer des Nebengeschäfts zur Sache zu ziehen sind.

Sind die Meinungen der Interessenten zur Sache über die Zulassung solcher beiläufigen Regulirungen getheilt, so soll damit vorgegangen werden, wenn auch nur ein Viertel der Interessenten (nach dem Werthe der Theilnehmungsrechte berechnet) darüber einverstanden ist.

Bei dergleichen zur Verhandlung gezogenen Nebengeschäften gelten die nämlichen Vorschriften in Bezug auf die Amtsbefugnisse der General-Kommissionen und das gesammte Verfahren, sowohl unter den unmittelbaren Theilnehmern, als wegen Zuziehung der entfernten Interessenten, Entscheidung der Streitigkeiten u. s. w., welche wegen Regulirung der zu ihrem Ressort gehörigen Hauptgeschäfte ertheilt sind.

Zu §§. 9. u. 23. d. Verordn.

§. 9. Das mittelst Unserer Order vom 30sten Juni 1828. wegen der Kompetenz-Konflikte vorgeschriebene Verfahren, findet auch wegen der Ressort-Zweifel in Betreff der vor die ordentlichen Gerichte oder die General-Kommissionen gehörigen Angelegenheiten Anwendung.

Sollte fernerhin in den, bei den Gerichten anhängig gewordenen zum Ressort der General-Kommissionen gehörigen Angelegenheiten von den ersteren, ohne Autorisation der zur Entscheidung über den Kompetenz-Konflikt berufenen Be-

Behörden, erkannt werden, so ist wegen der Rechtsbeständigkeit eines solchen Erkenntnisses zu unterscheiden, ob dasselbe einen Gegenstand betrifft, weshalb nach den weiterhin folgenden Bestimmungen (§§. 45. ff.) im vorschriftsmäßigen Gange der Sache, die Appellation an das Revisions-Kollegium statthaft seyn würde, oder aber zu denjenigen, weshalb nur der Rekurs an das Ministerium des Innern gestattet ist. Ist in einem Falle der ersteren Art von den Gerichten bereits rechtskräftig erkannt, so behält es bei demjenigen, was dadurch festgesetzt worden, sein Bewenden. Schwebt aber die Sache noch, so gelangt dieselbe Behufs der weiteren Entscheidung in zweiter und dritter Instanz an das Revisions-Kollegium oder das Geheime Ober-Tribunal. Gehört dagegen die Angelegenheit zu den Fällen der zweiten Art, so wird darüber mit gänzlicher Beseitigung der schon abgefaßten Erkenntnisse von der General-Kommission in erster Instanz entschieden.

Zu §§. 4. 16. u. 45. ff. der Verordnung. Zu §. 8. des Gesetzes.

§. 10. Was den General-Kommissionen und deren Abgeordneten in den Gemeinheitstheilungs- und Ablösungs-Ordnungen, den Gesetzen über die Regulirung der gutsherrlich-bäuerlichen Verhältnisse und in den §§. 46. 47. 49. bis 52. der Verordnung vom 20sten Juni 1817. und der Verordnung vom 9ten Mai 1818. wegen Sicherstellung der Gerechtsame der Lehn- und Fideikommiß-Folger, eingetragenen Gläubiger und anderer Realberechtigten, wegen Verhinderung simulirter Verträge, Feststellung der Einrichtungskosten, der Sorge dafür, daß die Geld-Abfindungen oder andere durch Anleihen und Verkauf von Grundstücken beschaffte Kapitalien zu jenem Zweck, oder sonst vorschriftsmäßig verwendet und wieder angelegt werden, imgleichen bei Translokationen zur Pflicht gemacht worden, kommt auch fernerhin zur Anwendung.

Im Uebrigen findet eine Vertretung jener entfernten Interessenten durch die General-Kommission und deren Abgeordnete nicht statt; vielmehr haben sie wegen aller Geschäfte, weshalb die Zuziehung entfernter Theilnehmer nicht ausdrücklich verordnet ist, den unmittelbaren Theilnehmern die Wahrnehmung ihres mit dem der erstern verbundenen Interesse allein und ungestört zu überlassen. Dies gilt insbesondere auch von dem Falle, wenn ein Lehnbesitzer lehnfähige Deszendenz hat und es also der Zuziehung der Lehnsfolger nicht bedarf. So haben sie auch den Lehns- und Fideikommiß-Folgern, welche sich auf die erfolgte Bekanntmachung gemeldet haben, und zur Sache gezogen sind, die Wahrnehmung ihres Interesse in dem Falle des §. 46. der Verordnung vom 20sten Juni 1817 allein zu überlassen.

Wegen derjenigen aber, welche sich auf die erfolgte Bekanntmachung nicht gemeldet haben, und der nicht zuzuziehenden Realberechtigten und hypothekarischen Gläubiger haben sie die in den angeführten Vorschriften bestimmte Pflichten zu üben und wegen der Remedur nach den §§. 164. 165. der Verordnung vom 20sten Juni 1817. ertheilten Vorschriften zu verfahren.

Entstehen zwischen den zur Sache gezogenen entfernten Theilnehmern und dem Besitzer Streitigkeiten über die Art und Weise der Regulirung ihrer gemeinsamen oder gesonderten Interessen, so entscheiden die General-Kommissionen darüber, wie über alle andere Gegenstände der Auseinandersetzung. Sie haben ins-

insbesondere auch darüber zu entscheiden, ob und bei welchem Gerichte, ob bei demjenigen des belasteten oder berechtigten Guts, die Entschädigungs- und Ablösungs-Kapitalien gerichtlich niederzulegen und in welcher Art und Weise dieselben sonst, namentlich auch die schon deponirten Kapitalien zu verwenden und anzulegen sind.

Zu §§. 4. 15. 17. 18. 19. der Verordnung.

§. 11. Die Wahrnehmung des landespolizeilichen und fiskalischen Interesse in den bei den General-Kommissionen anhängigen Auseinandersetzungen, wohin insbesondere die im §. 43. der Verordnung vom 20sten Juni 1817. und die im §. 9. des Gesetzes vom 7ten Juni 1821. wegen Ausführung der Gemeinheitstheilungs- und Ablösungs-Ordnung bezeichneten Gegenstände gehören, bleibt nach wie vor die Obliegenheit der General-Kommissionen und ihrer Abgeordneten. Doch haben die General-Kommissionen die Grundsteuer-Repartitionen vor der Bestätigung der Rezesse der betreffenden Departements-Regierung zur Genehmigung mitzutheilen; auch muß in den Rezessen oder Bestätigungs-Urkunden bestimmt ausgedrückt werden, daß die Steuervertheilung nach den bestehenden Steuergrundsätzen und mit Genehmigung der Regierung, wie geschehen, regulirt sey. Ferner verbleibt den General-Kommissionen in Beziehung auf die bei ihnen anhängigen Auseinandersetzungen die Ausübung des den Provinzialbehörden zuständigen Ober-Aufsichtsrechts über das Vermögen der Korporationen und öffentlichen Anstalten; desgleichen die Wahrnehmung der Patronatrechte in Betreff der von dem Patronate der Regierungen ressortirenden geistlichen Güter. Dagegen haben die Regierungen und Provinzial-Schulkollegien den Fiskus und die von ihnen ressortirenden Anstalten wegen aller zu ihrer Verwaltung gehörigen Güter und gutsherrlichen Berechtigungen resp. selbst zu vertreten, und die unmittelbaren Verwalter, fiskalischen Bedienten oder sonstigen Bevollmächtigten mit den erforderlichen Autorisationen und Instruktionen zu versehen und es liegt ihnen in dieser Beziehung alles dasjenige ob, was nach den Geschäfts-Instruktionen den General-Kommissionen von Privatpersonen und deren Bevollmächtigten beigebracht und geleistet werden muß.

Auch wird den Regierungen die Konkurrenz wegen Beaufsichtigung der Stadt- und Dorfgemeinen, wie es bereits im §. 118. der revidirten Städte-Ordnung vom 17ten März 1831. geschehen ist, allgemein insoweit vorbehalten und übertragen:

daß sie bei vorkommenden Gemeinheitstheilungen in Städten und Dörfern dahin zu sehen haben, daß das Gemeinevermögen, dasjenige nämlich, welches nicht Gegenstand des Privat-Eigenthums, sondern Eigenthum der Korporation ist, nicht verkürzt werde.

Demgemäß haben die General-Kommissionen in allen Fällen, wenn das Gemeinevermögen durch die, bei Städten und Dörfern vorkommenden Gemeinheitstheilungen betroffen, oder die Theilung solcher Gegenstände in Antrag gebracht wird, hinsichtlich deren irgend ein Zweifel darüber obwaltet, ob solche zum Privatvermögen der einzelnen Gemeineglieder, oder nicht vielmehr zum Gemeinevermögen gehören den Regierungen davon zur Wahrnehmung jenes Interesse Nachricht zu geben.

Zu §§. 20. 22. der Verordnung.

§. 12. Zu den von den General-Kommissionen nach bestätigtem Rezesse

noch

noch zu regulirenden Gegenständen, gehören auch die nach §§. 196 — 200. der Verordnung vom 20sten Juni 1817. und §. 56. ff. dieses Anhangs speziell benannten zur Ausführung gerechneten und zur nachträglichen Berichtigung vorbehaltenen Gegenstände. Ebenso gehört die Entscheidung der hiebei entstehenden Streitigkeiten zu ihrer Kompetenz.

Wegen anderer Gegenstände, welche die zur Sache gezogenen Interessenten angehen und weder in den Auseinandersetzungs-Rezessen und den Nachträgen dazu, noch in den über die Ausführung der Auseinandersetzung aufgenommenen Protokollen (conf. §. 201. der Verordnung vom 20sten Juni 1817.) zur besondern Berichtigung vorbehalten sind, findet die nachträgliche Regulirung durch die General-Kommission nicht weiter statt.

§. 13. Sind die Auseinandersetzungen nicht unter Vermittelung der General-Kommissionen, vielmehr durch Privat-Abkommen oder durch die Kreis-Vermittelungsbehörden, oder durch die Regierungen und Provinzial-Schulkollegien u. s. w. zu Stande gebracht, so findet die nachträgliche Regulirung durch die General-Kommission und deren Kompetenz, wegen der bei jener Auseinandersetzung unerledigten, oder später streitig gewordenen Punkte, außer den Fällen, wenn solche in dem bestätigten Rezesse vorbehalten sind, oder dieselben zu den in §§. 21. 22. der Verordnung vom 20sten Juni 1817. genannten Angelegenheiten gehören, nur insofern statt, als dieselben innerhalb Jahresfrist nach Bestätigung des Rezesses bei den Behörden anhängig gemacht worden.

Zu §§ 31. u. 33. der Verordnung.

§. 14. Wenn der Direktor des Revisions-Kollegiums es nöthig erachtet, bei der Entscheidung noch einen Oekonomie-Verständigen, Behufs der Aufklärung ökonomischer Gesichtspunkte, insbesondere in dem Fall verschiedener Meinungen der zur Sache vernommenen Sachverständigen zuzuziehen; so ist nicht ein Mitglied der General-Kommission, sondern ein anderer Oekonomie-Kommissarius dazu auszuwählen, welcher aber an der Entscheidung nicht als Obmann jener Sachverständigen Theil nimmt, sondern gleich den Mitgliedern des Revisions-Kollegiums dabei mitstimmt.

Zu §§. 36. 37. der Verordnung.

§. 15. Mit den General-Kommissionen konkurriren die Regierungen in der Beaufsichtigung der von den erstern beschäftigten Spezial-Kommissarien und Feldmesser auf die Weise, daß die Regierungs-Präsidenten und Räthe, gleich dem Direktor und Mitgliedern der General-Kommission, bei Gelegenheit ihrer Reisen in der Provinz die Geschäftsführung der Oekonomie-Kommissarien revidiren und den General-Kommissionen von den dabei wahrgenommenen Mängeln Kenntniß geben.

§. 16. Auch die Kreis-Landräthe sind ebenso befugt als verpflichtet, von dem Benehmen der Oekonomie-Kommissarien und Feldmesser Kenntniß zu nehmen und etwa vorkommende Unregelmäßigkeiten der General-Kommission zur Remedur anzuzeigen.

Die General-Kommissionen haben sich derselben und der Kreis-Deputirten vornehmlich zur Untersuchung der von den Parteien über das Verhalten der Oekonomie-Kommissarien und Feldmesser geführten Beschwerden zu bedienen.

 §. 17.

Zu §§. 40. u. 41. 87. f. der Verordnung.

§. 17. Die Spezial-Kommissarien haben bei allen und jeden Theilstücken des Auseinandersetzungsgeschäfts selbst thätig dafür zu sorgen, daß in einem folgerechten Verlaufe alles Sachgehörige herbeigeschafft und beigelegt werde.

Sie haben die Parteien zwar über Alles, was zur Sache gehört, mit ihrer Erklärung zu vernehmen, und je nachdem die betreffenden Punkte streitig werden, dieselben zur Instruktion zu stellen und zur Entscheidung vorzubereiten; es ist aber lediglich ihre Sache, die Gegenstände jener Erklärungen und der zur Instruktion zu stellenden Punkte zu bestimmen und von den Parteien die Einlassung darauf zu fordern. Es ist also gar nicht erforderlich, daß eine Partei gegen die andere als Kläger auftrete, vielmehr muß sich jede derselben auf die, von Seiten des Kommissarius zu ihrer Erklärung gestellten Punkte einlassen, und wenn sie sich dem versagt, die Nachtheile der Kontumazial-Instruktion gewärtigen.

Die Provokation der Extrahenten bestimmt zwar im Allgemeinen die Richtung des einzuschlagenden Verfahrens. Die Kommissarien müssen dabei aber gleich ins Auge fassen, was in den speziellen Gesetzen, wegen dessen Ausdehnung über die Anträge der Provokanten z. B.

im Edikt vom 14ten September 1811. §§. 13. 15. 42. 51.
Deklaration vom 29sten Mai 1816. Art. 9. Gesetz vom 8ten April 1823. §. 66.
Gemeinheitstheilungs-Ordnung vom 7ten Juni 1821. §§. 64. 65. 101. 142. 169.
Gesetz wegen deren Ausführung §. 9.
Ablösungs-Ordnung vom 13ten Juli 1829. §§. 6. 7. 59. 78.
Verordnung vom 20sten Juni 1817. §§. 88. 103.

vorgeschrieben ist, nicht minder, daß die Provokation eines Theils der Interessenten in den meisten Fällen den Beitritt vieler anderen zur Folge hat. Ihre Informations-Einziehung und ihre Einwirkung auf die Interessenten wegen der von der Willkühr der Letzteren abhängigen Erklärungen muß also gleich anfänglich auf den ganzen Umfang, welcher dem Geschäfte vorschriftsmäßig gegeben werden muß, oder doch zweckmäßig und wahrscheinlich zu geben seyn wird, gerichtet werden.

Bei der Informations-Einziehung selbst haben sie sich keinesweges auf dasjenige, was ihnen von den Interessenten suppeditirt wird, zu beschränken, sondern die sich ihnen anderweit darbietenden Quellen, als Einnahme des Augenscheins, Einsicht der vorhandenen Urkunden und Akten, Vernehmung anderer mit den Lokalverhältnissen vertrauter Personen u. s. w. zu benutzen, um alle Nachrichten über Sach- und Rechtsverhältnisse, welche auf die Auseinandersetzung von Einfluß seyn können, auf dem kürzesten Wege herbeizuschaffen.

Sie müssen von Amtswegen dafür sorgen, daß alle Interessenten zur Sache vorschriftsmäßig zugezogen werden.

Ihnen liegt es ob, zu erwägen, welche von den Interessenten erhobenen Ansprüche von Einfluß auf die Sache und zur Erörterung zu ziehen oder zu beseitigen, oder doch einstweilen zurückzusetzen sind; nicht minder, welche andere von denselben nicht zur Sprache gebrachte Punkte durch Anerkenntniß oder Entscheischeidung festgestellt werden müssen, um die Theilnehmungsrechte, deren Umfang und Werthverhältniß und eben so die Ausgleichungsmittel klar zu machen.

Bei der Aufstellung des Auseinandersetzungs-Plans haben sie zwar die Wünsche der Interessenten zu berücksichtigen. Sie sind aber an deren Anträge in dieser Beziehung nicht weiter gebunden, als so weit die Wahl der Auseinandersetzungsmittel nach den Gesetzen von der Willkühr derselben abhängig gemacht ist; vielmehr haben sie den Auseinandersetzungs-Plan, wie er nach den Lokalverhältnissen, den bestehenden Vorschriften und dem Zwecke der Auseinandersetzung am passendsten ist, in Vorschlag zu bringen, unbeschadet der Erörterung derjenigen Erinnerungen und Vorschläge, welche die Parteien in ihrem Interesse zu machen haben. Eben so haben sie hiernächst den Auseinandersezzungs-Rezeß zusammen zu stellen. Den Parteien bleibt zwar wegen der nach ihrem Dafürhalten ungebührlichen Zumuthungen des Kommissarius der Rekurs an die vorgesetzte Behörde unbenommen, nichtsdestoweniger müssen sie aber bis zu deren weiteren Verfügung den Anweisungen desselben unweigerlich Folge leisten.

§. 18. Die General-Kommissionen haben die von ihnen angenommenen technischen Grundsätze aus den deshalb den Oekonomie-Kommissarien von Zeit zu Zeit zugegangenen Instruktionen zusammen zu stellen und periodisch durch ihre nachträglichen Anweisungen zu ergänzen. Auch sollen die technischen Mitglieder der General-Kommissionen und Revisions-Kollegien auf Veranlassung des Ministerii des Innern von Zeit zu Zeit zusammentreten, um gemeinsame Beschlüsse darüber zu fassen. Die hierbei vorkommenden Meinungsverschiedenheiten werden dem Ministerio des Innern, welchem jene Instruktionen immer einzureichen sind, zur Entscheidung vorgetragen. Die hiernach zusammengestellten Instruktionen der Oekonomie-Kommissarien, sind durch den Druck zu vervielfältigen und in den Buchhandel zu bringen, um den Interessenten Gelegenheit zu geben, sich damit bekannt zu machen. Diese Instruktionen sollen jedoch keinesweges als bindende Norm betrachtet werden.

Die Oekonomie-Kommissarien und sonst zugezogenen Sachverständigen haben sich dieselben zwar zum Anhalt zu nehmen, und ihre Berechnungen darauf anzulegen. Es bleibt jedoch nicht nur den Parteien überlassen, ihre Erinnerungen sowohl gegen die angenommenen Prinzipien überhaupt, als gegen deren Anwendbarkeit im vorliegenden Falle vorzutragen, sondern es liegt auch den Oekonomie-Kommissarien und sonst zugezogenen Sachverständigen ob, ihre Bedenken dagegen zur Sprache zu bringen, in ihrem Gutachten ihre davon abweichende Meinungen zu entwickeln und nach Maaßgabe derselben ihre Gegen-Rechnung vorzulegen. Nicht minder sind die General-Kommissionen und Revisions-Kollegien gehalten, sowohl die Erinnerungen der Parteien, als die abweichenden Gutachten der Sachverständigen einer sorgfältigen Prüfung zu unterwerfen, und je nach ihrer gewonnenen besseren Ueberzeugung zu entscheiden, ohne sich an die früher aufgestellten Normen zu binden. Finden gedachte Kollegien sich dabei veranlaßt, die früher angenommenen Normen im Allgemeinen abzuändern oder zu modifiziren, so haben sie sich darüber zu verständigen und deren Mittheilung an die Oekonomie-Kommissarien und resp. Bekanntmachung nach dem Vorstehenden zu veranlassen.

Zu §. 86. der Verordnung. §. 19. Den General-Kommissionen bleibt überlassen, denjenigen Land-Räthen und Kreisverordneten, welche dazu geneigt sind, ihre Aufträge zur Bearbeitung der Auseinandersetzungen zu übernehmen, dergleichen mit Genehmigung des Ministerii des Innern zu übertragen. Doch müssen die Kreisverordneten, welche nicht Staatsdiener sind, für dergleichen Geschäfte besonders in Eid und Pflicht genommen werden. Solche Kommissarien überkommen wegen der von ihnen übernommenen Geschäfte gleiche Rechte und Pflichten, wie die stetigen Kommissarien.

Die im Kreise angestellten Oekonomie- und Kreis-Justizkommissarien sind diesen Abgeordneten den nachgesuchten Beistand eben so zu leisten verpflichtet, wie es oben §. 3. wegen der von den Kreis-Vermittelungsbehörden selbstständig zu bewirkenden Auseinandersetzungen bestimmt ist.

Zu §. 75. der Verordnung. §. 20. Wenn die Personen und Mitglieder der Behörden, welchen die Vertretung des Korporationsvermögens einer Stadt- oder Dorfgemeine, oder anderer Korporationen und öffentlichen Anstalten obliegt, bei der Auseinandersetzung für ihr Privatvermögen und ihr persönliches Interesse dabei betheiligt sind, so müssen die Auseinandersetzungs-Kommissarien den zur Beaufsichtigung der ersteren berufenen Staatsbehörden (conf. §. 11.) davon Anzeige machen, und diese müssen prüfen, ob die persönlichen Interessen jener Vertreter mit den Pflichten ihres Amtes in Kollision kommen. In diesem Falle haben die obengedachten Staatsbehörden, nach Befinden, dem Spezial-Kommissarius die Wahrnehmung jener Interessen zu übertragen, oder aber, besonders dann, wenn deshalb eine gütliche Einigung nicht zu erreichen ist, ihre Stellvertretung durch andere nicht betheiligte Personen und Behörden zu veranlassen und diese mit der erforderlichen Instruktion selbst zu versehen.

§. 21. In dem Falle, wenn ein bei der Auseinandersetzung betheiligtes Gut unter Sequestration steht, wird der landschaftliche oder gerichtliche Sequester, oder ein Seitens der sequestrirenden Behörde von Amtswegen zu bestellender Spezial-Kurator zugezogen, welcher ohne weitere Rückfragen bei den interessirenden Gläubigern die Rechte derselben wahrzunehmen hat. Läßt es dieser an Erfüllung seiner Obliegenheiten fehlen, sey es aus Nachlässigkeit, oder daß er unzeitige Weiterungen herbeiführt, so bleibt es dem Spezial-Kommissarius und der General-Kommission überlassen, der ihm vorgesetzten Behörde davon Kenntniß zu geben, um denselben nach Befinden zurecht zu weisen oder sich unmittelbar zur Sache zu erklären, oder einen andern Spezial-Kurator zu bestellen.

§. 22. Bei allen zum Ressort der General-Kommissionen gehörigen Auseinandersetzungen vertritt ein Ehemann seine Ehefrau, sowohl bei bestehender ehelicher Gütergemeinschaft als außer diesem Falle, wegen der zum gemeinschaftlichen Vermögen oder zum eingebrachten der Frau gehörigen Grundstücke und Gerechtigkeiten.

Zu §§. 90. u. 91. der Verordnung. Zu §§. 11-15. des Gesetzes. §. 23. Die §§. 10—15. der Gemeinheitstheilungs-Ordnung und §§. 11—15. des Gesetzes wegen Ausführung derselben in Betreff der außer den Besitzern der betheiligten Güter zuzuziehenden Interessenten sind mit den vorstehend im §. 21. bestimmten Modifikationen wegen der immittirten Gläubiger

auch

auch bei den übrigen zum Ressort der General-Kommissionen gehörigen Auseinandersetzungen in Anwendung zu bringen.

§. 24. Sind der Lehnsherr, der Ober-Eigenthümer von Erbzinsgütern, der Wiederkaufsberechtigte bekannt, so bedarf es hinsichtlich ihrer der sonst erforderlichen öffentlichen Bekanntmachung der Auseinandersetzung nicht; wohl aber muß denselben in solchem Falle durch die Behörde besondere Benachrichtigung davon zugehen.

Das Nämliche findet hinsichtlich der Lehnsfolger in dem Falle, wenn der Lehnsbesitzer keine lehnsfähige Deszendenz hat, imgleichen wegen der nächsten Anwärter bei Fideikommißgütern und Familienstiftungen statt, wenn diejenigen von ihnen, die nach §. 14. litt. a. b. des Gesetzes vom 7ten Juni 1821. wegen Ausführung der Gemeinheitstheilungs- und Ablösungs-Ordnungen im Falle ihrer Meldung zur Sache zugezogen werden müssen, bekannt sind. Es bedarf aber weder der öffentlichen noch besonderen Bekanntmachung, wenn die hiernach zuzulassenden Lehnsfolger, Anwärter und Familienglieder im Hypothekenbuche nicht eingetragen sind.

§. 25. Die General-Kommissionen sind die öffentliche Bekanntmachung der Auseinandersetzung auch ohne Antrag der zugezogenen Theilnehmer zu veranlassen befugt, wenn sich rücksichtlich der Legitimation der Interessenten Bedenken ergeben, welche in Ermangelung von Hypothekenbüchern oder wegen Unvollständigkeit der in dieselben verzeichneten Nachrichten sich nicht sofort erledigen lassen, überhaupt in allen Fällen, wo sich ihnen der Anlaß darbietet, das Vorhandenseyn unbekannter Interessenten, die bei der Auseinandersetzung zugezogen werden müssen, anzunehmen.

§. 26. Auf welchen besondern Anlaß die öffentliche Bekanntmachung der Auseinandersetzung erfolgt seyn mag, so hat sie doch gegen alle Interessenten, die bei der Auseinandersetzung zugezogen werden mußten und sich auf die erlassene Bekanntmachung bis zu dem bestimmten Termin (conf. §. 12. des Gesetzes vom 7ten Juni 1821. wegen Ausführung der Gemeinheitstheilungs- und Ablösungs-Ordnung) nicht gemeldet haben, die Wirkung, daß sie die Auseinandersetzung, selbst im Falle der Verletzung, immer gegen sich gelten lassen müssen.

§. 27. Sind die präkludirten Interessenten unmittelbare Theilnehmer, so bleibt denselben zwar unbenommen, die Abfindung für ihr Theilnehmungs-Recht von denjenigen, welchen dieselbe zugetheilt ist, zurückzufordern, jedoch müssen sie solche in der Art und Weise, wie sie ihnen nach der Lage der Auseinandersetzung, ohne Zerrüttung des Auseinandersetzungs-Plans und ohne Nachtheil für die hierauf gegründeten wirthschaftlichen Einrichtungen gewährt werden kann, und wenn hiernach eine Natural-Abfindung nicht zulässig ist, eine Entschädigung dafür in Kapital oder Rente annehmen.

Zu §. 107. der Verordnung.

§. 28. Die Vorschrift wegen der in besondern Akten und besondern Protokollen zu instruirenden Streitpunkte bezweckt nichts anders, als das Zusammenhalten der auf den nämlichen Gegenstand sich beziehenden Verhandlungen. Es würde also eben so unangemessen seyn, die auf eine und die nämliche An-

Anforderung (Theilnehmungsrecht oder Ausgleichungsart) sich beziehenden Streitpunkte aus ihrem natürlichen Zusammenhange zu reißen und die hieher gehörigen faktischen und Rechtsfragen in verschiedenen Protokollen zu erörtern, als es zweckwidrig wäre, die gegenseitigen einander bedingenden, ausschließenden, oder beschränkenden Ansprüche, jeden in besonderen Akten zu instruiren. Ueberhaupt muß bei der Behandlung der Sache nicht nur Alles, was den Zusammenhang stört, vermieden, sondern auch durch Zurückweisung auf die an einem anderen Orte abgehandelten Punkte, Wiederaufnahme ihres wesentlichen Inhalts und übersichtliche Zusammenstellung derselben und ihrer Beziehungen auf einander dafür gesorgt werden, daß ihr zufällig unterbrochener Zusammenhang immer wieder hergestellt und anschaulich werde.

Insbesondere ist dafür zu sorgen, daß alle Streitpunkte, welche zu einem und demselben Akte des Geschäfts gehören, z. B. Feststellung der Theilnehmungs-Rechte oder ihres Werthverhältnisses, oder der Abfindung dafür möglichst gleichzeitig spruchreif gemacht werden.

Wie bei allen Gegenständen, die nach dem ordentlichen Gange des Geschäfts, in fortgesetztem Betriebe erhalten werden können, dieser ohne Unterbrechung statt haben muß, (conf. §§. 72. 73. der Verordnung vom 20sten Juni 1817.) so muß dies insbesondere auch bei Instruktion der Streitigkeiten geschehen, unbeschadet übrigens der dem Kommissarius nach §§. 104. und 105. 131. ff. der Verordnung vom 20sten Juni 1817. eingeräumten Befugnisse wegen gänzlicher, oder einstweiliger Zurücksetzung gewisser Streitpunkte.

Zu §§. 107. 111. 112. 130. und 143. der Verordnung.

§. 29. Den General-Kommissionen bleibt es überlassen, die ihnen in allen Fällen zuständige Veranlassung einer Revision der von den Spezial-Kommissarien erstatteten Gutachten auch den Kreisverordneten zu übertragen.

§. 30. Das in dem §. 48. ff. dieses Anhanges vorgeschriebene Separat-Verfahren, findet auch dann Anwendung, wenn die unterliegende Partei in dem Falle des §. 112. der Verordnung vom 20sten Juni 1817. die Vermessung und Bonitirung beharrlich verlangt.

§. 31. Außer den oben benannten Fällen (§. 6.) tritt ein schiedsrichterliches Verfahren bei folgenden Gegenständen ein, als:

a) bei Streitigkeiten über die Bonitirung,
b) bei den Provokationen auf höhern oder geringern, als die Normal-Entschädigung bei den Regulirungen nach dem Edikte vom 14ten September 1811. statt des im Art. 67. der Deklaration vom 29sten Mai 1816. unter den Buchstaben b. c. bestimmten Verfahrens, Behufs Entscheidung der Vorfrage: ob die Normal-Entschädigung anwendbar, oder mit Nachtheil für den Provokanten verbunden ist?
c) endlich bleibt es den Behörden überlassen, sowohl in der ersten als in der Appellations- und Rekurs-Instanz auch bei anderen Gegenständen, welche nach ihrem Ermessen besser von verständigen, der Oekonomie kundigen Männern an Ort und Stelle, nach eingenommenem Augenscheine, als von entfernt wohnenden Behörden entschieden werden, das schiedsrichterliche Verfahren eintreten zu lassen.

Ob

Ob ein solches Verfahren stattfinden soll, bestimmt wegen der in erster Instanz anhängigen Streitigkeiten die General-Kommission. Gelangt aber eine von der General-Kommission entschiedene Sache in den Appellations- oder Rekursweg; so hat in dem ersten Falle das Revisions-Kollegium, in dem zweiten Falle das betreffende Ministerium des Innern darüber zu bestimmen, ob und in wie weit der Gegenstand zum schiedsrichterlichen Verfahren zu verweisen ist.

§. 32. Wenn die Parteien sich über andere Personen nicht vereinigen, so wählt jeder von ihnen einen der Schiedsrichter aus den Kreisverordneten. Sind dergleichen bereits bei dem Geschäfte zugezogen, so übernehmen diese die Stelle der Schiedsrichter.

§. 33. Die mit der Leitung der Kreis-Vermittelungsbehörden beauftragten Landräthe treten als Obmänner ein, wenn die zu Schiedsrichtern erwählten Kreisverordneten verschiedener Meinung sind. Doch findet dies nur dann statt, wenn die Parteien sich wegen des Obmanns nicht vereinigen können; auch bleibt es dem Landrathe vorbehalten, sich einen Oekonomie-Kommissarius oder Kreisverordneten zu substituiren.

§. 34. Das Verhältniß der Schiedsrichter zu dem Instruenten der Hauptsache, die Art und Weise, wie die Streitpunkte zu ihrer Entscheidung vorzubereiten sind, das bei ihren Entscheidungen zu beobachtende Verfahren und deren Beziehungen zur Entscheidung der Hauptsache sollen durch eine von den Ministerien des Innern für die Gewerbe, der Justiz und der Finanzen zu erlassende Instruktion näher bestimmt werden. Gegen die nach gehöriger Einleitung der Sache ergangenen Aussprüche der schiedsrichterlichen Kommission ist weder Appellation noch Rekurs zulässig.

§. 35. In allen Fällen steht es den Parteien und jedem Theile derselben frei, bei Streitigkeiten über die Planlagen der zur Auseinandersetzung gehörigen Grundstücke darauf anzutragen, daß die Kreis-Vermittelungsbehörde darüber gehört werde. Wegen der hierbei zwischen den Ansichten derselben und des Oekonomie-Kommissarii stattfindenden Differenzen findet das §. 187. der Verordnung vom 20sten Juni 1817. bestimmte Verfahren statt.

Zu §. 134. der Verordnung.

§. 36. Entstehen Streitigkeiten darüber: wie es in den bei den General-Kommissionen anhängigen Angelegenheiten bis zur endlichen Ausführung derselben mit dem Besitze, der Verwaltung und Nutzung der zur Auseinandersetzung gehörigen Gegenstände zu halten ist, so soll die General-Kommission entweder selbst oder durch ihre Abgeordneten diesfalls ein Interimistikum festsetzen. Dies gilt sowohl von den Veränderungen in dem bisherigen Besitzstande und der bisherigen Verwaltungs- und Benutzungsart, welche aus Rücksicht auf die bevorstehende Auseinandersetzung und zur Vorbereitung eines schicklichen Ueberganges aus der bisherigen in die künftige Einrichtung nöthig werden, als von den sonst über den bisherigen Besitzstand und die bisherigen Nutzungen entstandenen Streitigkeiten. Auch können die provisorischen Regulirungen im Laufe der Auseinandersetzung, je nachdem die Streitigkeiten über die Theilnehmungs-Rechte definitiv entschieden worden, oder die Auseinandersetzung vorrückt, wiederum abge-

abgeändert und modifizirt werden. Wiewohl es die Regel ist, daß dergleichen Interimistiken von den Spezial-Kommissarien, vorbehaltlich des Rekurses an die General-Kommission festgesetzt werden, so bleibt den Letzteren doch überlassen, die Festsetzung gleich unmittelbar zu treffen.

Auch wegen dieser provisorischen Entscheidungen der General-Kommissionen findet der Rekurs an das betreffende Ministerium des Innern statt.

Zu §§. 164 u. 165 der Verordnung.

§. 37. Vereinigen sich die Parteien bei Gelegenheit der Auseinandersetzung in der Hauptsache über Nebengeschäfte, welche damit weder in nothwendiger Beziehung stehen, noch zur bessern Regulirung des Hauptgeschäfts gereichen; so kann die General-Kommission dergleichen Neben-Abreden von sich abweisen und ihre Bestätigung auf die übrigen Bestimmungen des Vertrages beschränken.

§. 38. Findet die General-Kommission die von den Interessenten genommenen Abreden bei einem oder dem andern Punkte unstatthaft, so hat dieselbe Falls deshalb eine andere zulässige Vereinigung unter den Parteien nicht zu vermitteln ist, auch darüber zu befinden, ob und in wie weit, ungeachtet der von ihr festzusetzenden Abänderungen, die Abreden über den Hauptgegenstand oder andere Nebenpunkte aufrecht erhalten werden können, oder ob und in wie weit die nöthig befundenen Abänderungen auf den Hauptgegenstand der Vereinigung oder gewisser Punkte derselben von solchem Einflusse sind, daß sie miteinander nicht bestehen können? nicht minder, ob wegen dieser Abänderungen, eine anderweite Ausgleichung der Interessenten und in welcher Art und Weise dieselbe zu bewirken ist?

Dabei gilt die Regel, daß die unter den Parteien getroffene Vereinigung, soweit sich irgend anderweite Ausgleichungsmittel wegen des nicht genehmigten Punktes auffinden lassen, aufrecht zu erhalten sind. Auch bleibt dem Ermessen der General-Kommission überlassen, ob die anderweite Ausgleichung in Natural-Gegenständen, oder in Kapital oder Rente zu gewähren ist.

Zu §§. 65. 66. 151. f. d. Verordnung

§. 39. Den Regierungen und Provinzial-Schulkollegien steht die eigene Bestätigung der Rezesse rücksichtlich der von ihnen ressortirenden Güterverwaltungen zu, in sofern die Auseinandersetzungen auf eigene Verhandlungen jener Behörden im Wege des Vergleichs zu Stande kommen. Dies findet auch in denjenigen Fällen statt, wenn

a) die Regierungen wegen der zu ihrem Patronat gehörigen kirchlichen Güter und Grundstücke,

b) dieselben und die Provinzial-Schulkollegien aus dem Interesse des Ober-Eigenthums oder des Erbverpächters der zu ihrer Verwaltung oder resp. ihrem Patronat gehörigen Domainen und Anstalten,

die Auseinandersetzungen unter eigene Leitung zu nehmen sich veranlaßt finden.

Dagegen gebührt den General-Kommissionen die Bestätigung der Rezesse über die von ihnen geleiteten Auseinandersetzungen, selbst in dem Falle, wenn dieselben, nachdem sie bei ihnen anhängig geworden, sey es mit oder ohne Dazwischenkunft eigener Verhandlungen der Regierungen oder Provinzial-Schul-Kollegien im Wege des Vergleichs zu Stande gekommen sind.

Die

Die Regierungen und Provinzial-Schulkollegien haben bei Prüfung der von ihnen zu bestätigenden Rezesse alles das zu beobachten, was den General-Kommissionen deshalb obliegt, und die von ihnen ertheilte Bestätigung in gehöriger Form vollzogener Rezesse hat eben die Wirkung und Folgen einer von der General-Kommission ertheilten Bestätigung.

§. 40. Rücksichtlich der von den Regierungen wegen Ablösung der Domainengefälle einseitig zu ertheilenden Ablösungs-Urkunden behält es bei der Anweisung vom 16ten März 1811. (Gesetz-Sammlung Seite 161.) sein Bewenden. Es genügt nicht minder an der einseitigen Erklärung des Berechtigten, wenn die Berechtigung weder Zubehör eines Gutes ist, noch ein besonderes Folium im Hypothekenbuche hat. Außer diesen Fällen müssen auch die Ablösungs-Urkunden in der Form der Verträge ausgestellt und vollzogen werden.

§. 41. Die Vollziehung der Auseinandersetzungs-Verträge kann vor Notarien mit gleicher Wirkung, wie vor einem als Richter befähigten Justizbeamten geschehen.

§. 42. Die Unterschriften der öffentlichen Behörden, deren Urkunde der Glaube öffentlicher Dokumente zuständig ist, bedürfen eines gerichtlichen oder notariellen Anerkenntnisses jener Behörden nicht.

§. 43. Ebenso wenig bedarf es der richterlichen oder notariellen Vollziehung, wenn der Rezeß vor einem Seitens der Staatsbehörden mit der Auseinandersetzung beauftragten Oekonomie-Kommissarius aufgenommen ist, und die zur Bestätigung berufene Behörde dabei nichts zu erinnern findet. Werden aber nach dem Ermessen der Behörde noch anderweitige protokollarische Verhandlungen zur Erledigung vorgekommener Bedenken nöthig gefunden; so ist damit ein richterlicher Beamte zu beauftragen.

§. 44. 1) In denjenigen Landestheilen, in welchen die Allgemeine Preußische Gerichtsordnung eingeführt ist, und die Ablösungsordnung vom 13ten Juli 1829. Anwendung findet, bleibt es den Parteien überlassen, ihre nach eigener Vereinigung (ohne Vermittelung und Dazwischenkunft der General-Kommission) geschlossenen Ablösungsverträge den betreffenden Gerichten zur Bestätigung zu überreichen, die sich in solchem Falle der Prüfung und Bestätigung mit den nämlichen Pflichten und Wirkungen, welche rücksichtlich dieser von den General-Kommissionen zu bewirkenden Geschäfte vorgeschrieben sind, zu unterziehen haben.

2) Die Bestätigung gebührt in den Fällen, wo die Berechtigung einem Gute zusteht, dem Gerichte, unter welchem das berechtigte Gut steht, in anderen Fällen dem Gerichte des belasteten Gutes.

3) Interessirt bei dem Geschäfte eine moralische Person, deren Vermögensverwaltung unmittelbar unter einer der §. 39. benannten Staatsbehörden steht, so verbleibt dieser die Bestätigung, nach Inhalt der angeführten Vorschrift. Das Nämliche findet statt, wenn zwar das Vermögen der betheiligten moralischen Person nur unter mittelbarer Verwaltung jener Behörden steht, der Ablösungsvertrag aber auf die eigenen Verhandlungen einer solchen Behörde gegründet ist.

Findet weder das eine noch das andere statt, so ist zwar das Gericht zur Bestätigung befugt, es liegt ihm aber ob, vorher die Genehmigung der betreffenden Behörden einzuholen, sofern dieselbe zur Rechtsgültigkeit des Geschäfts verfassungsmäßig erforderlich ist.

4) Entstehen bei der Errichtung des Vertrags unter den Parteien selbst, oder den zur Sache zuzuziehenden lehnsberechtigten, hypothekarischen Gläubigern ꝛc. Streitigkeiten, so ist deren Erörterung und Entscheidung den General-Kommissionen zu überlassen.

5) In allen Fällen bleibt die Regulirung wegen der nach §. 110. ff. der angezogenen Ablösungsordnung aus der Abfindung des Berechtigten zu entnehmenden Einrichtungskosten den General-Kommissionen vorbehalten.

6) Auch in denjenigen Fällen, wenn die Gerichte Bedenken wegen der Zulässigkeit gewisser von den Parteien getroffenen Verabredungen tragen, sey es wegen anscheinender Unverhältnißmäßigkeit der Abfindung und des obwaltenden Verdachts einer Simulation, oder in landespolizeilicher, oder welch anderer Beziehung, haben sie die ihnen zur Bestätigung vorgelegten Verträge der General-Kommission zu übersenden und derselben das weitere Verfahren zu überlassen.

§. 45. Wegen des Instanzenzuges in Betreff der von den General-Kommissionen zu erlassenden Definitiv-Entscheidungen sollen die nachstehend unter Nr. 1. 2. 3. 4. und 5. angegebenen, die §§. 173. 174. 178—183. der Verordnung vom 20sten Juni 1817 abändernden Bestimmungen Anwendung finden.

1) Alle Streitigkeiten über Theilnehmungsrechte und deren Umfang, überhaupt wegen aller solcher Rechtsverhältnisse, welche ohne Dazwischenkunft der Gesetze über Regulirung der gutsherrlich-bäuerlichen Verhältnisse, der Gemeinheitstheilungs- und Ablösungsordnungen und der hiernach zu bewirkenden Auseinandersetzungen hätten zur Frage kommen können und dann in den ordentlichen Rechtsweg gehört hätten, sind zur Appellation an das Revisions-Kollegium geeignet.

Dahin werden insbesondere in Beziehung auf die Regulirung der gutsherrlich-bäuerlichen Verhältnisse die im §. 178. der Verordnung vom 20sten Juni 1817. unter Nr. 1. 2. 3. 5. 6. 7. 8. 9. bezeichneten Gegenstände gerechnet; nicht minder die Entscheidung über die Pertinenzien des Hofes und die Grenzen derselben und über den Umfang der gegenseitigen Verpflichtungen.

Andere Verhältnisse, welche die Größe der den Gutsherrn, oder den Bauern zukommenden Abfindungen in Land, Kapital- oder Rente bestimmen, sind nur in sofern Gegenstand des Appellationsverfahrens, als der vorstehend ausgesprochene allgemeine Grundsatz darauf Anwendung findet.

§. 46. 2) Bei den Entscheidungen über die jedem Interessenten für seine Theilnehmungsrechte zuständige Abfindung, über die Mittel dieser Ausgleichung und die Art und Weise ihrer Gewährung ist zu unterscheiden:

a) ob dieselben eine Abfindung in Kapital oder eine Geldrente (sey es, daß es sich dabei von einer festen, oder mit den Getreidepreisen steigenden und fallenden Rente handelt) oder

b) eine Natural-Abfindung, oder andere als die zu a. gedachten Leistungen zum Gegenstande haben. Betrifft die Entscheidung der General-Kommismission einen Gegenstand der zu b. gedachten Art; so findet dagegen nicht die Appellation an das Revisions-Kollegium, sondern der Rekurs an das Ministerium des Innern für Gewerbe statt.

Zu diesem Verfahren eignen sich insbesondere die in den §. §. 182. 183. der Verordnung vom 20sten Juni 1817. und §. 19. des Gesetzes vom 7ten Juni 1821. wegen Ausführung der Gemeinheitstheilungs- und Ablösungsordnung bezeichneten Fälle.

3) Zu dem Rekurswege gehören ferner in den Fällen zu a., die Entscheidungen über die Alternative: ob dem Berechtigten die Entschädigung in Land, oder ob ihm solche in Kapital oder in einer Natural-Rente zu gewähren ist? und wird hiermit die entgegen gesetzte Bestimmung des §. 179. der erstgedachten Verordnung aufgehoben.

4) Wenn aber außer dem eben gedachten Falle (Nr. 3.) die von der General-Kommission getroffene Entscheidung eine Entschädigung in Kapital oder Geld-Rente betrifft, sey es, daß über die Verpflichtung dazu, oder wegen der Höhe derselben gestritten wird, so findet deshalb die Appellation an das Revisions-Kollegium statt.

§. 47. 5) Wenn wegen der Ausstellungen, welche entweder von den Parteien bei Vollziehung der Rezesse erhoben, oder Seitens der General-Kommission bei den ihr zur Genehmigung vorgelegten Vereinbarungen gemacht worden, eine gütliche und angemessene Vereinigung unter den Interessenten nicht zu erreichen ist, so findet gegen die deshalb von der General-Kommission erlassene Entscheidung der Weg des Rekurses oder der Appellation statt, je nachdem die Ausstellung selbst, oder die von der General-Kommission zu ihrer Abhülfe erlassene Festsetzung einen Gegenstand betrifft, der sich nach den vorstehenden Bestimmungen §§. 45. 46. zu einem oder dem andern Rechtsmittel eignet.

6) Darnach bestimmt sich auch die Kompetenz der Appellations- oder Rekurs-Instanz über die Frage: ob mit der Verwerfung der von den Parteien genommenen Abreden noch andere Bestimmungen des von ihnen getroffenen Abkommens oder der ganze Vertrag ihre Wirksamkeit verlieren, oder dessen ungeachtet in Kraft bleiben.

§. 48. Wollen die Parteien von dem an das Ministerium des Innern zu richtenden Rekurse wegen des Landtheilungs-Plans oder anderer Beschwerdepunkte, weshalb dieses Rechtsmittel zulässig ist, nicht Gebrauch machen: so wird dadurch doch nicht ausgeschlossen, daß sie ihre Beschwerden wegen unzulänglicher Abfindung Behufs anderweiter Entschädigung in **Kapital** oder **Rente** weiter verfolgen. Dies kann nach der Wahl des Beschwerdeführers im Wege der Appellation oder in einem zur ersten Instanz zurückgehenden Separatverfahren geschehen. Wird das Rechtsmittel der Appellation gewählt, so bleibt doch dem Ermessen des Revisions-Kollegiums die Zurückweisung in die erste Instanz vorbehalten.

Die entgegenstehenden Vorschriften der §§. 173. 181. 184. 189. der Verordnung vom 20sten Juni 1817. werden hierdurch aufgehoben.

§. 49. Eben dieses Verfahren (§. 48.) findet statt, wenn im Rekurswege

wege über die Land-Abfindung oder andere zu demselben gehörige Gegenstände rechtskräftig entschieden ist.

§. 50. Wollen die Parteien von dem ihnen nach §§. 48. 49. nachgelassenen Appellations- oder Separatverfahren Gebrauch machen, so müssen sie diese ihre Absicht bei Verlust ihres Entschädigungs-Anspruchs innerhalb 6 Wochen nach Publikation der Entscheidung erster oder der Rekurs-Instanz verlautbaren.

Haben sie gegen die Entscheidung der General-Kommission den Rekurs rechtzeitig eingelegt, so steht ihnen der Antrag auf jene Erörterung wegen ihrer in den Rekursweg gediehenen Beschwerden sowohl während des Rekursverfahrens als nach publizirtem Rekursbescheide in jener Frist noch zu, wenn sie sich solche bei Publikation des Bescheides erster Instanz auch nicht vorbehalten haben. Die Parteien sind wegen dieser ihnen zuständigen Befugnisse bei Publikation der Entscheidungen zu belehren. Von dem Ermessen der Behörde aber hängt es ab, die Einleitung des Separatverfahrens auszusetzen (conf. §. 105. der Verordnung vom 20sten Juni 1817.) jedoch nicht weiter, als bis zu dem Termine der Vollziehung des Rezesses. Versäumen die Interessenten die ihnen dieserhalb bestimmten Fristen, so findet das Kontumazialverfahren statt. (conf. §§. 145. und 191. 192. der Verordnung vom 20sten Juni 1817.)

§. 51. In welchen Fällen und mit welchen Maaßgaben die Verordnung vom 14ten Dezember 1833. über das Rechtsmittel der Revision und der Nichtigkeitsbeschwerde in den bei den General-Kommissionen anhängigen Angelegenheiten Anwendung findet, darüber ist bereits mittelst Unserer Order vom 15ten März d. J. (Gesetz-Sammlung Seite 61. ff.) entschieden, wobei es sein Bewenden behält.

§. 52. Wenn eine von den Revisions-Kollegien oder in dritter Instanz ergangene Entscheidung wegen Inkompetenz angefochten wird, so findet das in Unserer Order vom 30sten Juni 1828. (Gesetz-Sammlung Seite 86.) wegen der Kompetenz-Konflikte vorgeschriebene Verfahren Anwendung, und wenn hiernach die Inkompetenz festgestellt ist; so wird, mit Beseitigung des Erkenntnisses der inkompetenten Behörde, die Sache zur anderweitigen Entscheidung an die geeignete Instanz der Verwaltungsbehörden abgegeben.

§. 53. Wenn das Geheime Ober-Tribunal in einer Angelegenheit, die sich zwar zur Appellation, aber nicht zur Berufung auf die dritte Instanz eignet, erkannt hat; so soll ein solches Erkenntniß doch wegen Inkompetenz jenes Gerichtshofes nicht angefochten, solches vielmehr zur Vollstreckung gebracht werden.

Um aber Irrungen dieser Art zu verhüten, sollen die dem Geheimen Ober-Tribunale zur Abfassung der Revisions-Erkenntnisse einzusendenden Akten demselben von den General-Kommissionen nicht unmittelbar eingereicht werden, vielmehr durch das Ministerium des Innern für die Gewerbe zugehen, welches sich im Falle dasselbe wegen Zulässigkeit des Rechtsmittels Bedenken findet, darüber mit dem Justizministerio verständigen wird.

Zu §§. 187. u. 188. der Verordnung.

§. 54. Wegen der bereits in erster Instanz durch schiedsrichterliche Entscheidung festgestellten Punkte (conf. §§. 31 — 34. dieses Anhanges) findet eine

wei-

weitere Erörterung durch andere Sachverständige in der Appellations-Instanz nicht statt.

§. 55. Wenn in zweiter Instanz noch eine nachträgliche Instruktion über ökonomische Punkte veranlaßt wird, so haben die General-Kommissionen die an das Revisions-Kollegium einzusendenden Verhandlungen mit ihren Gutachten darüber zu begleiten.

In allen Fällen steht es dem Revisions-Kollegio frei, über eine und die andere technische Frage die nähere Erläuterung der General-Kommission einzuholen.

§. 56. Wenn auch die Auseinandersetzung ohne Dazwischenkunft der General-Kommission zu Stande gekommen ist, so können die Parteien doch in der §. 13. dieses Anhanges bestimmten Frist deren Ausführung durch dieselbe nachsuchen.

Zu §. 196. f. der Verordn.

§. 57. Wie es im Allgemeinen vorgeschrieben ist, haben die zur Bearbeitung der Auseinandersetzung berufenen Kommissarien selbstthätig auch dafür zu sorgen, daß bei der Ausführungsverhandlung alle bis dahin noch nicht erledigten Punkte abgemacht werden. Sie haben es also keinesweges dabei bewenden zu lassen, daß die Interessenten solche zur Sprache bringen, sondern ihrer Seits darauf zu halten, daß alles Sachgehörige definitiv erledigt und die zu solchem Behuf erforderlichen Erklärungen und Anträge gemacht werden. Insbesondere haben sie dieselben auf die bei den Hypothekenbüchern zu bewirkenden Eintragungen aufmerksam zu machen und ihnen dadurch Gelegenheit zu geben, daß bei den an die Hypothekenbehörde deshalb zu richtenden Requisitionen ihrem Interesse gehörig vorgesehen werde.

§. 58. Die Bekanntmachungen an die eingetragenen Gläubiger und Realberechtigten wegen der Kapital-Entschädigungen und Kapital-Abfindungen müssen in der Regel gleich nach der Bestätigung des Auseinandersetzungs-Rezesses erfolgen.

Sie können aber auch schon früher geschehen, wenn von den Haupt-Interessenten darauf angetragen wird (conf. §. 203. der Verordnung vom 20sten Juni 1817.).

Dagegen können dieselben nach den Anträgen der Interessenten ausgesetzt bleiben, wenn

a) die Abfindungs-Kapitalien nicht sofort bezahlt, vielmehr durch Eintragung bei dem verpflichteten Gute gesichert werden;

b) wenn der Verpflichtete sich bereit finden läßt, daß er der Zahlung ungeachtet, den eingetragenen Gläubigern und Realberechtigten für den Betrag derselben verhaftet bleiben wolle;

c) wenn das Geld gerichtlich niedergelegt wird.

Die Auseinandersetzungsbehörde hat jedoch dafür zu sorgen, daß in den zu a. b. gedachten Fällen die Eintragung gehörigen Orts erfolge.

Immer aber hat sie den Interessenten je nach den Umständen, weshalb die Bekanntmachung entbehrlich werden dürfte, bestimmte Fristen zum Ausweise darüber zu bestimmen, nach deren fruchtlosem Verlauf aber die Bekanntmachung zu veranlassen.

§. 59. Um zu verhüten, daß durch spätere Eintragungen bei dem berechtigten Gute nicht fernere Weiterungen entstehen, haben die General-Kommissionen, sobald es entweder durch Vereinbarung der Interessenten, oder durch rechtskräftige Entscheidung feststeht, daß eine Abfindung in Kapital stattfinden wird, die Hypothekenbehörde davon zu benachrichtigen und zur Eintragung eines vorläufigen Vermerks im Hypothekenbuche zu veranlassen, welcher die Wirkung hat, daß die durch Kapital abgelösten Pertinenzien den später eingetragenen Gläubigern nicht mehr mit verpfändet werden.

§. 60. Sind bei einer an die Gläubiger wegen der Kapital-Abfindung zu erlassenden Bekanntmachung ein eingetragener Gläubiger, dessen Erben oder Zessionarien ihrem Aufenthalte nach, oder sonst nicht zu ermitteln: so erfolgt die öffentliche Bekanntmachung an dieselben nach Vorschrift des §. 12. des Gesetzes vom 7ten Juni 1821. wegen Ausführung der Gemeinheitstheilungs- und Ablösungsordnungen.

§. 61. Die Berichtigung des Besitztitels der bäuerlichen Wirthe in Folge der gutsherrlich-bäuerlichen Regulirungen, die etwa erforderlichen Ab- und Zuschreibungen in den Hypothekenbüchern bei Gemeinheitstheilungen, imgleichen die Abschreibung abgelöster Leistungen in dem Hypothekenbuche des berechtigten Gutes und deren Löschung bei dem verpflichteten Gute soll wegen der vorschriftsmäßigen Abtragung und Verwendung der Kapital-Abfindungen niemals aufgehalten werden, vielmehr der noch stattfindenden Rückstände und der noch fehlenden Ausweisungen ungeachtet, auf den Grund der bestätigten Rezesse unverzüglich bewirkt werden, es wäre denn, daß die Interessenten sich deshalb anders geeinigt hätten, oder der Empfangsberechtigte ein Widerspruchsrecht geltend macht. Dagegen werden die Rückstände gleichzeitig bei dem mit der Abfindung belasteten Gute mit dem ihnen zuständigen Vorzugsrechte eingetragen. Waren das abgetretene Grundstück oder die abgelöste Leistung für sich Gegenstand eines durch die Lehns- oder Fideikommiß-Eigenschaft oder sonst beschränkten Eigenthums des Besitzers, so wird bei der Eintragung des Rückstandes diese Beschränkung vermerkt. Waren sie Zubehör eines anderen so belasteten Gutes, so wird diese Zubehörigkeit und dabei bemerkt, daß die Fähigkeit des Besitzers, darüber zu verfügen, aus dem Hypothekenbuche des letztgedachten Gutes zu ersehen sey. Es bedarf hierzu des Antrags der Lehnsberechtigten u. s. w. nicht. Gegenseitig aber bedarf es auch des beschränkenden Vermerks nicht, wenn die in Folge der öffentlichen Bekanntmachung der Auseinandersetzung (conf. §. 11. ff. des Gesetzes vom 7ten Juni 1821.) wirklich zugezogenen Berechtigten ihr Einverständniß damit erklärt haben, daß die Eintragung unterbleiben soll.

Diese Eintragungen müssen auch erfolgen, selbst wenn die Verpflichteten die Kapitals-Abfindung bereits gezahlt haben sollten und genügt die bloße Eintragung

tragung einer Protestation nicht, da die Zahlung, so lange die gesetzliche Verwendung des Gezahlten nicht nachgewiesen ist, den Rechten der Gläubiger und sonstigen Realberechtigten unnachtheilig ist, wogegen es den Verpflichteten überlassen bleiben kann, bei Eintragung der Abfindungs-Kapitalien auf ihre Güter die bereits erfolgte Zahlung in Form einer Protestation vermerken zu lassen. Weiset der Gutsbesitzer weiterhin die gesetzmäßige Verwendung der Ablösungs-Kapitalien nach, so erfolgt die Löschung jener eingetragenen Vorbehalte auf die von der General-Kommission deshalb zu ertheilende Bescheinigung.

Zu §. 197. der Verordnung.

§. 62. Die Gerichte werden wegen der auf Grund der bestätigten Auseinandersetzungs-Rezesse von den Parteien oder sonst von den General-Kommissionen bei ihnen in Antrag gebrachten Eintragungen in die Hypothekenbücher von den ihnen nach der Hypothekenordnung Tit. 2. §§. 12. und 13. obliegenden Verpflichtungen entbunden, welche statt ihrer den mit der Bestätigung der Auseinandersetzungsrezesse beauftragten Behörden übertragen sind. Es versteht sich jedoch von selbst, daß sie, wenn sich aus den Hypothekenbüchern selbst Anstände der nachgesuchten Eintragung ergeben, jene Behörden davon in Kenntniß zu setzen und denselben deren Erledigung zu überlassen haben.

Zu §. 203. der Verordnung.

§. 63. In dringenden Fällen kann die General-Kommission mit der Ueberweisung und Ausführung des Auseinandersetzungs-Planes, ungeachtet des gegen ihre Entscheidung noch stattfindenden Rekurses, vorgehen.

Zu §§. 206. u. 207. der Verordnung.

§. 64. Auf Verlangen der Interessenten soll das nach §. 206. der Verordnung vom 20sten Juni 1817. zur Niederlegung im landräthlichen Archive bestimmte Exemplar der Karte, je nachdem die Auseinandersetzung in einer Stadt-Flur oder in einer Landgemeine vorkommt, dem Magistrate oder der Gutsherrschaft, und wenn diese an dem Orte keinen Wohnsitz hat, dem am meisten zur Sache interessirenden Theilnehmer ausgeantwortet und zur Einsicht jedes Betheiligten bereit gehalten werden.

Zu § 209. der Verordnung.
Zu §§. 26. 27. des Gesetzes.

§. 65. Der Regel nach ist jeder Besitzer eines Gutes nicht nur die während seiner Besitzzeit, sondern auch die unter dem Vorbesitzer aufgelaufenen Kosten der Auseinandersetzung zu bezahlen schuldig. Ausnahmen von dieser Regel finden in der letzteren Beziehung statt:

a) wenn die Auseinandersetzung bereits unter dem Vorbesitzer mittelst Bestätigung des Rezesses beendigt ist,

b) wegen der Kosten der unter dem Vorbesitzer beendigten Prozesse.

§. 66. Rücksichtlich der zu einer Konkursmasse gehörigen oder sonst zur nothwendigen Subhastation gediehenen Güter sind diese Kosten nur in sofern, als sie nach der Eröffnung des Konkurses, oder des Liquidationsprozesses festgesetzt sind, zu den Schulden zu rechnen, welche die Masse selbst kontrahirt hat; gleichmäßig sind diejenigen Kosten, welche nach erfolgtem Zuschlage festgesetzt werden, zu denjenigen zu rechnen: für welche der Käufer aufkommen muß, beides jedoch nur dann, wenn die Auseinandersetzung vor Eröffnung des Konkur-

 ses

ses oder Liquidationsprozesses und resp. vor dem Zuschlage durch Bestätigung des Rezesses noch nicht geschlossen ist.

Urkundlich unter Unserer Höchsteigenhändigen Unterschrift und beigedrucktem Königlichen Insiegel.

Gegeben Berlin, den 30sten Juni 1834.

(L. S.) Friedrich Wilhelm.

Frh. v. Brenn. Mühler.

(No. 1543) Allerhöchste Kabinetsorder vom 14ten Juli 1834. wegen der Bürgschaften der Ehefrauen im Herzogthume Westphalen, im Fürstenthume Siegen und der Grafschaften Wittgenstein.

Nach dem Antrage der Justizminister habe Ich bestimmt, daß die Vorschriften des Allgemeinen Landrechts wegen der Bürgschaften der Ehefrauen auch im Herzogthume Westphalen, im Fürstenthume Siegen und den Grafschaften Wittgenstein beobachtet werden sollen, weshalb Ich die im Patent vom 21sten Juni 1825. §. 4. Nr. 3. angeordnete Suspension der drei ersten Titel im 2ten Theile des Landrechts für die §§. 341—344. des ersten Titels hierdurch außer Kraft setze. Das Staatsministerium hat die Bekanntmachung dieses Erlasses durch die Gesetz-Sammlung zu verfügen.

Teplitz, den 14ten Juli 1834.

Friedrich Wilhelm.

An das Staatsministerium.

Berichtigung eines Druckfehlers.

In der im 17ten Stück der Gesetz-Sammlung vom Jahre 1831. abgedruckten Instruktion vom 1sten Oktober 1831., die Anlage und den Gebrauch von Dampfmaschinen betreffend, hat sich §. 13. ad a. in der Formel ein Druckfehler eingeschlichen, und muß statt des Zeichens $\div$ ein $+$ stehen, die Formel mithin

$$e = 0{,}00225.\ d.\ a. + 0{,}1.$$

heißen.

Gesetz-Sammlung
für die
Königlichen Preußischen Staaten.

No. 16.

(No. 1544.) Allerhöchste Kabinetsorder vom 16ten Juni 1834., die zur Verhütung der Menschenpocken bei der Armee zu ergreifenden Maaßregeln betreffend.

Ich bin mit der Maaßregel einverstanden, welche Sie nach der zurückfolgenden Vorschrift vom 6ten April d. J. wegen Verhütung der Menschenpocken bei der Armee zu treffen beabsichtigen, da es im öffentlichen Interesse geboten wird, mit der Revaccination nicht allein fortzufahren, sondern selbige auch als eine durch sanitätspolizeiliche Gründe gebotene Zwangsmaaßregel auf die ganze Armee in der vorgeschlagenen Art auszudehnen. Ich autorisire Sie daher, die Vorschrift vom 6ten April d. J. nebst diesem Erlaß durch die Gesetz-Sammlung und die Amtsblätter der einzelnen Regierungen für die gesammte Monarchie bekannt zu machen.

Berlin, den 16ten Juni 1834.

Friedrich Wilhelm.

An die Staatsminister Frh. v. Altenstein, v. Witzleben und v. Rochow.

Vorschrift
über die Maaßregeln zur Verhütung der Menschenpocken bei der Armee.

I.

Die Schutzblattern-Impfung derjenigen zum Militairverbande gehörenden Leute, welche entweder früher gar nicht vaccinirt worden, oder doch keine wahrnehmbare Merkmale davon an sich tragen, findet sogleich nach dem Eintritt derselben in die Truppen, nöthigenfalls durch Anwendung direkten Zwanges statt.

(Kabinetsorder vom 30sten Mai 1826. Gesetz-Sammlung pro 1826. Nr. 18.)

II.

Die Erfahrung mehrerer Jahre hat aber dargethan, daß Individuen, welche in ihrer Jugend mit Erfolg vaccinirt worden und selbst darüber Impf-Atteste aufzuweisen haben, dennoch in ihrem weiter vorgerückten Alter von den Men-

(Ausgegeben zu Berlin den 5ten August 1834.)

Menschenpocken befallen worden, und daß diese Krankheit sich nicht nur häufig in der Armee zeigt, sondern durch das Zusammenleben der Soldaten in den Kasernen, Lazarethen und Quartieren, so wie in Folge der Märsche und Rekrutentransporte verhältnißmäßig eine noch größere Ausdehnung, als bei den Civil-Einwohnern, erlangt. Die Umstände fordern daher fernere schützende Maaßregeln. Diese bestehen nach den seither darüber erlangten Erfahrungen in der Revaccination der Mannschaften, ohne Unterschied, ob dieselben Merkmale der Schutzblattern-Impfung an sich tragen oder nicht. Die Revaccination soll sodann nicht von dem freien Willen der Individuen und von der bloß vermittelnden Einwirkung der Truppen-Kommandeure abhängig seyn, es soll hierunter vielmehr, wie bei der Vaccination

(Kabinetsorder vom 30sten Mai 1826.)

nöthigenfalls zwangsweise zu Werke gegangen werden, wobei in sanitätspolizeilicher und militairdienstlicher Beziehung Folgendes zur Beachtung dient:

III.

Die sämmtlichen Rekruten müssen in den ersten sechs Monaten nach ihrer Einstellung bei den Truppen von den Militair-Aerzten, oder unter spezieller Aufsicht und Leitung derselben von den Chirurgen, durch wenigstens 10 Impfstiche auf jedem Arm revaccinirt werden.

Ausgenommen hiervon sind jedoch diejenigen, bei welchen unverkennbare Narben der schon überstandenen Menschenpocken vorhanden sind, oder welche durch Impf-Atteste darthun können, daß sie bereits vor ihrer Einstellung, jedoch nicht länger als zwei Jahre vor derselben mit Erfolg revaccinirt worden sind.

Es muß die bei den Truppen vorzunehmende Revaccination allmälig, und in sofern die erforderliche Lymphe dazu erlangt werden kann, wo möglich in wöchentlichen Terminen geschehen. Die einjährigen Freiwilligen, die zur Ablösung ihrer Militairpflicht in den Dispensir-Anstalten der Lazarethe angestellten Pharmaceuten und die den Truppen überwiesenen Chirurgen sind dieser Bestimmung ebenfalls unterworfen, in sofern sie sich nicht durch ein ärztliches Attest darüber ausweisen können, daß sie vor ihrem Eintritt bei den Truppen bereits mit Erfolg revaccinirt worden sind.

IV.

Die zur Revaccination der Rekruten erforderliche Lymphe muß möglichst von jugendlichen zum ersten Mal vaccinirten Individuen entnommen werden, da nach der Erfahrung diese kräftiger einwirkt und mehr Schutzkraft besitzt, als die aus den ihrem Verlaufe und äußeren Ansehen nach ächten Vaccine-Pusteln revaccinirter und erwachsener Personen entnommene Lymphe. Zwar sind durch die mit der letztgedachten Lymphe veranstalteten weiteren Impfungen auch Pusteln, die in ihrem Verlaufe den ächten gleich waren, erlangt worden; jedoch kann dies Verfahren nicht eher allgemein angerathen werden, als bis die weitere Erfahrung sich dafür ausgesprochen hat. Es sollen daher, und um den häufig eintretenden Schwierigkeiten wegen Beschaffung der Lymphe von jugendlichen, zum ersten Mal vaccinirten Individuen abzuhelfen, die Kinder der Soldaten von keinem Andern, als von einem Arzte des Truppentheils geimpft und von diesen Kindern der Impfstoff zur Revaccination der Rekruten entnommen werden.

Diese Anordnung rechtfertigt sich durch den Zweck und wird dadurch noch mehr

mehr motivirt, daß die Soldatenfrauen und Kinder in Krankheitsfällen freie ärztliche Behandlung, unter gewissen Bedingungen auch freie Arznei erhalten.

Denjenigen Eltern, welche sich hierzu nicht bequemen wollen, werden die gedachten Benefizien entzogen. Auch die Kinder in den Garnison- und Invaliden-Kompagnien sind hiervon, wenn gleich bei den Mannschaften dieser Kompagnien keine Revaccinationen stattfinden, nicht ausgeschlossen. Erforderlichen Falles kann von ihnen auch Impfstoff entnommen und in Glasröhren oder zwischen Glasplatten nach andern Garnison-Orten versandt werden.

V.

Zur Zeit des Eintritts der Rekruten bei den Truppen haben die Militair-Aerzte über die vorzunehmende Revaccination dem Truppenkommando Vortrag zu machen und unter Mitwirkung desselben dafür zu sorgen, daß ihnen von den vorhandenen pockenfähigen Soldatenkindern wöchentlich einige zur Vaccination überwiesen werden, von welchen nach erlangten ächten Pusteln jederzeit von Arm zu Arm auf die Rekruten überzuimpfen ist, jedoch mit der ausdrücklichen Vorsicht, daß an jedem Arm der Kinder wenigstens eine Vaccine-Pustel ungeöffnet bleibt. Wie viel Rekruten jedesmal revaccinirt werden können, hängt von der Anzahl der vaccinirten Kinder und der bei ihnen erlangten Pusteln ab, und bleibt der Bestimmung des Militair-Arztes überlassen, welcher letztern Tages zuvor dem Truppenkommando anzugeben hat, wie viel Mannschaften ungefähr zur vorzunehmenden Revaccination gestellt werden können.

An Orten, wo der zur Revaccination erforderliche Impfstoff nicht in der vorgedachten Art von Soldatenkindern oder auf anderem kostenfreien Wege zu erlangen ist, und sich bei den Civilbewohnern Kinder mit Schutzblattern vorfinden, können Eltern, nach Befinden der Umstände allenfalls durch kleine Geld-Geschenke, dazu aufgemuntert werden, von ihren Kindern den Impfstoff entnehmen zu lassen.

Auf Ansuchen der Militair-Aerzte werden auch die Impf-Institute, wo dergleichen bestehen, zur Verabreichung von Impfstoff gewiß gern entgegenkommen.

VI.

In Garnisonen, wo die Truppen kasernirt sind, wird in den Kasernen ein zur Winterszeit gehörig erwärmtes Lokal, z. B. die Eßsäle, zur Revaccination der Mannschaft benutzt. Wo die Truppen bei den Bürgern einquartirt sind, wird die Revaccination in den Lazarethen in einem dazu geeigneten Lokale vorgenommen. Ueberall ist aber dafür zu sorgen, daß die zur Revaccination bestimmten Leute nicht mit kalter Haut zur Impfung gelangen, sich daher vor derselben im Winter oder bei kalter Witterung nicht im Freien oder auf den Hausfluren aufhalten.

VII.

Die Aufnahme der revaccinirten Leute in die Lazarethe ist nicht nöthig; auch sind ihretwegen weder in den Kasernen noch in den Bürgerquartieren besondere Maaßregeln zu nehmen, da diese in den Medizinal-Polizeigesetzen in Bezug auf die Schutzblattern nirgends vorgeschrieben, und unnöthig sind.

Die revaccinirten Leute müssen, um die nöthige Ausbildung der Pusteln nicht durch Abscheuern zu behindern, vom vierten Tage nach der Impfung bis zum zwölften Tage, den letzteren mit eingeschlossen, geschont und während dieser

 Zeit

Zeit bei der Kavallerie und Artillerie auch vom Stalldienst zurückgelassen werden. Eine längere Schonung vom Dienste und den Uebungen kann nur in besonderen und seltenen Fällen nöthig werden, und muß der Bestimmung des Arztes überlassen bleiben.

VIII.

Acht Tage nach erfolgter Revaccination sind dem Militair-Arzt die betreffenden Mannschaften zur Untersuchung des Erfolges der Impfung und der Aechtheit der erlangten Pusteln vorzustellen und die Resultate davon bei jedem Impflinge in der von ihm zu führenden namentlichen Liste zu vermerken.

IX.

Bei denjenigen Individuen, bei welchen die Revaccination einen unregelmäßigen Verlauf genommen, oder ohne Erfolg geblieben, ist selbige zu einer Zeit, wo solches späterhin zulässig erscheint, einmal zu wiederholen.

X.

Wenn in einem Garnison-Orte oder in dessen naher Umgegend eine Pocken-Epidemie ausgebrochen seyn sollte, so ist die anbefohlene Revaccination möglichst zu beschleunigen; auch sind die übrigen älteren Mannschaften, welche nicht schon früher revaccinirt seyn sollten, dazu zwangsweise heranzuziehen, und, bei Unzulänglichkeit der nach §. IV. anzuwendenden Lymphe von jugendlichen zum ersten Male vaccinirten Individuen, aus guten durch Revaccination erlangten Pusteln zu impfen.

Eine Revaccination der bei ihrer Einstellung nach §. I. zum ersten Male mit Erfolg geimpften Leute findet während der Dienstzeit nicht statt.

XI.

Ueber die vorgenommene Vaccination und Revaccination führen die Militair-Aerzte nach §. VIII. namentliche Listen, wie ihnen solches unterm 15ten März 1833. vorgeschrieben ist. Alljährlich, und zwar mit Ablauf des Dezembers, haben sie daraus eine Uebersicht in Zahlen nach dem ihnen gegebenen Schema anzufertigen und an den General-Arzt des Korps einzureichen, welcher aus diesen Uebersichten, unter Beibehaltung des nämlichen Schemas, truppenweise eine Nachweisung zusammenzustellen und bis Ende Februar jeden Jahres an den General-Stabsarzt der Armee abzugeben hat. Der Letztere läßt daraus eine General-Uebersicht fertigen und reicht selbige Ende März jeden Jahres dem Kriegsministerium ein.

XII.

So wie über die Vaccination werden auch über die mit Erfolg geschehene, imgleichen über die ohne Erfolg wiederholte Revaccination den betreffenden Individuen Atteste nach den vorgeschriebenen Schematen ertheilt, welche diejenigen Militair-Aerzte, die die Operation bewirkt haben, oder unter ihrer speziellen Leitung durch Chirurgen haben bewirken lassen, auf Grund der von ihnen selbst nach §. VIII. vorgenommenen Untersuchung vollziehen.

Berlin, den 6ten April 1834.

Ministerium der geistlichen ꝛc. Angelegenheiten,	Ministerium des Innern und der Polizei,	Kriegsministerium,
Frh. v. Altenstein.	Frh. v. Brenn.	v. Witzleben.

Gesetz-Sammlung
für die
Königlichen Preußischen Staaten.

No. 17.

(No. 1545.) Allerhöchste Kabinetsorder vom 29sten Mai 1834., betreffend die Deklaration der Publikations-Patente vom 12ten März 1831. und 15ten Juni 1832. über die von der Deutschen Bundesversammlung angenommene allgemeine Kartel-Konvention.

Auf den Bericht vom 19ten v. M. will Ich die beiden Publikations-Patente vom 12ten März 1831. und 15ten Juni 1832. über die von der Deutschen Bundesversammlung angenommene allgemeine Kartel-Konvention aus den von Ihnen angeführten Gründen dahin deklariren: daß desertirte Militairpersonen, welche den nach Artikel 18. der Bundes-Kartel-Konvention ihnen zustehenden Anspruch auf Amnestie vor dem Ablaufe der nach dem Publikations-Patente vom 15ten Juni 1832. bis zum 5ten Oktober 1832. verlängerten Frist nicht angemeldet haben, im Falle ihrer Rückkehr als Deserteure zur Untersuchung zu ziehen und mit Strafe zu belegen sind; jedoch sollen Mir die abgefaßten Straferkenntnisse, vor ihrer Vollstreckung, zur Bestimmung über einen im Wege der Gnade etwa zu bewilligenden Erlaß der Strafe jedesmal vorgelegt werden. Die Verhältnisse der ausgetretenen Militairpflichtigen aber sollen im Falle ihrer Rückkehr durch die Provinzial-Regierungen einer genauen Prüfung unterworfen werden, nach deren Ergebniß das Ministerium des Innern und der Polizei zu bestimmen hat, ob solchen Individuen noch die Wohlthat der Amnestie zu Theil werden soll oder nicht.

Berlin, den 29sten Mai 1834.

Friedrich Wilhelm.

An die Ministerien der Justiz, der auswärtigen Angelegenheiten, des Kriegs und der Polizei.

(Ausgegeben zu Berlin den 12ten August 1834.)

(No. 1546.) Die diesseits unterm 5ten Juli 1834. abgegebene Erklärung, in Betreff der mit der Fürstlich-Reuß-Plauenschen der jüngern Linie gemeinschaftlichen Regierung getroffenen Uebereinkunft wegen gegenseitiger Beförderung der Rechtspflege.

Zwischen dem Königlich-Preußischen Ministerium der auswärtigen Angelegenheiten zu Berlin und der Fürstlich-Reußischen Regierung zu Gera ist zu Beförderung der Rechtspflege folgende Uebereinkunft getroffen worden.

I. Allgemeine Bestimmungen.

Artikel 1. Die Gerichte beider Staaten leisten sich gegenseitig alle diejenige Rechtshülfe, welche sie den Gerichten des Inlandes, nach dessen Gesetzen und Gerichtsverfassung, nicht verweigern dürfen, in wiefern das gegenwärtige Abkommen nicht besondere Einschränkungen feststellt.

Artikel 2. Die Vollstreckbarkeit der richterlichen Erkenntnisse wird gegenseitig anerkannt, dafern diese nach den näheren Bestimmungen des gegenwärtigen Abkommens von einem beiderseits als kompetent anerkannten Gerichte gesprochen worden sind, und nach den Gesetzen des Staats, von dessen Gericht sie gefällt worden, die Rechtskraft bereits beschritten haben. Solche Erkenntnisse werden an dem in dem anderen Staate befindlichen Vermögen des Sachfälligen unweigerlich vollstreckt.

Artikel 3. Ein von einem zuständigen Gerichte gefälltes rechtskräftiges Erkenntniß begründet vor den Gerichten des anderen Staates die Einrede des rechtskräftigen Urtheils (exceptio rei judicatae) mit denselben Wirkungen, als wenn das Urtheil von einem Gerichte desjenigen Staates, in welchem solche Einrede geltend gemacht wird, gesprochen wäre.

II. Besondere Bestimmungen.

1) Rücksichtlich der Gerichtsbarkeit in bürgerlichen Rechtsstreitigkeiten.

Artikel 4. Keinem Unterthan ist es erlaubt, sich durch freiwillige Prorogation der Gerichtsbarkeit des anderen Staates, dem er als Unterthan und Staatsbürger nicht angehört, zu unterwerfen. Keine Gerichtsbehörde ist befugt, der Requisition eines solchen gesetzwidrig prorogirten Gerichts, um Stellung des Beklagten oder Vollstreckung des Erkenntnisses statt zu geben, vielmehr wird jedes von einem solchen Gericht gesprochene Erkenntniß in dem anderen Staate als ungültig betrachtet.

Der Kläger folgt dem Beklagten.

Artikel 5. Beide Staaten erkennen den Grundsatz an, daß der Kläger dem Gerichtsstande des Beklagten zu folgen habe; es wird daher das Urtheil der fremden Gerichtsstelle nicht nur, sofern dasselbe den Beklagten, sondern auch sofern es den Kläger z. B. rücksichtlich der Erstattung von Gerichtskosten, betrifft, in dem anderen Staate als rechtgültig erkannt und vollzogen.

Widerklage

Artikel 6. Für die Widerklage ist die Gerichtsbarkeit des über die Vorklage zuständigen Richters begründet, dafern nur jene mit dieser im rechtlichen Zusammenhange steht, und sonst nach den Landesgesetzen des Vorbeklagten zulässig ist.

Ar-

Artikel 7. Die Provokationsklagen (ex legi diffamari oder ex legi si contendat) werden erhoben vor dem persönlich zuständigen Gerichte der Provokanten, oder da, wohin die Klage in der Hauptsache selbst gehörig ist; es wird daher die von diesem Gerichte, besonders im Falle des Ungehorsams, rechtskräftig ausgesprochene Sentenz von der Obrigkeit des Provozirten als vollstreckbar anerkannt.

Provokations-klage.

Artikel 8. Der persönliche Gerichtsstand, welcher entweder durch den Wohnsitz in einem Staate oder bei denen, die einen eigenen Wohnsitz noch nicht gewonnen haben, durch die Herkunft in dem Gerichtsstande der Eltern begründet ist, wird von beiden Staaten in persönlichen Klagsachen dergestalt anerkannt, daß der Unterthan des einen Staats von den Unterthanen des andern nur vor seinem persönlichen Richter belangt werden darf. Es müßten denn bei jenen persönlichen Klagsachen neben dem persönlichen Gerichtsstande noch die besonderen Gerichtsstände des Kontraktes, oder der geführten Verwaltung konkurriren, welchen Falls die persönliche Klage auch vor diesen Gerichtsständen erhoben werden kann.

Persönlicher Gerichtsstand.

Artikel 9. Die Absicht, einen beständigen Wohnsitz an einem Orte nehmen zu wollen, kann sowohl ausdrücklich, als durch Handlungen geäußert werden.

Das Letztere geschieht, wenn Jemand an einem gewissen Orte ein Amt, welches seine beständige Gegenwart daselbst erfordert, übernimmt, Handel oder Gewerbe daselbst zu treiben anfängt, oder sich daselbst Alles, was zu einer eingerichteten Wirthschaft gehört, anschafft. Die Absicht muß aber nicht bloß in Beziehung auf den Staat, sondern selbst auf den Ort, wo der Wohnsitz genommen werden soll, bestimmt geäußert seyn.

Artikel 10. Wenn Jemand, sowohl in dem einen als in dem andern Staate, seinen Wohnsitz in dem landesgesetzlichen Sinne genommen hat; so hängt die Wahl des Gerichtsstandes vom Kläger ab.

Artikel 11. Der Wohnsitz des Vaters, wenn dieser noch am Leben ist, begründet zugleich den ordentlichen Gerichtsstand des noch in seiner Gewalt befindlichen Kindes, ohne Rücksicht auf den Ort, wo dasselbe geboren worden, oder wo das Kind sich nur eine Zeit lang aufhält.

Artikel 12. Ist der Vater verstorben, so verbleibt der Gerichtsstand, unter welchem derselbe zur Zeit seines Ablebens seinen Wohnsitz hatte, der ordentliche Gerichtsstand des Kindes, so lange dasselbe noch keinen eigenen ordentlichen Wohnsitz rechtlich begründet hat.

Artikel 13. Ist der Vater unbekannt, oder das Kind nicht aus einer Ehe zur rechten Hand erzeugt, so richtet sich der Gerichtsstand eines solchen Kindes auf gleiche Art nach dem gewöhnlichen Gerichtsstande der Mutter.

Artikel 14. Diejenigen, welche in dem einen oder andern Staate, ohne dessen Bürger zu seyn, eine abgesonderte Handlung, Fabrik, oder ein anderes dergleichen Etablissement besitzen, sollen wegen persönlicher Verbindlichkeiten, welche sie in Ansehung solcher Etablissements eingegangen haben, sowohl vor den Gerichten des Landes, wo die Gewerbs-Anstalten sich befinden, als vor dem Gerichtsstande des Wohnorts belangt werden können.

Artikel 15. Die Uebernahme einer Pachtung, verbunden mit dem persönsönlichen Aufenthalte auf dem erpachteten Gute, soll den Wohnsitz des Pächters im Staate begründen.

Artikel 16. Ausnahmsweise sollen Studirende und Dienstboten auch in demjenigen Staate, wo sie sich in dieser Eigenschaft aufhalten, während dieser Zeit noch einen persönlichen Gerichtsstand haben, hier aber, soviel ihren persönlichen Zustand und die davon abhangenden Rechte betrifft, ohne Ausnahme nach den Gesetzen ihres Wohnorts und ordentlichen Gerichtsstandes beurtheilt werden.

Gerichtsstand der Erben.

Artikel 17. Erben werden wegen persönlicher Verbindlichkeiten ihres Erblassers vor dessen Gerichtsstande so lange belangt, als die Erbschaft ganz oder theilweise noch dort vorhanden, oder wenn der Erben mehrere sind, noch nicht getheilt ist.

Allgemeines Gantgericht.

Artikel 18. Im Konkurse wird der persönliche Gerichtsstand des Schuldners auch als allgemeines Gantgericht anerkannt, ausgenommen, wenn der größere Theil des Vermögens, bei dessen Bestimmung das über die Vermögensmasse aufzunehmende Inventarium und Taxe zum Grunde zu legen ist, in dem andern Staate sich befindet, wo alsdann dem letzteren unter der im Art. 22. enthaltenen Beschränkung das Recht des allgemeinen Gantgerichts zugestanden wird.

Artikel 19. Aktivforderungen werden, ohne Unterschied, ob sie hypothekarisch sind oder nicht, angesehen, als befänden sie sich an dem Wohnorte des Gemeinschuldners.

Artikel 20. Einem Partikularkonkurse wird nicht statt gegeben, ausgenommen, wenn ein gesetzlich begründetes Separationsrecht geltend gemacht wird, namentlich wenn der Gemeinschuldner in dem anderen Staate, wo er seinen Wohnsitz nicht hatte, eine abgesonderte Handlung, Fabrik, oder ein anderes dergleichen Etablissement, welches als ein eigenes Ganzes, einen besonderen Inbegriff von Rechten und Verbindlichkeiten des Gemeinschuldners bildet, besitzt, welchen Falls zum Vortheile derjenigen Gläubiger, welche in Ansehung dieses Etablissements besonders kreditirt haben, ein Partikularkonkurs eröffnet werden darf.

Wirkungen des allgemeinen Gantgerichtsstandes.

Artikel 21. Alle Forderungen, sie seyen auf ein dingliches oder persönliches Recht gegründet, sind allein bei dem allgemeinen Gantgericht einzuklagen, oder wenn sie bereits klagbar gemacht worden, dort weiter zu verfolgen. Das außerhalb Landes befindliche Vermögen des Gemeinschuldners wird, nach vorgängiger Veräußerung der Grundstücke und Effekten, durch den Richter der gelegenen Sache dem Gantgerichte abgeliefert.

Rechtliche Beurtheilung und Ordnung der dinglichen und persönlichen Rechte.

Artikel 22. Dingliche Rechte werden nach den Gesetzen des Orts der belegenen Sache beurtheilt und geordnet; über die Rangordnung rein persönlicher Ansprüche und deren Verhältnisse zu den dinglichen Rechten, entscheiden die am Orte des Gantgerichts geltenden Gesetze, und es findet kein Unterschied zwischen in- und ausländischen Gläubigern als solchen statt.

Damit insbesondere bei der Eigenthümlichkeit der Preußischen Hypotheken-Verfassung, die auf den im Preußischen Gebiete gelegenen Grundstücken eingetragenen Gläubiger in ihren Rechten keinen Schaden leiden, hat es in Rücksicht ihrer bei der Absonderung und Vertheilung der Immobiliarmasse nach den

Vor-

Vorschriften der allgemeinen Gerichtsordnung Theil I. Titel 50. §§. 489 — 522. sein Bewenden.

Dinglicher Gerichtsstand.

Artikel 23. Alle Realklagen, desgleichen alle possessorischen Rechtsmittel, wie auch die sogenannten actiones in rem scriptae, müssen, dafern sie eine unbewegliche Sache betreffen, vor dem Gerichte, in dessen Bezirk sich die Sache befindet — können aber, wenn der Gegenstand beweglich ist, auch vor dem persönlichen Gerichtsstande des Beklagten — erhoben werden, vorbehältlich dessen, was auf den Fall des Konkurses bestimmt ist.

Artikel 24. In dem Gerichtsstande der Sache können keine bloß (rein) persönlichen Klagen angestellt werden.

Artikel 25. Eine Ausnahme von dieser Regel findet jedoch statt, wenn gegen den Besitzer unbeweglicher Güter eine solche persönliche Klage angestellt wird, welche aus dem Besitze des Grundstückes, oder aus Handlungen fließt, die er in der Eigenschaft als Gutsbesitzer vorgenommen hat. Wenn daher ein solcher Grundbesitzer

1) die mit seinem Pachter, oder Verwalter, eingegangenen Verbindlichkeiten zu erfüllen, oder
2) die zum Besten des Grundstücks geleisteten Vorschüsse, oder gelieferten Materialien und Arbeiten, zu vergüten sich weigert, oder
3) die Patrimonial-Gerichtsbarkeit oder ein ähnliches Befugniß mißbraucht, oder
4) seine Nachbarn im Besitze stört;
5) sich eines auf das benachbarte Grundstück ihm zustehenden Rechts berühmt, oder
6) wenn er das Grundstück ganz oder zum Theil veräußert, und den Kontrakt nicht erfüllt oder die schuldige Gewähr nicht leistet,

so muß derselbe in allen diesen Fällen bei dem Gerichtsstande der Sache Recht nehmen, wenn sein Gegner ihn in seinem persönlichen Gerichtsstande nicht belangen will.

Artikel 26. Eben so begründet ausnahmsweise auch der Besitz eines Lehngutes, oder die gesammte Hand davon, zugleich einen persönlichen Gerichtsstand.

Erbschaftsklagen.

Artikel 27. Erbschaftsklagen werden da, wo die Erbschaft sich befindet, erhoben, und zwar dergestalt, daß wenn die Erbschaftsstücke zum Theil in dem einen, zum Theil in dem andern Staatsgebiete sich befinden, der Kläger seine Klage zu theilen verbunden ist, ohne Rücksicht, wo der größte Theil der Erbschaftssachen sich befinden mag.

Doch werden alle bewegliche Erbschaftsstücke angesehen, als befänden sie sich an dem Wohnorte des Erblassers.

Aktiv-Forderungen werden ohne Unterschied, ob sie hypothekarisch sind oder nicht, den beweglichen Sachen beigezählt.

Gerichtsstand des Arrestes.

Artikel 28. Ein Arrest darf in dem einen Staate und nach den Gesetzen desselben, gegen den Bürger des anderen Staates ausgebracht und verfügt werden, unter der Bedingung jedoch, daß entweder auch die Hauptsache dorthin gehöre, oder daß sich eine wirkliche gegenwärtige Gefahr auf Seiten des Gläubigers nachweisen lasse.

 Ist

Ist in dem Staate, in welchem der Arrest verhangen worden, ein Gerichtsstand für die Hauptsache nicht begründet; so ist diese nach vorläufiger Regulirung des Arrestes an den zuständigen Richter des anderen Staates zu verweisen. Was dieser rechtskräftig erkennt, unterliegt der allgemeinen Bestimmung im Artikel 2.

Gerichtsstand des Kontraktes.

Artikel 29. Der Gerichtsstand des Kontraktes, vor welchem ebensowohl auf Erfüllung, als wie auf Aufhebung des Kontraktes geklagt werden kann, findet nur dann seine Anwendung, wenn der Kontrahent zur Zeit der Ladung in dem Gerichtsbezirke sich anwesend befindet, in welchem der Kontrakt geschlossen worden ist, oder in Erfüllung gehen soll.

Dieses ist besonders auf die, auf öffentlichen Märkten geschlossenen Kontrakte, auf Viehhandel und dergleichen anwendbar.

Besonders bei Wechsel-Verschreibungen.

Artikel 30. Die Klausel in einer Wechselverschreibung, wodurch sich der Schuldner der Gerichtsbarkeit eines jeden Wechselgerichts, in dessen Gerichtszwang er zu dessen Verfallzeit anzutreffen sey, unterworfen hat, wird als gültig, das hiernach eintretende Gericht, welches die Vorladung bewirkt hat, für zuständig, mithin dessen Erkenntniß für vollstreckbar an den in dem anderen Staate belegenen Gütern anerkannt.

Gerichtsstand geführter Verwaltung.

Artikel 31. Bei dem Gerichtsstande, unter welchem Jemand fremdes Gut oder Vermögen bewirthschaftet oder verwaltet hat, muß er auch auf die aus einer solchen Administration angestellten Klagen sich einlassen, es müßte denn die Administration bereits völlig beendigt, und dem Verwalter über die gelegte Rechnung quittirt seyn. Wenn daher ein aus der quittirten Rechnung verbliebener Rückstand gefordert oder eine ertheilte Quittung angefochten wird, so kann dieses nicht bei dem vormaligen Gerichtsstande der geführten Verwaltung geschehen.

Ueber Intervention.

Artikel 32. Jede ächte Intervention, die nicht eine besonders zu verhandelnde Rechtssache in einen schon anhängigen Prozeß einmischt, sie sey prinzipal oder akzessorisch, betreffe den Kläger oder den Beklagten, sey nach vorgängiger Streit-Ankündigung, oder ohne dieselbe geschehen, begründet gegen den ausländischen Intervenienten die Gerichtsbarkeit des Staates, in welchem der Hauptprozeß geführt wird.

Wirkung der Rechtshängigkeit.

Artikel 33. Sobald vor irgend einem in den bisherigen Artikeln bestimmten Gerichtsstande eine Sache rechtshängig geworden ist, so ist der Streit daselbst zu beendigen, ohne daß die Rechtshängigkeit durch Veränderung des Wohnsitzes oder Aufenthalts des Beklagten gestört oder aufgehoben werden könnte. Die Rechtshängigkeit einzelner Klagsachen wird durch Insinuation der Ladung zur Einlassung auf die Klage für begründet erkannt.

2) In Hinsicht der Gerichtsbarkeit in nicht streitigen Rechtssachen.

Artikel 34. Alle Rechtsgeschäfte unter Lebenden und auf den Todesfall werden, was die Gültigkeit derselben rücksichtlich ihrer Form betrifft, nach den Gesetzen des Orts beurtheilt, wo sie eingegangen sind.

Wenn nach der Verfassung des einen oder des andern Staates die Gültigkeit einer Handlung allein von der Aufnahme vor einer bestimmten Behörde in demselben abhängt, so hat es auch hierbei sein Verbleiben.

Ar-

Artikel 35. Verträge, welche die Begründung eines dinglichen Rechts auf unbewegliche Sachen zum Zweck haben, richten sich lediglich nach den Gesetzen des Ortes, wo die Sachen liegen.

3) In Rücksicht der Strafgerichtsbarkeit.

Artikel 36. Verbrecher und andere Uebertreter von Strafgesetzen werden, so weit nicht die nachfolgenden Artikel Ausnahmen bestimmen, von dem einen Staate dem andern nicht ausgeliefert, sondern wegen der in dem andern Staate begangenen Verbrechen und Uebertretungen von dem Staate, dem sie angehören, zur Untersuchung gezogen und nach dessen Gesetzen gerichtet. Daher findet denn auch ein Kontumazial-Verfahren des andern Staates gegen sie nicht statt.

Auslieferung der Verbrecher.

Rücksichtlich der Forst- und Jagdfrevel in den Grenzwaldungen hat es bei dem zwischen den beiderseitigen Staaten getroffenen besonderen Abkommen sein Bewenden, in solchen Fällen jedoch, wo der Holzdieb nicht vermögend, die Geldstrafe ganz oder theilweise zu erlegen, und wo Gefängnißstrafe eintritt, soll letztere niemals nach der Wahl des Waldeigenthümers in Forstarbeit verwandelt werden können.

Für die Konstatirung eines Forstfrevels, welcher von einem Angehörigen des einen Staats in dem Gebiete des andern verübt worden, soll den offiziellen Angaben und Abschätzungen des kompetenten Forst- und Polizeibeamten des Ortes des begangenen Frevels, die volle gesetzliche, zur Verurtheilung des Beschuldigten hinreichende Beweiskraft von der zur Aburtheilung geeigneten Gerichtsstelle beigelegt werden, wenn dieser Beamte, der übrigens keinen Denunzianten-Antheil an den Strafgeldern und keine Pfandgelder zu genießen hat, nach Maaßgabe des Königlich-Preußischen Gesetzes vom 7ten Juni 1821., vor Gericht auf die wahrheitsmäßige, treue und gewissenhafte Angabe seiner Wahrnehmung und Kenntniß eidlich verpflichtet worden ist.

Artikel 37. Wenn der Unterthan des einen Staates in dem Gebiete des andern wegen eines in diesem letzteren verübten Vergehens oder Verbrechens ebendaselbst zur Untersuchung gezogen worden, vor Abbüßung der Strafe jedoch in seinen Heimathsstaat zurückgekehrt ist, so finden folgende Bestimmungen Anwendung:

Vollstreckung der Straf-Erkenntnisse.

a) Ist diese Rückkehr des Angeschuldigten erst nach Abfassung des rechtskräftigen Erkenntnisses erfolgt, so wird letzteres auf vorgängige Requisition und Mittheilung von dem Heimathsstaate sowohl an der Person, als an den in dem Staatsgebiete befindlichen Gütern des Verurtheilten vollzogen, vorausgesetzt, daß die Handlung, wegen deren die Strafe erkannt worden, auch nach den Gesetzen des requirirten Staats als ein Vergehen oder Verbrechen erscheint, und nicht bloß zu den polizei- oder finanzgesetzlichen Uebertretungen gehört, von welchen der nächstfolgende Artikel handelt.

b) Ist die Rückkehr des Angeschuldigten aber vor der rechtskräftigen Entscheidung geschehen, so steht es dem untersuchenden Gerichte nur frei, unter Mittheilung der Akten bei dem Gerichte der Heimath des Verbrebrechers auf Fortsetzung der Untersuchung und Bestrafung nach Artikel 36. anzutragen.

Die Kosten der Strafvollstreckung müssen in beiden Fällen (a. und b.), wenn der Verbrecher unvermögend ist, von dem requirirenden Gerichte ersetzt werden.

Bedingt zu verstattende Selbststellung.

Artikel 38. Hat ein Unterthan des einen Staates Strafgesetze des andern durch solche Handlungen verletzt, welche in dem Staate, dem er angehört, gar nicht verpönt sind, z. B. durch Uebertretung eigenthümlicher Abgaben-Gesetze, Polizeivorschriften und dergleichen, und welche demnach von diesem Staate auch nicht bestraft werden könnten, so soll auf vorgängige Requisition zwar nicht zwangsweise der Unterthan vor das Gericht des andern Staates gestellt, demselben aber sich selbst zu stellen verstattet werden, damit er sich gegen die Anschuldigungen vertheidigen und gegen das in solchen Fällen zulässige Kontumazial-Verfahren wahren könne.

Doch soll, wenn bei Uebertretung eines Abgabengesetzes des einen Staats dem Unterthan des andern Waaren in Beschlag genommen worden sind, die Verurtheilung, sey es im Wege des Kontumazial-Verfahrens oder sonst, in sofern eintreten, als sie sich nur auf die in Beschlag genommenen Gegenstände beschränkt.

Uebrigens soll durch gegenwärtige Uebereinkunft den Bestimmungen des Zoll-Kartels, welches am 11ten Mai 1833. zwischen Preußen, Kurhessen und dem Großherzogthum Hessen, ferner Bayern und Würtemberg, sodann Sachsen einerseits, und den zu dem Thüringischen Zoll- und Handelsvereine verbundenen Staaten andererseits abgeschlossen worden ist, nichts an Kraft entzogen seyn, es vielmehr bei diesen Bestimmungen durchgehends bewenden.

Artikel 39. Der zuständige Strafrichter darf auch über die aus dem Verbrechen entsprungenen Privat-Ansprüche mit erkennen, wenn wegen derselben von dem Beschädigten adhärirt worden ist.

Auslieferung der Geflüchteten.

Artikel 40. Unterthanen des einen Staates, welche wegen Verbrechen oder anderen Uebertretungen ihr Vaterland verlassen und in den andern Staat sich geflüchtet haben, ohne daselbst zu Unterthanen aufgenommen worden zu seyn, werden nach vorgängiger Requisition, gegen Erstattung aller baaren Auslagen, ingleichen sämmtlicher nach der, bei dem requirirten Gerichte üblichen Taxe zu liquidirenden Gerichtsgebühren aus dem Vermögen des reklamirten Delinquenten, wenn solches dazu hinreicht, ausgeliefert.

Hat aber der Delinquent kein hinreichendes Vermögen, so fallen die Gebühren für die Arbeiten des requirirten Gerichts weg und es werden nur die baaren Auslagen, welche durch die Verhaftnehmung und Unterhaltung des Delinquenten bis zur erfolgten Abholung desselben veranlaßt worden sind, vergütet.

Auslieferung der Ausländer.

Artikel 41. Solche eines Verbrechens oder einer Uebertretung verdächtige Individuen, welche weder des einen noch des andern Staates Unterthanen sind, werden, wenn sie Strafgesetze des einen der beiden Staaten verletzt zu haben beschuldigt sind, demjenigen, in welchem die Uebertretung verübt wurde, auf vorgängige Requisition, gegen Erstattung der Kosten, wie diese im vorigen Artikel bestimmt ist, ausgeliefert; es sey denn, daß der Staat, welchem er als Unterthan angehört, auf die vorher von dem requirirten gemachte Anzeigzeige der Verhaftung, jene Uebertreter selbst reklamirt und ihre Auslieferung zur eigenen Bestrafung in Antrag bringt.

Artikel 42. In denselben Fällen, wo der eine Staat berechtigt ist, die Auslieferung eines Beschuldigten zu fordern, ist er auch verbunden, die ihm von dem andern Staate angebotene Auslieferung anzunehmen.

Verbindlichkeit zur Annahme der Auslieferung.

Artikel 43. In Kriminalfällen, wo die persönliche Gegenwart der Zeugen an dem Orte der Untersuchung nothwendig ist, soll die Stellung der Unterthanen des einen Staates vor das Untersuchungsgericht des andern, zur Ablegung des Zeugnisses, zur Konfrontation oder Rekognition, gegen vollständige Vergütung der Reisekosten und der Versäumniß, nie verweigert werden. Auch in solchen Fällen, wo die Zeugen vor dem requirirten Gerichte abgehört werden, hat das requirirende Gericht die Entschädigung der Zeugen zu bezahlen.

Stellung der Zeugen.

Bei Gestellung der Zeugen an das requirirende Gericht hat die requirirte Behörde die demselben gebührende Vergütungssumme zu verzeichnen und Ersteres bei erfolgter wirklicher Sistirung der Zeugen die Gebühren sofort an diese zu verabreichen. Sofern sie deswegen eines Vorschusses bedürfen, wird das requirirte Gericht zwar die Auslagen davon übernehmen; es sollen selbige jedoch vom requirirenden Gericht auf erhaltene Benachrichtigung ungesäumt wieder erstattet werden.

Artikel 44. Ueberhaupt soll in allen strafrechtlichen Fällen, wo die Kosten niedergeschlagen oder auf die Kasse des Staats oder der Gerichtsherren übernommen werden müssen, die requirirende Stelle des einen Staats lediglich die baaren Auslagen für Botenlohn und Postgelder, für Atzungs- und Verpflegungsgebühren (im weiteren Sinne des Wortes, wo namentlich auch Arzt und Kurkosten, Lagerstroh, Wäsche und nothdürftige Bekleidungsgegenstände darunter begriffen sind), Transport und Bewachung der Gefangenen, so wie für Kopialien zu berechnen und zu erstatten haben; wogegen alle andere Kosten für Protokollirung, Ausfertigung und Mittheilungen, so wie für die an die Gerichts-Beisitzer oder an das Gericht und die Kassen sonst zu entrichtenden Sporteln bei Requisitionen gegenseitig nicht in Anspruch zu nehmen sind.

Beschränkte Verbindlichkeit zur Kostenerstattung zwischen den beiderseitigen Gerichtsstellen.

Artikel 45. Zu Entscheidung der Frage, ob der Delinquent hinreichendes eigenes Vermögen zu Bezahlung der Gerichtsgebühren besitze oder nicht, soll in den beiderseitigen Landen nichts weiter, als das Zeugniß derjenigen Gerichtsstelle erfordert werden, unter welcher der Delinquent seine wesentliche Wohnung hat. Sollte er diese in einem dritten Lande gehabt haben und die Beitreibung der Kosten dort mit Schwierigkeiten verbunden seyn, so wird es so angesehen, als ob er kein hinreichendes eigenes Vermögen besitze.

Form des Nachweises über den Vermögenszustand des Delinquenten.

Artikel 46. Da nunmehr die Fälle genau bestimmt sind, in welchen die Auslieferung der Angeschuldigten oder Gestellung der Zeugen gegenseitig nicht verweigert werden soll, so hat im einzelnen Falle die Behörde, welcher sie obliegt, weder vorgängige reversales de observando reciproco zu erfordern, noch, dafern sie nur eine Provinzialbehörde ist, in der Regel erst die besondere Genehmigung der ihr vorgesetzten Ministerialbehörde einzuholen, es sey denn, daß im einzelnen Falle die Anwendung des Abkommens noch Zweifel zuließe, oder sonst ganz eigenthümliche Bedenken hervorträten. Unterbehörden bleiben aber unter allen Umständen verpflichtet, keinen Menschen außer Landes verbolgen

Wegfall der Reversalien zwischen den beiderseitigen Gerichtsstellen.

Verhalten der Unterbehörden bei Gesuchen um Auslieferung von Verbrechern.

gen zu lassen, bevor sie nicht zu dieser Auslieferung die Autorisation der ihnen unmittelbar vorgesetzten Behörde eingeholt haben.

Ausnahme der Königlich-Preußischen Rheinprovinzen.

Artikel 47. Sämmtliche vorstehende Bestimmungen gelten nicht in Beziehung auf die Königlich-Preußischen Rheinprovinzen. Rücksichtlich dieser hat es bei der Königlich-Preußischen Verordnung vom 2ten Mai 1823. sein Bewenden.]

Dauer des Vertrages.

Artikel 48. Die Dauer dieses Abkommens wird auf zwölf Jahre, vom 1sten September 1834. an gerechnet, festgesetzt.

Erfolgt ein Jahr vor dem Ablaufe keine Aufkündigung von der einen oder der andern Seite, so ist es stillschweigend als auf noch zwölf Jahre weiter verlängert anzusehen.

Gegenwärtige, im Namen Seiner Majestät des Königs von Preußen und Ihrer Durchlauchten der regierenden Fürsten Reuß, jüngerer Linie, zweimal gleichlautend ausgefertigte, Erklärung soll, nach erfolgter gegenseitiger Auswechslung Kraft und Wirksamkeit in den beiderseitigen Landen haben und öffentlich bekannt gemacht werden.

So geschehen Berlin, am 5ten Juli 1834.

Königlich-Preußisches Ministerium der auswärtigen Angelegenheiten.

Ancillon.

Vorstehende Erklärung wird, nachdem sie gegen eine übereinstimmende Erklärung der Fürstlich-Reuß-Plauenschen der jüngeren Linie gemeinschaftlichen Regierung ausgewechselt worden ist, hierdurch zur öffentlichen Kenntniß gebracht.

Berlin, den 4ten August 1834.

Ancillon.

(No. 1547.) Allerhöchste Kabinetsorder vom 19ten Juli 1834., betreffend den Gerichtsstand der zu den Garnisonen in den Bundesfestungen Mainz und Luxemburg gehörigen diesseitigen Militairpersonen und Beamten und ihrer Angehörigen, so wie die auf deren Rechts-Angelegenheiten zur Anwendung kommenden Gesetze.

Auf Ihren gemeinschaftlichen Bericht vom 30sten Juni über den Gerichtsstand der zu den Garnisonen in den beiden Bundesfestungen Mainz und Luxemburg gehörigen diesseitigen Militairpersonen und Beamten und ihrer Angehörigen, so wie über die auf deren Rechts-Angelegenheiten zur Anwendung kommenden Gesetze, setze Ich, mit Bestätigung der sich hierauf beziehenden Verfügungen des Militair-Justizdepartements vom 26sten Juni und vom 25sten September 1816., Folgendes fest:

1) Die zu den Garnisonen der Bundesfestungen Mainz und Luxemburg gehörigen diesseitigen Militairpersonen und Beamten, die sich daselbst mit Meiner

Er-

Erlaubniß aufhaltenden, auf Inaktivitätsgehalt oder Pension stehenden Offiziere, Letztere, so lange sie in Kriminal- oder Injuriensachen den Militairgerichtsstand behalten, deren Ehefrauen, Kinder, Angehörigen, welche als zu ihrem Hausstande gehörig zu betrachten, und Dienstboten mit ihren Ehefrauen und Kindern, insofern diese Angehörigen und Dienstboten Preußische Unterthanen sind, endlich die Wittwen und geschiedenen Ehefrauen, so lange sich dieselben nach dem Tode ihrer Ehegatten, oder nach rechtskräftig erfolgter Scheidung zum Zwecke der Regulirung ihrer Angelegenheiten und bis diese erfolgt ist, als worüber im Zweifel die Gouvernementsgerichte zu entscheiden haben, in den Bundesfestungen aufhalten; stehen in allen ihren civilrechtlichen Verhältnissen unter der Gerichtsbarkeit Meiner dortigen Gouvernementsgerichte, welchen in allen Angelegenheiten der streitigen und freiwilligen Gerichtsbarkeit die Jurisdiktion übertragen worden ist, und welche sich hierbei lediglich nach den Vorschriften des Allgemeinen Landrechts und der Allgemeinen Gerichtsordnung und den dazu ergangenen späteren gesetzlichen Bestimmungen zu achten haben. Ebenso wird in allen Angelegenheiten, wo es auf Untersuchung und Bestrafung ankommt, von den Gouvernements-Gerichten nicht nur die Untersuchung geführt, sondern auch nach dem §. 19. der Kriminalordnung und der Verordnung vom 11ten März 1818. in allen Fällen, in welchen die Strafe nur 50 Rthlr. oder vierwöchentliches Gefängniß beträgt, gegen diejenigen Individuen, welche nicht schon nach allgemeinen gesetzlichen Bestimmungen in Untersuchungssachen der Militairgerichtsbarkeit unterworfen sind, erkannt.

2) Das Ober-Landesgericht in Hamm wird fortfahren, in denen hierdurch den Gouvernementsgerichten delegirten Sachen, die Aufsicht über die Gouvernementsgerichte zu führen und in den Prozessen, worin dieselben erkannt haben, sofern es die Gesetze überhaupt verstatten, in zweiter Instanz zu erkennen. Es ist berechtigt, wenn der Auditeur des Gouvernementsgericht bei einer gerichtlichen Angelegenheit persönlich betheiligt ist, oder rekusirt wird, und wenn es sich von einem Gehalts-Abzugsverfahren, bei dem mehrere Gläubiger konkurriren, handelt, diese Sachen an sich zu ziehen und darin, so wie in dem am Schlusse der vorigen Paragraphen gedachten Falle in erster Instanz selbst zu erkennen. Von diesen Erkenntnissen erster Instanz ist der Instanzenzug derselbe, wie von allen übrigen Erkenntnissen erster Instanz des gedachten Ober-Landesgerichts.

3) Bei Aufnahme der gerichtlichen Erklärungen und Verträge soll in Mainz der bei der Inspektion der Besatzung angestellte Auditeur und in Luxemburg der Aktuar den Auditeur des Gouvernementsgerichts in Verhinderungs-Fällen vertreten; bei Testaments-Aufnahmen aber sollen im Nothfalle die §§. 194. und 200. des Titels XII. Theil I. des Allgemeinen Landrechts zur Anwendung kommen. Diese Vorschrift findet auch auf frühere Handlungen Anwendung; es sollen dieselben gültig seyn, wenn deren Aufnahme durch die hier benannten Personen und unter Beobachtung der in den bezogenen Gesetzstellen ertheilten Anweisungen erfolgt ist. — §. 17. der Einleitung zum Allgemeinen Landrecht. Die Verhandlungen sind übrigens nach erfolgter Aufnahme an das Ober-Landesgericht zu Hamm zu senden, um dem Befunde nach die weitere gesetzliche Verfügung zu treffen.

4) Es wird nachgegeben, daß die im ersten Paragraphen genannten Personen mit den Einwohnern gedachter Städte und fremden Unterthanen, soweit es gültigerweise geschehen kann, mündlich unter Privat-Unterschrift, oder vor einem dortigen Notar, Verträge abschließen können, und wird in diesen Fällen die Gültigkeit derselben, hinsichtlich ihrer Form, in Gemäßheit des §. 111. Tit. V. Th. I. des Allgemeinen Landrechts auch von den diesseitigen Gerichten nach den dortigen Landesgesetzen beurtheilt.

5) Die Einwirkung der Gouvernementsgerichte auf die Nachlaß-Regulirungen und auf das Vormundschaftswesen beschränkt sich auf die zur Sicherstellung, Inventarisation, und etwanigen Versilberung des Nachlasses und zum Besten der Pflegebefohlenen nothwendigen ersten Einleitungen, worauf die Akten dem Ober-Landesgerichte zu Hamm einzureichen sind, um sie an das Gericht abzugeben, welches nach den Gesetzen kompetent ist, den Nachlaß zu reguliren und die obervormundschaftliche Aufsicht zu führen, oder wenn kein solches vorhanden ist, diese Geschäfte selbst zu übernehmen.

6) Das Ober-Landesgericht zu Hamm und die Gouvernementsgerichte verwalten die Justiz nach den Vorschriften der allgemeinen Preußischen Gesetzgebung, mit Berücksichtigung der Personal- und Realstatute nach §§. 23. und 32. der Einleitung zum Allgemeinen Landrecht. Mit der zu 4. gedachten Ausnahme hinsichtlich der Form der Verträge mit Fremden, erkennen sie hinsichtlich ihrer Auslegung und rechtlichen Folgen nach den Grundsätzen des Preußischen Rechts, wenn diese Verträge auch mit Fremden, nach den Formen ausländischer Gesetze geschlossen worden, und die aus den, nach den Preußischen oder fremden Formen während ihres Aufenthalts in den Bundesfestungen von den im ersten Paragraphen bezeichneten Personen geschlossenen Verträgen, erworbenen Rechte und übernommenen Verpflichtungen, erleiden durch die später erfolgte Versetzung derselben, oder durch ihren freiwilligen Umzug in das Preußische Staatsgebiet keine Veränderungen, sollten auch die Allgemeinen Preußischen Gesetze an dem Orte, wo sie ihr neues Domizil nehmen, noch nicht eingeführt seyn.

Sie haben diese Bestimmungen durch die Gesetz-Sammlung bekannt zu machen und die erforderlichen Anweisungen an die betreffenden Gerichte zu erlassen.

Teplitz, den 19ten Juli 1834.

Friedrich Wilhelm.

An die Staats- und Justizminister v. Kamptz und Mühler
und den Staats- und Kriegsminister, General-Lieutenant
v. Witzleben.

Gesetz-Sammlung
für die
Königlichen Preußischen Staaten.

No. 18.

(No. 1548.) Allerhöchste Kabinetsorder vom 10ten Juni 1834., betreffend die Aufsicht des Staats über Privatanstalten und Privatpersonen, die sich mit dem Unterrichte und der Erziehung der Jugend beschäftigen.

Nach den Vorschriften des Landrechts haben Privatanstalten und Privatpersonen, die sich mit dem Unterrichte und der Erziehung der Jugend gewerbweise beschäftigen wollen, bei derjenigen Behörde, welche die Aufsicht über das Schul- und Erziehungswesen des Ortes führt, ihre Tüchtigkeit zu dem Geschäfte zuvor nachzuweisen und das Zeugniß derselben sich auszuwirken. Durch die Bestimmungen des Gewerbe-Polizeigesetzes vom 7ten September 1811. §§. 83—86. sind die landrechtlichen Vorschriften zum Theil abgeändert worden; da die Erfahrung jedoch ergeben hat, daß hieraus Mißbräuche und wesentliche Nachtheile für das Erziehungs- und Unterrichtswesen entstehen, so habe Ich Mich bewogen gefunden, die Bestimmungen des Gewerbe-Polizeigesetzes, insoweit sie die Vorschriften des Landrechts abändern, wieder aufzuheben, und das Erforderniß der nachzuweisenden Qualifikation für diejenigen Personen, welche Privatschulen und Pensionsanstalten errichten, oder ein Gewerbe daraus machen, Lehrstunden in den Häusern zu geben, in Gemäßheit der landrechtlichen Vorschriften §§. 3. und 8. Tit. 12. P. II. herzustellen und festzusetzen, daß ohne das Zeugniß der örtlichen Aufsichtsbehörde keine Schul- und Erziehungsanstalt errichtet, auch ohne dasselbe Niemand zur Ertheilung von Lehrstunden als einem Gewerbe zugelassen werden darf. Diese Zeugnisse sollen sich nicht auf die Tüchtigkeit zur Unterrichts-Ertheilung in Beziehung auf Kenntnisse beschränken, sondern sich auf Sittlichkeit und Lauterkeit der Gesinnungen in religiöser und politischer Hinsicht erstrecken. Die betreffende Aufsichtsbehörde soll indeß nicht befugt seyn, solche Zeugnisse für Ausländer auszufertigen, bevor die Genehmigung des Ministeriums des Innern und der Polizei erfolgt ist. In welcher Art hierbei zu verfahren, haben Sie, die Minister der geistlichen und Unterrichts-Angelegenheiten und der Polizei, gemeinschaftlich zu berathen und über die den Lokalbehörden zu ertheilende Instruktion sich zu vereinigen. Das Staatsministerium hat diese für den ganzen Umfang der

(Ausgegeben zu Berlin den 13ten August 1834.)

der Monarchie in Anwendung zu bringenden Vorschriften durch die Gesetz-Sammlung bekannt zu machen.

Berlin, den 10ten Juni 1834.

Friedrich Wilhelm.

An das Staatsministerium.

(No. 1549.) Verordnung wegen Einrichtung der Rheinzoll-Gerichte und des gerichtlichen Verfahrens in den Rheinschiffahrts-Angelegenheiten. Vom 30sten Juni 1834.

Wir Friedrich Wilhelm, von Gottes Gnaden, König von Preußen &c. &c.

Zur Vollziehung der Bestimmungen, welche die am 31sten März 1831. zu Mainz abgeschlossene und am 19ten Mai 1831. von Uns ratifizirte Uebereinkunft unter den Uferstaaten des Rheins in dem von den Gerichten in streitigen Rheinschiffahrts-Angelegenheiten handelnden achten Titel enthält, verordnen Wir auf den Antrag Unsers Staatsministeriums und nach erfordertem Gutachten einer von Uns aus Mitgliedern des Staatsraths ernannten Kommission, wie folgt:

Erster Titel.

Einrichtung der Rheinzoll-Gerichte.

§. 1. Zu Rheinzoll-Gerichten werden bestellt:

1) im Regierungsbezirke Coblenz

für die linke Rheinseite die Friedensgerichte St. Goar, Boppard, Metternich (welches seinen Sitz in Coblenz hat), Andernach und Sinzig; für die rechte Rheinseite die Justizämter Ehrenbreitstein, Neuwied und Linz. Der ordentliche Bezirk dieser Gerichte bildet zugleich deren Bezirk als Zollgerichte; der Bezirk des Zollgerichts St. Goar wird sich jedoch auch über den Bezirk des Friedens-Gerichts Stromberg, der Bezirk des Zollgerichts Metternich über den Bezirk des Friedensgerichts Coblenz, und der Bezirk des Zollgerichts Neuwied über den Bezirk des Justizamts Bendorf erstrecken.

2) im Regierungsbezirke Cöln

für die linke Rheinseite das Friedensgericht der Stadt Bonn Nr. 1. und das Friedensgericht der Stadt Cöln Nr. 1.; für die rechte Rheinseite die Friedensgerichte Königswinter und Mühlheim. Der Bezirk des Zollgerichts Bonn umfaßt zugleich den Bezirk des Friedensgerichts Nr. 2. daselbst; der Bezirk des Zollgerichts Cöln erstreckt sich von der Grenze des Zollgerichts Bonn bis zur

zur Grenze des Bezirks des Friedensgerichts Dormagen und über die Bürgermeisterei Deutz; der Bezirk des Zollgerichts Königswinter von der Grenze des Justizamts Linz bis zur Grenze der Bürgermeisterei Deutz; der Bezirk des Friedensgerichts Mühlheim ist zugleich der des Zollgerichts.

3) im Regierungsbezirke Düsseldorf

für die linke Rheinseite die Friedensgerichte Dormagen, Neuß, Uerdingen, Rheinberg und Xanten, und für die rechte Rheinseite das Friedensgericht Düsseldorf und die Land- und Stadtgerichte Duisburg, Wesel und Emmerich. Die ordentlichen Bezirke dieser Gerichte bilden zugleich deren Bezirke als Zollgerichte; jedoch erstreckt sich der Bezirk des Zollgerichts Xanten von der Grenze des Friedensgerichts Rheinberg bis zur Holländischen Grenze, und der Bezirk des Zollgerichts Düsseldorf von der Grenze des Friedensgerichts Mühlheim bis zur Grenze des Land- und Stadtgerichts Duisburg.

§. 2. Bei den Land- und Stadtgerichten Duisburg, Wesel und Emmerich wird die Gerichtsbarkeit in den Rheinschiffahrts-Angelegenheiten durch eine Deputation verwaltet, die aus einem von dem vorgesetzten Ober-Landesgerichte zu ernennenden Gerichtsmitgliede und Gerichtsschreiber besteht. Die Deputation führt den Titel: Rheinzoll-Gericht, und das dazu ernannte Gerichtsmitglied den Titel: Rheinzoll-Richter.

§. 3. Ist der Friedensrichter oder Justizamtmann verhindert, sein Amt als Zollrichter wahrzunehmen, so wird er auch hierin durch denjenigen Richter vertreten, welcher ihn sonst in Civilsachen zu vertreten hat. Bei den Land- und Stadtgerichten erfolgt in Verhinderungsfällen die Vertretung des Zollrichters durch eins der übrigen Gerichtsmitglieder, welches von dem vorgesetzten Ober-Landesgericht dazu bleibend bestellt wird.

§. 4. Der dritte Senat des Rheinischen Appellations-Gerichtshofes zu Cöln ist das Appellationsgericht in den zur Kompetenz der Rheinzoll-Gerichte gehörigen Sachen, soweit solche nicht von den Betheiligten, nach der ihnen zustehenden Wahl, zur Entscheidung zweiter Instanz an die Rheinschiffahrts-Central-Kommission gebracht werden.

§. 5. Als Fiskal zum Betrieb der Streitsachen fungirt bei jedem Rheinzoll-Gericht ein von der Regierung zu bestimmender Verwaltungsbeamter.

§. 6. Die Boten- und Exekutionsgeschäfte werden in den Rheinschiffahrtssachen durch die Gerichtsvollzieher und Gerichtsdiener besorgt, welchen sonst jene Geschäfte obliegen.

§. 7. Anwalte und Justizkommissarien werden bei den Zollgerichten nicht angestellt; es können sich jedoch sowohl in Straf- als Civilsachen die Betheiligten durch Bevollmächtigte vertreten lassen.

§. 8. In dem Geschäftslokale des Rheinzoll-Gerichts, des Rheinzoll-Amtes und

und in dem Gemeinehause wird eine Anzeige öffentlich ausgehängt, in welcher die Namen des Zollrichters und des Fiskals und die Grenze des Zollgerichts-Sprengels angegeben sind.

§. 9. Das Appellationsgericht und die Rheinzoll-Gerichte führen ein Siegel mit dem Königlichen Adler und der Umschrift: „Königlich-Preußisches Appellationsgericht in Rheinschiffahrts-Angelegenheiten" und nach Unterschied: „Königlich-Preußisches Rheinzoll-Gericht zu . . . ."

Zweiter Titel.

Kompetenz der Rheinzoll-Gerichte.

§. 10. Die Kompetenz der Rheinzoll-Gerichte richtet sich nach Artikel 64. 81. 83. der Rheinschiffahrts-Ordnung, und nach §. 1. dieser Verordnung. Hat die Kontravention oder die den Civil-Anspruch begründende Thatsache auf dem Strome stattgefunden, so hat im ersten Fall der Fiskal, im zweiten der Civilkläger die Wahl zwischen Unsern Zollgerichten beider anstoßenden Ufer.

§. 11. Entdeckt sich bei einer Untersuchung wegen Defraudation von Rheinschiffahrts-Abgaben, daß auch ein anderer Rheinstaat von dem Angeschuldigten an seinem Rechte verkürzt worden ist, so hat das Rheinzoll-Gericht nach Vorschrift der Rheinschiffahrts-Ordnung Artikel 83. auch hierüber die Untersuchung auszudehnen und das Erkenntniß abzufassen.

Dritter Titel.

Feststellung und Verfolgung der Kontraventionen.

§. 12. Die Zoll-, Steuer-, Polizei- und Kommunalbeamten, welche eine Kontravention gegen die Rheinschiffahrts-Ordnung entdecken, haben darüber ein Protokoll aufzunehmen, in welchem die Umstände des Vorfalls genau angegeben seyn müssen. Wird der Kontravenient auf der That betroffen, so muß das Protokoll in seiner Gegenwart aufgenommen und ihm zur Unterschrift vorgelegt werden: verweigert er die Unterschrift, so ist hiervon im Protokoll Erwähnung zu thun.

Wenn der Kontravenient sich nicht bereit erklärt, die verwirkte Strafe nach Vorschrift des §. 57. ohne richterliches Erkenntniß zu entrichten, so wird er sofort dem Fiskale bei dem nächsten Zollgerichte unter Behändigung des Protokolls vorgeführt, auf dessen Antrag das Zollgericht den Kontravenienten, Falls er vor ausgemachter Sache die Reise fortsetzen will, zur Wahl eines am Orte des Zollgerichts befindlichen Domizils, in welchem die Insinuationen an ihn geschehen können, und nach Umständen zur Bestellung der zu leistenden Kaution anhält. Wird die Wahl eines Domizils verweigert, so ist dem Kontravenien-

ten

ten zu Protokoll zu eröffnen, daß die Insinuationen an ihn zu Händen des Gerichtsschreibers erfolgen und von diesem ihm durch die Post werden zugeschickt werden.

§. 13. Die Aufnahme des Protokolls, bei welcher der Kontravenient nicht zugezogen werden kann, muß binnen drei Tagen nach Entdeckung der Kontravention geschehen.

§. 14. Das vorschriftsmäßig aufgenommene Protokoll hat in Betreff der Thatsachen, welche der Beamte darin aus eigener Wahrnehmung bekundet, bis zum Beweise des Gegentheils vollen Glauben.

§. 15. Im Fall des §. 13. wird das Protokoll unter Mittheilung der etwa außerdem vorhandenen Beweismittel binnen drei Tagen dem Fiskale bei dem betreffenden Zollgerichte zugestellt. Ist mit der Kontravention gegen die Rheinschiffahrts-Ordnung noch ein anderes Vergehen verbunden, so hat der Beamte, welcher das Protokoll aufgenommen hat, eine von ihm zu beglaubigende Abschrift desselben gleichzeitig an die Behörde zu senden, welcher die Verfolgung dieses Vergehens obliegt.

§. 16. Anzeigen über Kontraventionen, über die keine amtliche Protokolle aufgenommen worden sind, werden gleichfalls bei dem Fiskale angebracht, welcher, wenn sie nicht die Erforderniße vollständiger Anklagen besitzen, zuvörderst ihre Ergänzung zu bewirken hat.

§. 17. Wenn der Kontravenient zugegen ist (§. 12.), muß der Fiskal sofort, außerdem aber binnen kurzer Frist und, wenn eine protokollarische Feststellung der Kontravention erfolgt ist, spätestens binnen drei Tagen nach dem Empfange des Protokolls, die Anklage dem Zollgerichte übergeben.

§. 18. Die Verfolgung der Kontravention zum Zweck der Bestrafung ist verjährt, wenn die Vorladung dem Angeschuldigten nicht innerhalb Jahresfrist, vom Tage der verübten Kontravention angerechnet, behändigt worden ist.

Vierter Titel.
Verfahren vor Gericht.

Erster Abschnitt.
Verfahren in Strafsachen.

§. 19. Wenn der Kontravenient zur Stelle ist und demselben vor ausgemachter Sache die Fortsetzung der Reise nicht gestattet wird, so muß auf die von dem Fiskale dem Zollgerichte übergebene Anklage die Verhandlung und Entscheidung der Sache ohne Verzug erfolgen. In allen andern Fällen bestimmt das Zollgericht auf den Antrag des Fiskals einen Tag zur Verhandlung der Sache und verfügt die Vorladung des Angeschuldigten und der Zeugen.

gen. Der Angeschuldigte wird unter der Verwarnung vorgeladen, daß er im Falle des Nichterscheinens als der angeschuldigten That geständig werde betrachtet und demgemäß nach den Gesetzen gegen ihn werde erkannt werden.

§. 20. Zwischen dem Tage der Insinuation der Vorladung und dem Tage der Verhandlung vor Gericht muß dem Angeschuldigten, wenn er in dem landräthlichen Kreise, worin der Sitz des Zollgerichts sich befindet, wohnt, oder am Gerichtssitze ein Domizil gewählt hat, eine zehntägige, wenn er außerhalb jenes Kreises in der Rheinprovinz wohnt, eine funfzehntägige, wenn er in einer andern Provinz der Monarchie oder in einem andern Rheinufer-Staate wohnt, eine einmonatliche und, wenn er in einem sonstigen auswärtigen Staate wohnt, eine zweimonatliche Frist frei bleiben.

§. 21. Bei einer nach Vorschrift des §. 12. zu Händen des Gerichtsschreibers zu bewirkenden Vorladung finden eben diese Fristen statt, werden aber von dem Tage, wo die Vorladung zur Post gegeben worden ist, gerechnet. Auch bedarf es in diesem Falle zur Begründung des Kontumazialverfahrens nur einer Bescheinigung der Postanstalt, daß ihr die Vorladung zur Absendung übergeben worden ist.

§. 22. Die vorstehenden Fristen (§§. 20. und 21.) können auf den übereinstimmenden Antrag der Betheiligten vom Gerichte abgekürzt werden.

§. 23. Bei Defraudation der in der Rheinschiffahrts-Ordnung Art. 81. b. bezeichneten Abgaben kann die betreffende Verwaltungsbehörde neben dem Fiskale als Klägerin auftreten und ihre Rechte besonders wahrnehmen. Gleiche Befugniß hat in Strafsachen, die zugleich einen Civil-Anspruch begründen, jeder Betheiligte, auf dessen Antrag in den Straf-Erkenntnissen auch über den Civil-Anspruch zu entscheiden ist.

§. 24. Erscheint auf gehörige Vorladung der Angeschuldigte in der zur Verhandlung der Sache angesetzten Gerichtssitzung nicht, so wird gegen ihn auf den Antrag des Fiskals oder Civilklägers, der in der Vorladung enthaltenen Verwarnung gemäß, in contumaciam erkannt.

§. 25. Das Kontumazial-Urtheil, welchem die Entscheidungsgründe beigefügt seyn müssen, wird dem Angeschuldigten in gleicher Art, wie die Vorladung, insinuirt, welchem dagegen innerhalb der für die Vorladung bestimmten Fristen (§§. 20. und 21.) die Opposition (Restitutionsgesuch) zusteht.

§. 26. Die Opposition muß auf der Kanzlei des Zollgerichts schriftlich oder zu Protokoll eingelegt, und damit die Wahl eines Domizils am Gerichtssitze zum Behuf der zu bewirkenden Insinuationen verbunden werden.

§. 27. Wird die Opposition nicht innerhalb der bestimmten Frist angebracht oder damit nicht die Wahl eines Domizils verbunden, so geht mit Ablauf der Frist das Kontumazial-Urtheil in die Rechtskraft über und wird von

dem

dem Gericht für vollstreckbar erklärt. Dem Angeschuldigten ist dieses Präjudiz in dem Kontumazial-Urtheil selbst im Voraus anzukündigen.

§. 28. Auf gehörige Einlegung der Opposition bestimmt das Gericht einen anderweitigen Tag zur Verhandlung der Sache, und ladet dazu die Betheiligten, unter abschriftlicher, auf Kosten des Opponenten zu bewirkender Zufertigung der Opposition an den Fiskal und Civilkläger, vor.

§. 29. Erscheint der Angeschuldigte in der zur anderweitigen Verhandlung angesetzten Gerichtssitzung nicht, so wird die Opposition als nicht angebracht angesehen und das Kontumazial-Urtheil auf den Antrag des Fiskals oder Civilklägers für rechtskräftig und vollstreckbar erklärt; erscheint aber der Angeschuldigte, so wird das Kontumazial-Urtheil als nicht ergangen betrachtet und in der Sache nach den nachfolgenden Vorschriften weiter verfahren.

§. 30. Wenn der Angeschuldigte sich auf die Vorladung vor Gericht gestellt hat, so wird der Fiskal und der Civilkläger mit seinen Anträgen und sodann der Angeschuldigte mit seiner Vertheidigung mündlich vernommen; nachdem durch die gegenseitigen Erklärungen die Sache hinlänglich erörtert worden, nimmt das Gericht die Resultate der mündlichen Verhandlung und die Anträge der Betheiligten zu Protokoll, wobei der Angeschuldigte und der Civilkläger, wenn sie nicht schon ein Domizil am Gerichtssitze haben, ein solches Behufs der Insinuationen wählen müssen.

§. 31. Nach Vernehmung der Betheiligten wird mit Aufnahme der zur Stelle vorhandenen Beweismittel verfahren und, wenn die Sache zum Urtheile reif ist, dasselbe sogleich erlassen und publizirt, sonst aber das Weitere wegen Fortsetzung der Sache angeordnet und den Betheiligten bekannt gemacht. Nur aus erheblichen Gründen kann die Publikation des Urtheils zu einer andern, nicht über acht Tage entfernten Sitzung, zu welcher die Betheiligten vor ihrer Entlassung vom Gerichte mündlich zu bescheiden sind, ausgesetzt werden.

§. 32. In dem Urtheile muß die Kontravention nach der pflichtmäßigen Ueberzeugung des Richters entweder für erwiesen, oder für nicht erwiesen erklärt werden; auf außerordentliche Strafen, oder auf Freisprechung von der Instanz, darf das Gericht nicht erkennen. Die Freisprechung des Kontravenienten wegen Unzulänglichkeit des Beweises hindert jedoch den Civilkläger nicht, seine Ansprüche weiter zu verfolgen.

§. 33. Die Urtheile und Vorbescheide müssen die Thatumstände, welche der Untersuchung zum Grunde liegen, die Fragen, auf welche es nach den beiderseitigen Erklärungen ankommt, und die Entscheidungsgründe enthalten.

§. 34. Die Ausfertigungen der Urtheile müssen den Betheiligten binnen drei Tagen nach Publikation derselben insinuirt werden.

§. 35. Die Appellation ist nur gegen Urtheile, nicht gegen Vorbescheide zulässig.

zulässig. Sie kann jedoch auch Beschwerden gegen Vorbescheide mit umfassen; namentlich gilt dies von solchen Vorbescheiden, durch welche das Zollgericht sich gegen den Antrag eines der Betheiligten für kompetent erklärt.

§. 36. Die Appellation kann nicht nur gegen kontradiktorisch erlassene, sondern auch gegen Kontumazial-Urtheile eingelegt werden, in welchem letzten Fall sie an die Stelle der Opposition tritt.

§. 37. Die Appellation steht sowohl dem Angeschuldigten, als dem Fiskal und dem Civilkläger zu, wenn der Gegenstand des Antrages des Fiskals und des Civilklägers unter Beirechnung der Akzessorien, jedoch mit Ausschluß der Untersuchungskosten, über 50 Franken (13 Thaler — Sgr. 6 Pf.) beträgt, oder wenn bei einem geringeren Gegenstande das Urtheil wegen Inkompetenz des Gerichts angefochten wird.

§. 38. Die Appellation muß binnen zehn Tagen, von der Insinuation des Urtheils angerechnet, durch eine auf der Kanzlei des Zollgerichts zu Protokoll zu gebende Erklärung eingelegt, und es müssen bei Verlust des Rechsmittels in derselben die Beschwerdepunkte bestimmt ausgedrückt werden. Dem in contumaciam Verurtheilten steht jedoch zur Einlegung der Appellation, wenn er diese mit Uebergehung der Opposition ergreift, die für letztere vorgeschriebene Frist zu. Abschrift des Protokolls, welches über die Appellations-Anmeldung aufgenommen worden ist, muß auf Kosten des Appellanten dem Gegner binnen drei Tagen nach der Aufnahme zugestellt werden.

§. 39. Wird in einer Sache, welche wegen Geringfügigkeit des Gegenstandes nicht appellationsfähig ist, die Appellation angemeldet, so ist zwar hierüber ein Protokoll aufzunehmen, das Zollgericht aber hat die Verpflichtung, sein Urtheil sofort für vollstreckbar zu erklären.

§. 40. Der Appellant, welcher die Sache zur Entscheidung der Central-Kommission zu bringen beabsichtigt, muß dieses sogleich bei Einlegung der Appellation ausdrücklich erklären; in Ermangelung einer solchen Erklärung gehört die Entscheidung vor das Appellationsgericht.

§. 41. Auf die Einlegung der Berufung an die Central-Kommission ist das Urtheil erster Instanz, nach Vorschrift des Artikels 86. der Rheinschiffahrts-Ordnung, für provisorisch vollstreckbar zu erklären, und hiernächst nach Art. 88. weiter zu verfahren.

§. 42. Die Berufung an das Appellationsgericht suspendirt jederzeit die Vollstreckung des Urtheils erster Instanz.

§. 43. Binnen vier Wochen nach Einlegung der Appellation hat der Appellant die Ausführung der Beschwerden auf der Kanzlei des Zollgerichts schriftlich zu überreichen oder zu Protokoll zu geben; das Gericht theilt dieselbe auf Kosten des Appellanten dem Appellaten unverzüglich mit, um binnen vier

Wochen

Wochen nach geschehener Insinuation seine Gegenausführung einzureichen. Beide Fristen sind präklusivisch.

§. 44. Nach erfolgtem Schriftwechsel, oder nach fruchtlosem Ablaufe der vorstehend dem Appellanten und, nach Unterschied, dem Appellaten bewilligten Frist, werden die Akten an das Appellationsgericht eingesandt, welches auf den in Beiseyn eines Mitgliedes des öffentlichen Ministeriums gehaltenen schriftlichen Vortrag eines Referenten längstens in Monatsfrist das Urtheil, oder, wenn es noch eine nähere Ermittelung für nothwendig hält, den Vorbescheid erläßt. Die Urtheile und Vorbescheide werden nach Vorschrift des §. 33. abgefaßt.

§. 45. Die Erledigung des Vorbescheides wird bei dem Zollgerichte, an welches zu dem Ende die Akten zurückgehen, bewirkt. Hiernächst werden die Akten zur Abfassung des Urtheils an das Appellationsgericht wieder eingesandt.

§. 46. Das Urtheil wird durch das Zollgericht, welchem dasselbe in der erforderlichen Anzahl von Ausfertigungen mit den Akten zu übersenden ist, den Betheiligten statt der Publikation insinuirt.

§. 47. Gegen die Entscheidung des Appellationsgerichts findet ein ferneres Rechtsmittel, und namentlich das der Kassation, nicht statt.

§. 48. In allen Fällen, wo eine Kaution zu bestellen ist, entscheidet das Zollgericht, ohne daß eine weitere Berufung stattfindet, sowohl über die Verpflichtung zur Leistung der Kaution, als über deren Höhe und Annehmbarkeit, welche nach den allgemeinen gesetzlichen Vorschriften zu ermessen ist. Oeffentliche Behörden sind von der Verbindlichkeit zur Kautionsleistung befreit.

§. 49. Bei dem ganzen Verfahren findet so wenig in erster, als in zweiter Instanz der Gebrauch von Stempelpapier und die Anwendung von Sporteltaxen für die Richter und Gerichtsschreiber statt; die Betheiligten haben keine andere Kosten, als solche zu tragen, die durch Zeugen oder Sachverständige und deren Vorladung, durch Insinuationen, Porto u. s. w. veranlaßt und nach der bei den betreffenden Gerichten für andere Streitsachen eingeführten Taxordnung liquidirt werden.

Zweiter Abschnitt.

Verfahren in Civilsachen.

§. 50. In Civilsachen tritt das im ersten Abschnitte vorgeschriebene Verfahren ein, soweit nicht nachstehend eine Abänderung getroffen worden ist.

§. 51. Der Fiskal fungirt in Civilsachen nicht bei den Zollgerichten; bei dem Appellationsgerichte muß der Beamte des öffentlichen Ministeriums in derselben Weise, wie es §. 44. vorgeschrieben ist, zugezogen werden.

§. 52. Die Klage wird mündlich auf der Kanzlei des Zollgerichts angebracht und zu Protokoll genommen.

§. 53. In Ansehung der Stempel und Sporteln findet die Vorschrift des §. 49. Anwendung.

Fünfter Titel.

Strafen der Kontraventionen.

§. 54. Insofern die zur Kompetenz der Rheinzoll-Gerichte gehörigen Uebertretungen der Vorschriften der Rheinschiffahrts-Ordnung in letzterer nicht mit besonderen Strafen bedroht sind, tritt eine Geldbuße bis zu Fünf Thalern ein. Sämmtlichen Geldstrafen wird für den Unvermögensfall eine verhältnißmäßige Gefängnißstrafe substituirt.

Sechster Titel.

Vollstreckung der Urtheile.

§. 55. Die Vollstreckung der Urtheile erfolgt nach den in den betreffenden Landestheilen geltenden allgemeinen gesetzlichen Vorschriften. Wenn hiernach die Vollstreckung nicht unmittelbar von dem Rheinzoll-Gerichte bewirkt wird, so wird von letzterem das Urtheil mit einem Atteste über die Vollstreckbarkeit desselben ausgefertigt und in Strafsachen dem Fiskal von Amtswegen, in anderen Sachen aber den Betheiligten auf deren Ansuchen zugestellt, um auf den Grund desselben die Exekution bei der betreffenden Behörde in Antrag zu bringen.

§. 56. Die von den Rheinzoll-Gerichten in anderen Rheinstaaten erlassenen Urtheile werden, wenn sie nach Artikel 85. der Rheinschiffahrts-Ordnung in Preußischem Gebiet vollstreckt werden sollen, zuvor von dem Appellations-Gerichte in den Rheinschiffahrts-Angelegenheiten, ohne neue Prüfung ihres Inhalts, für vollstreckbar erklärt; diese Erklärung erfolgt kostenfrei.

Siebenter Titel.

Administrative Erledigung der Kontravention.

§. 57. Wenn der Kontravenient nach der Bestimmung der Rheinschiffahrts-Ordnung Artikel 81. litt. a. sich bereit erklärt, ohne richterliches Erkenntkenntniß die verwirkte Strafe zu entrichten, so nimmt die betreffende Verwaltungsbehörde hierüber ein Protokoll auf, welches die Bezeichnung der Kontravention, den Betrag der verwirkten Strafe, die Erklärung des Kontravenienten, daß er sich freiwillig der Strafe unterwerfe, und die Bemerkung über die erfolgte Zahlung der Strafe und der Abgaben enthalten muß. Gegen diese administrative Erledigung ist der Rekurs an die Gerichte nicht zulässig.

Urkundlich ist diese Verordnung von Uns Höchsteigenhändig vollzogen und mit Unserem Königlichen Insiegel bedruckt worden.

Gegeben Berlin, den 30sten Juni 1834.

(L. S.) Friedrich Wilhelm.

Carl, Herzog zu Mecklenburg.
v. Kamptz. Mühler.

Beglaubigt:
Friese.

(No. 1550.) Verordnung wegen Anwendung der Rheinschiffahrts-Ordnung und der Verordnung über die Rheinzoll-Gerichte ꝛc. vom heutigen Tage auf die Binnenschiffahrt am Rhein. Vom 30sten Juni 1834.

Wir Friedrich Wilhelm, von Gottes Gnaden, König von Preußen ꝛc. ꝛc.

Obwohl die Rheinschiffahrts-Ordnung vom 31sten März 1831. nach deren Artikel 46. auf diejenigen Schiffspatrone oder Führer keine Anwendung findet, deren Gewerbe sich nur auf das eigene Gebiet ihres Landesherrn erstreckt, so finden Wir Uns dennoch, auf den Antrag Unseres Staatsministeriums und nach erfordertem Gutachten einer von Uns aus Mitgliedern des Staatsraths ernannten Kommission, bewogen, hiermit zu verordnen:

daß für die innerhalb der Grenzen Unserer Staaten liegende Strecke des Rheinstroms und die Preußischen Strecken der Nebenströme des Rheins die denselben angehörigen Schiffspatrone oder Führer den Vorschriften sowohl der Rheinschiffahrts-Ordnung als auch der heuti- Verordnung, die Rheinzoll-Gerichte betreffend, unterworfen seyn sollen,

 jedoch

jedoch mit der Maaßgabe, daß in Sachen der gedachten Schiffspatrone oder Führer die Berufung von den Urtheilen der Rheinzoll-Gerichte nur an das Appellationsgericht zu Cöln stattfindet.

Von der hier vorgeschriebenenen Ausdehnung bleiben die Führer von Fahrzeugen, welche zum Uebersetzen von Personen, Pferden, Wagen, Gepäcke und andern Gegenständen von einem Ufer an das gegenüberliegende bestimmt sind, imgleichen die der Marktschiffe und der Nachen unter dreihundert Centner Ladungsfähigkeit ausgenommen.

Urkundlich ist diese Verordnung von Uns Höchsteigenhändig vollzogen und mit Unserem Königlichen Insiegel bedruckt worden.

Gegeben Berlin, den 30sten Juni 1834.

(L. S.) Friedrich Wilhelm.

Carl, Herzog zu Mecklenburg.
v. Kamptz. Mühler.

Beglaubigt:
Friese.

Gesetz-Sammlung
für die
Königlichen Preußischen Staaten.

No. 19.

(No. 1551.) **Allerhöchste Kabinetsorder vom 24sten Juli 1834., wegen Verleihung der revidirten Städteordnung vom 17ten März 1831. an die Stadt Bojanowo, im Regierungsbezirke Posen.**

Auf Ihren Antrag vom 6ten d. M. will Ich der Stadt Bojanowo, dem von derselben geäußerten Wunsche gemäß, die revidirte Städteordnung vom 17ten März 1831. mit Ausschluß des in dortiger Provinz nicht anwendbaren 10ten Titels, verleihen, und Sie ermächtigen, wegen Einführung derselben durch den Ober-Präsidenten der Provinz das Weitere zu verfügen.

Teplitz, den 24sten Juli 1834.

Friedrich Wilhelm.

An den Staatsminister des Innern und der Polizei v. Rochow.

(No. 1552.) **Allerhöchste Kabinetsorder vom 28sten Juli 1834., betreffend die Modifikation der Vorschriften in Nr. 20. des Allgemeinen Regulativs über das Servis- und Einquartirungswesen, vom 17ten März 1810.**

Nach Ihrem Antrage vom 29sten v. M. ermächtige ich Sie, Behufs des Ausmiethens der den Garnison-Mannschaften zu gewährenden Quartiere in sämmtlichen Garnisonstädten der Monarchie die Einrichtung zu treffen, daß die Ausmiethung von den Kompagnie- oder Eskadron-Chefs und den Orts-Servis-Behörden, deren Zustimmung und Vorwissen nach Nr. 20. des Servisregulativs vom 17ten März 1810. erforderlich ist, nicht anders zugelassen werde, als wenn die Vermiether sich verpflichten, den ausgemietheten Unteroffizieren und Soldaten einschläfrige Bettstellen herzugeben. Ausnahmen sollen nur bei dringenden Verhältnissen eintreten dürfen. Die Vorschrift in Nr. 20. des Servisregulativs, nach welcher bei den Ausmiethungen nur den Bestimmungen unter Nr. 6. bis 14. genügt werden darf, wird hiernach zu Nr. 7., in Beziehung auf die Betten,

(Ausgegeben zu Berlin den 11ten September 1834.)

Betten modifizirt. Sie haben übrigens Sorge zu tragen, daß die Verhandlungen wegen allgemeiner Einführung einschläfriger Bettstellen in den Natural-Quartieren der Garnison-Mannschaften beschleunigt werden.

Teplitz, den 28sten Juli 1834.

Friedrich Wilhelm.

An die Minister des Kriegs und des Innern und der Polizei.

(No. 1553.) Allerhöchste Kabinetsorder vom 2ten August 1834., wegen Deklaration der Allerhöchsten Order vom 6ten März 1821., betreffend die Strafgesetze und das Verfahren in den Rheinprovinzen bei Staatsverbrechen und Dienst-Vergehen der Beamten.

Um die Zweifel zu beseitigen, welche bei Anwendung Meines Erlasses vom 6ten März 1821. betreffend die Strafgesetze und das Verfahren in den Rhein-Provinzen bei Staatsverbrechen und Dienstvergehen der Beamten, entstanden sind, deklarire Ich auf den Antrag des Staatsministeriums die Vorschrift Nr. 3. dahin: daß dadurch alle Bestimmungen der §§. 91—213. des Titels 20. Theils II. des Allgemeinen Landrechts ohne Ausnahme, mit Einschluß der im §. 147. benannten §§. 474—498., in die Rheinprovinz eingeführt worden sind. Ich setze zugleich fest, daß die Bestimmungen des Allgemeinen Landrechts §§. 323—508. Tit. 20. Theil II., auf welche Nr. 4. Meines Erlasses vom 6ten März 1821. sich bezieht, ohne Ausnahme auf alle Staatsbeamte angewendet, und daß bei allen auf den Grund der gedachten §§. 91—213. und 323—508. eingeleiteten Untersuchungen die Vorschriften der Allgemeinen Kriminalordnung vom 11ten Dezember 1805. zur Richtschnur genommen werden sollen. Das Staatsministerium hat diese Order durch die Gesetz-Sammlung zur allgemeinen Kenntniß und Nachachtung zu bringen.

Berlin, den 2ten August 1834.

Friedrich Wilhelm.

An das Staatsministerium.

(No. 1554.) Regulativ wegen Ausübung der Rheinschiffahrt von diesseitigen Unterthanen, und wegen des Lootsendienstes auf dem Rheine. Vom 5ten August 1834.

Wir Friedrich Wilhelm, von Gottes Gnaden, König von Preußen rc. rc.

Da durch die Artikel 42. und 60. der von Uns Allerhöchst genehmigten Uebereinkunft unter den Uferstaaten des Rheins vom 31sten März 1831. (Gesetz-Sammlung für 1831. Seite 71. ff.) die näheren Bestimmungen über die Befugniß zur Ausübung der Rhein-Schiffahrt, so wie über den Lootsendienst auf dem Rheine, den einzelnen Ufer-Regierungen vorbehalten sind, die bisherige Erfahrung aber die Unzulänglichkeit der bestehenden erwiesen hat, so finden Wir Uns bewogen, auf den Bericht Unserer Minister der Finanzen, des Innern, der Justiz und der auswärtigen Angelegenheiten über eins und das andere die nachfolgenden Anordnungen zu treffen:

I. Von der Befugniß, die Schiffahrt auf dem Rheine auszuüben.

§. 1.

Die Befugniß Preußischer Unterthanen zum Betriebe der Rheinischen Schiffahrt zum Güter-Transporte ist verschieden:

1) für die Befahrung des Rheins in seiner ganzen Ausdehnung von dem Punkte an, wo der Rhein schiffbar wird, bis ins Meer und umgekehrt, ingleichen für die Befahrung der in den Rhein ausmündenden Nebenflüsse, nach den Bestimmungen der Art. 42. 45. der Uebereinkunft vom 31sten März 1831.;
2) für die Fahrt auf der zum Preußischen Gebiete gehörigen Stromstrecke oder auf gewissen Theilen derselben, wenn solches begehrt wird.

§. 2.

Wer die Schiffahrt auf dem Rheine betreiben will, ist gehalten, bei der Regierung zu Cöln vorher ein Patent zu lösen, welches nach Erledigung der Erfordernisse, die nach den folgenden Regeln dessen Ertheilung bedingen, nach dem hierbeigelegten Muster nach Verschiedenheit der Fälle ausgefertigt wird.

§. 3.

Das Patent ist

a) von demjenigen, welcher Eigenthümer des Schiffes ist, wenn er das Schiff selbst führt (dem Patrone), und
b) von denjenigen, welche Schiffe dritter Personen zur selbstständigen Führung und Verwaltung übernehmen (den Führern, sonst auch Setz-Schiffer, Schiffs-Kapitaine genannt)

auszuwirken.

Es ist in gleicher Weise auch von denjenigen zu erwerben, welche von den Nebenflüssen aus die Schiffahrt auf dem Rheine betreiben wollen.

§. 4.

Unter dem Patente ist, nach Anleitung des obgedachten Musters, mittelst eines kostenfrei auszufertigenden Vermerks von der Orts-Obrigkeit das Schiff

Schiff dem Namen und der Ladungsfähigkeit nach zu bezeichnen, für welches das Patent gültig ist, zugleich auch anzugeben, ob das Schiff Eigenthum des Inhabers des Patents ist, oder wem es sonst eigenthümlich gehört.

Im ersteren Falle fertigt die Obrigkeit am Wohnorte des Patent-Inhabers den diesfälligen Vermerk; im zweiten Falle besorgt solches die Obrigkeit am Wohnorte des Eigenthümers des Schiffes, auf Grund der Erklärung des Letzteren, daß das Schiff dem Patent-Inhaber zur Führung überwiesen worden sey.

Das Schiff, für welches das Patent gültig erklärt wird, muß in allen Fällen entweder allein Eigenthum eines Preußischen Unterthans seyn, oder wenn mehrere Eigenthümer sind, nur ausschließlich Preußischen Unterthanen angehören.

§. 5.

Derjenige, auf welchen das Patent lautet, muß dasselbe, wenn das Schiff welches er führt, in der Fahrt oder in der Ladung begriffen ist, bei sich führen, um sich damit, wo es nöthig ist, ausweisen zu können.

§. 6.

Eines Patents bedürfen nicht diejenigen, welche entweder,

a) für eigene Rechnung beladene Schiffe selbst führen, oder

b) frachtweis beladene Schiffe von nicht mehr als fünf Lasten Ladungsfähigkeit führen,

vorausgesetzt, daß sie die Preußische Binnenfahrt nicht überschreiten.

Ein Patent ist überhaupt nicht erforderlich für Lichter-Fahrzeuge, die einem Hauptschiffe als Zubehör folgen, und zu streckenweisen Ueberladungen an seichten Stellen gebraucht werden.

§. 7.

Einer der Regierung zu Cöln untergeordneten Kommission ist die Prüfung der Fähigkeiten derer zugewiesen, die sich um ein Schiffer-Patent bewerben.

Diese Kommission besteht aus dem Wasser-Bau-Inspektor, einem von der Handelskammer zu Cöln zu deputirenden Mitgliede, dem Hafen-Kommissarius und einem patentirten Schiffer, welcher das Ruder zeither selbst geführt hat; in Ermangelung eines solchen ist außer einem patentirten Schiffer noch ein Schiffs-Gehülfe zuzuziehen, der sich vorzugsweise mit dem Steuermanns-Dienste beschäftigt hat.

Die Kommission versammelt sich viermal im Jahre, und zwar im April, Juni, September und November am ersten Montage, oder, wenn dieser auf einen gesetzlichen Feiertag fällt, an dem nächstfolgenden Tage, und bleibt so lange beisammen, bis die Prüfung derer, welche ein Patent nachgesucht haben, vollendet ist.

Der Wasser-Bau-Inspektor führt den Vorsitz, und weitere Geschäfts-Anweisung wird, soweit solche nöthig, von der Regierung zu Cöln ertheilt.

§. 8.

Wer ein Schiffer-Patent nachsucht, muß sich bei dieser Kommission melden, und bestimmt angeben, für welchen Fall, nach den Unterscheidungen des §. 1., er dasselbe begehrt.

§. 9.

§. 9.

Der Anmeldung muß beigefügt seyn:

a) ein Attest der Preußischen Orts-Obrigkeit, daß der Anmeldende lediglich Preußischer Unterthan ist, und sein bestimmtes Domizil am Orte hat, daß derselbe hinlängliche Fähigkeit im Lesen, Schreiben und Rechnen besitzt, und daß seine Führung besonders auch in Bezug auf Nüchternheit, untadelhaft ist;

b) ein Attest von mindestens zwei Patronen oder Führern, daß bei ihnen die Schiffahrt praktisch mit solchem Erfolge erlernt worden, daß dem Kandidaten, ihrer Meinung nach, die Schiffsleitung und Verwaltung in dem nachgesuchten Umfange selbstständig anvertraut werden kann.

Es muß in diesen Attesten angegeben seyn, welche Strecken des Rheins der Bewerber um ein Patent, bei den Ausstellern befahren hat, und ob er dabei die Führung des Ruders mit besorgt hat;

c) eine Aeußerung des Handelsstandes, ob er gegen die Bescheinigung unter a und b etwas zu erinnern habe.

Diese Aeußerung wird von dem Handelsstande eines Freihafen-Platzes am Rheine gegeben, wo eine Handelskammer besteht, durch diese, in deren Ermangelung, von anerkannten Handels-Vorständen; wo auch letztere fehlen, ist die Bescheinigung a, nach vorgängiger Rücksprache mit denjenigen Kaufleuten des Ortes und der Umgegend, welche in dem Falle sind, häufig Güter-Versendungen rheinwärts zu besorgen, auszufertigen, und daß dies vorausgegangen, darin zu erwähnen, die Bescheinigung b aber von der Orts-Obrigkeit, nach zuvorgegangener Erörterung, in eben der Art zu beglaubigen.

Hält sich der Anmeldende über die Versagung der nöthigen Bescheinigungen, oder durch die Erinnerungen dagegen beschwert, so kann er bei der Regierung, zu welcher sein Wohnort gehört, auf nähere Erörterung antragen, welche durch den Rheinschiffahrts-Inspektor dieselbe veranlassen, und nächstdem, dem Ausgange der Untersuchung nach, über die Erledigung der vorhanden gewesenen Bemängelungen, eine Bescheinigung ertheilen wird.

§. 10.

Wird das Patent ausdrücklich nur für die Befahrung einer bestimmten Strecke verlangt, so ist diese genau anzugeben.

Sind innerhalb derselben Freihäfen belegen, und soll in denselben Ladung eingenommen werden, so gelten gleichfalls die Bestimmungen des §. 9. unter a bis c.

Im andern Falle sind nur die in diesem §. 9. unter a und b verlangten Bescheinigungen beizubringen.

§. 11.

Nachdem die so belegte Anmeldung an die im §. 7. erwähnte Kommission gelangt ist, veranlaßt sie die nähere Prüfung des Bewerbers, die den Zweck haben muß, sich eine möglichst vollkommene Ueberzeugung darüber zu verschaffen, daß der Bewerber alle erforderlichen Eigenschaften in dem Grade besitzt, daß ihm das Gut des Handelsstandes mit dem Vertrauen übergeben werden kann, er werde solches unter allen Umständen mit sachgemäßer Vorsorge zu

 wahren

wahren wissen. Es ist der Kommission überlassen, wie weit sie ihre Prüfung, um zu diesem Resultate zu gelangen, auszudehnen für nöthig erachtet.

Doch muß die Prüfung berühren die Erprobung der Kenntniß:

a) von dem gehörigen Zustande eines Schiffes, um solches mit voller Sicherheit für die Güter befrachten, und diese an den Ort ihrer Bestimmung bringen zu können;
b) über die Beschaffenheit und Führung des Steuerruders;
c) vom Schiffs-Inventario und dessen Gebrauche nach Verschiedenheit vorkommender, besonders bedenklicher Fälle;
d) von dem richtigen Gebrauche der Segel, der Zug-Vorrichtung, oder anderer bewegender Kräfte, besonders in schwierigen Fällen;
e) über das Verhalten und beste Benehmen bei eintretenden Unglücksfällen;
f) von der Beschaffenheit des Fahrwassers im Rheine, und der Topographie des Stroms;
g) von den verschiedenen und der besten Ein- und Auslade-Weise, von der Ordnung der Waaren in Rücksicht auf ihre Eigenschaft am Bord des Schiffes, was bei deren Empfangnahme im Interesse der Empfänger zu beachten, und was bei längeren Fahrten vorzusehen, um das Verderben der Waaren zu verhüten, oder, wenn es eingetreten, möglichst unschädlich zu machen;
h) von der Rheinschiffahrts-Verfassung und den Territorial-Zoll-Verfassungen, und zwar insoweit, daß durch Fehlgriffe für die Beförderung der Waaren nicht Verzug oder Nachtheil entstehe.

§. 12.

Die Prüfung erfolgt in der Art,

daß gewisse Fragen zur schriftlichen Beantwortung übergeben werden;
über mehrere andere mündliche Befragung und Besprechung stattfindet;
daß dem Kandidaten unter den Augen eines Gliedes der Kommission verschiedene Verrichtungen, oder deren Leitung auf einem Schiffe selbst, oder an dem Ufer übertragen werden, wozu auch Probefahrten auf einige Meilen, vornehmlich bei ungünstiger Witterung, nach Umständen treten können.

§. 13.

Ueber die Prüfung wird eine Verhandlung geführt, diese mit einem Gutachten der Kommission über die nachgewiesene Qualifikation des Bewerbers zur Erlangung des Patents, oder mit bestimmter Angabe der Eigenschaften, welche ihm dazu, und in welchem Grade, noch abgehen, geschlossen, und solche der Regierung in Cöln übergeben.

§. 14.

Die Regierung ertheilt das Patent kostenfrei. Für die Prüfung ist aber eine Gebühr von Sechs Thalern für den Prüfungsfall unter Nr. 1., und von Drei Thalern für den Prüfungsfall unter Nr. 2. des §. 1. zu erheben.

Im Falle nicht vollständig nachgewiesener Qualifikation sind in dem zurückweisenden Bescheide die Gründe, weshalb die Patent-Ertheilung nicht erfolgen kann, bestimmt auszudrücken. Dem Bewerber bleibt überlassen, die ihm abgehenden Kenntnisse und Fertigkeiten sich annoch anzueignen, und sich demnächst

nächst zu einer weitern Prüfung zu melden, welches jedoch erst nach dem Verlaufe Eines Jahres geschehen kann. In diesem Falle ist die oben bestimmte Tax-Gebühr von resp. Sechs und Drei Thalern gleichfalls zu entrichten, für die folgenden Prüfungen jedoch nur die Hälfte derselben anzusetzen.

§. 15.

Die Tax-Gebühren für die Prüfungen sind zunächst zu den etwa nothwendigen dienstlichen Ausgaben der Kommission bestimmt, der Ueberschuß wird jährlich unter die nicht besoldeten Glieder der Prüfungs-Kommission nach dem Verhältnisse ihrer mehrern oder mindern Beschäftigung bei derselben, von der Regierung zu Cöln vertheilt, die dazu die Vorschläge des Vorsitzenden der Kommission erfordern, und den Umständen gemäß berücksichtigen wird.

§. 16.

Ohne Prüfung, wie sie vorher vorgeschrieben, erhalten auf Anmeldung das Patent:

a) diejenigen Schiffer, Setzschiffer und Schiffsmeister, welche früher zur Gilde gehörten, sofern sie ausschließlich Preußische Unterthanen sind, ferner diejenigen, welche bereits im Besitze einer ihnen durch die Regierung zu Coblenz, oder Cöln, oder Düsseldorf ertheilten Erlaubniß zum Betriebe der Schiffahrt auf dem Rheine sind, und solche seither wirklich in Führung von Fahrzeugen von mindestens Einhundert Lasten Ladungsfähigkeit ausgeübt haben, für die Rheinische Schiffahrt in der oben §. 1. Nr. 1. angegebenen Ausdehnung;

b) diejenigen, welche eine solche Erlaubniß bereits haben, aber nur Schiffe von minderer Tragbarkeit als Einhundert Lasten führten, für die kleine Fahrt §. 1. Nr. 2., und zwar für diejenige Strecke, welche sie seither befahren haben.

Nach Ablauf von Sechs Monaten nach Publikation dieser Bestimmungen dürfen die eben (unter a und b) gedachten Personen, ohne das vorschriftsmäßige Patent die Rheinische Schiffahrt nicht weiter ausüben.

§. 17.

Das zum Betriebe der Rheinischen Schiffahrt erlangte Patent ist zum Nachweise der Qualifikation zur Seeschiffahrt, nicht ausreichend. Vielmehr muß von demjenigen, welcher die Seefahrt betreiben will, die Qualifikation durch Ablegung einer besonderen Prüfung, wie sie in den Preußischen Seehäfen stattfindet, besonders dargethan werden.

§. 18.

Die durch das Patent erlangten Befugnisse sind von selbst erloschen, wenn der Inhaber aufhört, Preußischer Unterthan zu seyn.

§. 19.

Durch richterlichen Ausspruch wird der Inhaber der Patentsbefugnisse verlustig:

a) wenn solches schon in gesetzlichen Bestimmungen beruht, wie unter andern in §. 114. der Zollordnung vom 26sten Mai 1818. (Gesetz-Sammlung für 1818. Seite 132.) vorgeschrieben ist;

b) wenn der Inhaber wegen Betrugs, Diebstahls, Unterschlagung, Fälschung oder Meineides bestraft worden, in welchen Fällen die Entscheidung denjenigen Gerichten zusteht, welche in der Hauptsache zu entscheiden haben.

 §. 20.

§. 20.

Außerdem tritt der Verlust des Patents ein

c) wenn der Inhaber civilrechtlich zum Schaden-Ersatze verurtheilt worden, für Güter die ihm anvertraut worden und er deren Vernichtung oder Beschädigung in böslicher Absicht veranlaßt oder zugelassen hat;

d) wenn der Inhaber civilrechtlich zum Schaden-Ersatze der ihm anvertrauten Güter, sofern solche einen Theil der Ladung bilden, wegen grober Fahrlässigkeit dreimal zu einem Betrage von mehr als zweihundert Thalern verurtheilt worden;

e) wenn durch grobe Fahrlässigkeit oder Unvorsichtigkeit eine Schiffsladung untergeht;

f) wenn dem Inhaber öftere Trunkenheit oder anharrende Vernachlässigung seiner Pflichten erwiesen wird.

In den Fällen unter c — f erfolgt die Entscheidung bei der Regierung zu Cöln, welche, nach vollständigem Vortrage über die zur Sprache gebrachten Thatsachen, in der Plenarsitzung über die Entziehung oder Nicht-Entziehung des Patens ein Resolut abfaßt, und dasselbe unter Angabe der Gründe ausfertigen, demnächst aber dem Inhaber zum Protokolle eröffnen läßt.

Gegen das auf Entziehung des Patens gerichtete Resolut steht dem Inhaber, mit Ausschluß der Berufung auf richterliche Entscheidung innerhalb einer präklusivischen Frist von vier Wochen, der Rekurs an das Finanzministerium offen.

§. 21.

Damit in den Fällen c und d des §. 20. die Sache anhängig werden könne, haben diejenigen Kläger, welche im Civilwege einen Schaden-Ersatz erstritten, dem Rheinschiffahrts-Inspektor des dritten Inspektionsbezirkes das Urtheil zur Einsicht und Kenntnißnahme mitzutheilen, wogegen er für die Fälle e und f das Material zur Anklage zusammen hat, und an diejenigen, die davon Wissenschaft haben, um Mittheilung der erforderlichen Nachrichten sich zu wenden hat. Der Schiffahrts-Inspektor stellt hiernach die Anklage auf und reicht dieselbe der Regierung zu Cöln ein. Diese läßt sodann die Thatsachen, auf welche es ankommt, zum Protokolle untersuchen und instruiren, und den Angeschuldigten umständlich vernehmen. Nach geschlossener Instruktion ist ihm nach seiner Wahl die endliche defensive Erklärung zum Protokolle oder die Einreichung einer Vertheidigungsschrift, binnen einer den Umständen nach zu bestimmenden präklusivischen Frist, gestattet.

§. 22.

Das Erlöschen der Patent-Bewilligung ist in dem Falle des §. 18. von den Handelskammern, Vorstehern der Kaufmannschaft und auch von den patentirten Schiffern dem Schiffahrts-Inspektor anzuzeigen. In den Fällen des §. 19. unter a und b bewirkt diese Anzeige die Behörde, welche ein rechtskräftiges Urtheil zu vollstrecken hat, unter dessen Beifügung in beglaubter Abschrift. In den Fällen des §. 20. unter c d e f muß die Regierung zu Cöln die Entscheidung dem Rheinschiffahrts-Inspektor mittheilen.

§. 23

§. 23.

Der Rheinschiffahrts-Inspektor fordert demnächst den Inhaber des Patents zu dessen Rückgabe auf, wenn solche in angemessener Frist nicht erfolgt, macht er im Falle des §. 18. das Erlöschen des Patents unter Bemerkung der Veranlassung, in den Fällen der §§. 19. und 20. aber, dessen Entziehung, unter Allegirung des richterlichen Urtheils oder des ergangenen Resoluts, vermittelst der Amtsblätter zu Cöln, Coblenz und Düsseldorf bekannt. In allen Fällen giebt er dem Ober-Inspektor für das Rheinschiffahrtswesen zu Mainz, davon Nachricht.

II. Von dem Lootsendienste auf dem Rheine.

§. 24.

Die Patrone oder Führer beladener Fahrzeuge, mit Ausnahme derer, welche bloß mit Eigengut beladen sind, oder eine nur geringe Einsenkung haben, sind verbunden, für diejenigen Stromstrecken, deren sichere Passirung wegen der schwierigen Beschaffenheit des Fahrwassers eine ganz genaue Lokalkenntniß erfordert, einen konzessionirten Lootsen an Bord zu nehmen, welcher auf Verlangen des Patrons oder Führers die Führung des Steuerruders und des Fahrzeuges übernehmen muß.

§. 25.

Die Stellen, an welchen die Annahme eines Lootsen nöthig ist, und die Stromstrecken, auf denen derselbe an Bord behalten werden muß, werden genau bestimmt, und öffentlich bekannt gemacht, wobei zugleich für jede Strecke besonders festgesetzt wird, bei welcher Einsenkung die Annahme eines Lootsen dem freien Entschlusse des Patrons oder Führers des Fahrzeuges überlassen bleibt.

§. 26.

Die Verrichtungen des Lootsen können nur von demjenigen ausgeübt werden, welcher hierzu von der betreffenden Regierung eine Konzession erhalten hat.

§. 27.

Diese Konzession darf nur solchen Personen ertheilt werden, welche durch eine von ihnen bestandene Prüfung ihre Befähigung zur Ausübung des Lootsendienstes überzeugend dargethan haben.

Die hiernach erforderliche Prüfung ist daher insbesondere zu richten:

1) auf die genaueste Lokal-Kenntniß derjenigen Strecke, für welche der zu Prüfende die Konzession zur Ausübung des Lootsendienstes nachsucht;
2) auf die Kenntniß, mit Fahrzeugen von verschiedener Bauart bei jedem Winde und Wetter manövriren zu können;
3) auf die vollständigste Bekanntschaft mit den Hülfsmitteln in Gefahren.

§. 28.

Die auf Grund der bestandenen Prüfung von der betreffenden Regierung zu ertheilende Konzession muß die Stromstrecke, für welche dieselbe gültig ist, genau bezeichnen; auf andere Strecken den Lootsendienst zu verrichten, ist der Inhaber nicht berechtigt, es sey denn, daß er für diese seine Befähigung gleichfalls nachgewiesen, und eine besondere Konzession auch für diese Strecken erlangt hätte.

Für die Prüfung so wie für die Konzession sind keine Gebühren zu entrichten.

§. 29.

Diejenigen Personen, welche früher schon zur Ausübung des Lootsendienstes berechtigt gewesen sind, erhalten für die Strecken, auf denen sie den Lootsendienst bisher verrichtet haben, die Konzession ohne vorgängige Prüfung. Sie sind verbunden, innerhalb einer von der betreffenden Regierung näher zu bestimmenden Frist, die Ertheilung derselben nachzusuchen und dürfen nach Ablauf dieser Frist ohne die vorschriftsmäßige Konzession den Lootsendienst nicht ausüben.

§. 30.

Die Konzession zur Ausübung des Lootsendienstes geht in eben den Fällen und in eben der Art verloren, wie hinsichtlich des Verlustes der Berechtigung zur Ausübung der Schiffahrt in den §§. 19—23., welche hier gleichmäßig Anwendung finden, vorgeschrieben ist.

§. 31.

Die Ausführung der obigen, den Lootsendienst betreffenden Vorschriften, und der Erlaß der deshalb erforderlichen weiteren Anordnungen, bleibt dem Finanzministerium vorbehalten.

§. 32.

Die Annahme solcher Gehülfen, welche während der Fahrt die Führung des Steuerruders, und die Assistenz bei der Schiffsverwaltung übernehmen (der Steuerleute) bleibt lediglich dem Ermessen der Patrone oder Führer überlassen.

Eine Prüfung über die Befähigung zum Steuermanns-Dienste, und eine Konzessionirung zur Ausübung des letztern, findet nicht Statt.

III. Von der Bestrafung unbefugter Ausübung der Schiffahrt oder des Lootsendienstes auf dem Rheine.

§. 33.

Diejenigen Preußischen Unterthanen, welche die Rheinschiffahrt betreiben, ohne durch ein vorschriftsmäßiges Patent dazu überhaupt oder für die befahrne Strecke berechtigt zu seyn, sind mit einer Geldstrafe von fünf bis funfzig Thalern, welche im Falle des Unvermögens in verhältnißmäßige Gefängniß-Strafe zu verwandeln, zu bestrafen. Ausgenommen hiervon sind jedoch diejenigen, welche nach den obigen Bestimmungen überhaupt keines Patentes bedürfen, imgleichen die im §. 16. gedachten Personen innerhalb der dort bestimmten Frist.

§. 34.

Die in dem §. 33. festgesetzte Strafe trifft auch diejenigen, welche nach Ablauf der in Gemäßheit des §. 29. von der betreffenden Regierung zu bestimmenden Frist die Verrichtungen des Lootsen auf dem Rheine ausüben, ohne sich über die Berechtigung dazu durch eine auf die Strecke, wo sie den Lootsendienst verrichten, lautende Konzession ausweisen zu können.

§. 35.

Wer es unterläßt, das erhaltene Patent, wie vorgeschrieben (§. 5.), bei sich zu führen, verfällt in eine Strafe von 1 Thaler bis 10 Thalern.

§. 36.

Gesetz-Sammlung
für die
Königlichen Preußischen Staaten.

No. 20.

(No. 1556.) Staats-Vertrag zwischen Seiner Majestät dem Könige von Preußen und Seiner Durchlaucht dem Herzoge von Sachsen-Coburg-Gotha, wegen Abtretung des Fürstenthums Lichtenberg. Vom 31sten Mai 1834.

In Folge der Bestimmung des 49sten Artikels der Wiener Congreß-Acte vom 9ten Juni 1815. ist Seiner Durchlaucht dem Herzoge zu Sachsen-Coburg-Gotha, im ehemaligen Französischen Saardepartement ein Landesgebiet mit einer Bevölkerung von 20,000 Einwohnern zugesichert, solches auch laut Uebereinkunft vom 9ten September 1816. durch des Königs von Preußen Majestät mit einer Bevölkerung von 25,000 Einwohnern überwiesen und von Seiner Herzoglichen Durchlaucht unter der Benennung des Fürstenthums Lichtenberg, mit vollen Souverainitätsrechten seitdem besessen worden, wogegen die im 50sten Artikel der Wiener Congreß-Acte enthaltenen Zusicherungen Ihrer Majestäten des Kaisers von Oesterreich, des Kaisers von Rußland, des Königs von Großbritannien und des Königs von Preußen, Ihre guten Dienste anzuwenden um Seiner Durchlaucht dem Herzoge zu Sachsen-Coburg die beabsichtigten Vortheile durch Austauschungen oder andere Vereinbarungen zu verschaffen, insofern ohne Erfolg geblieben sind, als der Wunsch Seiner Herzoglichen Durchlaucht darauf gerichtet war, gegen das Fürstenthum Lichtenberg ein anderes souveraines Gebiet einzutauschen, hierzu aber alle und jede Gelegenheit mangelte, weshalb die oben genannten Mächte Ihre im 50sten Artikel der Wiener Congreß-Acte zugesicherten guten Dienste für erschöpft zu erklären, Sich bereits genöthigt gesehen haben.

Seine Durchlaucht der Herzog von Sachsen-Coburg-Gotha haben jedoch in Erwägung der Schwierigkeiten, welche die abgesonderte Verwaltung eines von den alten Herzoglichen Landen weit entfernten Gebietes, sowohl für die Regierung selbst, als für die betheiligten Unterthanen mit sich führt, Sich früher schon veranlaßt gesehen, im Wege eines anderweitigen Abkommens, welches der in Bezug genommene Artikel der Wiener Congreß-Acte offen gelassen hat, über die Abtretung des Fürstenthums Lichtenberg an Seine Majestät den König von Preußen gegen vollständige Entschädigung, in Verhandlung zu treten. Nachdem diese Verhandlung wiederholt angeregt und durch die Ereignisse der Zeit oft aufgehalten worden, haben Seine Majestät der König von Preußen und Seine Durchlaucht der Herzog von Sachsen-Coburg-Gotha nunmehr beschlossen, diese neuerlich wieder aufgenommene Angelegenheit zu beendigen und einen Vertrag hierüber einzugehen, auch zu diesem Ende Bevollmächtigte ernannt, nemlich

Seine Majestät der König von Preußen:

Allerhöchstihren wirklichen Geheimen Ober-Finanz-Rath und Director der General-Verwaltung für Domainen und Forsten Georg Wilhelm Keßler, Ritter des rothen Adler-Ordens dritter Klasse mit der Schleife,

(Ausgegeben zu Berlin den 30sten September 1834.)

Schleife, und des Kaiserlich-Russischen St. Annen-Ordens zweiter Klasse und
Allerhöchst Ihren Geheimen Legations-Rath Friedrich Carl von Bülow, Ritter des eisernen Kreuzes zweiter Klasse am schwarzen Bande, so wie des rothen Adler-Ordens vierter Klasse und des Kaiserlich-Russischen St. Wladimir-Ordens vierter Klasse, auch Commandeur zweiter Klasse des Kurfürstlich-Hessischen Löwen-Ordens; und
Seine Durchlaucht der Herzog von Sachsen-Coburg-Gotha:
Höchst Ihren Minister-Residenten, Kammerherrn und Oberst-Lieutenant außer Diensten Otto Wilhelm Carl von Röder, Ritter des Königlich-Preußischen rothen Adler-Ordens dritter Klasse, des Herzoglich-Sächsischen Haus-Ordens und des Königlich-Bayerischen Civil-Verdienst-Ordens;

welche nach Auswechselung ihrer in gehöriger Gültigkeit befundenen Vollmachten, nachstehende Artikel unter Vorbehalt der Ratificationen, mit einander verabredet und festgesetzt haben.

Artikel 1. Seine Durchlaucht der Herzog von Sachsen-Coburg-Gotha treten dasjenige Gebiet, welches Sie auf den Grund der Artikel 49. und 50. der Wiener Congreß-Acte, und in Folge späterer Uebereinkunft, am linken Rhein-Ufer überwiesen erhalten, und bisher unter der Benennung „Fürstenthum Lichtenberg" besessen haben, für Sich, Ihre Erben und Nachfolger, mit allen Souverainitätsrechten und mit dem Ihnen darin zustehenden vollen Eigenthume, an Seine Majestät den König von Preußen ab.

Artikel 2. Seine Majestät der König von Preußen nehmen diese Abtretung an, und erwerben auf den Grund derselben den Besitz des Fürstenthums Lichtenberg mit allen daran geknüpften Rechten und Verbindlichkeiten.

Artikel 3. Seine Majestät der König von Preußen werden Seiner Durchlaucht dem Herzoge zu Sachsen-Coburg-Gotha für die Abtretung des Fürstenthums Lichtenberg eine Entschädigung überlassen, welche nicht nur Seiner Herzoglichen Durchlaucht eine reine jährliche Rente von 80,000 Thalern Preußisch gewähren, sondern Höchstdieselben zugleich in den Stand setzen wird, theils durch Uebernahme von Königlich-Preußischen Domainen, theils durch Ankauf von Gütern und sonstigen Besitzungen, ein Grund-Eigenthum zu erwerben.

Diese Entschädigung wird an die Stelle des Fürstenthums Lichtenberg in allen Beziehungen treten, in welchen dasselbe zu dem Herzoglich-Sachsen-Coburg-Gothaischen Spezialhause und zu dessen Gliedern gestanden hat.

Artikel 4. Die Uebergabe des Fürstenthums Lichtenberg von Seiner Durchlaucht an Seine Majestät den König von Preußen, wird spätestens vierzehn Tage nach erfolgter Auswechselung der Ratificationen des gegenwärtigen Vertrages Statt finden.

Artikel 5. Das für das Fürstenthum Lichtenberg bestehende, und dessen Contingent zum Deutschen Bundesheere bildende Militair, wird von Seiner Majestät dem Könige von Preußen mit den das Preußische Bundes-Contingent bildenden Truppen, ohne daß selbiges künftig noch ein besonderes Contingent für gedachtes Fürstenthum bilden soll, vereiniget und durch diese Verstärkung des Königlich-Preußischen Contingents, der dem Fürstenthume Lichtenberg obliegenden Bundespflicht zur Stellung eines verhältnißmäßigen Contingents, hinfüro Genüge geleistet werden.

Ar-

Artikel 6. Das Fürstenthum Lichtenberg geht völlig schuldenfrei mit den auf dessen Etats aufgetragenen Staatsdienern und Pensionairs, nach einer dieserhalb getroffenen besonderen Vereinbarung, auf Preußen über. Wegen der, bei der Uebergabe sich vorfindenden Einnahme- und Ausgabe-Reste wird ebenfalls besondere Vereinbarung getroffen werden.

Artikel 7. Nachdem Seine Durchlaucht der Herzog von Sachsen-Coburg-Gotha den im 50sten Artikel der Wiener Congreß-Acte mitbezeichneten Höfen über das gegenwärtige, wegen des Fürstenthums Lichtenberg getroffene Abkommen die geeignete Anzeige gemacht hat, und solche von Seiten Seiner Majestät des Königs von Preußen durch eine an die betreffenden Höfe gerichtete entsprechende Eröffnung bestätigt worden ist, wird auch die Deutsche Bundes-Versammlung von dem Inhalte dieses Vertrages unter integraler Mittheilung desselben, durch eine gleich nach seiner Vollziehung Herzoglich-Sachsen-Coburg-Gothaischer Seits abzugebende Erklärung, mit Beziehung auf den 6ten Artikel der Wiener Schluß-Acte vom 15ten Mai 1820., in Kenntniß gesetzt, und durch den Beitritt des Königlichen Bundestags-Gesandten bestätiget werden.

Artikel 8. Gegenwärtiger Vertrag wird von Seiner Majestät dem Könige von Preußen und von Seiner Durchlaucht dem Herzoge von Sachsen-Coburg-Gotha ratificirt, und die Ratificationen werden demnächst binnen vierzehn Tagen, oder wo möglich noch früher, ausgewechselt werden.

Zu Urkund dessen haben die beiderseitigen Bevollmächtigten gegenwärtigen Staatsvertrag unterzeichnet und mit ihren Wappen besiegelt.

So geschehen Berlin, den 31sten Mai 1834.

(L. S.)	(L. S.)	(L. S.)
Georg Wilh. Keßler.	Fr. Carl v. Bülow.	Otto Wilh. Carl v. Röder.

Der vorstehende Staatsvertrag ist von Seiner Majestät dem Könige unterm 26sten Juni, und von Seiner Durchlaucht dem Herzoge zu Sachsen-Coburg-Gotha unterm 8ten Juni d. J. ratificirt, und sind die resp. Ratifications-Urkunden am 12ten Juli c. zu Berlin ausgewechselt worden.

Berlin, den 22sten September 1834.

Ancillon.

(No. 1557.) Patent wegen Besitznahme der, unter dem Namen des Fürstenthums Lichtenberg, von Seiner Durchlaucht dem Herzoge zu Sachsen-Coburg-Gotha bisher inne gehabten Landestheile am linken Rhein-Ufer. Vom 15ten August 1834.

Wir Friedrich Wilhelm, von Gottes Gnaden, König von Preußen 2c. 2c.

Thun hiermit Jedermann kund:

Nachdem die, von Uns in Folge der Bestimmungen des 49sten Artikels der Wiener Congreß-Acte und späterer Verabredungen, unterm 9ten September 1816. an Seine Durchlaucht den Herzog zu Sachsen-Coburg und Gotha überlassenen, und von Seiner gedachten Herzoglichen Durchlaucht seit jener Zeit unter dem Namen eines Fürstenthumes Lichtenberg inne gehabten, auf dem linken Rhein-Ufer belegenen Theile der vormaligen Kantone St. Wendel, Baumholder, Grumbach, Cusel, Tholey und Ottweiler mittelst eines, unterm 31sten Mai d. J. abgeschlossenen, von beiden Theilen ratificirten Staats-Vertrages an Uns von Seiner Durchlaucht dem Herzoge zu Sachsen-Coburg und Gotha mit allen Eigenthums- und Hoheitsrechten wieder abgetreten, und deren Einwohner ihrer Pflichten gegen ihren bisherigen Landesherren ausdrücklich entlassen worden sind; so nehmen Wir diese eben bezeichneten, unter dem Namen eines Fürstenthums Lichtenberg bisher vereiniget gewesenen Lande in Kraft des gegenwärtigen Patentes wieder in Besitz, und einverleiben dieselben Unseren Staaten mit allen Rechten der Landeshoheit und Oberherrlichkeit.

Wir lassen an den Grenzen zur Bezeichnung Unserer Landeshoheit die Preußischen Adler aufrichten, auch wo Wir es nöthig finden, Unser Königliches Wappen anheften und die öffentlichen Siegel mit dem Preußischen Adler versehen.

Wir gebieten allen Einwohnern der gedachten, schon im Jahre 1816. mit Unserer Monarchie verbunden gewesenen und nunmehr von Uns wieder in Besitz genommenen Lande, Uns forthin als ihren rechtmäßigen König und Landesherren anzuerkennen, Uns und Unseren Nachfolgern den Eid der Treue zu leisten und Unseren Gesetzen, Verfügungen und Befehlen mit Gehorsam und pflichtmäßiger Ergebenheit nachzuleben.

Dagegen sichern Wir ihnen allen den Schutz zu, dessen Unsere Unterthanen sich in Unseren übrigen Staaten zu erfreuen haben. Wir werden sie gleich allen Unseren übrigen Unterthanen regieren und Unsere Sorge auf die Wohlfahrt des Landes und seiner Einwohner gerichtet seyn lassen. Wir wollen die hiermit in Besitz genommenen Lande derjenigen landständischen Verfassung anschließen, welche Wir im Allgemeinen Unseren Staaten gewährt haben und indem Wir dieserhalb den, durch die Herzogliche Verordnung vom 27sten April 1821. unter der Benennung: „Landrath" vorläufig niedergesetzten ständischen Verein hiermit aufheben, verheißen Wir ihnen ihre angemessene Aufnahme in die geeignete Kreis- und Provinzialständische Verbindung.

Jedermann behält den Besitz und Genuß seiner wohlerworbenen Privat-Rechte. Insbesondere verbleiben die, von Uns mit dem bisherigen Fürstenthume Lichtenberg vertragsmäßig übernommenen Militair- und Civildiener so wie Pensionairs, ungekränkt im Besitze ihrer bisherigen Rechte und Einkünfte.

Da Wir verhindert sind, die Erbhuldigung persönlich anzunehmen; so erhält Unser Oberpräsident von Bodelschwingh-Velmede Vollmacht und Auftrag dieselbe in Unserem Namen zu empfangen, so wie auch die Besitznahme hiernach auszuführen und die solchergestalt in Besitz genommenen Lande Unseren Ministerialbehörden zur verfassungsmäßigen Verwaltung zu überweisen.

Hiernach geschieht Unser Königlicher Wille.

Gegeben Berlin, den 15ten August 1834.

(L. S.) Friedrich Wilhelm.

Maaßen. Ancillon.

Gesetz-Sammlung
für die
Königlichen Preußischen Staaten.

No. 21.

(No. 1558.) Allerhöchste Kabinetsorder vom 22sten September 1834., betreffend die Regulirung des Gerichtsstandes des Militairs in Neu-Vorpommern und Rügen.

Einverstanden mit Ihren im Berichte vom 2ten v. M. auseinandergesetzten Ansichten, und mit Bezug auf Meine Erlasse vom 14ten September 1820. und 8ten September 1822. will Ich hierdurch bestimmen, daß der Gerichtsstand des Militairs in Neu-Vorpommern und Rügen nach denselben Grundsätzen, wie in den Provinzen, wo die Allgemeine Gerichtsordnung und die Kriminalordnung gelten, regulirt werden soll, daß mithin der Anhang zur Allgemeinen Gerichtsordnung §. 12. bis 20. inclusive, so wie die §§. 78. und 79. der Kriminalordnung, und alle, diese Gesetze abändernden, erläuternden und ergänzenden Vorschriften in Neu-Vorpommern und Rügen gesetzliche Kraft haben, und die in den gedachten Gesetzen den Obergerichten beigelegten Befugnisse und Pflichten durch das Hofgericht zu Greifswald ausgeübt werden sollen. Sie haben diese Bestimmung durch die Gesetz-Sammlung bekannt zu machen.

Berlin, den 22sten September 1834.

Friedrich Wilhelm.

An die Staatsminister, Justizminister Mühler und Kriegsminister Generallieutenant v. Witzleben.

(Ausgegeben zu Berlin den 6ten Oktober 1834.)

(No. 1559.) Ministerielle Bekanntmachung, wegen der den Schiffen des Kirchenstaats in diesseitigen Häfen zugestandenen Abgaben-Gleichstellung mit den inländischen Schiffen. Vom 22sten September 1834.

In Folge der von der Päbstlichen Regierung nach vorangegangener diesfälligen Verhandlung verfügten gänzlichen Gleichstellung der Preußischen Schiffe mit den Päbstlichen hinsichtlich aller Schiffahrtsabgaben, ist nunmehr auch den Schiffen des Kirchenstaats die Gleichstellung mit den Preußischen in den diesseitigen Häfen dergestalt zugestanden worden, daß in den Preußischen Häfen die Schiffe des Kirchenstaats bei ihrem Einlaufen wie bei ihrer Abfahrt, hinsichtlich aller Hafen-, Tonnen-, Leuchtthurm-, Lootsen- und Bergegelder, und überhaupt hinsichtlich aller andern, jetzt oder künftig der Staatskasse, den Städten oder Privatanstalten zufließenden Abgaben oder Lasten irgend einer Art oder Benennung, auf ganz gleichem Fuße mit den Preußischen Schiffen behandelt, auch die auf Päbstlichen Schiffen ein- oder ausgeführten Waaren keinen höheren oder andern Abgaben irgend einer Art, als die auf Preußischen Schiffen ein- oder ausgeführten Waaren zu erlegen haben, unterworfen seyn soll.

Berlin, den 22sten September 1834.

Der Finanzminister

Maassen.

(No. 1560.) Allerhöchste Kabinetsorder vom 28sten September 1834., betreffend die Abänderung der §§. 3. und 4. des Weinsteuer-Gesetzes vom 25sten September 1820.

Auf den Bericht des Staatsministeriums vom 29sten v. M. setze Ich, um den Weinbauern die Abgabe der Weinsteuer zu erleichtern, unter Aufhebung der §§. 3. und 4. des Gesetzes vom 25sten September 1820. hierdurch Folgendes fest:

1) So lange Wein im Besitze dessen, der ihn gewonnen, und in der Gemeine verbleibt, in deren Heberegister er eingetragen ist, soll die Versteuerung desselben künftig nicht gefordert werden. Nur, wenn der Weinbauer als Gast- und Schankwirth oder als Weinhändler gewerbesteuerpflichtig ist, liegt ihm ob, am 1sten Mai nach der Lese, von dem gewonnenen Wein so viel als bis dahin verkauft oder verbraucht ist, und am folgenden 1sten November den ganzen Ueberrest zu versteuern.

2) Am 1sten Mai und 1sten November jeden Jahres tritt auch für alle übrige Weinbauer die Verbindlichkeit zur Versteuerung desjenigen Weines ein, welchen sie bis zu jedem dieser Termine verzehrt, oder aus der Gemeine in deren Steuerregister derselbe eingetragen steht, weggebracht haben.

3) Wein, der von dem ersten Besitzer an einen andern übergeht, muß von diesem sofort versteuert werden. Wer daher Wein von einem Weinbauer erwirbt, der sich nicht durch ein Zeugniß der Steuerbehörde darüber ausweiset, daß er nur versteuerten Wein besitze, ist verpflichtet, bevor ihm der Wein übergeben und verabfolgt wird, die Steuer davon bei der betreffenden Steuerbehörde zu entrichten, und derselben den Anmelde- oder Steuerzettel des Verkäufers zur Abschreibung des verkauften Weins vorzulegen. Wird der Wein verabfolgt ehe dieses geschehen ist, so verfallen Käufer und Verkäufer in die §. 90. der Steuerordnung vom 8ten Februar 1819. angedrohte Ordnungsstrafe von 1 bis 10 Thlrn. und bleiben für die nachträgliche Entrichtung der Steuer solidarisch verhaftet.

4) Die Berechnung der Steuer erfolgt, wie bisher; unter Gewährung eines Abzugs von funfzehn Prozent des gewonnenen Mostes.

5) Die unversteuert gebliebenen Weinvorräthe werden in die Steuer-Register des folgenden Jahres übertragen. Die Weinbauer haben

diese

diese Vorräthe zugleich bei Anmeldung des Weingewinnes aus der Lese des laufenden Jahres, oder, wenn keine Weinerndte stattfindet, in jedem Jahre bis zum 1sten November anzuzeigen.

6) Außer der im §. 6. des Gesetzes vom 25sten September 1820. angeordneten Aufnahme des neu gewonnenen Weins, welche sich künftig auch auf die anzumeldenden ältern, unversteuert gebliebenen Bestände erstreckt, und für diese jedenfalls auch dann, wenn keine Weinerndte erfolgt, stattfinden muß, soll zur Sicherung der Steuer auch im Mai jeden Jahres eine Revision der Weinbestände in allen Gemeinen in welchen unversteuerter Wein vorhanden ist, gehalten werden.

Diese Bestimmungen sind durch die Gesetz-Sammlung bekannt zu machen, und von dem Finanzminister, mit Ausdehnung auf die noch in der ersten Hand befindlichen Weinvorräthe aus frühern Jahren, von welchen die Steuer einstweilen bloß gestundet worden, in Ausführung zu bringen.

Berlin, den 28sten September 1834.

Friedrich Wilhelm.

An das Staatsministerium.

Gesetz-Sammlung
für die
Königlichen Preußischen Staaten.

No. 22.

(No. 1561.) Gesetz wegen näherer Bestimmung der Rechte der Fideikommiß-Anwarter in denjenigen Theilen der Rheinprovinz, welche bei Auflösung der fremden Herrschaft zum Großherzogthume Berg gehört haben. Vom 23sten August 1834.

Wir Friedrich Wilhelm, von Gottes Gnaden, König von Preußen rc. rc.

Nachdem Wir über die Rechte der Fideikommiß-Anwarter für die zur Provinz Westphalen gehörigen Theile des vormaligen Großherzogthums Berg, unterm 14ten Juli v. J. das Nähere bestimmt haben, so verordnen Wir auf den Bericht Unseres Staatsministerii und nach erfordertem Gutachten Unseres Staatsraths und unserer Rheinischen Provinzialstände auch für die zur Rheinprovinz gehörigen Landestheile des vormaligen Großherzogthums Berg, wie folgt:

§. 1.

Die Wirkung der seit der Publikation des Gesetzes vom 23sten März 1828. unterlassenen Anmeldung fideikommissarischer Rechte bei der Hypotheken-Behörde, soll nicht in dem gänzlichen Verluste dieser Rechte und in dem Uebergange des Fideikommisses in das freie Eigenthum des Besitzers, sondern nur darin bestehen, daß diejenigen Fideikommiß-Anwarter, welche ihre Rechte anzumelden unterlassen haben, verbunden sind, alle von dritten Personen darauf erworbenen dinglichen Rechte als gültig anzuerkennen. Fideikommiß-Anwarter, welche ihr Recht innerhalb der bis zum 30sten April 1834. verlängerten Frist, bei der Hypothekenbehörde angemeldet haben, sind jedoch nicht schuldig, die seit Publikation des Gesetzes vom 23sten März 1828. bis zu ihrer Anmeldung von dritten Personen auf das Fideikommiß erworbenen Rechte als gültig anzuerkennen.

§. 2.

In Bezug auf den Fideikommiß-Besitzer und dessen Erben behalten da-

(Ausgegeben zu Berlin den 4ten November 1834.)

her die Anwarter die ihnen zustehenden Rechte, und sind befugt, solche zu jeder Zeit bei der Hypothekenbehörde anzumelden und eintragen zu lassen.

§. 3.

Auch bleibt es ihnen unbenommen, der unterlassenen Anmeldung ungeachtet, aus dem Vermögen des Besitzers, welcher das Fideikommiß seit der Verkündigung des Gesetzes vom 23sten März 1828. veräußert, oder einem dritten ein dingliches Recht darauf bestellt hat, so weit es die bestehenden Gesetze gestatten, Ersatz zu fordern.

Urkundlich unter Unserer Höchsteigenhändiger Unterschrift und beigedrucktem Königlichen Insiegel.

Gegeben Berlin, den 23sten August 1834.

(L. S.) Friedrich Wilhelm.

Carl, Herzog zu Mecklenburg.

v. Kamptz. Mühler.

(No. 1562.) Allerhöchste Kabinetsorder vom 14ten September 1834., betreffend die Subhastation von Berg- und Hüttenwerken und von Bergantheilen nach der Verordnung vom 4ten März d. J.

Aus den in Ihrem Berichte vom 7ten v. M. angeführten Gründen setze Ich, mit Aufhebung der Vorschrift Nr. 2. §. 410. des Anhanges zur Allgemeinen Gerichtsordnung und unter Modifikation des §. 23. der Verordnung über den Subhastations- und Kaufgelder- oder Liquidationsprozeß vom 4ten März d. J., nach Ihrem Antrage, hierdurch fest: daß auch bei Subhastation von Berg- und Hüttenwerken und von Bergantheilen die Bestimmungen des §. 8. und des ersten Satzes im §. 14. der Verordnung vom 4ten März d. J. mit Beschränkung auf die bei Gegenständen unter 5000 Rthlr. an Werth vorgeschriebenen Förmlichkeiten in Anwendung zu bringen sind. Sie haben diesen Erlaß durch die Gesetz-Sammlung bekannt machen zu lassen.

Berlin, den 14ten September 1834.

Friedrich Wilhelm.

An
die Minister der Finanzen und der Justiz.

(No. 1563.) Allerhöchste Kabinetsorder vom 21sten Oktober 1834., wegen fernerer Anwendbarkeit der Zollerhebungs-Rolle vom 30sten Oktober 1831. für das Jahr 1835.

Auf Ihren Bericht vom 15ten d. M. genehmige Ich hiermit, daß die unterm 30sten Oktober 1831. bekannt gemachte Erhebungs-Rolle der Eingangs-, Ausgangs- und Durchgangs-Abgaben mit den durch Meine Order vom 18ten November 1833. angeordneten Abänderungen derselben auch für das Jahr 1835. in Anwendung komme, wornach Ich Sie das Erforderliche zu verfügen ermächtige.

Berlin, den 21sten Oktober 1834.

Friedrich Wilhelm.

An
den Staats- und Finanzminister Maassen.

Gesetz-Sammlung
für die
Königlichen Preußischen Staaten.

No. 23.

(No. 1564.) Allerhöchste Kabinetsorder vom 27sten September 1834., betreffend die Bestätigung des Reglements für die Tilgungskasse zur Erleichterung der Ablösung der Reallasten in den Kreisen Paderborn, Büren, Warburg und Höxter des Regierungsbezirks Minden.

Sie erhalten das mit Ihrem gemeinschaftlichen Bericht Mir eingereichte Reglement für die Paderbornsche Tilgungskasse zur Erleichterung der Ablösung der Reallasten in den Kreisen Paderborn, Büren, Warburg und Höxter anliegend zurück. Ich habe dasselbe zu genehmigen kein Bedenken gefunden und ermächtige Sie, es zu vollziehen, durch die Gesetz-Sammlung und das Amtsblatt der Regierung in Minden, bekannt machen zu lassen und zur Ausführung zu bringen.

Berlin, den 17ten September 1834.

Friedrich Wilhelm.

An
die Staatsminister Maassen und Frh. v. Brenn.

(Ausgegeben zu Berlin den 12ten November 1834.)

Reglement

für die Tilgungskasse zur Erleichterung der Ablösung der Reallasten in den Kreisen Paderborn, Büren, Warburg und Höxter des Regierungsbezirks Minden.

§. 1.

Zur Beförderung der Ablösung von Reallasten, welche Gegenstand der Ablösungsordnung vom 13ten Juli 1829. sind, wird für die Kreise Paderborn, Büren, Warburg und Höxter eine Tilgungsanstalt errichtet; die Wirksamkeit derselben erstreckt sich jedoch nicht auf die domanialpflichtigen Grundbesitzer, für deren gleichmäßige Erleichterung anderweitig gesorgt wird.

Die Anstalt wird unter Aufsicht der Regierung in Minden durch eine besondere Behörde verwaltet, welche die Benennung „Direktion der Paderbornschen Tilgungskasse" führt, und in Paderborn ihren Sitz hat.

§. 2.

Die Bedingungen, unter welchen sich die Anstalt der Vermittelung des Ablösungsgeschäfts (conf. §. 13. der Ablösungsordnung vom 13ten Juli 1829.) unterziehen wird, sind

1) daß sich der Berechtigte mit einer Kapital-Abfindung begnügt, welche in dem funfzehnfachen Betrage der ihm zuständigen Gefälle besteht;
2) daß er solche in Schuldverschreibungen der Tilgungskasse annimmt;
3) daß der Belastete dagegen die im §. 10. bestimmten Leistungen an die Tilgungskasse übernimmt.

§. 3.

Nur der Berechtigte kann auf Ablösung durch Vermittelung der Tilgungskasse antragen; der Antrag muß auf sämmtliche Leistungen gerichtet werden, welche dem Berechtigten in einer und derselben Gemeine oder als Zubehör eines und desselben Gutes zuständig sind.

§. 4.

Der Antrag des Berechtigten wird den Pflichtigen zur Erklärung über die im §. 2. Nr. 3. vorgeschriebene Bedingung vorgelegt und so weit dieselben sich beistimmend erklären, das Ablösungsgeschäft eingeleitet. — Die Tilgungs-Kasse kann aus dem Grunde, weil nur ein Theil der Pflichtigen sich beistimmend erklärt hat, die Ablösung rücksichtlich derjenigen, welche darauf einzugehen bereit sind, niemals versagen, doch muß die Ablösung jederzeit alle Leistungen eines und des nämlichen Belasteten an den provocirenden Berechtigten umfassen.

§. 5.

Die Ermittelung des jährlichen Geldwerths der abzulösenden Leistungen, erfolgt nach den Grundsätzen der Ablösungsordnung vom 13ten Juli 1829., wobei jedoch der im §. 127. bestimmte Abzug nicht stattfindet. Sie geschieht durch Kommissarien der Tilgungsanstalt; jedoch bleibt jedem Theile der Antrag auf Feststellung des Werths durch die General-Kommission unbenommen.

§. 6.

§. 6.

Die Schuldverschreibungen der Tilgungskasse, welche dem Berechtigten zu seiner Abfindung auszureichen sind (§. 2. Nr. 2.), werden auf jeden Inhaber gestellt, mit Vier vom Hundert in jährigen Terminen verzinset und nach den Mitteln der Anstalt (conf. §§. 9. und 10.) abgetragen.

Der Kapital-Abtrag erfolgt nach dem Ermessen der Direktion, durch freien Ankauf oder durch Verlosung nach dem Nennwerthe. — In dem letzteren Falle werden die ausgelösten Schuldverschreibungen aufgerufen und 6 Monate nachher am Orte der Tilgungskasse bezahlt. — Erhebt der Inhaber den Kapital-Betrag in bestimmter Frist nicht, so verliert er mit dem Ablauf der Letzteren den Anspruch auf ferneren Zinsgenuß.

Dem Inhaber steht ein Kündigungsrecht gegen die Tilgungskasse nicht zu.

§. 7.

Mit den Schuldverschreibungen werden für je vierjährige (a dato der Eröffnung der Anstalt zu berechnende) Perioden, Zinskoupons für die in diesen Zeitraum fallenden Zinstermine ausgegeben und solche bei Verfall des letzten Koupons an den Inhaber dieses Koupons, aufs Neue für die nächste vierjährige Periode ausgereicht.

Der Betrag der fälligen Koupons wird bei allen Staatskassen in der Provinz Westphalen gezahlt, nur der letzte Koupon jeder Periode muß Behufs der Ausreichung neuer Koupons bei der Tilgungskasse selbst übergeben werden.

Ist eine Schuldverschreibung bereits aufgerufen und nicht mehr zinstragend (conf. §. 6.), so werden doch die noch einlaufenden Koupons gezahlt; dagegen wird dem Inhaber der Schuldverschreibung, wenn er dieselbe Behufs der Kapital-Zahlung ohne die zugehörigen Koupons präsentirt, der Betrag der fehlenden Koupons auf den Kapital-Betrag abgezogen.

Die Zinskoupons verjähren zum Vortheil der Anstalt, wenn sie nicht innerhalb vier Jahren nach der Verfallzeit zur Zahlung präsentirt werden.

§. 8.

Die Schuldverschreibungen der Anstalt werden nach beigefügtem Schema von der Direktion ausgestellt, von sämmtlichen Mitgliedern derselben unterschrieben und von der Regierung zu Minden beglaubigt. Die Zinskoupons werden ohne eine solche Beglaubigung bloß mit dem Namenstempel der Direktion versehen.

§. 9.

Der Staat garantirt die Verpflichtungen der Tilgungskasse, und wird dieselbe zur Erleichterung ihrer Geschäfte mit einem angemessenen Betriebsfonds versehen.

§. 10.

Die Belasteten werden durch die, von der Tilgungsanstalt an die Berechtigten auszugebenden Schuldverschreibungen von allen Leistungen an die Berechtigten entbunden, übernehmen aber dagegen folgende Verpflichtungen gegen diese Anstalt:

1) Sie zahlen an dieselbe eine Geldrente zu Fünf vom Hundert des Kapital-Betrages der Schuldverschreibungen. Davon werden 4 Prozent als Zinsen gerechnet; das überschießende fünfte Prozent wird zur Kapital-Tilgung verwendet.

Die hieraus entstehenden Zinsersparnisse kommen den Pflichtigen gleichfalls zur Verringerung ihrer Kapital-Schuld zu statten, so jedoch, daß ihnen dieselben für die im Laufe eines Kalender-Jahres gemachten Einzahlungen allererst vom 1sten Januar des folgenden Jahres zu gut gerechnet werden.

2) Die obige Rente muß bis zur gänzlichen Tilgung der Kapital-Schuld unverändert geleistet werden. Es steht jedoch den Belasteten frei, die Rente ganz oder theilweise, letzteres jedoch nur in Jahres-Beträgen, welche mindestens in 5 Silbergroschen bestehen und in Summen von 5 Silbergroschen sich abrunden müssen, im Laufe der Tilgungszeit nach Maaßgabe der in der beigefügten Tabelle für jedes Tilgungsjahr berechneten Ablösungs-Beträge zu tilgen.

B.

3) Die hiernach zu leistenden Rentenzahlungen werden in monatlichen Raten mit der Grundsteuer zugleich erhoben und durch den Steuer-Erheber an die Tilgungskasse abgeliefert. Es findet deshalb, wie wegen der Steuer, die Exekution statt.

4) Die Rente wird auf das verpflichtete Grundstück mit dem Vorzugsrechte der dagegen abgelösten Reallasten für die Tilgungskasse eingetragen. Abschreibungen im Hypothekenbuche finden wegen der, durch ordentliche Amortisation bewirkten Verminderung der Schuld nur nach gänzlicher Tilgung derselben, wegen außerordentlicher Ablösungen aber nur für Rentebeträge von zwei Thalern statt.

§. 11.

Ueber die Auseinandersetzung der Berechtigten und Verpflichteten nach den Bestimmungen dieses Reglements muß in gleicher Art, wie es wegen der Ablösungen überhaupt vorgeschrieben ist, ein Rezeß aufgenommen werden, welcher von der Direktion der Anstalt, wegen ihrer für den Belasteten zu übernehmenden Verpflichtungen und der vom Letzteren dagegen zu übernehmenden Leistungen zu genehmigen und von der General-Kommission oder der ihr für dieses Geschäft substituirten Behörde zu bestätigen ist.

Auf den Grund dieses Rezesses werden die von der Anstalt auszureichenden Schuldverschreibungen ausgefertigt, die dadurch abgelösten Leistungen im Hypothekenbuche gelöscht und an der Stelle und mit dem Vorzugsrechte derselben wird die an die Tilgungskasse zu zahlende Rente auf das belastete Grundstück eingetragen. — Den Verpflichteten wird zugleich von der Direktion der Tilgungskasse eine Urkunde über die erfolgte Ablösung und die dagegen übernommene Rentezahlung nach dem beiliegenden Schema ertheilt.

C.

§. 12.

Was wegen der Rechte und Verbindlichkeiten dritter Personen, in Beziehung auf die Ablösungen, insbesondere wegen der Kapital-Abfindungen vorgeschrieben

schrieben ist, findet auf die von der Tilgungsanstalt dazu herzugebenden Schuldverschreibungen Anwendung und sollen die letzteren hierbei den Baarzahlungen gleich geachtet werden. Die Regulirung dieser Verhältnisse bleibt der General-Kommission überlassen.

Den Realberechtigten steht gegen die auf den Grund dieses Reglements erfolgten Ablösungen kein Widerspruch zu.

§. 13.

Die Staats- und Gemeinebeamten sind innerhalb ihres Bezirks verpflichtet, die Aufträge und Requisitionen, zu welchen die Direktion der Tilgungskasse sich veranlaßt finden wird, von Amtswegen auszuführen; die Steuer-Erheber haben für die Einziehung der Renten keine besondere Hebegebühren zu beziehen.

§. 14.

Die Verhandlungen der Anstalt, mit Einschluß der auf Veranlassung des Ablösungs- und Rentenverwandlungs-Geschäfts erfolgenden hypothekarischen Eintragungen, genießen die Stempel-, Sportel- und Portofreiheit. Auch sollen dieselben von allen Kosten entbunden werden, welche die Verwaltung der Tilgungs-Anstalt verursacht, einschließlich der Kosten zur Ermittelung der Rente, soweit dieselbe durch die Kommissarien der Anstalt stattfindet.

Berlin, den 16ten August 1834.

Der Finanzminister
Maassen.

Der Minister des Innern für Gewerbe-Angelegenheiten
Freiherr v. Brenn.

A.

№ (Königliches Wappen.)

Die Direktion der Tilgungskasse zur Erleichterung der Ablösungen in den Kreisen Paderborn, Höxter, Büren und Warburg des Regierungsbezirks Minden

bescheinigt durch diese Schuldverschreibung, daß der Inhaber aus der durch die Allerhöchste Kabinetsorder d. d. Berlin, den 17ten September 1834. gestifteten Tilgungskasse ein Kapital von

.... Thalern in Silber-Courant

zu fordern hat und der Werth dafür durch Ablösung von Reallasten bezahlt worden ist.

Die Zinsen werden vom .... an, jährlich zu vier vom Hundert am .... jeden Jahres, gegen Aushändigung des besonders ausgefertigten Zinsabschnittes, bei allen Königlichen Kassen in der Provinz Westphalen erhoben.

Das Kapital wird gemäß dem Reglement vom 16ten August 1834. aus dem bestimmten Tilgungsfonds mittelst Ankaufs oder Verlosung abgetragen, kann aber von dem Inhaber nicht gekündigt werden. Zur Sicherheit für das Kapital und die Zinsen haftet das gesammte Eigenthum der Anstalt, insbesondere die durch die Ablösungen konstituirten hypothekarisch versicherten Grundrenten. Zugleich garantirt der Staat Kapital und Zinsen.

Paderborn, ...

Die Direktion der Paderbornschen Tilgungskasse.

Vorstehende Schuldverschreibung über .... Thaler Courant wird hierdurch beglaubigt.

Minden, den ....

Königliche Regierung.

Eingetragen mit  Courant.

Haupt-Register Fol.

B.

B.

Tabelle

…pital-Beträge, für welche eine jährliche Rente von 5 Sgr., 10 Sgr., …r. rc. in jedem Jahre der 41jährigen Tilgungsperiode abgelöset werden kann.

…nfange … Jahres … er …speriode.	Ablösungspreis einer Rente																	
	von 5 Sgr.			von 10 Sgr.			von 15 Sgr.			von 20 Sgr.			von 25 Sgr.			von 1 Rthlr.		
	Rthlr.	Sgr.	Pf.	Rthlr.	Sgr.	Pf.	Rthlr	Sgr.	Pf.	Rthlr.	Sgr.	Pf.	Rthlr.	Sgr.	Pf.	Rthlr.	Sgr.	Pf.
1	3	10	—	6	20	—	10	—	—	13	10	—	16	20	—	20	—	—
2	3	9	—	6	17	11	9	26	11	13	5	10	16	14	10	19	23	9
3	3	7	11	6	15	10	9	23	9	13	1	8	16	9	7	19	17	6
4	3	6	10	6	13	8	9	20	6	12	27	4	16	4	2	19	11	—
5	3	5	9	6	11	5	9	17	2	12	22	10	15	28	7	19	4	3
6	3	4	7	6	9	1	9	13	8	12	18	2	15	22	6	18	27	3
7	3	3	4	6	6	8	9	10	—	12	13	3	15	16	7	18	19	11
8	3	2	1	6	4	1	9	6	2	12	8	3	15	10	3	18	12	4
9	3	—	9	6	1	6	9	2	3	12	2	11	15	3	8	18	4	5
10	2	29	4	5	28	9	8	28	1	11	27	6	14	26	10	17	26	2
11	2	27	11	5	25	11	8	23	10	11	21	9	14	19	9	17	17	8
12	2	26	6	5	22	11	8	19	5	11	15	10	14	12	4	17	8	9
13	2	24	11	5	19	10	8	14	9	11	9	8	14	4	7	16	29	6
14	2	23	4	5	16	8	8	9	11	11	3	3	13	26	7	16	19	11
15	2	21	8	5	13	4	8	4	11	10	26	7	13	18	3	16	9	11
16	2	19	11	5	9	10	7	29	9	10	19	8	13	9	7	15	29	6
17	2	18	1	5	6	3	7	24	4	10	12	5	13	—	7	15	18	8
18	2	16	3	5	2	6	7	18	8	10	4	11	12	21	2	15	7	5
19	2	14	3	4	28	7	7	12	10	9	27	2	12	11	5	14	25	8
20	2	12	3	4	24	6	7	6	9	9	19	—	12	1	3	14	13	6
21	2	10	2	4	20	3	7	—	5	9	10	7	11	20	9	14	—	10
22	2	7	11	4	15	11	6	23	10	9	1	10	11	9	9	13	17	9
23	2	5	8	4	11	4	6	17	—	8	22	8	10	28	4	13	4	—
24	2	3	4	4	6	7	6	9	11	8	13	2	10	16	6	12	19	9
25	2	—	10	4	1	8	6	2	6	8	3	4	10	4	2	12	5	—
26	1	28	3	3	26	6	5	24	9	7	23	1	9	21	4	11	19	7
27	1	25	7	3	21	2	5	16	9	7	12	4	9	8	—	11	3	7
28	1	22	10	3	15	8	5	8	5	7	1	3	8	24	1	10	16	11
29	1	19	11	3	9	10	4	29	9	6	19	8	8	9	8	9	29	7
30	1	16	11	3	3	10	4	20	9	6	7	8	7	24	8	9	11	7
31	1	13	10	2	27	7	4	11	5	5	25	3	7	9	—	8	22	10
32	1	10	7	2	21	1	4	1	8	5	12	3	6	22	9	8	3	4
33	1	7	2	2	14	4	3	21	6	4	28	8	6	5	11	7	13	1
34	1	3	8	2	7	4	3	11	—	4	14	8	5	18	4	6	22	—
35	1	—	—	2	—	—	3	—	—	4	—	—	5	—	1	6	—	1
36	—	26	3	1	22	5	2	18	8	3	14	10	4	11	1	5	7	3
37	—	22	3	1	14	6	2	6	9	2	29	—	3	21	4	4	13	7
38	—	18	2	1	6	4	1	24	5	2	12	7	3	—	9	3	18	11
39	—	13	11	—	27	9	1	11	8	1	25	6	2	9	5	2	23	3
40	—	9	5	—	18	10	—	28	3	1	7	9	1	17	2	1	26	7
41	—	4	10	—	9	7	—	14	5	—	19	3	—	24	—	—	28	10

C.

Die Direktion der Paderbornschen Tilgungskasse beurkundet hierdurch, daß die auf dem im Grundsteuer-Kataster der Gemeine .... Flur .... Nr. .. verzeichneten und im Hypothekenbuche des .... Gerichts zu .... eingetragenen Grundstücke des .... haftenden, dem ...... zuständigen Leistungen, welche in .... bestehen und zu einem jährlichen Geldwerthe von .... abgeschätzt sind, in Gemäßheit des Reglements vom 16ten August 1834. durch eine Kapitalabfindung von ...., welche der Berechtigte .... in Schuldverschreibungen der Tilgungskasse erhalten hat, abgelöst worden, dergestalt, daß die genannten Grundstücke vom .... 183.. ab von obigen Leistungen an den .... ganz befreiet sind. Der .... so wie dessen Nachfolger im Besitze der vorgedachten Grundstücke, sind dagegen verbunden, zur Verzinsung und Abtragung des Ablösungs-Kapitals von .... während eines Zeitraums von 41 Jahren, also vom .... bis ...., eine auf jenen Grundstücken im Hypothekenbuche eingetragene jährliche Rente von ...., welche in monatlichen Terminen zugleich mit der Grundsteuer erhoben wird, an die Tilgungskasse zu entrichten; doch steht es ihnen frei, diese Rente ganz oder theilweise, letzteres jedoch nur in Jahresbeträgen, welche mindestens in 5 Sgr. bestehen und in Summen von 5 Sgr. sich abrunden müssen, im Laufe der Tilgungszeit nach Maaßgabe der in der angehängten Tabelle für jedes Tilgungsjahr berechneten Ablösungsbeträge zu tilgen.

Paderborn, den ....

Die Direktion der Paderbornschen Tilgungskasse.

Gesetz-Sammlung
für die
Königlichen Preußischen Staaten.

No. 24.

(No. 1565.) Allerhöchste Kabinetsorder vom 18ten Oktober 1834., betreffend die Anwendbarkeit der Vorschriften vom 8ten August 1832. und 26sten Dezember 1833. in der Provinz Sachsen.

Nach Ihrem gemeinschaftlichen Antrage bestimme Ich, daß die Vorschriften vom 8ten August 1832. und 26sten Dezember 1833. in Bezug auf die Geld-Entschädigungen für den zur Anlage von Chausseen und Kanälen und bei öffentlichen Flußbauten abgetretenen Grund und Boden, auch in der Provinz Sachsen verbindliche Kraft haben sollen. Sie haben diese Bestimmung durch die Gesetz-Sammlung bekannt zu machen.

Berlin, den 18ten Oktober 1834.

Friedrich Wilhelm.

An die Staatsminister Maassen, Frh. v. Brenn und Mühler und den Präsidenten Rother.

(Ausgegeben zu Berlin den 27sten Dezember 1834.)

(No. 1566.) Allerhöchste Kabinetsorder vom 31sten Oktober 1834., durch welche des Königs Majestät der Stadt Schwerin im Großherzogthume Posen, die Städte-Ordnung vom 17ten März 1831. zu verleihen geruht haben.

Auf Ihren Bericht vom 7ten d. M. will Ich der Stadt Schwerin im Großherzogthume Posen, dem Wunsche der Stadtgemeinde gemäß, die Städteordnung vom 17ten März 1831., mit Ausschluß des dort nicht anwendbaren zehnten Titels derselben, verleihen. Ich überlasse Ihnen, den Ober-Präsidenten Flottwell mit deren Einführung zu beauftragen.

Berlin, den 31sten Oktober 1834.

Friedrich Wilhelm.

An den Staatsminister v. Rochow.

(No. 1567.) Allerhöchste Kabinetsorder vom 6ten November 1834., über die Vidimation der Urkunden und die Abzweigung der Schulddokumente.

Auf Ihren gemeinschaftlichen Antrag bestimme Ich, zur Beseitigung der Bedenken über die Anwendung der Vorschriften des §. 28. Tit. 3. Theil II. und des §. 81. Tit. 7. Theil III. der Allgemeinen Gerichtsordnung, daß beglaubte Abschriften gerichtlich aufgenommener oder konfirmirter Instrumente, wenn sie auch nicht von demselben Gericht, von welchem das Original aufgenommen oder bestätigt worden, sondern von einem anderen inländischen Richter oder von einem inländischen Notarius ausgefertigt sind, die Stelle des Originals mit voller Wirkung zu vertreten geeignet seyn sollen. Bei Abzweigungen von Schulddokumenten haben die Gerichte und die Notarien die Vorschriften der Hypotheken-Ordnung §§. 207. 208. Tit. 2. sorgfältig zu beobachten und bei eigener Vertretung die über die Cessionsverhandlung aufgenommene Registratur auf das in den Händen des Cedenten zurückbleibende Original dergestalt zu setzen, daß sie von demselben nicht getrennt werden könne. Diesen Befehl haben Sie durch die Gesetz-Sammlung zur öffentlichen Kenntniß zu bringen.

Berlin, den 6ten November 1834.

Friedrich Wilhelm.

An die Staatsminister v. Kamptz und Mühler.

(No. 1568.) Allerhöchste Kabinetsorder vom 6ten November 1834., betreffend das Verfahren bei Auf- und Annahme letztwilliger Verordnungen, im Großherzogthume Posen.

Zur Erleichterung der Auf- und Annahme letztwilliger Verordnungen im Großherzogthume Posen, setze Ich nach Ihren Anträgen für diejenigen Städte des Großherzogthums, welchen die Städteordnung vom 17ten März 1831. bis jetzt noch nicht verliehen ist, das Verfahren bei Ausführung der Vorschriften §. 99. Tit. XII. Thl. I. des Landrechts und Meiner Order vom 21sten Januar 1833. dahin fest: daß die Deputationen zur Auf- und Annahme des letzten Willens, aus dem Bürgermeister oder dessen Stellvertreter und aus zwei Rathmännern zu bilden sind, wobei in Stelle des einen Rathmannes außer den in Meiner Order vom 21sten Januar 1833. und in §. 94. Tit. XII. Thl. I. des Allgemeinen Landrechts bezeichneten Person auch ein Mitglied des Stadtraths oder ein zur interimistischen Verwaltung einer vakanten katholischen Pfarrstelle von der geistlichen Behörde abgeordneter Kommendarius, zugezogen werden kann. Sämmtliche Mitglieder einer solchen Deputation müssen des Lesens und Schreibens der Deutschen Sprache kundig seyn, ist der Testator nur der Polnischen Sprache mächtig und muß daher nach §. 152. der Verordnung vom 9ten Februar 1817. das Protokoll in Polnischer Sprache aufgenommen und demselben in Gemäßheit der Verordnung vom 16ten Juni d. J. Art. IX. eine Deutsche Uebersetzung beigefügt werden; so kommt es bei der Anwendung der Vorschriften des Allgemeinen Landrechts Thl. I. Tit. XII. §. 125. bis 132. darauf an, ob alle, oder doch wenigstens zwei Mitglieder der Deputation der Polnischen Sprache kundig sind, in welchem Falle die Deputation selbst das Protokoll in Polnischer und Deutscher Sprache aufzunehmen hat. Ist dagegen nur Ein Mitglied der Polnischen Sprache kundig, so bedarf es der Zuziehung Eines vereideten Dollmetschers und, wenn kein Mitglied Polnisch versteht, müssen zwei vereidete Dollmetscher zugezogen werden. Sie haben hiernach weiter zu verfügen und diese Anordnung durch die Gesetz-Sammlung zur öffentlichen Kenntniß zu bringen.

Berlin, den 6ten November 1834.

Friedrich Wilhelm.

An den Staats- und Justizminister Mühler.

(No. 1569.) Allerhöchste Kabinetsorder vom 29sten November 1834., durch welche des Königs Majestät der Stadt Krotoschin, im Großherzogthume Posen, die Städteordnung vom 17ten März 1831. zu verleihen geruht haben.

Ich will auf Ihren Bericht vom 17ten d. M. der Stadt Krotoschin im Großherzogthume Posen, dem Wunsche derselben gemäß, die Städteordnung vom 17ten März 1831., mit Ausschluß des in dortiger Provinz nicht anwendbaren zehnten Titels derselben, verleihen, und überlasse Ihnen, diese Verleihung durch die Gesetz-Sammlung bekannt zu machen, auch den Ober-Präsidenten der Provinz mit Einführung des Gesetzes zu beauftragen.

Berlin, den 29sten November 1834.

Friedrich Wilhelm.

An den Staatsminister v. Rochow.

(No. 1570.) Allerhöchste Kabinetsorder vom 9ten Dezember 1834., wegen des Gerichtsstandes der auf unbestimmte Zeit beurlaubten Unteroffiziere und Soldaten des stehenden Heeres, in Kriminal- und Injuriensachen.

Zur Beseitigung von Zweifeln über den Gerichtsstand der beurlaubten Soldaten, bestimme Ich mit Bezug auf Meine Order vom 23sten November 1833., daß alle vom stehenden Heere auf unbestimmte Zeit beurlaubten Unteroffiziere und Soldaten, während ihrer Beurlaubung, gleich der nicht im Dienste befindlichen Landwehr in Kriminal- und Injuriensachen der Civilgerichtsbarkeit unterworfen seyn sollen. Hierbei soll es keinen Unterschied machen, ob die auf unbestimmte Zeit Beurlaubten noch zur Disposition ihrer Truppentheile verbleiben, auch soll bei Unteroffizieren und Soldaten, welche von den Garnison- und Invaliden-Kompagnieen auf unbestimmte Zeit Urlaub erhalten, diese, die Verordnung vom 21sten Februar 1811. berichtigende Vorschrift gleichfalls zur Anwendung kommen. Wegen Festsetzung der Strafen und Mittheilung der Erkenntnisse an die betreffenden Militairbehörden haben die Civilgerichte sich nach Meinen Verordnungen vom 22sten Februar 1823. und vom 30sten Juli 1832. zu richten, auch nach der analogen Bestimmung im §. 14. des Militair-Pensionsreglements vom 13ten Juni 1825. wider die von den Invaliden-Kompagnieen Beurlaubten den Verlust des Gnadengehalts auszusprechen, wenn dieselben eines Verbrechens überführt sind, welches während ihres Militairdienstes die Ausstoßung aus dem Soldatenstande zur Folge gehabt haben würde. Diese Verordnung ist durch die Gesetz-Sammlung zur öffentlichen Kenntniß zu bringen und nach deren Inhalt zu verfahren.

Berlin, den 9ten Dezember 1834.

Friedrich Wilhelm.

An das Militair-Justizdepartement.

Gesetz-Sammlung
für die
Königlichen Preußischen Staaten.

No. 25.

(No. 1571.) Allerhöchste Kabinetsorder vom 18ten Dezember 1834., das Verbot des Besuchs der Universitäten Zürich und Bern betreffend.

In Meinem Befehle vom 20sten Mai v. J. habe Ich dem Minister für die geistlichen und Unterrichts-Angelegenheiten nachgelassen, die Erlaubniß zum Besuche derjenigen fremden Universitäten zu ertheilen, welche unter dem unbedingten Verbote namentlich nicht begriffen sind. Dem Beschlusse der Deutschen Bundes-Versammlung gemäß bestimme Ich nach dem Antrage der betreffenden Minister, daß das unbedingte Verbot auf die Schweizerischen Universitäten zu Zürich und Bern angewendet und der Besuch derselben zum Behuf seiner Studien keinem Meiner Unterthanen, sie mögen zu den Deutschen Bundesstaaten oder zum Königreiche Preußen und zum Großherzogthume Posen gehören, gestattet werden soll. Wer diesem Verbote entgegen handelt, hat die in Meinem Befehle vom 20sten Mai v. J. angedroheten Strafen verwirkt. Das Staatsministerium hat diesen Erlaß durch die Gesetz-Sammlung zur öffentlichen Kenntniß zu bringen.

Berlin, den 18ten Dezember 1834.

Friedrich Wilhelm.

An das Staatsministerium.

(Ausgegeben zu Berlin den 31sten Dezember 1834.)

CPSIA information can be obtained
at www.ICGtesting.com
Printed in the USA
BVHW071000140119
537774BV00022B/918/P